山内洋一郎編著

本邦類書 玉函秘抄・明文抄・管蠡抄の研究

汲古書院

本邦類書 玉函祕抄・明文抄・管蠡抄の研究　目次

Ⅰ　論考篇 …… 一

序章　鎌倉時代の金言集まで …… 三

第一章　玉函祕抄 …… 七

第一節　編者・書名・諸本 …… 七

1　編者　藤原良經 …… 七

2　諸本と種々なる書名 …… 八

3　尊經閣本の亂丁とその繼承 …… 一〇

第二節　所收句より見る編集法 …… 一四

1　特定出典からの多種採錄 …… 一四

2　引用句よりの採錄 …… 二一

3　類似・關連による採錄 …… 二二

第三節　漢籍古註よりの採錄 …… 二三

第四節　本文の検討 …… 二六

第五節　玉函祕抄と文選五臣註 …… 二八

第六節　玉函祕抄研究の經緯 …… 二九

第二章　明文抄……三三
第一節　編者　藤原孝範……三三
第二節　明文抄の諸本・構成・句數……三四
第三節　先行研究の状況……三六
第四節　神宮本から明文抄復元へ……三八
1　人倫部……四〇
2　人事部下……四一
3　雜事部……四二
第五節　書名及び「同」の誤記、誤脱……四五
1　天象部……四六
2　地儀部……四六
3　帝道部上……四七
4　武事部……五一
第六節　明文抄の採錄した資料、玉函祕抄……五二
1　引用句の繼承……五二
2　引用の文選句……五三
3　引用の孔子家語など……五五
4　引用句の書名の誤記……五七
5　引用句句頭の語の表記……五八

第七節　明文抄を濃く受けた拾芥抄……六〇
第八節　明文抄の東洋文庫本……六五
第九節　出典別數表と成句數……六八
第十節　句の原態と揭載形態……八六
第十一節　明文抄所載の佛書・和書その他……八九
第三章　管蠡抄……九二
第一節　編者　菅原爲長……九二
第二節　諸　本……九三
第三節　出入・重出・存否（八卷本）……九九
第四節　增　補（十卷本第九・第十）……一〇四
第五節　組織と句數……一〇七
第六節　本文の注意事項……一〇八
1　重　出……一〇八
2　本體（卷一～八）と增補の閒の重出……一〇九
3　山田本の留意點……一〇九
4　漢籍古註の參照……一一〇
Ⅱ　影印・校訂本文篇……一一三
凡　例……一一五

目次

玉函秘抄……一一一

上巻……一一三　中巻……一三四　下巻……一四六

註……一五八

復元明文抄……一八一

一　天象部……一八三　地儀部……一八九　帝道部上……一九二　二　帝道部下……二三九

三　人倫部……二六二　人事部上……二八一　四　人事部下……二九〇

五　神道部……三一四　佛道部……三一八　文事部……三二一　武事部……三二一　諸道部……三二五

雑物部……三二八　雑事部……三四二

註……三四六

管蠡抄……四一九

第一……四二一　第二……四二六　第三……四三一　第四……四三六　第五……四三九

第六……四四四　第七……四四九　第八……四五二　第九……四五七　第十……四五九

註……四六二

Ⅲ　索引篇……四八五

凡例……四八七

類書三書所収句索引……四九一

類書三書出典別句番号索引……五八九

主要文献參考書目錄……六〇五
後　記……六一三

Ⅰ 論考篇

序章　鎌倉時代の金言集まで

金言成句は、言語表現の華である。いかなる言語においても、語を基礎とし、語と語の連鎖、即ち句があり、文がある。文法機能、中でも構文機能により統括されるが、意味用法の觀點でいえば、一つの語の意味が他の語の意味に連結するとき、單なる連結だけのときもあれば、連結によって、それぞれ限定され、時には變質する。特に句は文脈の限定下にあり、その文脈の再現・再使用もできる。このような句が、人々の共有となるとき、成句と稱される。

甘泉必竭、直木必伐。晏子春秋（甘い泉は、人々が争って飲むので、必ず涸れてしまう。まっ直（すぐ）な木は、役に立つので、人々が争って切り倒す。それで必ずなくなる。）

中國古代にこの句があった。甘泉も直木も、人々（我々）が争って得たいと望むものであり、尊重される。しかし、世間では、當のそれをあるべき狀態に保ち、より良くするのではなく、それを尊重しわが物にする心が逆にそれを壞して無にしてしまう。良かれとする行いが、思慮の無いために、度重なれば、行いの成り立つ所以の全てをなくしてしまう。これはよくあることだ。

このように表面の意味から底にある意味まで引き出すと、教訓と言われる句になってしまう。人は、傳えられる先人の言行から、身近な人の片句から、印象に殘るところを書き留め、記憶する。教訓性の句は、その一部に過ぎない。「金言成句」という總稱が有效なため、專ら使用してきたが、その內容はさまざまである。

日本語の中に、古代から諺（ことわざ）はあった。神話時代から傳えられた佳句もあった。しかし、壓倒的な中國文化・中國語の席捲の結果、日本語の中の金言成句は漢籍起源で占められてしまった。中國語・中國文化の吸收に熱心であった日本の先人たちは、やがて中國語の中の金言成句に心を向けるに至る。その最初の遺品は、正倉院御物の鳥毛帖成文書であった。

父母不愛不孝之子、明君不納不益之臣

この句は文選巻三十七、曹子建「求自試表」を想起させる。

慈父不能愛無益之子、仁君不能畜無用之臣

平成十年三月の新聞全國版に報ぜられたところでは、阿波國府跡出土の木簡（七世紀前半～八世紀中ごろ）の一つに論語學而第一の「子曰學而習時不孤□乎」とあるという。[1]「時習之不亦説乎」でないのは、手習いの爲か。論語の學習が地方有力者や役人の教養として普及していたことを示すという。その急速な擴がりが、上代の文化を造り、聖徳太子の法華義疏[2]になり、憲法十七條[3]になった。

以和爲貴。　其治民之本要在乎禮。　群臣有禮位次不亂。

任意に抽出した右の句を見るとき、既に禮記・論語その他漢籍の金言の影響が濃いのに氣づく。中國より學んだのは、漢籍を通して思想を、文化を學んだのであって、國家體制を確立しようとして、その根幹として漢籍に學んだのは當然のなりゆきである。

金言成句は、或る言語の場、文脈の中で用いられる。共通理解が前提となるので、必然的に其の集成が求められる。こうして編まれた書は、中國語學でいう類書である。類書の概念は廣い。百科事典ふうである。筆者のいう金言成句集は狹い。日本語史の資料にもこの廣狹がある。本書で、簡明な「類書」の二字を冠したが、その適否に今も思案している。中國の類書の歴史、傳來と影響についての諸研究[4]は座右の書である。

日本においても金言成句を核とする集成が始まる。早くは平安初期の天長八年（八三一）に滋野貞主に敕して、諸儒と古今の文書を撰集し「凡有㆓一千卷㆒、名㆓祕府略㆒」という大事業を完成された（文德實錄、卷第四、文德天皇仁壽二年二月滋野貞主卒時の記事）[5]。この書の卷八百六十四（百穀部中）と卷八百六十八（布帛部三）の二卷のみ現存している。これらは、「尊經閣善本影印集成」の一として『祕府略卷八百六十八、附卷八百六十四』[6]が平成九年に刊行された。解説は、撰者・成立・書名・傳來等の各項目について今日の研究の到達點を示している（橋本義彦・菊池紳一兩氏執筆）。祕府略については、筆者の能くするところでなく、紹介に留める。この書の實質は、類書と呼ぶべきもので、金言成句は、その中心に位置する。そして、本邦の金言成句集の成立と展開が、中國の類書の影響下にあることは當然であって、この關連は常に念頭に置きたい。

本邦の金言成句集は、内容・形態を具體的に知りうるものとして、平安後期の源爲憲編世俗諺文を嚆矢とする。鎌倉時代に入り、藤原良經（一一六九〜一二〇六）撰と傳える玉函祕抄三卷が出る。編者自身が典籍から抽出し編成したものと思われ、六六〇餘の句を收める。次いで藤原孝範（一一五八〜一二三三）撰の明文抄五卷が出る。完本がなく、現存本で一往全卷揃う神宮本は二、二五八句である。更に菅原爲長（一一五八〜一二四六）撰の管蠡抄八卷が出る。句の内容により分類され、五二一句を收める。十卷の增補本は六八九句である。

この三書の先後については考えるべきことが多い。著者は藤原良經が若く、藤原孝範と菅原爲長は同年で、良經より官位は低い。

撰述の年は、共に未詳であるが、後述するごとく、明文抄は玉函祕抄を承ける面が多く見られ、管蠡抄は獨自の方法で編纂されている。それで、本書では玉函祕抄・明文抄・管蠡抄の順に配置した。

鎌倉時代の大量の金言を收めた書の後、室町時代に入ると、精選された小金言集が求められたと見え、玉函祕抄の縮小版玉函抄、永正十七年（一五二〇）編と思われる金榜集、これと他書を併せて出來た金句集、管蠡抄より句を抽出して、獨自の收集句を加えた逆耳集、禪林の成句を收めた句雙紙も出て、その口語譯を添えた句雙紙抄など室町末期には數多い中小の金言集が出た。口語譯のあるのも特色で、逆耳集は全て口語譯がある。キリシタンも金言集に着目して、口語譯付きの金句集を出版した。

以上の如く概觀するとき、我國の金言成句集の歴史は、世俗諺文に開花し、中世に結實し、中世末から近世にかけて、大きく根を張るに至った、ということはできよう。もとよりこれは、我々の既知のことである。ただ研究という觀點では、世俗諺文については優れた研究と影印が公表されているが、中世の諸書には寂しい感じがする。そこで、玉函祕抄・明文抄・管蠡抄、三書の本文研究を公表しようと思う。

類書は、廣くは文化史、狹くは文學史の資料に用いられる。筆者は日本語史から見るので、確實な本文を求めるのを中心とする。ここに特色と限界があることを自覺しつつも、諸賢の理解を願うものである。

註

（1）筆者の見たのは毎日新聞（三月十八日）である。□は判讀不能を示す。

（2）花山信勝校譯『聖德太子御製法華義疏』上卷・下卷、一九三一・三三、岩波文庫。

（3）日本書紀、卷第二十二、推古天皇十二年夏四月「皇太子親肇作憲法十七條」。

（4）杤尾武「類書の研究序說（一）――魏晉六朝唐代類書略史――」（『成城國文學論集』第十輯、成城大學大學院文學研究科、一九七八）、同（二）（第十一輯、一九七九）、同（三）（第十二輯、一九八〇）。
加地伸行「類書の總合的研究」（『平成六・七年科學研究費研究成果報告書』、一九九六）

（5）文德實錄、卷第四、仁壽二年二月「天長八年、敕與諸儒、撰集古今文書、以類相從、凡有一千卷、名祕府略」。

（6）尊經閣善本影印集成13、『祕府略卷八百六十八、附卷八百六十四』（一九九七、八木書店）

第一章　玉函祕抄

第一節　編者・書名・諸本

1　編者　藤原良經

玉函祕抄の寫本の中で善本と思われる尊經閣文庫所藏本には次の識語が存している。

　　後京極殿御撰集云々

本批云

延慶元年大呂上旬書寫了合點一校了

本云

　　德治第二之曆蕤賓初五之天於長樂寺邊染短毫者也

表紙見返しにも「後京極殿攝政良經公御撰集抄」とあるのは、右に基づいた後人の筆であろうが、藤原良經（一一六九～一二〇六）の撰とするのに從っているようである。この書は、後に述べるように、典籍より直接に採錄した金言成句をそのまま排列したものを中心としており、管蠡抄・明文抄・金句集などに見る意義分類はなされておらず、世俗諺文のごとき詳注もない。編者に儒學者を想定せねばならぬほどではないと思われるのである。他本にはこのような識語の類は存しない。

九條良經は九條兼實の次男、正治元年（一一九九）左大臣、建仁二年（一二〇二）氏長者・攝政、元久元年（一二〇四）從一位太政大臣、建永元年（一二〇六）急死。三十八歳。『國史大辭典』第四卷（一九八三、吉川弘文館）では、次のように記されている。「天性溫和で……諸芸に秀で最も和歌をよくした（新六歌仙の一人に数えられる）。……特に後鳥羽上皇とはともに当代最高の歌人として相許す間柄であった。……著作としては……『殿記』、歌集『秋篠月清集』、除目成文の集成である『除目大成抄』などが伝存している」（龍福義友）。

2　諸本と種々なる書名

傳本は五種知られている。最善本⑴尊經閣文庫所藏本にある二種の書名のうち、「玉函祕抄」が重用されているように見え、この名が通用している。

⑴尊經閣文庫藏本。一册。表紙に「玉函抄上在中下」と外題がある。本文の初めに「玉函祕抄上複三卷也」とし、上卷末に「玉函抄上卷」、中卷初めに「玉函祕抄中」、末に「玉函抄中」、下卷の初めと末に「玉函祕抄下」と記す。本文は六十五丁で、既引の識語がある。川瀬一馬博士は「その書風から推して南北朝初期を降らぬ頃の書寫と認められる」と述べ、本寫本の書誌につき、「大いさ、縱五寸五分、綴葉裝。」など詳細に記述している。(1) 遠藤光正博士編『玉函祕抄語彙索引並びに校勘』(2) は、尊經閣本の寫眞と主要語彙索引を收める。各句の原據を四部叢刊本に求めて對校し、所在の卷・章などを記してあるのは、未詳のまま置かれたものも多いが、參考になる。

⑵賀茂季鷹舊藏本。一册。序・跋・識語などはない。まず「玉函要文上」と内題があり、以下「玉函要文中」「玉函要文下」と各卷の首尾に記す。本書を紹介された高橋貞一博士は「室町末期の古寫と認むべく」とされる。(3) 賀茂季鷹の末裔山本氏所藏。楮紙袋綴で十行書き。原本を見る機會を得ないが、高橋貞一氏のご好意により同氏の

轉寫本を使用することができた。

(3)山田忠雄氏藏本。一册。表紙に「玉函祕抄上中下終」と記し、右下に「的道之」と署名がある。内題も「玉函祕抄上」とあるが、中下卷は丁を改めず、「玉函祕抄中」「玉函祕抄下」と本文に續いて記す。三十九丁裏に「玉函祕抄下終」とした後に二丁半ほどに金言の追加があって、四十一丁裏に次の識語がある。本文中の諸所にも增補句がある。(4)

　慶長十七九月廿六日書畢　　十八才的道之

(4)神宮文庫所藏本。原表紙の中央に「玉函抄全」と記し、本文は「玉函抄」で始まる。以下「玉函抄卷之上終」「玉函抄中」「玉函抄下」「玉函抄下之終」と記す。幕末の天明四年八月に村井古巖が神宮林崎文庫に奉納した數多い新寫本の一つである。書寫の底本がいかなるものであったかは判らない。一册で、全四十四丁。訓讀はほとんどなされていない。

(5)慶應義塾大學斯道文庫藏本。零本、現存十九丁、祕抄の上卷と中卷の前半に相當するが、亂丁となっており、この範圍内でも四丁の脱落があると推定される。もと「論議抄百日講」と題する小册子の紙背を用いて書き記されたものであって、第二丁の紙背に、

　于時至德第二之曆極月下旬之候於東寺寶菩提院引時馳筆早　大法師救運

という識語がある。しかし、玉函祕抄本文の筆者は救運とは異なり、南北朝の至德二年（一三八四）ほどの古さはなく、室町中期ころであろう。本文の漢書、論語の句群に尊經閣本と同じ亂丁が認められ、尊經閣本と同系と判斷される。本寫本の出現によって本稿の論旨に變更をきたす點は見出されなかったが、訓點を含めた本文研究上貴重な資料となるであろう。調査に當って、阿部隆一博士、柳田征司氏の御好意に與った。

この五本の他に傳本があるかもしれない。小林芳規博士によれば、千葉縣の法華經寺（聖教殿）所藏の「祐師本尊聖教錄」（法華經寺三世日祐筆）の「卅四　外典」の中に「樂府注上下二ヽ　和漢年代記二巻　管蠡抄二ヽ　注蒙求四帖　注朗詠上下二ヽ　同注上之上　作文見聞抄一ヽ　玉函□要文一ヽ　三教指歸上中二ヽ」とある。(5)この「玉函□要文」は、前後の書物の性質から見て、今我々の對象としている金言成句集である可能性が高いと思われる。現存すれば、有力な寫本となりうるであろう。

尊經閣本、山田本に異本の記事があることも付言しておこう。

本書の名は、右に見てきたごとく、玉函祕抄、玉函抄、玉函要文の三種がある。書寫の最も古い尊經閣本を採るにしても、玉函祕抄、玉函抄の優劣は定めがたく、「祐師本尊聖教錄」を參考にすれば玉函要文も捨てがたい。ただ本書と性質の通ずる書に玉函抄(6)のあることから、これと異なる書名として、玉函祕抄を用いる。

さて、以上五本の中で尊經閣本が、書寫の古さ、出典註記、訓讀の正確さにおいて、最もすぐれていることは明らかである。註記の多さ、註と本文の混同のないことも目立つ。但し、問題がないのではない。その最大は次項で詳記するところの大きい亂丁であり、又部分的に字句の誤りも見受けられる。

3　尊經閣本の亂丁とその繼承

尊經閣本と賀茂本との關係について、「語句の數に出入はないが、部分的には文字の異同がある」（川瀬一馬）とされるが、出入はやはり存し、山田本・神宮本にはかなりの脱漏、山田本には增補がある。その數値は後に示すとして、まず、中巻に存する大きい亂丁について考えてみたい。

中巻は、賀茂本では史記「天子以四海爲家」に始まり、毛詩の一句、左傳の二句を經て、老子の八句、漢書の五十二句、論語の四十四句というように資料毎にまとめられた成句が續いている。この漢書と論語の部分が尊經閣本では次のようになっている。

漢書Ａ48句→論語Ｂ26句→漢書Ｂ４句→論語Ａ17句→論語Ｃ１句

この漢書Ｂ・論語Ａの一群を漢書Ａの次に移動し、漢書Ａ・Ｂ→論語Ａ・Ｂ・Ｃとするときに、整然とした形、賀茂本と同じ形になる。賀茂本の形態が何故本來のものと認められるかと言えば、漢書及び論語のそれぞれ内部排列に秩序が見出され、賀茂本の形において最も良好な姿となるからである。漢書各句の出所を調査してみると、列傳の巻序に從っており、論語もまた篇序にほぼ從っている。これは玉函祕抄の編者が巻をひもとくに從って要文を摘出し、そのまま書き留めて行ったと解釋するのが至當である。こういう編纂方法は次節で詳説する。尊經閣本は善本であるが、亂丁のある本を書寫したわけで、亂丁の古いことが知れる。山田本・斯道文庫本も同一の亂丁を承ける。

尊經閣本にあって、賀茂本に缺けるのは次の五句である。以下、引例の下に、巻の上中下、句番號を記す。

1、過而不レ改、是謂レ禍。同（漢書）孔子言　（中259）

2、普天之下莫レ非二王土一、率土之濱莫レ非二王臣一。同（史記）　（中324）

3、其見二委任一也則不レ恃二恩寵一而加レ敬、其見二遺忘一也則不二敢怨恨一而加レ勤同（臣軌）　險易不レ革二其心一、安危不レ變二其志一。（中403）

4、主憂臣勞。同（文選）　（下582）

5、漢文辭二千里之馬一、晉武焚二雉頭之裘一。同（貞觀政要）　（下609）

これらはいずれも本來存していたものと推定せられる。これらは「同」の下の括弧内に示した資料の成句群のうちにあり、各群は巻首に近いものから順に排列せられている。その順序に照して右の五句は正當な位置にあるのである。

1の句は論語の句群に「過而不改是謂過。同」と重出し、衞靈公篇の句であるが、漢書宣元六王傳に引用せられていて、漢書とするも誤りではない。尊經閣本の書寫者は重出に氣づいてか後の論語句には訓讀を施していない。神宮本は賀茂本と同じく漢書の中の句を缺き、山田本は論語の中の句を缺く。これは重出に氣づいた段階で除去したものであろう。

左の句は上半を尊經閣本で缺いており、賀茂本で補う。卷百二十一、儒林列傳の句である。

（冠雖敝、必加於首）履雖新、必關於足。史記　（中345）

次句が上卷末にあるのは、韓詩外傳の句（上73）に並ぶ句であって、誤脱に氣づいて補入したのである。賀茂本は正しい。

貴者賤者惡之、富者貧者惡之、智者愚者惡之。同

賀茂本にあって、尊經閣本にない句は、下卷の一句のみである。山田本・神宮本にもあり、本來存した句と考える（句の通し番號に含め、總數に加える）。白氏文集卷三、「大行路」の句である。

爲㆑君薫㆓衣裳㆒、君聞㆓蘭麝㆒不㆓馨香㆒、爲㆑君叓㆓容飭㆒、君看㆓金翠㆒無㆓顏色㆒。同（白氏文集夫婦叓）　賀茂本　（下611）

尊經閣本には別筆の補入句が四句あり、三句は賀茂本にあるので、本來存したものと思われる。

新沐者必彈㆑冠、新浴者必振㆑衣。同（史記）　（中323）

妖不㆑勝㆑德。史記　（中365）

高以㆑下基、洪由㆑纖起。同（文選）　（下581）

殘る次句は賀茂本になく、後補かと思われ、數に入れない。

言爲㆑美音美、言惡則響惡。尸子　（下665の次）

以上、尊經閣本と賀茂本とを主に對照して、句の存否を考えてきたが、他二本を加えての考察は第一表に要約する。例。表の二段め。同じ句が三本にあり（○）、山田本に欠く（×）。これが143組あることを示す。

第一表　句存否の寫本別對照表　＊斯道文庫本は零巻なので加えない。

寫本	賀茂本	神宮本	尊經閣本	山田本	共通句數
句の有（○）無（×）	○	○	○	○	480
	○	○	○	×	143
	○	×	○	○	24
	○	×	○	×	12
	×	○	○	×	2
	×	○	○	○	2
	×	×	○	○	1
	○	○	×	○	1
計	659	626	664	506	665
增補		4	1	37	42

（註）句の異同と存否の關係に注意。例えば、同じ句が二書それぞれ缺くとき、左欄は1。二書に各1句缺き、異なる句であれば2となる。

既に述べたように尊經閣本と賀茂本との存否は全六六五句のうち僅か六句に過ぎないが、山田本に一五七句、神宮本に三十七句も缺けることは四本共通句を大きく減じた。なお、この脱漏のうち神宮本・山田本共通のものは十二例にすぎず、この二本を同系統と見る材料とはならない。

右の表の數に含めなかったが、上巻所收の尙書蔡仲之命の句「皇天无親……」の注が廣本節用に採られている。

天之於レ人無レ有二親疎一、惟有德者則輔之、民之於レ上無レ有二常主一、惟愛レ己者則歸之。〈書名ナシ〉（370オ）

尊經閣本では欄外に書入れられ、賀茂本・神宮本は本文の次に割注とする。山田本はこのところを缺く。

なお、句の數え方にはやはり問題が多く、尊經閣本について遠藤光正氏が六九三とされるのとは二十九もの違いがある。その相違の詳細を述べるところではない[7]が、寫本の表記を尊重しつつ、原漢文にできるだけ照合して、編者の意圖を推測して定めたのである。

以上のような諸本の状況であって、系統分けを無理にすれば、亂丁の有無により、

Ａ、亂丁のない本　　賀茂本・神宮本

Ｂ、亂丁のある本　　尊經閣本・山田本・斯道文庫本

となるが、〈賀茂本・尊經閣本・斯道文庫本〉〈神宮本・山田本〉という對立を示す現象、例えば、中巻が「天子以四海爲家史記」で始まる前者と三句後の老子句で始まる後者という現象も存する。

要するに、尊經閣本を亂丁を正した形で用い、賀茂本を主に對照しつつ使用するのが最善の方法であろう。

第二節　所收句より見る編集法

1　特定出典からの多種採錄

第一表で收載句數を六六五とした。本書收載の影印（尊經閣本）では、各則に番號を付け、上巻1～206、中巻207～459、下巻460～665となっている。これは、尊經閣本と賀茂本を主に對照して、句の存否を考えての番號である。玉函祕抄には、目錄がない。管蠡抄・明文抄・金句集のような内容分類もなされていない。上巻が「天子無戲言史記王者不受私同」で始まり、中巻が「天子以四海爲家史記」で始まるところに、爲政者の倫理を説こうとした編纂意圖がほの見え、川瀬氏は「爲政者たるべき貴族の子弟に實踐道德を教授する適切な教科書といふべく」(8)と言われる。ただし、各巻の構成に思想的體系はうかがえず、むしろ、下巻がほとんど文選で占められることで代表せられるように、同一出典の句を一續きに擧げるという素材の面が顯著に出ていて、未整理な印象が強い。

同一出典の連續するものの主なものは次の如くである。

上巻	周易	5句	
	貞觀政要	16	（中に文選1句、左の史記6句が入る）
	史記	6	（右の貞觀政要の句の中に入る）
	尚書	9	
	禮記	23	（中に公羊傳1句が入る）
	孝經	44	
中巻	老子	8	
	漢書	52	
	論語	44	
	史記	7	
	後漢書	9	（中に家語2句が入る）
	帝範	18	
	臣軌	21	（中に説苑1句が入る）
	白氏文集	11	
下巻	文選	144	（中に毛詩・淮南子・東觀記各1句が入る）

以上で玉函祕抄の約三分の二を占める。これらを編者自身の採録と見ることは許されようが、その範圍はもっと廣いであろう。例えば下巻文選の後に貞觀政要巻九、十の三句がある。これは上巻の貞觀政要の句が巻一から巻八まで順序を追って排列せられているのに應じており、何らかの事情で下巻に離されたものである。また、一資料に一・二

句か數句かを採ったばあいも編者の採錄が當然考えられる。從って、四分の三程度がこれに該當し、殘る四分の一が先行文獻に據って得たものであろう。上卷の初め、中卷の中間、下卷の後尾に集まっている雜然とした成句群が何によって集められたかは未考であるが、一部は群書治要を用いている（二一ページ參照）。

次に編者自身が收集したと思われる資料別の成句群について、考察を加えてみよう。既に記したように、これらは卷の順序に從って並んでいるという事實を見出すことできる（文選は順序明らかでない）。

中卷の初めの老子八句は次のように並ぶ。下に出所を示す。

功成事立名迹稱、遂不退身避位則遇㆓於害㆒老子	運夷第九註
物盛則衰、樂極則衰同	運夷第九註
飄風不㆑終㆑朝、驟雨不㆑終㆑日同	虛無第二十三
善人者不善人之師也、不善人者善人之資也同	功用第二十七
大軍之後必有㆓凶年㆒同	儉武第三十
貴必以㆑賤爲㆑本、高必以㆑下爲㆑基同	法本第三十九
大器晩成同	同異第四十一
合抱之木生㆓於毫末㆒、九層之臺起㆓於累土㆒、千里之行始㆓於足下㆒	守微第六十四

右は河上公註老子道德經に據っている。註を採用していることで判明するが、註をも單に「老子」とのみしている。下段に記した出所を一覽して判明するように、卷の順序に並んでいる。實際は卷の順序であろうという豫想のもとに出所を探索することができた。「物盛則衰、樂極則衰」の句は老子本文のみに求めるならば遠藤光正氏の索引註に示すごとく、上篇第三十章、下篇第五十五章の「物壯則老」を指摘し「無㆓樂極則衰四字㆒」と記さねばならず、疑問

が残ることになる。だが、河上公註に見出しえたのである。漢籍の古註より句を採ること、第三節に詳説する。

次に老子に續く漢書を採り上げる。下に列傳の人名と順序數（例、陳勝項籍傳第一を陳勝1、または項籍1）、管蠡抄に載るばあいの書名、廣本節用に載るばあいの所在、そして廣本節用での出典名とを記す。出典名に異同多く、考察の手がかりになるからである。

漢　書（玉函祕抄　尊經閣本）

		列傳	管蠡抄	廣本節用
1	鷰雀安知㆓鴻鵠志㆒哉 漢書	陳勝1		360オ漢書
2	富貴不㆑歸㆓故郷㆒、如㆓衣㆑錦夜行㆒ 同	項籍1	漢書	323ウ漢書
3	人生一世間、如㆓白駒過㆑隙 同 魏豹曰	魏豹3		536オ老子
4	痿人不㆑忘㆑起、盲者不㆑忘㆑視 同	韓王信3		
5	智者千慮必有㆓一失㆒、愚者千慮必有㆓一得㆒ 同	韓信4		86ウ漢書
6	爲㆑善者天報以㆑福、爲㆑非者天報以㆑殃 同	呉王濞5	漢書	559オ漢書
7	雖㆓堯舜之聖㆒不㆑能㆑化㆓丹朱之子㆒……桀紂㆒ 同	楚元王6		312ウ老子
8	介冑之士不㆑拜 同 亞夫詞	周勃10	史記	147ウ史記
9	王者以㆑民爲㆑天、民以㆑食爲㆑天 同	酈食其13		
10	隨㆓廝養之役㆒失㆓萬乘之權㆒……闕㆓卿相之位㆒ 同	蒯通15		
11	功者難㆑成而易㆑敗、時者難㆑値而易㆑失 同	蒯通15		345ウ漢書
12	狗吠㆑非㆓其主㆒ 同	蒯通15		11ウ漢書

13	帝王不レ窺ニ人閨門之私一、聞ニ中冓之言一同	文三王17		
14	憂喜聚レ門、吉凶同レ域			440オ 書名ナシ
	吳强大夫差以敗、越棲會稽勾踐伯同	賈誼18		346ウ老子
15	兵凶器、戰危事同	鼂錯19		
16	地之美者善養レ木、君之仁者善養レ士同	賈山21	漢書	93オ 尚書又漢書
	雷霆之所レ擊无レ不ニ摧折一、萬鈞之所レ壓無レ不ニ糜滅一同	賈山21		
17	鷙鳥累レ百、不レ如ニ一鶚一同	鄒陽21		518ウ老子
18	魯聽ニ季孫之說一逐ニ孔子一、宋信ニ子冉之計一囚ニ墨翟一	鄒陽21		
	以ニ孔墨之辯一不レ能レ免ニ於讒諛一同	鄒陽21		349ウ 書名ナシ
19	意合則胡越爲ニ昆弟一、不レ合則骨肉爲ニ敵讎一同	鄒陽21	漢書	341ウ漢書
20	明月之珠夜光之璧……何則无レ因而至レ前也同	鄒陽21		
21	積羽沈レ舟、群輕折レ軸	中山靖王23		
	衆口鑠レ金、積毀銷レ骨同			481ウ老子
22	衆呴漂レ山、聚蚊成レ雷同	中山靖王23		481ウ老子
23	堯舜行レ德則民仁壽、桀紂暴レ行則民鄙夭同	董仲舒26		
24	萬民之從レ利也如ニ水之走一レ下同	董仲舒26		
25	臨レ淵而羨レ魚、不レ如ニ退而結一レ網同	董仲舒26	漢書	319オ漢書
26	勞大者厥祿厚、德盛者獲爵尊同	公孫孔28	漢書	310オ漢書

27	服㆓絺綌之凉㆒者不㆑苦㆓盛暑之欝燠㆒	王褒34		
	襲㆓貂狐之煖㆒者不㆑憂㆓至寒之悽愴㆒同	王褒34		375オ老子
28	後宮盛㆑色賢者隱處	賈損34		340オ書名ナシ
	佞人用㆑事則争臣杜㆑口同		漢書	
29	楚起㆓章華之臺㆒而黎民散……天下亂同	東方朔35	漢書	204ウ漢書
30	用㆑之則爲㆑虎、不㆑用則爲㆑鼠同東方朔詞	東方朔35		545オ漢書
31	水至清則无㆑魚、人至察則无㆑徒同	東方朔35	漢書	456ウ
32	在㆓人之右㆒衆必害㆑之同	霍光38		456ウ漢書
33	論㆓大功㆒者不㆑錄㆓小過㆒、擧㆓大美㆒者不㆑疵㆓細瑕㆒同	陳陽40	史記	176オ史記又漢書
34	賢者多㆑財則損㆓其志㆒、愚而多㆑財則益㆓其過㆒同	疎廣41		310オ
35	富者衆人之怨也同	疎廣41		310オ漢書
36	山有㆓猛獸㆒藜藿爲㆑之不㆑採……姦邪爲㆑之不㆑起同	蓋寛饒47	漢書	286ウ漢書
37	腐木不㆑可㆓以爲㆑柱、卑人不㆑可㆓以爲㆑主同	劉輔47		271オ漢書
38	天人之所㆑不㆑豫、必有㆑禍而无㆑福同	劉輔47		369ウ漢書
39	犯㆑人者有㆓亂亡之患㆒、犯㆑神者有㆓疾夭之禍㆒同	劉崇47		535オ漢書
40	三公非㆓其人㆒則三光爲不明同	蕭望之48	漢書	405オ漢書
41	過而不㆑改、是謂㆑過同孔子言	東平思王50		388オ衛靈公篇
42	災異星天所㆔以譴㆓告人之過失㆒、猶㆓嚴父之明誡㆒	谷永55		406オ孔子言

	畏懼敬改則禍銷福降同			114オ漢書
43	飢者甘二糟糠一、穰歳餘二粱肉一同	循吏59		
44	以レ德報レ怨同	游俠62	漢書	69オ漢書
45	寢不レ安レ席、食不レ甘レ味	南越65		16ウ漢書
	目不レ視二靡曼之色一、耳不レ聽二鍾鼓之音一同			
46	子以レ母貴、母以レ子貴同	外戚67		350ウ孔子言
47	一顧傾二人城一、再顧傾二人國一同	外戚67	漢書	
48	婦人貌不二修飾一、不レ見二君父一同李夫人言	外戚67	漢書	326ウ漢書
49	以レ色事レ人者色衰則愛弛、愛弛則恩絕同李夫人言	外戚67		
50	百姓震懼、道路以レ目同王莽事也	王莽69下		
51	駑蹇之乘不レ騁二千里之塗一……不レ秉二帝王之重一同	敍傳70上		
52	和氏之璧韞二荊石一、隋侯之珠藏二於蚌蛤一	敍傳70上		

出所記述に明らかなごとく、漢書五十二句は一句の異例もなく巻の順序に従って排列せられている。換言すれば、玉函祕抄編者が漢書を通讀し、要文を摘出したままに、何ら類別などの手を加えずに記錄したと言えるであろう。但し、2は項籍傳よりは朱買臣傳第三十四の方が知られ、3は張良傳第十、44は郊祀志第五下にも出ているが、玉函祕抄としては右に示したところを出所とすべきである。41については既に〝尊經閣本にあって賀茂本に缺ける句〟として解說した。

漢書のこの排列を見るとき、第二節3で述べたところの亂丁、卽ち右の48から論語に移り49に戻る尊經閣本の形が誤りであることをここで再確認しておきたい。

金言成句の採録源として、群書治要が用いられている。玉函祕抄上巻に黄石公三略より抱朴子に至る十六句がある。これらは群書治要所收卷の順序に並び、全て治要の中に見出される。77三略、78新語、79同、80新語、と續いているが、81「報恩以德。同」は新語に見出せず、續く左句も新語でなく、共に新語の次の賈子の句であった。

君能爲善則史能爲善、……史之不善、君之過也。新語　（上82）

「報怨以德」の句の出典を廣本節用245オに「老子又新語」と併記するのは、管蠡抄六ノ十より得た老子と玉函祕抄よりの新語とを記したのである。但し、賈子も「老子曰」として引くので、畢竟は同一句である。後者の前半は廣本節用431ウに書名なく引かれている。これに續いて、鹽鐵論（83〜85）、新序（86）に續く87は、新論でなく、潛夫論明闇第六である。このように玉函祕抄の誤記を群書治要により訂正できたのである。

國之所以治者、君明也。其之所以亂者、君闇也。君之所以明者、兼聽也。其之所以闇者、偏信也。新語〈賀茂本、新語〉（上87）

右を廣本節用が新語とし、明文抄一も新語とするのは、玉函祕抄の誤りの繼承である。

2　引用句よりの採錄

構成の點で問題となるのは、同一資料による句群の中に異資料の句の混じることである。卽ち、その資料の名とその中の引用句の原典の名とが混じる形となるばあいである。下巻文選の句の中の毛詩一句（下514）は王子淵「聖主得賢臣頌」から得た二句の次に位置している。そこで「聖主得賢臣頌」の末尾の次句の傍線部分を採ったことが判明する。

　詩曰濟濟多士文王以寧、蓋信乎其以寧也。

これを「文選」とせず、原典名「毛詩」で示している。周知の句であった。左の句は中巻の臣軌21句の中間にある連續二句である。

　欲求忠臣、出於孝子之門。同（中406）

　山致其高雲雨起焉。水致其深蛟龍生焉。説苑（中407）

前者は、臣軌至忠章に「古語云」として載り、後者は、守道章に「説苑曰」として載る。三句後の「主暴不諫……同」は臣軌では「新序曰」とある句である。玉函祕抄では「同＝臣軌」となり、書名新序は隱れた。

3　類似・關連による採錄

類似の句を併せて加えることもあった。禮記曲禮上の「刑人不ㇾ在二君側一同」の次に、

　君子不ㇾ近二刑人一。公羊傳〈襄公二十九年〉

がある。玉函祕抄の禮記は鄭玄註を要文として一句採っているので底本が判明するが、右の公羊傳は註に引かれていない。

貞觀政要二納諫第五の句「齊境之難夷吾有射鉤之罪……小白不以爲疑重耳待之若舊」の次に文選卷三十九、鄒陽「於獄中上書自明」の句を引く。

　晉文公親二其讎一强覇二諸侯一、齊桓公用二其仇一而匡二天下一。文選

重耳と晉文公の關連で入れたものであろう。

玉函祕抄中卷の顏氏家訓二則の次に、左の一行がある。

學（モノハ）若（トシ）牛（キウ）毛、成（スモノハ）猶（シ）麟（ヲ）角。同　九牛之一毛。同（中319、320）

上句は家訓下卷養生篇第十五の句。「九牛之一毛」は家訓にない。『大漢和辭典』『漢語大詞典』共に司馬遷の左句を第一に擧げる。

假令僕伏法受誅、若九牛亡一毛、與螻蟻何以異。　文選卷四十一、司馬子長「報任少卿書」

この句は、漢書卷六十二、司馬遷傳にも載り、擴がる。兩辭典で見ると、「九牛毛」「九牛一毛」「九牛一毫」「九牛新落一毛」などとあり、「九牛之一毛」を見ない。「九牛之一毛」は和臭か。鎌倉遺文第一卷一六四號狀參照。顏氏家訓にないけれども、「同」を付けて補ったのであろう。賀茂本・斯道文庫本にあり、山田本は缺く。

第三節　漢籍古註よりの採錄

金言成句集では、本文も序も、更に引用の他書の句も、その書の句として引かれることがある。序は一般に自序が多く、その書の內部であるが、本文に先賢の論を引用し、或いはそれと分かる程度に自己の文章に融合して組み立てるのが文章作成法の一つであったと思われ、その見極めは、容易でない。まして、中國思想・中國文學を專攻としない者にとっては。或る書とその註釋書との閒にも、同じ困難がある。

玉函祕抄上卷の孝經句四十則のうち、三十五則まで孔安國註である。孔安國註が重視され、「孝經」の名で通用したのである。註釋は、その原典の文章を、思想を、理解し易く、時には凝縮し、時には平易に詳しく書く。それ自身が金言成句となり易い。老子八句のうち、河上公註二則が「老子經」の名で載っていた。

次に各原典の註を採用したものを擧げてみよう。

私讎不及公　韓子　外儲説左下註　（上92）

五刑之疑有赦……刑之疑赦從罰　罰疑赦從免同　史記、周本紀、集解孔安國註　（上124）

上得兼下、下不得僭上　同　尙書、虞書、益稷、孔安國註　（上131）

君子居安如危、小人居危如安。同　禮記、禮運第九、鄭玄註　（上154）

極衰有盛。同　論語、八佾第三、集解註　（中280）

神不享非禮。同　論語、八佾第三、集解註　（中284）

不敢不衣朝服見君、君命召不俟賀（駕）行。同　論語、鄕黨第十、鄭玄註（上半）、及び、同本則　（中304、305）

（平）至堅者磨之而不薄、至白者染之而不黑。同　論語、陽貨第十七、集解、孔安國註　（中312）

中卷の史記の左句（卷百二十七、日者列傳）に續く八字句がある。

鳳凰不與燕雀爲群　賢者不與不肖同列。同（史記）（中325）

箕星好風　畢星好雨。同　（中326）

この八字は、史記卷三八、宋微子世家の『史記集解』の註にある。尙書（洪範）の孔安國傳の句も參照。日者とは卜筮の徒をいう。

この少し後に、後漢書による句群がある。その中に、孔子家語の二句が並んで入る。異句の混入と見えるが、それは、後漢書李賢等註の句であって、卷序に合致している。

その後漢書の句群を擧げてみる。

猶河濱之人捧土以塞孟津後漢書　卷三十三朱浮傳　（中328）

物暴長者必夭折　功卒成者必亟壞同　　卷三十三朱浮傳　（中329）
樹欲靜而風不止　子欲養而親不待孝養事 家語、子路言　　卷三十七桓榮傳　李賢等註　（中330）
任重道遠　不擇地而息
家貧親老　不擇官而仕同 孝養事 曾子詞　｝卷三十九卷頭（毛義）　李賢等註　（中331）
孝百行之本　衆善之始也後漢書　　卷三十九江革傳　（中332）
濁其源而望流淸　曲其形而欲影直同　　卷三十九劉愷傳　（中333）
魴魚勞則尾赤　君子勞則顏色變同　　卷三十九周磐傳　李賢等註　（中334）
道路以目　百辟鉗口同　　卷七十四上袁紹傳　（中335）

「樹欲靜」の句は、孔子家語では「風不停」とあり、孔子が路で哭聲を聞き、その主、丘吾子（皐魚）が答える、そのことばである。家語のこの段（第二、敢思第八）に子路の名がない。韓詩外傳卷第九で、この答話の後に孔子と子路にいう場面がある。後漢書の李賢等註は韓詩外傳のこの該當場面を引いているが、子路云々までは引いていない。後漢書註の「子路言」は難解である。

因に334は、同註に「薛君章句」とする註文の句であって、註の句に注意して採っていることが分かる。332は、後漢書で「百行之冠」とあり、玉函祕抄以後、金句集へと續く「百行之本」と一致しない。採錄順序から見ても、江革傳の引用であることは動かないのであるが。

君近小人則賢者見。毛詩　　邶風、柏舟、鄭玄註　（中357）

玉函祕抄下卷にまとまって收められている文選の句の中に、「文選註」とするものが四則ある。『文選索引』では、本書註の句までは檢出できず、かなりの時日を要した。既に「明文抄の復元」[9]（二〇〇一）に發表したところであり、本書

第二章第六節2に述べる。

第四節　本文の検討

玉函祕抄の全數を、尊經閣本に從って六六五と定めた（第一表）。これにはなお考慮すべきことがある。相並ぶ句が原典を異にすれば、書名が異なり、同一書からの句の併記では、第二句以下は「同」と記すのが常である。卷章が異なっても、異句として「同」と記す。

食不語、寢不言、席不正不坐。同（中301）

論語、鄕黨第十で、第二・第三句の閒に十字あるけれども、尊經閣本は一句とし、斯道文庫本・賀茂本は、その閒に「同」を入れて、二則としたが、共通性がないのでもない。

善游者溺、善騎者墮。同（上44）

各以其所好、反自爲禍。淮南子

尊經閣本・賀茂本は、右の初句に「同」と記し、その前の史記句と同じいとする誤りを犯した。山田本は「淮南子──善游……、各以……」のように句頭に書名を置く形式なので、誤解は起きない。

尊經閣本では二行共に行頭に斜點を掛けていて、二つの別々の則と見えるかもしれない。しかし、〈具體的例示→含意を示す文〉という前後合せて充足した表現と見るべきであろう。

理官事則不營私家、在公門則不言貨利。臣軌

當公法則不阿親戚、奉公擧賢則不避仇讎。

右二行は臣軌公正章の「人臣之公者」という提示に續く文である。書名を前句に記し、後句行頭に斜點を置く尊經閣本では二則となる。句それぞれの自立を認めて四則とするか、一括して一則とするか。一則とする賀茂本・山田本、及び明文抄（神宮本・續類従本）との關連を考慮して、一則（中377）とする。

このように句の認定について判斷はむつかしい。

哂夏蟲之疑氷、習蓼蟲之忘辛。同（文選）（下634、635）

右は、文選の相異なる賦、異なる詩人の作である。

哂夏蟲之疑冰、整輕翮而思矯。　巻十一、孫興公「遊天台山賦」

習蓼蟲之忘辛、翫進退之惟谷。　巻六、左太冲「魏都賦」

この二句は、いかにも對句にふさわしい形と意味を持っており、意識的合成を思わせる。玉函祕抄の編者の心が、夏蟲と蓼蟲を併せることによって、皆本性を忘れる愚かさを指摘することにあると見れば、新しい成句の誕生となり、賀茂本が二則としたのは誤りとなる。この思考に立っても、原作者の異なりは指摘せざるをえない。形式的であるが、もとの表現者が異なれば、異なる句とする。

民之所欲、天必從之。民之所惡、天必誅之。尚書（上13、14）

この上下句は對をなし、上下合して同じ思想の表現と見え、一則としての整合性がある。尊經閣本の合した形に疑念が起きないが、賀茂本では左のように二則となっている。

民之所欲天必從之尚書　民所惡天必誅之。尚書

右の初句は、尚書、泰誓上にあり、後句は同書同巻ながら少しく離れた孔安國註である。遠藤光正氏が、禮記大學第四十二の「民之所惡、惡之」に求めている(10)のは當らない。明文抄で一則となっているのは、尊經閣本系の寫本に據っ

たのであろう。

第五節　玉函祕抄と文選五臣註

文選の調査に斯波六郎博士編『文選索引』の本文に近い刊本（藝文印書館印行）を用いた。玉函祕抄巻下四六六番「瓜田不納履　李下不正冠」が収められていない。この句は通常「古樂府　君子行」を出典としている（『大漢和辭典』『日本國語大辭典』等）。古樂府は玉函祕抄の後代、元の書であって、これを出典とはできない。やがて「李善本になく五臣註本にだけ見える」（鎌田正・米山寅太郎著『漢詩名句辭典』〈一九八〇、大修館〉）を知り、五臣註本影印『宋本文選』(11)（崇化本）を求め得て、その十四巻「君子行」に、この句を確認した。

五臣註の使用は右の句のみでなく、玉函祕抄にある文選句全てに及ぶはずである。下巻四六五番「野鳥入室、主人將去同第七鵩鳥賦」（尊經閣本）の註記「第七」は、五臣註の巻數であると判明した。他にも同様の註(12)がある。「所秤之物、重於錘、銜必折、……必窮。同註」（下605）は、文選巻五十五「演連珠」の註であるが、李善註に適した註文がなく、五臣註巻二十八に「翰曰」として同文を見出す。また、文選句の中の淮南子五三八番は、五臣註巻二十の註にある句であった。このように、尊經閣本の註記から、五臣註文選を使用していると判明した。

本邦に傳來した五臣註はあるか。「平安中期鈔注本と推定される天理圖書館藏本がある。しかしこれは第二十巻だけで、それも殘欠の個所がかなりある」と、森野繁夫「五臣注文選について(13)」はいう。とすれば、玉函祕抄の五臣註は、注意すべき資料となろう。なお、宋、郭茂倩撰、樂府詩集(14)、第三十三巻、君子行にこの句がある。

明文抄・管蠡抄にも「瓜田」の句が採られている。三書はほぼ同じ頃の類書なので、明文抄の文選245句、文選註4

句、管蠡抄の文選34句も五臣註によったかもしれない。僅かの氣附き[15]はあるが、検討に時日を要し、「瓜田」の句以外を五臣註三十巻本とするのもいかがと、通行の六十巻本の巻數とする。

第六節　玉函祕抄研究の經緯

玉函祕抄は、流布すること少なく、管蠡抄・明文抄という後續の金言成句集に壓せられてゆく。しかし、藤原孝範の明文抄に大きい影響を與え、中世の金言成句としては、重要な地位を占めている。

論文の最初は、高橋貞一「玉函要文について[16]」であろうか。この論文は、世俗諺文・管蠡抄の説明の後に、「注目すべき類書」として「賀茂季鷹の藏書中の一本で……室町末期の古寫と認むべく」「目錄分類の存しないこと、及び內容が儒教的色彩を帶びてゐない點より考へて、管蠡抄よりも更に遡るものではないかと推測せられる。」など的確な判斷がなされている。尊經閣文庫本がまだ紹介されていなかったのであろう。他本の紹介・比較はなされていない。高橋氏の轉寫本で、本書に⑵賀茂季鷹舊藏本として紹介することができた。

右の三年後に、川瀬一馬「中世に於ける金言集について[17]」が發表された。玉函祕抄・管蠡抄・金句集等について、書誌は勿論、文化史・文學史としての重要な點を明確に指摘した詳論である。

これとは別の觀點から玉函祕抄を對象としたのは、遠藤光正氏である。中國語學専攻の遠藤氏は、日本に漢籍の善本が遺存し、漢籍の佳句を集成した日本の類書に、正しい漢語・漢文が保たれているとの考えから、日本の類書の研究に着手した。それは、成果である『玉函祕抄語彙索引並びに校勘[18]』の原田種成博士序で明らかである。「漢土における校勘の資料は宋版以前に遡ることは殆んど稀であり、……本邦には……唐鈔本の系統に屬する善本の現存するものが少なくない。……平安鎌倉期の轉寫本であっても……恣意なる改竄を行なうことは決してあり得ないから、……信憑性が極めて高い。」これは原田博士の貞觀政要研究、本邦に遺存する古鈔本の發見に裏付けされた考えで、遠藤氏の考えともなった。玉函祕抄については『類書の傳來と明文抄の研究』でも詳しい。

山内の玉函祕抄の研究は、『時代別國語大辭典室町時代編』の編集委員となり、天草本金句集から句雙紙・廣本節用集へ、更に辭書編集とは關係のない明文抄・管蠡抄・玉函祕抄へと溯ったのである。その初期に、既に指導を受けていた山田忠雄先生から、企畫中の論集へ投稿しないかとの誘引があり、當時着手していた金言成句の研究をまとめることにした。それが「廣本節用集態藝門金言成句出典考」(『國語史學の爲に』第二部、一九八六、笠間書院)である。この機縁と御指導がなければ、本書刊行まで至ることはなかったであろう。管蠡抄・玉函祕抄・金句集の諸本研究を行った。

玉函祕抄を初めて知ったのは、增田欣氏(廣島大學大學院)からであった。增田氏は中世文學と漢籍の關係の解明を中心の視點・方法とした。後に『「太平記」の比較文學的研究』(一九七六、角川書店)として結晶する。巻末索引の『玉函祕抄』だけで三十九回を數える。和漢比較文學會が結成され、和漢比較文學叢書も刊行された。玉函祕抄・管蠡抄・明文抄・金句集等も、その中で使用されているであろうが、日本語學研究の筆者には、詳細を得ないところであり、その研究者との交流もないのが實状である。

註

(1) 川瀬一馬「中世における金言集について」(『青山女子短期大學紀要』第三輯、一九五四)『增訂　古辭書の研究』一九八六、雄松堂出版、增補の部。

(2) 遠藤光正編、無窮會東洋文化研究所、一九七一。

(3) 高橋貞一「玉函要文について」（『國語國文』第二十卷五號、一九五〇・五）

(4) 増補句は六十餘句存する。山田本の價値の一つは、天草本金句集の出典未詳句の一つ（第264則）に相當する次句が上卷に見出されることである。左の傍線部分がそれである。

法明抄――學二一篇一不レ兼二道一者同二片目闇一、偏立二道理一不レ憚二機嫌一者直而同レ曲。文（11オ）

法明抄については未考である。後日、右の句は、大東急記念文庫藏玉函抄（一四オ）にも醒睡笑卷五にも見出された。玉函抄は註（6）參照。

(5) 小林芳規「中山法華經寺本三教指歸注の文章と用語」（『國文學攷』第七十二・七十三合併號、一九七六）

(6) 玉函抄については、註（1）の川瀬論文が詳しい。現在、大東急記念文庫所藏である。『大東急記念文庫善本叢刊 中古中世篇 類書Ⅱ』（二〇〇四、汲古書院）に影印收載、解説山本眞吾。

(7) 遠藤氏は尊經閣本の句頭に付せられた斜點に従って番號を付したが、二、三行にわたる一句に複數の點がかけられるばあいがある。また、尊經閣本の誤り、例えば、上卷の「善游者溺、善騎者墮同」はこのままでは同＝史記となるが、次行の「各以二其好一、反自爲レ禍淮南子」と一つになるのが正しい。このような例を看過している。

(8) 註（1）に同じ。

(9) 山内洋一郎「明文抄の復元――漢籍起源の句を中心に――」（『國語國文』第七十卷第五號、二〇〇一）

(10) 遠藤光正『類書の傳來と明文抄の研究』第二章第三節二5（一九八四）。第二章第六節1を參照。

(11) 梁・蕭統編、唐・呂延濟等五臣註。據宋・紹興辛巳（一一六一）建陽崇化書房刊本影印。京都大學大谷雅夫教授の教示。

(12) 四七〇番「同廿二」、四七三番「同廿三」など。

(13) 中國中世文學研究（17）、廣島大學中世文學研究會、一九八四。

(14) 中國古典文學基本叢書『樂府詩集』百卷四册、中華書局、一九七九。

(15) 玉函祕抄下564「餘糧栖畝而不收」について、文選李善註は「弗」、同五臣註、明文抄帝上273などは「不」である。

(16) 註(3)に同じ。

(17) 註(1)に同じ。

(18) 註(2)に同じ。

第二章　明文抄

第一節　編者　藤原孝範

藤原孝範（たかのり）とその編著明文抄について辭書類に記載されるものは、少ない。その一つ『群書解題』（一九六一）の「明文抄」を見よう。

鎌倉時代初期の分類漢語章句抄錄。一卷。〔作者〕藤原孝範（一一五八～一二三三）の著。平安末期から鎌倉前期にかけての學者である孝範は、永範の子で、南家藤原氏の出。正四位下越前守などをつとめた。著書に、柱史抄（類従卷第一〇六）、秀句抄等がある。〔成立〕一般に貞永（一二三二）ごろの成立というのが通説となっているが、直接的にはその成立時期を示す確證は無いのである。しかし同じ著者の手になる柱史抄の奧書に、明文抄五卷・秀句抄三卷・柱史抄二卷の自分の著作を指して、「十卷抄物ノ一身ハ之頭目也」といっており（中略）少なくとも貞永より相當以前にできていたものと見るべきである。むしろ文中に、保安元年の諸道勘文（類従卷第四六二）を引いて「保安二年（一一二一）」という書きこみがあったり、一〇九〇年代ごろに成立した「扶桑略記」や文中に保元元年（一一五六）の年號がある算博士行康勘文などを引用する上に、鎌倉時代の文獻の引用は見當たらぬようであるから、平安時代末期から鎌倉時代初期の閒に成立したとみるべきであろう。（下略）〔新野直吉〕

右にいう「保安二年」の書きこみは、神道部第八句の「非所祭而祭」に關連して擧げた諸道勘文の記事を指し、京四條での俗神騒ぎをいう。但し、類従所収の諸道勘文の斷巻にこの記事は記されていない。扶桑略記云々は、明文抄、佛道部に引く日本書紀欽明天皇十三年の記事に日本紀と併せて「扶桑略記阿彌陀三尊云々」との記文、卽ち扶桑略記第三の同年の記事をいう。「算博士行康勘文」は釋靈實年代曆（佛道1）に釋尊入滅後の年數云々に出る付記である。

孝範の歿年、『大日本史料五ノ一九』天福元年（一二三三）八月是日に「是月、入道前大學頭藤原孝範卒ス。」として、明月記の「八月十三日……此五六日之閒、孝範朝臣入道歸泉云々、……文道大卿只一人歟、可惜可悲」と記す文があり、孝範の行實を記している。著書のうち秀句抄は詳細を得ない。明文抄の類であろうか。

第二節　明文抄の諸本・構成・句數

今日我々が明文抄の名を知るのは、續群書類從、雜部、巻八百八十六に収められているからである。全五巻のうち、第五巻にかなりの闕文が示されていて、他巻にも本文の不良のさまが見える。

明文抄の傳本を、『國書總目錄』（一九七〇）は、左のように記している。補訂版（一九九〇）に同じ。

東洋岩崎（鎌倉時代寫二軸）　眞福寺巻二・三正安元寫二冊　宮書伏見巻一江戸末期寫一冊　尊經巻一鎌倉末期寫一冊　東大一冊

天理吉田一冊　東大史料　神宮藏本一冊　無窮神習玉籠八　彰考一冊　神宮一冊　三條家一冊

この「一册」が五巻揃ったものかどうか不詳であるが、遠藤光正博士は、詳細に調査して、古寫本は缺巻があり、全巻揃うのは神宮文庫本のみであると明らかにし、詳細な校勘記を公表した（『明文抄の研究並びに語彙索引』[1]〈一九七四〉）。更に中國における類書の歴史、その日本への傳來、和製類書の成立、その書である世俗諺文・玉函祕抄・管蠡抄の研究を詳説、明文抄についても研究を集約し、日本の軍記物語への影響を述べるなど、遠藤氏の方法によった集成を行ない、巻末に神宮文庫藏寫本の全巻影印を掲載された。ここに神宮文庫藏寫本の全容が明らかになった。この書は『類書の傳來と明文抄の研究』(2)（一九八四）である。

右に紹介したごとく、遠藤氏の調査は詳しく、この書にも六本（各書巻一のみ）を追加している。

明文抄本文の研究は、第一巻は尊經閣本、第二・三巻は眞福寺本が古寫本で、筆者も調査したが、明文抄全巻を對象とするには、神宮文庫本を基礎とする他ないと考えを定めた。遠藤氏の學恩に深謝する次第である。

明文抄本文の研究を神宮文庫本・續群書類從本に據るとして、全巻の構成と所收句數を明らかにしたい。

全巻は、一〜五に大別せられ、「天象」「地儀」等十二の部に分かれ、多量の部二種を上下とし、十四區分となる。區分毎の句（則）數は左の通り、總計二、二六三である。その區分毎に通し番號を付して、校訂本文篇に記した。以下の例文に用いる。左は、人事部下の東洋文庫本による6句を加えた數である。

一	天象部	70	地儀部	37＊	帝道部上	404＊
二	帝道部下	490				
三	人倫部	239	人事部上	151		
四	人事部下	454＊				
五	神道部	48＊	佛道部	30	文事部	127
	武事部	69	諸道部	48	雑物部	51＊
	雑事部	45	（＊は舊稿を改めた數値）(3)			

ここにいう句は、文法上の單位でなく、或る主題で表現されたまとまりをいう。筆者は假に、帝道上にある長文の

大唐六典を六、唐家年立は六、本朝年立は一と區分した。これら百科項目も、本書の計數に收めたい爲の方法であって、金言成句以外も收める方便である。

明文抄は、數多くの句（則）の集合體である。個々の句は、異なる書、表現者の異なる句である。この觀點からは、「――註」は別資料である。本文の或る部分の言い變え、説明でなく、註自體が或るまとまった思想表現となっていると見る。もっとも、漢籍の古註は本體の名で通用することが多いけれども、區別しておきたい。

併記される「師説」の類は、付屬資料（計數外）として扱う。

第三節　先行研究の状況

明文抄の研究は、今まで資料解題の類に僅かに見るほかは、極めて乏しかった。上代語・中古語の研究者の視線が中世に及ぶこと稀で、中世語、殊に近古語研究者の鎌倉時代語へ溯ることも少ない。辭書史研究の權威である川瀬一馬博士の大著『古辭書の研究』(4)は、上代から室町時代まで精細を極める研究が展開され、大研究となった。歌學書も節用集も、落葉集（吉利支丹版）まで範圍に入っている。增訂版に至って、類書の玉函祕抄・管蠡抄・金句集が加わった。しかし、類書・金言集の中で最も大部な明文抄は全く對象となっていない。續群書類從に載っていながらである。川瀬氏だけではなく、本書を對象とした論文は、寡聞ながら見たことがない。

事典類の中では、既引の『群書解題』、及び『日本古典文學大辭典』第五卷（「明文抄」〈大曾根章介執筆〉）が、參照するに足る。日本語學關係の事典類には登載されていない。世に成句の辭典類は大小數多い。原典名は記しても、現代への中繼をした書について、觸れないのが通常である。研究書であれば、詳記が望ましい。

右のような現況であるので、遠藤氏の研究は貴重なものである。簡單ながら紹介したい。氏は東洋大學大學院中國哲學研究科修了。昭和五十七年文學博士（東洋大學）。明文抄に關して既引の『明文抄の研究並びに語彙索引』（一九七四）、『類書の傳來と明文抄の研究』（一九八四）二冊がある。前者は、全七九五ページ、第一章　明文抄の研究　第二章　明文抄の索引。第一章に、撰者と成立時期、資料、採錄の漢籍と國書、本文批判、等の論述がある。

後者は、全六六〇ページ、第一章　類書の淵源と成立　第二章　類書の渡來と和製類書の成立　第三章　明文抄の本文批判　第四章　古鈔本明文抄と續群書類從本明文抄との校勘　第五章　校勘資料としての類書金言集　第六章　軍記物語に引用の漢籍の典據　第七章　類書の傳來と軍記物語との關係について。卷末に影印がある。影印（神宮文庫藏寫本）は、見開き（裏表）を一ページとして、一四二ページである。遠藤氏の著書の最初は、『玉函祕抄語彙索引並びに校勘』(5)であった。書名の「索引」は、日本語學の一般の索引と異なり、「校勘」にもなじめないところがあった。續く書も入手した。

遠藤氏の著書の第一印象は、同じく明文抄に關心を持ち、研究するのに、こうも研究方法・發表形態が異なるものか、との思いであった。筆者自身、日本語史の研究を主とするので、本邦類書の研究では傍流と思うのであるが、遠藤氏とは大きく異なる。『類書の傳來と明文抄の研究』第四章「古鈔本明文抄と續群書類從本明文抄との校勘」は一四〇ページの精細な校勘記である。明文抄諸本との校異から、結果として何が得られるか。更に明文抄編纂時の原態への方向性が出てくるか。或いは、漢文學專攻の著者として論じたいことはないのか。原典から神宮本に至る閒に、數々の變異があったであろうと思われ、後進の爲にも、具體的な指摘・指南が欲しく思う。

右の遠藤氏の論考を承けて、山内は「明文抄の復元」(6)を發表した。

全巻揃っていても、脱句・脱文の多い神宮本寫本（及び續群書類從本）から、藤原孝範の成稿した形への溯原を試みようと思う。

第四節　神宮本から明文抄復元へ

本稿の目的は〝明文抄の復元〟であって、必ずしも收載句の原漢籍への溯原を正しいとするのではない。また、漢籍本文と明文抄諸本に見る形とが齟齬するときに、無條件に漢籍の文を優先するのではない。

藤原孝範の採った句は、彼の見識によると共に、金言成句集の傳流に沿った面もあるであろう。また、その字句は、孝範により整えられたこともあろう。從って、明文抄編纂の時點での形態を明らかにすることが、何よりも必要と思われる。そして、右に述べた如く編纂時まで、またその過程にも本文の改變のあり得ることも、考慮しておきたい。

ここにいう復元は、全巻が一往揃うのが神宮本・續群書類從本であるという事實から言うのであって、復元を强調しすぎるのも誤解を招きかねない。各部に頻繁に續出するわけではない。寫本の常として、成立以後、轉寫を經るに從って、異文が生じる。通常でも校訂研究は必要なのである。復元作業は全巻に亙り行なう。復元は、原漢籍との照合を必要とし、原典の巻章を明らかにすることも必須作業である。「復元明文抄」は本邦に傳流する漢籍の研究ともなった。「復元明文抄」は、この書の缺文を修正する部分的研究から始まり、本邦に傳流する漢籍の研究ともなったが、佛書や日本の史書、法制書まで範圍を擴げた藤原孝範の意圖には、沿えないことが多く殘った。

明文抄は誠に大部な書である。多様な未知の成句を知りうる利點を持つと共に、編成の細部に至る分類、項目記述がなく、利用の立場からは、檢索に努力を要し、書寫も容易でなかったであろう。寫本の數は少なく、現存寫本の多くは零本である。

復元の考察に當たっては、當該句のみでは萬全でなく、補充の適否はその前後を廣く考える必要がある。缺字部に補うべき字句を入れ、右傍線で缺字であったことを示す。缺字部を空欄とし、論證の後に補正した形を再び示すのが丁寧な方法であろうが、對象箇所が數多くて、繁雜になる。そこで、結論を豫め示す方法を、多くのばあいに採ることにした。句讀點を付し、例の下に、神宮本の丁數（オウ）、續類從三十輯下のページと上下を記した。誤寫には、傍點を付し、訂正した形を示した。

明文抄の本文研究は、基礎的作業、卽ち、數多い缺文の復元から始めねばならない。神宮文庫本（及び續類從本）の缺文をできる限りの努力で復元して、高次の段階へ進むことになろう。復元には、諸寫本を對照して、缺字部分に相當する字句を見出すのが王道であろうが、零本の斷片を探索して、いくつかは好結果を得るかもしれないが、全巻共通の方法とはなりえない。以下では、缺脱部分の前後に殘っている當該句の斷片をもとにして、原漢籍に溯って、句形を推定するという方法を用いる。典籍より抽出し編成した金言成句集の研究は、原典に溯ることを出發點として構築するものであって、この作業は必須であろう。その結果次第で收載句數という基礎的データに變化があるのは當然で、それは收載典籍の存否へと波及するであろう。枝葉のことではないと思う。

金言成句集は、增補、精選をくり返して變遷してきた。その動きは、人知、思想の進化、編者の好尙で變動してきた。或る書はそれ以前に存した書を取捨選擇し、自ら開拓をしてそれぞれの良しとする方向へと變貌する。一書の研究は、それ以前の書の研究を要し、通史的視野を缺くことはできない。

このような態度で明文抄に對するのであるが、まずは字句の認定如何から始めたい。

1 人倫部

契舩而求劍、守株而伺兎。後漢書　子陽――（88ウ、151上）

神宮本の88丁裏は、後漢書巻五十九、張衡傳の句の下に、「子陽」の二字のみ残して白紙である。上の句は刻舟・守株という人口に膾炙する話柄を材にしている。「子陽」の二字では判じようもないのであるが、『大漢和辭典』巻三の引例で、後漢書巻二十四、馬援列傳の句がふさわしいと判明した。

子陽井底蛙耳。而妄自尊大。同

子陽は公孫述の字（あざな）、馬援が公孫述を評したことばが缺けていて、それが「井底蛙……」である。これは守株と同じ酷評であって、上との連續性は良好である。この補充に問題はない。

この二丁後にも缺字がある。「良治」は「良治」の誤り。

於父母之懷。論語　子曰、才不才亦各言其子。同　語曰、驕子
――良治之子必學爲裘、良弓之子必學爲箕。禮記（90ウ、152上）

右の初行は、論語、陽貨篇の句の下部と、先進篇の句である。その下の「語曰、驕子」から次行空白部へ續く句を求めねばならない。『大漢和辭典』『漢語大詞典』の「驕子」に該當句がない。

鄙語曰、驕子不孝、非惡言也。史記　巻五十八、梁孝王世家

寓目した右例は、正にここにあるべき句であろう。

人倫部の末近く、神宮本の綴目に當って、缺字がある。

山中人不信、有魚大如木。海上人不信有木大如魚。漢武不信
弦膠、魏文不信火布、胡人見錦不信有蠶食。顏氏（97ウ、158上）

書名を缺き、探索し難いが、顏氏家訓、歸心篇の句が適合した。「顏氏」が缺脱したのである。

2　人事部下

人事部下の冒頭は缺字が甚しい。

日中則昃、月盈

人乎、況於鬼神

夫月滿則虧、物盛則衰、天地之

乘富貴、禍積爲崇。史記　亢龍　盈不可久也。周易（106ウ、164下）

初行は、周易、下經豐卦の句である。續類從は（則食。易經）を補っているが、更に左のように次行と結ぶべきであった。

日中則吳、月盈則食。天地盈虛、與時消息、而況於人乎、況於鬼神乎。周易

第三行は、徒然草八十三段の「月滿ちてはかけ、物盛りにしては衰ふ。」に關し引用される文章(7)、史記卷七十九、蔡澤傳の文「月滿則虧、物盛則衰、天地之常數也」を想起させる。しかし神宮本の次行「乘富貴」と結びつく史記卷一百四、田叔傳の句の方が適している。

夫月滿則虧、物盛則衰、天地之常也。知進而不知退、久乘富貴、禍積爲崇。史記

その下の文は「亢龍有悔、盈不可久也」（周易、上經、乾）が正しく、脱字と誤寫を見るのである。

この半丁後にも空欄が多い。

天收其聲、地藏其熱。高明之家、鬼瞰其室。同

好榮惡辱、有生之所大期、忌盈害上、鬼神猶且不免。已上同
世祿之家、鮮克由禮。以蕩陵德、實悖天道。尙書
要君者亡上、非聖人者亡法、非孝者亡親、此大亂之道也。孝經
先王疾驕、天道毀盈。同　不爲非則無患、不爲奢則用足身。同
在上不驕、高而不危。制節謹度、滿而不溢。同（107オ、165上）

初めには文選巻四十五、楊子雲「解嘲」の一節「高明之家、鬼瞰其室」が行の下方にあり、上の空欄に傍線の記入句を補って良いであろう。次行は同書、巻四十六、陸子衡「豪士賦序」である。「已上同」となる。「世祿之家鮮」は斷片であるが、尙書周書畢命であろう。次行の大きい空缺に、既に續類從で古文孝經五刑章を充當している。「先王疾驕天道」の下を缺き、行末に「則用足同」とある。庶民章第六、孔安國註が該當する。註は「用足身」とあり、「身」を缺く不一致は殘るが、他に考えようがない。次行「在上不驕」は諸侯章第三で、仁治本「居上」、建治本「在上」、建治本に一致する。玉函祕抄上巻に引用の句も同様である。その引用を參考にして、下半を加えた。なお、後漢書巻一上にも「在上……不溢」の引用がある。

3 雜事部

積羽沈舟、群輕折軸、衆口鑠金、積毀銷骨、衆煦漂山、
聚蚊成雷。同（154ウ、200下）

ここには、極めて微細なものも、集まれば大きい力となる、という短句（慣用句）が集まっている。四字句六種が一括して漢書にあれば、直前の巻八十六、王嘉傳を承けて「同」となるが、そういう文は見出せず、左の史記句を前

に置くのも一案か。

臣聞之。積羽沈舟、群輕折軸、衆口鑠金、積毀銷骨。故願大王審定計議、且賜骸骨辟魏。

史記　巻七十、張儀傳

夫衆煦漂山、聚蟁成靁、……衆口鑠金、積毀銷骨、叢輕折軸、羽翮飛肉。

漢書　巻五十三、景十三王傳

この二種を合成したとする案には、なぜこういう操作が必要なのかという疑問があり、用字にも微差がある。ここで、玉函祕抄中巻の左例が意味を持って來るであろう。

積羽沈舟　群輕折軸

衆口鑠金　積毀銷骨　同

衆煦漂山　聚蚊成雷　同

これは連續する漢書の中の句である。明文抄が玉函祕抄を編集材料としているのは確かなので、右に史記・漢書を併せたとしたが、全て玉函祕抄よりの句なのであった。これで一往の解決となったが、玉函祕抄の「積羽……銷骨」が漢書からいかにして作られたかは、未解決である。

右に十四句隔てて、丁の表から裏にかけて缺字が續いている。

九牛之一毛。顏氏　楚越之竹、不足以書其惡。後漢書

譬猶鍾山之玉、泗濱之石、累珪璧不爲之盈、採浮磬不爲之索。同　充仭其中、不可勝記。禹不能名卨不能計。文選

呑若雲夢者八九、於其智中曾不蔕芥。同

小不　　同

泰山之霤穿石、單極之綆斷幹。水非石之鑽、索非木之鋸、漸靡使之然也。　後漢書

夫涓流雖寡、浸成江河。爝火雖微、卒能燎野。同　（155オ、201上）

右の初行、後漢書巻十三、隗囂傳の檄文の一部がある。續類従で「楚竹」の前に空欄を置いているが、王莽の悪行を五十字に亙り列擧非難した句が並んでいて、缺字でなく、單なる空白として扱う。「譬猶……」は後漢書巻六十下、蔡邕傳の句である。「同」を缺いている。その下の「不能計　文選」により『文選索引』を検するに、巻七、司馬長卿「子虚賦」と判明し、語句を補入できた。「呑若……」も同賦の句である。次行は「小不」しかないが、文選に求めるに、唯次例のみであった。

見機而作周易所貴、小不事大春秋所誅。　巻四十三、孫子荊「爲石仲容與孫皓書」

微小な斷片からの推測であるが、可能性は高いと思う。

次行は「泰山」一語を行頭に殘すのみである。その次行に「鋸漸靡使之然」とあるのに結び付けるとき、右に補入しておいた句が考えられる。正に符合したのである。漢書巻五十一、枚乘傳の句であって、文選巻三十九、枚叔「上書諫呉王」も同じい。「叔」は字（あざな）。この句が　漢書・文選いずれから得たものかは判じがたいが、玉函祕抄下巻の文選の句の連續する中にもあって、それを明文抄は採ったのであろう。とすれば、缺字のところの句は「文選」と書名があったことになる。『文選索引』の本文は「太山」、玉函祕抄は「泰山」である。

「夫涓流……」の句は、後漢書巻七十七、酷吏列傳（周紆）の句、句末に「同」とあるので、前行下半に後漢書の句があるはずである。痕跡もない句であるが、推定しておきたい。

これまで、缺文のいくつかの集合を検討してきた。短句の缺で理解し難くなっているところもある。

天子作民父母、以爲天下王。尚書

及乎。伏羲氏之王天下、始畫八卦造書、契以代結繩之政。文選（帝道上、21ウ、101下）

初行は尙書、周書、洪範の句で、その下は空白、次行の頭が文末であるのは明らかで、空白部に缺文を補い入れよう。文選の序にふさわしい句がある。

玄風冬穴夏巢之時、茹毛飲血之世、世質民淳、斯文未作

逮乎。伏羲氏之王天下也。始畫八卦造書、契以代結繩之政。文選

空白部に書かれてあったのは、「世質民淳、斯文未作」であろう。「逮」と「及」は同意である。

第五節　書名及び「同」の誤記、誤脱

我々は、各金言成句がいかなる書の、いかなる文脈下に用いられた句であるかに、關心を集中する。そのためには、その句がその書に確實に存していることの確認が必須である。書名が知らされていても、どの巻・章かまでは書いていないのが通常である。金言成句集は、この確認なくして、利用も享受もできない。

句の書名が未詳と成るのは、書名（又は「同」）の缺脱か誤記があるばあいである。時には、句末に書名なく、直ちに字句と一つになり、他書の句と合併し、正體が不明となることもある。例を擧げよう。各部に見られるので、代表例とする。

1 天象部

明文抄一、天象部初丁から書名未詳句が現れる。

天道無親、常與善人。老子　天所授、雖賤必貴。史記
人衆者勝天、天定亦破人。天戒誠不可戯也。
天之應人、敏於影響。已上同　天之至高、而聽至卑。蜀志　（1オ、87上）

老子仁契第七十九、史記巻四十三、趙世家、に續く二行め以下が揃って史記なのか、他書なのか、「已上同」の範圍がどれよりかすら明らかでない。「人衆者……破人」は　史記巻六十六伍子胥傳、「天戒誠不可戯也」は後漢書巻六十下蔡邕傳、「天之……影響」が同巻三十下郎顗傳、と所在を探し當てるのに時間を要した。句末に「……史記　……同　……後漢書　……已上同」とあったのである。

2 地儀部

史記巻五、秦本紀の句「使鬼爲之……」の次に、尙書と記される一文がある。

成王在豐欲宅洛邑使召公先相宅大保朝至条卜宅其已得卜則經營。尙書　（8ウ、92下）

「条」らしい字の右に「本ノマヽ」と小字注がある。神宮本の筆者は、文意通じがたく思ったのであろう。成王は古代周の王なので、尙書を通讀して、二文の熟合、「宅」の下に「尙書」の缺と判明した。

成王在豐、欲宅洛邑、使召公先相宅。　周書、梓材
惟太保、先周公相宅……太保朝至于洛、卜宅、厥既得卜、則經營。　周書、召誥

兩文は内容上連續していると解せるが、一往別個の章であって二則と扱うのが正しいであろう。

3　帝道部上

予臨兆民稟乎若朽索馭六馬爲人上者奈何弗敬兢
々業々一日二日萬機無曠庶官天工人其代之。已上同（29ウ、107上）

尙書、夏書、五子之歌、及び虞書、皐陶謨の二句と判明した。初行末は「……奈何不敬。同　兢々」とあるべきであろう。

これと同様な状況が、四句後の禮記句の群に見られる。神宮本の改行にして、句讀點を付けてみる。

天無二日、土無二王、家無二主、尊無二上。禮記
君子不犯、日月不違卜筮。
王言如絲、其出如綸、王言如綸、其出如綍。君子居恆當戸。
寢恆東首、若有疾風迅雷甚雨、則必變、雖夜必興、衣服
冠而坐。
君毋以小謀大、毋以遠言近、毋以內圖外、過而擧君之
諱則起。
天無私覆、地無私載、日月無私照、奉斯三者以勞天下
此之謂三無私。
動則左史書之、言則右史書之。
君子所爲、百姓之所從、君所不爲、百姓何從。已上同（30オ、107下）

右全てが禮記の句であろうと推測するが、所在を確かめてみよう。初行は、坊記第三十、次は表記第三十二である。

次の三行は、異種の混合、「綸言如汗」の源の句に、玉藻第十三の句「君子居……冠而坐」が付いている。次は緇衣第二十三に雑記上第二十「過而擧君之諱則起」が付く。神宮本は「諱」を「誰」と誤記し、句意不明となる。この後に、孔子閒居第二十九、玉藻第十三、哀公問第二十七の三句が續き、「已上同」となる。以上禮記の九句連續の中に、誤寫があり、異種の句を併せた書寫が二箇所もあって、書寫者自身が不審を抱きつつ書寫した様子が見える。

　上之所爲、民之(所)・歸也。後漢書　上之所好、下必有甚。貞觀政要
　上之所好、下必隨之。下之所好、皆從上之所好。已上同　（31ウ、108下）

貞觀政要巻六、論儉約第十八に續く右の二行めは、中央部に空きがある。上下は類義の句なので、單なる空白と見える。實は、巻一、政體第二と巻六、愼所好第二十一の二句であって、空白位置に「同」を缺いているのである。次は如何であろうか。

　在上不驕、高而不危、制節謹度、滿而不溢。孝經
　非先王之法服、弗敢服。非先王之法言、佛敢道。非先王之
　德行、弗敢行。
　無定之士、明王不禮。無度之言、明王不許也。言滿天下
　亡口過、行滿天下、亡怨惡。
　治國者、弗敢侮於鰥寡而、況於士民乎。
　自危者、則能安其位。憂其亡者、則能保其存。推其亂者、
　則能有其治。已上同　（32オ、109上）

初句は古文孝經、諸侯章第三、次は郷大夫章第四、ここには「同」を補う。「無定……不許也」は、法服・法言・

徳行を擧げた本文をまとめて「是故、非法弗言、非道弗行」という、その孔安國の註である。これに密接している「言滿……亡怨悪」は、同章ながら、少しく間を置いての本文であるから、「無定……不許也」と一つになる理由がない。この後に孝治章第九、諸侯章第三註の句が續き、「已上同」で終わる。この邊り、「同」を毎句末に脱したのである。

右に續いて論語、季氏第十六の句があり、その次に後漢書の句となる。明文抄のこの本文は意味を把握し難い。

天下有道則政不在大夫、天下無道則庶人不議、無道之君以刄殘人、有道之君以義行誅。後漢書（32ウ、109上）

續類従では「不議」の下に「同」を入れて、論語が二句めであると示している。これも季氏第十六である。「天下無道」は「天下有道」が正しく、政道が正しければ、庶民が政治論議をしないとなる。「有道」と「無道」と對句表現にしていると誤解したのであろう。「無道之君」以下は　後漢書、巻四十一、鍾離意傳である。この半丁後にも同様の誤記がある。

知天之天者、王事可成。不知天之天者、王事不可也。王者以民爲天、而民以食爲天。爲君愼器與名、不可以假人。已上同（33オ、109下）

右初句は第二行「以食爲天」まで續き、史記、巻九十七、酈生傳の句で、殘る十一字は、同巻三十三、魯周公世家である。文意の透らない疑念は解消した。「史記」を脱したのである。

右同様の書名脱は猶見られる。繁雜であるが、述べておきたい。

王者莫高於周文、伯者莫高於齊桓、皆待賢人而成名。漢書

陛下嫚而侮人、項羽仁而敬人。

高祖曰、吾以布衣提三尺取天下。此非天命乎。此乃天授非人力也。
大王又長、賢聖仁孝、聞於天下。
夫隨廝養之役者、失萬乘之權、守儋石之祿者、闕卿相之位。已上同　天地之功不可倉卒。艱難之業當累日也。後漢書
澤靡不漸、思無不逮。文選
天地之於萬物也好生、帝王之於萬人也慈愛、懇々用刑、不如行思、孳々求姦　未若禮賢、舜擧皐陶、不仁者遠、隨會爲政、晉盜奔秦、虞芮入境、讓心自生、化人在德、不在用刑。王位不可久曠、天命不可以謙拒。同
皇天大命、不可稽留
禮、人君伐一草木不時、謂之不孝。已上同　（33ウ～34オ、109下～110上）

右は漢書巻一下高帝紀に始まり、次の書名缺句は同巻。第三句は統一ある句のように見えて、實際は高帝紀「高祖曰……天命乎」と巻四文帝紀「此乃天授、非人力也」の誤った合成である。「大王又長……天下」は同じく文帝紀。これに同書、巻四十五、蒯通傳の句があって、「已上同」となる。後漢書巻三十三、朱浮傳、文選巻十、潘安仁「西征賦」が續く。「天地之於萬物也……」は後漢書巻十六、寇榮傳の句であるが、その下半「懇々用刑……不在用刑」は同書巻五十六、王暢傳の句である。しかもその下の「王位不可久曠、天命不可以謙拒」は見出せず、
帝王不可以久曠、天命不可以謙拒。　　巻第一上、光武帝紀

「帝王」を改めたのであろう。以上の續き四行は、全て後漢書であるが、三種の各別の句を誤って一連の如く記したものである。

「皇天大命……」は、同巻一上、「禮人君……」は同巻三、肅宗孝章帝紀の句である。

4　武事部

地勢便利其以下兵於諸侯。譬猶居高屋之上建瓴水也。漢書
帝以兵授大尉勃。勃入軍門行令軍中曰、爲呂氏右袒、爲劉氏左袒。軍皆左袒。漢大臣皆故高帝時將、習兵事多謀詐。假賊兵爲虎翼者也。同　介冑之士不拜。同（145オ、193下）

句讀點を缺く神宮本を一見したときは、全て武事句と見えるけれども、漢書の句のみか、他書が混じているか、不明。左袒の故事も範圍は鮮明でない。漢書を何度か讀了して、左のように區別する案ができた。

初行は漢書巻一下、高帝紀の句である。「帝以兵……軍皆左袒」は巻二、高后紀。「僕大臣……多謀詐」は巻四、文帝紀。「假賊兵爲虎翼者也」は巻四十八、賈誼傳。世俗諺文上巻にも引かれている。「介冑之士不拜」は巻四十、周勃傳。

第二行の「帝以兵」より第四行の「同」まで一連のごとく見えて、三種の全く異なる出所の句であった。「假賊兵爲虎翼者也」は新書の淮難が出典とされるが、それでは「同」の處置に難點が生じる。漢書にも見出されて、統一した扱いができたのである。


受命之日忘家、出門之日忘親。□（144ウ、193上）

右句の書名は、神宮本は縦線のみ、續類従は「同」卽ち史記を指している。この句は史記になく、玉函秘抄中で、臣軌の八句の次に「同」として揭出されている。臣軌良將章が正しい。「同」を伴ったまま、明文抄の史記句の次に移されたのであろう。續類従で句頭に〔將〕を補っているのは句意からの推測か、臣軌にはない。

第六節　明文抄の採錄した資料、玉函秘抄

明文抄が先行の金言成句集に學び、その句を繼承もするであろうことは、誰しも推測する。唯その確證はなかなか把握できない。玉函秘抄との關連は論述に足る内容がある。本文の復元の面も含むので、ここで考えをまとめておきたい。

1　引用句の繼承

人倫部（95ウ、156上）

后非民罔使、民非后罔事。尙書　無輕民事、惟難。無安其位、惟危。同　民之所欲、天必從之。民之所惡、天必誅之。同

右は、尙書咸有一德、同、太甲の二句が續いており、その次の句が問題である。尙書泰誓には「民之所欲、天必從之」とあって、右に記した下半がない。遠藤光正氏は「類似句の組合せ」の例として、泰誓の句に禮記大學篇より類句を見出して組合せている。(8)苦心の説明である。この句と少し離れてはいるが、同じく泰誓の孔安國傳にある句を一つにしたと見るべきであろう。大學篇の句もあるとはいえ、他書を探るまでもない。

天視自我民視、天聽自我民聽。言天因民以視聽。民所惡者天誅之。

明文抄のこの組合せは、既に玉函祕抄上卷にあった。それを採ったのである。管蠡抄第二章では句形が異なる。

令於民之所好、禁於民之所惡。同　居下訕上、君子惡之。論語（95ウ、156上）

論じてきた尙書句に續き、孝經廣至德章第十六註、三才章第八註の二句があり、「居下……」の句がある。遠藤氏の說くごとく、論語陽貨篇の傍線部を改變したのであろう。

子貢問曰、君子亦有惡乎。子曰、有惡、惡稱人之惡者、惡居下流而訕上者。

但し、この改變が玉函祕抄中卷に既に成されていて、明文抄はその繼承であることを、見落してはならないであろう。

象有齒而焚身、人懷璧而買害。左傳（150ウ、197下）

右句について、遠藤氏が左傳卷三十五、襄公傳二十四年の「象有齒、以焚其身賄也」を引き、それに下句「人懷璧……」の缺けることと、桓公傳十年「周諺有之、匹夫無罪懷璧其罪」を指摘して、兩者を組み合せたとする、これは正しいであろう。但しこの合併形は玉函祕抄中卷に既にあるのであって、明文抄はそれを繼承したのである。

このようにして、遠藤氏の「類似句の組み合せ」三項は、全て玉函祕抄の繼承と見るべきこととなった。

2　引用の文選句

玉函祕抄の下卷には文選が一五〇句も多量に採られている。しかもその大多數は明文抄と重なる。明文抄の中の文選は、玉函祕抄採錄句である可能性が高い。それは直接採錄と識別できない理であるが、なお、考察は可能である。本文が文選諸本のいずれを使用しているかもその一であろう。今は、玉函祕抄の中の特異な句に注目したい。尊經閣本には文選註を指示する句がある。當然のこと、この四例は『文選索引』では檢索できない。

。齊桓公好服紫衣、國人皆服。公患之、人亦賤此服。鄒君好服長纓、國人皆服。君患之、人亦賤此服。同注十八（31ウ、108下）＊「十八」は五臣註の卷數。

。木以不材而壽、鴈以能鳴而全。同注（101オ、160上）

。歡不可分、寵不專擅。同注（115オ、171上）

。所秤之物重於圓錘衡必折、
所鑒之形大於鏡照必窮。同注（明文抄、不採）

右の初例は、五臣註文選卷十八、任彦昇「天監三年策秀才文」の五臣註を對句形式に整合している。第二例は、同卷十三、盧子諒「贈劉琨一首」の李周翰註に同文が載っている。第三例は同卷五十六、張茂先「女史箴」の呂向註に「歡不可過分、寵不可專擅」とあるのがこれである。第四例は、卷五十五、陸士衡「演連珠五十首」の第二の五臣註の中、李周翰註である。以上、四例はそのままか形を整えて、玉函祕抄に登錄された。

右記の第一句「齊桓公……」は明文抄帝道上、第二句は人事上、第三句は人事下にあり、不採の第四句を除く三例が文選として明文抄に登場したのは、玉函祕抄に載った文選註を用いた故であった。

人倫部に文選の類似する句が二種、閒を隔てて存している。

哂夏蟲之疑氷、習蓼蟲之忘辛。同（89オ、151上）

丹之所藏者赤、漆之所藏者黑。家語　習蓼蟲之忘辛、翫進退之惟谷。文選　人心是所學（下略）（97ウ、157下）

後者は文選卷六、左大沖「魏都賦」の一節であるが、前者は孫興公「遊天臺山賦」の一節と「魏都賦」との混融形である。それは玉函祕抄に起因している。

哃夏蟲之疑氷　習蓼蟲之忘辛。同　尊經閣本

哂夏蟲之疑氷　同　習蓼蟲之忘辛。同　賀茂季鷹本

尊經閣本では、二句が結合して、一則になっているが、賀茂本では二則、山田忠雄藏本では「咲夏蟲之疑氷。文」とのみ。下半を缺く。

明文抄は、文選よりの短句二種を一則の如くに記した玉函祕抄の一寫本より一つを得て（89オ）、これとは別に、文選からも一則（97ウ）を採用したのである。

3　引用の孔子家語など

明文抄と玉函祕抄との濃い關係は、次の記述でも示されよう。上段に玉函祕抄（尊經閣本）の對象句の初めを記し、その句末にある書名、祕抄の句番號を書く。中段に原漢籍、對象句の所收卷、その稱、下段にその句を收めている明文抄の卷、句番號、神宮本の丁數、その句の漢籍名を記す。

玉函祕抄　中卷	漢籍	明文抄　人事部
猶河濱之人　後漢書　330	後漢書卷33　朱浮傳	下279　120ウ　後漢書
物暴長者必　同　331	後漢書卷33　朱浮傳	
樹欲靜而風　家語　332	孔子家語　致思第八	上84　102ウ　家語
	後漢書卷37　桓榮傳註	
任重道遠不擇　同　333	孔子家語　致思第八	上85　102ウ　同
	後漢書卷39　前言註	

孝百行之本	後漢書	334	後漢書巻39　江革傳	
濁其源而望	同	335	後漢書巻39　劉愷傳	下294　121オ家語
魴魚勞則尾赤	同	336	後漢書巻39　周磐傳註	下407　126オ家語
道路以目百辟	同	337	後漢書巻74　上袁紹傳	
運蟷蜋之斧	同	338	後漢書巻74　上袁紹傳	下263　119ウ家語
物以遠而爲珍	同	339	後漢書巻76　循吏傳	
所好則鑽皮	同	340	後漢書巻80　下文苑傳	下87　111オ家語

明文抄人事部下に「家語」とありながら、孔子家語に見出されない句が四種（87・263・294・407）存する。通覧した限りでは氣づかないことであるが、四句もあって玉函祕抄中巻に續いて載っているのに氣づけば、關連を考えたくもなろう。

對照表上段の玉函祕抄の句排列の中に「家語」が二句ある。これは孔子家語よりの直接採錄でなく、後漢書李賢等註の中の「家語」句を用いたこと、後漢書の巻序に照しても、明らかである。それを玉函祕抄（332・333）で「家語」の名で登載し、それが明文抄でも用いられ、字句も當然原典のままである。では、殘り87・263・294・407の「家語」はどうして生じたのであろうか。

明文抄編者の參照した玉函祕抄寫本の「孝百行之本」の句末にあるべき書名「後漢書」が記されていなかったか、見落したか、以下の群の「同」を全て「家語」と誤認したのである。この誤記は、明文抄の編者が玉函祕抄を取材源としたこと[9]を證明する。序でに言えば、右の対照表中にある句、

鲂魚勞則尾赤、君子勞則顔色變。家語

これは、孔子家語になく、後漢書巻三十九、周磐傳の李賢等註にある。玉函祕抄編者の努力が偲ばれる。

右では、玉函祕抄の寫本間より生じる書名の誤りを見てきた。

その類例に、次の場合も擧げてよいであろうか。

五刑之疑有赦、五罰之疑有赦。貞觀政要（77ウ、143下）

この句は貞觀政要に見出せない。玉函祕抄上巻にある史記六句連續の終りがこの句である。その次に貞觀政要の句三句が位置している。下段に漢籍出典を記す。

五刑之疑有赦、五罰之疑有赦。　史記　巻四周本紀

刑之疑赦從罰、罰疑赦從免。同　同　集解、孔安國註

大明无偏照、至公无私親。貞觀政要　貞觀政要　巻八刑法第三十一

この孔安國註は、賀茂本では小字割註であって、寫本によっては「五刑……」が貞觀政要句と接することもあったであろう。山田本ではこの註と「大明……」が一つになり、「貞觀政要」と記されている。確證はないが、誤る可能性はあろう。

4　引用句の書名の誤記

玉函祕抄の引用句の書名が、取材源の關係で誤った例がある。左の二則の書名は、「新論・新語」は誤りで、「潛夫論・賈子」が正しい。それは、玉函祕抄が群書治要を取材源とした事實の發掘により導き出された(10)。

國之所以治者、君明也。其所以亂者、君闇也。君之所以明者、兼聽也。其所以闇者、偏信也。新論

君能爲善則史能爲善、史能爲善則民必能爲善。民之不善、史之罪也。史之不善、君之過也。新語 帝道上（36オ、112上）
帝道下（52オ、123下）

明文抄の左の二句も玉函祕抄に因る變異を抱えている。

君子交淡若水、小人交甘如醴、君子淡以成、小人甘以壞。禮記（人倫167）

生我者父母、知我者鮑叔。同 管仲父也（人倫168）

前句の表現は、禮記と莊子とで差異があり、それぞれ書承された。

君子之接如水、小人之接如醴、君子淡以成、小人甘以壞。　禮記　表記、三十二

君子之交淡若水、小人之交甘若醴、君子淡以親、小人甘以絶。　莊子　山水篇、第二十

玉函祕抄中は禮記を採り、「接」を「淡」「甘」にし、管蠡抄五は莊子を採り、「以親」「以絶」とする。明文抄は玉函祕抄の系列である。更に注意すべきは、明文抄の第二句（人倫168）である。「同」とあるが、明らかに禮記の句ではない。玉函祕抄では禮記句の次に左の句があり、正しく史記とある。それを明文抄で誤記した。

生我者父母、知我者鮑叔。史記 管仲詞　玉函祕抄（中452）

原典史記巻六二、管仲傳の「鮑子」を祕抄で本名に改めた。續類從の付註「管仲父也」も玉函祕抄の傍註「管仲友也」の誤傳、而も二句後に「管仲曰……鮑氏、士爲知己者死、馬爲知己者良。」とあって、書名を缺く史記句と、同意の俚諺が記される。この「……鮑子也。士爲知己者死」の形を記すのは、說苑巻七である。

5　引用句句頭の語の表記

明文抄に引く漢籍の句が、句頭の原文の形を少しく改めていることもあった。

改一字與千金。同（史記）　　明文抄（文事20）

史記、巻八十五、呂不韋傳の故事で、呂氏春秋を著したとき、「增損一字予千金」と廣言したことをいう。この故事を簡明に世俗諺文上で「一字千金」としたのを、玉函祕抄（下644）で「改一字與千金史記呂不韋詞」と復活した。玉函祕抄の文字改訂が、明文抄に繼承されたのである。とすれば、句の中・尾にもありえたであろう。

楚起章花之臺而黎民散、秦興阿房之殿而天下亂。同（漢書）（地儀29）

漢書巻六十五、東方朔傳で、東方朔の諫言にある對句である。この進言の「靈王起章華臺而楚民散」を理解し易いように、語を變えた。これも玉函祕抄の繼承である。

王位不可久曠、天命不可以謙拒。同（後漢書）（帝道上205）

これは、光武帝に對し「臣聞」と上奏する詞である（巻一上、光武帝紀）。原文「帝王」を、玉函祕抄で「帝位」とし、明文抄で「王位」となった。他にないケースであるが、明文抄を編むとき、「帝位」を更に「王位」としたのであろう。

心善知人者、看如明鏡。符子（人倫58）

右は、神宮本、續類從共に「心」を缺く。藝文類聚、巻七十、服飾部下、鏡に「符子曰、心善知人者、看如明鏡、鏡以耀明、以鑒人也」とある句であろう。「心」を意識的に除いたとも思われず、「心」がなければ意不通でもないが、一往「心」の脱としたい。

第七節　明文抄を濃く受けた拾芥抄

明文抄、一、天象部は、「大哉乾元、萬物資始、乃統天。雨行雨施、品物流形。周易」より始まる。天地始元より對象としていて發端にふさわしい。次いで、天を、日月を、雲霧をと轉じて、氣象から季節になる。周易に始まり、文選・史記・後漢書・毛詩・孝經など成句の源として重要な書から多く採録され、少しは周髀算經・管子など稀書を交えるが、他の部と異色はない。

ところが、次の歳初からの句群は、最初の後漢書を除き、この書以外では見られない書名、文例であった。それは拾芥抄からであった。その上巻、歳時部第一の初頭より明文抄との關係を示す文が連續して出現したのである。

今日我々の使用しうる複製・影印として、次の二種がある。『尊經閣善本影印集成17　拾芥抄上中下』（一九九八、八木書店）、『大東急記念文庫善本叢刊中古中世篇　類書Ⅱ』（二〇〇四、汲古書院）以下主に後書によって翻刻を數次に行ない、各段毎に明文抄との關係について所見を述べることにする。

拾芥抄は洞院公賢（一二九一〜一三六〇）編、洞院實熙增補とする說が有力という（『類書Ⅱ』解說矢田勉）[11]。川瀬一馬（『古辭書の研究』第二篇第三章第一節拾芥抄）は詳細に論じている。但し、筆者の採り上げる明文抄からの歳時記的句群については、發言がない。

明文抄より得たと思われる句は、次のようである。

夫春者歳之始也、得其正三時有成。後漢書

歳首祝折松枝、男七女二七。初學記

正月子日登嶽、何耶。傳云、正月登嶽遠望四方、得陰陽靜氣。除煩惱之術也。十節記
正月七日俗以七種菜作羹食之。人無萬病。荊楚歳時記
正月十五日亥時、煮小豆粥、爲天狗祭庭中案上。則其粥凝時、向東再拜長跪服之。終年无疫氣。世風記
昔呉縣張成夜出屋、南角見一青衣童子。謂成言、我是家蠶君。至正月半作糜於此祭我。我令汝今年大得蠶、宜百倍。
三月三日草餠何。昔周幽王淫亂、群臣愁苦、于時設河上曲水宴。或人作草餠、珍物也。可獻宗廟。周世大治。遂致太平。後人相傳作草餠、三月三日進于祖靈、草餠之興從此始。十節録
是日酒漬桃花飲之。除百病益顏色。本草

右の春季八則の順に明文抄に登載された狀況を調べてみる。

後漢書――明文抄一・天象26（後漢書卷二、顯宗孝明帝紀）
初學記――明文抄一・天象30（初學記）
十節記――明文抄一・天象31（十節記は未詳。）
荊楚歳時記――明文抄一・天象32（荊楚歳時記の正月七日條に見るが、字の出入、異字あり。）
世風記――明文抄一・天象33（同文）
昔呉縣……百倍――明文抄一に「續齊諧記」とする。天象34
十節録――明文抄一・天象36（明文抄の方が長文である。）
本草――明文抄一・天象37（同文、「本草」も同じ。）

大冊の類書初學記から明文抄への採録が一則のみであるのが不審であったが、採録源が本書であれば理解できる。

十節記は古代中國の年中行事の由來記のようで、拾芥抄では、他二箇所、正月十七日の騎射（明文抄二・帝道下121）、七月七日の索餠（一・天象52）の記事がある。共に他書に見ない。荊楚歳時記は明文抄に他一例ある（一・天象40）。これは五月五日の「採艾……懸門之上」という民閒の習俗を記している。共に四庫提要の本文とは大同小異である。世風記は、明文抄――拾芥抄の閒にのみ見る書で、明文抄一天象の33・55・56の三則は拾芥抄へ續くと判ぜられる。帝道下140の一則「七月十五日具飯百味五菓……」は、佛教的な民閒習俗と見えるが、同一書であることは誤りないであろう。十節錄は、明文抄所引の文の方が詳しく、「……作草餠、貢幽王。王嘗其味、爲美也。王云、是餠珍物也。」とあって、傍線部のある明文抄の形が古態と思われる。十節錄の名は、明文抄に他一例（二・帝道下117）見るが、共に未詳、十節記の類であろう。本草も未詳である。

孟夏之月、其祀竈祭先肺。注云、夏陽氣盛、熱於外、祀之於竈從熱類也。禮記
五月五日以五色絲繫臂、攘惡鬼、令人不病瘟。一名長命縷、一名辟兵縷。風俗記
是日荊楚人皆蹋百草採艾、爲人懸門戸之上、以攘毒氣者也。荊楚歳時記
是日俗人取楞葉佩之。云避惡。證類本草
是日採蘭以水煮之。爲沐浴。令人辟除甲兵、攘却惡鬼。大戴禮
是日屈原自投汨羅而死。楚人哀之。每至此日、以竹筒貯米、投之祭之。續命
是日糉子等勿多食。々訖、取昌蒲七莖長一寸、漬酒中服之。四民月令
五月葺屋令人頭禿。風俗
七月七日索餠何。昔高辛氏少子、以七月七日去其靈、無一足成、鬼神於致瘧病、其靈常飡麥餠、故當其死日、以索餠祭其靈。後人是日食索餠、其年中无瘧病。十節記

初例は、禮記月令第六に鄭玄註を付して、一則としている（一・天象38）。その次則風俗記と五則後の風俗一則は、共に明文抄一天象に「風俗通」となっているが、風俗通義に見出せない。證類本草・大戴禮も同様にその書に見出せない。續く屈原入水の話は、同文が明文抄一天象に「續齊諧記」の名で載っている。この書については後述。

四民月令については、第八節の内「第二表の書について」の中で詳しく述べる。

この後、書名未詳一則、陰陽祕方二則、世風記二則、群忌際集(12)一則、庚申經一則が續き、歳時部の初頭部の注意すべき句の一群が終る。

明文抄を拾芥抄の源の一にしたことは、中國王朝の年代記述に鮮やかに示されている。神宮文庫本を上段に拾芥抄を下段に對比する。拾芥抄に「有巢氏」の記事も缺行もない。

明文抄　天象部 唐家世立	拾芥抄　上　二〇ウ〜 唐家世立部　第廿一
正統 天皇氏　天地始分十三頭生 治天下一萬八千年	正統 天皇氏　天地始分十三頭生、始天下一萬八千年
正 地皇氏　十一頭、治天下一萬一千年	地皇氏　十一頭、治天下一萬一千年
正 人皇氏　九頭分治天下共六十五代 四萬五千六百年	人皇氏　九頭、治天下共六十五代、四萬六百五十年
正 有巢氏　治天下數百代幷八萬年 是時未有火食茹毛飲血 巢居穴處食草木實	
正 燧人氏　治天下三萬六千年 是時教人鑽木出火 始教民熟食	正 燧人氏　治天下三萬六千年　是時教人鑽木出火 始教民熟食

この後、大昊伏羲氏・女媧氏・災帝神農氏・黃帝軒轅氏・少昊金天氏・顓頊高陽氏・帝嚳高辛氏・帝摯と次第し、堯・舜・夏・殷・周へと移る。神話時代から史實の時代に入る。藝文類聚卷十一、帝王部にこの順で記載されている。「有巢氏」も含む。記述內容は大同小異で、明文抄の典據ではない。この問題點を殘しながらも、拾芥抄と明文抄との濃い關係は認められる。

この後、漢・唐・宋となり、明文抄の中國史は「大宋」で終る。拾芥抄はその後の「大元蒙古」まで追加され、その下記は「當本朝後醍醐院元應元年」と記している。

拾芥抄では「本朝世系年立部　第廿七」（上卷三二オ）を置き、天神七代・地神五代・人皇の區分のもとに、「百三後花園」まで記している。明文抄では、神代についての長文の後に「已上一百七十九萬二千四百七十六歳、扶桑略記、除天神二代定歟」を付し、人代に神武天皇を掲げて終っている。

以上明文抄と拾芥抄が關係の濃いことを論じた。その範圍と限界についても、氣づく限りの記述をした。「明文抄」と「拾芥抄」の關係を論じた第七節は、もと『小林芳規博士喜壽記念國語學論集』（二〇〇六、汲古書院）に投じた拙稿「明文抄復元の全體像」を中心とした章である。「編纂資料『拾芥抄』」という章の題目に示したように、この時は明文抄が拾芥抄を資料としたと扱っている。兩書の關係を逆に見たのは、拾芥抄初見の時に、兩書の酷似に驚き速斷したのである。ここに、この點につき全面的に改め、素材の共通性の指摘は捨て難いので、今後は本書をもって私見とする。

第八節　明文抄の東洋文庫本

第二節で明文抄諸本を概観する際に、まず『國書總目錄』を用いた。その最初の「東洋岩崎（鎌倉時代寫二軸）」が、ここに對象とする書である。全巻揃う寫本を最優先とする立場から、東洋文庫本が寫本の中で最も古寫と思われるのに、着手しなかった。次下にこの寫本について記述する。遠藤光正氏は早く實見し、氏の觀點による注意點を著書の中で述べているが、形通りの考察に終っている。そこに記述されない價値・問題點のあることを、以下に述べる。

Ａ　句の存否

遠藤氏は、第一軸（明文抄四、人事下）の句の存否を二項記している。例に山内編による通し番號を附す。

1、第一軸巻頭に「行、天道虧盈而益謙、人道惡盈而好謙。」を缺く。

2、第一軸後部に「且起恆言善事者、又自與福。養生方」を缺く。

1の缺句は、周易、上經、謙の句で、現存本巻頭の周易句「日中則異……况於鬼神乎。」が「謙」の後の下經「豐」の句であるから、順序は良い。「天道虧盈……」の句は、玉函祕抄上101、管蠡抄六103に採られている。明文抄では、「行」により「天道下濟而光明、地道卑而上行。」を上に持つ長句（人下1）であったと推定できる。

2の養生方の缺は、これに續く養生要集（46）との類似による缺と、遠藤氏は推測する。（46 1）（46 2）とする。

3、藥酒苦於口而利於病、忠言逆而耳而於行。韓子（226の次則）

右の前に「良藥苦口而利於病……。後漢書」という著聞する句がある。玉函祕抄上31・管蠡抄一之八58では「藥酒苦於口……孔子家語」とあって、孔子家語・六本第十五が出典であるが、管蠡抄一56〜58では、家語「藥酒」の前に、史記・後漢書の「良薬」が並ぶ。Ⅱ　影印・校訂本文篇　管蠡抄　第一註參照。

追加の韓（非）子の句（226 2）は、左の略記である。

夫良藥苦於口、而智者勸而飮之。知其入而能已疾也。忠言拂於耳而明主聽之。知其可以致功也。

韓非子　外儲說左上三十二

B　句の部分的存否

句の初中後のいずれか、部分を缺く爲に全體が把握できないことがある。人事部下において、筆者の復元法の上に、東洋文庫本を加えて、正解に至った事例がある。

4、行善則休徵報之。行惡則徵隨之。孝經（54）善不積不足以成名、————（55）
以德勝人者昌、以力勝人者亡、————之勝火。維城典訓（56）

「善不積……」以下維城典訓まで、書名がなくて、一則か數則か判らない。「以德勝人者昌」は、玉函祕抄上・明文抄帝上などに見る成句であるが、維城典訓の範圍が判らない。この疑問について、東洋文庫本が解決の道を示した。最初の缺句は、「惡不積不足以滅身。韓子」であった。但し、韓子を通讀しても、字句の同じい句がない。次の缺句は「後漢書　仁之勝不仁、猶水之勝火。」と判明した。その上の句が、後漢書、巻二五、魯恭傳、殘る句が維城典訓であると定まった。ここで一句增加したので、通し番號を、後漢書句に（55 2）を與えて、收束した。

C　句の出典

明文抄復元という主題のもとでは、各句の出典の確認は重要である。

5、俗諺曰、教婦初來、教兒嬰孩、誠哉斯語。爲善則預、爲惡則去。同（187）

右は、神宮本寫本115ウ、續類從百七一上の句である。前の句が顏氏家訓なので、「斯語」までが同書巻一、教子第二の句であると、容易に調べられる。殘る八字は如何。當初は、付加した句か、その寫本もあるか、と考えた。しかし、巻四、渉務篇第十一に、この短句を見出したので、獨立句と扱わねばならなくなった。この氣附きは近時のことなので、人事下でこの句の後の261句の番號變更は避けたい。それで（187 2）とした。

6、夫雲集而龍興……有自然者、胡笳吟動……嬰兒起舞。同（335）

右は文選の句の次の句で、識者は孝經序とわかる。「嬰兒起舞」まで一連の長句と見え、その末の「同」は文選と解されるから、「同」は誤りと註せざるをえない。東洋文庫本を見る。「……自然者孝經」、これにより「同」は、それまでの句が孝經序であり、その下の「胡笳……起舞。同」は、序の四字を置いて續く句を、別句として擧げたものであった。335は、東洋文庫本の表記により、孝經序と、その同（孝經序）二句であった。一句多くなったので、335 1と335 2の二句として處置する。

右に記したように、明文抄は、東洋文庫本を加えることにより、眞實の姿に近づいた。

この方法に問題がないのではない。東洋文庫本を、細部まで尊重し、加えることは、本文に複雑な記述法や註記を混入することになる。そのような研究書が最良のものとは思われない。

東洋文庫本を調査して、編成時に近い古寫本の語りかけることの多さを感じた。本研究で扱わなかった巻一・二のみ現存する古寫本群は、何を語るであろうか。

第九節　出典別數表と成句數

明文抄二、二二六三則は、多種多様の書籍（出典）より成っている。書籍の異なり數は、漢籍一五九、佛書六、和書二十三[13]、計一八八である。

計數の基本である句（則）の判斷にも問題が多いこと、既に苦心を吐露したところである。今、一往の結論的數値を示したのは、全巻に亙り、復元作業を行ない、不完全を殘しつつ、不完全・未解決はそれを提示して、全體像を明らかにすることも重要と考えるに至ったからである。書の整理と句形の統制を行ない、次には出典別の成句數表を作製した。使用度數二以上の漢籍の句について、縦軸に明文抄の内容による區分、天象部より始まる部名を置き、横軸に出典書名を字音假名遣による五十音順にする。下段にその書の則數の計を記す。全九十書を五表に分ける。

明文抄の成句について、それぞれに資料内の存在を確認し、巻・章を確かめることを方針としたが、それでも未詳が殘っている。

1、書名が記されていても、その書の存在が確認できないばあい。

2、その書が稀書で調査できないばあい。

3、その書の中にその句を見出せないばあい、等。

右の句も數値に含まれる。「復元明文抄」では、各句の巻章の脚注を施し、時には略注が必要となる。

使用度數一の成句については、第五表の後に一括して一覧する。

第一表

漢籍＼部	天象	地儀	帝道上	帝道下	人倫	人事上	人事下	神道	佛道	文事	武事	諸道	雜物	雜事	計
晏子			1	2	2	1	3								9
遊仙窟					4		3						1		8
要覽			1				1					1			3
鹽鐵論			3	2	7	1	2			2		1			18
孝經			4	8	1	5	3								21
—孔安國註	1		7	14	3	6	8						1		40
賈子				1	1										2
鶡冠子	1						1								2
葛氏外篇						1				1					2
韓(非)子	1		2	1	1	4	3				1			1	14
韓詩外傳				1		1	2								4
顏氏家訓			2	4	5	4	16		3	19		5		1	59
漢書		4	29	35	16	9	14	2		4	9		3	6	131
魏志			1		2	1									4
魏文貞故事			1				1				1				3
金樓子			4			1	6								11

公羊傳		2 2	5		1		10
——註		1	1				2
管子	1		1				2

第一表の書について

◎晏子春秋　本論文冒頭に記した「甘泉必竭、直木必伐。」は、早く玉函祕抄上に載り、後の廣本節用集に「甘水……」の形で載るが、現刊の諸本・諸註釋に見當らない。「前車覆、後車戒也。」（人事下155）は人口に膾炙する諺になったが、原典にも「諺曰」を冠している。但し、これを缺く本もある。古代の傳承を基にする書だけに、要注意の書と見える。

◎遊仙窟　全九例。「故人傳曰」として天曆の御時に遊仙窟について談じたと記す（人倫151）。「輝々面子」（人倫150）——醍醐寺本「耀々」。他に異同あり。陽明文庫本により校訂する。

◎鹽鐵論　玉函祕抄・管蠡抄などを經て明文抄に至った句が多く、本文の亂れが見える。「窮鼠齧狸」（人事下379）は原書「貍」で、玉函祕抄尊經閣本は「狸（ネコマタヲ）」であった。

◎孝經　孔安國註の本文が用いられ、註文が金言成句として獨立して用いられた。數表の示すごとくである。「在上不驕、高而不危……」（人事下24）は、諸侯章第三本文であるが、仁治本「居上」、建治本「在上」である。字體に古文を含み、傳承・書承には要注意であろう。「使口如鼻、終身勿事孝經」（人事下142）は孔安國註になく、玉函祕抄尊經閣本に「孝經注」とある注意すべき古註である。

◎賈子　「君能爲善……。新語」（帝道下62）は、玉函祕抄が編纂に群書治要を用いたことに起因する誤りで、本來賈子の句である。(14)「三年耕而……。賈子」(人倫222)は直接の採録でなく、臣軌下、利人章「賈子曰三年耕而……」よりの引用であろう。間接採録の例である。賈子第一巻に存する句であるが、群書治要にこの部分は抄出されていない。

◎鶡冠子　「陶犬無守夜之益……」(人事下262)はこの書に未見。金樓子巻四立言篇に同句があるのは、この句が通行の諺であった爲であろうか。

◎葛氏外篇「水積成淵、學積成聖。葛氏」(文事55)は、玉函祕抄中、管蠡抄三ノ一等より著聞する句であるが、まだ確認するに至らない。

◎韓詩外傳　左の一則、未見である。

桃花水下之時、鄭國之俗、三月上巳於溱洧兩水上、執蘭招魂、祓除不祥也。韓詩外傳　(帝道下130)

諸橋轍次編『大漢和辭典』第一巻「上巳」にこの則が見える。

〔顏延之、三月三日曲水詩、注〕善曰、韓詩曰、三月桃花水之時、鄭國之俗、三月上巳、於溱洧兩水之上、執蘭招魂、祓除不祥也、宋書禮志曰、自魏以後、但用三日、不以巳。

◎顏氏家訓　この書は、子孫に訓戒を垂れる書であって、廣く讀まれたようである。宋本が關係深く思われた。

七月半孟蘭、所望於汝也。顏氏。顏之推臨死誡其子詞也。(帝道下141)

巻七、終制篇第二十の句と註である。宋本註に「一本無七月半孟蘭盆六字」とあるという。玉函祕抄とそれを承けた神宮本に「盆」を缺くのは二書だけの誤りであろう。

書名は、世俗諺文上巻「芝蘭友」の註「顏氏家訓(ケンシカケクン)」によれば呉音よみもあった。

◎漢書　後漢書との間に書名の誤りが少々ある。左は「漢書」が正しい。

欲知馬價、先問狗。後漢書　(地儀19、92上)

史書に見る佳句が他書にも載ることがある。

　目不視靡曼之色、耳不聽鼓之音。（帝道上113、106下）

右は書名を缺く。文選巻五十一、賈誼「過秦論」の一節である。漢書巻九十五、南粤王傳に載り、玉函祕抄中にあるのも、漢書よりの句の中である。明文抄の玉函祕抄重視の傾向から見て、缺字は「漢書」であろう。次の周苛の詞は、史記巻八にも漢書巻三十三にもある。詞を検して漢書巻一上と定めた。

　反國之王、難與守城。漢書（武事49、194上）

◎魏文貞故事　唐初期の高官魏徵の言行錄。文貞は謚。

第二表

漢籍＼部	天象	地儀	帝道上	帝道下	人倫	人事上	人事下	神道	佛道	文事	武事	諸道	雜物	雜事	計
群書治要				9	1	2							1		13
荊楚歲時記	2														2
藝文類聚			1	1											2
孔叢子					1		1								2
孔子家語		1	3	4	6	2	7							1	24
後漢書	6		51	37	14	6	46	1		4	11		2	7	185
——註			1				1								2

荘子			7	4	4	10	11	1	4	1	1	1	1	45
曹植表							2							2
左傳	1		28	27	9	8	20	9		6	6	6		120
三略					1					1				2
周易	3		5	2	2		8	3	1		2			26
史記	3	2	40	49	21	11	45		10	16			4	201
尸子					1	1								2
十節記	2			1										3
十節録	1			1										2
四民月令	1			1										2
尚書	1	2	17	9	7	2	8	3	1	1	5	2		58
周禮	1			5	1	1					3			11
修文殿御覧				1		1	1							3
蜀志	1		1	2			3		1	1				9
——註				1										1

第二表の書について

◎群書治要　中國に佚して、本邦に残る書。全五十巻のうち三巻を缺き、そのまま四部叢刊初編に入る。明文抄に十三則も採録されているが、周易を始めとする漢籍の要文を抽出したにしては、金言成句とされて諸書に用いられている句がこの中にない。尙書・左傳・禮記・孝經等々が收められ、金言成句と言われる詞章も收められている。而るに、この書の中に十三則のうち一則も見當らないのは、なぜであろうか。解決の端緒も見出せない。今後の調査に俟つべき一群である。

◎荊楚歳時記　第七節に記述した。拾芥抄による。

◎藝文類聚　この名の二則は未見。他に符子（人倫58）と憑衍車銘（人倫190）はこれよりか。

◎孔子家語　人事上84・85の二則は、後漢書巻三十七、三十九の李賢等註の句である。後者は「韓子外傳賈子曰」とする句であるが、ここでは原典、孔子家語の句とした。84と共に「家語」と則の末に記すのを採った。

◎後漢書註　一則は帝道上68に載る後漢書巻一上、李賢等註である。「蔡邕獨斷曰、皇帝六璽……其文云々 後漢書」とあり、中缺・下略して、註に記されている。獨斷巻之上の文である。

他一則は「魴魚勞則尾赤……家語」（人事下403）を指している。玉函祕抄中で「後漢書註」と示された句（中334）であるが、この前後と共に誤って、「家語」の名で明文抄に入ったのである。(15)

◎莊子　この書の發想・論法・表現は平凡を避け、考えさせられる。それで成句が多く、一則に整える苦心もあった。次例は對話者と呼びかけ（傍線部）を除き、一般論とした。玉函祕抄巻下643において用いた形の繼承。

惠子曰、子非魚、安知魚樂。莊子曰、子非我、安知我不知魚之樂。（人事上34）

◎曹植表　陳思王集、巻一、望恩表を指すか。

◎左傳（春秋左氏傳）　一二〇則もの大量の成句がある。問題のある句も多い。その一例、

好不廢過、惡不去善。韓子（人事下88）

右と同じ句が玉函祕抄上に「韓子」、管蠡抄七ノ十九に「左傳」と載り、雙方を取材した廣本節用集は「左傳又韓

子」とした。調査して左傳哀公傳五年に存し、韓子にないと判明したが、雙方を調査しなければ、決せない。また、玉函祕抄の誤りにはその前行の成句の書名が影響した、と一往の理由も必要となる。明文抄としては、玉函祕抄を尊重する基本態度が裏目に出たといえる。

◎周易　高田眞治譯注『易經』を底本として判斷した。まず周易略例一則（人事下353）を別書とした。帝道下に周易異本三例を含む。周禮が「周易」と誤り記される例が見出された。左句は周禮卷六、春官宗伯下の成句である。

　六夢一曰正夢、二曰噩夢、三曰思夢、四曰寤夢、五曰喜夢、六曰懼夢。周易　（人事上44）

◎史記　使用度數二位の書である。問題點は多い。「人主無過擧」は、帝王の人材登用の公正を言い、また進言することばである。

　人主無過擧。不當有戲言、言之必行之。（帝道上211）

右は書名を缺く。史記に「人主無過擧」は二例ある。續く文により卷五十八、梁孝王世家と定まる。

◎尸子　264は後漢書卷七八、呂强傳「尸子曰」の引用か。265は後漢書卷十七、馮異傳の句、「同」は誤記。兩句とも後漢書句とする。

　君如杅人……圓則水圓尸子　義爲君臣、恩猶父子。何嫌何疑而有懼意。同　（帝道下264・265）

◎十節記・十節錄　十節記二則、十節錄一則は拾芥抄による。未見の例が殘る。

◎四民月令　この書は二則記されている。一則は拾芥抄に見るもので、二則併せて明文抄の形で翻字してみる。

　是日糉子等勿多食。々訖、取昌蒲根七莖各長一寸、漬酒中服之。四民月令　（天象44）

　七月七日曝經書、設酒脯特果、散香粉於筵上、祈請於河鼓織女、言此二星神、當會守夜者咸懷私願。四民月令（帝道下139）

拾芥抄・縮芥抄に見る書名は「四氏月令」とも讀める字であるが、「四氏」に書名としてそぐわない感じが残る。清の錢大昭撰、補續漢書藝文志、子部に「崔寔　四民月令一巻　政論六巻。」を見て、これかと納得した。

群書治要巻第四十五に「崔寔政論」とあるのがこれである。本邦の人が四民月令を實見したか、書承なのかはわからない。少なくとも實存した書であった。中國の歳時記の類であろう。

〔補記〕四民月令の引用が天長八年（八三一）成立とされる祕府略の現存本に二條あり、これより後の日本國見在書目録「別集家」の「崔寔　々（ショク）（集）二」に當るか否かは不明であるが、渡來していたのは確實のようである。この書は中國農業の史的研究には重要な書らしくて、渡部武『四民月令』（東洋文庫）及び詳細な研究論文がある。(16) 明文抄・拾芥抄の引用は見られない。「一則は内容・文體から判斷して、《四民月令》文ではないように思われます。……別の一則の稷子の記事は江南の習俗であって、華北の崔寔にはなじみのないことで」と渡部氏の考えがある。拾芥抄の二則とも疑問符を打たれては専門の研究者の判斷に從わざるをえない。この二則の正體は何であろうか。

◎尚書　中國でも古代の史書・思想書であって、難解である。そのためか、引用の例に用字・句接續などの誤りが多いようである。復元案に採り上げることが多かった。

◎周禮　周易の條で關連する一則を掲げた。

第三表

漢籍＼部	天象	地儀	帝道上	帝道下	人倫	人事上	人事下	神道	佛道	文事	武事	諸道	雜物	雜事	計
臣軌			2	26	6	5	15				3		2		59

新語			2				2						4
晉書		1	3	3	1	2	9			1		2		22
新唐書										1		1		2
隋書			1	1	1									3
西京雜記			2	1	1									4
齊春秋			1								1		1	3
世風記	3			1										4
說苑			1	1	2	1	1			2			2	10
世說						2				1		1		4
潛夫論			1	1	1					1				4
宗書			1				1							2
續齊諧記	2			1										3
孫卿子				1	2					1				4
大唐六典			1						1					2
大平御覽	2		2	1			4							9
大平廣記								1	1					2
唐書		1	4	6	1	3	3			2	1		1	22
唐文粹							3							3
唐曆		1	4	8			5			2	2			22

第三表の書について

◎臣軌　唐、則天武后撰、帝王の模範たるあり方を示す帝範と共に、臣の軌範たるあり方を示し、封建體制の精神構造を形成した基本書である。ここより生まれた成句は數多い。先人の書、古語などを採り込むことも多い。

◎齊春秋　日本國見在書目錄(17)、十二古史家「齊春秋卅巻梁奉朝請呉均撰」

◎世風記　四則。中國の民間の季節の行事を述べたもので、明文抄に採られた。本書六二ページに既述したところ。「孟蘭盆」と書き入れのある一則（帝道下140、128上）は拾芥抄にない。編者・刊年未詳。

◎説苑　全十則、うち次則は文選になく、説苑巻十である。

　　惡生於所忽、禍發於細微。文―（雜事40）

　第六節4において、玉函祕抄による變異の例として、「生我者父母、知我者鮑叔」（人倫168）という史記句の問題を採り上げ、その二句後に「……鮑子也。士爲知己者死」の形を記すのは、説苑巻七であると記した。説苑のような論説には、例として援用される故事が多い。

◎潛夫論　「國之所以……君名也。……其之所以闇者偏信也。新論」（帝道上246、112上）は群書治要を介しての誤記で、潛夫論、明闇第六の句である。既に發表したところ(18)。

◎續齊諧記　三則。その第一、天象は拾芥抄に書名を缺いて載る（翻刻あり）。明文抄では、「……百倍。續齊諧記」とある。この同話と思われるものが、荊楚歳時記の「正月十五日……」の條に載っている。

　呉縣張成夜起、忽見一婦人立於宅上南角、擧手招成。成則就之。婦人曰、比地是君家蠶室、我則是比地之神、明年正月半、宜作白粥之膏於上、祭我也。必當今君蠶桑百陪、言絶失之。成如言、作膏粥。自此後大得蠶、今正月半作白膏、自此始也。

帝道下131の一則もまた荊楚歳時記に載っている。以上で、本書は荊楚歳時記の同類と推定される。叢書集成新編、第八十二冊に「續齊諧記　一巻　梁　吴均撰　逸史」とある。

◎大唐六典　平安初期寛平年間、藤原佐世奉敕撰の書、日本國見在書目録に「大唐六典李林甫注」とあり、藤原孝範、柱史抄下にも引例がある。唐、玄宗御撰。三十巻。享保甲辰（一七二四）七月近衛家熈序の刊本があり、その臺灣版（中華民國五十一年〈一九六二〉十一月初版、文海出版社）により調査した。この版は、註記部分を別行、一字下げにしている。本書はその部分を小活字にして、讀解の便に供した。巻第七に工部の管轄として、皇城の四至・城閣などの記事がある。明文抄一、帝道上に長文の引用がある。五、佛道にも寺・僧の數が記されている。

◎唐會要・唐書・唐文粋・唐暦(19)　この四書は未調査。日本國見在書目録、十三雑史家「唐暦　四十巻柳芳撰」

第四表

漢籍＼部	天象	地儀	帝道上	帝道下	人倫	人事上	人事下	神道	佛道	文事	武事	諸道	雑物	雑事	計
貞觀政要			22	23	6	2	10			2			1	2	68
通典				2									1		3
帝範	1		7	12	2		8			3	1				34
朝野僉載			1	1	2		6					1			11
典論							2								2

														計
獨斷	1			2										3
南史		1		1					1					3
抱朴子			1			1	8		1					11
白氏六帖					1		1							2
白虎通			1										1	2
風俗通			1										1	2
北史			1	2			2		3					8
墨子			1				1						1	3
孟子							2							2
毛詩	2	1	5	3	8	6	5		2		1	4		37
——註			2											2
文選	6		34	20	26	23	91	2	13	9	4	6	11	245
——註			1			1	2							4

第四表の書について

◎貞觀政要　本書の研究・校訂は、原田種成博士「軍記物語と貞觀政要」[20]に始まる研究により一變した。元の戈直校訂、諸家の論説を加えた本により、日本でもこれが通行していたが、唐より早く傳來した善本があって、中古から中世にかけて重視されていたことを見出したのである。我が國の金言成句に見る多量の貞觀政要はこの古鈔本によるべきことになる。字句に留まらず、巻・章の異同もある全面的變更となった。

しかしながら、明文抄神宮本の全六十八則の中に、古鈔本に見出されないのが十則も存する。問題はなお残る。

◎帝範　臣軌と並び重視された。左則は重出している。

　良匠無棄材、明君無棄士。（帝道下98・210）

◎朝野僉載　十一則を収む。この書は諺や箴言を含むので、世俗諺文以降引用されてきたが、この十一則全て朝野僉載七巻、大平廣記などの逸文を輯めた補輯にも全く見えない。因みに世俗諺文とは「一人在朝、百人緩帯」（帝道上125）、「客久主勞」（人倫158）、「腐粟不可種、老人言可用」（人倫177）が共通する。編者張鷟（さく）、字文成は遊仙窟の著者として知られ、市井の成句が含まれてよい本書の文體内容であるが[21]、全く見えないのはなぜであろうか。

◎典論　「魏文帝撰。今亡びて僅かに帝の自敍文、及び文選五十二巻所載の論文を存するのみ」（大漢和辭典）。明文抄に二則、

　女無美惡、入宮見妬。士无賢愚、入朝見嫉。典論

　凶服象其憂、吉服象其樂。同（人事下81）

前者は、玉函祕抄巻上の「典論」とする句で、それは、群書治要巻四十六の「典論」（著者名なし）の引用であること、明らかである。一方管蠡抄巻一ノ十に、この句を含む長句がある。漢書巻五十一の、鄒陽の進言の詞の中にある。これと「典論」とは關係があるのであろうか。

◎風俗通　この書名は、通常漢、應劭の風俗通義十巻を指す。明文抄に風俗・風俗記・風俗通として四則存するが、一則もこの中に見出さない。

　俗説曰、衆人同心者可共集、起一城同心、共飲雒陽酒可盡也。風俗通（雑事6）

　趙王好大眉、民開半額。楚王好廣領、國人沒頸。風俗通（帝道上171）

右二則は中國の記事であるが、見出せない。

五月五日以五色絲繋臂、壤惡鬼、令人不病……。風俗通（天象39）

五月蓋屋、令人頭禿。風俗通（天象45）

右前者は拾芥抄上に「風俗記」、後者は同書に「風俗」とある。明文抄の「風俗通」四則は、未詳である。

◎毛詩（詩經）　毛詩で困難を感じるのは、底本を何にするか、對象句の位置（巻章など）をどう示せばよいかである。思案の末、古い校訂であるが、服部宇之吉校訂『毛詩』（『漢文大系』所收、一九一一年刊）を用いることとした。引用はその巻數を用いない。

相鼠有體、人而無禮、胡不遄死。毛詩（帝道下347）

右は毛詩鄘風・相鼠の句である。

相鼠有及無禮、人而無儀、不死何爲、人而無禮、何不遄死。　管蠡抄　第三　誡無禮廿

この段階で句の省略があり、それを更に縮約している。その轉ずる樣態を記しえないが、成句の形が落着するのに、複雑な過程がある一例として、ここに採り上げてみた。

君近小人、賢者見侵害。毛詩（帝道上147）

これは、邶風、柏舟の鄭玄註である。「豐年之冬必有積雪也。毛詩註」（帝道上147）は未見。

◎文選　司馬六郎編『文選索引』の學恩で、全二四五則の内、未詳は僅か四則である。文選註は索引により検しえないが、註に所在を確認し、第六節2に記した。

第五表

漢籍＼部	天象	地儀	帝道上	帝道下	人倫	人事上	人事下	神道	佛道	文事	武事	諸道	雜物	雜事	計
禮記	3		13	39	17	4	9	3		10		6	6		110
——註							1								1
老子經	4		6	2	3	1	4	1		1	2		1	1	26
六韜			1											1	2
呂氏春秋			9	5	3	4		1							22
列子						2									2
論語			6	20	16	8	16	2		19	2	2	4		95
——註				1		1	1	1							4
王隱晉書			1	1											2
維城典訓			1				1								2
淮南子	2	1	3	2	3	1	3								15

第五表の書について

◎禮記　儒教の中心書籍として、数多く用いられた。中でも、曲禮上、二十一則、曲禮下、三十一則と偏っている。朱子の重視した大學は三則、中庸は二則に過ぎない。それも「禮記」の名に収められ、特立してはいない。

鄭玄註と合して一則にしている天象38は拾芥抄上によるもので、天象48は、註を付加したと明らかにしている。

註のみで一則は次例である。この點、孝經とは逆である。

君子居安如危、小人居危如安。禮―（人事下392）

なお、帝道上136は、坊記第三十である。三者の引用に混同がある。

子曰天無二日、土二王、家無二主、尊無二上。坊記第三十

孔子曰天無二日、土無二王。嘗禘郊社、尊無二上。曾子問第七

天無二日、土無二王、國無二君、家無二尊。喪服四制第四十九

◎老子經　金言成句として引用されるのは、河上公註老子道德經であった。章句名にも異同がある。徒然草など諸書の解釋・施註に留意すべきことを嘗て論じた(22)。

①大巧若拙、②大辯若訥、③大器晩成、④大音希聲、⑤大才當晩成。後漢書（人倫22・23）

①②は　老子經洪德四十五、③④は老子經同異四十一、⑤は同じく同異四十一「大器晩成」としたいところであるが、後漢書卷二十四馬援傳に「大才當晩成」を見出すのである。

使用度數一の書

明文抄の部毎に書名を記しておく。

天象　庚申經。周髀算經。春秋繁露。證類本草。初學記。大戴禮。東宮切韻。風俗。風俗記。

地儀　梁書。

帝道上　孝經援神契。漢舊儀。後京雜記。春秋繁露。新序。唐蒙求。陳書。天地瑞祥志。任子。物名。本草。

帝道下　漢官儀。魏文帝書。魏文帝政書。皇世紀。月舊記。昌言。愼子。世要論。中說。典語。南齊書。白氏文

集。傅子。文中子。袁子正書。
人倫　鹽子新論。音義抄。儀禮。儀禮註。呉子。三略。周書陰表。政論。憑衍車銘。符子。法言。
人事上　（春秋）穀梁傳。新序。列女傳。
人事下　花子。坤元錄。周易略例、隨巣子。聲隅子。唐會要。東觀記。閔子。養生方。養生要集。論衡。
神道　神仙傳。洛書斗中圖。六帖。
文事　萬機論。
諸道　釋氏要覽。別錄。
雜物　文子。
雜事　魏文帝書。

表一〜五は使用度數二以上を示した。その總數に使用度數一の書、佛書・和書關係の成句數を加えて、明文抄の全句數となる。
使用度數の多い書は、表一〜五で知るところであるが、二十五位まで擧げてみる。表で別記した「註」は本體の數に含める。

文選	249
史記	201
後漢書	187
漢書	131
禮記	111
左傳	120
論語	99
貞觀政要	68
孝經	61
顏氏家訓	59
臣軌	59
尙書	58
莊子	45
毛詩	39
帝範	34
老子經	26
周易	26
孔子家語	24
晉書	22
唐書	22
唐曆	22
呂氏春秋	22
鹽鐵論	18
淮南子	15
韓(非)子	14

史書が上位にあるのは、本紀・世家・列傳の巻、即ち人物が活動し、生氣ある言動に満ちる場がある。下命・上奏の撰ばれた表現の場がある。それ故、數多い名言が表現される。文選が最上位にあることには、説明を要する。文選六十卷の中で、佳句として採られるのは、主に賦、即ち長篇詩の巻であって、表現と韻律を意識した彫心鏤骨の文が集まっている。これが優れた成句の多い理由であるが、見落せないのは、玉函祕抄で文選を特に重視したことであろう。下巻二〇六則のうち一四八則までこの書が占めている。この偏重が明文抄にも及んでいるのである。

禮記・孝經は古代人の人閒性を培った基本書と思われ、論語と共に精神の涵養の中心であった。それ以下に擧がってくる書の必然性は、理解できるであろう。十位以下になると、書籍それぞれの特性のある書が並ぶ。今日の我々からは耳遠い書、晉書などが出てくる。既に史記の十分の一程度の使用であって、さらに以下の數多い書の先觸れという感じである。

第十節　句の原態と掲載形態

漢籍原典から抽出された句と、明文抄に採録された句とは、必ずしも同一ではない。「復元明文抄」の凡例に箇條書きした。〔本文〕〔書名〕〔註〕それぞれ本文校訂に直接に關係している。

第二節から第四節にかけて、校訂の例示を行なったが、凡例の具體的解説という意味で、少しく説明したい。例示は前節との重複を避け、多數の該當例から明瞭な例を採り上げる。

傍線・傍點で注意すべき箇所を示す。

缺句・缺文にも編者の意圖によるかと推測されるものがある。

衆人熙熙、如享太牢、如春登臺。老子（天象28）

仲春之月……天子乃鮮羔開冰。註春秋傳曰……。禮記（天象48）

老子では「如享太牢」、禮記では「乃鮮羔」を略している。中國古代の難字であり、明文抄編者としても、必要不可缺の語ではなかったのであろう。

字句の除去にも、その理由が解せないこともある。

昔堯之治天下也、使天下欣々焉、人樂其性、是不恬也。桀之治天下也、使天下瘁瘁焉人苦其性、是不愉也。莊子

糾斮朝涉之脛、剖賢人之心。同（帝道上236・237）

右の初句は莊子在宥篇の句である。傍線部を缺いている。「恬」と「愉」は、大きく見れば意味が近いとはいえ、堯と桀という相反する人物の屬性に用いられており、この中缺は理解し難い。

後句は莊子に見出されず、尙書の周書泰誓であろう。周の武王が亞虐の糾王を討伐せんと衆に誓う詞である。尙書にない「糾」を對比上加えたか。

天下神器、不可力爭。後漢書（帝道上9）

後漢書巻十三、公孫述傳、續類從本は「力爭」である。神宮本「刀爭」でも通じるけれども、傍點で異形のある指摘を殘すに留めよう。

太(大)宗初踐祚、卽於正殿之左、置弘文館。精選天下文儒、令以本官兼署(暑)學士、給以五品珍膳。……貞觀政要（帝道上87）

貞觀政要、卷七、崇儒學第二十七の句である。神宮本の脫字「天下」を補入し、誤字「大宗・木官・暑・蟲」を改めた。續類從は「天下」を圍み、脫と示し、他は正字に改めている。續類從の如く、正字に改めるので良く、神宮本

との對校は、混亂させるのみかもしれない。點畫少異を對象に嚴密に實行すれば、その字は數限りなく存し、しかもそれを指摘する意義・有效性も疑わしい。從って、有意な相異字形には對校を加え、多くには、右傍に「・」を施すのみとする。

後漢和帝、永元六年、六月己(巳)酉、初令・(令)伏閉盡日。後漢書（天象46）

注、漢官舊儀曰、伏日萬鬼行。故盡日閉、不于它(他)事・(也)。

後漢書、卷四、孝和帝紀第四の句である。當日は「六月己酉、初令狀閉盡日」とあって、「後漢和帝、永元六年」は記事として必要なので、それ以前より引き用いた。「己酉」は神宮本「巳酉」である。「令」一字が神宮本で衍字となる。「漢官舊儀」が正規の書名なので、缺字と異體字の註記を施した。問題は句末の辭「也」である。句末の辭は表現者の主觀の表出が多い。そして、意識してその辭を除くことにより、客觀的表現となり、普遍性、客觀性のある形とするのである。

凡天子者天下之首。何也、上也。蠻夷者天下之足。何也、下也。△足反居上、首顧居下、倒縣如上。漢書（帝道上33）

今匈奴嫚侮侵掠、至不敬也。爲天下患、至亡已也。而漢歳致金絮采繒以奉之。夷狄徵令、是主上之操也。天子共貢、是臣下之禮也。

右は漢書卷四十八、賈誼列傳第十八の文である。△の所に、左の長文を缺く。

主上と臣下のあり方につき、時勢を例に擧げて說き、強く主張した上疏文である。明文抄の編者はその時點を示す言辭を除き、一般化したのである。

第十一節　明文抄所載の佛書・和書その他

世俗諺文の現存本には、佛書として、阿含經・四分律・賢愚經・心地観經・僧祇律・大寶積經・仁王經・毗尼母經・報恩經・寶梁經・法華經・法華文句等十二種を見る。法華經は、佛の「如優曇花」遇うこと稀な表現に用いられて、法華文句の解が引かれている。

この出典調査に、リラの會編『観智院本『世俗諺文』本文（第二版）と出典』という勞作[23]がある。それに従うと、四分律・僧祇律・毘尼母經など、特殊と見える書は、法苑珠林巻九十四に引用された書を使用したと思われる。一例を擧げると、「上氣莫當人出（註）毗尼母經云、氣有二種、一者上氣、二者下氣也。……」は、法苑珠林巻九十四、陸氣部第三に載る。世俗諺文の佛書は、佛典の教義の中より佳句を選んだものではなかった。

佛書の他に、國書としては、「王事靡監」の註に聖德太子の憲法十七條を日本書紀より引く、或いは、「一人向壁滿座不論」の註に職員令を引くなど、僅かの國書がある。

世俗諺文に續く玉函祕抄、管蠡抄に、佛書・和書は見當らない。

明文抄では二千を超す句を區分している。その一に佛道部がある。別掲の「類書三書出典別句番號索引」の「佛書」に、儀軌・金谷園記・壤災決・釋靈實年代曆・彼岸齋法成道經・歴代三寶記の六書6句がある。ここに知られた佛典は一書もなく、佛道部に屬するもの三種、他は、引例の内容により佛書の中に收めたものである。恐らく官吏としての經過の中で、必要になったもの、佛教徒の信仰は伺えない。

金言成句集らしさというより、類書らしさが見えるのは、和書の類である。

左の目録に、二十二種、二二六則という多量が整理されている。

一　法制書　延喜格・延喜式・弘仁格・式・貞觀格・律・令・令義解

二　史書・記録　官曹事類・寛平御記・寛平御遺誡・國史（類聚國史）・古語拾遺・諸道勘文・政事要略・日本紀・本朝月令・小野右府記

三　その他　紀家集・群忌隆集・東宮切韻・陰陽祕方

法制書とした中の延喜式にしても、この名の十六則全てが『新訂増補國史大系』に見えるのではない。他の式・律・令は未確認が多く殘る。記錄の類とした諸道勘文は大學寮・陰陽寮・典藥寮の諸博士に命じて「諸事を勘え調べて上申させた文書」という。もと二百巻というが、現存二巻（群書類從巻四大二）の中に、明文抄收載の四則は見えない。右に記した諸書の諸則も價値あるものであろう。

明文抄に載っている、唐家世立・本朝世立・名數語彙等數々の百科項目は後代の節用集などに關連すると思われ、この時代の理解の爲にも見落せないと思われる。

註

（1）遠藤光正『明文抄の研究並びに語彙索引』（一九七四、現代文化社）。第五節、明文抄の本文批判。索引全七八八ページ。

（2）遠藤光正『類書の傳來と明文抄の研究』（一九八四、あさま書房）。影印一五八ページ。

（3）山内洋一郎「『明文抄』の復元――漢籍起源の句を中心に――」（『國語國文』第七十巻第五號、二〇〇一・五）

（4）『古辭書の研究』（雄松堂出版、一九五五。增訂版、一九八六）

（5）遠藤光正『玉函祕抄語彙索引並びに校勘』（一九七一、無窮會東洋文化研究所）

（6）第一章註（9）に同じ。

（7）佐竹昭廣・久保田淳校注『徒然草』（新日本古典文學大系、一九八九）も蔡澤傳とする。諸註釋の源が明文抄ならば、田叔傳とするのが正しい。

（8）註（2）の書、第一章第五節一、類似句の組み合わせ。

（9）註（3）論文、一二ページ。

（10）山内洋一郎「廣本節用集態藝門金言成句出典考」三2イ注（イ）。（山田忠雄編『國語史學のために』第二部、所收）

（11）『國史大辭典　7』（一九八六、吉川弘文館）、「拾芥抄（しゅうがい）（山田英雄）古くは洞院公賢の撰、同實熙の増補としたが、和田英松は否定し、川瀬一馬は現存の『拾芥抄』は改編されたもので、これは洞院公賢の撰とする。」この他詳細な記事がある。

（12）縮介抄一九オでは「群忌隆集」とよむか。未詳。

（13）本書巻末、類書三書出典別句番號索引、參照。

（14）第一章第二節1。

（15）註（3）論文、一二ページ。

（16）渡部武「『四民月令』輯本稿」（『東海大學紀要』文學部、一九八六・九）

（17）古典保存會複製、山田孝雄解說、一九二五。藤原佐世、寛平年閒（八八九〜八九八）奉敕撰。

（18）山内洋一郎「廣本節用集態藝門金言成句出典考」三2イ注（イ）。

（19）太田晶二郎「『唐曆』について」（『山田孝雄追憶・史學語學論集』、一九五二、寶文館出版）

（20）『關東短期大學紀要』第十集、一九六四・一二。『增訂　古辭書の研究』增補の部（一九八六、雄松堂）

（21）中華書局、唐宋史料筆記叢刊。內山知也「朝野僉載考」（日本中國學會報、第二十五集）

（22）山内洋一郎「徒然草「身を守るにまどし」の典據をめぐって」（『文教國文學』第三十號、一九九三）『野飼ひの駒——語史論集——』（一九九三、和泉書院）所收。

（23）山根對助監修、リラの會編『觀智院本『世俗諺文』本文（第二版）と出典』、一九八〇。

第三章 管蠡抄

第一節 編者 菅原爲長

管蠡抄は菅原爲長（一一五八～一二四六）の編とされる鎌倉初期の金言成句集である。本書は中世にすこぶる重視され、重寶されたと見えて、寫本が多く、近世に入っては古活字版、更には整版、博覧古言も出た。利用されることが多くなれば、必然的に金言成句の增減も多數になり、字句の異同もまた甚しくなっている。中國の古典籍からの要文の集成であるので、本文異同としては、漢文の字句とその訓讀法との二面共に異同が見られ、複雑な様相を呈している。

管蠡抄の編者が菅原爲長であることは、金澤文庫藏、金澤貞顯筆「管蠡抄」（第六隱德七史記より第八避危二十二文選まで）三巻一軸の巻尾の奥書で知られる。

徳治三年二月廿五日點校畢／正五位下行越後守平朝臣在判

同三月二日重校合畢菅相公／爲長卿抄云々　　貞顯

完備していたであろう金澤文庫本が、所在不明となり、その一軸が市場に出た。それを金澤文庫が購入したのは、昭和四十八年（一九七三）のようである。その秋に、納富常天「金澤貞顯筆「管蠡抄」」(1)が發表された。納富氏の論文と翻刻がある。奥書の前に「友人西山氏所藏予乞而割愛巻尾記載如是」の一行がある。この一行と奥書は後補の紙に記載されている。同系寫本の山田孝雄博士藏本、靜嘉堂文庫所藏本、共にこの奥書は第五の終りに記されており、分讓に當って、第五と同じ奥書を記したのである。後補別筆であるが、信頼できるものである。

川瀬一馬「中世に於ける金言集について」[2]（一九五四）は右の奥書を引き、「菅原爲長の選述なる事は確實である。」とし、「金澤文庫本（德治鈔本）管蠡抄について」[3]（一九六八）で、この一巻について詳しく述べている。右二論文は『增訂　古辭書の研究』（一九八六）に收められた。

菅原爲長の閱歷と業績については、山崎誠「菅大府卿爲長傳小考」[4]が詳しい。

第二節　諸　本

管蠡抄の傳本について考察されたのは川瀬一馬博士である。「中世における金言集について」に導かれつつ、そこで検討されなかった數本を加え、構成と本文異同の觀點より諸本を分析して、傳本の大要を把握してみようと思う。

諸本には小數の八巻本と大多數の十巻本とがある。八巻本は原形を殘すもの、十巻本は增補されたものとする川瀬氏の説を考察の出發點とする。この八巻、十巻の稱は川瀬氏の用語であるが、管蠡抄内部は第一より第八、或いは第十に分けられており、「巻第一」等の稱が古活字版のほかは寫本に稀な點から言えばふさわしくないけれども、便宜に從った稱であって、以下にも用いる。尚、遠藤光正編著『管蠡抄・世俗諺文の索引並びに校勘』（一九七八、現代文化社）がある[5]。

私見による諸本分類は次の如くである。傳本一々の解説は行わない。＊印を付したのは川瀬氏の前掲論文に説かれているものである。〈　〉内に本稿で用いる略稱を記す。

一、金澤文庫本系統

A、金澤文庫本直系、八卷本。

1、神奈川縣立金澤文庫所藏本。一卷（第六中途より第八終まで）。金澤貞顯、德治三年（一三〇八）書寫。——*〈金澤本〉

2、富山市立圖書館山田孝雄文庫所藏本。三册。江戸初期寫。溫故堂文庫、和學講談所舊藏。山田孝雄博士舊藏。——*〈山田本〉

3、靜嘉堂文庫所藏本。一册。元祿頃寫。松井簡治博士舊藏。文政四年菅原聰長識語。——*〈靜嘉堂（八卷）本〉

B、古活字版本、十卷本。

4、古活字版本。慶長元和頃。三册。

ア、靜嘉堂文庫所藏本。*狩谷棭齋自筆校合書入れ。

イ、內閣文庫所藏本。*林家舊藏。

ウ、龍門文庫所藏本。*改裝一册。

C、增補本系統。十卷本。

5、無窮會神習文庫所藏本。一册。室町末期寫。井上賴圀舊藏。——〈無窮會本〉

6、靜嘉堂文庫所藏本。一册。天文十三年（一五四四）寫。狩谷棭齋舊藏。——*〈（靜嘉堂）天文本〉

7、天理圖書館所藏本。一册。永祿十年（一五六七）吉田兼右識語、寫本。吉田家舊藏。——*〈（天理）永祿本〉

8、市立米澤圖書館所藏本。一冊。室町末近世初期寫。――〈米澤本〉

9、宮内廳書陵部所藏本。二冊。江戸中期寫。――〈書陵部本〉

10、林家所藏本。椷齋校合本（4ア）の一。――〈林本〉

二、永正本系統

A、永正本。八卷本。

11、川瀨一馬博士舊藏本。一冊。永正十五年（一五一八）祖爽寫。澁江抽斎、森立之、大槻文庫舊藏。現藏者未詳。高橋貞一博士の影寫本あり。――*〈永正本〉

12、叡山文庫天海藏所藏本。一冊。室町末期、顯恕寫（第八まで、以降別筆）。天海僧正識語。――*〈叡山本〉

B、增補本第一種系統。十卷本。

13、山田忠雄氏所藏本。一冊。室町末期寫。――*〈山田十卷本〉

14、國立國會圖書館所藏本。二冊。室町末期寫。島田翰舊藏。――*〈國會本〉

C、增補本第二種系統。十卷本。

15、龍門文庫所藏本。二冊。室町末期、朗俊寫。――*〈朗俊本〉

16、尊經閣文庫所藏本。一冊。室町末期寫。妙覺寺日奥舊藏。――*〈尊經閣本〉

17、天理圖書館所藏本。一冊（下卷のみ）。元龜三年（一五七二）寫。――〈（天理）元龜本〉

18、妙心寺大通院所藏本。慶長三年（一五九八）寫。椷齋校合書入本（4ア）の一。――*〈大通院本〉

19、一本。椷齋校合書入本（4ア）の一。――*〈一本〉

D、增補本第三種系統。十卷本。

20、日光山天海藏所藏本。一册。天正十八年（一五九〇）承覺寫。――〈日光本〉
21、吉田幸一氏所藏本。一册。江戸初期寫。（慶應大學斯道文庫藏フィルムによる焼付寫眞使用）――〈吉田本〉
22、叡山文庫眞如藏所藏本。一册。室町末期寫。――〈眞如藏本〉
23、慶應大學附屬圖書館所藏本。一册。室町末期寫。――〈慶應本〉

三、抄出本

24、天理圖書館所藏「國籍類書」所收本。

右のうち2（山田本）、13（山田十巻本）、20（日光本）、21（吉田本）、23（慶應本）の諸本は山田忠雄先生所藏の寫本、及び焼付寫眞を使用させていただいた。他は實見し、或いは寫眞を入手して調査したものである。

『國書總目錄』に掲載されたものの中で、〝東博（江戸末期寫、一册）、素行文庫（有缺、一册）〟は未見。〝早大（五册）〟は早稻田大學付屬圖書館に存在せず、寫本で五册とあるのも不審。〝水戸彰考館藏江戸末期寫本〟は戰災亡佚（川瀬一馬）とか。〝京大（「管蠡抄拔書」、一册）〟は管蠡抄ではない。

なお、林道春註の博覽古言の本文は書陵部本に酷似しているが、兩本の關係は未考である。

以上の分類は、構成（特に目次のあり方）を第一とし、本文異同を第二の觀點として成したものである。

八巻本は金澤本（及び、その直系である山田本、靜嘉堂本）と、これを除く諸本の中で最も古い年紀を持つ永正本とがある。管蠡抄は第一、第二……のそれぞれに「君體　明君　明賞罸」等の區分があり、整然とした體系を成している。これをまとめた目次のあり方が諸本で變わっており、構成・傳本系列と密接な關係がある。八巻本のうち、金澤本は第一から第八までのそれぞれの初めに目次を付け、永正本では第一から第四までを一括して第一の前に、他を第五の前に付けている。金澤本が際立って書寫古く、整っているので、これを原本の形態、永正本は後に改めたものと見てよいであろう。但し、本文の點になると金澤本にも誤りが少々見受けられること、[6]永正本は金澤貞顯自筆本からの分出ではなく、それ以前の傳本より出た系統かとも疑われること、[7]この二點は指摘しておかねばならない。

金澤文庫本については川瀬一馬氏のいくつかの文章の中で「金澤文庫本（德治鈔本）管蠡抄について」[8]（一九六八）が詳しい。金澤本は零卷なので、全貌は山田本で推測することになる。兩本を對照すると極めて良く一致するので、この推測は可能である。但し、山田本は書寫新しく、字句などの誤りのあることはやむをえない。[10]

永正本については川瀬一馬「中世における金言集について」二、管蠡抄（ロ）(1)に詳しい。八卷を上下に分ち、上（第一至四卷）の目録を卷首に加え、下（第五至第八）の目録を第五卷の首に掲げてあり、卷末に書寫識語がある。

于時永正十五年戊虎睦月吉日祖爽之

本文墨付總紙數、三十八葉。澁江抽齋・森立之・大槻文庫舊藏。錯簡・脱落、出典名・排列順の異なりなど、川瀬論文に記述している。

永正本の現藏者不明のため、川瀬博士の論考により、永正本の位置づけを考えたのであるが、その後に高橋貞一博士による影寫本の存在を知った。後掲の第一～第四表の空白にしておいた永正本欄に記入し、本文を検討してみるに、考え方の大きい變更は必要なく、同系に唯一の八卷本であり、書寫年記の判明する最も古い寫本として、永正本系統を稱することは妥當と判斷される。但し、問題がないではない。まず、第一表⑤、第三表「兆人爲子」「夫子之道」、第四表「不見君夫」など、必ずしも同系本文に合致しない語句のあることが、擧げられる。次に、獨自の本文形態の存在がある。例えば、「賞以春夏、刑以秋冬同（左傳）」（第一）明賞罰三）を缺くが、これを缺く本は管見の中で見當らない。また、各卷を細分した「君躰二」などの所收句のうち、最終句の出典名を記さないことが多い。これも諸本と異なる傾向である。この他、注の缺如、本文の部分缺などを擧げることができる。

このような事實から見て、永正本が同系統とした諸本の祖本のごとき位置には立ちえないことも判明した。詳細は、永正本自身の出現をまちたいと思う。

第九・第十を增補した十巻本がいつどういう形態の八巻本をもとにして成立したかは不明であるが、右の八巻本二種の形態それぞれに增補本がある。卽ち、各巻に目次の付く形のまま第九・第十を增補した形が無窮會本・天文本・書陵部本である。八巻本を二分册にすれば、第一・第五の初めに目次が集められよう。この增補本に叡山本、山田十巻本がある。中でも叡山本は第四と第八の終りに顯恕の識語があり、「管蠡抄之上自一至四竪者亮雄」と巻頭に記している。八巻本に別筆の第九・第十を書き加えたものであることが明瞭である。この部分は記述形態、紙質も異なる。このように別本からの補寫があり、更にその轉寫本もありうることを思えば、第八までの本體と增補部分とでは系統の異なる可能性が生じる。從って、管蠡抄諸本の比較は第八までで行ない、第九・第十は副次的考察に讓ることになろう。

十巻本となっては、五巻ずつに改編し、第一と第六の初めに目次を置く米澤本、同様ながら目次を缺く日光本、朗俊本があり、二分割の形をとらず巻頭に全ての目次を置く吉田本、同じく目次のない眞如藏本、慶應本がある。これらが二系列のどちらから出たかは外見上は定めがたい。八巻本の二種が本文についても對立する事象を内包していれば、その增補本に繼承されるはずであり、實際に、後に示すごとき顯著な對立點が存するので、十巻本も金澤文庫本系統と永正本系統に分けることが可能なわけである。

十巻本については右に述べたように構成（目次の形態）と本文異同によって分類したのであるが、今少し補說をしておきたい。

金澤本系統では、古活字版をBとしたのは、獨自の增補句を持ってはいるが、本文が他本に比べて目立って金澤本に近いためである。增補本では、各巻に目次があるという點では、無窮會本、天文本、書陵部本（及び、林本）を增補本第一種とし、他を第二種とすべきであるが、書陵部本（及び林本）に永正本系統の事象が見られ、第一種とするのがためらわれるのである。書陵部本は書寫新しく、他本の影響があるのであろう。榎齋の校合に見る林本は、記載の範圍では書陵部本そのものかと疑われるほど酷似しているので[11]、書陵部本の次に置いた。

永正本系統では、永正本、叡山本、山田十巻本の三書が、目次に「君體九　明君九　明賞罰廿」などと所收句數を示すという共通點を持っている。國會本は第一～第五、第六～第十の二冊であるが、第五の初めに第五～第八の目次を持つ（第一の初めに目次のないのは缺丁か）ので增補第一種とする。第二種は二冊本を收めたが、尊經閣本は一冊ながら本文の特徵が第二種と共通し、榎齋校合本の大通院本、一本も同樣の理由でここに收める。大通院本と一本との閒に殆ど異文がないようである。增補第三種には十巻本で目次を立てないものを收める。この一群は本文上も第一・二種と差異があり、金澤文庫本系統に近い面を持っている。恐らく系譜上の新しい一群であって、金澤文庫本系統の混入したものであろう。これに對し、第一種と第二種との閒には大きい差を見出しがたい。

第三節　出入・重出・存否（八巻本）

諸本の系統記述に見た句の出入（亂丁）、存否（增補、誤脫）などの事象を具體的に述べてみたい。

第一表は句の順序と重出句に關する諸本の比較を示したものである。この表により大體の傾向を把握できると思われるが、少々の解説を加えたい。

①第一、明賞罰三の終句「太宗曰……貞觀政要」と知人四に屬する全て計六句がそのまま納諫八の第六句の次に入る寫本がある。また、②第二、政可隨時八の第二句より裁斷早速九の第一句計四句が誡奢十三の終りに入ることがある。

第一表

事項	句の順序 ○金澤本の形 ×右に異なる形				重出句 ○二句共に存する △前出句を缺く ×後出句を缺く						
句＼諸本	① 一3・4「太宗曰」等六句	② 二8・9「療病者」等四句	③ 六10「報怨以德」	④ 七9「過則勿憚改」	⑤ 一2及び4「明君知臣」	⑥ 三1及び2「學如牛毛」	⑦ 三12及び13「軍中聞」	⑧ 四1及び10「選擧因才」	⑨ 五1及び2「鬼神非人實」	⑩ 七7及び8「赦小過」	⑪ 八3及び一5「俊乂在官」
金澤本	／	／	○	○	／	／	／	／	／	○	○
山田本	○	○	○	○	○	○	○	○	○	○	○
靜嘉堂本	○	○	○	○	○	○	○	○	○	○	○
古活字本	○	○	○	○	×	○	○	○	○	○	○
無窮會本	○	○	○	○	○	○	×	○	×	×	○
天文本	○	○	○	○	×	×	×	×	×	×	○
永祿本	○	○	○	○	○	○	×	×	×	×	○
米澤本	○	○	○	○	○	×	×	×	×	×	○
書陵部本	○	○	×	○	×	△	×	×	×	×	○
永正本	×	×	×	×	○	×	×	×	×	×	×
叡山本	×	×	×	×	×	△	×	×	×	×	×
山田本	×	×	×	×	×	△	×	×	×	×	×
國會本	×	×	×	×	×	△	×	×	○	×	×
朗俊本	×	×	×	×	×	△	×	×	×	×	×
尊經閣本	×	×	×	×	×	△	×	×	×	×	×
元龜本	／	／	／	×	／	／	／	／	／	×	×
大通院本			×	×	×	△	×	×	×	×	×
日光本	×	×	×	×	×	×	○	○	×	×	×
吉田本	×	×	×	×	○	×	×	○	×	×	×
眞如藏本	○	×	×	×	○	×	○	○	×	×	○
慶應本	○	×	×	×	○	×	○	○	×	×	○

（註）重出は他に三組存するが、諸本に缺けるところがないので、表示しない。空白は私の判斷を下しえない箇所である。／は該寫本に卷の存しないことを示す。

句の内容によってこれらが誤りであると判斷せられるが、この誤りは金澤本系統に見ず、永正本系統に顯著である。

③第六、以德報怨十の「報レ怨以レ德老子 以レ德報レ怨漢書」と④第七、改過九の「過則勿レ憚レ改同 過而不レ改是謂過同」とは、それぞれの二句の順序が逆に記されることが多い。どちらが正しいという根拠のあるものでもないが、表

に見るように明瞭な對立を示している。

以上の四點は二系列の明らかな指標といえよう。

第八までに十一組の重出が見られる。史記李斯傳の「明君知レ臣明父知レ子」は第一明君二と同知人四に出ている。これは間が離れているが、顔氏家訓下、養性の「學者如二牛毛一、成猶二麟角一」は第三文學一と同學難成二にあり、僅か一句を隔てるに過ぎず、誤って重出しているかのごとくである。しかし、十一組全て、「文學」と「學難成」のように主題を異にした場所に重出しており、句の内容からも無理なく思われるので、觀點の相違により管蠡抄の編者が二箇所に置いたものと見てよいであろう。従って、金澤本（及びその直系）がもっとも原本の形を残すと認められ、古活字本がそれに極めて近いことが注目される。他の諸本は重出を整理しようとする傾向が強いが、中で永正本系増補第三種が重出を残すことのあるのは興味深い。

次に句の存否を採り上げる。廣本節用での採、不採と照應するので、廣本節用を表に加え、第二表とした。以後の表でも同様である。

管蠡抄八巻本五二一句（山田本による計算）は、諸本によりかなりの存否がある。一、二本にのみ見られる増減が多く、これを除くと、數本に共通する増加は僅かに次の四句である。

①乘レ船走レ馬去レ死一寸。朝野僉載　第八危懼二十一

②有列山氏之子柱……命配祭。左傳　第五社稷七

③共工氏之子名曰二勾龍一……爲二社稷一。金谷園記　第五社稷七

④隱謀外泄者敗。三略　第八不泄事二十

右の存否を第二表前半に示した。①「乘船」の句は金澤文庫本直系以外に存するので、この追加は早い段階で成さ

第二表

事項	増加 ○増・正				誤脱 ×脱・正							
句＼諸本	① 八21・乗船走馬	② 五7・有列山氏	③ 五7・共工氏	④ 八20・隠謀外泄者	⑤ 一3・賞必加有功	⑥ 一3・言行君子之	⑦ 一8・薬酒苦於口	⑧ 五20・傳曰不知其君	⑨ 六13・善爲治者	⑩ 六21・其身正則	⑪ 七18・見其君	⑫ 八2・鑑水者
廣本節用	319オ	／	／	9ウ	／	／	286ウ	371ウ	369オ	199ウ	／	／
金澤本	・	／	／	・	／	／	／	／	・	・	／	・
山田本	・	・	・	・	・	・	・	・	・	・	・	・
靜嘉堂本	・	・	・	・	・	・	・	・	・	・	・	・
古活字本	○	・	・	○	・	・	・	・	・	・	・	・
無窮會本	○	・	・	○	・	×	・	・	・	・	×	・
天文本	○	・	・	○	×	×	×	・	・	・	×	・
永祿本	○	・	・	○	・	×	×	・	・	・	×	・
米澤本	○	○	○	・	・	・	・	・	・	×	・	・
書陵部本	○	○	○	○	×	×	・	・	・	・	×	・
永正本	○	○	○	・	×	・	×	×	×	×	・	×
叡山本	○	○	○	・	×	・	×	×	×	×	・	×
山田十本	○	○	○	・	×	・	×	×	×	×	・	×
國會本	○	○	○	・	×	・	×	△	×	×	・	×
朗俊本	○	○	○	・	×	・	×	×	×	×	・	×
尊經閣本	○	○	○	・	×	・	×	×	×	×	・	×
元龜本	○	／	／	・	／	／	／	／	×	×	・	×
大通院本	○			・	×	・	×	△	×	×	・	×
日光本	○	○	○	・	×	・	×	△	×	×	・	×
吉田本	○	○	○	・	×	・	×	×	・	×	・	×
眞如藏本	○	○	○	・	×	・	×	△	・	×	・	×
慶應本	○	○	○	・	×	・	×	×	・	×	・	×
					一2「明王立政」句の一部			△印「傳曰」二字ナシ				

れ、②③はこれに遅れ、④「隠謀」の句は金澤文庫本系統のみに見られる。廣本節用は①④を採っている。①④のみ加えた本は金澤文庫本系統の無窮會本、天文本、永祿本、古活字本である。

右に誤脱とした八句は次のとおりである。

⑤賞必加レ有レ功、刑必斷レ有レ罪。史記　第一明賞罰三

⑥言行君子之樞機、賞罰理國之紀綱。後漢書　第一明賞罰三

⑦藥酒苦二於口一而利二於病一、忠言逆二於耳一而利二於行一。家語　第一納諫八

⑧傳曰、不レ知二其君一視二君所レ使、不レ知二其子一視二其友一同（史記）　第五擇友十九

⑨善爲レ治者必以二仁愛一爲レ本、不下以二苛酷一爲上レ先。劉子　第六仁十三

⑩其身正不レ令而行、其身不レ正雖レ令不レ從。同（論語）　第六正直二十一

⑪見二其君事一我二退人一宥。同（尚書）　第七寛宥十八

⑫鑑レ水者見二面之容一、鑑レ人者知二吉凶一。史記　第八吉凶二

右の⑦孔子家語の句は通行本では「良藥苦二於口一云々」とあるところであるが、群書治要所收本に「藥酒」とあるので誤りではない。⑨は廣本節用では管蠡抄の直前の句と一つになり、しかも誤りを含んでいる（後述）。⑩は廣本節用に採られているが、論語の直接採用の一つとして「子路篇」とのみ記している。

以上のごとく存否においても管蠡抄諸本に傾向を持って現れており、諸本分類試案と矛盾する點はなかったように思われる。

諸本閒の異同、その傾向は種々の面から把握することができる。例えば、金澤本・山田本には處々に漢文註が小字で加えられている。これは他本で省略されることが多い。引用句の書名には誤りが多い。これは、原典での所在の確認と共に、前後の句の並び、表記法を調査し、諸本を見渡すとき、正誤の判斷と、その誤まる理由が判る。字句の異同も勿論多い。こうした諸點それぞれに諸本で傾向を持っているが、本稿では字句の異同のみ次節で採り上げる。

第四節 増補（十巻本第九・第十）

増補の第九・第十については概要を記すに留める。

第九は「臣體一 進賢二 諫諍三 社稷臣四 忠臣五」等二十の區分をしている。臣としての德目を示すに重點があるのが、それまでと色調を異にしている。本體との重なる部分もある。第十は世俗（數本は進退之禮とする）で雜多な句を一括する。いかにも増補と見える。愼重な配慮による増補でないことは、第九・第十所收句で第八までとの重出が多いことが擧げられる。そして、この重出句に、諸本に殆ど採られているものから、十二本にのみ見えるものまで狀況の差が甚しい。從って所收句數も第九で五十八～六十五、第十で七十八～一〇五という大きい分散をしている。何により増補したかは未詳。半數以上の句は玉函祕抄や明文抄に見えない。博聞錄の如く新しい書も入っている。(12)

諸本の近似關係を見るため對照表を作製した。複雜であるが、

古活字本、無窮會本、永祿本、國會本

この四本が近い一群をなし、國會本の入ることが注意せられる。これにやや近い一群が次の三本であろう。

米澤本、山田十巻本、日光本

八巻本に別筆で書き加えた叡山本が同じく叡山文庫の眞如藏本に近いのは興味深いが、訓法から見れば直接には關係がない。

廣本節用が採った管蠡抄はどれに近いだろうか。表の有無欄の廣本節用に存する六句は管蠡抄以外に出典が考えられない。これと文字異同欄とを併せ見て判斷するならば、やはり金澤文庫本系増補本であろうということになる。

事項	有無								重出			異文同字					第十の句數
卷章	九5	九12	九15	九17	十	十	九5	十	十	十	十	九1	十	十	十	十	
原典	貞觀政要	文選	貞觀政要	貞觀政要	要覧	穀梁傳	三略	史記	禮記	禮記	尚書	臣軌	史記	後漢書	朝野僉載	鹽鐵論	
句＼諸本	猛獸處山林	策定禁中	皇天以天言	天之所輔者	巧而拙誠	雖有文事	忠臣之後	美女悪女之仇	戶外有二履	尊客之前	無面從退	不問求其賞	相士失之痩疲	貧賤之友知	人肥貧智短	窮鼠齧貍	
廣本節用	296オ	40ウ	272オ	370オ	183オ	322ウ	／	／				求	疲	友	貧	猫	
古活字本	○	○	○	○	○	○	○	○	○	○	・	求	疲	知	貧	狸猫	104
無窮會本	○	○	○	○	○	○	○	×	○	○	○	求	疲	知	貧	狸	103
天文本	○	○	○	×	○	×	○	○	・	・	・	求	疲	友	貧	狸	78
永祿本	×	○	○	×	○	○	×	×	○	○	○	求	疲	友	貧	猫兒	105
米澤本	×	×	×	×	○	○	○	○	○	○	○	求	疲	友	貧	狸	99
書陵部本	○	○	○	×	×	×	○	×	・	・	・	求	疲	友	貧	猫	73
叡山本	×	×	×	×	×	×	×	○	・	・	・	問	痩	知	肥	狸	87
山田十本	○	○	○	○	○	○	○	×	・	・	・	求	疲	知	貧	狸	78
國會本	○	○	○	○	○	○	○	×	○	○	○	求	疲	友	貧	狸	103
朗俊本	×	×	×	×	×	×	×	○	・	○	・	問	痩	知	肥	狸	82
尊經閣本	×	×	×	×	○	○	○	×	・	○	○	聞	痩	知	貧	狸	86
元龜本	×	×	×	×	○	○	○	○	・	○	○	聞	痩	友	貧	狸	85
大通院本										・	・	問	痩	知		狸	
日光本	○	○	○	○	○	×	○	×	・	・	・	求	疲	友	貧	狸	84
吉田本	×	○	○	○	×	×	○	○	・	・	・	聞	痩	知	貧	狸	79
眞如藏本	×	×	×	×	×	×	×	○	・	・	・	問	痩	知	肥	狸	86
慶應本	×	×	×	×	×	×	×	×	・	・	・	問	痩	知	肥	狸	85

註　有無欄　○句あり　×句なし、重出欄　○前卷にもあり　・なし

疲馬不レ畏ニ鞭箠一、疲民不レ畏ニ刑法一。 鹽鐵論(ママ) （529ウ）

この「疲民」は、鹽鐵論「罷民」の繼承であるが、玉函祕抄上で「疲民」となり、管蠡抄卷十では、古活字本などに「弊民」も現れた。

特異な字句の點では次句もおもしろい。

窮鼠齧（キユウソハカム）レ猫（ネコヲ）。 鹽鐵論 （420オ） 廣本節用（文明本）

鹽鐵論詔聖第五十八より出て、玉函祕抄上、明文抄四に載る。原典では「貍」で本邦では「狸」と記される。出所不明の「鬪雀不レ恐レ人」を伴って太平記四呉越軍事、同十四新田義貞確執奏狀、流布本曾我物語卷五、天草版金句集、官知論御内上洛事などに引かれている。いずれも「猫」となっていて、その流布が知られる。しかし乍ら、問題は金言集として、管蠡抄として「猫」となったのはいつかである。表で見る限り永祿本の「猫兒」が早く、朗俊本に「猫イ」と傍書する。古活字本の「狸猫」二字はこのような表記よりくる誤りであろう。書陵部本と博覽古言は一層下ると思われる。原典の「貍」は野生動物の一種であって、愛玩動物の猫ではない。

以上、増補句の性格を見て、廣本節用が採った管蠡抄増補部の性格に及んだ。

増補はいつ誰の手によりなされたか。「十卷本の増補せられた年代は未詳であるが、同じく官儒の手になったもので室町中期頃の事と推定せられる」(13)（川瀬一馬）。八卷本で年記のある永正十五年（一五一八）寫本が念頭にあったものであろう。それ以後の増補となる。爲長歿後半世紀を越えている。また、増補部諸本に共通して存する博聞錄にも注目したい。「壁有耳、墻有縫博聞錄」（十665）の句は、平家物語の延慶本・屋代本など諸本にあり、この原典について、註（12）の山田孝雄博士の「編者陳元靚は宋末元初の人」に從えば、その渡來と管蠡抄増補に關して、種々考えさせられる。

第五節　組織と句數

管蠡抄は、内部組織が整然と構成されている所が特色である。本書所收の第一～第八（山田本）、第九・第十（古活字本）により、組織と所收句數を一覽しよう。

第一　君躰一　明君二　明賞罰三　知人四　任賢五　擇近臣六　求諫七　納諫八　愼所好九　不信讒十　怕讒佞十一
——71句

第二　政躰一　善政二　政有三品三　誡苛政四　守舊典五　古法非難行六　古法難行七　政可隨時八　裁斷早速九　諮詢十　號令十一　儉約十二　誡奢十三　德化十四　養民十五　恐民十六　務農十七　寛仁十八——71句

第三　文學一　學難成二　學難究三　擇師四　尊師五　勤學六　教授七　獨學八　後生可畏九　武備十　武七德十一　軍法十二　將軍十三　良將十四　賞功十五　不免敵十六　文武十七　禮儀十八　禮不可過十九　誡無禮二十　習禮廿一　不易禮法廿二　往來禮廿三　父子禮廿四　賓主禮廿五　飲食禮廿六　進退禮廿七　婚禮廿八　崇樂廿九——83句

このように細分され、第四　47、第五　57、第六　78、第七　54、第八　60、計521句。增補部は、第九　65、第十　103、計168句である。もとよりこの數は、增補部を持つ寫本個々により異なる。底本とした古活字本でいえば、第九の557「俊乂在官……禍亂作曲語〈典語の誤〉」は第一、任賢五、及び第八、吉凶依政三に重出している。第九の549「世必有聖知之君、……致雲。尚書〈文選の誤〉」は、第四、會遇十二265の末句を除いていて、增補時の轉用といえるが、第九の525は、第七忠一331（臣軌上、至忠）に「不以邪損正不以私害公」を加えている。增補の卷の重出句以外は、他の資料による增補であるから、それが既存の金言集か個々の漢籍かは證明できない。今は原漢籍を明らめたい。

第六節　本文の注意事項

管蠡抄山田本を基本として、その問題點につき、考察したい。この山田孝雄博士旧藏本は、記したごとく、江戸初期寫、溫故堂文庫、和學講談所舊藏で、傳來の良さだけでなく、本文の優良な點でも他に抽でている。拙著に影印をいただいた由緣である。

但し、寫本である以上、多少の誤記は免れないが、その指摘の前に、管蠡抄自體の持つ注意點を記しておく。

1　重　出

八巻の内部で重出する句が十一あることについて、第三節で採り上げた。それと異なる重出にも注意を向けたい。まずは長句の部分の單獨用法がある。これは、資料が重なるばあいにも起ることである。左の四種は、長文の中より短句を別の金言として掲出している（短文に傍線を付す。所收巻も同様）。

明主立政者、不得不賞。有能者不得不官。勞大者其祿厚。功多者其爵尊。能治衆者其官大、故無能者不敢當職、有能者亦不得蔽隱。庸主賞所愛而罰所惡。明主則不然。賞必加於有功、刑必斷有罪。同（史記）　第一、明君二。第一、明賞罰三

明王之任人、如巧匠之制木。……無愚智勇怯、兼而用之。故良匠無棄材、明君無棄士、不以一惡忘其善、勿以小瑕掩其功。帝範　第四、不捨士八。第一、明君二

知人則哲、能官人。安民則惠、黎民懷。尙書　第四擇賢授官二〇。第一、知人四

天亡親、克敬惟親。民無常懷、々于有仁。鬼神無常饗、々于克誠。尚書 第五、神享誠二。第二、寛仁十八

この四種も、長短それぞれに掲載部門を異にしており、意圖的な採用であろうと思われる。

2　本體（巻一～八）と増補の間の重出

二十句を越す重出がある。増補句の數が寫本により多寡があるので、重出句數を定めがたい。同一人の編纂でない故である。

3　山田本の留意點

山田本も完全ではない。氣づいた點を擧げてみよう。

其身正不令而行、其身不正雖令不從、*人主誠正則直士任高而姧人伏匿矣。人主不正則邪人得志、忠者隱蔽矣。淮南子 第二、號令十一

論語子路篇と淮南子主術訓（*印以下）とである。永正本を筆頭に同系諸本は論語句を缺き、金澤文庫本系も缺くのが多い。金澤文庫本は、直前の論語（爲政）句を承けているが、「從」を右傍下部に補入した如くで、古活字本・靜嘉堂文庫藏天文本・天理圖書館藏永祿本など數本が「從同」である。山田本は「同」を脱したのであろう。

民群聚、飲酒、不用上命則收捕、勿令佚、*酒極則亂。史記 第七、禁酒

*印より前は、尙書、周書、酒誥の註である。

「酒極則亂」の四字は、史記巻百二十六滑稽列傳に存する。金澤貞顯筆本より合していて、同系に合した寫本多く、永正本系は、多くが、史記句の前に「同」を持っている。

知者不言、々者不知、塞其兌閉其門、*大直若屈、大巧若拙、大辨（辯）若訥。同（老子）　第六、隠徳七

これは老子玄徳第五十六と同洪徳第四十五の二句である。同じく老子經とはいえ、一見して判るごとく、連續していない。それを合した書は、靜嘉堂八巻本・古活字版・永正本など、系統を問わず存している。

4 漢籍古註の參照

人主毋過擧。左傳　第一、君躰一

右は左傳を通覽し、索引によるも、未詳。史記巻九十九、叔孫通傳に「叔孫生曰、人主無過擧、今己作、百姓皆知之」とあり、索隠註に「左傳云、君擧必書」とあるので、混じたか。

これは漢書、巻四十三、叔孫傳にも見るが「左傳云々」の註はない。この句と左傳との接點を見ようとすれば、史記巻九十九、索隠しか現在見出していない。

管蠡抄編集の方法が推測される例が見られる。

管蠡抄　第八	後漢書　巻四十六　陳忠傳
堤潰蟻孔、氣洩鍼芒　後漢書 千丈之堤以螻蟻之穴而潰　韓子 針頭如芒、氣出如筐　黄帝素問	臣聞輕者重之端、小者大之源、故隄潰蟻孔、氣洩鍼芒。 （註）韓子曰、千丈之隄、以螻蟻之穴而潰、黄帝素問曰、針頭如芒、氣出如筐也。

管蠡抄、第八十八は、「愼小惡」の題の下、三略記、老子に續いて、右の上段に記した順に三句が載っている。後漢書、巻四十六、陳忠傳、韓非子、喩老の句であって、個別に直接採錄の可能性がないのではないが、黄帝素問が並記されることにより、三則ともに後漢書註に據ったものと思われる。

註

（1）納富常天「金澤貞顯筆「管蠡抄」」（『金澤文庫研究』第十九卷・第九・十號、一九七三・一〇、金澤文庫發行）

（2）川瀬一馬「中世に於ける金言集について」（『青山女子短期大學紀要』第三輯、一九五四・一一）、『增訂　古辭書の研究』一九八六・二、雄松堂出版、增補の部。

（3）川瀬一馬「金澤文庫本（德治鈔本）管蠡抄について」（『書誌學』復刊新十三號、一九六八・七）、『增訂　古辭書の研究』一九八六・二、雄松堂出版、增補の部。

（4）山崎誠「菅大府卿爲長傳小考」（『國語國文』第四十八卷七號、一九七六・七）、『中世學問史の基底と展開』、「Ⅳ博士家を中心とした漢籍の受容」一九九三・三、和泉書院。

（5）解說、他古寫本との校勘、索引、書名目錄を收む。

（6）金澤貞顯自筆本現存部分には「以及〻孫（子歟）」「與下遇（愚）」の如き校正が見られる。この他に次の數箇所が問題となる。

1、理レ財正レ亂禁レ人爲レ非曰レ義論語　第六義十四

右の「論語」は「周易」の誤りである。

2、蓬生二麻閒一不レ扶自直、白沙入レ淄不レ染自黑論語　第八愼染習十七

右も「論衡」の誤りであろう。

3、有二刑法一而無二仁義一人……々則姦起袁子尚書　第七刑法一

これは「袁子正書」の禮政の句である（群書治要所收）。金澤本に近い古活字本が「赤子尚書」とするほか、金澤文庫本系統の無窮會本・永祿本・書陵部本は「赤子正書」とある。永正本系統の多くは本則を二分割して、前半を「表子」「袁子」などとし、後半を「尙書」とする。眞如本・慶應本は前半を「袁子正書」と正しい形にする。このように多様であるが、「……正書」の形が見られるところに、原本は正しかったかと推測させるものがある。

4、民群聚飮レ酒不レ用二上命一則收捕勿レ令レ佚酒極則亂。史記　第七禁酒十三

右は尚書酒誥註と史記滑稽列傳の句「酒極則亂」とを合せた誤りを犯している。永正本系統諸本は正しく分けており、原本は正しかったものであろう。

以上が主な點である。字句の問題點については省略する。

(7) 註（6）の4の如く永正本系統が正しい事象は、識者による後日の訂正というよりは、原本の正しい形の繼承であろう。

(8) 註（3）に同じ。

(9) 註（1）に同じ。

(10) 「巧在元師」（第七罪科四）は他本（及び、後漢書梁商傳）「功」が正しい。この如き字句の誤りがある。金澤貞顯自筆の存しない巻では、山田本の誤りが自筆本にまで溯るものかどうか判然としない。第五隱父過十六の尚書の句に引續き七句を一括するのは「隱父過」の題に適せず、一句の後に諸本の小題「婦人」を採るべきであろう。

(11) 林本は靜嘉堂藏古活字版第五の終りの貼紙に見る次の記載により、書名を上に記す形態であることが判る。管見の中でこれは書陵部本・永祿本・吉田本の三本のみであり、同一出典の連續する時「又」を用いるのは書陵部本で、他は「同」を用いる。書陵部本のみの脱文が、第六德六第三句、第六恐滿二十四第四句、第八禁忌十二第二句、及び第九誠信十七から同廉潔十九までの連續十句などと見られる。これら全てに對應して「林本无」と註記される。この他にも書名にも兩本共通の誤りがあり、語句にも第十の「窮鼠齧狸」が「猫」となっているのはこの兩本のみであることなど酷似している。但し全同とは必ずしも言えない部分が少々殘るのである。

莊子曰　以德分人――
又　曰　衆人重利――
三略記曰　求賢――

(12) 山田孝雄博士は、古典保存會『篆隷文體』解説で「博聞錄の編者陳元靚は宋末元初の人なるが故に、本書の書寫も、鎌倉時代の中期以上に溯るものにあらざるは明かなり」と言われる。

(13) 註（2）の二（イ）。

Ⅱ　影印・校訂本文篇

凡　例

玉函祕抄

〔影　印〕

一、ここに影印するのは、尊經閣文庫所藏寫本である。本書Ⅰ　論考篇第一章第一節參照。
二、影印の上欄、各則の初句の上部に、所收句の通し番號を付す。
三、通し番號の留意点、1、74は206の次に記されている。2、267〜287は313の次に記されている。3、365は二句前にあるべき句の補記である。4、611は缺句に番號を與えたもの、註參照。

〔註〕

一、影印本文の末に、各則について、通し番號、原典名、卷・章を記す。書名のみのは、區分のない書か、未確認かである。
二、＊印の下に、本文や書き入れの註記、出典の補註などを記す。↓印で玉函祕抄內での重出、參照句の番號などを記す。
三、各句の認定の調査に用いた書については、本書Ⅲ　索引篇、主要文獻參考書目錄を參照。

復元 明文抄

本書五巻は、十二種の部（うち帝道部・人事部は上下二分）計十四の部より成り、各句に部内の通し番號を付す。各句は、本文・書名・番號で記される。

〔本　文〕

一、本文は神宮文庫藏寫本を底本とする。この寫本は、一往五卷揃っているとはいえ、破損・誤脱が多く、研究により復元を試みる必要がある。その具體例は、本書Ⅰ　論考篇第二章第四節で述べる。

二、句讀點を施す。引用符・返讀符號は用いない。語の併記には「・」を用いることがある。

三、訓讀はしない。

四、漢字字體は舊字體とし、神宮本寫本の字體如何に拘らず、活字字體に統一する。「々」などの重複記號を用いないで、その字句を重ねて記す。但し、「云々」は用いる。

五、缺字・缺文　編纂時期に存して、以後に缺失したと思われる箇所がある。補充部分の右傍に線を引き、補充した形を本則とする。

例、地不可得尺寸而度。（天象、18）

六、編者による意圖的缺字・缺文。原典に存しながら、編者の考えにより除いたかと思われる語句がある。缺失部を「…」で示す。卷末註に示すことがある。また、語句の修正・加除もこれに準ずる（例、帝→昭帝）。成句・慣用句となるとき、變形・加除、特に辭の簡略化が著しい。その復元は嚴密ではない。

七、剰餘　句内容に關する時期・動作や狀況の主體など、原典でその位置にない語句を、神宮本で記すことがある。右傍に點線でそれと示す。

八、移動記入　文意を明確に、また表現を緊密にするために、他の所の語句を移動させ、採り入れることがある。編者の文章作法と認め、誤りとせず、特別の注記もしない。字・語の補入もこれに準ず。

九、用語の改變　原典の用語が編者により改められたかと見えるところがある。原典の形を右傍の括弧内に殘す。

一〇、出典と神宮本との閒に、大きい出入があるとき、神宮本を尊重する。

一一、誤字は、正字を本則に用い、右傍の括弧内に誤字を殘す。但し、點畫小異字、活字化し難い寫體の字、誤字を殘す意義を認め難い字は、右傍に小點を付けるに留める。

一二、本文上部の數字と上・下は、續群書類從、明文抄の本文のページ・上下が、その行より始まることを示す。

〔書名・句番號〕

一、本文の下に出典名がある。寫本の用字に從い、通稱・略稱であれば、註に正規の名を記す。

　例、周易（易經）　毛詩（詩經）

　＊「金――」の如き略記がある。確認の上、略記を採らず、正しい書名とする。例は「金樓子」である。

二、「――註」などと記す書名は、當該書と別個の書と扱う。

三、前行の書と同じであれば、「同」とする。註では正規の書名で記す。

四、書名の誤記は、正規の名を用い、右傍に小點を付す。

五、書名・「同」の缺は、調査の上、補充し、右傍に線を引く。
六、書名の下に（1）などの句番號を記す。明文抄では、「――部」内の句番號（帝道・人事は上・下に二分）を記す。明文抄の句番號は、多量の爲、各内部の通し番號である。追加の句の番號について、その位置に以前よりある句の番號の下に1、新しい句に2を加える。

〔註〕

一、本文について、必要に應じて、校訂内容の註記・補充をする。
二、書名について、通稱・略稱等の註をする。同一書の初出時に行なう。
三、本文の書の巻章を確認して記す。例えば、史記ならば、巻の他に、――傳を、時には「大史公曰」などと所在把握に有效なことを記す。文選では、作者名・詩賦の題名を記す。
四、本文記載の書名のままで、巻章等の詳記のないときは、ア、該書に巻章等の區分のないとき、イ、該書にその句が見出せず、未確認であるとき（これには、書名の脱記、正しい書の未確認を含む）である。
五、各部各章において論述し、また引用している書・句について、↓印で、そのページを示す。
六、各句の認定の調査に用いた書については、本書Ⅲ　索引篇、主要文獻參考書目録を參照。

〔付屬資料・事彙〕

一、本書には、師説・註など、關連の文章が併記されることがある。その文は、一字下げとし、本體の句番號を（―1）とし、併記の文を（―2）などと記す。

二、帝道部上に、長文の史的資料がある。書籍「大唐六典」(44)は、(44―1)~(44―6)に分ける。史的記述「唐家世立」は、一~六、(53)~(58)に區分する。
三、人倫部前半に、「八元」に始まり、「西四開十六人」に至る人名の列擧がある。
四、右一~三について、検索の用意はしていない。

管蠡抄

〔影　印〕
一、ここに影印するのは、第一より第八(本巻)、富山市立圖書館藏本(山田孝雄文庫)、第九・第十(補巻)、古活字版本(靜嘉堂文庫藏)である。本書Ⅰ　論考篇第三章第二節參照。
二、影印の上欄、各則の初句上部に、所收句の通し番號を付す。

〔註〕
一、影印本文の末に、各則について、通し番號、原典名、巻・章を付す。書名のみのは、區分のない書か、未確認かである。
二、*印の下に、本文・出典の補註などを記す。↓印で管蠡抄内での重出、參照句の番號などを記す。
三、各句の認定の調査に用いた書については、本書Ⅲ　索引篇、主要文獻參考書目錄を參照。

玉函祕抄

原本所藏　前田育德会尊經閣文庫

Ⅱ　玉函祕抄　上（表紙・遊紙・一オ）

6　5　4　3　1 2

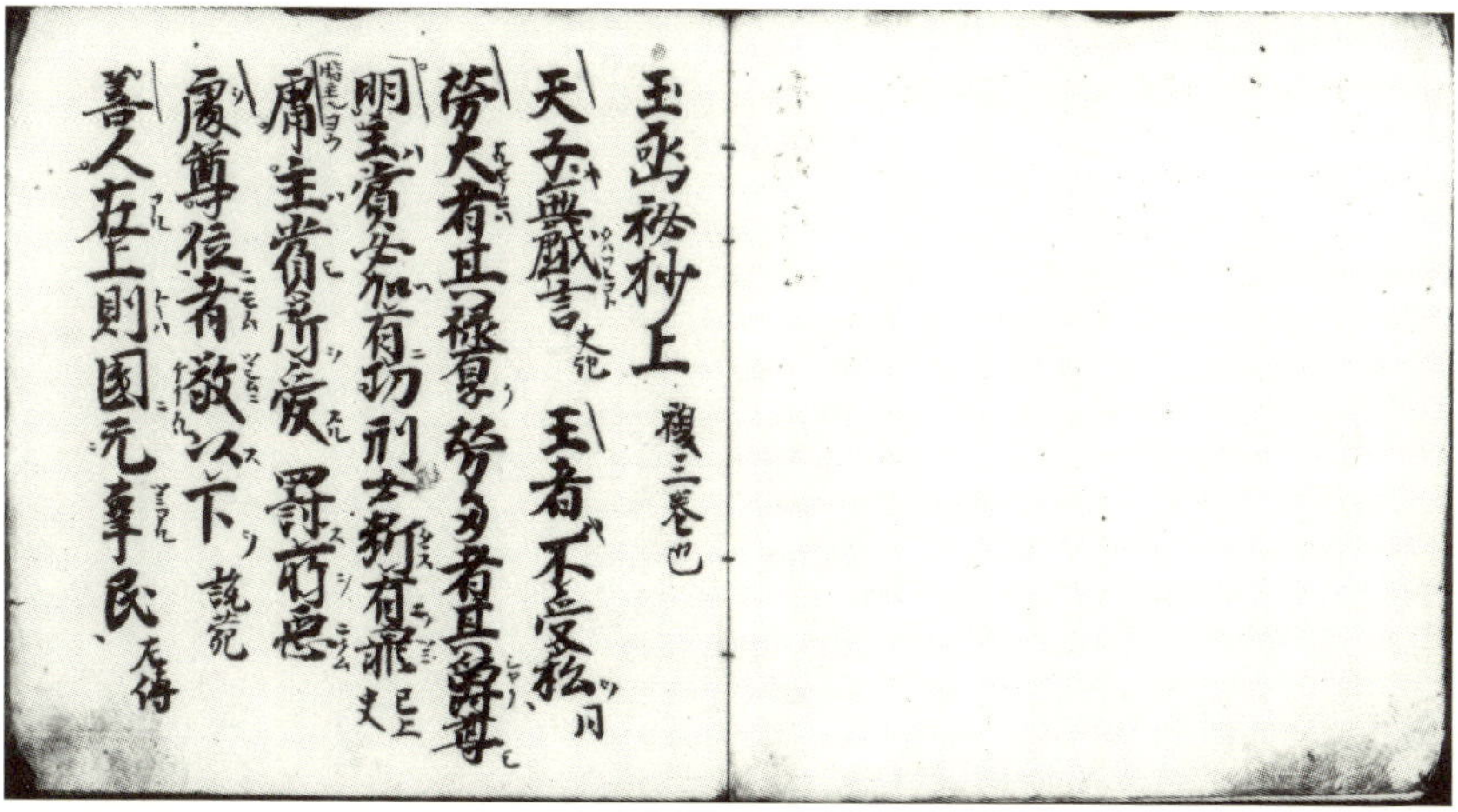
玉函秘抄上　後三巻也
天子無戯言 史記　王者不受私 同
勞大者其禄厚　勞多者其爵尊
明王賞必加有功　刑必断有罪 已上史
庸主賞所愛　罰所悪
處尊位者欲以下 説苑
善人在上則国无幸民 左傳

7 天予不取反受其咎時至不行反受其殃　漢書

8 少徳而多寵一危也材下而位高二危也身無大功而有大祿三危也　淮南子

9 善為政者天地不能害也而況於人乎　傅子

10 以徳勝人者昌以力勝人者亡　要覧

11 聖王先徳教而後刑罰　説苑

12 祭豐年不奢凶年不儉　礼記王制

13 民之所欲天必從之 14 民之所惡天必誅之　尚書

15 敬賢如大賓愛民如赤子　漢書

16 父子雖至親未若君臣之同體也　臣軌

17 罰從重民有弱賞從宣任勸國稱治者以誅賞爲急楊遷考不精也　貞觀政要

18 病家之廚非無嘉饌也乃其人弗之能食故遂死亂國之官非無賢人也乃其君弗之能用故遂亡養壽之士先病服藥治世之君先亂任賢　潜夫論

19 聖王以賢為寶不以珠玉為寶　塩鐵論

20 任賢必治任不肖必亂　漢書

21 不在其位不謀其政　論語

22 非其人居其官是謂亂天事　史記　論語同

23 冠履不同藏賢不肖不同位　説苑

24 明主有私人以金石珠玉無私人以官職事業　孫卿子

25 君擇臣而授官臣量己而受職　帝範

26 與善人居如入芝蘭之室久而不聞其香即與之化矣與不善人居如入鮑魚之肆久而不聞其臭亦與之化矣　孔子家語

27 良匠无弃材 明君無弃士 帝範

28 不以一悪忘其善 勿以小瑕掩其功 同

29 叢蘭欲茂 秋風敗之 王者欲明 讒人蔽之 同

30 木従縄則正 后従諫則聖 尚書

31 薬酒苦口而利於病 忠言逆耳而利於行 孔子家語

32 國之將興 貴在諫臣 家之將盛 貴在諫子 [illegible]

33 扁鵲不能治不受鍼薬之疾 賢聖不能正不食善言之君 塩鉄論

34 擇子莫如父 擇臣莫如君 左傳

35 父子不同位 所以厚敬也 礼記

36 日月欲明 浮雲蓋之 河水欲清 沙石穢之 人性欲平 嗜欲害之 淮南子

37 病從口入 禍從口出 要覧

38 千金之子不坐垂堂 百金之子不騎衡 史記 （垂堂 楼殿邊欄也）

39 上怒不過三 礼記

40 三人占則從二人之言 尚書

41 有功而不賞則善不勤 有禍而不誅則悪不懼 説苑

42 有文事者必有武備 有武事者必有文備 史記

43 敗軍之將不可以言勇 亡國之大夫不可以圖存 史記

44 善游者溺 善騎者墮 同 各以其所好 反自爲禍 淮南子

45 忠臣不事二君 貞女不更二夫 史記

46 積善之家必有餘慶 積不善之家必有餘殃 周易

47 日中則昃 月盈則蝕 同

48 火炎崐岡 玉石倶焚 尚書

49 牝鶏無晨 牝鶏之晨 惟家之索 尚書 （婦執政事也）

50 傲不可長 欲不可縱 志不可滿 樂不可極 礼記

51 玉不琢不成器、人不学不知道　同

52 天無二日、土無二王　同

53 善則称人、過則称己　同

54 牽牛以蹊人之田而奪之牛、牽牛以蹊者信有罪矣、而奪之牛罰已重　左伝

55 邦有道則知、邦無道則愚　論語　寗武子事

56 邦有道則仕、邦無道則可巻而懐　同　遽伯玉事

57 耕也餒在其中、学也禄在其中　同

58 堯舜生在上、雖有十桀紂不能乱者勢治也、桀紂生在上、雖有十堯舜不能治者勢乱也　韓子

59 毎食便念稼穡之艱難、毎一衣則思紡績之辛苦　貞観政要

60 勢為天子未必貴也、窮為匹夫未必賤也、貴賤之分在行之善悪　荘子

61 禍兮福之所倚、福兮禍之所伏　老子

62 其文好者身必剥、其角美者身自殺　晏子

63 甘泉必竭、直木必伐　同

64 採玉者破石抜玉、選士者弃悪取善　論衡

65 貧賤之知不可忘、糟糠之妻不可下堂　後漢書

66 無功之賞、不義之富、禍之媒也　左伝

67 發乱雖緬因於安寝、驪龍雖嬰聚邪牛　魏志

68 乗車必護輪、治国必愛民、車無輪安処、国無民誰與　鳴衍車銘

69 寒者不貪尺玉而思短褐、飢者不願千金而美一飡　曹植表

70 脣吻為興亡之関鍵　抱朴子

71 大臣重禄不極諫、小臣畏罪不敢言、下情不上通、此患之大也　後漢書

72 千人所指无病而死　同

73 (74) 食其食者不毀其器　蔭其樹者不折其枝　韓子外傳

75 突妓不勝善政　夢佐不勝善行　孔子家語

76 句践好勇而民軽死　霊王好細腰而国多餓　尹子

77 軍無財則士不来　軍無賞則士不往　黄石公

香餌之下必有懸魚　重賞之下必有勇夫　三略

78 堯舜之民可比屋而封

桀紂之民可比屋而誅　新語

79 近河之地湿　近山之木長　同

80 悪政生悪気　悪気生災異

螟虫之類隨気而生　虹蜺之属因気而見

治道失於下則天文変於上　悪政

流於民則螟虫生於野　新語

81 報恩以徳　同

82 君能為善則吏能為善

吏能為善則民必能為善

民之不善吏之罪也　吏之不善君之過也　新語

83 南越以孔雀珥門戸　崐山以玉璞抵烏鵲　塩鐵論

84 痩馬不畏鞭箠　疲民不畏刑法　同

85 窮鼠齧狸　同

86 鴻鵠保河海之中　厭小澤必有九罾之憂

蛟龍保深淵之底　出浅渚必有釣射之患　新序

87 國之所以治者君明也　其之所以乱者君闇也

君之所以明者兼聴也　其之所以闇者偏信也　新論

88 國以民為根　民以穀為命　政論

89 女无美悪入宮見妬　士无賢愚入朝見嫉　曲論

90 目之所好不可從也　耳之所楽不可不慎也

口之所嗜不可随也　心之所欲不可恣也

故目者必逸之所以鮮也　故耳者必好音之声也

故口者必好味之也　故心者必好利之也　抱朴子

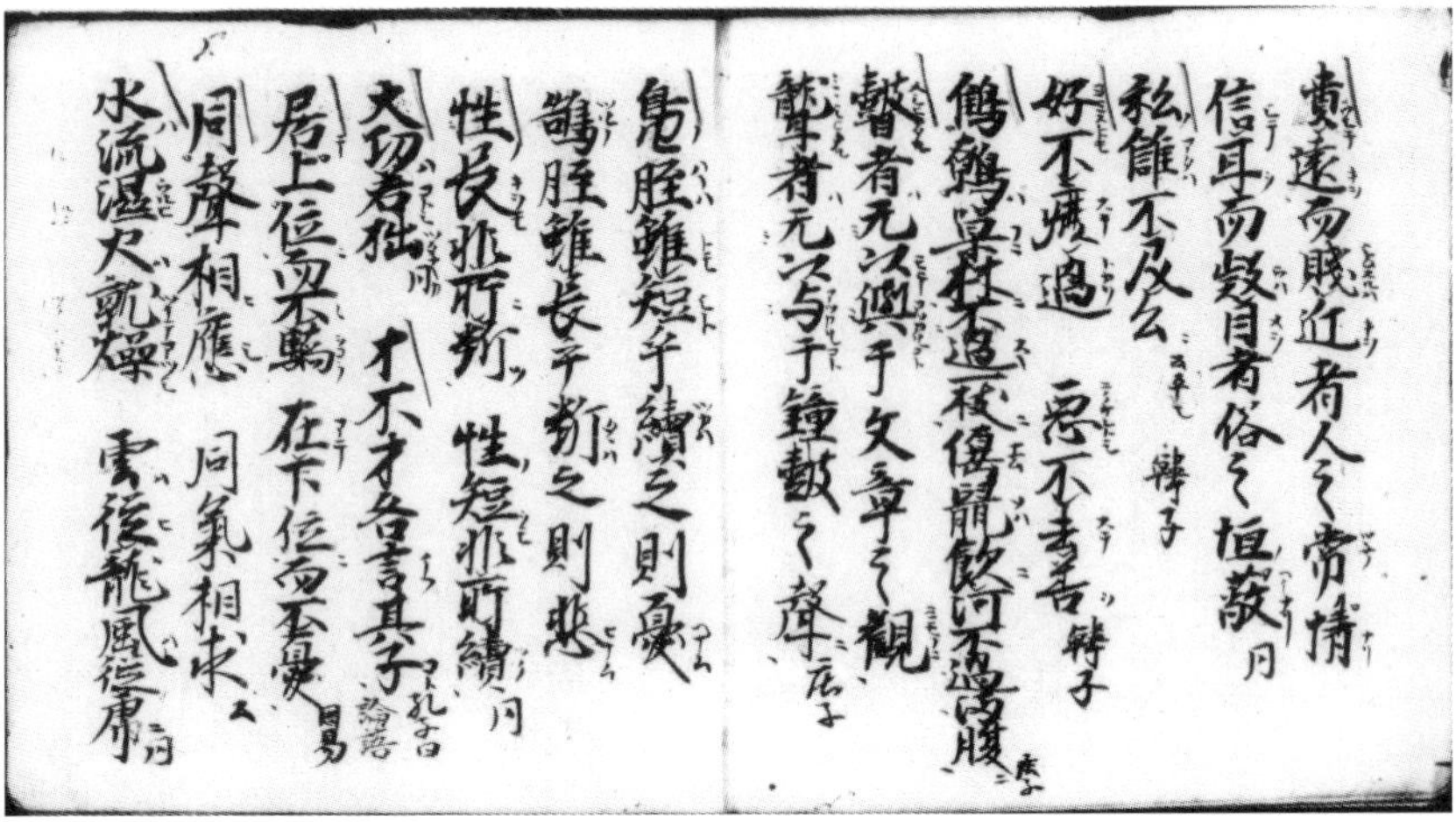
91 貴遠而賤近者人之常情、信耳而疑目者俗之恒蔽　同
92 私雖不及公　韓子
93 好不癈過　悪不去善　韓子
94 鷦鷯巣林不過一枝、偃鼠飲河不過満腹　荘子
95 瞽者无以與乎文章之観、聾者无以与乎鐘鼓之聲　荘子
96 鳧脛雖短續之則憂、鶴脛雖長断之則悲、性長非所断、性短非所續　同
97 大功若拙
98 才不才各言其子　孔子曰　論語
99 居上位而不驕　在下位而不憂　周易
100 同聲相應　同氣相求　又　水流濕火就燥　雲從龍風從虎　同

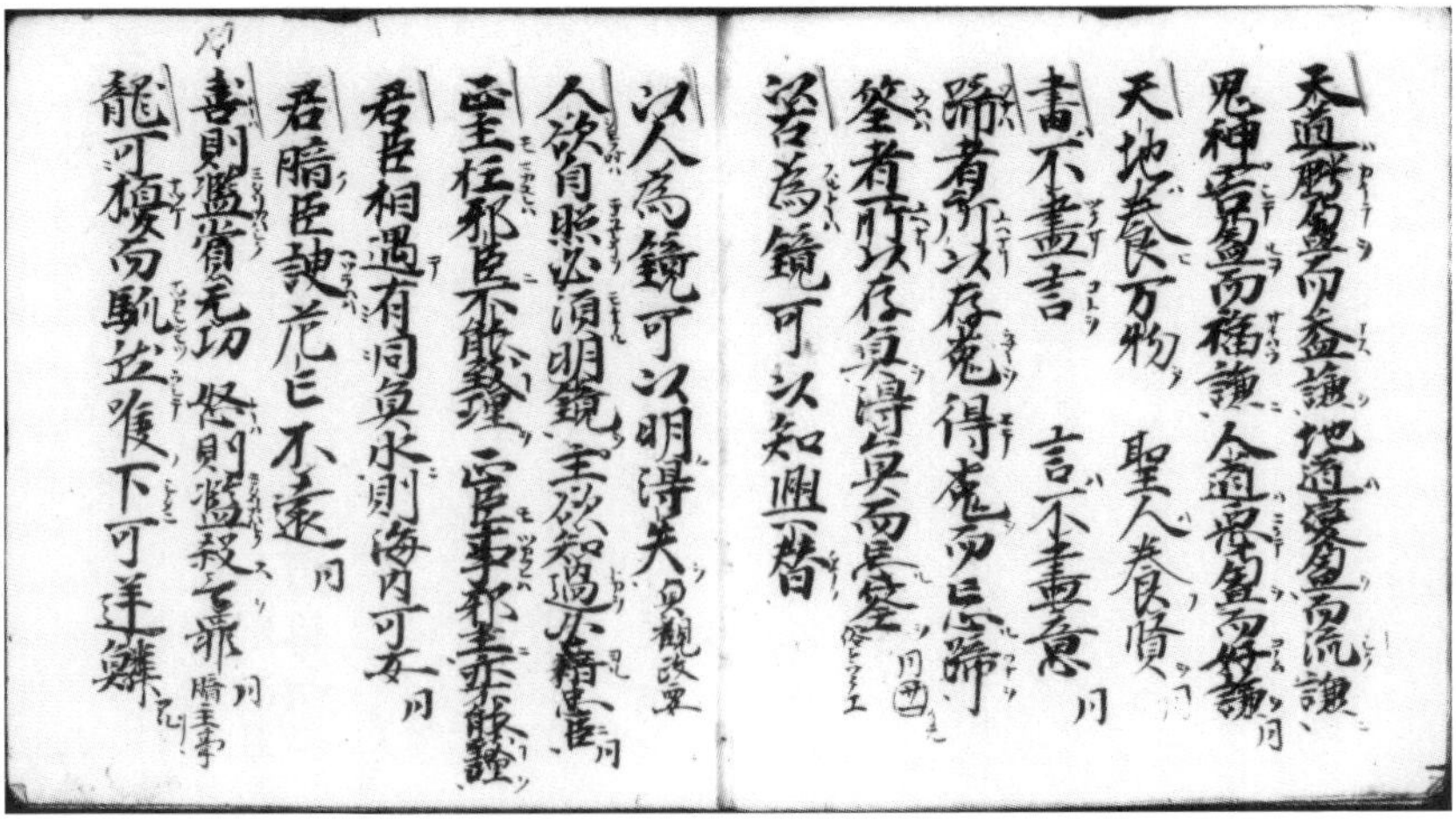
101 天道虧盈而益謙、地道變盈而流謙、鬼神害盈而福謙、人道悪盈而好謙　周易
102 天地養万物　聖人養賢　同
103 書不盡言　言不盡意　同
104 蹄者所以在兎　得兎而忘蹄、筌者所以在魚　得魚而忘筌　同
105 以古為鏡可以知興替、以人為鏡可以明得失　貞観政要
106 人欲自照必須明鏡、主欲知過必藉忠臣　同
107 正主任邪臣不能致理、正臣事邪主亦不能致理、君臣相遇有同魚水則海内可安　同
108 君暗臣諛危亡不遠　同
109 喜則濫賞无功　怒則濫殺无罪　同
110 龍可擾而馴　然喉下有逆鱗

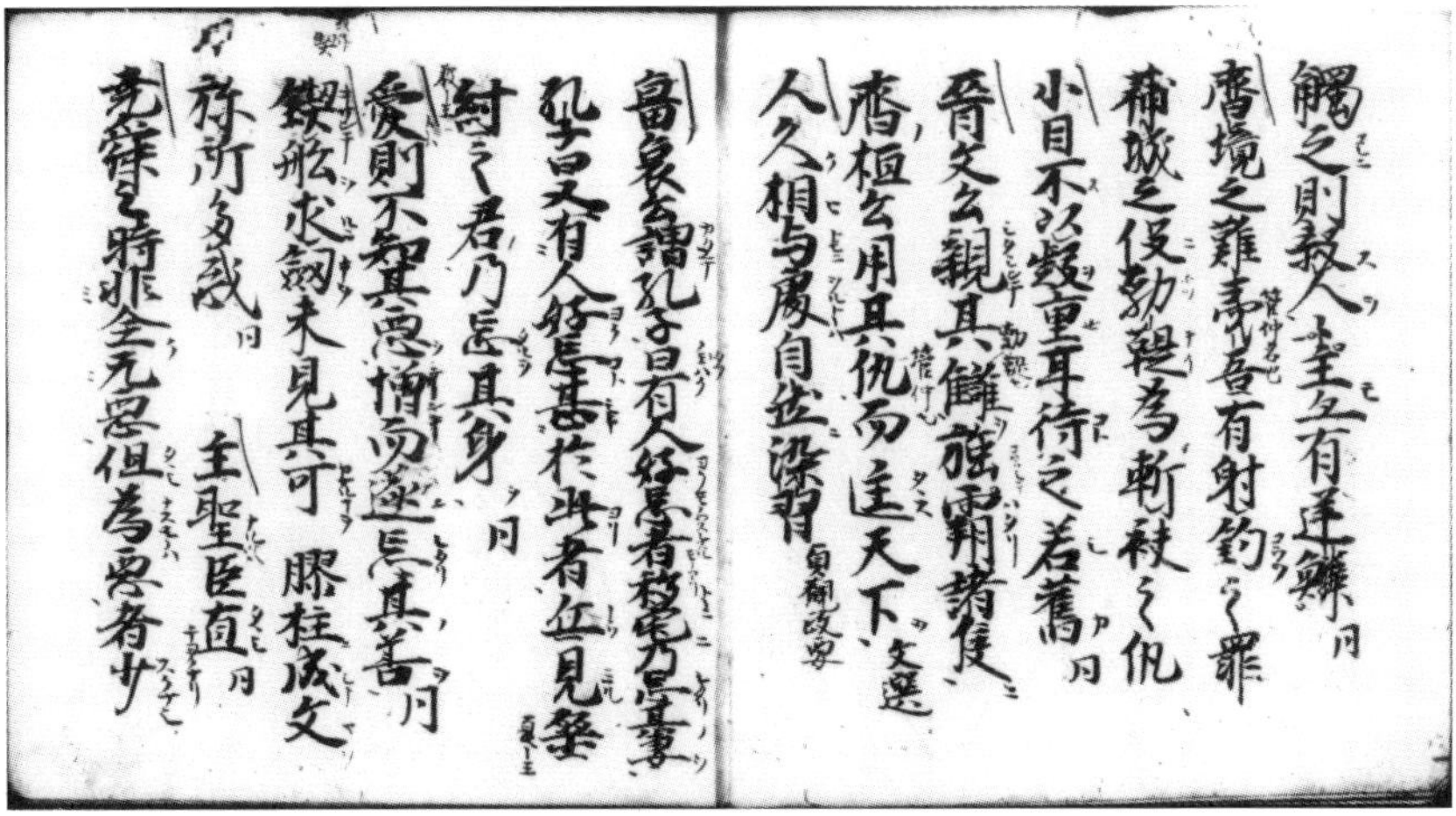

111 觸之則殺人。堂々有逆鱗　同
齊境之難夷吾有射鈎之罪
蒲城之役勃鞮爲斬袂之仇
小白不以疑重耳待之若舊　同
112 晉文公親其讎強霸諸侯
113 齊桓公用其仇而匡天下　文選
人久相与處自然染習　貞観政要
114 魯哀公謂孔子曰有人好忘者移宅乃忘其妻
孔子曰又有人好忘甚於此者丘見桀紂之君乃忘其身　同
115 愛則不知其悪憎則遂忘其善　同
116 鍥船求劒未見其可　膠柱成文
117 務祈多戒　同　主聖臣直　同
118 堯舜之時非全无悪但爲悪者少

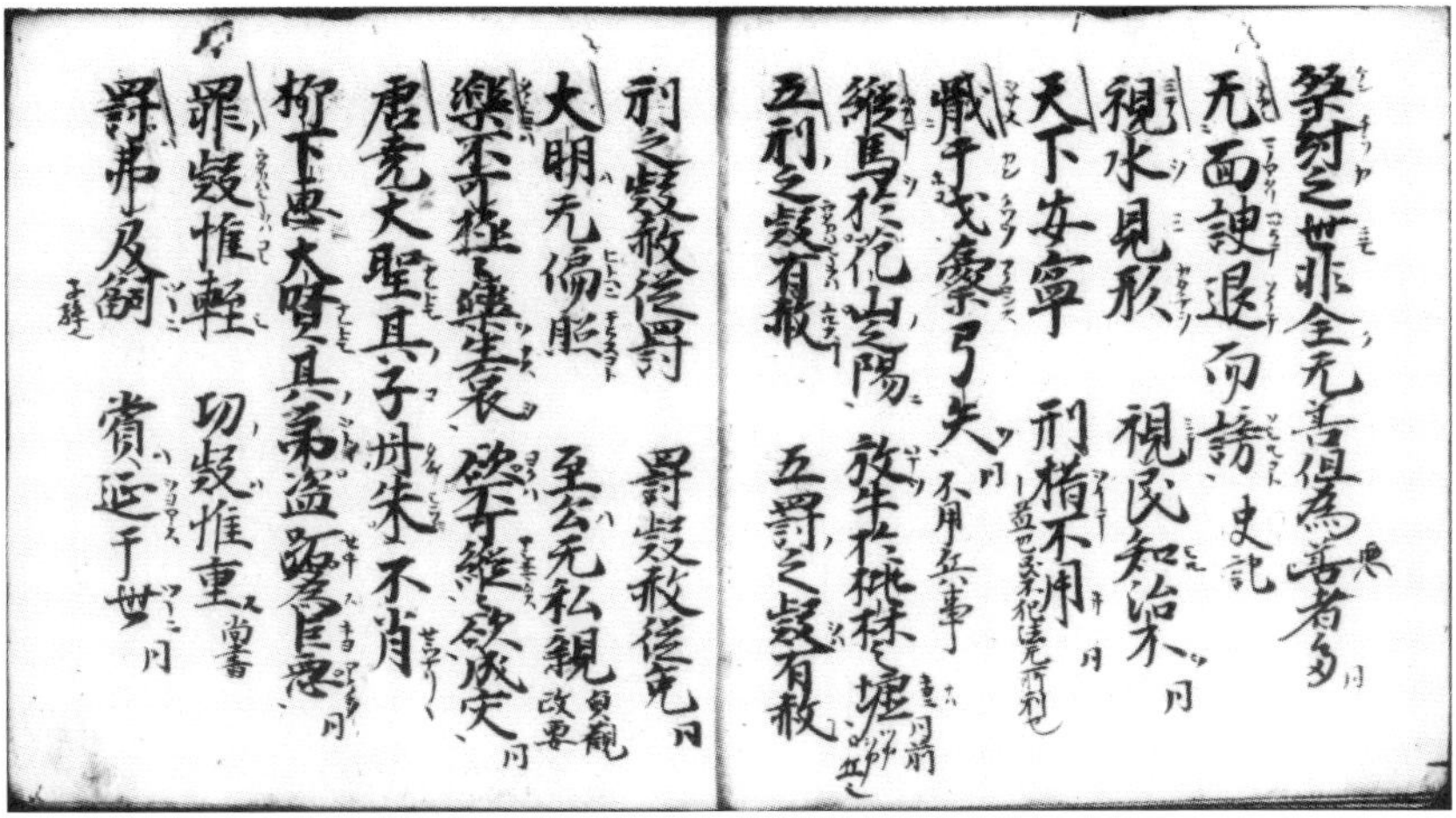

119 桀紂之世非全无善但爲善者少　同
120 无面諛退而謗　史記
121 視水見形　視民知治不　同
122 天下安寧　刑措不用　同
123 戢干戈櫜弓矢　同
124 歸馬於花山之陽　放牛於桃林之墟　同前
五刑之疑有赦　五罰之疑有赦
刑之疑赦從罰　罰疑赦從免　同
125 大明无偏照　至公无私親　貞観政要
126 樂不可極樂極生哀　欲不可縦欲縦成災　同
127 唐堯大聖其子丹朱不肖
柳下恵大賢其弟盗跖爲巨悪　同
128 罪疑惟輕　功疑惟重　尚書
129 罰弗及嗣　賞延于世　同

130 満招損、謙受益　同
131 上不凌下、下不得僭上　同
132 汝無面従、退有後言　同
133 謂人莫己若者亡　同
134 斅学半　同
135 皇天無親、惟徳是輔、民心無常、惟恵之懐　同
136 一人有慶、兆民頼之　同
137 賢者狎而敬之　礼記
138 愛而知其悪　憎而知其善　同
139 積而能散　同
140 疑事毋質　同
141 礼聞来学、不聞往教　同
142 執玉不趨　同
143 授立不跪　授坐不立　同
144 食居人之左　羹居人之右　同
145 賜菓於君前、其有核者懐其核　同
146 為天子削瓜者副之　為国君者華之　庶人齕之
147 隣有喪、舂不相　里有殯、不巷歌　同
148 刑人不在君側　同
149 君子不近刑人　公羊伝

近刑人則軽死之道

150 父之讐不共戴天、兄弟之讐不反兵　礼記
151 奉者当心　提者当帯　同
152 医不三世不服其薬　同
153 生有益於人　死不害於人　同
154 君子居安如危　小人居危如安　同
155 為人臣者無外交、不敢弐君也　同
156 婦人従人者也、幼従父兄、嫁従夫、夫死従子　同
157 君賜車馬乗以拝　賜衣服服以拝　同
158 雖有嘉肴弗食不知其旨、雖有至道弗学不知其善　同
159 寒暑不時則疾　風雨不節則饑
160 富潤屋　徳潤身　同
161 敬其父則子悦　敬其君則臣悦　敬其兄則弟悦　孝経

162 君雖不君臣不可臣 父雖不父子不可子 同

163 身體髪膚受于父母不敢毀傷孝之始也 同

164 居上不驕處下不乱 在醜不争 同

165 賤服貴服謂之僭上〻〻為不忠 貴服賤服謂之僭下〻〻為失位 同

166 君子動不違法 擧不越制 同

167 資於事父以事母其愛同 資於事父以事君其敬同 同

168 母至親而不尊 君至尊而不親 同

169 至親者則敬不至 至尊者則愛不至 同

170 覆而无外者天也其徳无不在 載而无棄者地也其物莫不殖 同

171 天地不為一物枉其時 日月不為一物晦其明 明王不為一人枉其法 同

172 上為敬則下不慢 上好譲則下不争 同

173 不義而富且貴於我如浮雲 同 孔子詞

174 蛟龍得水然後立其神 聖人得民然後成其化 同

175 凶服象其憂 吉服象其樂 衰麻在身則有悲哀之色 端冕在身則有矜荘之色 介冑在身則有可畏之色 同

176 生則事之以愛敬 死則事之以哀戚 同

177 立功者賞 乱政者誅 同

178 為人君而下知臣事則有司不任 為人臣上専主行則上失其威 同

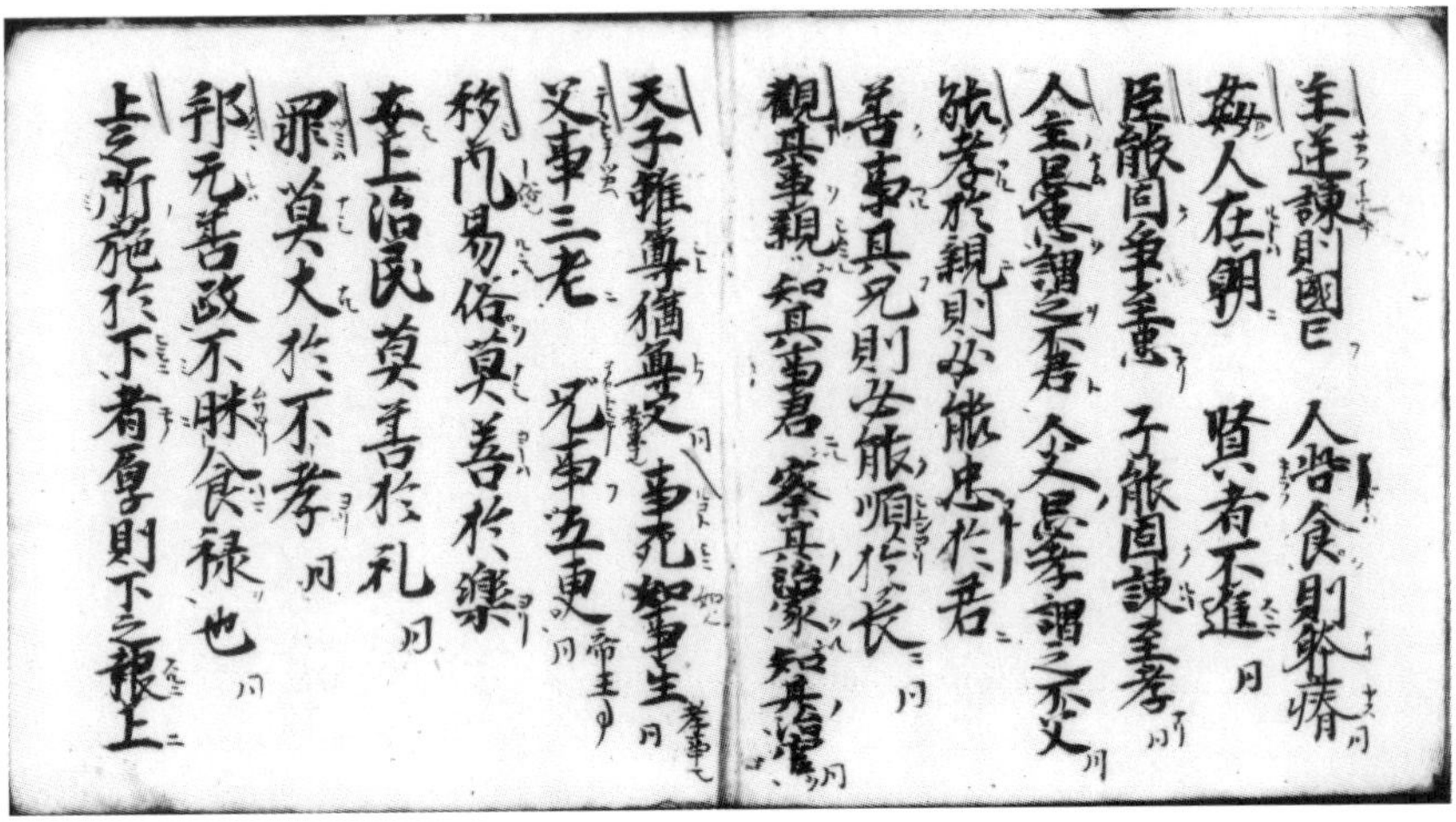

179 主逆諫則國亡　人皆食則躬瘠　同

180 姦人在朝　賢者不進　同

181 臣能固爭至忠　子能固諫至孝　同

人君忌惡謂之不君　人父忌孝謂之不父　同

182 能孝於親則必能忠於君

善事其兄則必能順於長　同

183 觀其事親　知其事君　察其誼象　知其治　同

184 185 天子雖尊猶有父　事死如事生　同

186 又事三老　兄事五更　同

187 移風易俗莫善於樂

安上治民莫善於禮　同

188 罪莫大於不孝　同

189 邦無善政不勝食祿也　同

190 上之所施於下者厚則下之報上

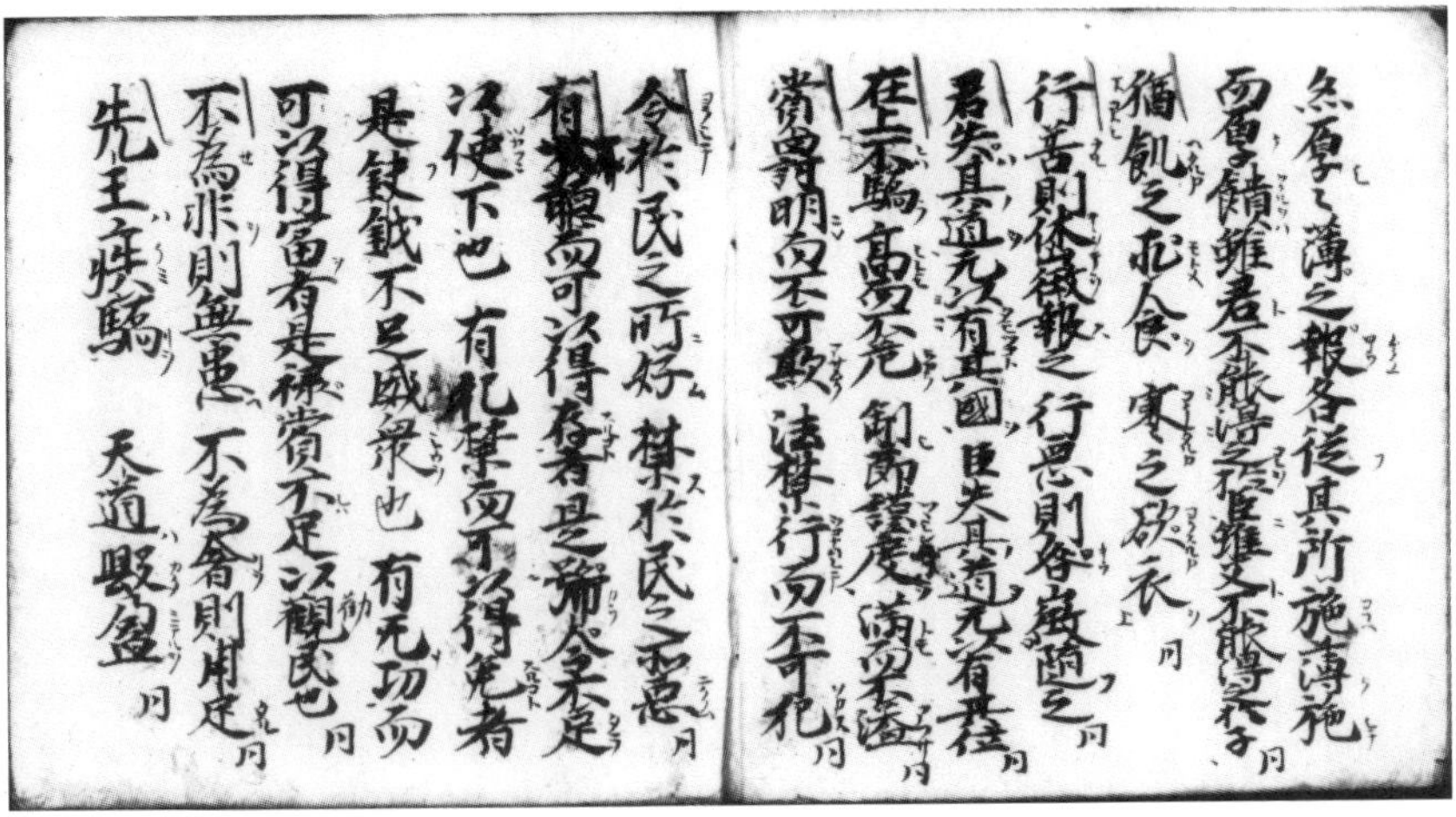

亦厚〻薄之報各從其所施薄施

而厚饋雖君不能得之於臣雖父不能得之於子　同

191 猶飢之於食　寒之於衣　同

192 行善則休徵報之　行惡則咎徵隨之　同

193 君失其道無以有其國　臣失其道無以有其位　同

194 在上不驕　高而不危　制節謹度　滿而不溢　同

195 賞罰明而不可欺　法禁行而不可犯　同

196 令於民之所好　禁於民之所惡　同

197 有[illegible]祿而可以得尊者是之謂大公不足

以使下也　有犯禁而可以得免者

是鈇鉞不足威衆也　有無功而

可以得富者是祿賞不足以勸民也　同

198 不為非則無患　不為奢則用足　同

199 先王疾驕　天道惡盈　同

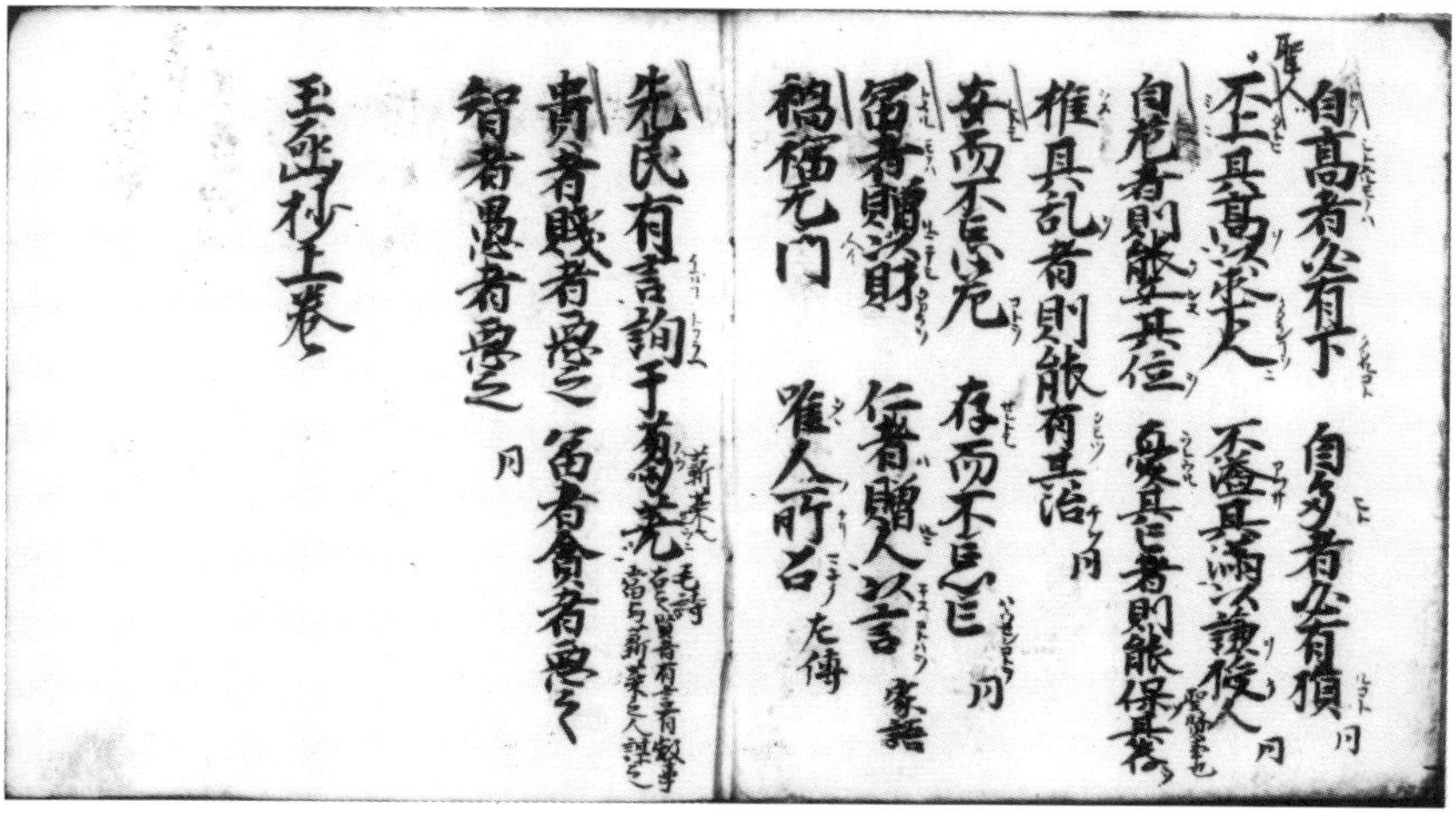

200 自高者必有下　自多者必有損　同

201 不上其高以求人　不滿其滿以讓從人　同

202 自危者則能安其位　憂其亡者則能保其存
懼其乱者則能有其治　同

203 安而不忘危　存而不忘亡　同

204 富者贈人以財　仁者贈人以言　家語

205 禍福无門　唯人所召　左傳

206 先民有言詢于芻蕘　毛詩

74 貴者賤者必愛之　富者貪者必惡之
智者愚者必畏之　同

玉函祕抄上巻

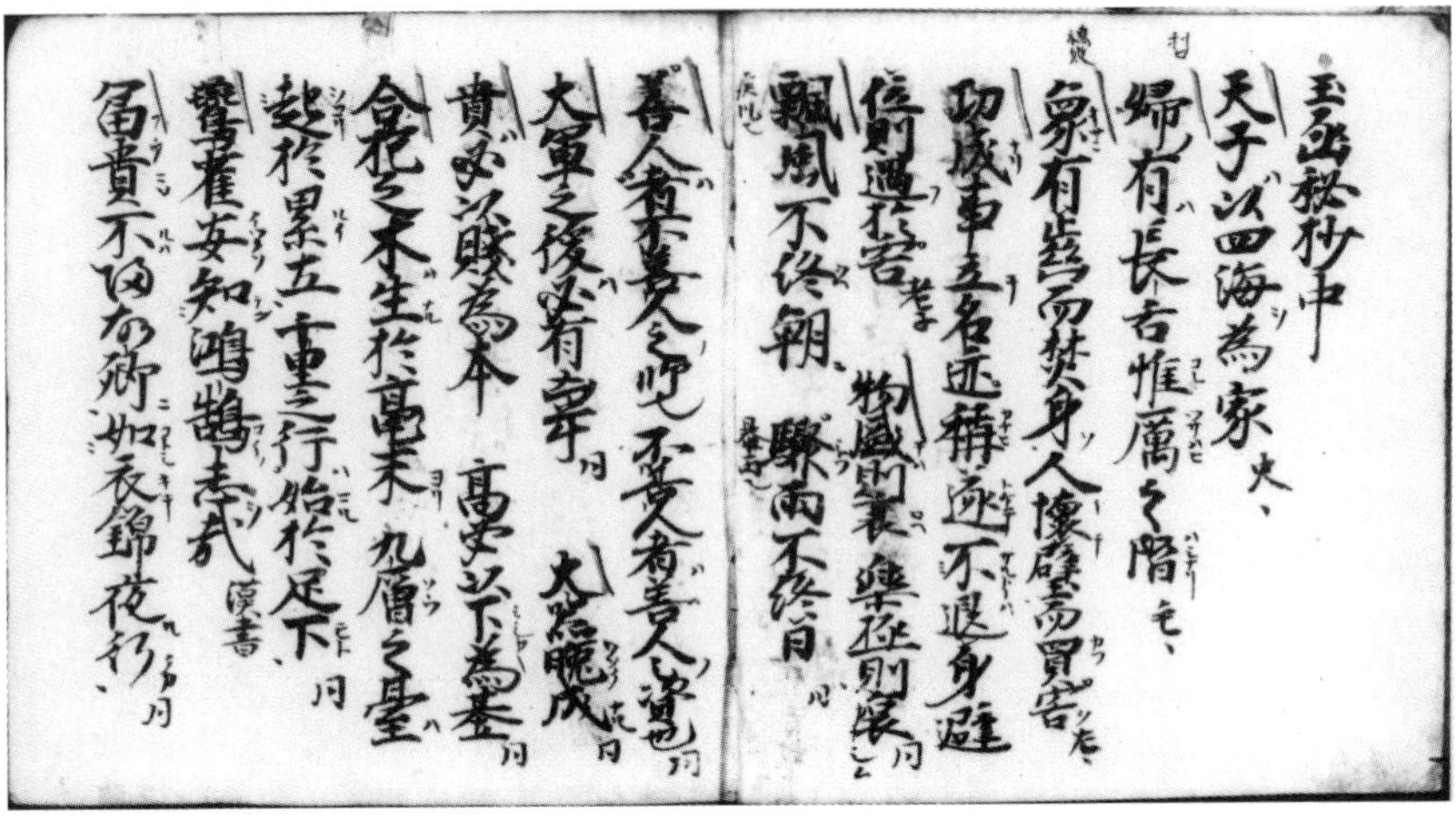
玉函秘抄中
207 天子以四海為家 文
208 婦有長舌惟厲之階也
209 象有歯而焚身人懐璧而買害 左
210 功成事立名遂稱遂不退身避
211 位則過害 孝 物盛則衰楽極則悲 同
212 飄風不終朝驟雨不終日 同 老子
213 善人者不善人之師也不善人者善人之資也 同
214 大軍之後必有凶年 同 216 大器晩成 同
215 貴必以賤為本高必以下為基 同
217 合抱之木生於毫末九層之臺起於累土千里之行始於足下 同
218 鷰雀安知鴻鵠之志哉 漢書
219 富貴不帰故郷如衣錦夜行 同

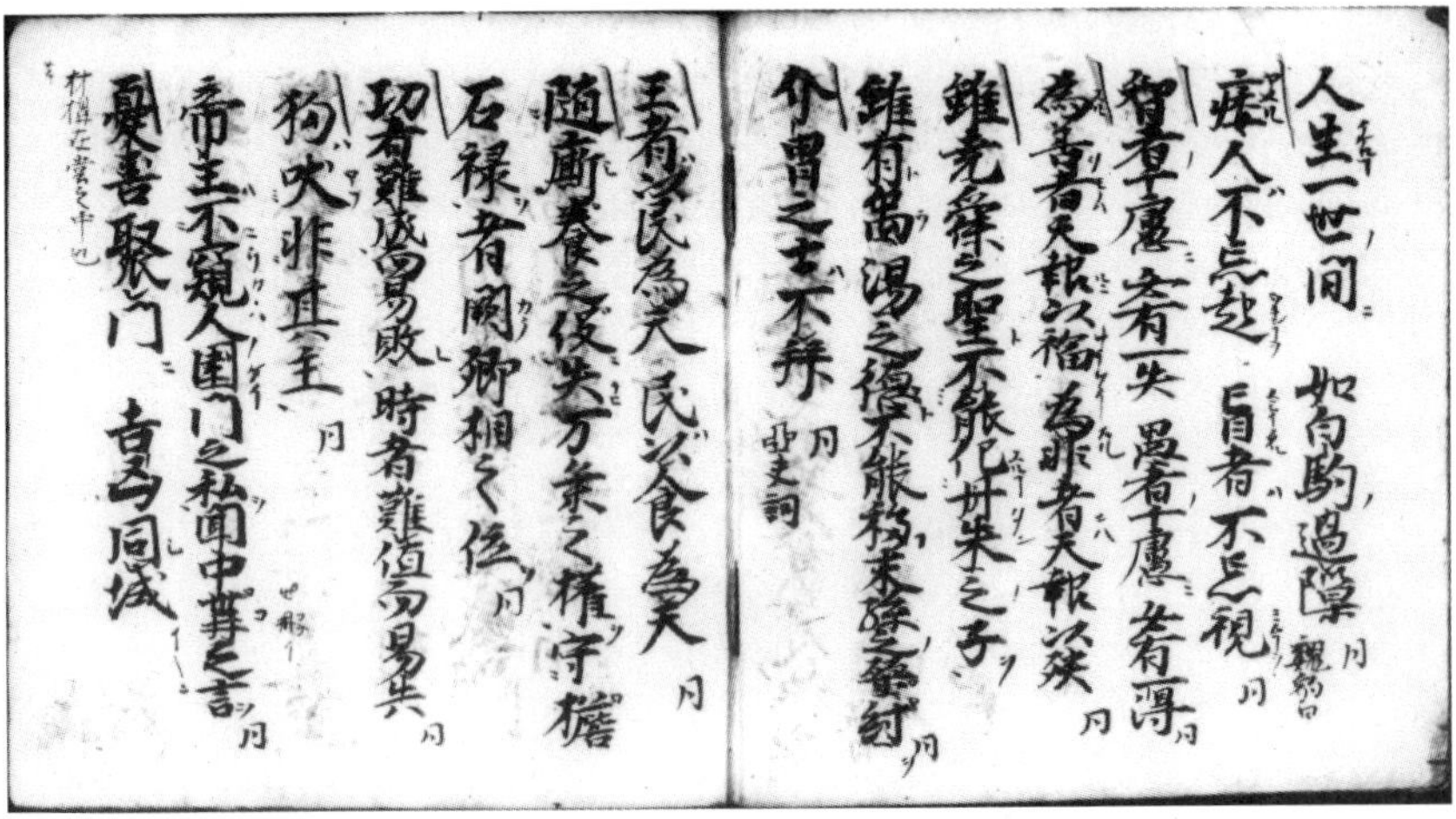
220 人生一世間如白駒過隙 同 魏豹曰
221 瘖人不忘起盲者不忘視 同
222 智者千慮必有一失愚者千慮必有一得 同
223 為善者天報以福為非者天報以災 同
224 雖有堯舜之聖不能化丹朱之子雖有湯武之徳不能救桀紂之暴 同
225 介冑之士不拝 同 亞夫詞
226 王者以民為天民以食為天 同
227 隨廝養之役失万乗之権守儋石之禄者闕卿相之位 同
228 功者難成而易敗時者難値而易失 同
229 狗吠非其主 同
230 帝王不窺人閨門之私聞中冓之言 同
231 愛善聚門吉凶同域

呉旌大夫差筬敗越棲會稽眷踏 同
232 兵為路 戰花事 同
233 地之表者苗養木 君之行者善養士 同
234 雷霆之所撃无不摧折
万鈞之所壓無不糜滅 同
235 鷙鳥累百 不如一鶚 同
236 魯聽季孫之説逐孔丘
宋信子冉之計囚墨翟
以孔墨之辯不能免於讒諛 同
237 意合則胡越為昆弟 不合則
骨肉為讎敵 同
238 明月之珠夜光之璧以闇投人於道
莫不按劍相眄何則无因而至前也 同
239 積羽沈舟 群輕折軸 車一也

衆口鑠金 積毀銷骨 同
240 衆喣漂山 聚蚊成雷 同
241 尭舜行徳則民仁壽 桀紂行暴則民鄙夭 同
242 万民之從利也 如水之走下 同
243 臨淵而羨魚 不如退而結網 同
244 勞者厚禄尊 徳盛者獲爵尊 同
245 服絺綌之涼者不苦盛暑之鬱燠
襲貂狐之煖者不憂至寒之悽愴 同
246 後宮盛色 賢者隱處
佞人用事 則争臣杜口 同
247 楚起章華之臺而黎民散
秦興阿房之殿而天下乱 同
248 用之則為虎 不用則為鼠 東方朔
ーーー无恩所也
249 水至清則无魚 人至察則无徒 同
ーーー所疾畏也

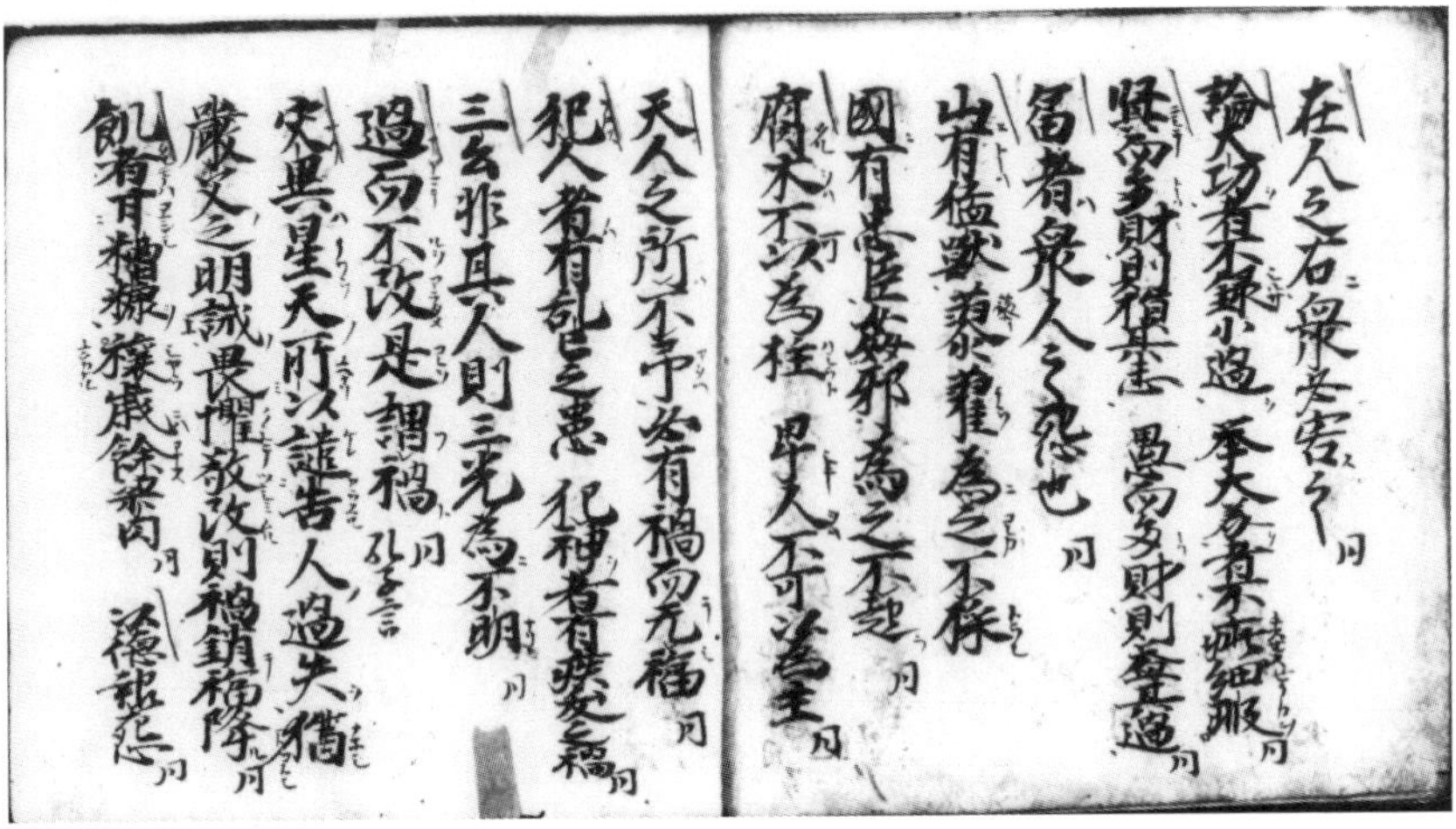

250 在人之右衆必害之　同
251 論大功者不録小過　舉大美者不疵細瑕　同
252 賢而多財則損其志　愚而多財則益其過　同
253 富者衆人之怨也　同
254 山有猛獸藜藿為之不採
國有忠臣姦邪為之不起　同
255 腐木不可以為柱　卑人不可以為主　同
256 天人之所不予必有禍而无福　同
257 犯人者有乱亡之患　犯神者有疾殃之禍　同
258 三公非其人則三光為不明　同
259 過而不改是謂禍　孔子言　同
260 災異星天所以譴告人過失猶
嚴父之明誡　畏懼敬改則禍銷福降　同
261 262 飢者甘糟糠　穰歳餘粱肉　同　以徳報怨　同

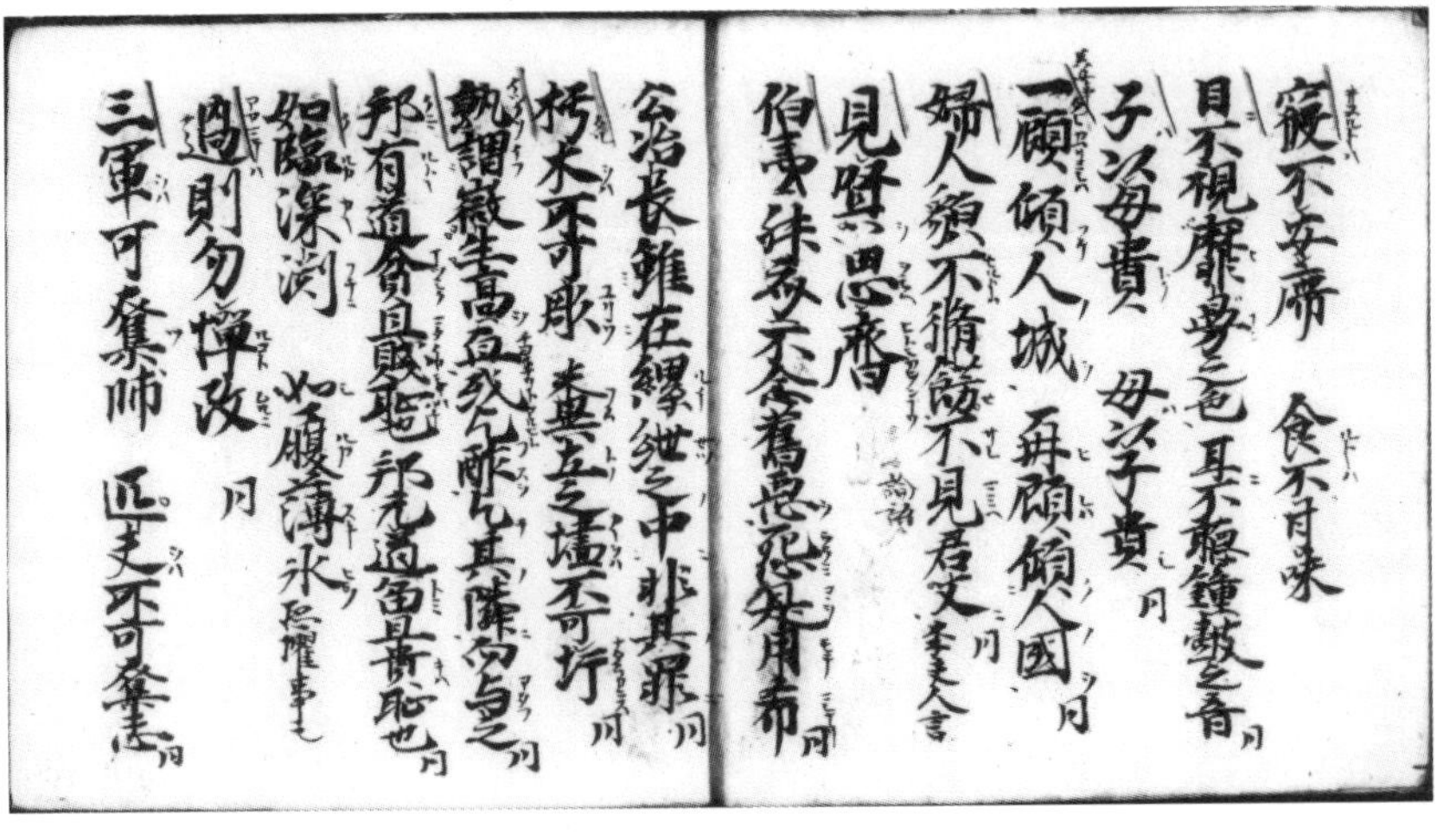

263 寝不安席　食不甘味
目不視靡曼之色　耳不聽鍾鼓之音　同
264 子以母貴　母以子貴　同
265 一顧傾人城　再顧傾人國　同
266 婦人貌不脩飾不見君父　李夫人言　同
288 見賢思齊　論語
289 伯夷叔斉不念旧悪怨是用希　同
290 公冶長雖在縲紲之中非其罪　同
291 朽木不可彫　糞土之墻不可圬　同
292 孰謂微生高直　或乞醯焉　乞諸其隣而与之　同
293 邦有道貧且賤焉恥也　邦无道富且貴恥也　同
294 如臨深淵　如履薄氷　恐懼事也
295 過則勿憚改　同
296 三軍可奪帥　匹夫不可奪志　同

297 智者不惑　仁者不憂　勇者不懼　同

298 立不中門　行不履閾　同

299 紅紫不以為褻服　同

300 色悪不食　臭悪不食　同

301 食不語　302 寝不言　席不正不坐　同

303 君賜食必正席先嘗　同

304 不敢不表明服見君　305 君命召不俟駕行矣　同

306 寝不尸　不偃臥四體布展手足似死人也　居不容　同

307 仰之弥高　鑽之弥堅　文学也　同

308 邦有道如矢　邦无道如矢　史魚事　同

309 過而不改是謂過　同

310 見善如不及　見不善如探湯　避去疾悪　同

311 割鶏焉用牛刀　同

312 至堅者磨之而不薄　至白者染之而不黒　同

313 百姓有過在予一人　同　尭言

267 以色事人者色衰則愛弛愛弛則恩絶　李夫人言　同

268 百姓震懼　道路以目　同　王莽事也

269 駑馬之乗不騁千里之塗
鷰雀之儔不奮六翮之用
梁桃之材不荷棟梁之任
斗筲之子不秉帝王之重　同

270 和氏之璧韞於荊石　隨侯之珠蔵於蚌蛤

271 行有餘力則以学文　論語

272 三年无改於父之道可謂孝　同

273 貧而楽道　富而好礼　同

274 不患人之不知己　患己不知人　同

275 貧而无諂　富而无驕　同

276 知之為知　不知為不知　同　是知也

316　315　314　287　286　285　284　282 283　281　279 280　278　277

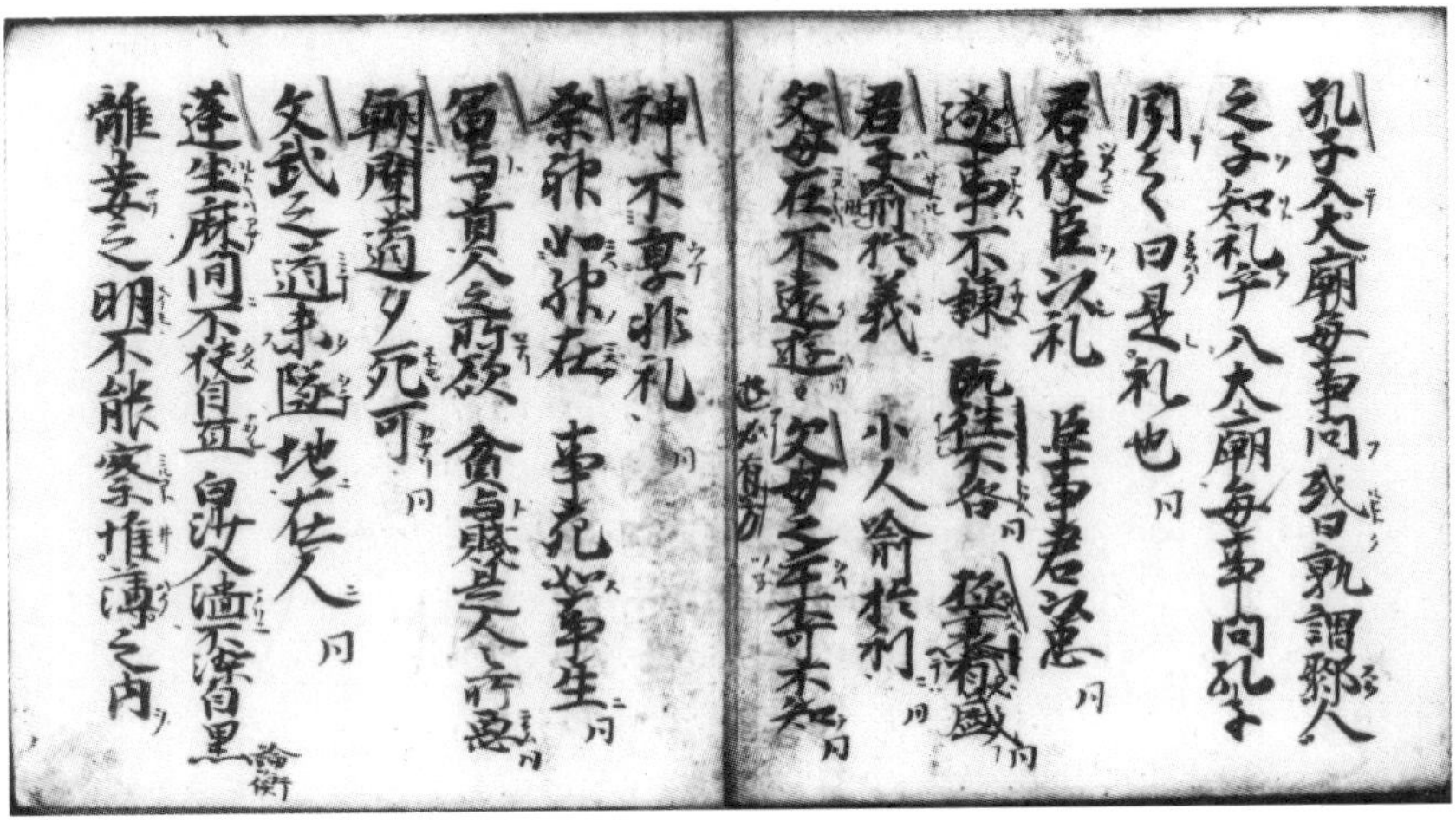

孔子入大廟毎事問 或曰孰謂鄹人之子知礼乎 入大廟毎事問 孔子聞之曰是礼也 同

君使臣以礼 臣事君以忠 同

遂事不諫 既往不咎 同 盛者必衰 同

君子喩於義 小人喩於利 同

父母在不遠遊 遊必有方 父母之年不可不知 同

神不享非礼 同

祭神如神在 事死如事生 同

富与貴人之所欲 貧与賤是人之所悪 同

朝聞道夕死可 同

文武之道未墜於地 在人 同

蓬生麻中不扶自直 白沙入涅不染自黒 論衡

離婁之明不能察帷薄之内

330　329　328　327　326　325　324　323　322　321　319 320　318　317

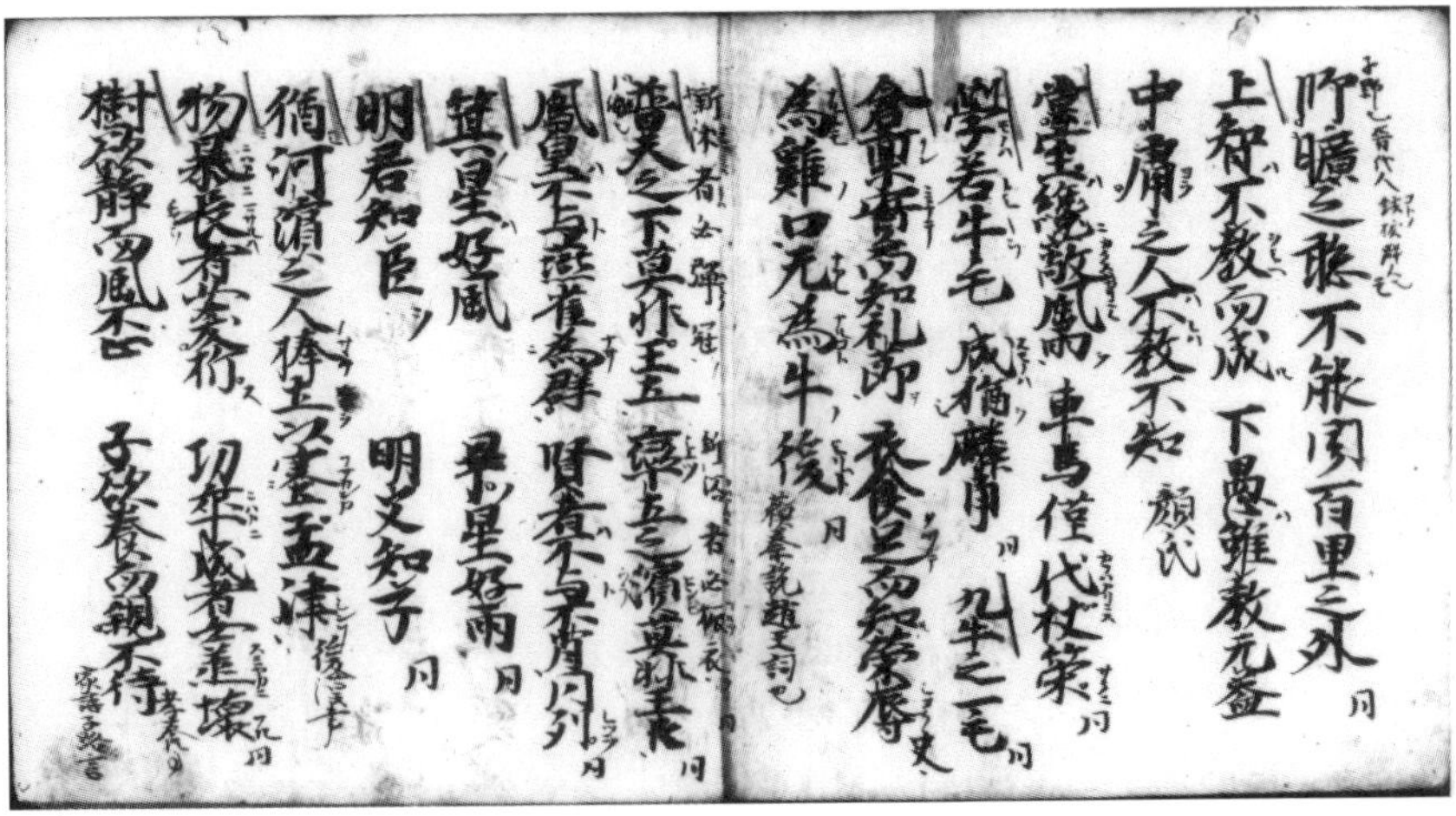

子野之晉代人 師曠之聴不能聞百里之外 同

上智不教而成 下愚雖教無益 中庸之人不教不知 顔氏

堂生幾歎鳳 車馬僅代杖策 同

学者如牛毛 成者猶麟角 同 孔子之毛 同

倉廩実而知礼節 衣食足而知栄辱 史

為鶏口 無為牛後 同 蘇秦説趙王詞也

新沐者必弾冠 新浴者必振衣 同

普天之下莫非王土 率土之濱莫非王臣 同

鳳凰不与燕雀為群 賢者不与不肖同列 同

箕星好風 畢星好雨 同

明君知臣 明父知子 同

猶河濱之人捧土以塞孟津 後漢書

物暴長者必夭折 功卒成者必亟壊 孔叢

樹欲静而風不止 子欲養而親不待 孝表 家語子路言

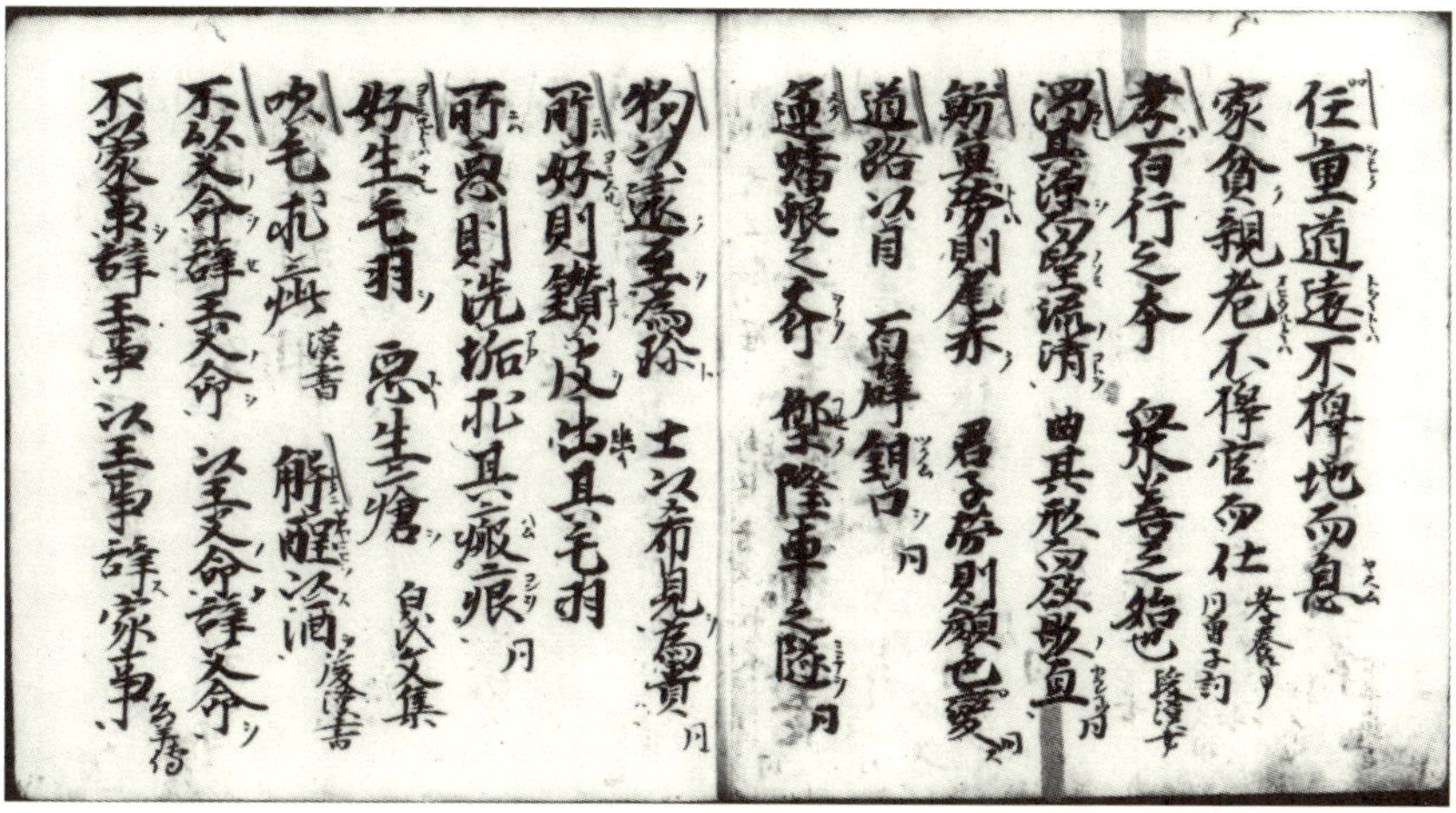

331 任重道遠不擇地而息 家貧親老不擇官而仕 曾子詞
332 孝百行之本 衆善之始也 後漢書
333 濁其源而望流清 曲其形而欲影直 同
334 魴魚勞則尾赤 君子勞則顔色變 同
335 道路以目 百姓鉗口 同
336 [illegible]蟠根之斧 墜陵車之隧 同
337 物以遠至為珍 士以希見為貴 同
338 所好則鑽皮出其毛羽 所惡則洗垢求其瘢痕 同
339 好生毛羽 惡生瘡痏 白氏文集
340 吹毛求疵 漢書
341 解酲以酒 後漢書
342 不以父命辭王父命 以王父命辭父命 不以家事辭王事 以王事辭家事 左傳

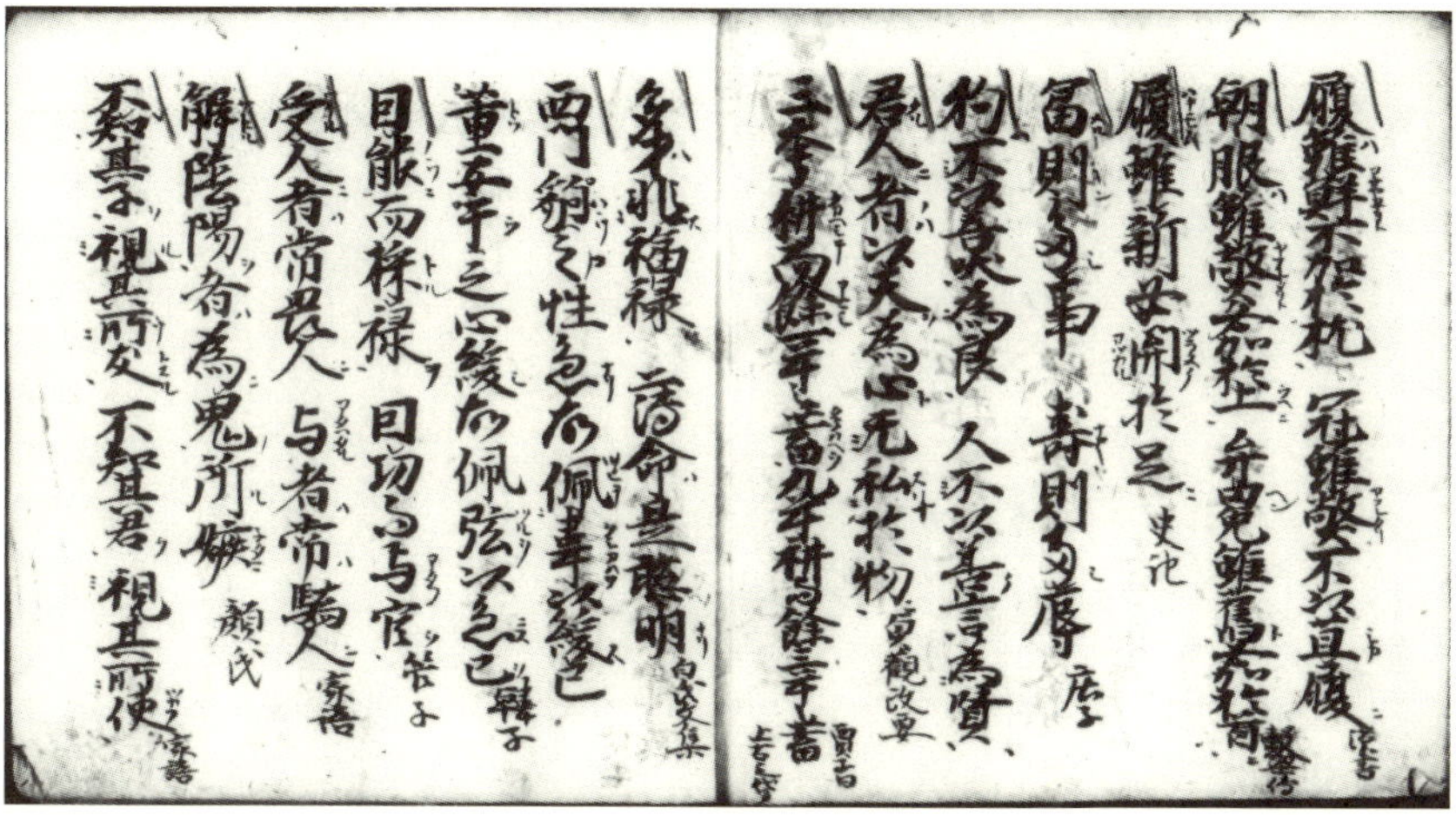

343 履雖鮮不加於枕 冠雖敝不以苴履 漢書
344 朝服雖敝必加於上 弁冕雖舊必加於首 [illegible]
345 履雖新必關於足 史記
346 富則多事 壽則多辱 莊子
347 約不以奢為良 人不以善言為賢
348 君人者以天為心 無私於物 貞觀政要
349 三寸[illegible]
350 多求[illegible]福祿 [illegible]聰明 白氏文集
351 西門豹之性急故佩韋以緩己 董安于之心緩故佩弦以急己 韓子
352 因能而授祿 因功而与官 管子
353 受人者常畏人 与者常驕人 家語
354 解陰陽者為鬼所嫉 顔氏
355 不知其子視其所友 不知其君視其所使 家語

356 陰陽之和不長一類、萬民之主不阿一人　呂氏春秋

357 君近小人則賢者見侵害　毛詩

358 傷賢者殃及三世、蔽賢者身受其害　進賢者福流子孫、妬賢者名不全　三略

359 虞舜耕於歴山、恩不及州里　太公屠牛於朝歌、利不及妻子　塩鉄論

360 以徳報徳則民有所勧、以怨報怨則民有所懲　礼記　表記

361 不以一眚掩大徳　左伝

362 佞人在官治道不清、紂佞于路則禍難作　説苑

363 官不及私昵惟其能、爵罔及悪徳惟其賢　説命

364 愛人利人者天必福之、悪人賊人者天必禍之　墨子

366 令苛則不聴、禁多則不行　呂氏春秋

367 陳子以智有餘見疑、周勃以朴忠取信

365 妖不勝徳　史記

368 巧而詐不如拙而誠　要覧

369 其身正不令而行、其身不正雖令不従　論語

370 網羅之鳥恨不高飛、懸鈎之魚恨貪餌　山覧

371 與所隠與盗同罪　左伝　隠盗所得之器也

372 治則刑重、乱則刑軽　犯治之罪固重、犯乱之罪固軽　漢書

373 有刑法而无仁義民怨則怒　有仁義而无刑法民慢則姦　袁子正書

374 賞當其労无功者自退、罰當其罪為悪者咸懼　貞観政要

375 有文无武无以威下、有武无文民畏不親、文武倶生、威徳乃成　説苑

376 良剣雖利不得人力不能自断　人才雖高不務学問不能致聖　同

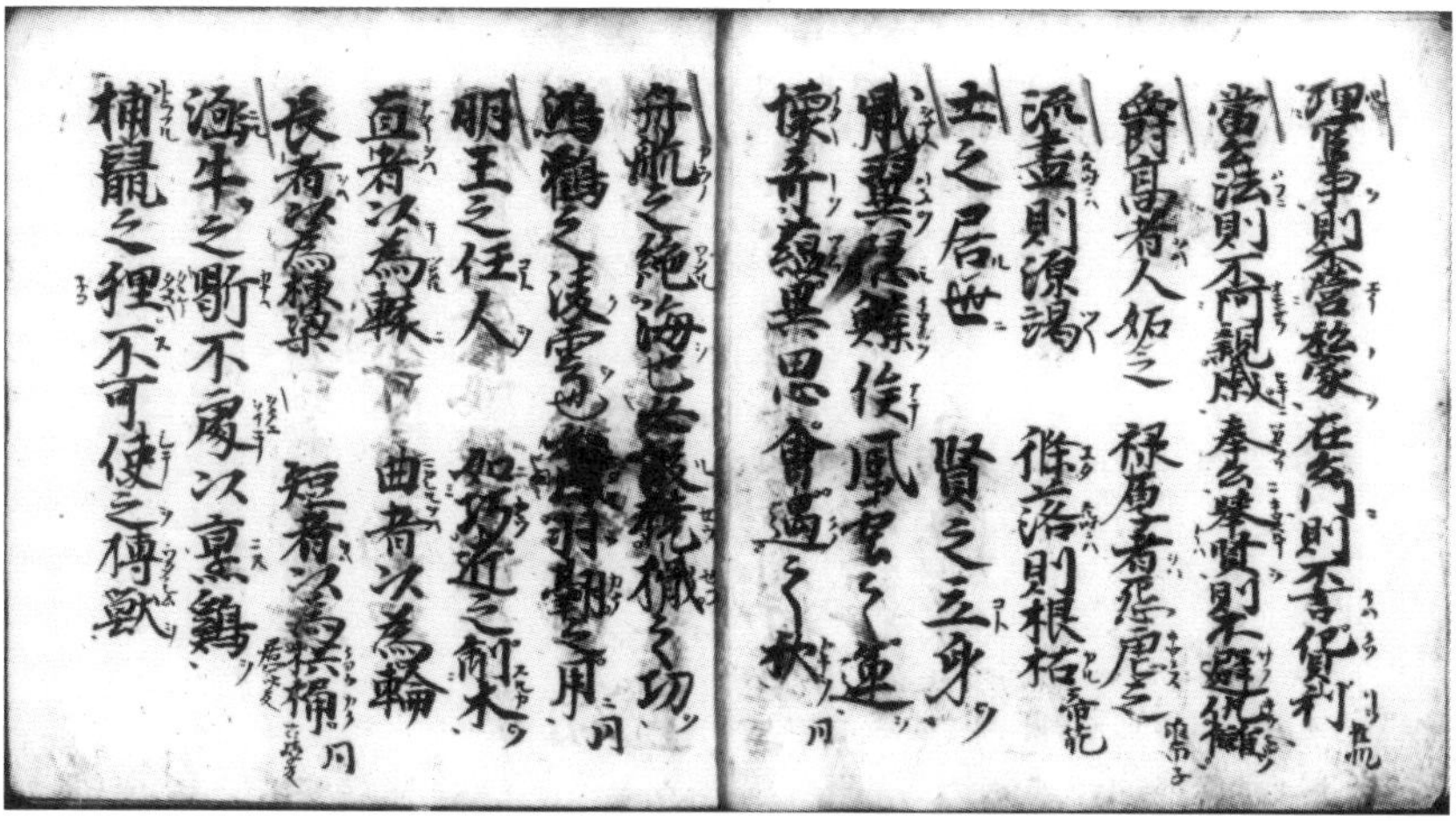

377 理官事則不營私家、在公門則不言貨利、當公法則不阿親戚、奉公擧賢則不避仇讐 臣軌

378 爵高者人妬之、禄厚者怨處之 愼子

379 流盡則源竭、條落則根枯 帝範

380 士之居世、賢之立身、戢翼隱鱗俟風雲之運、懷奇蘊異思會遇之秋 同

381 舟航之絶海也必假橈楫之功、鴻鶴之凌雲也必因羽翮之用 同

382 明王之任人、如巧匠之制木、直者以為轅、曲者以為輪、長者以為棟梁、短者以為栱桷 同

383 函牛之鼎不處以烹鷄、捕鼠之狸不可使之搏獸

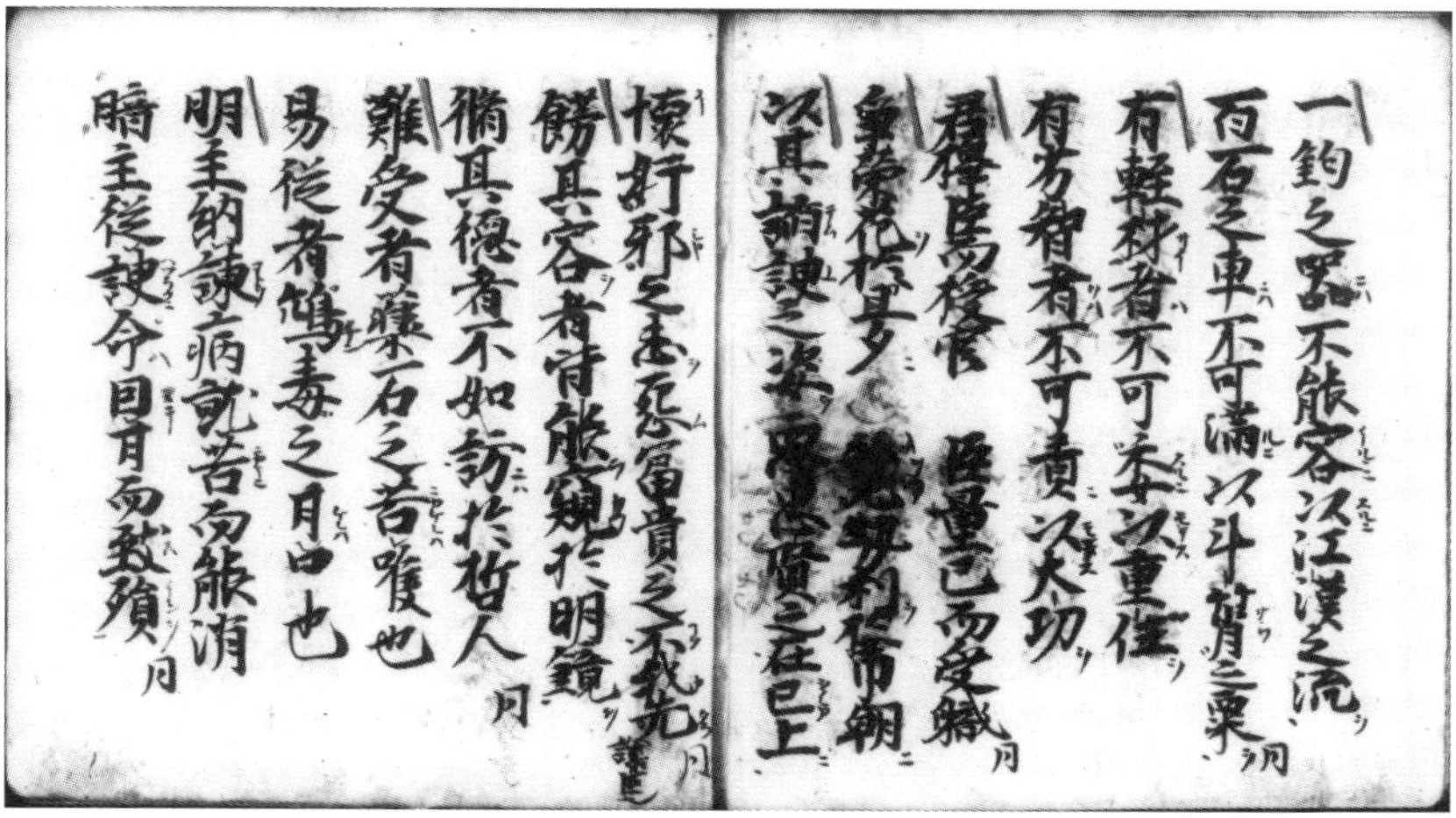

一釣之器不能容以江漢之流、百石之車不可滿以斗筲之粟 同

384 有輕材者不可委以重任、有劣智者不可責以大功 同

君擇臣而授官、臣量己而受職 同

385 争榮花於旦夕、競勢利於市朝、以其謟諛之姿、惡忠賢之在己上

懷奸邪之志、忍富貴之不義 先讒臣 同

386 餝其容者皆能窺於明鏡、猶其德者不如訪於哲人 同

387 難受者藥石之苦喉也、易從者鴆毒之甘口也

明主納諫病就苦而能消、騎主從諛命因甘而致殞 同

388 倹以養性　静以脩身
倹則民不労　静則下不擾
民労則怨起　下擾則政乖　円
389 衣不表錦繡而民短褐不全
犬馬厭芻豢而民糟糠不足　駱賓王
390 富貴廣大守之以約
叡智聡明守之以愚
391 不以身尊而驕人　不以徳厚而矜物　円
茅茨不剪　采椽不斲
舟車不飾　衣服無文　倹約
392 天以寒暑為徳　君以仁愛為心
393 寒暑既調則時无疾疫
風雨不節則歳有飢饉
仁愛下施則民不彫弊
教令失度則政有乖違　円
394 食為人天　農為政本　円
395 國无九歳之儲不足備水旱
家无一季之服不足禦寒温　円
396 怨火之然添薪望止其焰
忿池之濁撓浪欲澄其流　王傳
397 質纔具乎非稽羽不務
性纔辯慧非積學無成　円
398 正言斯重玄珠比而尚輕
選語為珎蒼璧喩而非貴　臣軌序
399 雖容雖麗猶待鏡以諭瑕
明徳雖明終假言而榮行　同序
400 不以邪損正　不以私害公　長孔
401 見父母體之不安則不能寝

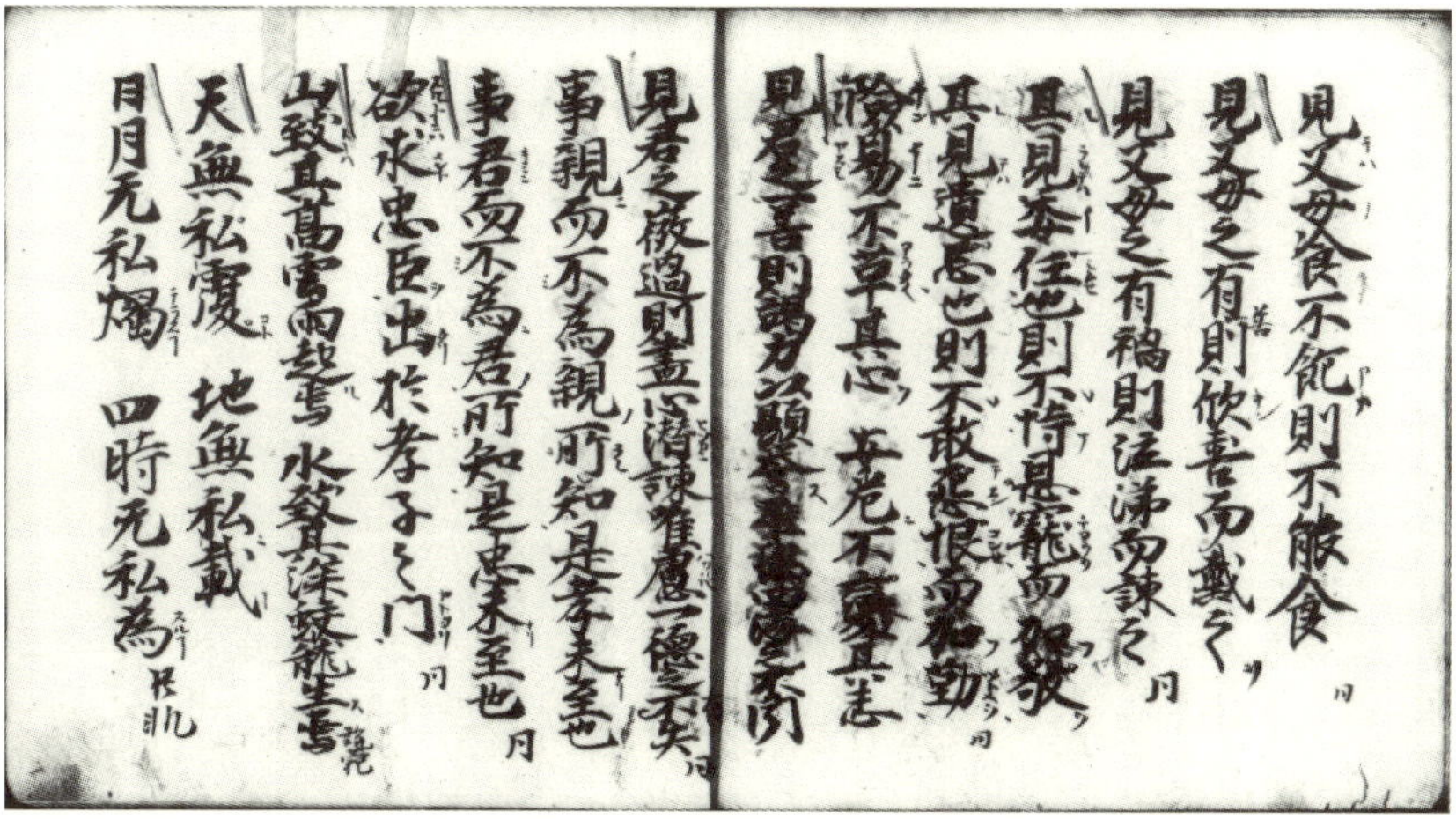

402 見父母食不飽則不能食 同
見父母之有善則欣喜而戴之
見父母之有禍則泣涕而諫之 同
403 且見委任也則不恃其寵而加敬
且見遺忘也則不敢怨恨而加勤 同
險易不革其心 安危不變其志
404 見君之善則竭力以顯之[illegible]而不伐
405 見君之微過則盡心潛諫雖慮一德之不失 同
事親而不為親所知是孝未善也
事君而不為君所知是忠未至也 同
406 欲求忠臣出於孝子之門 同
407 山致其高雲雨起焉 水致其深蛟龍生焉
408 天無私覆 地無私載
日月無私燭 四時無私為

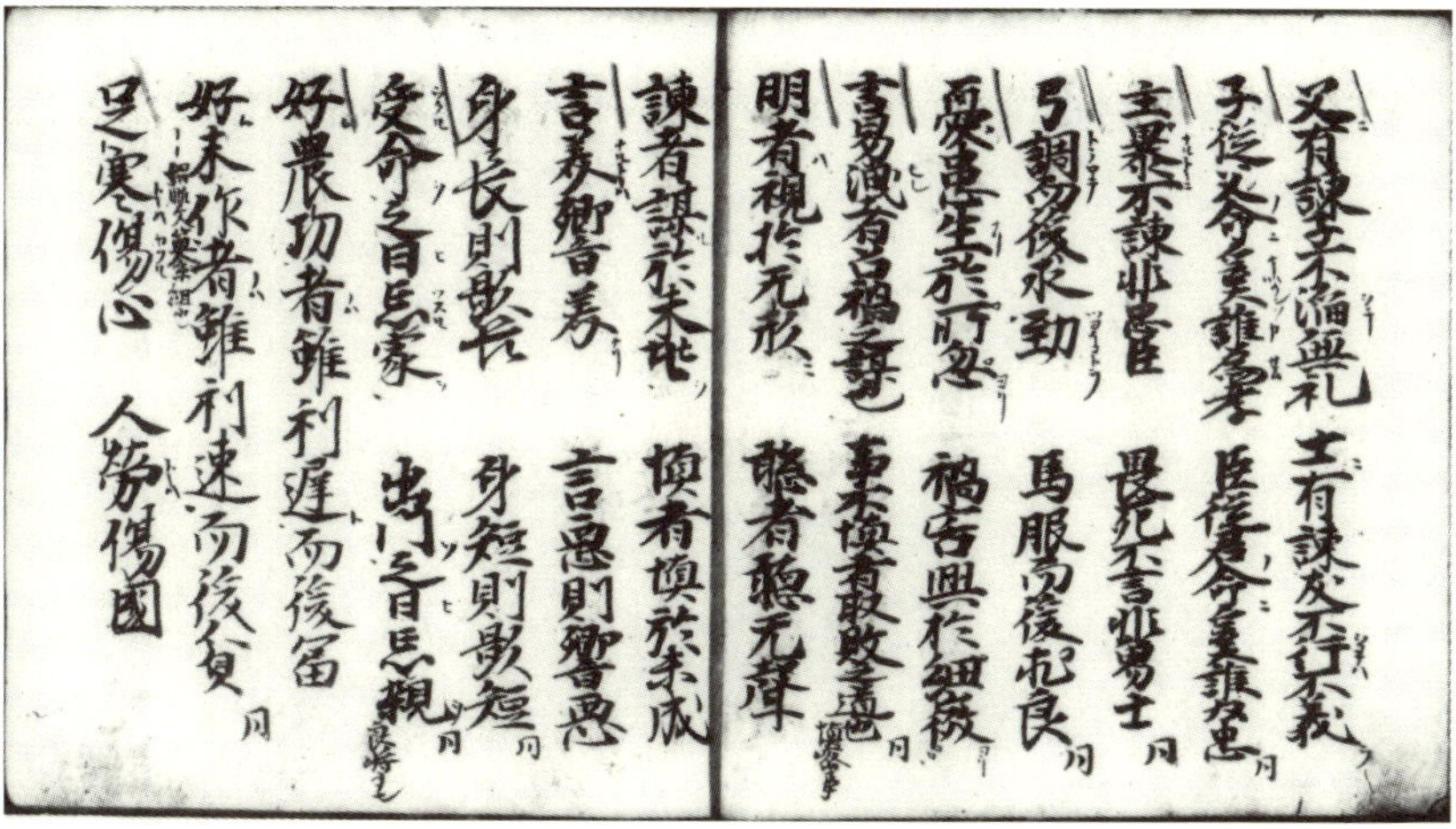

409 父有諫子不陷無禮 士有諫友不行不義
子從父命奚誰為孝 臣從君命奚誰為忠 同
410 主暴不諫非忠臣 畏死不言非勇士 同
411 弓調而後求勁 馬服而後求良 同
412 憂患生於所忽 禍害興於細微 同
413 言易洩者召禍之媒也 事不慎者取敗之道也 同
414 明者視於無形 聰者聽無聲
415 諫者諫於未兆 慎者慎於未成
言美響美 言惡則響惡
身長則影長 身短則影短 同
416 受命之日忘家 出門之日忘親 同
417 好農功者雖利遲而後富
好末作者雖利速而後貧 同
418 足寒傷心 人勞傷國

養心者不貴其足　為國者不勞其人　同

419 助善而恤人者至忠之遠謀也
損下而益上者人臣之淺慮也　同

420 月蝕修德　月蝕修刑　[illegible]傳

421 國將興聽於人　國將亡聽於神　左傳

422 富貴之家祿位重疊　猶再實之木其根必傷　後漢書

423 堀蔵之家後殃也　文子　堀蔵言堀地得金寶之

424 含飴弄孫　後漢書　馬皇后事

425 禍福迴環車轉轂　榮枯反覆手藏鉤　白氏文集

426 位高則損其位　身貴則愛其身　同

427 一日安閑直萬金　同

428 絜船而犯釣　守株而得兔　[illegible]

429 不患位之不尊而患德之不崇
不恥祿之不夥而恥智之不博　後漢書

430 瓊瑤以寡為奇　磧礫以多為賤　[illegible]

431 水積成淵　學積成聖　同

432 陶犬无守夜之益　瓦雞无司晨之[illegible]　同

433 墨子門多勇士　仲尼之門多道德
文王之朝多賢良　秦王之庭多不祥
善者必有所望　惡者必所因而來　新語

434 大隱〻朝市　小隱巖藪　白氏文集

435 周秦宅崤函　其宅兆不同
一興八百年　一死望夷宮　白氏文集
寄語家与國　人凶非宅凶　凶宅詩

436 悲哉夢仙人　一夢誤一生　夢仙詩　同

437 天下无正聲　悅耳即為娛
人間无正色　悅目即為姝　秦中吟　同

438 貧為時所棄　富為時所趨　同　秦中吟

439 富家女易嫁　嫁早軽其夫
貧家女難嫁　嫁晩孝於姑　同　秦中吟
440 七十而致仕　礼法有明文
何乃貪栄者　斯言如不聞　同　秦中吟
441 朝露貪名利　夕陽憂子孫　同　吟
442 年高須請老　名遂合退身
443 人生一百歳　通計三万日　同
444 何況百歳人　人間百無一
賢愚共零落　貴賤同埋没
東岱前後魂　北邙新旧骨　白氏文集
此身何足恋　万劫煩悩根
此身何足厭　一聚虚空塵　同
445 玉石共貞卞和泣之 [illegible]　白氏文集
446 居下訕上君子悪之　論語

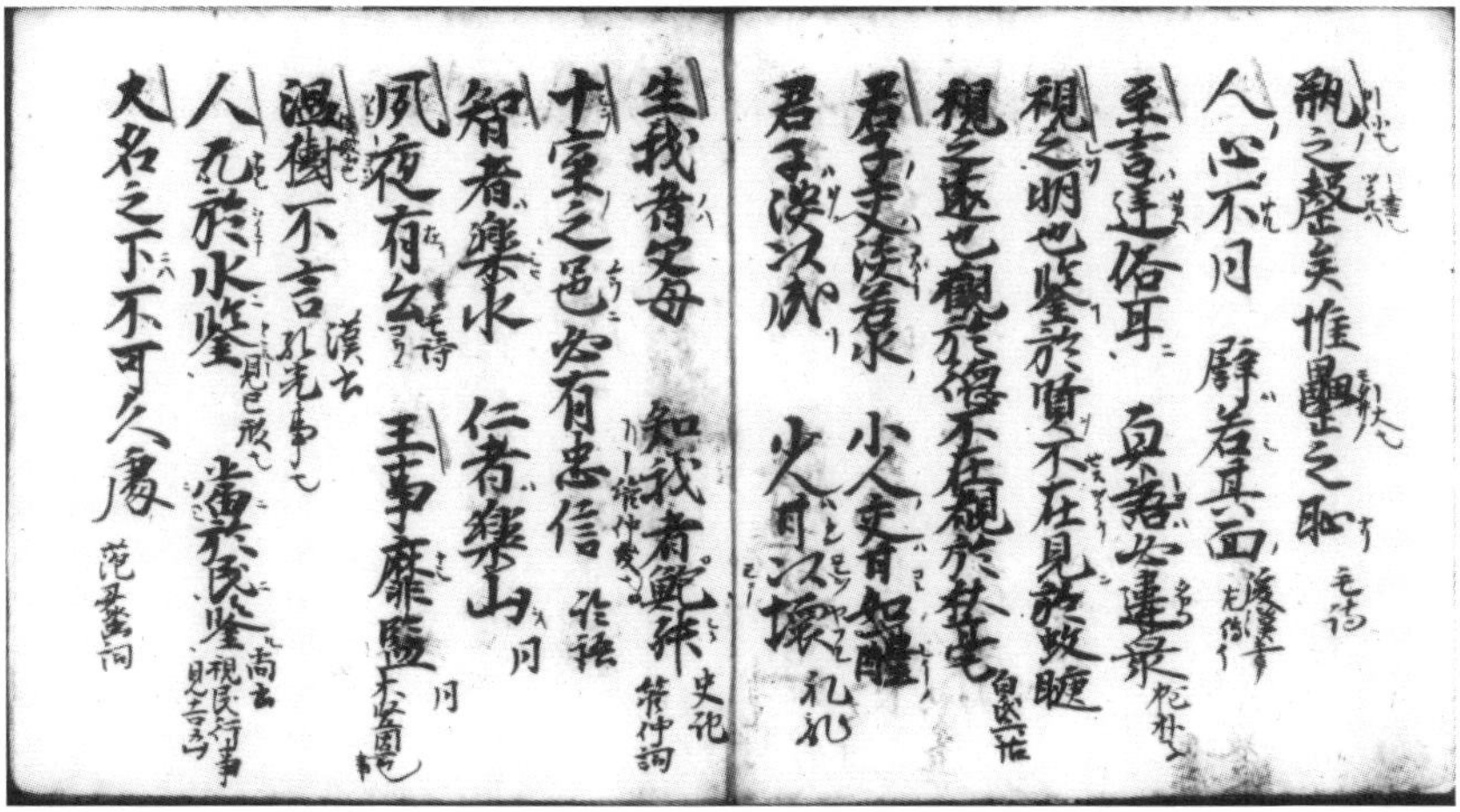

447 缾之罄矣　惟罍之恥　毛詩
448 人心不同　譬若其面　左伝
449 至言逆俗耳　真語必違衆　抱朴子
450 視之明也鑒於質　不在見於敗瞳
視之遠也観於德　不在観於甚　抱朴子
451 君子交淡若水　小人交甘如醴
君子淡以成　小人甘以壊　礼記
452 生我者父母　知我者鮑叔　史記　管仲詞
453 十室之邑　必有忠信　論語
454 智者楽水　仁者楽山　同
455 夙夜有公　毛詩
456 王事靡盬　同
457 温樹不言　漢書　孔光事也
458 人無於水鑒　当於民鑒　尚書
459 大名之下　不可久處　范蠡詞

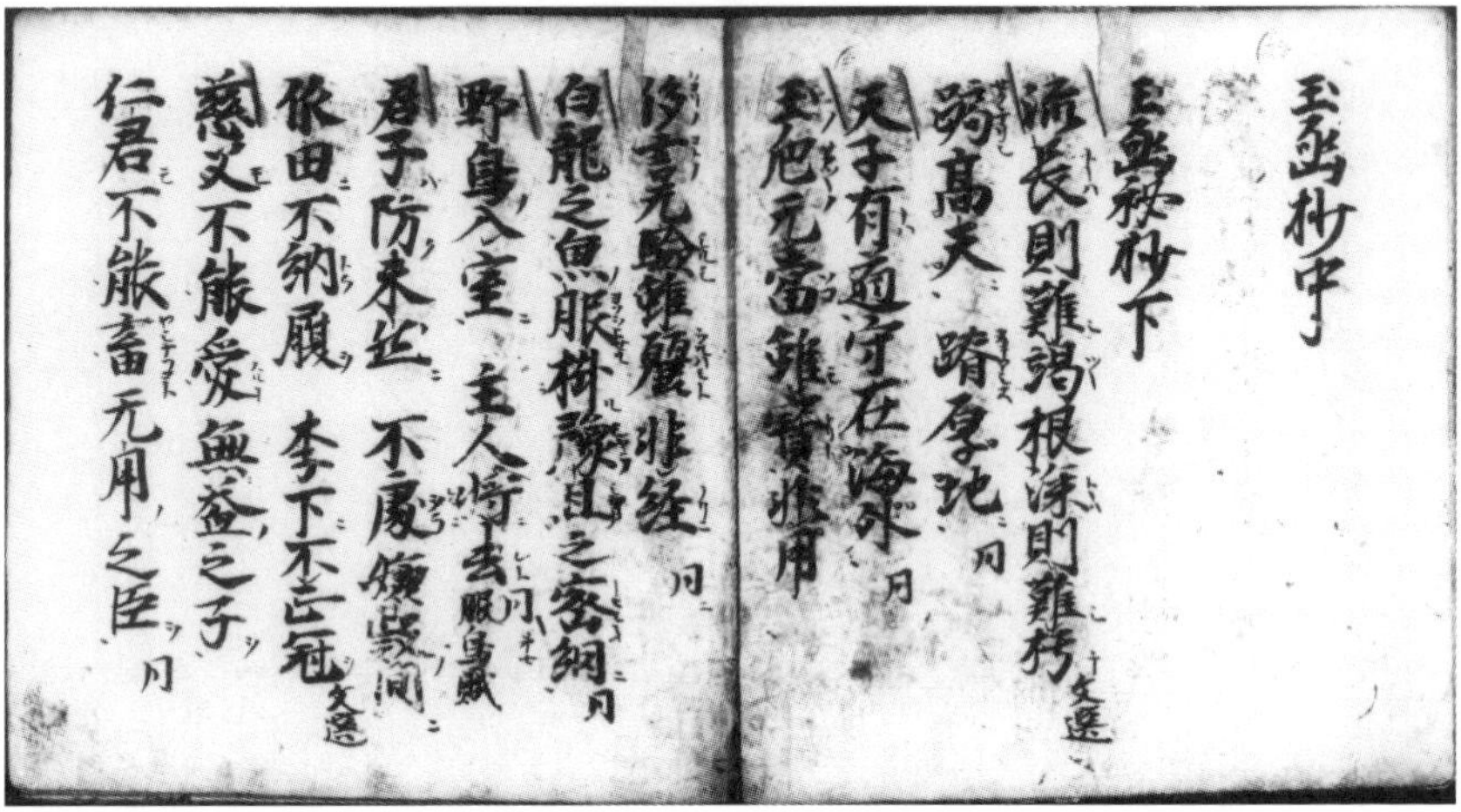

玉函抄中

玉函秘抄下

460 流長則難竭根深則難朽 文選

461 跼高天踏厚地 同

462 天子有道守在海外 同

463 玉巵无當雖寶非用

侈言无験雖麗非経 同

464 白龍之魚服掛豫且之密網 同

465 野鳥入室主人将去 服鳥賦

466 君子防未然不處嫌疑間

瓜田不納履李下不正冠 文選

467 慈父不能愛無益之子 同

仁君不能畜无用之臣 同

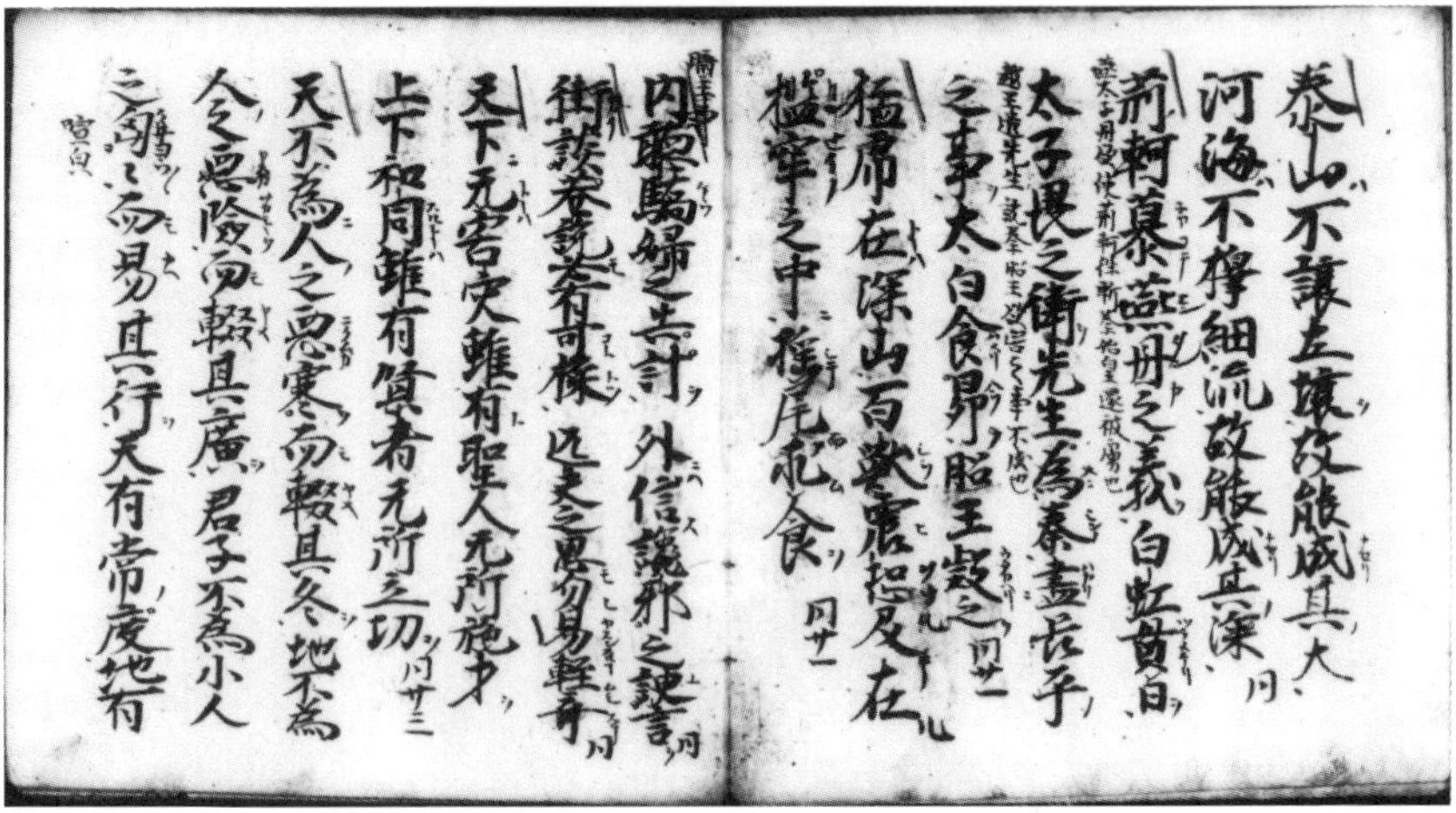

468 泰山不讓土壤故能成其大

河海不擇細流故能成其深 同

469 荊軻慕燕丹之義白虹貫日

燕太子丹質使荊軻刺秦始皇遂被殺也

太子畏之衛先生為秦畫長平之事太白食昴昭王疑之 同廿二

魏王遣衛先生説秦令昭王益兵之事不成也

470 猛虎在深山百獣震恐及在檻穽之中揺尾而求食 同廿一

471 内寵嬖婦之妒計外信讒邪之諛言 同

472 街談巷説必有可採匹夫之思未易軽棄 同

473 天下无害災雖有聖人无所施才

上下和同雖有賢者无所立功 同廿三

474 天不為人之悪寒而輟其冬地不為人之悪険而輟其廣君子不為小人之匈匈而易其行天有常度地有

喧貞

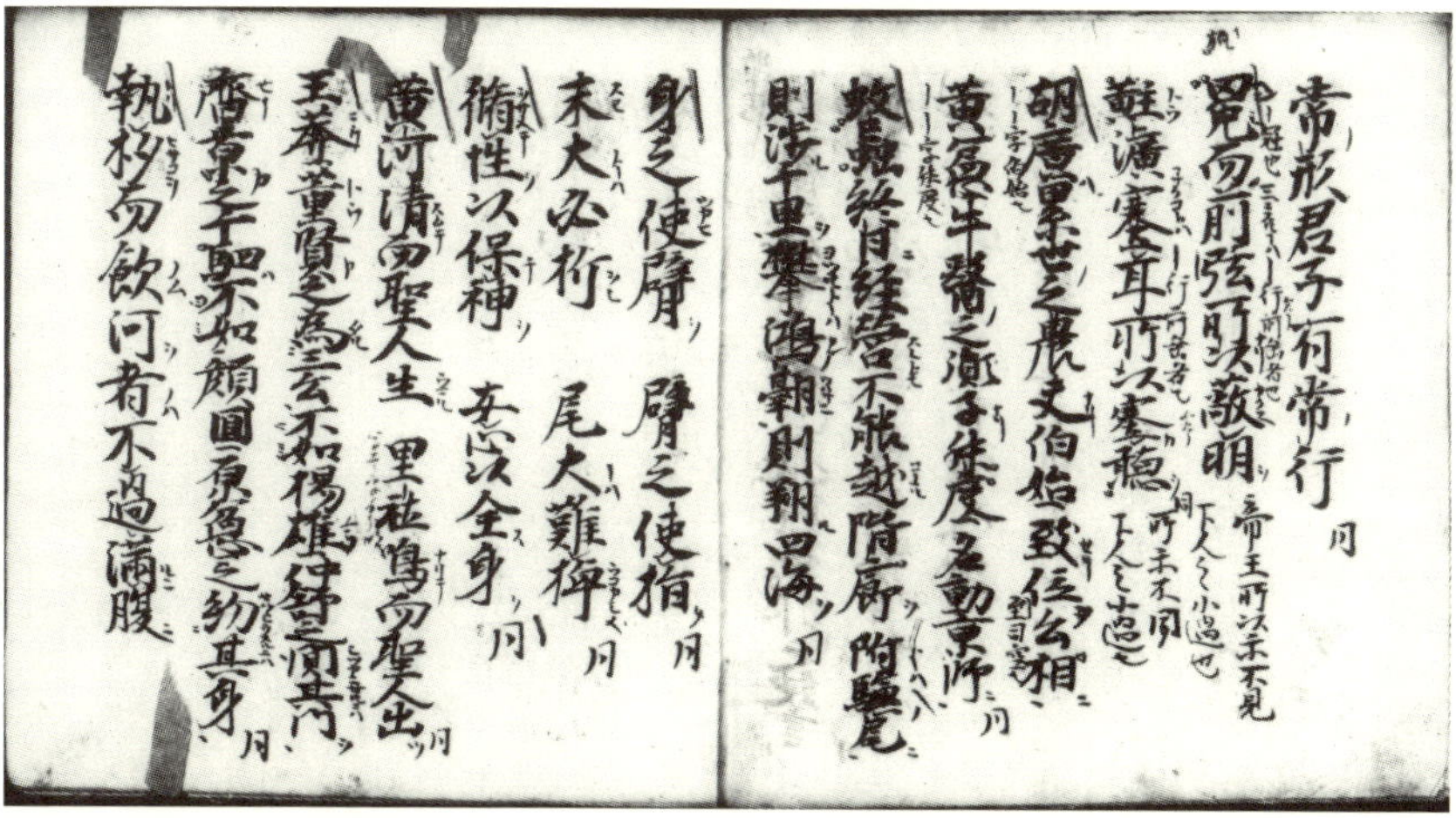
常形君子有常行　同
475 冕而前旒所以蔽明　帝王所以示不見下人之小過也　黈纊塞耳所以塞聰　所示不聞下人之言也
476 胡廣累世之農夫伯始致位公相　黄憲牛醫之子叔度名動京師　同
477 蚊虻終日經營不能越階序　附驥尾則涉千里　攀鴻翮則翔四海　同
478 身之使臂　臂之使指　同
479 末大必折　尾大難掉　同
480 循性以保神　安心以全身　同
481 黄河清而聖人生　里社鳴而聖人出　同
482 王莽董賢之爲三公不如楊雄仲舒之閟其門　齊景之千駟不如顔回原憲之約其身　同
483 執杓而飲河者不過滿腹

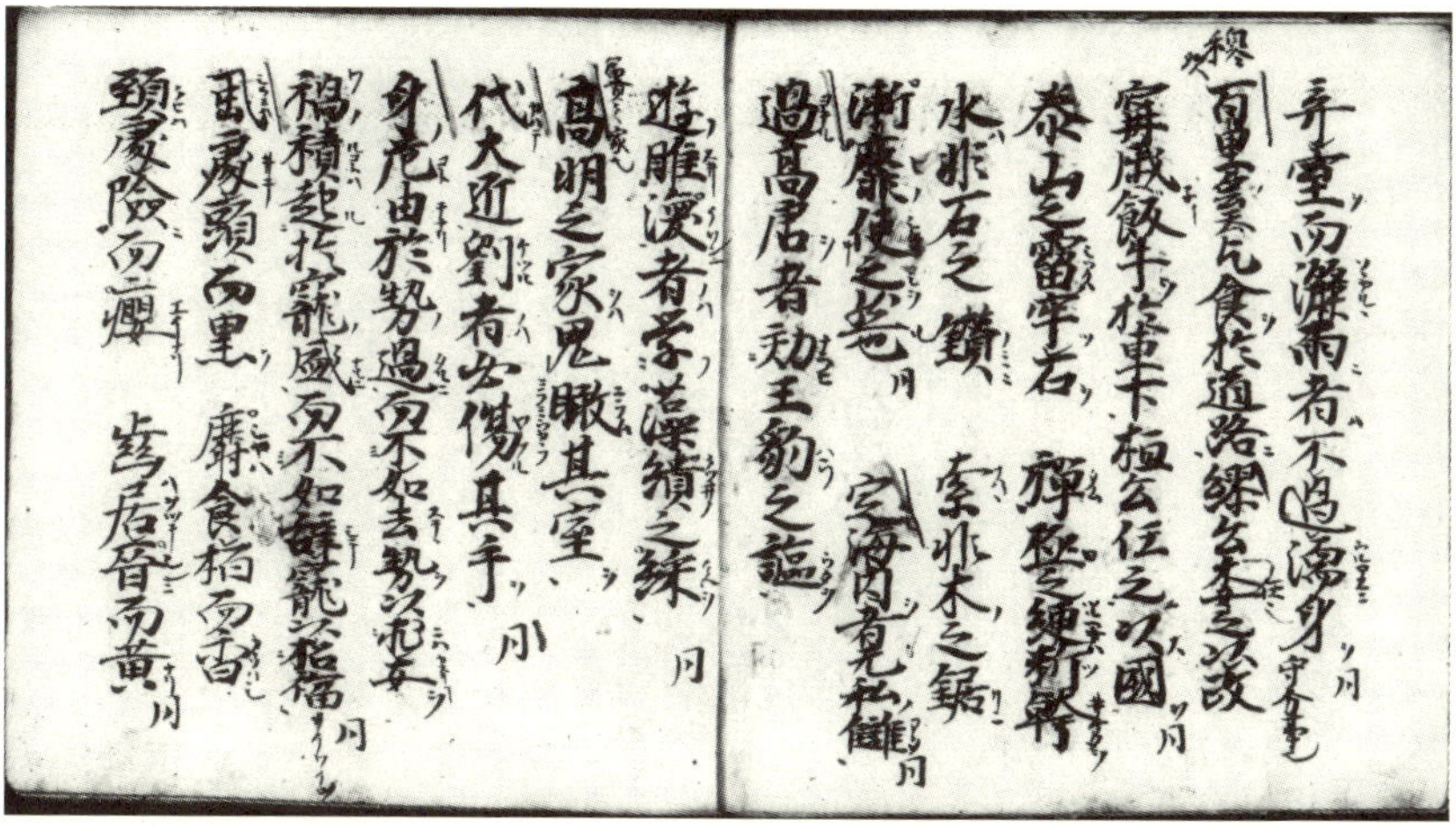
棄室而灑雨者不過濡身　同
484 百里奚乞食於道路繆公委之以政　寧戚飯牛於車下桓公任之以國　同
485 泰山之霤穿石　殫極之綆斷幹　水非石之鑽　索非木之鋸
486 漸靡使之然也　同
容海内者無私讎　同
487 過高居者効王豹之謳　遊睢渙者学藻繢之綵　同
488 高明之家鬼瞰其室
489 代大匠斲者必傷其手　同
490 身危由於勢過而不如去勢以求安　禍積起於寵盛而不如辭寵以招福　同
491 虱處頭而黒　麝食栢而香　頸處險而癭　齒居晉而黄　同

492 死生有命　富貴在天　同

493 火炎崐岳礫石与琨瑛倶焚
厳霜夜零蕭艾与芝蘭共盡　同

494 薫蕕不同器　梟鸞不接翼　同

495 鬼神害盈　皇天輔徳　同

496 毛嬙西施善毀者不能蔽其好
嫫母倭傀善誉者不能掩其醜　同

497 独正者危　至方則礙　同

498 行潦暴集江海不以為多
鮞鰕並逃九罭不以為虚　文選廿二

499 專諸荊卿之感激　侯生豫子之投身
情為恩使　命縁義軽　後漢書

500 翫其磧礫而不窺玉淵者未知驪龍之所蟠
習其敝邑而不覩上邦者未知英雄之所躔　文選

501 許由遁堯而深隠　唐氏不以衰
夷斉去周而遠餓　文武不以卑　同

502 青蠅不能穢垂棘　邪論不能惑孔墨　同

503 崇台非一幹　珍裘非一腋　同

504 千金之裘非一狐之腋　大厦之材非一丘之木
太平之功非一人之略　同

505 養鶏者不畜狸　牧獣者不育豺
樹木者憂其蠹　保民者除其賊　同

506 文人相軽自古而然　論文

507 百足之虫至死不僵　扶之者衆也　同

508 勝敵無封爵之賞　獲地無兼土之実　博奕論

509 三年者不陏其術　屢遷者不由其道　同論

510 窮達命也　貴賤時也　同

511 木秀於林風必摧之　行高於人衆必非之　同

512 服絺綌之涼者不苦盛暑之鬱燠、襲狐貉之煖者不憂至寒之悽愴 同
513 聖主必待賢臣而弘功業、俊士亦俟明主以顕其徳 同
514 済々多士文王以寧 毛詩
515 基広則難傾、根深則難抜 文選
516 勢疑則隙生、力侔則乱起 同

517 鼲鼦雖貴 狐貉而盛 同
518 蕃籬之鷃豈能与之料天地之高哉、尺澤之鯢豈能与之量江海之大哉 同
519 以管窺天、以蠡測海 同
520 炎々者滅、隆々者絶 同
521 位極者家危 自守者身全 同
522 落葉俟微風以隕、而風之力蓋寡
孟嘗遭雍門而泣、琴之感以末
欲隕之葉無所假烈風、将墜之泣不足之繁響 同　豪士賦序　陸士衡

523 老子庄周吾師也、親居賤職
柳下恵東方朔達人也、安乎卑位 同
524 野人有快炙背而美芹子者、欲献之至尊 同
525 士為知己者用、女為悦己者容 同

526 珠玉無脛而自至者、以人好也、況賢者之有足乎 同
527 智者之慮々於未形、達者之覩々於未兆 同
528 伯牙絶絃於鍾期、仲尼覆醢於子路、痛知音之難遇、傷門人之莫逮 同
529 蘭茞蓀蕙之芳、衆人所好、而海畔有逐臭之夫、咸池六茎之発、衆人所楽、而墨翟有非之之論 同

530 家有千里驥而不珎 人懷盈尺和氏無寳

531 皮朽者毛落 川涸者魚逝 同

532 地廣者粟多 國大者民衆 同

533 藉寇兵 齎盜糧 同

534 為鷙鳥攫[illegible] 同

535 舜无立錐之地以有天下 禹無十戸之聚以王諸侯 同

536 譬猶抱薪而救火 同

537 積德累行不知其善有時而用 棄義背理不知其惡有時而亡 同

538 湯沐具而蟣蝨相弔 大廈成而燕雀相賀 淮南子

539 見善若驚 疾惡若讎 文選

540 論德而授官 量能而受爵 同 君无虚授 臣无虚受 同

541 高鳥未掛於輕繳 淵魚未懸於鉤餌 同

542 明主使臣 不廢有罪

543 騏驥長鳴 伯樂昭其能 盧狗悲號 韓國知其才 同

544 前事之不忘 後代之元龜也 同

545 洪波振壑 川无恬鱗 驚飆拂野 林无静柯 同

546 世皆濁我獨清 衆人皆醉我獨醒 屈原

547 世皆濁何不淈其泥而揚其波 衆人皆醉何不餔其糟而歠其醨 漁父詞

548 疾雷聞百里 同

549 玄髫巷歌 黄髪撃壌 同

550 食惟民天 農為政本 同

551 呉王好劔客 百姓多瘢瘡

552 553 554 555 556 557 558 559 560 561

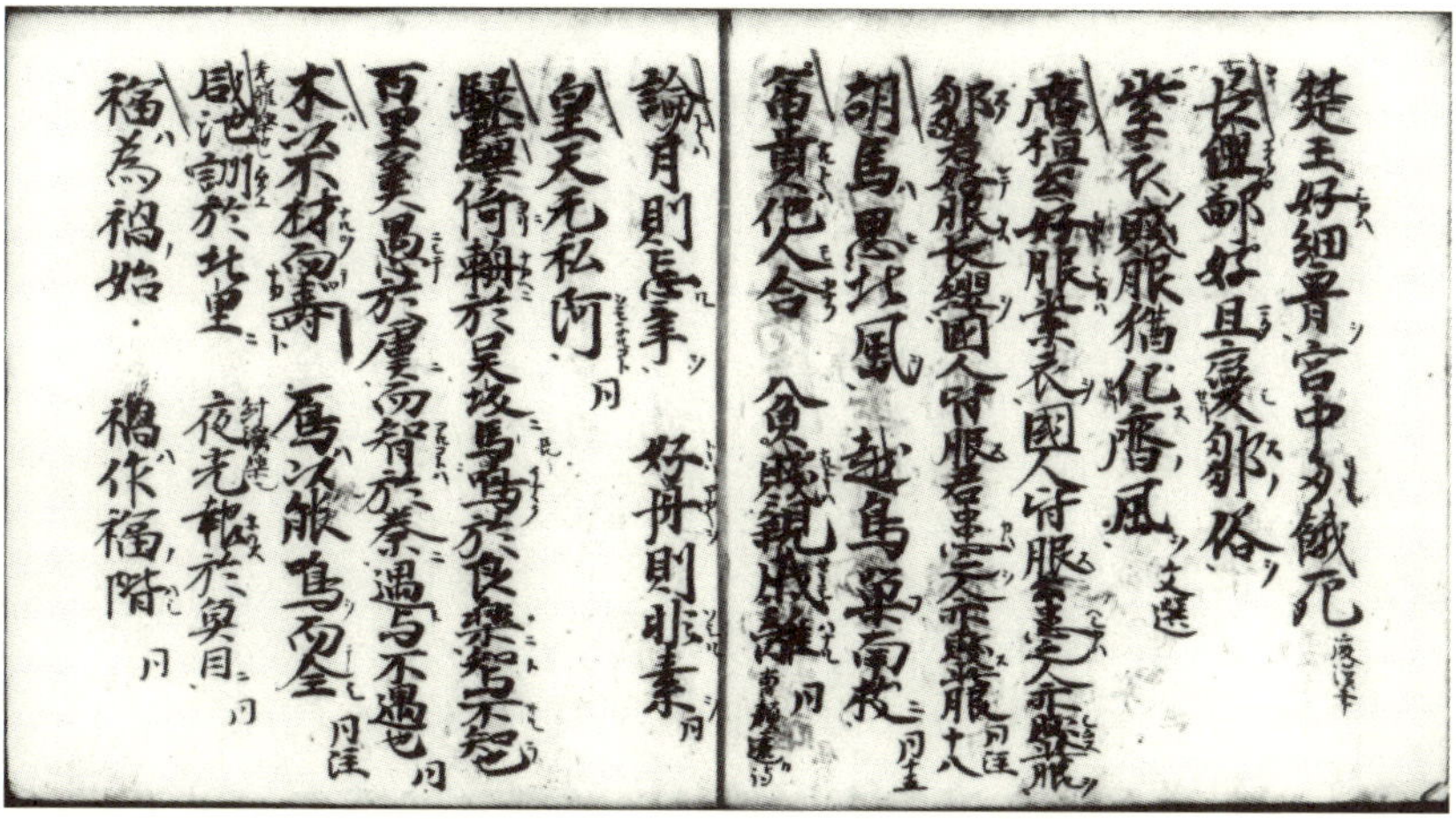

552 楚王好細腰宮中多餓死 後漢書

553 長安語好且褒鄙俗 紫衣賤服猶化齊風 文選

齊桓公好服紫衣國人皆服紫當是之時五素不得一紫

鄒君好服長纓國人皆服長纓 大人 同注

554 胡馬思北風 越鳥巣南枝 同上

555 富貴他人合 貧賤親戚離 同

556 論月則長事 好丹則非素 同

557 皇天无私阿 同

558 騏驥倚輈於呉坂馬遇於良樂知与不知也

百里奚入虞而智於秦遇与不遇也 同

559 木以不材自壽 雁以能鳴而全 同注

560 咸池訓於北里 夜光報於魚目 同

561 福為禍始 禍作福階 同

562 563 564 565 566 567 568 569 570

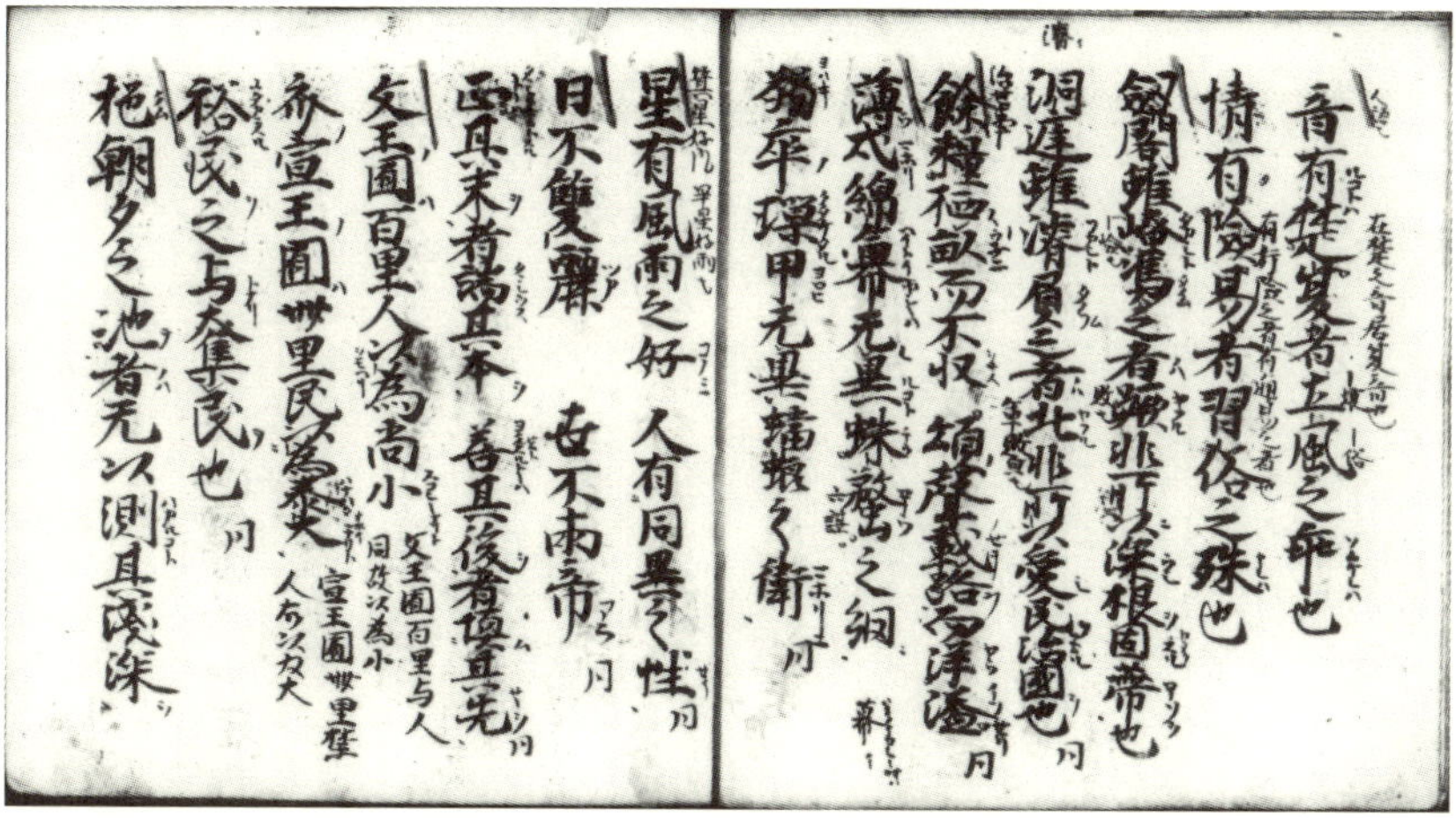

562 音有楚夏者土風之乖也

情有險易者習俗之殊也

563 鄙闇難悟之者歸非于大深根固帯也

洞達雖濟質之者北非于大受民治國也 同

564 餘糧栖畝而不収 頌聲載路而洋溢 同

565 薄式綿幕无異蛛蝥之網

弱卒瑣甲无異蟷螂之衛 同

566 星有風雨之好 人有同異之性 同

567 日不触靡 雨不雨帝 同

568 正其末者端其本 善其後者慎其先 同

569 文王囿百里人以為尚小 文王囿百里与人同故以為小

齊宣王囿卅里民以為泰大 宣王囿卅里塞人故以為大

570 裕民之与奪民也 同

猶朝夕之池者无以測其淺深

571 仰蒼々之色者不足知其遠近　同
幽谷无纖有至斷響　洪鐘虚受來不應　同

572 鑒識入朝者不以私汙義
砥礪名節者不以利傷行　同

573 里名勝母曾子不入　邑號朝歌墨子迴車　同

574 渇不飲盗泉水　熱不息悪木陰　同

575 孔子忍渇於盗泉之水
曾子迴車於勝母之閭　東観記

576 天道有遷易　人理無常全　文選

577 時危見臣節　世亂識忠良　同

578 黎史避秦皇　習若不言耕
小人自經縊　每知驕士懐　同

579 非知難能之難也　文賦　文選

580 石韞玉而山輝　水懐珠而川媚　同

581 高以下基　洪由纖起　同

582 主憂臣勞　同

583 蒼鷹鷙鳥而受紲　鸚鵡慧而入籠　同

584 松茂而柏悦　芝焚而蕙歎　同　同類相感

585 如渉川無梁　若凌虚失翼　同

586 危素卵之累殼　甚玄燕之巣幕　同

587 勁松彰於歳寒　貞臣見於國危　同

588 鍾儀幽而楚奏　荘舄顕而越吟

589 陶匏異品並為入耳之娯
黼黻不同倶為悦目之翫　同

590 士有不談王道者則樵夫笑之　同

591 人心是所學　貯在所習　雖乾不
知其身亂其先入　同

592 咸池不齊度於𨕁耳　衆聴者惑疑
能不惑者其唯子野乎　同

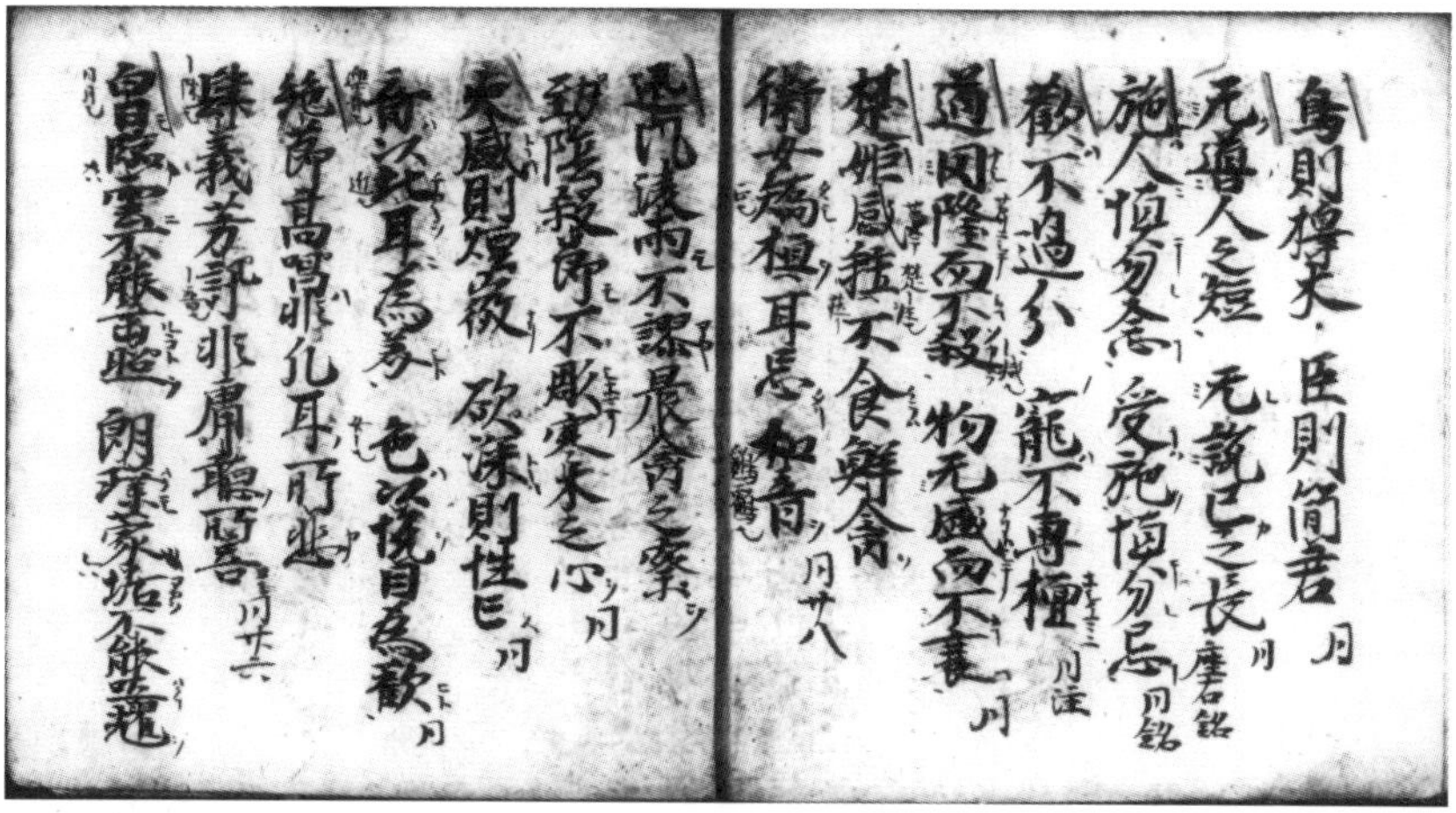

593 鳥則擇木　臣則簡君　同
594 无尊人之短　无說己之長　同　座右銘
595 施人愼勿念　受施愼勿忘　同銘
596 歡不過分　寵不專權　同注
597 道周隆而不殺　物无盛而不衰　同
598 楚姫感荘不食鮮禽
衛女爲桓耳忌和音　同廿八
599 遐邇懐而不課　最人倫之業
勁陸爲綏而不敵　實未之心　同
600 天威則煌赫　砍深則桂巳　同
601 爵以悦耳爲募　色以悦目爲歡　同
602 絶節高唱非凡耳所悲
騂義芳詞非庸聽所善　同廿六
603 曾臨雲不能歯蹈　朗瑾家垢不能蔽矓

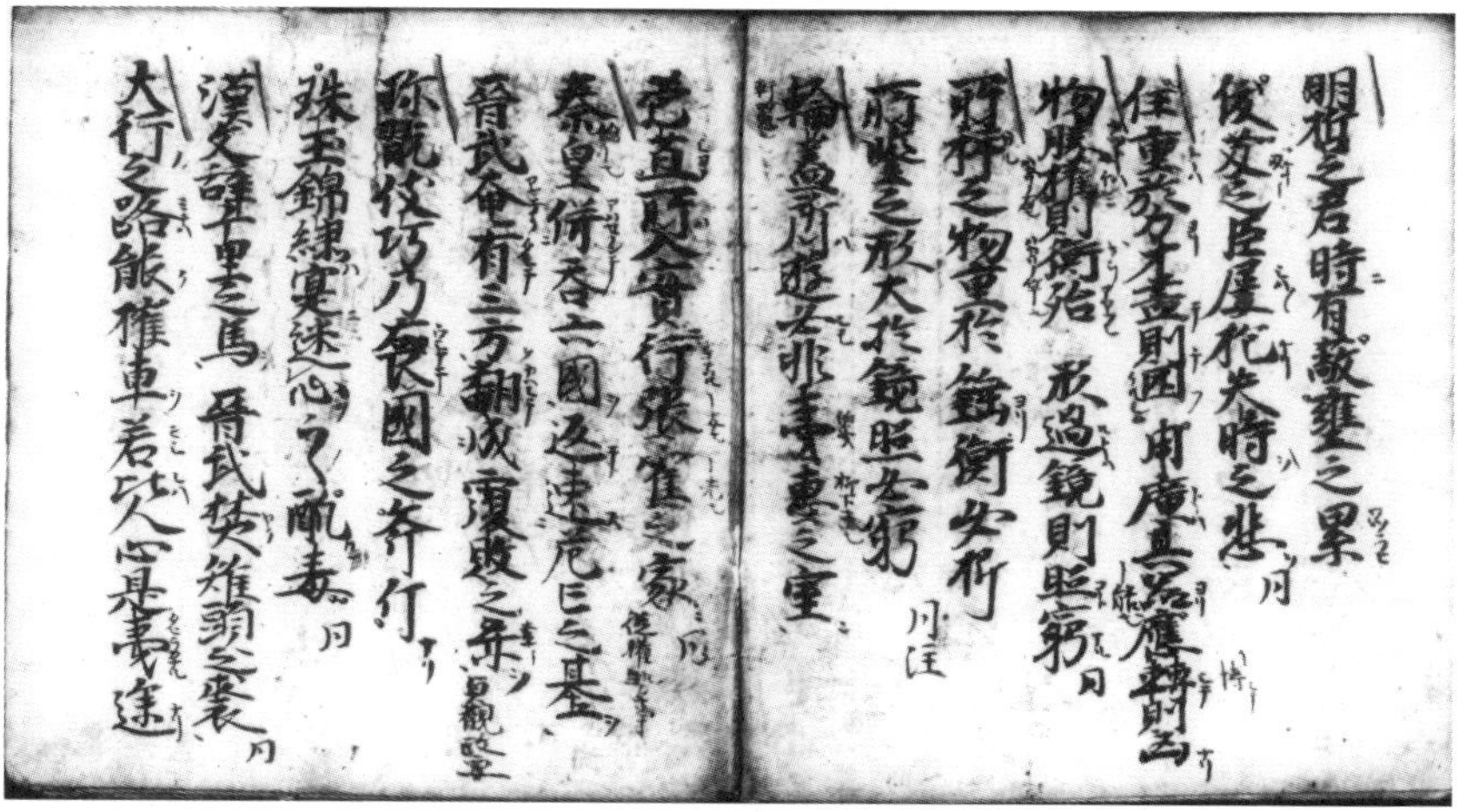

明哲之君時有蔽壅之累
俊乂之臣屢抱失時之悲　同
604 任重於力才盡則困　用廣其器應博則凶
物服於權衡則衡殆　形過鏡則照窮　同
605 所稱之物重於銓衡必折
所照之形大於鏡照必窮　同注
606 輪蓋所遊必非貴戚之室
冠蓋所入實行張雀之家　同
607 秦皇併吞六國返速危亡之基
晉武奄有三方翻成覆敗之兆　貞觀政要
608 弥觀技巧乃喪國之斧斤
珠玉錦繡實迷心之酖毒　同
609 漢文辭千里之馬　晉武焚雉頭之裘　同
610 大行之路能摧車　若比人心是夷途

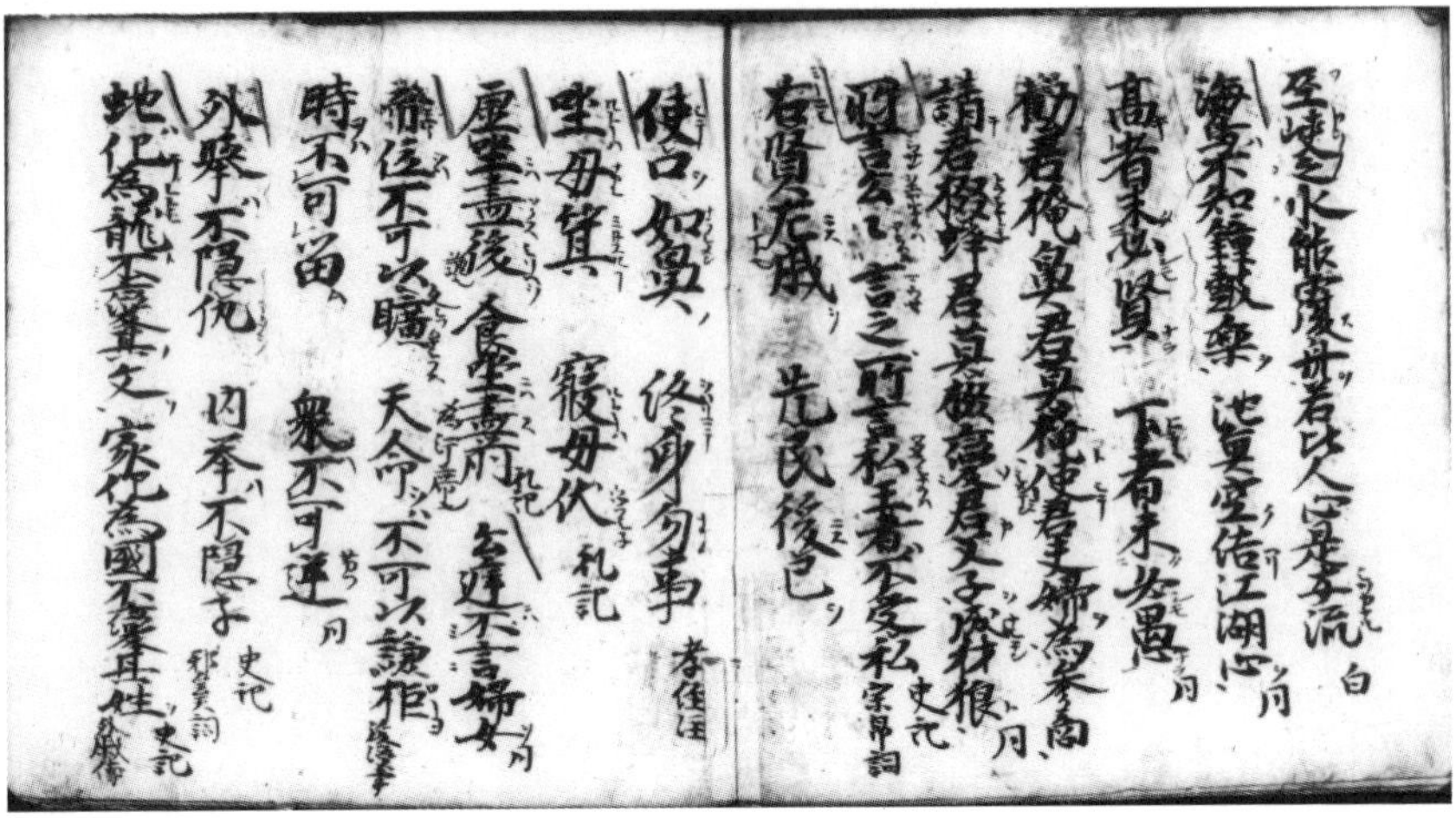

至蹄之水能容人口是無流　白
(611) 612 海魚不知鐘鼓樂　池鳥豈恬江湖心　同
613 高者未必賢　下者未必愚　同
614 勸君稱息君莫稱　使君富婦為嫁閫
請君擬蜂君莫擬　蜂愛君子好狼　同
615 聞言公言之所言私言者不受私　史記
616 春賢危戚　先民後己

617 侍日如奠　終身勿事　孝経注
618 坐毋箕　寢毋伏　礼記
619 620 屢坐盡後　食坐盡前　礼記　勿違不言婦女　同
621 爵位不可以矯　天命不可以讓拒
622 時不可留　衆不可逆　同
623 氷炭不隱佩　因奉不隱子　史記
624 蛇化為龍不變其文　家化為國不變其姓　史記

625 青氣出於藍而質　在於茜者殺使然也　史記
626 蚯蚓常向王氣　鵲巢開口背大歳
燕伐日已首不渉泥巣　博物志
627 无徳不報　無言不酬　毛
628 過墓則式　過礼則下　礼
629 楚莊无災以致戒懼
魯哀禍大天不降譴　後漢

630 目失鏡則無以正鬚眉
身失道無以知迷惑　韓子
631 譬猶池魚籠鳥而有江湖山藪之思　文選
632 鳳凰則呈瑞於豊年　同
蒙丈則表殊於陰德　雪賦
633 禍与福兮何異糾纆　文選
634 635 叩夏虫之寢氷　習蒙虫之長年　同

645　644　642 643　641　340　639　638　637　636

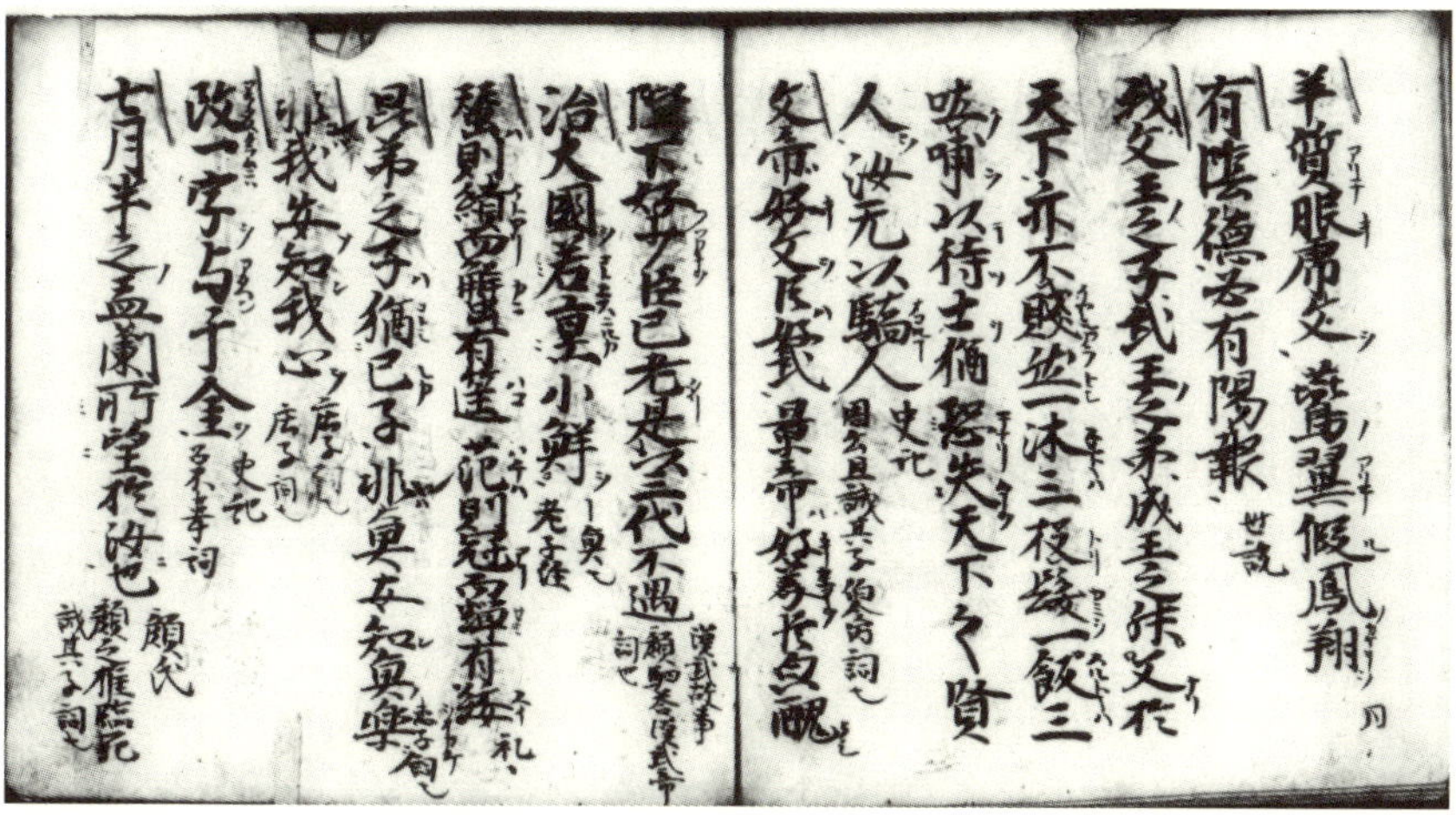

656　655　653 654　652　651　650　649　648　647　646

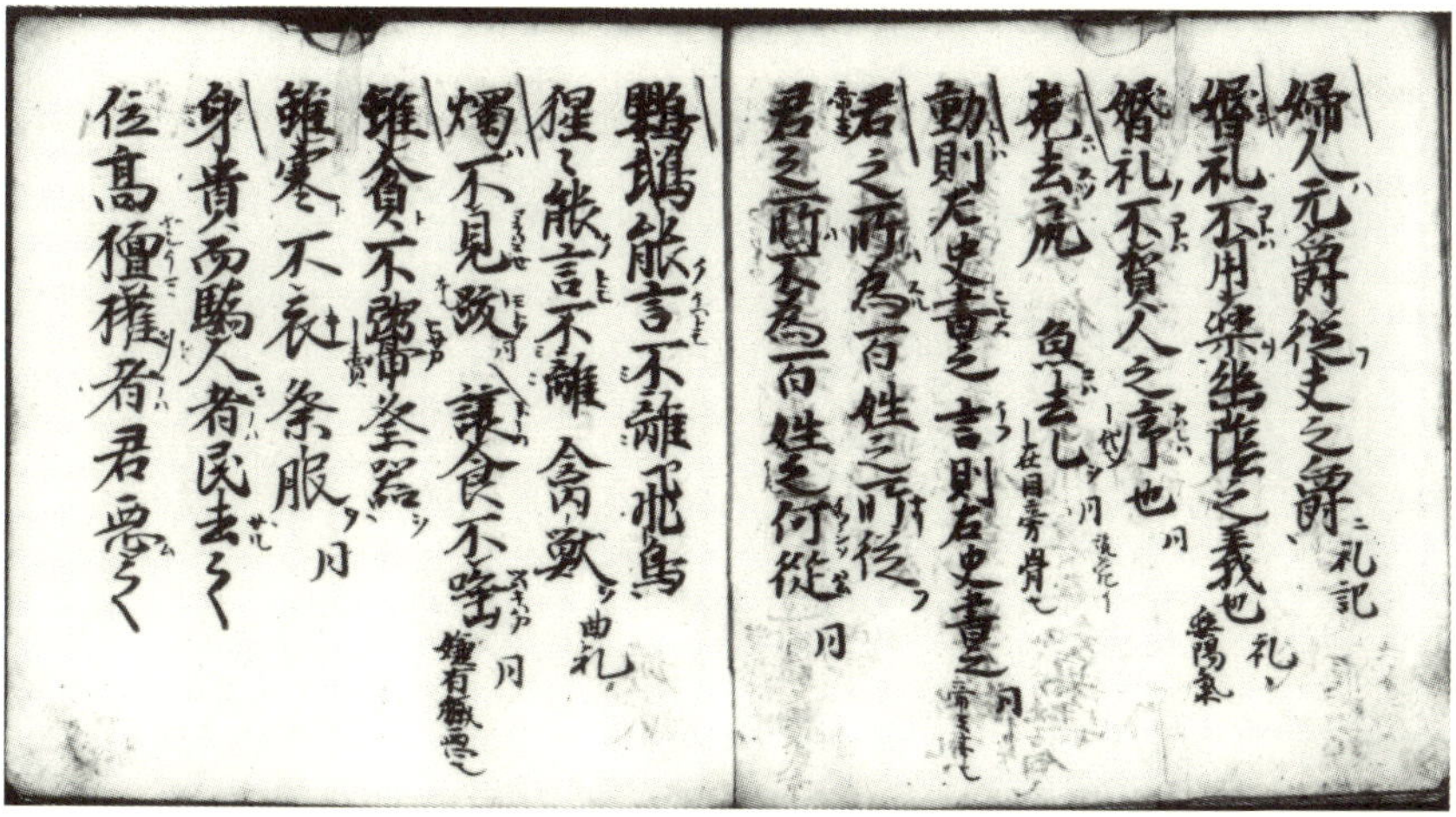

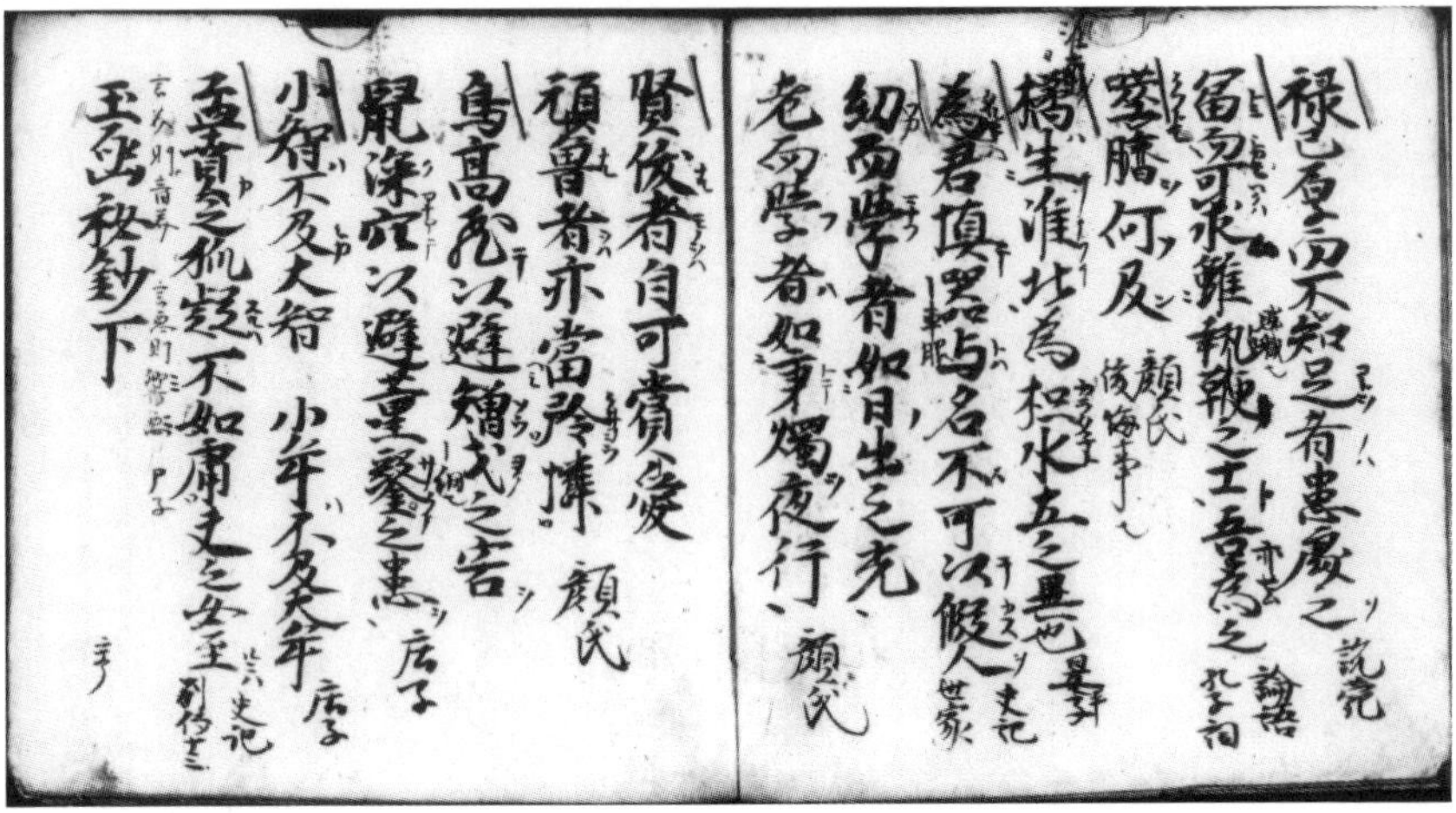

禄已厚而不知足者患處之　説苑

657 富而可求雖執鞭之士吾亦為之　論語　孔子曰

658 噬臍何及　顔氏　後悔事也

659 橘生淮北為枳水土之異也　晏子

660 為君慎器与名不可以假人　史記　世家

661 幼而学者如日出之光　老而学者如秉燭夜行　顔氏

662 賢俊者自可賞愛　頑魯者亦当矜憐　顔氏

663 鳥高飛以避矰弋之害　鼠深穴以避熏鑿之患　庄子

664 小智不及大智　少年不及大年　庄子

665 孟賁之狐疑不如庸夫之必至　史記

玉函秘抄下

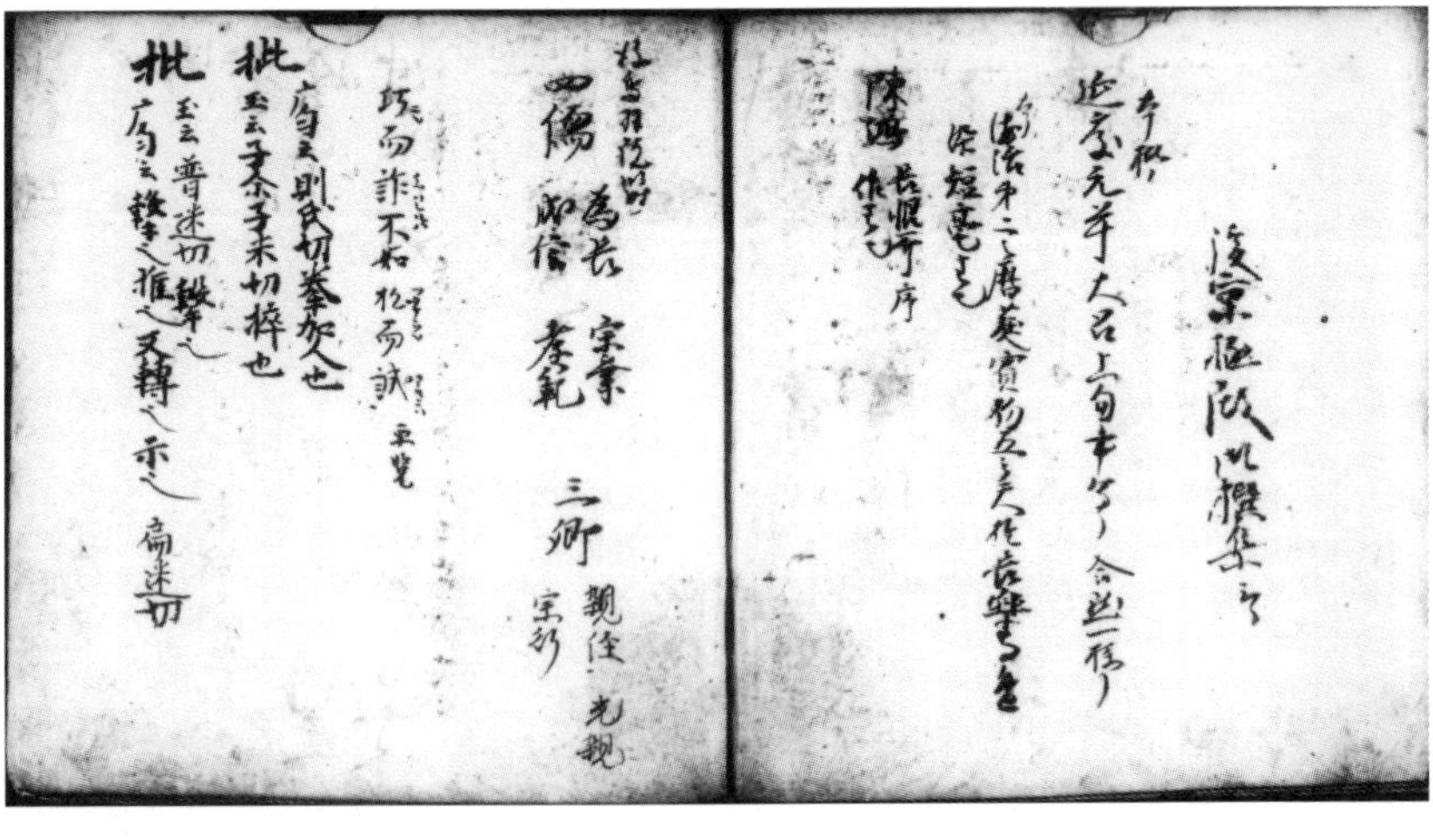

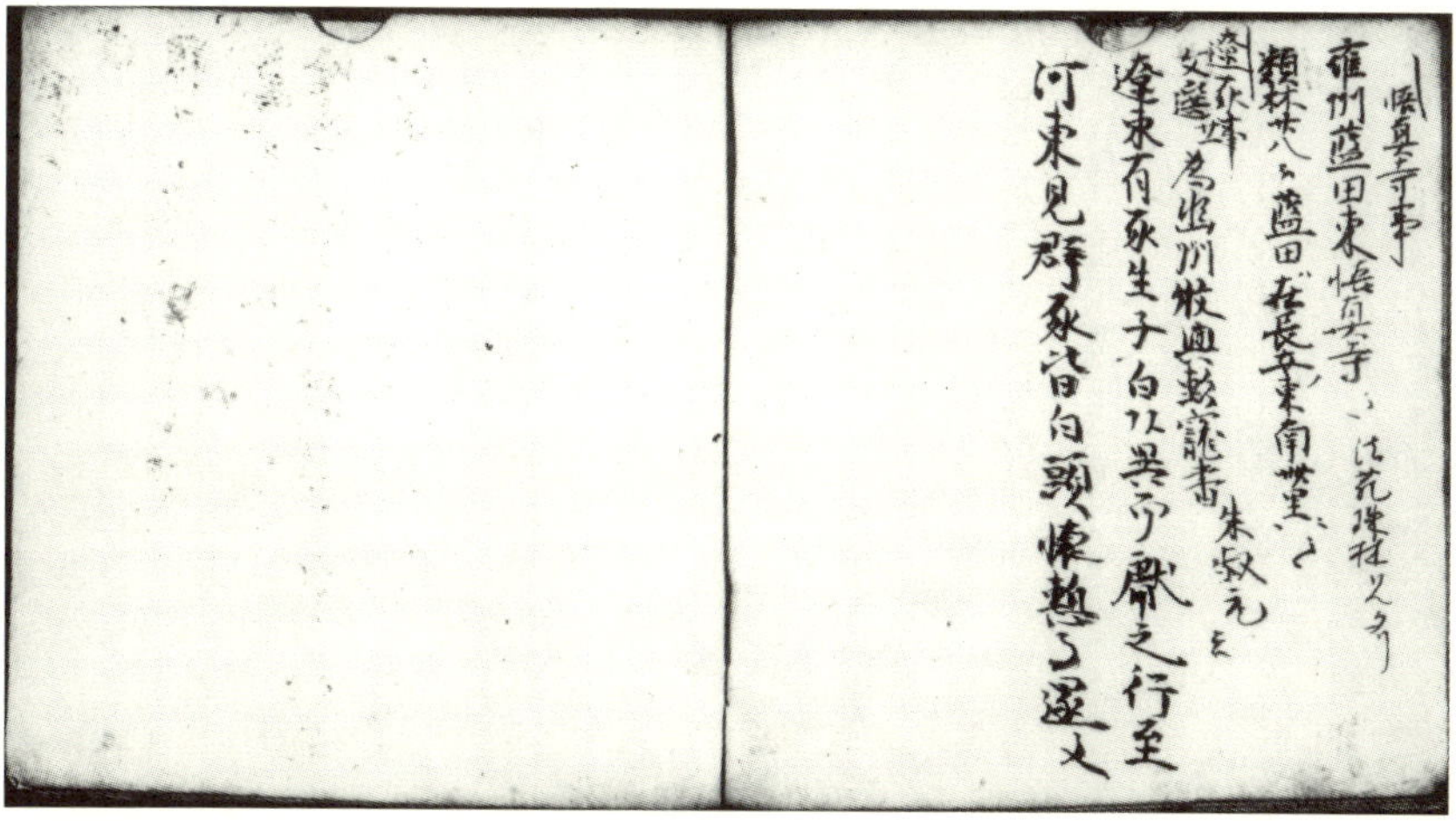

悟真寺事
雍州藍田東悟真寺　法苑珠林又有
類林廿八云　藍田縣在長安東南六十里之
文選廿四　為幽州牧與彭寵書　朱叔元
遼東有豕生子白頭異而獻之行至
河東見群豕皆白頭懷慚而還之

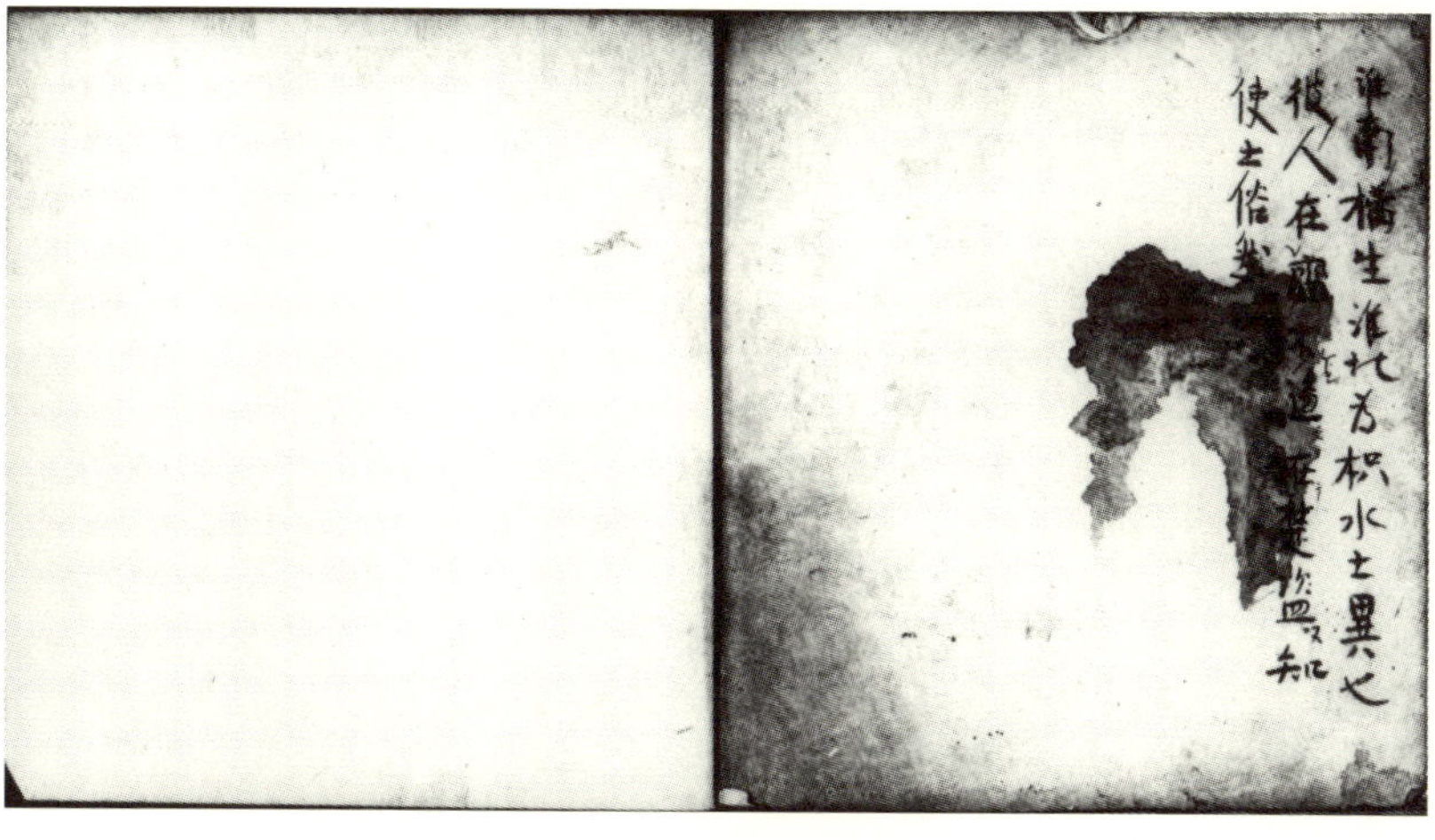

淮南橘生淮北為枳水土異也
彼人在[illegible]道[illegible]
使土俗[illegible]知

玉函秘抄 註

玉函秘抄 上

1 史記 巻三九、晉世家。

2 史記 巻十、孝文本紀。＊↓615

3 史記 巻七九、范雎傳。

＊「勞多」は「功多」の誤。＊↓244

4 史記 巻七九、范雎傳。

＊「庸主……明主……」、移動の線あり。

5 説苑 巻一、君道。

＊説苑・賀茂本「必敬以下」。

6 春秋左氏傳 宣公傳十六年。

7 漢書 巻四五、蒯通傳。

＊賀茂本「史記」。史記、巻九二、淮陰侯列傳にもあり。參考、同巻四一。

8 淮南子 巻十八、人閒訓。

9 傅子 問政篇。

10 要覽

11 説苑 巻七、政理。

12 禮記 王制第五。

13 尙書 周書、泰誓（上）。

14 尙書 泰誓（上）、孔安國註。

＊尊經閣本13・14を合するが、賀茂本・山田本・神宮本二則とするに従う。

15 漢書 巻五一、路溫舒傳。

16 臣軌 巻上、同體章。

17 貞觀政要 巻六、杜讒邪第二三。

18 潛夫論 巻二、思賢第八。

＊「病家……遂亡」「養壽……任賢」、この閒八六字あり。明文抄は二則とする。

19 鹽鐵論 崇禮第三七。＊賀茂本・山田本「聖主」。

20 漢書　巻七五、京房傳。
21 論語　泰伯第八。＊憲問第十四に同文。
22 史記　巻二、夏本紀。
＊「論語同」は衍字。「史記」未詳。
23 説苑　巻十六、説叢。
24 孫卿子（荀子）君道第十二。
25 帝範　巻上、審官篇。＊384の第三句。
26 孔子家語　巻四、六本第十五。
27 帝範　巻上、審官篇。
28 帝範　巻上、審官篇。
29 帝範　巻上、去讒篇。
30 尚書　商書、説命。
31 孔子家語　巻四、六本第十五。
32 政要論　諫爭。＊群書治要巻四七。
33 鹽鐵論　相刺第二十。
34 春秋左氏傳　昭公傳十一年。
35 禮記　坊記第三十。
36 淮南子　巻十一、齊俗訓。

37 要覽
38 史記　巻百一、袁盎傳。
＊註、集解「如淳曰……衡樓殿邊欄楯也」。
39 禮記　曲禮上第一。
40 尚書　周書、洪範。
41 説苑　巻七、政理。
42 史記　巻四七、孔子世家。
43 史記　巻九二、淮陰侯列傳。
44 淮南子　巻一、原道訓。＊初行の末「同」は誤記。
45 史記　巻八二、田單傳。
46 周易（易經）上經、坤、文言傳。
47 周易　下經、豐、象傳。
48 尚書　夏書、胤征。
49 尚書　周書、牧誓。
＊賀茂本「尚書又史記本紀」。史記巻四、周本紀にあり。
50 禮記　曲禮上第一。
51 禮記　學記第十八。

52　禮記　曾子問第七。
　＊坊記第三十、喪服四制第四九にも。下に續く句は異なる。
53　禮記　坊記第三十。
54　春秋左氏傳　宣公傳十一年。
55　論語　公治長第五。
56　論語　衞靈公第十五。
57　論語　衞靈公第十五。
58　韓子　巻十七、難勢第四十。
59　貞觀政要　巻四、教誡太子諸王第十一。
60　莊子　雜篇、盜跖篇第二九。＊「賤也貴賤之分」。
61　老子　順化第五八。
62　晏子春秋　藝文類聚巻二三、人部七。
63　晏子春秋　藝文類聚巻二三、人部七。
　＊莊子、山水篇「直木先伐、甘井先竭」。
64　論衡　巻一、累害篇。
65　後漢書　巻二六、宋弘傳。
66　晏子春秋　巻六、十五。＊春秋左氏傳は誤記か。

67　魏文帝書
68　馮衍車銘　藝文類聚巻七一、舟車部、車。
69　曹植表　陳思王集、巻一、望恩表。
70　抱朴子　內篇、暢玄第一。
71　後漢書　巻四六、陳忠傳。
72　漢書　巻八六、王嘉傳。
　＊「里諺曰――」、「同」とあれども、後漢書に未見。
73　韓詩外傳　巻二。
74　韓詩外傳　巻八。＊上巻末206の次にあり。
75　孔子家語　巻一、五儀解第七。
76　尸子　處道。
77　三略　上略。＊群書治要巻四十。
78　新語　巻上、無爲第四。＊群書治要巻四十。
79　新語　巻上、無爲第四。＊群書治要巻四十。
80　新語　巻下、明誡第七。
　＊「惡政……於野」は連續している。群書治要巻四十。

81 賈子

＊同＝新語と見えるが、群書治要巻四十の賈子の句「老子曰報怨以徳」を指す。更なる原典は老子、恩始第六三の句である。

82 賈子　群書治要巻四十。＊新語は誤。

83 鹽鐵論　崇禮第三七。＊群書治要巻四二。

84 鹽鐵論　詔聖第五八。＊群書治要巻四二。

85 鹽鐵論　詔聖第五八。＊群書治要巻四二。

86 新序　巻二、雜事第二。＊群書治要巻四二。

87 潛夫論　明闇第六。

＊「新論」は誤記。＊群書治要巻四四。

88 政論（崔寔）　＊群書治要巻四五。

89 典論　＊群書治要巻四六。

90 抱朴子　外篇、巻二四、酒誡。＊群書治要巻五十。

91 抱朴子　外篇、巻三九、廣譬。

＊群書治要巻五十、異字あり。

92 韓（非）子　外儲說左下、註。

93 春秋左氏傳　哀公傳五年。

＊玉函祕抄諸本「韓子」に誤る。

94 莊子　內篇、逍遙遊第一。

95 莊子　內篇、逍遙遊第一。

96 莊子　內篇、駢栂第八。

97 莊子　外篇、胠篋第十。

＊「大巧」が正しい。老子、洪徳第四五は同文。

98 論語　先進第十一。＊「子曰――也」。

99 周易　上經、乾、文言傳。

100 周易　上經、乾、文言傳。

101 周易（易經）　上經、謙、彖曰。

102 周易　上經、頤、彖曰。

103 周易　繫辭上傳。

104 莊子　雜篇、外物篇第二六。

＊「荃者……在魚……、蹄……在兔……」。

105 貞觀政要　巻二、任賢第三。

106 貞觀政要　巻二、求諫第四。

107 貞觀政要　巻二、求諫第四。

＊「任邪臣……惟君臣……」。

108 貞觀政要　卷二、求諫第四。
109 貞觀政要　卷二、求諫第四。
110 貞觀政要　卷二、納諫第五。
111 貞觀政要　卷二、納諫第五。
＊「蒲城之役……小白……」。
112 文選　卷三九、鄒陽「獄中上書自明」。
113 貞觀政要　卷二、納諫第五。
114 貞觀政要　卷三、君臣鑑戒第六。
115 貞觀政要　卷三、論擇官第七。
116 貞觀政要　卷三、論封建第八。
117 貞觀政要　卷四、直言諫爭第十。
118 貞觀政要　卷四、興廢第十一。
119 史記　卷二、夏本紀。
120 史記　卷三、殷本紀。
121 史記　卷四、周本紀。
＊集解「錯置也、民不犯法、無所置刑」。
122 史記　卷四、周本紀。
123 史記　卷四、周本紀。
124 史記　卷四、周本紀。
＊「刑……」は、集解、孔安國註。
125 貞觀政要　卷八、論刑法、第三一。
126 貞觀政要　卷八、論刑法、第三一。
127 貞觀政要　卷八、論刑法、第三一。
128 尙書　虞書、大禹謨。
129 尙書　虞書、大禹謨。
130 尙書　虞書、大禹謨。
131 尙書　虞書、益稷、孔安國註。
132 尙書　虞書、益稷。
133 尙書　商書、仲虺之誥。
134 尙書　商書、說命。
135 尙書　周書、蔡仲之命。＊下欄註は、孔安國註。
136 尙書　周書、呂刑。
137 禮記　曲禮上第一。
138 禮記　曲禮上第一。
139 禮記　曲禮上第一。
140 禮記　曲禮上第一。鄭註「質成也」。

141 禮記 曲禮上第一。
142 禮記 曲禮上第一。鄭註「重玉也」。
143 禮記 曲禮上第一。
144 禮記 曲禮上第一。
145 禮記 曲禮上第一。
146 禮記 曲禮上第一。
147 禮記 曲禮上第一。
148 禮記 曲禮上第一。
＊鄭玄註「春秋傳曰近刑人則輕死之道」。
149 春秋公羊傳 襄公二九年。
150 禮記 曲禮上第一。＊鄭玄註「恆執殺之備」。
151 禮記 曲禮下第二。
152 禮記 曲禮下第二。
153 禮記 檀弓上第三。
154 禮記 禮運第九、鄭玄註。
155 禮記 郊特牲第十一。
156 禮記 郊特牲第十一。
157 禮記 玉藻第十三。
158 禮記 學記第十八。
159 禮記 樂記第十九。
160 禮記 大學第四二。
161 孝經 序と同廣要道章第十五の合成。
162 孝經 序。＊「子以不可不子」が正。
163 孝經 開宗明義章第一。
164 孝經 開宗明義章第一、孔安國註。
165 孝經 鄉大夫章第四、孔安國註。
166 孝經 鄉大夫章第四、孔安國註。
167 孝經 士人章第五。＊初行末「同」は衍。
168 孝經 士人章第五、孔安國註。
169 孝經 士人章第五、孔安國註。
170 孝經 三才章第八、孔安國註。
171 孝經 三才章第八、孔安國註。
172 孝經 三才章第八、孔安國註。
173 孝經 孝優劣章第十二、孔安國註。
174 孝經 廣至德章第十六、孔安國註。
175 孝經 喪親章第二二、孔安國註。

176　孝經　喪親章第二二、孔安國註。
177　孝經　事君章第二一、孔安國註。
178　孝經　事君章第二一、孔安國註。
179　孝經　諫爭章第二十、孔安國註。
180　孝經　諫爭章第二十、孔安國註。
181　孝經　諫爭章第二十、孔安國註。
　＊初行末「同」は衍。
182　孝經　廣揚名章第十八、孔安國註。
　＊「事君」「事兄」二條の註を合一。
183　孝經　廣揚名章第十八、孔安國註。
184　孝經　應感章第十七、孔安國註。
185　孝經　應感章第十七、孔安國註。
186　孝經　廣至德章第十六、孔安國註。
187　孝經　廣要道章第十五。
188　孝經　五刑章第十四。
189　孝經　孝優劣章第十二、孔安國註。
190　孝經　父母生績章第十一、孔安國註。
191　孝經　父母生績章第十一、孔安國註。
192　孝經　孝治章第九、孔安國註。
193　孝經　三才章第八、孔安國註。
194　孝經　諸侯章第三。
195　孝經　三才章第八、孔安國註。
196　孝經　三才章第八、孔安國註。
197　孝經　三才章第八、孔安國註。
198　孝經　庶人章第六、孔安國註。
199　孝經　諸侯章第三、孔安國註。
200　孝經　諸侯章第三、孔安國註。
201　孝經　諸侯章第三、孔安國註。
202　孝經　諸侯章第三、孔安國註。
203　孝經　諸侯章第三、孔安國註。
204　孔子家語　卷三、觀周第十一。
205　春秋左氏傳　襄公傳二三年。
206　毛詩　卷十七、大雅、板。＊書入れ註は、鄭箋。
74　「貴者……愚者惡之同」（韓詩外傳卷八）は、74の句を脫したのを記したもの。

玉函祕抄　中

207 史記　卷八、高祖本紀。
208 毛詩（詩經）蕩之什、大雅、瞻卬。
209 春秋左氏傳　襄公傳二四年・卷七。
　＊桓公傳十年の二句を合す。
210 老子　卷上、運夷第九、河上公註。
211 老子　卷上、運夷第九、河上公註。
212 老子　卷上、虛無第二三。
213 老子　卷上、巧用第二七。
214 老子　卷上、儉武第三十。
215 老子　卷下、法本第三九。
216 老子　卷下、同異第四一。
　＊老子句は卷順に並ぶ。尊經閣本のみ移動している。214の下の空きによる。
217 老子　卷下、守微第六四。
218 漢書　卷三一、陳勝傳。
219 漢書　卷三一、項籍傳。
220 漢書　卷三三、魏豹傳。
221 漢書　卷三三、韓王信傳。
222 漢書　卷三四、韓信傳。
223 漢書　卷三五、吳王濞傳。
224 漢書　卷三六、楚元王傳。
225 漢書　卷四十、周勃傳。
226 漢書　卷四三、酈食其傳。
227 漢書　卷四五、蒯通傳。
228 漢書　卷四五、蒯通傳。
229 漢書　卷四五、蒯通傳。
230 漢書　卷四七、文三王傳。
　＊師古註「應劭曰、中冓、材構在堂之中也」。
231 漢書　卷四八、賈誼傳。
232 漢書　卷四九、鼂錯傳。
233 漢書　卷五一、賈山傳。
234 漢書　卷五一、賈山傳。＊漢書により「雷霆」とす。
235 漢書　卷五一、鄒陽傳。
236 漢書　卷五一、鄒陽傳。

237　漢書　卷五一、鄒陽傳。
238　漢書　卷五一、鄒陽傳。
239　漢書　卷五三、景十三王傳（中山靖王）。
＊本文一致せず。→本書Ⅰ第二章第四節3
240　漢書　卷五三、景十三王傳（中山靖王）。
241　漢書　卷五六、董仲舒傳。
242　漢書　卷五六、董仲舒傳。
243　漢書　卷五六、董仲舒傳。
244　漢書　卷五八、公孫弘傳。
245　漢書　卷六四下、王褒傳。
246　漢書　卷六四下、賈捐傳。
247　漢書　卷六五、東方朔傳。
248　漢書　卷六五、東方朔傳。
249　漢書　卷六五、東方朔傳。
250　漢書　卷六八、霍光傳。
251　漢書　卷七十、陳湯傳。
252　漢書　卷七一、疏廣傳。
253　漢書　卷七一、疏廣傳。
254　漢書　卷七七、蓋寛饒傳。
255　漢書　卷七七、劉輔傳。
256　漢書　卷七七、劉輔傳。
257　漢書　卷七七、鄭崇傳。
258　漢書　卷七八、蕭望之傳。
259　漢書　卷八十、宣元六王傳（東平思王）。
＊「孔子曰――」論語、衛靈公。
260　漢書　卷八五、谷永傳。
261　漢書　卷八九、循吏傳（朱邑）。
262　漢書　卷九十、游俠傳（郭解）。
263　漢書　卷九五、南粤傳。
264　漢書　卷九七上、外戚傳（孝景王皇后）。
265　漢書　卷九七上、外戚傳（孝武李夫人）。
266　漢書　卷九七上、外戚傳（孝武李夫人）。
◎亂丁、一六七ページ下段267に續く。
288　論語　里仁第四。
289　論語　公治長第五。
290　論語　公治長第五。

291 論語　公冶長第五。
292 論語　公冶長第五。
293 論語　泰伯第八。
294 論語　泰伯第八。
295 論語　子罕第九。＊學而に同文あれど、巻順による。
296 論語　子罕第九。
297 論語　子罕第九。
298 論語　郷黨第十。
299 論語　郷黨第十。
300 論語　郷黨第十。
301 論語　郷黨第十。
302 論語　郷黨第十。
＊「寢不言」の下、「同」缺。他本あり。
303 論語　郷黨第十。
304 論語　郷黨第十、集解註。
305 論語　郷黨第十。
306 論語　郷黨第十。＊註は集解註。
307 論語　子罕第九。
308 論語　衛靈公第十五。
309 論語　衛靈公第十五。＊259に同文（漢書）。
310 論語　季氏第十六。
311 論語　陽貨第十七。
312 論語　陽貨第十七、集解。
313 論語　堯曰第二十。
◎亂丁、267〜287は一六六ページ266に續く。
267 漢書　巻九七上、外戚傳（孝武李夫人）。
268 漢書　巻九九下、王莽傳下。
269 漢書　巻一百上、敍傳上。
270 漢書　巻一百上、敍傳上。
271 論語　學而第一。
272 論語　學而第一。
273 論語　學而第一。＊「未若——者也」
274 論語　學而第一。
275 論語　學而第一。
276 論語　爲政第二。
＊「是知也」は原典の語、後人の記入。

277　論語　八佾第三。
278　論語　八佾第三。
279　論語　八佾第三。
280　論語　八佾第三、集解註。
281　論語　里仁第四。
282　論語　里仁第四。
＊「遊必有方」は他本になし。後補か。
283　論語　里仁第四。
284　論語　八佾第三、集解註。
285　論語　八佾第三及び集解註。
286　論語　里仁第四。
287　論語　里仁第四。
314　論語　子張第十九。
315　論衡　巻二、率性篇。
316　論衡　巻四、書虚篇。
317　顔氏家訓　巻上、教子篇第二。
318　顔氏家訓　巻下、止足篇第十三。
319　顔氏家訓　巻下、養生篇第十五。
320　顔氏家訓になし。
321　史記　巻六二、管仲傳。
322　史記　巻六九、蘓秦傳。＊「臣聞鄙諺曰、寧――」。
323　史記　巻八四、屈原傳。
324　史記　巻八四、屈原傳。＊毛詩、小雅、北山の句。
325　史記　巻百二七、日者列傳（宋忠）。
326　史記　巻三八、宋微子世家、集解註。
＊註「馬融曰」、尙書洪範註。
327　史記　巻八七、李斯傳。
328　後漢書　巻三三、朱浮傳。
329　後漢書　巻三三、朱浮傳。
330　後漢書　巻三七、桓榮傳、李賢等註。
＊孔子家語、致思第八の句を註に引用。
331　後漢書　巻三九、李賢等註。
＊同（後漢書）の註、韓詩外傳巻一の句。
332　後漢書　巻三九、江革傳。
333　後漢書　巻三九、劉愷傳。
334　後漢書　巻三九、周磐傳、李賢等註。

335 後漢書　巻七四上、袁紹傳。
336 後漢書　巻七四上、袁紹傳。
337 後漢書　巻七六、循吏列傳（孟嘗）。
338 後漢書　巻八十下、文苑列傳（趙壹）。
339 白氏長慶集　巻三「太行路」。
340 漢書　巻五三、景十三王傳（中山靖王）。
341 後漢書　巻四一、第五倫傳。
342 春秋公羊傳　哀公三年春。
343 漢書　巻四八、賈誼傳。
344 春秋穀梁傳　僖公八年。
345 史記　巻百二一、儒林列傳（轅固生）。
＊「冠雖敝必加於首」を脱。他本あり。
346 莊子　外篇、天地篇第十二。
347 莊子　雜篇、徐無鬼篇第二四。
348 貞觀政要　巻五、論公平第十六。
349 賈子　＊臣軌巻下、利人章によるか。
350 白氏文集　巻五八、律詩「哭皇甫七郎中」。
351 韓子　巻八、觀行第二四。
352 管子
353 孔子家語　巻五、在厄第二十。
354 顏氏家訓　巻下、雜藝篇第十九。
355 孔子家語　巻四、六本第十五。
356 呂氏春秋　巻一、貴公。
357 毛詩（詩經）國風、邶、柏舟、鄭玄註。
358 三略　下略。＊句序、句に異なりあり。
359 鹽鐵論　貧富第十七。
360 禮記　表記第三二。
361 春秋左氏傳　僖公傳三三年。
362 典語（陸景）群書治要巻四八。
363 尚書　商書、説命。
364 墨子　法儀。
365 史記　巻三、殷本紀。＊欄外記入。賀茂本あり。
366 呂氏春秋
367 未詳。
368 要覽
369 論語　子路第十三。

370　要覽
371　春秋左氏傳　昭公傳七年。
372　漢書　卷二三、刑法志第三。
373　袁子正書　禮政。＊群書治要卷五十。
374　貞觀政要　卷三、封建第八。
375　說苑　卷一、君道。
376　說苑　卷三、建本。
377　臣軌　卷上、公正章。
378　淮南子　卷十二、道應訓第十二。
379　帝範　卷上、建親篇。
380　帝範　卷上、求賢篇。
381　帝範　卷上、求賢篇。
382　帝範　卷上、審官篇。
383　帝範　卷上、審官篇。
384　帝範　卷上、審官篇。＊終句は25に重出。
385　帝範　卷上、去讒篇。
386　帝範　卷上、去讒篇。
387　帝範　卷上、去讒篇。
388　帝範　卷下、誡盈篇。
389　帝範　卷下、誡盈篇。
390　帝範　卷下、崇儉篇。
391　帝範　卷下、崇儉篇。
392　帝範　卷下、賞罰篇。
393　帝範　卷下、賞罰篇。
394　帝範　卷下、務農篇。
395　帝範　卷下、務農篇。
396　帝範　卷下、務農篇。
397　帝範　卷下、崇文篇。
398　臣軌　序。
399　臣軌　序。
400　臣軌　卷上、至忠章。
401　臣軌　卷上、至忠章。
402　臣軌　卷上、至忠章。
403　臣軌　卷上、至忠章。
404　臣軌　卷上、至忠章。
405　臣軌　卷上、至忠章。

406 臣軌　巻上、至忠章。「古語云――」。
407 臣軌　巻上、守道章。「説苑曰――」。
＊説苑、巻五貴德。
408 臣軌　巻上、公正章。
409 臣軌　巻上、匡諫章。
410 臣軌　巻上、匡諫章。「新序曰――也」。
411 臣軌　巻下、誠信章。
412 臣軌　巻下、愼密章。＊「同」缺。
413 臣軌　巻下、愼密章。
414 臣軌　巻下、愼密章。＊「謀者」が正。
415 臣軌　巻下、愼密章。
416 臣軌　巻下、良將章。
417 臣軌　巻下、利人章。
418 臣軌　巻下、利人章。
419 臣軌　巻下、利人章。
420 春秋公羊傳
421 春秋左氏傳　莊公傳三二年。
422 後漢書　巻十上、皇后紀（明德馬皇后）。
423 後漢書　巻十上、皇后紀（明德馬皇后）註。
＊章懷太子賢註「文子曰……掘藏之家後必殃也」。
424 後漢書　巻十上、皇后紀（明德馬皇后）。
425 白氏長慶集　巻十五、放言五首（第二首）。
426 白氏長慶集　巻四一、奏狀一「初授拾遺獻書」。
427 白氏長慶集　巻六五、律詩「閑外有所思」。
428 呂氏春秋　巻十五、察今。
429 後漢書　巻五九、張衡傳。
430 葛氏外篇　巻四三、喩蔽。
431 葛氏外篇
432 葛氏外篇　＊金樓子、立言上に同句あり。
433 新語　巻下、思務第十二。
434 白氏文集　巻五二、中隱。
435 白氏長慶集　巻一、諷諭一「凶宅詩」。
＊「隱丘樊」を「隱巖藪」とす。
436 白氏長慶集　巻一、諷諭一「夢仙詩」。
437 白氏長慶集　巻二、諷諭二「秦中吟、議婚」。
438 白氏長慶集　巻二、諷諭二「秦中吟、議婚」。

439　白氏長慶集　巻二、諷喩二「秦中吟、議婚」。
440　白氏長慶集　巻二、諷喩二「秦中吟、不致仕」。
441　白氏長慶集　巻二、諷喩二「秦中吟、不致仕」。
442　白氏長慶集　巻二、諷喩二「秦中吟、不致仕」。
443　白氏長慶集　巻十、感傷二「對酒」。
444　白氏長慶集　巻十一、感傷三「逍遙詠」。
445　白氏六帖　巻九、言語一。
446　論語　＊陽貨第十七の句の改編。
447　毛詩（詩經）小雅、小旻之什、蓼莪。
448　後漢書　巻四八、霍諝傳。
　＊范曄註に、左傳（襄公三一年）を引く。
449　抱朴子　内篇、巻十二、辨問。
450　白氏六帖　巻九、言語一。
451　禮記　表記第三二。
452　史記　巻六二、管仲傳。
453　論語　公冶長第五。
454　論語　雍也第六。
455　毛詩（詩經）召南、采蘩。
　＊魯頌、有駜にもあり。
456　毛詩　唐風、鴇羽。＊この句、詩經に全三例。
457　漢書　巻八一、孔光傳。＊原文の要約。
458　尙書　周書、酒誥。＊小字は集傳註。
459　史記　巻四一、越王句踐世家。

玉函祕抄　下

460 文選　巻一、張平子「西京賦」。
＊以下文選は五臣註、その巻數。
461 文選　巻二、張平子「東京賦」。
462 文選　巻二、張平子「東京賦」。
463 文選　巻二、左太冲「三都賦序」。
464 文選　巻五、潘安仁「西征賦」。
465 文選　巻七、賈誼「鵩鳥賦」。
466 文選　巻十四、樂府四首、古辭「君子行」。
467 文選　巻十九、曹子建「求自試表」。
468 文選　巻二十、李斯「上書秦始皇」。
469 文選　巻二十、鄒陽「於獄中上書自明」。
470 文選　巻二一、司馬子長「報任少卿書」。
471 文選　巻二一、朱叔元「爲幽州牧與彭寵書」。
472 文選　巻二一、曹子建「與楊德祖書」。
473 文選　巻二三、東方朔「答客難」。
474 文選　巻二三、東方朔「答客難」。
475 文選　巻二三、東方朔「答客難」。
476 文選　巻二五、沈休文「恩倖傳論」。
477 文選　巻二六、王子淵「四子講讀論」。
478 文選　巻二六、曹元首「六代論」。
479 文選　巻二六、曹元首「六代論」。
480 文選　巻二七、嵆叔夜「養生論」。
481 文選　巻二七、李蕭遠「運命論」。
482 文選　巻二七、李蕭遠「運命論」。
483 文選　巻二七、李蕭遠「運命論」。
484 文選　巻二十、鄒陽「獄中上書自明」。
485 文選　巻二十、枚叔「上書諫吳王」。
486 文選　巻二一、朱叔元「爲幽州牧與彭寵書」。
487 文選　巻二一、陳孔璋「爲曹洪與魏文帝書」。
488 文選　巻二三、楊子雲「解嘲」。
489 文選　巻二三、陸士衡「豪士賦序」。
490 文選　巻二三、陸士衡「豪士賦序」。
491 文選　巻二七、嵆叔夜「養生論」。
492 文選　巻二七、李蕭遠「運命論」。

＊「子夏曰――」。劉孝標「辨命論」にも。

493 文選 巻二七、劉孝標「辨命論」。
494 文選 巻二七、劉孝標「辨命論」。
495 文選 巻二七、劉孝標「辨命論」。
496 文選 巻二六、王子淵「四子講德論」。
497 文選 巻二九、顏延年「陶徵士誄」。
498 文選 巻二六、王子淵「四子講德論」。
499 後漢書 巻四三、朱穆傳。＊和漢朗詠集、下巻。
500 文選 巻三、左太冲「吳都賦」。
501 文選 巻二六、王子淵「四子講德論」。
502 文選 巻二六、王子淵「四子講德論」。
503 文選 巻十三、盧子諒「答魏子悌」。
504 文選 巻二六、王子淵「四子講德論」。
505 文選 巻二六、王子淵「四子講德論」。
506 文選 巻二六、魏文帝「典論論文」。
507 文選 巻二六、曹元首「六代論」。
508 文選 巻二六、韋弘嗣「博弈論」。
509 文選 巻二六、韋弘嗣「博弈論」。
510 文選 巻二七、李蕭遠「運命論」。
511 文選 巻二七、李蕭遠「運命論」。
512 文選 巻二四、王子淵「聖主得賢臣頌」。
513 文選 巻二四、王子淵「聖主得賢臣頌」。
514 毛詩（詩經）大雅、文王之什、文王。
＊文選、王子淵「聖主得賢臣頌」の引用句。
515 文選 巻二五、于令升「晉紀總論」。
516 文選 巻二五、范蔚宗「後漢二十八將傳論」。
517 文選 巻二五、沈休文「恩倖傳論」。
518 文選 巻二三、宋玉「對宋王問」。
519 文選 巻二三、東方曼倩「答客難」。
520 文選 巻二三、楊子雲「解嘲」。
521 文選 巻二三、楊子雲「解嘲」。
522 文選 巻二三、陸士衡「豪士賦序」。
523 文選 巻二二、嵇叔夜「與山巨源絕交書」。
524 文選 巻二二、嵇叔夜「與山巨源絕交書」。
525 文選 巻二一、司馬子長「報任少卿書」。
526 文選 巻二一、孔文擧「論盛孝章書」。

＊註は韓詩外傳卷六の晉平公をいう。
527 文選 卷二一、阮元瑜「爲曹公作書與孫權書」。
528 文選 卷二一、魏文帝「與吳質書」。
529 文選 卷二一、曹子建「與楊德祖書」。
530 文選 卷二一、曹子建「與吳季重書」。
531 文選 卷二一、應休璉「與侍郎曹長思書」。
532 文選 卷二十、李斯「上書秦始皇」。
533 文選 卷二十、李斯「上書秦始皇」。
534 文選 卷二十、司馬長卿「上書諫獵」。
535 文選 卷二十、枚叔「上書諫吳王」。
536 文選 卷二十、枚叔「上書諫吳王」。
537 文選 卷二十、枚叔「上書諫吳王」。
538 淮南子 說林訓第七。
＊五臣註文選卷二十「到大司馬記室牋」の註による。
539 文選 卷十九、孔文擧「薦彌衡表」。
540 文選 卷十九、曹子建「求自試表」。
541 文選 卷十九、曹子建「求自試表」。
542 文選 卷十九、曹子建「求自試表」。
543 文選 卷十九、曹子建「求自試表」。
544 文選 卷十九、劉越石「勸進表」。
545 文選 卷十九、殷仲文「解尙書表」。
546 文選 卷十七、屈平「漁父」。＊「屈原曰」。
547 文選 卷十七、屈平「漁父」。＊「漁父曰」。
548 文選 卷十七、枚叔「七發八首」。
549 文選 卷十八、張景陽「七命八首」。
550 文選 卷十八、王元長「永明九年策秀才文」。
551 後漢書 卷二四、馬援傳。
552 文選 卷十八、任彥升「天監三年策秀才文」。
＊尊經閣本、左右を訂正。
553 文選 卷十八、任彥升「天監三年策秀才文」五臣註。
＊「良曰、韓子曰」。
554 文選 卷十五、古詩。
555 文選 卷十五、曹顏遠「感舊詩」。
556 文選に未見。
557 文選 卷十六、屈平「離騷經」。

558　文選　卷十三、劉越石「答盧諶詩幷書」。
559　文選　卷十三、盧子諒「贈劉琨一首」、李周翰註。
560　文選　卷十三、盧子諒「贈劉琨一首」。
561　文選　卷十三、盧子諒「贈劉琨一首」。
562　文選　卷三、左太沖「魏都賦」。
563　文選　卷三、左太沖「魏都賦」。
564　文選　卷三、左太沖「魏都賦」。
565　文選　卷三、左太沖「魏都賦」。
566　文選　卷三、左太沖「魏都賦」。
＊尚書、洪範註「箕星好風、畢星好雨、亦民所好」。
567　文選　卷三、左太沖「魏都賦」。
＊「亮曰――天經地緯理」。
568　文選　卷四、潘安仁「藉田賦」。
569　文選　卷四、楊子雲「羽獵賦」。
＊書入は五臣註呂向參照。
570　文選　卷三十、王簡棲「頭陀寺碑文」。
571　文選　卷三十、王簡棲「頭陀寺碑文」。
572　文選　卷二十、鄒陽「獄中上書自明」。
573　文選　卷二十、鄒陽「獄中上書自明」。
574　文選　卷十四、陸士衡、樂府「猛虎行」。
575　東觀漢記　卷十七、鍾離意。
576　文選　卷十四、陸士衡、樂府「塘上行」。
577　文選　卷十四、鮑明遠、樂府「出自薊北門行」。
578　文選　卷十四、鮑明遠、樂府「放歌行」。
579　文選　卷九、陸士衡「文賦」。
580　文選　卷九、陸士衡「文賦」。
581　文選　卷十、張茂先「勵志」。
582　文選　卷十、潘安仁「關中詩」。
583　文選　卷七、張茂先「鷦鷯賦」。
584　文選　卷八、陸士衡「歎逝賦」。
585　文選　卷八、潘安仁「寡婦賦」。
586　文選　卷五、潘安仁「西征賦」。
587　文選　卷五、潘安仁「西征賦」。
588　文選　卷六、王仲宣「登樓賦」。
589　文選　序。
590　文選　卷五、楊子雲「長楊賦」。

591 文選　巻二、張平子「東京賦」。
592 文選　巻二、張平子「東京賦」。
593 文選　巻二八、潘安仁「楊荊州誄」。
594 文選　巻二八、崔子玉「座右銘」。
595 文選　巻二八、崔子玉「座右銘」。
596 文選　巻二八、張茂先「女史箴」、呂向註。
＊「歡不可過分、寵不可專擅」。
597 文選　巻二八、張茂先「女史箴」。
598 文選　巻二八、張茂先「女史箴」。
599 文選　巻二八、陸士衡「演連珠」。
600 文選　巻二八、陸士衡「演連珠」。
601 文選　巻二八、陸士衡「演連珠」。
602 文選　巻二八、陸士衡「演連珠」。
603 文選　巻二八、陸士衡「演連珠」。
604 文選　巻二八、陸士衡「演連珠」。
605 文選　巻二八、陸士衡「演連珠」、李周翰註。
606 文選　巻二八、劉孝標「廣絶交論」。
607 貞観政要　巻九、征伐第三五。
608 貞観政要　巻九、征伐第三五。
609 貞観政要　巻十、論愼終第四十。
610 白氏長慶集　巻三、「大行路」。
611 白氏長慶集　巻三、「大行路」。
＊底本缺、據賀茂本補。爲君薫衣裳、君聞蘭麝不馨香、爲君盛容餝、君看金翠無顏色。同、夫婦事。
612 白氏長慶集　巻三「馴犀」。
613 白氏長慶集　巻四「澗底松」。
614 白氏長慶集　巻四「天可度」。
615 史記　巻十、孝文本紀。＊↓2
616 史記　巻十、孝文本紀。
617 孝經　註。＊古文孝經になし。
618 禮記　曲禮上第一。
619 禮記　曲禮上第一。
620 禮記　曲禮上第一。
621 後漢書　巻一上、光武帝紀。
622 後漢書　巻一上、光武帝紀。
623 史記　巻三九、晉世家。

624　史記　巻四九、外戚世家。
625　史記　巻六十、三王世家。
626　博物志
627　毛詩（詩經）大雅、蕩之什、抑。
　＊管蠡抄、六ノ九（三六六）
628　禮記　檀弓下第三。
629　後漢書　巻二、顯宗孝明帝紀。
630　韓（非）子　觀行。
631　文選　巻十三、潘安仁「秋興賦」。
632　文選　巻十三、謝惠連「雪賦」。
633　文選　巻十三、賈誼「鵩鳥賦」。
634　文選　巻十一、孫興公「遊天台山賦」。
　＊上半の句。
635　文選　巻三、左太沖「魏都賦」。
　＊尊經閣本634・635を一句、賀茂本二句とする。
636　文選　巻十五、棗道彦「雜詩」。
637　世說
638　史記　巻三三、魯周公世家。
639　漢武故事
640　老子　居位第六十。
641　禮記　檀弓下第四。
642　禮記　檀弓上第三。＊上半の句。
643　莊子　外篇、秋水篇第十七。＊「非魚……我心」。
644　史記　巻八五、呂不韋傳。
645　顏氏家訓　巻下、終制第二十。＊宋本による。
646　禮記　郊特牲第十一。
647　禮記　郊特牲第十一。
648　禮記　郊特牲第十一。
649　禮記　內則第十二。
　＊「兎去尻、狐去首、豚去腦、魚去乙」。
650　禮記　玉藻第十三。
651　禮記　哀公問第二七。
652　禮記　曲禮上第一。
653　禮記　曲禮上第一。
654　禮記　曲禮上第一。
655　禮記　曲禮下第二。

656 説苑　巻十、敬愼。
657 論語　述而第七。
658 顔氏家訓　巻下、省事篇第十二。
　＊「然後噬臍亦復何及」。
659 晏氏春秋　内篇雜下第六。
660 史記　巻三三、魯周公世家第三。
661 顔氏家訓　巻上、勉學篇。
662 顔氏家訓　巻下、教子篇。
663 莊子　内篇、應帝王篇第七。
664 莊子　内篇、逍遙遊篇第一。
665 史記　巻九二、淮陰侯傳。
尸子　＊後補の句とする。論考篇一一二ページ參照。

復元 明文抄

底本所藏　神宮文庫

明文抄 一　天象部　地儀部　帝道部上

天象部

87上 大哉乾元、萬物資始。乃統天。雲行雨施、品物流形。周易(1)

天道虧滿、鬼神福謙矣。後漢書(2)　皇天無私阿。文選(3)

天道無親、常與善人。老子(4)　天所授、雖賤必貴。史記(5)

人衆者勝天、天定亦破人。同(6)　天戒誠不可戲也。後漢書(7)

天之應人、敏於影響。已上同(8)　天之至高、而聽至卑。蜀志(9)

鶴鳴于九皐、聲聞于天。毛詩(10)

謂天蓋高、不敢不局。謂地蓋厚、不敢不蹐。同(11)

87下 覆而無外者天也。其德無不在。載而無棄者地也。其物莫不殖。孝經(12)

惟天地萬物父母。惟人萬物之靈。(周易)尚書(13)　天地尚不能久、而况於人乎。老子(14)

天廣而無以自覆、地厚而無以自載。後漢書(15)

天不爲人之惡、寒而輟其冬。地不爲人之惡、險而輟其廣。君子不爲小人之匈匈而易其行。文選（16）

天稱其高者以無不覆。地稱其廣者以無不載。日月稱其明者以無不照。江（四）海稱其大（深）者以無不容。同（17）

天不可階而升、地不可得尺寸而度。周髀（18）

日不知夜、月不知晝。淮南子（19）

88上 飄風不終朝、驟雨不終日。老子（20）　木雖蠹無疾風不折、墻雖隙無大雨不壞。管子（21）

雲霧之盛、須臾而訖。暴雨之盛、不過終日。太平御覽（22）

甚霧之朝可以細書。而不可以遠望尋常之外。淮南子（23）

凡雨自三日以往爲霖。平地尺爲大雪。左傳（24）

盈尺則呈瑞於豐年。袤丈則表沴於陰德。文選（25）

夫、春者歲之始也。始得其正、則三時有成。後漢書（26）

斗柄指東、天下皆春。鶡冠子（27）　衆人熙熙、如春登臺。老子（28）

欣莫欣兮春日、悲莫悲兮秋夜。太平御覽（29）　歳首祝折松枝、男七女二七。初學記（30）

正月子日登嶽何。傳云、正月七日登嶽遠望四方、得陰陽靜氣。除煩惱之術也。十節記（31）

正月七日、俗以七種菜作羹、食之、人無萬病也。荊楚歳時記（32）

正月十五日、亥時煮小豆粥、爲天狗祭庭中案上。則其粥凝時、東向再拜、長跪服之。終年無疫

88下 氣。世風記（33）

昔、吳縣張成夜出屋、南角見一靑衣童子。謂成言、我是家蠶、君至正月半作糜於此祭我。我令汝今年大得蠶、宜百倍。續齊諧記（34）

佛住靈鷲山中、放無邊光明、照十方世界。是時阿難向而作是言、以何因緣無上尊放廣大無邊之光明、照諸方界。唯願、說其因緣。佛告阿難、是一切衆生、依持二八月齋、十方世界一切衆生、離苦得樂、靈瑞而已。若有一切男子女人、一日一夜一時一念、欲到十方淨土彼岸者、二月八月八王堯會時、修到彼岸齋會法、應命順禮過去五十三佛名。彼岸齋法成道經（35）

三月三日草餠、何。昔周幽王淫亂、群臣愁苦。于時設河上曲水宴、或人作草餠、貢幽王。王嘗其味爲美也。王云、是餠珍物也。可獻宗廟。周世大治、遂致大平。後人相傳作草餠。三月三日進于祖靈。草餠之興、從此始矣。十節錄（36）

89上 是日酒漬桃花飮之。除百病、益顏色。本草（37）

孟夏之月…其祀竈。祭先肺。註云、夏陽氣也。盛熱於外。祀之於竈從熱類也。禮記（38）

五月五日、以五色絲繫臂、攘惡鬼。令人不病瘟。一名長命縷、一名續命縷、一名辟兵繒也。風俗通（39）是日、荊楚人皆蹋百草採艾。爲人懸門戶之上、以攘毒氣者也。荊楚歲時記（40）

是日、俗人取檮葉佩之。云避惡。證類本草（41）

是日、採蘭以水煮之。爲湯沐浴。令人辟除刀兵、攘却悪鬼。大戴禮（42）
是日、屈原自投汨羅而死。楚人哀之。毎至此日以竹筒貯米、投之祭之。續齊諧記（43）
是日、糉子等勿多食。食訖、取昌蒲根七莖。各長一寸、漬酒中服之。四民月令（44）
五月蓋屋、令人頭禿。風俗通（45）
後漢和帝、永元六年、六月己酉、初令（令）・伏閉盡日。後漢書（46―1）
89下　註、漢舊儀曰、伏日萬鬼行。故盡日閉、不于（他）宅事（也）・。（46―2）
師說、伏者必在庚日也。此日白虎在中、白虎主於死喪、故屬鬼。此日行事、依此閉門、不爲他事。以避疫鬼之害也。（46―3）又曰、爲避邪氣、盡日忌也。三伏之忌、自秦始之。（46―4）
諸道勘文云、先年陰陽師時親、以伏日擇申行幸日。而國成朝臣對云、伏日不可出行者。時親云、陰陽道殊不用後漢書者。國成云、後漢書以金匱經所註也者。時親無陳旨。行幸延引。云々。（47）
仲春之月…天子開氷。註、春秋傳曰、古者日在北陸而藏氷。西陸朝覿而出之、其藏氷也。深山窮谷、固陰沍寒、於是乎取之。禮記（48）
凌、氷室也。藏氷之室也。今案、周禮、凌人掌氷。東宮切韻（49）
仁德天皇六十二年五月……是歲（此）、額田大中彥皇子。獵于鬪鷄、時皇子自山上望之。曠野中有物、其形如廬。仍遣使者令視。還來曰、窟也。因喚鬪鷄稲置大山主、問之曰、有其野中者何窟矣。

90上 啓之曰、氷室也。皇子曰、其藏如何、亦奚用焉。曰、掘土丈餘、以草蓋其上、敦敷茅荻。取氷以置其上。既經夏月而不泮、其用之。卽當熱月、漬氷酒以用也。皇子則將來其氷、獻于御所。天皇歡之。自是以後、每當季冬、必藏氷。至于春分、始散氷也。日本記 (50)

氷室廿一 山城十室大半 近江二室小半 大和二室半 丹波三室半 河内二室 以見役傜丁内、隨損修之、……氷池五百卅處 山城二百九十六處、大和卅處、河内五十八處、近江六十六處、丹波九十處。延喜式 (51)

七月七日索餅、何。昔高辛氏小子七月七日去。其靈無一足成鬼神、於人致瘧病。其靈常飡麥餅。故、當其死日、以索餅祭其靈。後人、是日食索餅。其年中無瘧病。十節記 (52)

消除失火、盜賊、疾病、口舌災難方。七月晦日取生氣方、木燒、墨磨。八月一日、日出以前書、八月一日天中節、赤口、白舌、隨節滅押門。陰陽祕方 (53)

昔、大國后於天中樓、有契事。其人依不遂素懷、忽成火神。燒天中樓之時、后呪云、八月一日
90下 天中節、赤口、白舌、隨節滅。成此呪之時、火滅、云々。或書節言契、云々。(54)

九月九日、費長房縫囊、盛茱萸、以繫臂登山。飲菊酒、以免災厄。世風記 (55)

漢武帝、此日佩茱萸、食餅、飲菊花酒。令人長壽。同 (56)

冬日之閉凍也。不固則春夏之長草木也。不茂。韓子 (57)

氷塞長河、雪滿群山。文選 (58) 十月亥日、食餅、除萬病。群忌隆集 (59)

漢武帝…得寶鼎…辛巳朔旦冬至。公孫卿曰、黄帝得寶鼎神筴、是歳己酉朔旦冬至、得天地之紀、終而復始。今示黄帝時等。史記（60）

神龜二年十一月、天皇御大安殿、受冬至賀辭。國史（61）

臘者歳終大祭、縱吏民宴飲。蔡邕、獨斷（62）

人腹中有三尸、爲人大害。常庚申之夜、上告天帝記人罪過、絶人生籍。庚申之夜不寢則不得上天。庚申經（63）

日往則月來、月往則日來。日月相推而明生焉。寒往則暑來。暑往則寒來。寒暑相推而歳成焉。周易（64）

91上 寒暑不時則疾（病）、風雨不節則饑（飢）。禮記（65）　寒暑既調則時無疾疫。風雨不節則歳有飢荒。帝範（66）

天下良辰・美景・賞心・樂事、四者難併。同（67）

五歳再閏。凡閏十九年、七閏爲一章、五歳再閏者二、故略擧其凡也。周易（68）　閏月詔。王居門終月。周禮（69）

齊明天皇五年、皇太子初造漏尅、使民知時。天皇十年、置漏尅於新臺。始打候時鐘鼓。此漏尅者、天皇爲皇太子之時、始親自所製作也。諸道勘文（70）

地儀部

91上 大河之源、其山欝然。小川之流、其岳童焉。貞觀格（1）
江淮之難、不過劒閣。山川之險、不過岷漢。晉書（2）
凡向官私宅若道徑、射者笞五十。放彈及投瓦石者笞卅。律（3）
宮中諸家、或穿垣引水、或壅水浸途。宜(宣)仰所司、咸俾修營。不責引流水於家內。唯禁露汚穢於播(墻)
外。弘仁格（4）
91下 道路百姓來去不絕、樹在其傍、足息疲之。夏則就蔭避熱。飢則摘子噉之。同（5）
夫、赴長途者、次客舍而得息。渡巨海者、入隈泊而免危、則知海路之有船瀨、猶陸道之有逆旅。
貞觀格（6）
朱雀者・(兩)京之通道也。左右帶垣、人居相隔。東西分坊門衞無置。因茲、晝爲馬牛之闌圏、夜爲
盜賊之淵府。望請、每坊門置兵士二人、上下分番、互加掌護、便卽令夜行之兵衞、每夜巡撿、
兵士之直否。同（7）
諸舍屋簷指出路頭、幷他人領地方者、科不應重罪可斫棄也。不應爲重罪、杖八十、輕笞卅。延喜式（8）
凡神泉苑廻地十町內、令京職栽柳。町別七株。式（9）

凡京路皆令營家毎月掃除。左京式（10）　凡大路建門屋者、三位已上及參議聽之。延喜左京式（11）
凡京中不聽營水田。大小路邊及卑濕之地、聽殖水葱芹蓮之類、不得因此廣溝迫路。延喜左京式（12）
92上　凡神泉大學廻地、令京職掃除之。穀倉院亦同。式（13）
凡堤内外并堤上、多殖楡柳雜樹、充堤堰用。令（14）
凡近大水有隄（堤）防之處、國郡司以時撿行。令（15）
夫、用貧求富、農不如工、工不如商、刺繍文不如倚市門。史記（16）
一市不安則天下之市心揺矣。一關不安則天下之關心動矣。唐暦（17）
宗廟之器、不粥於市。家語（18）　欲知馬賈（價）、則先問狗。漢書（19）
頃年東西市司所進沽價帳、不據時價、浪陳憑虚、或以賤時米。常注貴直。或以踊時布、猶置下品。云々。宜令加譴責、依實造進。延喜格（20）
凡商賈之輩、沽價之外、若有妄增物直者、不論蔭贖、登時見決。延喜式（21）
百萬買宅、千萬買隣。南史（22）
凡庫藏及倉内、皆不得燃火。違者杖一百。律（23）
經始靈臺、經之營之。庶民攻之。不日成之。毛詩（24）
使鬼爲之、則勞神矣。使人爲之、亦苦民矣。史記（25）

92下 成王在豐、欲宅洛邑。使召公先相宅。尚書(26) 太保朝至于洛、卜宅。厥既(其已)得卜、則經營。尚書(27)

蕭何治未央宮(官)、立東闕・北闕・前殿・武庫・大倉。上見其壯麗、甚怒。謂何曰、天下匈匈、勞苦數歲、成敗未可知。是何治宮室過度也。何曰、天下方未定。故可因以就宮室。且夫、天子以四海爲家。非令壯麗無以重威。且亡令後世有以加也。上說。漢書(28)

楚起章華之臺而黎民散。秦興阿房之殿而天下亂。同(29)

工不役鬼、必在役人。物不天降、終由地出。唐書(30)

遲巧不如拙速。梁書(31) 工欲善其事、必先利其器。漢書(32)

湯沐具而蟣蝨相弔、大厦成而燕雀相賀。淮南子(33)

凡私第宅、皆不得起樓閣、臨視人家。令(34)

交易之榑、多有違法。徒費其價、不中支用。此則故挾姧心詐僞、公私宜仰所出國、長一丈二尺、廣六寸、厚四寸令作。弘仁格(35)

93上 民閒賣買檜皮、或長不滿三尺、公私費價多不中用。自今以後、採檜皮、法短者三尺長者四尺。同(36)

凡侵巷街阡陌者、杖六十。若種殖墾食者笞卌。同(37)

帝道部　上

93上 天下非一家之有也。唯有道者之有也。史記（1）　天下非一人之天下、乃天下之天下也。六韜（2）

夫、天下者蓋亦天下之天下、非一人之天下也。晉書（3）

天下者高祖太宗之天下、非陛下之天下也。高宗讓位於大后時諫詞也。唐曆（4）

夫、古之天下亦今之天下、今之天下亦古之天下。漢書（5）

天下非一時之用也。海内非一旦之功也。後漢書（6）

溥（普）天之下、莫非王土。率土之濱、莫非王臣。毛詩（7）

夫、天下大器也。今人之置器、置諸安處則安、置諸危處則危。史記（8）

天下神器、不可力爭。後漢書（9）

天下聚目而視、攢耳而聽。史記（10）　天下之命懸於天子。天子之善成于所習。同（11）

天下難事、必作於易。天下大事必作於細。老子（12）

93下 日月爲天下眼目、人不知德。山川爲天下衣食、人不能謝。任子（13）

天下安、注意相。天下危、注意將。史記（14）　吾亡之後、天下雖廣、不容汝足（矣）。後漢書（15）

大邦畏其力、小邦懷其德。尙書（16）　小國之仰大國也、如百穀之仰膏雨焉。左傳（17）

小所以事大信也。大所以保小仁也。背大國不信、伐小國不仁。同(18) 小國無文德而有武功、
禍莫大焉。同(19) 邦有道、貧且賤焉、恥也。邦無道、富且貴焉、恥也。論語(20)
秦虎狼之彊國、趙侵弱之餘燼也。文選(21) 隣國有聖人、敵國之憂也。史記(22)
山有虎豹、藜藿爲之不採。國有賢士、邊境爲之不害也。鹽鐵論(23)
夫、邊垂之患、手足之蚧搔。中國之困、胸背之瘭疽(也)。後漢書(24)
爲國者愼器與名、爲家畏怨重禍。同(25)
94上 一國爲一人興、先賢爲後愚廢。文選(26) 地廣者粟多、國大者人(民)衆。兵彊者則士勇。文選(27)
平林沙壑、猛獸不居。小水涓流、良魚不處。抱朴子(28)
敗髮膚、痛在身。辱衣冠、恥在國。唐書(29)
太宗謂侍臣曰、治國與養病無異也。病人覺愈、彌須將護。若有觸犯、必至殞命。治國亦然。天下稍安、尤須兢愼。若便驕逸、必至喪敗。貞觀政要(30)
管敬仲言於齊侯曰、戎狄豺狼不可厭也。諸夏親暱不可棄也。宴安酖毒不可懷也。左傳(31)
子曰、夷狄之有君、不如諸夏之亡也。論語(32)
凡天子者天下之首、何也、上也。蠻夷者天下之足、何也、下也。…足反居上、首顧居下、倒縣如此。漢書(33)

蠻夷之俗、畏壯侮老也。後漢書（34）
終日無覩、但見異類。文選（35）　彼戎狄者、人面獸心、宴安鴆毒。同（36）
大歷中、渤海以日本舞女十一、獻諸朝。唐書（37）　渤海聘期制、以六載云々。小之事大、上之待
94下　下、年期禮數不可無限。仍云々。更改前例、告以一紀。貞觀格（38）
新羅朝貢、其來尚矣。而起自聖武皇帝之代、迄于聖朝不用舊例、常懷姧心、苞茅不貢、云々。望
請一切禁斷不入境內者、右大臣宣奉敕、云々。專禁入境事、似不仁、宜化來流來、充粮放還、商
賈之輩飛帆來著所賫之物、任聽民閒令得廻易、即放却。貞觀格承和元年符（39）
愚暗人民、傾覆櫃匣、踊貴競買物、是非可韜匵、弊則家資殆罄耽外土之聲聞、蔑境內之貴物云々。
宜下知太宰府、嚴施禁制、勿令輙市商人來着。船上雜物一物已上、簡定適用之物、謝驛進上。
貞觀格（40）
百濟王等、遠慕皇化、航海梯山輸欵久矣。神功攝政之世、則肖古王遣使貢其方物、輕嶋御宇之
年、貴須王擇人獻其才士。朕喜其忠誠、情深矜愍、宣百濟王等、課并雜傜、永從蠲除、勿有所
事。弘仁格（41）
95上　八埏之地有限、百王之運無窮。若削有限之壤、常奉無窮之運、則後代百姓可得而耕乎。宣當代
以後、敕旨開田、皆悉停止、云々。且夫百姓以田地舍宅、賣寄權貴者、不論蔭贖、不辨士粮、決

杖六十、云々。判許之吏解却見任。但從來相傳爲庄家、券契分明無妨、國務不在此限。延喜格（42）

調庸廉惡者、罪止遠流也。違期不入者、當徒二年也。同（43）

大唐西京、皇城在京城之中東西五里一百一十五步、南北三里一百四十步、今謂之子城。南面三門、中曰朱雀、左曰安上、右曰含光、朱雀門正南當明德門、正北當承天門、外横街、正東直春明門、正西直金光門。東西二門、北曰延喜、南曰景風、延喜門則承天門、外横街、東直通化門。西面二門、北曰安福、南曰順義。安福門西直開遠門。其中左宗廟、左安上門内之東。右社稷、在含光門内之西。大唐六典（44—1）

95下宮城在皇城之北。南面三門、中曰承天、東曰長樂、西曰永安。其北曰大極門、其内曰大極殿。朔望則坐而視朝焉。有東上西上二閤門、東西廊、左延明・右延明二門。次北曰朱明門、左曰虔化門、右曰肅章門。肅章之西曰暉政門、虔化之東曰武德西門。其内有武德殿有延恩殿。又北曰兩儀門、其内曰兩儀殿。常日聽朝而視事焉。兩儀殿之東曰萬春殿、西曰千秋殿、兩儀之左曰獻春門、右曰宜秋門。宜秋之右曰百福門。其内曰百福殿。百福之西曰承慶門、其内曰承慶殿。獻春之左曰立政門、其内曰立政殿。立政之東曰大吉門、其内曰大吉殿。兩儀之北曰甘露門、其内曰甘露殿。左曰神龍門、其内曰神龍殿、右曰安仁門、其内安仁殿。又有興仁・宣獻・崇道・惠訓・昭德・安禮・正禮・宣光・通福・光暉・嘉猷・華光・暉儀・壽安・綏福等門、薫風、就日翔鳳・咸池・臨昭・望僊・鶴羽・乘龍等殿、凌煙・翔鳳等閣。（44—2）

96上大明宮在禁苑之東南、西接宮城之東北隅。南面五門。正南曰丹鳳門。東曰望僊門。次曰延政門、西曰建福門、次曰興安門。丹鳳門内正殿曰含元殿。階上高於平地四十餘尺、南去丹鳳門四百餘歩、東西廣五百歩。…夾殿兩閣、左曰翔鸞閣、右曰棲鳳閣、與殿飛廊相接。夾殿東有通乾門、西有觀象門。其北曰宣政門、門外東廊曰齊德門、西廊曰興禮門、内曰宣政殿、殿前東廊曰日華門、門東門下省、省東南北街南、直含耀門、出昭訓門、宣政殿前西廊曰月華門、門西中書省、省西南北街南、直昭慶門、出光範門、宣政之左曰東上閤、右曰西上閤、次西曰延英門、其内之左曰延英殿、右曰含象殿、宣政北曰紫宸門、其内曰紫宸殿、卽内朝正殿也。殿之南面紫宸門、左曰崇明門、右曰光順門。殿之東曰、左銀臺門、西曰右銀臺門。次北曰九僊門、殿之北面曰玄武門、左曰銀漢門、右曰靑霄門。其内又
96下 有麟德・凝霜・承歡・長安・僊居・拾翠・碧羽・金鑾・蓬萊・含凉・珠境、三清・含氷・水香・紫蘭等殿、玄武・明儀・大角等觀。欝儀・結隣・承雲・修文等閣也。（44―3）

禁苑在大内宮城之北、北臨渭水、東拒滻川、西盡故都城。其周一百二十里。禽獸蔬果、莫不毓焉。……南面三門、中曰定鼎、左曰長夏、右曰厚載。東面三門、中曰建春、南曰永通、北曰上東。北面二門、東曰安喜、西曰徽安。西連禁苑、苑西四門南曰迎秋、次曰遊義、次曰籠烟、北曰靈溪。（44―4）

皇城在都城之西北隅、南面三門、中曰端門、左曰左掖門、右曰右掖門、東面一門曰、賓耀。西面二門、南曰麗景、北曰宣耀。東城在皇城之東、東曰宣仁門、南曰承福門。

皇城在東城之內。…皇宮在皇城之北、東西四里一百八十步。南北二里八十五步、周圍十三里二百四十一步。南面三門、中曰應天、左曰興教、右曰光政。其內曰乾元門。……東廊有左延福門、西廊有右延福門。（44—5）

97上 興教之內曰會昌、其北曰章善、光政之內曰廣運、其北曰明福、乾元之左曰萬春、右曰千秋、其內曰乾元殿。則明堂也。殿之左曰春暉門。右曰秋景門、北曰燭龍門、明福之東曰武成門、其內曰、武成殿。明福之西曰崇賢門、其內曰集賢殿、武成之北曰長壽殿、集賢之北曰僊居殿、其東曰億歳殿、又東曰同朋殿。其內又有觀禮・歸義・收成・光慶等門。延祥・延壽・觀文・六合等殿。宜春・僊居・迎祥六合等院也。其西北出曰洛城西門、其內曰德昌殿、北曰儀鸞殿。德昌南出曰延慶門、又南曰韶暉門、西南曰洛城南門、其內曰洛城殿、又北曰飲羽殿。（44—6）

上陽宮在皇城之西南。……南臨洛水、西拒穀水、東面卽皇城右掖門之南。其西則有西上陽宮。兩宮夾殿水虹橋以通往來。已上同 門名等略之。（44—7）

凡宮墻四面道內、不得積物。其近宮闕不得燒屍惡物、及通哭聲。令上（45）

97下 凡登高臨禁中者、杖一百、御在所徒一年半、誤者各減二等。律（46）

侍中式（或）云、殿上非違、喧嘩、濫惡、隨聞必加糺彈、愼勿隱忍焉。政事要略、寛平小式文（47）

殊制殿上男女、輙以無用之事、莫奏御前、以驚視聽矣。事若可驚者、蜜蜜告近習、可備顧問人。然後進止。寛平御遺誡（48）

可忌依小恢小異、以輕輕、召神祇陰陽等事。(49)

外蕃之人、必可召見者、在簾中見之。不可直對耳。已上同　(50)

凡建禮門南庭者、除中央之外、悉令生草焉。延喜式　(51)

撃開閉諸門鼓、起大雪十三日至二十五日。卯四尅六分閉諸門鼓　辰二尅七分開大門鼓　午一尅六分退朝鼓　酉一尅二分閉門鼓　以下略之。

右依前件撃鼓各二度、度別十二下、從細聲至大聲。

諸時撃鼓、子午各九下、丑未八下、寅申七下、卯酉六下、辰戌五下、巳亥四下、(並平聲)置乎却鐘、依剋數已上同　(52)

唐家世立(一)(53)唐帝王世立

98上 正統天皇氏　天地始分十三頭生、治天下一萬八千年。

正　地皇氏　十一頭、治天下、一萬一千年。

正　人皇氏　九頭分治天下、共六十五代。四萬五千六百年。

正　有巣氏　治天下數百代并八萬年。是時未有火食・茹毛・飲血・巣居穴處。食草木實。

正　燧人氏　治天下三萬六千年。是時教人鑽木出火、始教民熟食。

正　大昊伏羲氏木德　在位百十年。蛇身人首、是時始有甲曆。書八卦、造書契、作瑟、制嫁娶禮。九州。

正　女媧氏同上　在位百四十年。五代相承、都七千一百八十七、伏羲妹號女帝、虵身人首、練五色石補天。

正 炎帝神農氏火德　在位百四十年。八代相承、都五百廿年、人身牛首、種五穀、日中爲帝、作酒、甞百草除病。

正 黄帝軒轅氏土德　在位百年。始垂衣裝、作舟檝、杵臼、弧矢、服牛。乘馬、構棟宇。蒼頡造字。隸首造算、奚仲造車。

正 少昊金天氏金德　已上謂之中古。在位百年。作樂。用度量。

正 顓頊高陽氏水德　在位七十八年。置三公九卿廿四司。有才子八人、號之八愷。

正 帝嚳高辛氏木德　在位七十年。有才子八人、號之八元。

帝摯不受五行　在位九年。

帝堯陶唐氏火德　在位九十八年。眉有八彩、置諫鼓、造圍棊。尹壽。作鏡、皐陶造獄、遭九年洪水。讓位于舜。

帝舜有虞氏土德　在位五十年。重瞳龍顏。造五絃琴。

98下

(唐家世立　二)(54)

正 夏金德　帝禹・受舜讓、立國號、十七主四百三年。第十七立桀。亂政、失國。殷湯囚之。夏臺。

正 殷水德　帝成湯咸夏、立國號。三十主六百廿九年。第卅主付亂失國。周武王伐之。

周木德　武王咸殷、立國號。卅八主八百五十年。

已上自夏至周、謂之三王。第四主昭王廿六年、佛生。第五主穆王五十二年、佛涅槃。第十八主惠王十七年辛酉、當本朝神武天皇即位年、其以前本朝神代也。

十二諸侯	六國
鄭	魏
宋	魏
晉	魏・趙・韓
吳	韓
衞	秦
秦	秦
齊	齊
陳	楚
楚	楚
蔡	楚
杞	楚
燕	燕

＊神宮本に「吳　韓」の間に線なし。續類從で加わる。

99上

已上謂之十二諸侯、周末封之後爲大國、各稱王謂之戰國、或又加秦爲七雄國、未秦初有之、秦始皇悉滅六國、爲卅六郡。

（唐家世立　三）(55)

秦 不受五德 元年當本朝孝靈天皇卅六年

昭襄王滅周遷九鼎。六君四十九年。第四主蜂準長日、滅六國、始稱皇帝。造傳國璽。蒙恬造筆。是時沙門持來佛教、始皇不信禁獄、金剛丈六人來、破獄門出之。仍佛法擁。及後漢之時也。第五主二世皇帝之時、丞相高獻鹿謂馬。

漢 火德 即位元年當本朝孝元天皇十五年

高祖滅秦即位、龍顔左股有七十二黑子、十四主二百十四年秦末與項羽五年之間、爭天下挑戰、遂滅項羽。即帝位、第五主孝武帝之時、始有年號、建元、第十四主之時、王莽奪位十六年間、號新室。

後漢 同上 元年當本朝垂仁天皇五十四年

光武滅王莽、即位十四主、百九十五年、第二主明帝、永平八年帝夢金人、佛法始來。漢末董卓發亂、曹操平之。因茲獻帝讓立於魏。

魏 土德 元年當本朝神功皇后廿年

文帝受漢禪 五主四十五年

蜀 先主劉備自立 二主四十三年

吳 太帝孫權自立 四主十八年

已上魏蜀吳、謂之三國同時鼎立。

（唐家世立　四）(56)

西晉 金德 元年當本朝神功皇后六十五年

卅祖武帝受魏禪。四主五十一年。第三主孝懷帝永嘉六年有大亂。

正 東晉 同上

中宗元帝中興、九主八十年。其後二代爲餘晉。並晉十五主百五十四年。

99下

正 後魏 水德 即位元年當本朝仁德天皇八十五年

太祖道武帝即帝位。第十四主孝武帝崩、二分。文帝號西魏、孝靜帝號東魏十七主百七十年。

（唐家世立　五）(57)

前涼 張軌自立。九主七十五年。

後蜀 李持自立。五主四十六年。

前趙劉淵自立。三主廿五年。　後趙　石勒自立。六主卅四年。

前秦苻健自立。六主四十四年。　前燕　慕容晃自立。三主卅七年。

後秦姚長自立。三主卅三年。第二主姚興之時、羅什來、譯法華經。　西秦　乾歸自立。四主四十八年。

後涼昌光自立。三主十六年。　後燕　慕容垂自立。五主廿六年。

南涼禿髮烏孤自立。三主十八年。　南燕　慕容德自立。二主十二年。

西涼李暠自立。三主二十二年。　北涼　沮渠蒙遜自立。二主三十九年。

夏　赫連勃々自立。三主廿五年。　北燕　馮跋文起自立。二主廿八年。

已上十六國當晉末、後魏之初、各僭位。

宋　高祖武帝受晉禪、八主五十九年。　南齊　太祖高帝受禪。七主廿三年。

梁　高祖武帝受南齊禪。四主五十四年。其後爲梁又三代卅三年。　北齊　顯祖文宣、受東魏禪。五主廿八年。

陳　高祖武帝受梁禪。

已上五代、當後魏後周之間、共稱帝號。

後周木德　孝閔帝受西魏禪。五主二十四年。第三主武皇帝建德三年滅佛法、第五主靜帝之時、復佛法。元年當本朝欽明天皇十年。

（唐家世立　六）(58)

100上

隋 火德　高祖文帝受後周禪。三主三十七年。元年當本朝敏達天皇事。

大唐 土德　高祖神堯皇帝受隋禪。第二主太宗聖化殊盛。同貞觀十九年、當本朝年號、始大化元年。第三主中宗時、則天皇后執政亂天下。第七主玄宗皇帝天寶末、安祿山發亂。十六主武宗會昌五年滅佛法。會昌天子是。第十七主宣宗大中元年複佛法。廿一主二百八十九年。

大梁 金德　太祖神武帝受大唐禪、三主十六年。元年當本朝醍醐天皇延喜七年。

後唐 水德　莊宋閔皇帝嗣大梁四主十三年。元年當本朝醍醐天皇延長元年。

大晉 木德　高祖孝皇帝　嗣後唐二主十一年。元年當本朝朱雀、承平六年。

大漢 火德　高祖肅孝皇帝、嗣大晉二主四年。元年當本朝村上天皇天曆元年。

大周 土德　太祖武皇帝、嗣大漢三主九年。元年當本朝村上天皇天曆四年。

已上自大梁至大周、謂之五代。

大宋 金德　太祖孝皇帝、受大周禪、至本朝建久元年、十二代二百四十七年。元年當本朝村上天皇天德四年。

本朝世立　(59)

（神代）

國常立尊

國狹槌尊

100下 豐斟淳尊

泥土煮尊　沙土煮尊
大戸之道尊　大苫邊尊
面足尊　惶根尊
伊弉諾尊　伊弉冊尊（此二神、神世七代最初男女神也　生大八嶋、日月大神）

古天地未剖、陰陽不分、渾沌如鷄子、溟涬而含牙。及其淸陽者薄靡而爲天、重濁者淹滯而爲地。精妙之合摶易、重濁之凝竭難。故天先成、先成而地後定。然後神聖生其中焉。故曰、開闢之初、洲壤浮漂、譬猶游魚之浮水上也。于時天地之中、生一物。狀如葦牙、便化爲神。號國常立尊。次國狹槌尊、次豐斟渟尊、凡三神矣。乾道獨化、所以成純男。次有神、泥土煮尊、沙土煮尊、次有神、大戸之道尊・大苫邊尊、次有神、面足尊・惶根尊、次有神、伊弉諾尊・伊弉冊尊、凡八神矣。乾坤之道相參而化、所以成此男女、自國常立尊、迄伊弉諾
101上 尊、伊弉冊尊、是謂神世七代者矣。歷年不詳。

天照大神伊弉諾伊弉冊尊子也。卽御於天。
正哉吾勝勝速日天忍穗耳尊、天照大神子也。卽還於天。
天津彥彥火煮煮杵尊正哉吾勝勝速日天忍穗耳尊太子、治天下卅一萬八千五百卅二年。
彥火火出見尊天津彥彥火煮煮杵尊子、治天下六十三萬七千八百九十二年。

彦波瀲武鸕鷀草葺不合尊彦火々出見尊子、治天下八十三萬六千卅二年。

天津彦々火煮煮杵尊已下三代、陵在日向國見諸陵式。案雖神代天孫以後有其陵。

已上一百七十九萬二千四百七十六歳　扶桑略記、除天神二代定歟。

人代

神武天皇彦波瀲武鸕鷀草葺不合尊子　御宇七十六年　元年辛酉當周惠王十七年、以後略也。

徳侔天地者、稱皇帝。春秋繁露　(60)

帝者天號也。王者人稱也。天有五帝、以立名。人有三王、以正度。尚書　(61)

徳合天地者、稱帝。仁義合者、稱王。別優劣也。白虎通　(62)

101下 天地之大徳曰生、聖人之大寶曰位。何以守位、曰仁。周易　(63)

聖人南面而聽天下、嚮明而治。同　(64)

天子作民父母、以爲天下王。尚書　(65)

世質民淳、斯文未作逮乎。伏羲氏之王天下也、始畫八卦造書。契以代結繩之政。文選　(66)

黄帝堯舜、垂衣裳而天下治。蓋取諸乾坤。刳木爲舟、(剡)剡木爲楫。舟楫之利、以濟不通。周易　(67)

蔡邕獨斷曰、皇帝六璽、皆玉螭虎紐、皆以武都紫泥封之。玉璽譜曰、傳國璽是秦始皇初定天下

所刻。其玉出藍田山。丞相李斯所書、其文云々。後漢書（68）

皇帝八璽、有神璽。有傳國璽、皆寶而不用。神璽明受之於天。傳國璽明受之於運　皇帝負扆則置神璽於筵前之右、置傳國璽於筵前之左。又有六璽。其一皇帝行璽、封命諸侯及三公用之。其二皇帝之璽、與諸侯及三
102上 公書用之。其三皇帝信璽、發諸侯用之。其四天子行璽、封命蕃國之君用之。其五天子之璽、與蕃國之君書用之。其六天子信璽、徵蕃國之兵用之。六璽皆白玉爲之。方一寸五分、高寸螭獸鈕。隋書志（69）

漢官儀曰、駕出則一人負傳國璽、操斬蛇劍乘輿。漢舊儀（70―1）

師說、傳國璽、斬蛇劍、幷國重寶也。天子行幸、必可持者也。斬蛇劍、高祖三尺劍也。或又、殷高宗伐鬼方之七尺劍、漢太上皇之所得也。晉元康中武庫有火。燒王莽首・孔子屐・高祖斬蛇劍。但其劍飛出來本朝、今之寶劍是也。云々（70―2）

踐祚之日、中臣奏天神之壽詞。忌部上神璽之鏡劍。神祇令（71）

天皇之始天降來之時、共副護斎鏡三面、子鈴一合也。日本記（72―1）

註曰、一鏡者、天照大神之御靈、名天懸大神、今伊勢國礒宮崇敬拜祭大神也。一鏡者、天照
102下 大神之前御靈、名國懸大神、今紀伊國名草宮崇敬拜祭大神也。一鏡及子鈴者、天皇御食津神、朝夕御食之食向、夜護日護齋奉大神、今卷向穴師社宮所坐拜祭大神也。日本記（72―2）

至磯城瑞垣朝、漸畏神威、同殿不安。故更、令齋部氏、率石凝姥神裔、天目一神裔、二氏更鑄鏡造劍、以爲護身御璽。是今踐祚日、所獻、神璽鏡劍也。古語拾遺（73）

在內侍所之鏡二面、世稱畏所。此云賢所也。是惣名歟。將獨指日前申歟。天德四年御日記、有鏡二面、所謂日前、幷御食津神等哉。此度寛弘二年燒亡。只有一面。今一面涌盡歟。但此遺鏡何神乎。今月九日、爲奉移於東三條院於官司、奉納御辛櫃之閒、忽然有光耀、如日。內侍女官告以驚奇。男官見之者、亦有其數矣。所疑者、是日前大神歟。爲視後代略以記之。政事要略（74―1）

103上
匡房卿記曰、內侍所者神鏡也。本與主上御同殿、後三條院被仰云、帝王冠巾子左右有穴。是內侍所御同殿之時、主上夜不能放冠給。御眠之時、御冠屢落。仍以插頭花、自巾子穴通御髻也。垂仁天皇世始御別殿。又仰曰、神鏡昔飛出欲上天、女官懸唐衣奉引留。依此緣、女官所守護也者。天德燒亡、飛出者着南殿前櫻、小野宮大臣稱警神鏡、下入其袖、長久燒亡之夜以少納言經信爲使奉出、女官誤先出大刀。次欲出神鏡之處、火已盛、不可救。後朝灰有光、集入唐櫃、自一條院御時始十二月有神樂、云々。（74―2）

禹…薄衣食、致孝于鬼神。卑宮室、致費於溝洫、陸行乘車、水行乘船、泥行乘橇、山行乘檋。史記（75）

東鄰殺牛、不如西鄰之禴祭、實受其福。周易（76）

詔曰…今吾聞、祠官祝釐、皆歸福於朕躬。不爲百姓。朕甚媿之。漢書文紀（77）
魯懿公弟稱肅、恭明神、敬事耆老、賦事行刑、必問於遺訓而咨於固實、不干所問。史記（78）
103下 昔者明王、以孝治天下。其或繼之者鮮哉。希矣。文選（79）
昔虞舜事父、大杖則走、小杖則受。後漢書（80）
自古明王聖帝、猶須勤學。況凡庶乎。此事遍於經史。顏氏（81）
賈誼有言、人君不可以不學。後漢書（82）
明王聖主莫不尊師貴道。同（83）　龍圖授羲、龜書畀姒。文選（84）
大禹聖者。乃惜寸陰。至凡俗當惜分陰。王隱晉書（85）
濟濟多士、文王以寧。毛詩（86）
太宗初踐祚、卽於正殿之左、置弘文館。精選天下文儒、令以本官兼署學士、給以五品珍膳。更日直宿、聽朝之隙、引入內殿、討論墳典、商略政事、或至夜分乃罷。貞觀政要（87）
太宗顧謂魏徵曰、玉雖有美質、在石閒、不値良工琢磨、與瓦礫不別。若遇良工、卽爲萬代之寶。朕雖無美質、爲（公）君所切瑳。同（88）
今以三寸舌爲帝者師、封萬戶、位列侯。此布衣之極、於良足矣。史記（89）
104上 三老李躬、年耆學明。五更桓榮、授朕尙書。詩曰、無德不報、無言不酬。其賜榮爵關內侯、食

邑五千戸。三老五更皆以二千石祿養終厥身。後漢書、明帝紀（90）

太宗謂房玄齡曰、朕每觀前代史書、彰善癉惡、足爲將來規誡。貞觀政要（91）

天子雖不窮經史百家而、有何所恨乎。唯群書治要早可誦習、勿就雜文以消日月耳。寛平御遺誡（92）

寛平二年四月廿四日、去月下旬遣藏人橘公緒、勞問大學博士善淵愛成、所以有此勞問者、今年不參入也。向山寺不居家、其後重問曰、自向來問、累病痾旦夕沈吟、于今未止。朕親行、至門前可訊問之。然而躬不能輕行、是以只遣使者。甚思悼耳。給以內藏寮調布卅段、昨日差藏人所雜色、至門存慰。還奏曰、雖病平損而身不能行步、蟄滯之由、尤緣斯也。愛成授周易於朕、故有此意也。寛平御記（93）

104下 後漢明帝、永平十五年・冬、車騎校獵上林苑。後漢書（94）

桓帝、永興二年、冬十一月甲辰、校獵上林苑、遂至函谷關。同（95）

昌泰元年十月廿日丙辰、巳二刻、主上駕御馬、從臣皆乘馬、列於南庭出自西門。其行列左右鷂飼相分在前、左右閒相分在後、大駕在於中央、藏人所堪容貌者八人步從。喚繼八人、着靑摺衣、各執威儀之物、御胡籙、御弓、御笠、御行縢、御水角、御履莒、御大笠、御餌囊是也。式部大輔紀朝臣長谷雄等、乍着朝衣扈從。自二條大路東行、自朱雀大道南行、縱觀之車夾路不絕。車中之女爭瞻天顏。或出半身、或忘露面。午一剋許、到・（川）嶋之原、始命鷹騎、各以從事、午三剋、渡葛野川、山顔點林頂被錦、申二剋許、猪（到）阿猪街、右大將菅原朝臣、於路左松林、捕獵者之疲、軒亦供進御膳、以黑木倚子爲御座。其御器、白銀之笥、青竹之籠、朴象田家、頗作風流。
105上 又、銀作匇（ママ）柄、以代王盃、酒及數盃。主上就駕、菅原朝臣帶弓箭陪從。車之觀十有餘兩（雨）。昏黑之頃。到赤目御廐。卽命左右獻所獲之鳥、左方鶉一翼、小鳥九十一翼。以鶉一翼准小鳥五翼、都合九十六翼。衆樹獲一小兔、不以爲獲物之數。右方所獲小鳥百廿二翼、右方舞蹈於庭畢。卽竹肉合聲、戌一刻許供御膳、侍臣等遍賜食。遊女數人入來在座、廿一日巳四剋許、行幸於片野之原。其陪從者、貞數親王・菅原朝臣已下、鷹飼四人而已。其餘皆悉歸遣。臣長谷雄右脚爲馬、所蹈損、不堪從行中、故歸洛。云々 紀家集 （96）

黃門侍郎羊玄保、善弈棋、棋品第三、太祖亦好弈。數蒙引見、與太祖賭、郡戲、勝以補宣城太守。宋書 （97）

太宗命公圍碁賭、公再拜曰、臣無可賜之物、不敢煩勞聖。太宗曰、朕知君有物不須致辭。公固言。無物堪供進者。太宗曰、朕知君大有忠正、君若勝朕與物、君若不如莫虧、今日遂與碁、纔
105下 下數十子。太宗曰、君已勝矣。賜尙乘馬一疋幷金裝鞍、仍賜絹千疋。魏文貞故事 （98）

漢成帝好蹴鞠。劉向以爲、鞠勞人軀端（竭）人力。乃變其軀而作棊。今觀其道、蹴鞠道也。西京雑記 （99）

周穆王八駿、赤驥・盜驪・白義（犧）・渠黃・華騮・綠耳（駬）・踰輪・山子。物名 （100）

貞観廿一年、骨利幹遣使朝貢、獻良馬百疋。十疋尤駿。太宗奇之。各爲制名號爲十驥、其一曰勝霜白。其二曰皎書駿、其三曰凝露駿、其四曰懸光驄、其五曰決流騟、其六曰飛霞驃、其七曰發電赤、其八曰流金騆、其九曰翔驪紫、其十曰、奔虹赤。唐暦（101）

堯舜…堂高三尺、土階三等。茅茨不翦、采椽不刮。食土簋、啜土刑。糲粱之食、藜藿之羹。夏日葛衣、冬日鹿裘。史記（102）

文王囿百里、人(民)以爲尚小。齊宣王囿四十里、民以爲大。裕民之與奪民也。文選（103）

106上 孝文皇帝…嘗欲作露臺。召匠計之。直百金。上曰、百金中人十家之產也。吾奉先帝宮室、常恐羞之。何以臺。爲身衣弋綈、所幸愼夫人衣不曳地、帷帳無文繡。以示敦朴、爲天下先。漢書（104）

漢文帝惜百金之費、輟露臺之役、集上書囊以爲殿。惟所幸夫人、衣不曳地。貞観政要（105）

孝明皇帝…身御浣衣、食無兼珍。後漢書（106） 抵金玉於沙礫、碎珪璧於泥塗。同（107）

藏金於山、藏珠於淵。莊子（108） 食不重味、衣不重采。史記（109）

太祖每日使我治國十年、當使金土同價。晉書（110）

富貴廣大、守之以約。叡智聰明、守之以愚。不以身尊而驕人、不以德厚而矜物。茅茨不剪、采椽不斲、舟車不餝、衣服無文、土階不崇、大羹不和。帝範（111）

犬馬非其土性不畜、珍禽奇獸不育于國。不寶遠物則遠人格。所寶惟賢、邇人安。尚書（112）

106下 目不視靡曼之色、耳不聽鐘皷之音。漢書(113)
舜一年而所居成聚、二年成邑、三年成都。史記(114)
禹悪旨酒而樂善言。金樓子(115)　齊桓公…從善如流、施惠不倦。史記(116)
方四三皇而六五、帝曾何周夏之足言。文選(117)
竊惟、太宗文武皇帝之政化、自曠古而求、未有如此之盛者也。雖唐堯虞舜、夏禹殷湯、周之文武、漢之文景、皆所不逮也。貞觀政要(118)
貞觀二年太宗謂侍臣曰、朕毎夜恆思百姓閒事、或至夜半不寐。惟恐、都督、刺史、堪養百姓以否。故於屛風上、錄其姓名、坐臥恒看、在官如有善事、亦具列於名下。同(119)
周云成康、漢云文景。漢書(120)　昔先王…右賢左戚、先民後己。至明之極也。同(121)
賢主之所說、不肖主之所誅也。呂氏春秋(122)
古之賢君、飽而知人之饑、溫而知人之寒、逸而知人之勞。晏子(123)
107上 出一非理之言、萬姓爲之解體。怨讟既作、離叛亦興。貞觀政要(124)
一人在朝、百人緩帶。朝野僉載(125)
君子安而不忘危、存而不忘亡、治而不忘亂。是以身安而國家可保也。周易(126)
惟木從繩則正、后從諫則聖。尚書(127)

主逆諫則國亡。人呰食則躰瘠。孝經 (128)

百姓有過在予一人、萬方有罪在予一人。後漢書 (129)

古人有言曰。撫我則后、虐我則讎。尙書 (130)

予臨兆民、凛乎若朽索之馭六馬。爲人上者、奈何不敬。同 (131)

兢兢業業一日萬幾、無曠庶官、天工人其代之。已上同 (132)

帝王之業、非可以智競、不可以力争者矣。帝範 (133)

戰戰兢兢、若臨深御朽。日愼一日、思善始而令終。同 (134)

一人有慶、兆民頼之。尙書 (135)

107下 天無二日、土無二王。家無二主、尊無二上。禮記 (136)

君子不犯、日月不違卜筮。同 (137) 王言如絲、其出如綸。王言如綸、其出如綍。同 (138)

君子之居恒當戶、寢恒東首。若有疾風迅雷甚雨、則必變。雖夜必興、衣服冠而坐。同 (139)

君毋以小謀大、毋以遠言近、毋以内圖外。同 (140) 過而擧君之諱則起。同 (141)

天無私覆、地無私載、日月無私照。奉斯三者以勞天下、此之謂三無私。同 (142)

動則左史書之、言則右史書之。同 (143) 君之所爲百姓之所從也。君所不爲、百姓何從。已上同 (144)

君子不近刑人。近刑人則輕死之道也。公羊 (145)

刑人不在君側。禮記（146）　君近小人、則賢者見侵害。毛詩（147）　先民有言、詢于芻蕘。同（148）
良君將賞善而刑淫、養民如子、蓋之如天、容之如地。民奉其君、愛之如父母、仰之如日月、敬
108上 之神明、畏之如雷霆、其可出乎。左傳（149）　天威不違顏咫尺。同（150）
天子非展義不巡守、諸侯非民事不擧、卿非君命不越竟。已上同（151）
不以父命辭王父命、以王父命辭父命。公羊傳（152）　天子雖尊猶尊父。孝經（153）
吳光新得國而親其民、視民如子。左傳（154）　敬賢如大賓、愛民如赤子。漢書（155）
陛下以百姓爲子。品庶以陛下爲父。後漢書（156）
天子以四海爲家。史記（157）　王者以四海爲家、萬姓爲子。陳書（158）
聖人無常心。以百姓心爲心。老子（159）　奈何萬乘之主、而以身輕（於）・天下。同（160）
天地不爲一物枉其時、日月不爲一物晦其明、明王不爲一人枉其法。孝經（161）
陰陽之和、不長一類。萬民之王、不阿一人。呂民春秋（162）
108下 上之化下、猶風之靡草。孝經（163）　下之化上、疾於影响。（164）　上之所爲、民之（人）（所）・歸也。後漢書（165）
上之所好、下必有甚。貞觀政要（166）　上之所好、下必隨之。同（167）　下之所行、皆從上之所好。已
上同（168）　得主所好、自非正道、神爲生虐。後漢書（169）
吳王好劍客、百姓多創瘢。楚王好細腰、宮中多餓死。……城中好高髻、四方高一尺。城中好廣

眉、四方且半額。城中好大袖、四方全匹帛。同（170）

趙王好大眉、民門半額。楚王好廣領、國人沒頸。風俗通（171）

燕君市駿馬之骨、非欲以騁道里、乃當以招絶足也。文選（172）

衛懿公好鶴、鶴有乘軒者。將戰、國人受甲者皆曰、使鶴。鶴實有祿位、余焉能戰。左傳（173）

齊桓公好服紫衣、國人皆服之、公患之、人亦賤此服。鄒君好服長纓、國人皆服之。君患之、人亦賤此服。文選（174）

109上 在上不驕、高而不危、制節謹度、滿而不溢。孝經（175）

非先王之法服、弗敢服。非先王之法言、弗敢道。非先王之德行、弗敢行。同（176） 無定之士、明王不禮。無度之言、明王不許也。同（177） 言滿天下、亡口過。行滿天下、亡怨惡。同（178）

治國者、弗敢侮於鰥寡而、況於士民乎。同（179）

能自危者、則能安其位者也。憂其亡者、則能保其存者也。推其亂者、則能有其治者也。已上同（180）

天下有道、則禮樂征伐自天子出。天下無道、則禮樂征伐自諸侯出。論語（181） 天下有道則政不在大夫、天下有道則庶人不議。同（182） 無道之君以刃殘人。有道之君以義行誅。後漢書（183）

有德之君、以所樂樂人。無德之君、以所樂樂身。樂人者、其樂長、樂身者、不久而亡。同（184）

爲政以德、譬如北辰。居其所而衆星共之也。論語（185）

令蚊負山事、其於治天下也、猶渉海鑿河、而使蚊負山也。莊子(186)

109下 天地雖大、其化均也。萬物雖多、其治一也。人卒雖衆、其主君也。同(187)

勢爲天子、未必貴也。窮爲匹夫、未必賤也。貴賤之分、在行之美惡。已上同(188)

聖人不易民而教、知者不變法而治。因民而教、不勞而成功。緣法而治者、吏習而民安之。史記(189)

天不可以不剛、不剛則三光不明。王不可以不彊、不彊則宰牧從横。後漢書(190)

知天之天者、王事可成。不知天之天者、王事不可成。王者以民人爲天。而民人以食爲天。史記(191)

爲君愼器與名、不可以假人。已上同(192)

國君不可讎匹夫、讎之則一國盡懼。後漢書(193) 帝王之庭、不宜設夷狄之技。同(194)

王者莫高於周文、伯者莫高於齊桓、皆待賢人而成名。漢書(195)

陛下嫚而侮人、項羽仁而敬人。同(196)

110上 高祖曰、吾以布衣提三尺取天下。此非天命乎。同(197) 此乃天授、非人力也。同(198)

大王又長、賢聖仁孝、聞於天下。同(199)

夫、隨廝養之役者、失萬乘之權。守儋石之祿者、闕卿相之位。已上同(200)

天地之功、不可倉卒。艱難之業、當累日也。後漢書(201)

澤靡不漸、思無不逮。文選(202)

天地之於萬物也好生、帝王之於萬人也慈愛。後漢書(203)
懇懇用刑、不如行恩。孳孳求姦、未若禮賢。舜舉皐陶、不仁者遠。隨會爲政、晉盜奔秦。虞芮入境、讓心自生。化人在德、不在用刑。同(204) 王位不可以久曠、天命不可以謙拒。同(205)
皇天大命、不可稽留。同(206) 禮、人君伐一草木不時、謂之不孝。已上同(207)
天命不可以不答、祖業不可以久替、四海不可以無主。蜀志(208)
110下 天下重器、王者大統。史記(209) 王者不絶世、覇者無彊敵。同(210) 人主無過擧、不當有戲言。言之必行之。同(211) 天子無戲言。言則史書之。禮成之。樂歌之。已上同(212)
君子不失言於人、明王不失言於戲。唐書(213) 所言公、公言之。所言私、王者不受私。史記(214)
民之飢、以其上食税之多。是以飢。民之難治、以其上之有爲。是以難治。老子(215)
受國之垢、是謂社稷(之)・主。受國之不祥、是謂天下王。同(216)
孤臣之仰君、如百穀之望時雨。史記(217) 夫、龍之爲蟲也、可擾狎而騎也。然其喉下有逆鱗徑尺。人有嬰之、則必殺人。人主亦有逆鱗。同(218)
彼自龍之魚服、挂豫且之密網輕、帝重于天下、奚斯漸之可長。文選(219) 自君作、故何禮之拘。同(220)
劍閣雖嶛憑之者蹶。非所以深根固蔕也。洞庭雖濬負之者北。非所以愛人治國也。同(221)
111上 定海內者無私讎。同(222) 天子有道、守在海外。已上同(223)

主賢世治、則賢者在上。主不肖世亂、則賢者在下。呂氏春秋 (224)

許由匿堯而深隱、唐氏不以衰。夷齋恥周而遠餓、文武不以卑。文選 (225)

凡帝王之將興也、天必先見祥于下民。呂氏春秋 (226)

堯有子十人、不與其子而授舜。舜有子九人、不與其子而授禹。至公也。同 (227)

堯舜生而在上位、雖有十桀紂、不能亂者、勢治也。桀紂亦生而在上位、雖有十堯舜、而不能治者、勢亂也。韓子 (228)

堯舜之民、可比屋而封。桀紂之民、可比屋而誅。新語 (229)

堯舜之時、非全無惡。但爲惡者少。桀紂之世、非全無善。但爲惡者多。貞觀政要 (230)

雖有堯舜之聖、不能化丹朱之子。雖有禹湯之德、不能訓末孫之桀紂。漢書 (231)

111下 唐堯至仁、不能容無益之子。湯武至聖、不能養無益之臣。魏志 (232) 何桀紂之昌披兮。文選 (233)

桀紂帝王也。以匹夫比之、則以爲辱。顏閔匹夫也。以帝王比之、則以爲榮。貞觀政要 (234)

魯哀公謂孔子曰、有人好忘者、移宅乃忘其妻。孔子曰、又有好忘甚於此者、丘見桀紂之君、乃忘其身。同 (235)

昔堯之治天下也、使天下欣欣焉人樂其性、是不恬也。桀之治天下也、使天下瘁々焉人苦其性。是不愉也。莊子 (236) 紂斮朝涉之脛、剖賢人之心。尚書 (237)

秦王爲人、蜂準・長目・摯鳥膺・豺聲、少恩而虎狼心。史記（238）
君不肖則國危而民亂。君賢聖則國安而天下治。禍福在君、非天時也。同（239）
君子禍至不懼、福至不喜。孔子家語（240）天以寒暑爲德、君以仁愛爲心。帝範（241）
112上 國無九歲之儲、不足備水旱。家無一年之服、不足禦寒溫。同（242）
成遲敗速者、國之基也。失易得難者、天之位也。已上同（243）
以德勝人者昌、以力勝人者亡。要覽（244）聖王先德教而後刑罰。說苑（245）
國之所以治者、君明也。其之所以亂者、君之闇也。君之所以明者、兼聽也。其之所以闇者、遍信也。新論（246）
太宗問魏徵曰、何謂爲明君暗君。徵曰、君之所以明者、兼聽也。其所以暗者、偏信也。貞觀政要（247）
扁鵲不能治、不受針藥之疾。賢聖不能正、不食善言之君。鹽鐵論（248）
古人有言曰、人無於水監、當於民監。尙書（249）
君子不鏡於水而、鏡於人。鏡於水見面之容、鏡於人則知吉與凶。墨子（250）
麗容雖麗、猶待鏡以端形、明德雖明、終假言而榮行。臣軌（251）
西施自窺於井、不恃其美。猶佐湯沐。堯舜自窺於世、不恃其賢、猶須才德。太平御覽（252）
112下 匠萬物者、以繩墨爲政。馭大國者、以法理爲本。藝文類聚（253）

求木之長者、必固其根本。欲流之遠者、必浚其泉源。思國之安者、必積其德義。貞觀政要(254)
君人者以天爲心、無私於物。同(255)　玄宗曰、吾貞雖瘦、天下必肥。唐蒙求(256)
每一食、便念稼穡之艱難。每一衣、則思紡績之辛苦。貞觀政要(257)
雨不破塊、風不鳴條。旬而一雨、雨必以夜、鹽鐵論(258)
王來自商、至于豐。乃偃武修文。歸馬于華山之陽、放牛于桃林之野、示天下弗服。尚書(259)
一戎衣、天下大定。同(260)　野無遺賢、萬邦咸寧。已上同(261)　載戢干戈、載櫜弓矢。毛詩(262)
却匈奴七百餘里、胡人不敢南下而牧馬。士不敢彎弓而報怨。史記(263)
成・康之際、天下安寧。刑錯四十餘年不用。同(264)
113上 古之治天下、朝有進善之旌、誹謗之木。漢書(265)　天下晏然、刑罰罕用。同(266)
爲無爲、事無事、味無味。老子(267)　後之言事者、莫不先建武、永平之政。後漢書(268)
儒館獻歌、戎亭虛候。同(269)　河水清、天下平。同(270)
時政平則文德用、而武略之士無所奮其力能。已上同(271)
天下無害、雖有聖人、無所施才。上下和同、雖有賢者、無所立功。文選(272)　餘糧栖畝而弗收。
頌聲載路而洋溢。同(273)　士有不談王道者、則樵夫笑之。同(274)
鳴鳳在林、夥於黃帝之園、有龍游淵、盈於孔甲之沼。已上同(275)

豐年之冬、必有積雪也。毛詩註(276) 乃求千斯倉、乃求萬斯箱。黍稷稻粱。農夫之慶。毛詩(277)
歳星守心、年穀昌。孝經援神契(278)
113下 國之將興、必有禎祥。君子用而小人退。國之將亡、賢人隱亂臣貴。史記(279) 國家將興、必有禎祥。國家將亡、必有妖孽。同(280) 瑞由德至、災應事生。後漢書(281) 珜瑞之降、以應有德。同(282)
和氣致祥、乖氣致異。祥多者其國安、異衆者其國危。天地之常經、古今之通義也。後漢書(283)
漢武帝…元封元年春正月、行幸緱氏。詔曰、朕用事華山、至于中嶽…翌日親登嵩高、御史乘屬、在廟旁、吏卒咸聞、呼萬歳者三。漢書(284)
宋文帝元嘉十三年、鄜州界連雲山響、稱萬歳者三。詔頒郡國、仍遣使醮山所。其日景雲浮於上、雉兎馴壇側、使還以聞。上大悅。北史(285)
唐高宗、乾封元年春正月戊辰、朔、泰山封禪。先是天皇散齋四日、致齋三日、云々。天皇神壇望祭訖。親封玉册、置石碱以五色土封之。時有白鶴百餘、自日觀山飛翔繞行宮、至於社首徘徊久
114上 之、方升雲漢、天皇云々、眼裏光升輦、詣壇東大次依禮行事時分、丘東南山谷中、隱然有聲、三稱萬歳。其時有白鳩翔於輦側、斯乃大聖至孝之所感焉。維城典訓(286)
元鳳三年春、正月、泰山有大石、自起立。上林有柳樹枯僵、自起生。漢書(287)
光武、中元元年…是夏京師醴泉涌出。飲之者、固疾皆愈。惟眇蹇者不瘳。後漢書(288)

安帝自在邸第、數有神光照室。又、赤蛇盤於牀第之閒。同(289) 凡詐爲瑞、應者徒一年。律(290)
夫、陛下以一人之譽而召臣、以一人之毀而去臣。臣恐天下有識聞之、有以闚陛下也。史記(291)
匹夫專利、猶謂之盜。王而行之、其歸鮮矣。同(292) 後宮盛色則賢者隱處、佞人用事則諍臣杜口。漢書(293) 亡國之主、必自驕、必自智、必輕物。呂氏春秋(294)
內聽嬌婦之失計、外信讒邪之諛言。文選(295)
114下 人主好奇伎淫聲、鷙鳥猛獸、遊幸無度。田獵不時。如此則傜役煩、傜役煩則人力竭、人力竭則農商之業廢焉。帝範(296) 昏主之下、難以久居。不賞之功、讒人側目。後漢書(297)
姦人在朝、賢者不進。孝經(298) 國人莫敢言。道路以目。史記(299)
雍季曰、竭澤而漁、豈不獲得。而明年無魚。焚藪而田、豈不獲得、而明年無獸。呂氏春秋(300)
土弊則草木不長。水煩則魚鼈不大。同(301)
洪波振壑、川無恬鱗。驚颷拂野、林無靜柯。文選(302) 君使民慢、亂將作矣。左傳(303)
子曰、惡紫之奪朱也、惡鄭聲之亂雅樂也、惡利口之覆邦家也。論語(304)
賢不肖、渾殽、白黑不分。漢書(305) 使白黑無別、是非无閒。臣軌(306) 大樹將顚、非一繩所維。後漢書(307) 所謂放鴟梟而囚鸞鳳。同(308) 去冬無宿雪、今春無澍雨。已上同(309)
夏寮鉗口、道路以目。文選(310)

115上
屈原曰、世人皆濁、我濁淸。衆人皆醉、我濁醒。同(311) 時溷濁而、嫉賢兮。好蔽美而、稱惡。同(312) 蟬翼爲重、千鈞爲輕。同(313) 騏驥伏匿而不見兮、鳳皇高飛而不下。已上同(314)

古人云、代亂則讒勝直。貞觀政要(315)

若言、人漸澆訛、不反純樸、至今應悉爲鬼魅、寧可復得而教化耶。同(316)

天之所壞不可支也。衆之所爲不可奸也。左傳(317)

家貧則思良妻、國亂則思良相。史記(318) 不知天棄魯乎。抑魯君有罪于鬼神也。同(319)

人將疾、必先不甘魚肉之味。國將亡、必先不甘忠諫之說。唐書(320) 國之將亡、本必先顚。文選(321)

珍翫技巧、乃喪國之斧斤。珠玉錦繡、寔迷心之酖毒。貞觀政要(322) 亂不極則治不形。文選(323)

世治則愚者不能獨亂。世亂則智者不能獨治。淮南子(324)

世亂則聖哲馳騖而不足、世治則庸夫高枕而有餘。文選(325)

115下
太平後、有大亂。大亂後、有太平。貞觀政要(326)

殷湯曰、吾聞、祥者福之先者也。見祥而爲不善則福不至。妖者禍之先者也、見妖而爲善則禍不至。呂氏春秋(327)

天於賢聖之君、猶慈父之於孝子也。丁寧申戒、欲其反政、故災變仍見。此乃國之福也。後漢書(328)

災異、皇天所以譴告人君過失。猶嚴父之明誡。畏懼敬改、則禍銷福降。漢書(329)

昔楚莊無災、以致戒懼。魯哀禍大、天不降譴。後漢書（330）　蓋災異者、天地之戒也。漢書（331）

天災流行、國家代有救災恤鄰道也。行道有福。左傳（332）

天變見於上、地變動於下。漢書（333）　治道失於下則天文變於上、惡政流於民則螟蟲生於野。同（334）

116上 魏徵曰、臣聞、自古帝王未有無災變、但能修德災變自銷。唐曆（335）　日蝕修德、月蝕修刑。漢書（336）

大曆八年六月乙巳朔、司天臺奏、太陽應虧不虧。唐曆（337）

日蝕地震、陽微陰盛也。臣者君之陰也。子者父之陰也。妻者夫之陰也。夷狄者中國之陰也。春秋日蝕三十六、地震五、或夷狄侵中國、或政權在臣下、或婦乖夫、或臣子背君父、事雖不同、其類一也。漢書（338）　茀星將出、彗星何懼乎。史記（339）

莊公七年夏四月辛卯夜、恆星不見。夜中星隕如雨。左傳（340）

僖公十六年春、隕石于宋五隕星也、六鷁退飛過宋都風也。同（341）

荊軻慕燕丹之義、白虹貫日。太子畏之。衛先生爲秦畫長平之事、太白食昴。昭王疑之。文選（342）

昔黃帝伐蚩尤之時、以正月十五日伐斬之。其首者上爲天狗也。其身者伏而成地靈也。本朝月令（343）

建和三年秋七月、廉縣雨肉。肉似羊脯、或大如手。後漢書　桓紀（344）

116下 建武卅一年、是歲、陳留雨穀、形如稗實。同（345）　山崩川竭、亡國之徵也。史記（346）

伊陟相太戊、亳有祥。桑穀共出于朝。尚書（347）　初內蛇與外蛇鬭於鄭南門之中、內蛇死。左傳（348）

大宰府解偁、大鳥集于兵庫樓上、訪之臣卜筮。當有隣國兵事者。居安慮危。有國攸先愼徵防前安民急務。延喜格 (349)

妖不勝德、帝之政其有闕與。史記 (350) 天予不取、反受其咎。時至不行、反受其殃。漢書 (351)

以天反時爲災、地反物爲妖、人反德爲亂。後漢書 (352)

妖由人興也。人無釁焉。妖不自作、人棄常則妖興。故有妖。左傳 (353)

作妖恠、是鬼之業也。天地瑞祥志 (354) 災妖不勝善政、寤夢(夢恠)不勝善行。家語 (355)

迦毘羅衞國中、有桃林。其下有一丈鬼王、號曰物忌。其鬼王邊、他鬼神不寄。爰大鬼神王、誓
117上 願利益六趣之有情、實吾名號者、若人宅物怪、屢現惡夢、頻示可蒙、諸凶害之時、臨其日書吾名立門。其故、他鬼神不令來入、書吾名令持人、人如影可令守護。儀軌 (356)

公事之時、不可稱物忌。我每公事、破物忌參內、壽及九十、官至將相。云々 小野右府記 (357)

凡造妖書、及妖言、遠流。律 (358) 凡投匿名書、告人罪者、徒三年。云々。得書者、皆卽焚之。匿名之書、不分撿校、得者卽須焚之。以絕欺詭之路。同 (359)

天作孽猶可違、自作孽不可逭。尚書 (360)

子曰、愚而好自用、賤而好自專、生乎今之世、反古之道、如此者、災及其身者也。禮記 (361)

背施無親、幸災不仁。左傳 (362)

蝮螫手則斬手、螫足則斬足。何者、爲害於身也。史記(363)　人無害獸之心、則獸亦不害人。晉書(364)
子產曰、人誰不死、凶人不終命也。作凶事、爲凶人。左傳(365)
117下 掩人者人亦掩之。陵人者人亦陵之也。金樓子(366)
人而不善者、謂之禽獸。太平御覽(367)　背盟不祥、欺大國不義。左傳(368)
夫、損而自益、身之不祥、棄老而取幼、家之不祥。擇賢而任不肖、國之不祥。老者不教、幼者不學、俗之不祥。聖人伏匿、愚人擅權、天下不祥。家語(369)　至于八月不雨、君不學樂。禮記(370)
永初二年…五月、旱、丙寅、皇太后幸洛陽寺及若盧獄。錄囚徒、賜河南尹、廷尉・卿及官屬以下各有差。卽日降雨。後漢書(371)
昔宋景公時、大旱三年。卜者若以人祀則雨也。景公曰、吾求者、本爲民也。今若害人、吾自當也。言未訖而雨下。金樓子(372)　湯湯洪水方割、蕩蕩懷山襄陵、浩浩滔天、下民其咨。尙書(373)
凡平原出水、爲大水。左傳(374)　微禹吾其魚乎。同(375)
118上 左隄强則右隄傷、左右俱强則下方傷。宜任水勢所之。使人隨高而處。後漢書、水雨時記(376)
昔堯遭九年之水。人有十載之蓄者、簡稅防災、爲其方也。後京雜記(377)
京師水大、則祭山川以止雨。丞相御史二千石禱祠、如求雨法。西京雜記(378)　禹之時十年九潦、而水弗爲加益。湯之時八年七旱、而崖(岸)不爲加損。莊子(379)　凡、火、人火曰火、天火曰災。左傳(380)

鄭子産、爲火故大爲社。祓禳於四方、振除火災、禮也。同(381) 失火之家、豈暇先言大人而後救火乎。史記(382) 失火遇雨、禍中有福。淮南子(383) 乞火不若取燧、寄汲不若鑿井。同(384)

夫、火烈、民望而畏之。故鮮死焉。水懦弱、民狎而翫之。則多死焉。左傳(385)

凡水火有所損敗、犯者徵償、誤失者不償。律(386) 竊賄爲盜、盜器爲姦。左傳(387)

大叔爲政、不忍猛而寛。鄭國多盜、取人於萑苻之澤。大叔…興徒兵、以攻萑苻之盜盡殺之。盜
118下 少止。仲尼曰、善哉、政寛則民慢、慢則糾之以猛、猛則民殘、殘則施之以寛、寛以濟猛、猛以濟寛。政是以和。同(388) 盜所隱器與盜同罪。同(389)

竊人之財、猶謂之盜、況貪天之功、以爲己力。已上同(390)

竊人之財、刑辟之所處。竊人之美、鬼神之所責。顏氏(391)

倉廩實則禮義興。飢寒切則盜賊起。齊春秋(392)

脣竭則齒寒、魯酒薄而邯鄲圍。聖人生而大盜起。莊子(393)

邑犬群吠兮、吠所怪也。史記(394) 鄙諺言、盜不過五女門。以女貧家也。後漢書(395)

夫、穿窬不禁、則致彊盜。彊盜不斷、則爲(政)攻盜。攻盜成群、必生大姦。同(396)

盜憎主人、民惡其上。金樓子(397)

夫、陳輕貨於幽隱、雖曾史、可疑也。懸百金於市、雖大盜不取也。韓子(398)

119上　凡盗毀佛像者、徒三年。律（399）凡隣里被強盗及殺人、告而不救助者、杖一百。其官司不即救助者、徒一年。竊盗者各減二等。同（400）凡有人從庫藏出有疑、盗狀者、卽合搜撿。令（401）
（比）此來京中盗賊稍多、掠物街路、放火人家云云、其放火劫略之類、不必拘法、懲以殺罰。貞觀格（402）
凡追捕罪人而力不能制、告道路行人。其行人力能助之。而不助者杖八十。律（403）
堯舜行德則民仁壽、桀紂行暴則民鄙夭。已上同（404）

明文抄　二　　帝道部下

帝道部　下

119下 黃帝將見大隗乎具茨之山(野)、…牧馬童子…曰、若乘日之車、而遊於襄城之野。…小童(又)曰、夫、爲天下者、亦奚以異乎牧馬者哉。亦去其害馬者而已。莊子（1）

堯治天下之民、平海內之政。往見四子藐姑射之山、汾水之陽。同（2）

上…五日一朝太公、太公家令說太公曰、天亡二日、土亡二王。皇帝雖子人主也。太公雖父人臣也。奈何令人主拜人臣、如此則威重不行。漢書（3）

高祖…詔曰、人之至親、莫親於父子。故父有天下傳歸於子、子有天下尊歸於父、此人道之極也。…偃兵息民　天下大安。此皆太公之教訓也。…而太公未有號。今上尊太公曰太上皇。同（4）

高祖九年冬十月、淮南王、梁王、趙王、楚王、朝未央宮。置酒前殿、上奉玉巵爲大上皇壽曰、
120上 始大人常以臣亡賴、不能治產業、不如仲力。今某之業所就、孰與仲多。殿上群臣皆稱萬歲。大笑爲樂。已上同（5）

太上皇徙長安、居深宮。悽愴不樂。高祖竊因左右問其故、以平生所好…鬪鷄蹴踘、以此爲歡。
今皆無此、故以·不樂。高祖乃作新豐、移諸故人以實之。太上皇乃·悅。西宮雜記（6）
唐太宗貞觀三年、上皇召太宗、置酒淩煙閣、上皇自彈琵琶、太宗起舞。公卿迭起上壽。群書治要（7）
貞觀八年三月、太上皇讌西突厥使——殿顧謂長孫無忌曰、當今蠻夷率服、古未嘗有、無
忌上千萬歲壽。高祖大悅、以酒屬太宗。太宗又奉觴上壽、流涕而言曰、百姓獲安、四夷咸附、
皆奉遵聖旨、豈臣之力。於是太宗與文德皇后互進御膳、幷上服御衣物同家人常禮。唐曆（8）
高祖欲廢太子（上）·、立戚夫人子趙王如意…呂后劫留侯…迎此四人。上及燕、置酒、太子侍。四人者·
120下 從太子、年皆八十有餘、鬚眉皓白、衣冠甚偉·。上恠之、問曰、彼何爲者。四人前對、各言名姓
曰、東園公、角里先生、綺里季·、夏黃公。上乃大驚曰、吾求公數歲、公辟逃我。今公何自從吾
兒游乎。四人皆曰、陛下輕士善罵。臣等義不受辱。故恐而亡匿。竊聞、太子爲人仁孝、恭敬愛
士…上曰、煩公幸卒調護太子。四人爲壽已畢。趨去。上目送之。召戚夫人指示四人者曰、我欲
易之、彼四人輔之、羽翼已成。難動矣。呂后眞而主矣。戚夫人泣。…竟不易太子者、留侯本招
此四人之力（也）·。史記（9）
文王有疾、武王不脫冠帶而養文王。壹飯亦壹飯、文王再飯亦再飯。周易（10）
天子之與后、猶日之與月、陰之與陽、相須而后成者也。史記（11）

王者之妃百廿人、后一人、夫人三人、嬪九人、世婦廿七人、女御八十一人。周易（12）

自古受命帝王及繼體守文之君、非獨內德茂也。蓋亦有外戚之助焉。夏之興也以塗山、而桀之放
121上 也以末喜、殷之興也以有娀。紂之殺也嬖妲己、周之興也以姜原及大任而幽王之禽也淫於褒姒、
故易基乾坤、詩始關雎。史記（13）

吾但當含飴弄孫、不能復關政矣。馬皇后詞也。後漢書（14）

后正位宮闈、同體天王。同（15）戴仰陛下爲天爲父。同（16）日角偃月、相之極貴。同（17）

春秋之義、娶先大國。同（18）春秋之義、母以子貴。隆漢盛典、尊崇母氏。已上同（19）

則天皇后、及太宗在東宮入侍。太宗以武后賜高宗。太宗崩時、出家爲尼、居感業寺。高宗因忌日行香見之。武后泣、上亦泣。后潛令長髮復召入宮、立爲皇后。唐曆（20）

將閭曰、闕廷之禮、吾未嘗敢不從賓贊也。廊廟之位、吾未嘗敢失節也。受命應對、吾未嘗敢失辭也。史記（21）

上曰、楚王季父也。春秋高、閱天下之義理多矣。明於國家之體。吳王於朕、兄也。淮南王、弟也。皆秉德以陪朕、豈爲不豫哉。漢書（22）

121下 外有大國賢王、並爲藩屏。內有公卿大夫、統理本朝。後漢書（23）

王孫賈問曰、與其媚於奧、寧媚於竈、何謂也。孔安國曰、王孫賈衛大夫也。奧內也。以喩近臣也。竈以喩執政者、賈執

政者也。論語（24）

周公戒伯禽曰、我文王之子、武王之弟、成王之叔父、我於天下亦不賤矣。然我一沐三握髮、一飯三吐哺、起以待士。猶恐失天下之賢人。史記（25）

昭帝年八歲、政事壹決於霍光、…光爲博陸侯。…霍光自後元秉持萬機、及上卽位、乃歸政。上謙讓不受。諸事皆先關白霍光、然後奏御天子。…霍光秉政前後二十年。漢書（26）

黃帝得力牧而爲五帝、先大禹得咎繇而爲三王祖、齊桓得筦子而、而爲五伯長。漢書（27）

子曰、德薄而位尊、知小而謀大、力小而任重、鮮不及矣。易曰、鼎折足、覆公餗。其形渥。凶。言不勝其任也。周易（28）

予違、女弼、汝無面從退有後言。尚書（29）

122上 大臣不可不敬也。是民之表也。邇臣不可不愼也。是民之道也。禮記（30）

卑者不待尊寵而亢。大臣不因左右而進。孝經（31）

危而不持、顚而不扶、則將焉用彼相矣。論語（32）

三公非其人則三光爲不明。漢書（33）

王后問曰、陛下百歲後、蕭相國旣死、誰令代之。上曰、曹參可。問其次、曰、王陵可。然少戇、陳平可以助之。陳平知有餘、然難獨任。周勃重厚少文。然安劉氏者、必勃也。可令爲大尉。同（34）

楊秉、字叔節…爲大尉…常曰、我有三不惑、酒・色・財也。後漢書（35）

伊尹恥其君、不爲堯舜。史記（36）

三公者帝王之所仗也。自非天下俊德、當世之良材、卽不得而

處其任、處其任者必荷其責、在其任者必知所職。群書治要 (37)

孫叔敖三去相而不悔。於陵子仲辭三公爲人灌園。文選 (38)

122下 若不任舟檝、豈得濟彼巨川、不藉鹽梅、安得調夫鼎味。貞觀政要 (39)

折其右肱、雖左肱在、豈足用乎。周易 (40)

首雖尊高、必資手足、以成躰。君雖明哲、必籍股肱、以致治。貞觀政要 (41)

太宗嘗謂侍臣曰、夫、以銅爲鏡、可以正衣冠。以古爲鏡、可以知興替。以人爲鏡、可以明得失。朕常保此三鏡、以防己過。今魏徵逝、遂亡一鏡矣。因泣下久之。同 (42)

孔子曰、魚失水則死。水失魚猶爲水也。同 (43) 先主曰…孤之有孔明、猶魚之有水也、蜀志 (44)

齊桓公、置射鈎而、使管仲相。左傳 (45) 王商爲宰、單于震畏。千秋登相、匈奴輕漢。群書治要 (46)

昔楚恭王、召令尹而謂之曰、常侍管蘇與我處、常観我以道、正我以義、吾與處不安也。不見不
123上 思也、雖然吾有得也。其功不細、必厚祿之。乃拜管蘇爲上卿。貞觀政要 (47)

故事、以左右僕射各一人・侍中中書令各二人、爲宰相官至李勣授僕射、以南者務踈於北省、始帶同中書門下三品、自是僕射常此稱。自余非兩省長官預知政事者、亦皆以此爲名。自則天已後、兩省長官及同中書門下三品幷平章事者、爲宰相。其僕射不帶同三品者、但釐西省務而已。唐書 (48)

王侯將相、寧有種乎。漢書 (49) 將門必有將、相門必有相。史記 (50)

王省惟歲、卿士惟月、師尹惟日…庶民惟星。尙書（51）
天不自明、垂之以日月。聖人不自理、任之以公卿。――（52）
昔高陽氏有才子八人。…天下之民、謂之八愷。高辛氏有才子八人。天下之民、謂之八元。左傳（53）
皐陶爲大理、平。民各伏得其實。同（54）陛下之有尙書、猶天下之有北斗・（也）。｜後漢書（55）
士之權貴、不過尙書。太平御覽（56）
123下 欒廣爲尙書。卽衞瓘見而奇之。曰、每見此人瑩然。若開雲霧覩靑天。王隱音書（57）
儒林之官、四海淵源、宜皆明於古今、溫故知新、通達國躰、故謂之博士。否則學者無述焉。爲
下所輕。漢書詔（58）
治大國、若烹小鮮。老子（59）先世之吏正、故其民篤。今世之吏邪、故其民薄。漢書（60）
天下之有惡、吏之罪也。文選（61）君能爲善則吏必能爲善。吏能爲善則民必能爲善。民之不善、
吏之罪也。吏之不善、君之過也。新語（62）
廣德元年七月、自今已後、判史三年爲限、縣令四年爲限。唐曆（63）
州郡被詔書、其有軍功物爲長、吏者當沙汰之。｜蜀志註（64）
124上 天子所以立公卿大夫列士之官者、非但欲備員數、設虛位而已也。以天下至廣庶事、物猥非一人
之力、所能周理、故分官別職、各守其位。事有大小、故官有尊卑。人有優劣、故爵有等級。貞觀

政要（65）

居上位而不驕、在下位而不憂。史記（66）知人則哲、能官人。安民則惠、黎民懷之。尚書（67）

任官惟賢材、左右惟其人。同（68）國家之敗、由官邪也。官之失德、寵賂章也。左傳（69）

能官人則民無覦心。同（70）任官以能則民上功、刑當其罪則治無詭。同（71）

子曰、不在其位、不謀其政。論語（72）

非其人居其官、是謂亂天事。史記（73）厲賢予祿、量能授官。同（74）官非其任、弗處也。祿非其功、弗受也。同（75）非其位而居之、曰貧位。非其名而有之、曰貧名。已上同（76）

不在其位、不謀其政。政者職也。位卑而言高者罪也。漢書（77）

124下 堯試臣以職、不直以言語筆札。後漢書（78）任重、責大、憂心如醉。同（79）

館陶公主光武女也爲子求郎。不許而賜錢千萬。謂群臣曰、郎官上應列宿、出宰百里。有非其人、則民受其殃。是以難之。同（80）不私其私、擇人處位也。同（81）

在位者、以求賢爲務。受任者、以進才爲急。晉書（82）官不可以私於人、人不可以私取官。同（83）

老子莊周、吾之師也。親居賤職。柳下惠東方朔達人也。安乎卑位。文選（84）

聖帝明王、重器與名、尤愼官人。群書治要（85）明主有私人以金石珠玉、無私人以官職事業。孫卿子（86）王者可私人以財、不私人以官。通典（87）冠之上、不可以加（冠）矣。史記（88）

官爵公器也。恩倖私惠也。唐書（89）處大官者、不欲小察。呂氏春秋（90）聖人之所在則天下理焉。在右則右重、在左則左重。同（91）一兎走、百人逐之。同（92）

125上 爵高者人妬之、祿厚者怨虐之。淮南子（93）病家之厨、非無嘉饌也、乃其人弗之能食、故遂死也。亂國之官。非無賢人也。乃其君弗之能用、故遂於亡矣。潛夫論（94）任賢必治、任不肖必亂。漢書（95）官之有級、猶階有等。仲長子昌言（96）明王之任人、如巧匠之制木。直者以爲轅、曲者以爲輪、長者以爲棟梁、短者以爲栱桷。無曲直長短、各有所施。帝範（97）良匠無棄材、明君無棄士。同（98）有輕材者、不可委以重任。有劣智者不可責以大功。同（99）君擇臣而授官、臣量己而受職。已上同（100）職繁而身逾逸、官大而事逾少。臣軌（101）富財不如義多、高位不如德尊。同（102）處其位者、必荷其憂。同（103）人之思慮有限、一人不可摠知數職。貞觀政要（104）

125下 官制、唐六十員、虞六十員、夏百廿員、殷二百四十員、周六萬三千六百七十五員（内、二千六百四十三人。外、六萬一千三十二人。）漢自丞相至佐史、凡十三萬二百八十五員、後漢七千五百六十七員、晉六千八百三十六員、宋六千一百七十二員、齊二千一百三員、後魏七千七百六十四員、北齊二千三百廿二員（並内官）、後官二千九百八十九員（並内官）、隋一萬二千五百七十六員（内官二千五百八十一、外官九千九百九十五）、大唐一萬八千八百五員（内官二千六百二十、外官一萬六千一百八十五）。通典（105）

四世五世王及五世王嫡子、年滿廿一者、敍正六位上。但庶子者降一階敍。弘仁格(106)
任當其器則庶績咸康。委失其才則政治自亂。官多則政黷、人少則事稽。同(107)臨事面墻、操
刀傷錦、其之爲弊、古今一揆。同(108)疑罪從輕國之茂範、解官惟重人之深憂。貞觀格(109)
旣有駟馬六轡之煩、豈無十羊九牧之判。延喜格(110)
凡在官應直不直應宿不宿、各笞廿、通晝夜者笞卅。律(111)
126上 歳首爲大朝受賀、其儀、夜漏未盡七刻、鐘鳴、受賀。及贄…二千石以上上殿稱萬歳。擧觴御坐
前…賜宴饗、大作樂。後漢書(112)
神武天皇元年正月、庚辰朔。都橿原宮、肇卽皇位也。元正朝賀禮拜。凡厥卽位、賀正御都踐祚
等事、並發此時者□。本朝月令(113)
正月卯日、以桃枝作剛卯杖厭鬼也。常以正月卯日作之。逐精魅、方六分長一寸二分、以金玉犀
象作之。貧者以木以正月上卯日作。謂之大剛卯。漢官儀(114)
持統天皇三年正月、天皇朝萬國于前殿、乙卯、大學寮獻御杖八木枚。日本紀(115)高辛氏之子、
以正月七日恆登東崗。命靑衣人令列靑馬七疋、調靑陽之氣。馬者主陽、靑者主春。皇世紀(116)
馬性屬陽、白色爲本。在天曰白龍、在地曰白馬。此日見白馬、卽年中邪遠去不起。十節錄(117)
126下 唐家正月十五日夜不閉城門。於安福門外作燈、高廿丈、衣以錦繡、錦以金銀、望之如花

樹。宮妓千餘、衣羅綺、曳錦繡、輝珠翠、施香粉。於燈下踏歌三日三夜、歡樂之極、未始有也。
朝野僉載（118）天武天皇三年、正月、拜朝大極殿。詔男女無別、闇夜踏歌。本朝月令（119）
天平二年、正月十六日、天皇御大安殿。宴五位以上、脫頭移幸皇后宮、主典以上陪從、歌踏且
奏且行、引入宮裏以賜酒食。官曹事類（120）
正月十七日、騎射何傳云、昔黃皇帝、爲皇天下時、蚩尤與黃帝爭天下。蚩尤銅頭鐵身、戰坂泉
野、弓刄不能害其身。爰黃帝仰天誓云、我必王天下、致蚩尤。時玉女自天降來、卽返閉禹步。
此時蚩尤身如湯沸、顚死也。蚩尤天下怨賊也。故歲首射其靈、國家村里皆可射騎、邪氣不起也。
的者面目、毬者蚩尤頭也。因之射蹴也。十節記（121）
127上 後漢明帝、永平(二)六年六月、臨辟雍、初行大射禮。後漢書（122）
春日載陽、合射辟雍…張大侯制五正…抍夾既設儲乎廣庭…決拾既次彫弓斯彀。文選（123）
天智天皇九年正月、詔士大夫等、大射宮門內。日本紀（124）
嵯峨天皇弘仁二年正月、幸神泉苑、覽花樹、命文人賦詩。花宴之節始於此矣。本朝月令（125）
仲春…上丁命樂正習舞釋菜、天子乃帥、三公九卿諸侯大夫、親往視之。禮記（126）
大曆三年八月六日丁未、釋菜于文宣王廟、詔宰臣已下觀講論。唐曆（127）
大寶元年二月丁巳釋奠。釋奠之禮於是始也。本朝月令（128）

凡大學國學、每年春秋二仲之月上丁釋奠於先聖孔宣父、其饌明衣所須並用官物。學令 (129)

桃花水下之時、鄭國之俗、三月上巳、於溱洧兩水之上、執蘭招魂、祓除不祥也。韓詩外傳 (130)

127下 晉武帝問曰、三月三日曲水、其義何。尙書郎束晳曰、昔周公成洛邑。因流水以汎酒。故逸詩云、羽觴隨流波、又秦昭王、三日置酒河曲。有金人出、奉水心劍曰、令君、有四夏及秦覇諸侯、乃因此處立爲曲水、二漢相緣、皆爲盛集、帝曰、善、賜金五十斤。續齊諧記 (131)

雄略天皇元年、三月上巳、幸後苑曲水宴。是時嘉集卿大夫爲宴。群臣頻稱萬歲。日本紀 (132)

西方舍衞國淨飯王之子悉達多、以四月八日降生也。前生時、曾爲摩納仙人、將金錢於婦人邊買花、供養燃燈佛、約爲夫婦、幷誓不忘佛道、後生共爲夫婦。其摩納仙人者佛也。婦人者卽羅睺羅母耶輸陀羅、是也。太子年十九、踰城入雪山、六年苦行、修無上道、成等正覺、號釋迦牟尼佛。今人每至四月八日買花供養幷浴佛像者、其往昔之事也。金谷園記 (133)

推古天皇十四年四月、銅繡丈六佛像…坐於元興寺金堂。…卽日、設齋會。…自是年初每寺、四
128上 月八日…設齋會。日本紀 (134)

承和七年四月八日、請律師傳燈大法師位靜安於淸涼殿始行灌佛事。國史 (135)

承和元年五月四日、天皇御武德殿、閱覽四衞府馬射、五日亦御同殿、觀親王以下五位已上所貢競馳馬、七日亦御同殿、令四衞府騁盡種々馬藝及打毬之態。本朝月令 (136)

天武天皇三年六月晦日、於宮城南路大祓、大臣以下五位以上就幄下座。百官男女悉會。日本紀(137)

若爲茅經哭井則已。左傳(138)　七月七日曝經書、設酒晡時果、散香粉於筵上、祈請於河鼓織女言、此二星神當會、守夜者咸懷私願。四民月令(139)

七月十五日、具飯百味五菓、以著盆中、供養十方六(大)德衆僧、先安佛塔前、衆僧呪願、竟便受食、卽於是日得脫一劫餓鬼之苦也。世風記(140)

七月半之孟蘭盆、所望於汝也。顏氏、顏之推臨死、誡其子詞也。(141)

128下
推古天皇十四年、自是年初每寺…七月十五日設齋。日本紀(142)

漢武帝元封三年春、作角抵戲、三百里內皆來觀。漢書(143)

垂仁天皇七年七月…當麻邑有勇悍士、曰當麻蹶速。…天下之力士也。…出雲國有勇士、曰野見宿禰。…喚…令捔力、二人相對立、各擧足相蹶、則蹶折當麻蹶速之脇骨、亦踏折其腰而殺之。故奪當麻蹶速之地、悉賜野見宿禰。是以其邑有腰折田之緣也。日本紀(144)

魏文帝與鍾繇書曰、歲往月來、忽復九月九日、九爲陽數、而日月並應、俗嘉其名、以爲宜於長久、故以享宴會也。今人爲節。月舊記(145)　宋武帝、爲宋公在鼓城、九月九日出戲馬臺、今相承以爲舊事。南齊書(146)　大同四年九月九日、幸神泉苑觀射。兼命文人賦詩、賜物有差。本朝月令(147)

129上
凡九月九日御神泉苑、賜菊花宴。延喜式(148)　香火一爐燈一盞　白頭夜禮佛名經。白氏文集(149)

寶龜五年十二月、喔請僧十口、沙彌七口、及大方廣悔過於宮中、宮中方廣自此始也。官曹事類（150）

承和五年十二月、天皇於淸涼殿、修佛名懺悔、以三日三夜、律師靜安、大法師願安、實敏、願定、道昌等、遞爲導師、內裏佛名懺悔、自此而始。本朝月令（151）

季冬之月、命有司大儺。旁磔出土牛、以送寒氣。禮記（152）

卒歲大儺、敺除群癘、方相秉鉞、巫覡操茢、侲子、萬童、丹首、玄製、桃弧棘矢、所發無臬、飛礫雨散、剛癉必斃。文選（153）

慶雲三年十二月、此年天下諸國疾疫、百姓多死。始作土牛大儺。本朝月令（154）

國君繼體、踰年改元。禮記（155）

129下
孝宣（皇）・帝、每有嘉瑞、輒以改元。神爵・五鳳・甘露・黃龍、列爲年紀。後漢書（156）

幸者宜（眞）幸也、世俗謂幸爲僥倖、車駕所至、民臣被其德澤以僥倖、故曰幸也。先帝故事、所至見長吏三老官屬、親臨軒作樂、賜食皁帛越巾刀珮帶、民爵有級數、或賜田租之半、因是故謂之幸、皆非其所當必而得之。蔡邕獨斷（157）車駕次第、謂之鹵簿。有大駕、有小駕、有法駕。大駕則公卿奉引、大將軍參乘、太僕御、屬車八十一乘、備千乘萬騎。蔡邕獨斷（158）

梁孝王、孝文皇帝子、竇太后少子也、愛之。從千乘萬騎、出稱警、入言蹕、儗於天子。漢書（159―1）師古註云、警者戒肅也。蹕、止行人也。言出入者、互文耳。出亦有蹕。漢儀注、皇帝輦動、

左右侍帷幄者稱警、出殿則傳蹕、止人清道也。(159—2)
古今註云、警蹕、所以戒行徒也。周禮蹕而不警、秦制出入蹕、謂出軍者皆警戒、入國者蹕止也。梁孝主出稱警入稱蹕、降天子一等也。(159—3) 薩洵云、天子出入、虎賁唱聲以清道、謂之
130上 警蹕。(159—4) 麻果云、周禮隷僕掌蹕宮中之事、鄭衆云謂止行者清道。若今時警蹕也。(159—5)

凡從駕稽違、及從而先還者笞卌。律 (160)

高祖十二年冬十月…上還過沛、留。置酒沛宮、悉召故人父老子弟佐酒。發沛中兒得百二十人、教之歌。酒酣、上擊筑、自歌曰、大風起兮雲飛揚、威加海內兮歸故鄉、安得猛士兮守四方、令兒皆和習之。上乃起舞、忼慨傷懷、泣數行下。謂沛父兄曰、遊子悲故鄉、吾雖都關中、萬歲之後、吾魂魄猶思樂沛。且朕自沛公以誅暴逆、遂有天下、其以沛爲朕湯沐邑。漢書 (161)

明帝、永平十年閏四月甲午、南巡狩、幸南陽、祠章陵、日北至。又祠舊宅。禮畢、召校官弟子作雅樂、奏鹿鳴。帝自御塤篪、和之。以娛嘉賓。後漢書 (162)

春風秋月、若無異事、幸神泉、北野、且翫風月且調文武、不可一年再三幸、又大熱大寒愼之。

寛平御遺誡 (163)

130下 貞觀元年、上謂黃門侍郎王珪曰、中書所出詔敕、頗有意見不同。貞觀政要 (164)

凡有事陳意見、欲對進者、卽任封上少納言、受得奏聞、不須開看。令 (165)

建武六年九月…丙寅晦日。有蝕之。冬十月丁丑、詔曰…其勅公卿、擧賢良方正各一人、百僚並上封事、無有隱諱。後漢書(166) 典御進新氷、鉤盾獻早李。顏氏(167)

凡造御膳、誤犯食禁者、典膳徒三年。若穢惡之物、在食飲中、杖一百。律(168)

興平元年七月…出大倉米豆、爲飢人作糜粥。經日而死者無降。帝疑賦卹有虛。乃親於御坐前量試作糜。乃知非實。後漢書(169)

開元五年十月甲申。命史官月奏所行事。唐書(170)

凡每月晦日、太政官錄參議以上上日、少納言、采月一日進奏。又錄參議以上及少納言上日送辨官、辨官惣修符、二日下知式部。延喜式(171)

131上 凡內外諸司所申庶務辨官、摠勘申太政官、其史讀申、皆依司次、若申數事各先神事、申神事更不申凶事、御本命中宮・東宮亦同、及朔日復日、亦不申凶事。延喜式(172)

訴訟皆從下始、若有越所法設科條。延喜格(173) 凡事應奏而不奏、不應奏而奏者杖七十。律(174)

人臣若無學業、不能識前言往行、堪大任。貞觀政要(175) 爲人臣者無外交、不敢貳君也。禮記(176)

小人之事君子也、惡之不敢遠。好之不敢近、敬以待命、敢有貳心乎。禮記(177) 君所謂可而有否焉。臣獻其否以成其可、君所謂否而有可焉。臣獻其可以去其否、是以政平而不干民無爭心。今據不然、君所謂可據、亦曰可、君所謂否據、亦曰否、若以水濟水誰能食之。已上同(178)

事君猶事父也。虧君之義、復父之讎、臣不爲也。公羊(179)
不以家事辭王事、以王事辭家事。同(180)　以私害公、非忠也。左傳(181)
131下 進思盡忠、退思補過。孝經(182)　見可諫而不諫、謂之尸位。見可退而不退、謂之懷寵。懷寵尸位、
國之姦人也。同(183)　姦人在朝、賢者不進。同(184)
昔者天子有爭臣七人七人謂三公及前疑後丞左輔右弼也。凡此七官主諫正天子之非也。　雖無道弗失天下。已上同(185)
攻人主之長短、諫諍之徒也。訐群臣之得失、訟訴之類也。諫國家之利害、對策之伍也。帶私情
之與奪、遊説之儔也。…賈誠以求位、鬻言以干祿。…初獲不貲之賞、終陷不測之誅。顏氏(186)
不敢不衣朝服見君。論語(187)　君命召、不俟駕行矣。同(188)
姦臣在朝、國之殘也。讒臣在中、主之蠹也。史記(189)
規小節者、不能成榮名。惡小恥者、不能立大功。同(190)
羈旅之臣、幸得免負擔、君之惠也。同(191)
管仲曰、知臣莫如君。公曰、易牙如何。對曰、殺子以適君、非人情、不可。公曰、開方如何、
對曰、倍親以適君、非人情、難近。公曰、豎刁如何、對曰、自宮以適君、非人情、難親。同(192)
132上 事君者、險而不讎懟、怨而不怒。同(193)　代君死而見僇、後人臣無忠其君者矣。同(194)
正臣進者、治之表也。正臣陷者、亂之機也。漢書(195)

臣聞、忠臣之事君也、言切直則不用而身危。不切直則不可以明道。同(196) 士賢能矣、而不用、有國者恥也。主上明、聖德不布聞、有司之過也。同(197) 里諺曰、欲投鼠而忌器。此善諭也。鼠近於器、尚憚不投、恐傷其器。況於貴臣之近主乎。同(198) 在人之右、衆必害之。已上同(199)

有大才者、必居貴仕。北史(200)

宗廟之禮、不敢不忠、朝廷之事、不敢不恐、自此之外、非庸臣之所及。同(201)

危天下之臣、不可不逐。安天下之臣、不可不任。唐書(202)

晏嬰有言、一心可以事百君、百心不可以事一君。隋書(203)

132下 不背本仁也、不忘舊信也。無私忠也、尊君敬也。左傳(204)

夙興晏寢、匪遑底寧。文選(205) 憂國忘家、捐軀濟難、忠臣之志也。同(206)

農夫去艸、嘉穀必茂。忠臣除姦、王道以淸。後漢書(207) 臣聞、刳舟剡楫、將欲濟江海也。聘賢選佐、將以安天下也。同(208) 事君者、不得顧家。同(209) 良匠無棄材、明君無棄士。帝範(210)

伯樂善御馬、明君善御臣。藝文類聚(211) 破家爲國、忘身奉主。後漢書(212) 大臣重祿不極諫、小臣畏罪不敢言。下情不上通、此患之大者。同(213) 大臣惜祿而莫諫、小臣畏誅而不言。帝範(214)

勁松彰於歲寒、貞臣見於國危。文選(215) 歲寒、然後知松柏之後凋。史記(216) 貞臣也難至而節見、忠臣也累至而行明。同(217) 爲人臣不忠貞罪也。呂氏春秋(218)

133上 士之居世、賢之立身、莫不戢翼隱鱗、俟風雲之運、懷奇蘊異、思會遇之秋。帝範(219)

智而用私、不若愚而用公。臣軌(220)　不去小利則大利不得、不去小忠則大忠不至。同(221)

人臣之於君也、猶四支之載元首。耳目之爲心使也。同(222)

見君之一善則竭力以顯譽。唯恐四海之不聞。見君之微過則盡心而潛諫。唯慮一德之有失。同(223)

古語曰、欲求忠臣出於孝子之門。同(224)　從命利君謂之順、從命病君謂之諛。同(225)

欲致魚者先通水、欲致鳥者先樹木、欲立忠者先知道。同(226)

欲尊其親、必先尊於君。欲安其家、必先安於國。同(227)

古之忠臣、先其君而後其親。先其國而後其家。同(228)

見過不諫、非忠臣也。畏死不言、非義士。唐書(229)

133下 明主使臣、不廢有罪。文選(230)　晉文公親其讎而彊覇諸侯。齊桓公用其仇而匡天下。同(231)

百里奚乞食於路、穆公委之以政。寗戚飯牛車下而、桓公任之以國。同(232)

胡廣累世之農夫、伯始致位公相。黄憲牛醫之子、叔度名動京師。後漢書(233)

理官事則不營私家。在公門則不言貨利。當公法則不阿親戚。奉公擧賢則不避仇讎。臣軌(234)

助君而恤人者、至忠之遠謀也。損下而益上者、人臣之淺慮也。帝範(235)　不以邪損正、不以私害公。同(236)　見委任也、則不恃恩寵而加敬。其見遺忘也、則不敢怨恨而加勤。同(237)　險易不革

其心、安危不變其志。同(238)

人欲自照、必須明鏡。主欲知過、必藉忠臣。貞觀政要(239)

大舜招二八於唐朝、役四凶於荒裔、極鮌不嫌、登禹親仁也、擧子不爲宥父遠惡也。群書治要(240)

134上 高祖置酒雒陽南宮。高祖曰、列侯諸將無敢隱朕。皆言其情。吾所以有天下者何。項氏之所以失天下者何。高起・王陵對曰、陛下慢而侮人。項羽仁而愛人。然陛下使人攻城略地、所降下者因以予之。與天下同利也。項羽妬賢嫉能、有功者害之、賢者疑之。戰勝而不予人功。得地而不予人利。此所以失天下也。高祖曰、公知其一、未知其二。夫、運籌策帷帳之中、決勝於千里之外。吾不如子房。鎭國家、撫百姓、給餽饟、不絶糧道、吾不如蕭何。連百萬之軍、戰必勝、攻必取、吾不如韓信。此三者皆人傑也。吾能用之。此吾所以取天下也。史記(241)

人主處深宮之中、生於禁闥之内。眼不親見臣下之得失、耳不親聞賢愚之否臧。焉知、臣下誰忠誰否誰是誰非。帝範(242)

程功積事而不望其報、進賢達能而不求其賞。同(243)

懦弱之人、懷忠直而不能言。疎遠之人、恐不信而不得言。懷祿之人、慮不便身而不敢言。貞觀政
134下 要(244)

烏鳶遭害、仁烏逝。誹謗不誅、良臣進。唐書(245)

俊乂在官、則治道清。奸佞干政。則禍亂作。典語(246)

賢俊者自可賞愛、頑魯者亦當矜憐。顏子(247)

小臣不可委以大事、大臣不可責以小罪。帝範(248)

主所言皆曰善、主所爲皆曰可、隱而求主之所好而進之。以快主之耳目偸合苟容、與主爲樂、不顧其後害。臣軌 (249) 所欲進則明其美而、隱其惡。所欲退則明其過而、匿其美。使主妄行過任、賞罰不當、號令不行。同 (250)

夫、能生法者、明君也。能守法者、忠臣也。孝經 (251) 爲人君而、下知臣事則有司不任。爲人臣而、上專主行則上失其威。同 (252) 君失其道、無以有其國。臣失其道、無以有其位。同 (253)

君使臣以禮、臣事君以忠。論語 (254) 鳥能擇木、木豈能擇鳥乎。史記 (255) 鳥則擇木、臣亦簡君。

135上 文選 (256) 非獨君擇臣也、臣亦擇君矣。後漢書 (257) 主憂臣勞、主辱臣死。史記 (258)

明主不掩人之美而、忠臣有死名之義。同 (259) 主倡而臣和、主先而臣隨。同 (260)

主聖臣賢、天下之盛福也。君明臣直、國之福也。父慈子孝、夫信妻貞、家之福也。同 (261)

家聽於親而國聽於君。古今之公行也。子不反親、臣不逆君。兄弟之通義也。同 (262)

明主不惡切諫以博觀、忠臣不敢避重誅以直諫。同 (263)

君如杅、人如水。杅方則水方、杅圓則水圓。後漢書 (264)

義爲君臣恩、猶父子、何嫌何疑而有懼意。同 (265)

夫、論德而授官者、成功之君也。量能而受爵者、畢命之臣也。文選 (266)

聖主必待賢臣而弘功業。俊士亦俟明主以顯其德。同 (267)

夫、君之寵臣、欲以除害興利、臣之事君、必以殺身靜亂。以功報主也。同(268)

135下 臣之事君、猶子之事父。父子雖至親、猶未若君臣之同體。臣軌(269)

元首居尊股肱宣力。資棟梁而成大厦、憑舟檝而濟巨川。同|(270)

君臣有道、卽忠惠。父子有道、卽慈孝。士庶有道、卽相親。已上同(271)

君暗臣諛、危亡不遠。貞觀政要(272)　舟非水不行。水入則舟沒。君非民不治、民犯上則傾(君危)。家語(273)

古語云、君舟也。人水也。水能載舟、亦能覆舟。貞觀政要(274)　太宗謂侍臣曰、正主任邪臣、不能致理。正臣事邪主亦不能致理。惟君臣相遇、有同魚水、則海內可安。同(275)

君人者、安可以斯須無臣。臣人者、安可以斯須無君。群書(276)

忠臣不事二君、貞女不更二夫。史記(277)

君雖不君、臣不可以不臣。父雖不父、子不可以不子。孝經(278)

136上 凡上之所施於下者厚、則下之報上亦厚、厚薄之報、各從其所施。薄施而厚饋、雖君不能得之於臣、雖父不能得之於子。民之從於厚、猶飢之求食、寒之欲衣。同(279)

臣能固爭至忠、子能固諫至孝也。人主忌忠、謂之不君。人父忌孝、謂之不父。同(280)

敬其父則子悅、敬其兄則弟悅、敬其君則臣悅。同(281)

資於事父、以事母、其愛同。資於事父、以事君、其敬同。同(282)

明君知臣、明父知子。史記(283) 擇子莫如父、擇臣莫如君。左傳(284) 知臣莫若君、知子莫若父。
父不能知其子、則無以睦一家。君不能知其臣、則無以齊萬國。貞觀政要(285)
慈父不能愛、無益之子。仁君不能畜、無用之臣。文選(286)
傳曰、不知其君視其所使、不知其子視其所友。史記(287)
爲人臣之禮、不顯諫。三諫而不聽則逃之。禮記(288)
136下 孝子不諛其親、忠臣不諂其君。臣子之盛也。親之所言而然、所行而善。則世俗謂之不肖子。君之所言而然、所行而善。則世俗謂之不肖臣。莊子(289)
文王曰、父雖無道、子敢不事父乎。君雖不惠、臣敢不事君乎。呂氏春秋(290)
國之將興、貴在諫臣。家之將興、貴在諫子。臣軌(291)
春見曰朝、夏見曰宗、秋見曰覲、冬見曰遇。周禮(292)
天子當依而立、諸侯北面而見天子曰覲。天子當宁而立、諸公東面、諸侯西面曰朝。禮記(293)
朝言不及犬馬。同(294) 公庭不言婦女。同(295)
子貢欲去告朔之餼羊。子曰、賜也、爾愛其羊、我愛其禮。論語(296)
子曰、赤也、束帶立於朝、可使與賓客言也。同(297)
公事不私議。禮記(298) 廟堂之議、非草苗所當言也。漢書(299)

衆所謂危聖人不任、朝議有嫌、明主不行也。同(300)
137上 九拜、一曰稽首、二曰頓首、三曰空首、四曰振動、五曰吉拜、六曰凶拜、七曰奇拜、八曰褒拜、
九曰肅拜。周禮(301)
貧者不以貨財爲禮、老者不以筋力爲禮、年五十始杖八十拜君命一坐再至。禮記(302) 禮從宜、使從俗。禮記(303)
席南鄕北鄕、以西方爲上。東鄕西鄕、以南方爲上。同(304)
離坐離立、毋往參焉。離立者不出中閒。同(305) 男女不離坐、不同椸枷、不同巾櫛。同(306)
主人與客讓登、主人先登、客從之。同(307) 拾級聚足、涉等聚足、謂前足躡一等、後足從之而併也。同(308)
連步以上、上於東階、則先右足、上於西階、則先左足。同(309) 凡奉者當心、提者當帶。同(310)
獻鳥者佛其首。同(311) 獻甲者執冑。同(312) 獻杖者執末。同(313) 遺人弓者張弓尙筋、弛弓尙
角。同(314) 進劍者左首。同(315) 進戈者前其鐏、後其刃。同(316)
137下 進矛戟者、前其鐓。同(317) 戶外有二屨、言聞則入、言不聞則不入。同(318)
禮聞來學、不聞往教。同(319) 道德仁義、非禮不成。教訓正俗、非禮不備。分爭辯訟、非禮不
決。君臣上下、父子兄弟、非禮不定。宦學事師、非禮不親。班朝治軍、涖官行法、非禮威嚴不
行。禱祠、祭祀、供給鬼神、非禮不誠不莊。同(320) 坐毋箕、寢毋伏。同(321)
虛坐盡後、食坐盡前。同(322) 執玉不趨。同(323)

授立不跪、授坐不立。同(324)　過墓則式、過祀則下。同(325)

見有禮於其君者事之、如孝子之養父母也。見無禮於君者誅之、如鷹鸇之逐鳥雀也。左傳(326)

管仲…曰、臣聞之、招攜以禮、懷遠以德。同(327)　山有木工則度之。賓有禮主則擇之。同(328)

禮經國家定、社稷序民人利後嗣者也。同(329)

138上　酒以成禮、弗繼以淫義也。以君成禮、弗納於淫仁也。已上同(330)

容止可觀、進退可度。孝經(331)　國無禮則上下亂而貴賤爭。賢者失所、不肖者蒙幸。同(332)

子入大廟、每事問。或曰、孰謂鄹人之子知禮乎。入大廟、每事問、子聞曰、是禮也。論語(333)

子貢問曰、貧而無諂、富而無驕、何如。子曰、可也。未若貧而樂道、富而好禮者也。同(334)

君使臣以禮、臣事君以忠。同(335)　子曰、事君盡禮、人以爲諂也。同(336)

子曰、非禮勿視。非禮勿聽。非禮勿言。非禮勿動。同(337)　寢不尸、居不容。同(338)

席不正、不坐。同(339)　立不中門、行不履閾。已上同(340)

至親者則敬不至、至尊者則愛不至。孝經(341)　上爲敬則下不慢、上好讓則下不爭。同(342)

禮者、因時世人情爲之節文者也。史記(343)　大行不顧細謹、大禮不辭小讓。同(344)

138下　夫、婚姻之禮、人倫之大者也。酒食之會、所以行禮樂也。漢書(345)

鸚鵡能言、不離飛鳥。猩猩能言、不離禽獸。今人而無禮、雖能言、不亦禽獸之心乎。禮記(346)

相鼠有體、人而無禮。人而無禮、胡不遄死。毛詩 (347)
人之所以貴於禽獸者、以有禮也。晏子 (348) 禽獸無禮、故父子聚麀。禮記 (349)
蠶則績而蟹有匡、范則冠而蟬有緌。同 (350)
禮樂者、君子之深教也。不可須臾離也。君子須臾離禮則暴慢襲之。須臾離樂則姦邪入之。公羊 (351)
移風易俗、莫善於樂。安上治民、莫善於禮。孝經 (352)
君子三年不爲禮、禮必壞。三年不爲樂、樂必崩。論語 (353)
德惟善政。政在養民。尚書 (354) 說拜稽首曰、非知之艱、行之惟艱。同 (355)
不愆不忘、率由舊章。毛詩 (356) 白圭之玷、尚可磨也。斯言之玷、不可爲也。同 (357)
139上 子大叔問政於子產。子產曰、政加農功日夜思之。思其始而成其終、朝夕而行之。行毋越思、如農之有畔、其過鮮矣。左傳 (358) 夙興夜寐、朝夕臨政。此以知其恤民也。同 (359)
僑聞、學而後入政。未聞以政學者也。已上同 (360)
邦無善政、不昧食祿。孝經 (361) 善爲政者、天地不能害。而況於人乎。傅子 (362)
其身正、不令而行。其身不正、雖令不從。論語 (363)
何謂朝三。曰、狙公賦芧曰、朝三而暮四。衆狙皆怒。曰、然則朝四而暮三、衆狙皆悅。名實未虧而喜怒爲用。莊子 (364)

政在選臣。史記(365)政在來遠附邇。同(366)逸政多忠臣、勞政多亂人。後漢書(367)
仁義興則道德昌、道德昌則政化明。政化明而萬姓寧。後漢書(368)
婦人不得與於政事也。同(369)夫、代大匠斲者、希有不傷手矣。老子(370)
水至清則無魚。政至察則衆乖。晉書(371)水濁則魚噞、政苛則民亂。淮南子(372)
139下 夫、明鏡所以察形。往古者所以知今。家語(373)
螟蟲之類、隨氣而生。虹蜺之屬、因政而見。貞觀政要(374)
由南則失北也。由東則失西矣。群書治要(375)
爲政者必愼、擇其左右。左右正則人主正矣。人主正則、夫、號令安得曲耶。同(376)
爲政之本、莫若得人。後漢書(377)
天下至廣、萬機至繁、人主以一人身、處重仭之內而、御至廣之士、聽至繁之政、安知萬國之聲、息民俗之動靜乎。群書治要(378)
若握一世之法、以傳百代之民、猶以一衣擬寒暑、以一藥治痤癡。貞觀格(379)可行不行事怠可然。同(380)
時險則峻、法以取平。時泰則寬、綱以將化。同(381)
禁溢浪以隄防、釵嬖駕以轡策。延喜格序(382)大明無偏照、至公無私親。貞觀政要(383)
知道者、必達於理。達於理者、必明於權。明於權者、不以物害己。臣軌(384)

大道遠而難遵、邪徑近而易踐。帝範 (385)

140上 上士聞道、勤而行之。中士聞道、若存若亡。下士聞道、大笑之。臣軌 (386)

子曰、非義之事、不計於心、非理之物、不入於室。史記 (387)

非其義者、不受其利。非其道者、不踐其土。晏子 (388)

刑罪不能加無罪、邪枉不能勝正人。後漢書 (389)

言人之惡、非所以美己。言人之枉、非所以正己。家語 (390)

夫、青蠅不能穢垂棘、邪論不能惑孔墨。文選 (391)

鄙語有之、牽牛徑人田、田主奪之牛。徑則有罪矣。奪之牛、不亦甚乎。史記 (392)

匹夫無罪、懷璧其罪。左傳 (393) 鬻拳曰、吾懼君以兵罪莫大焉。遂自刖也。同 (394)

姧王之位、禍孰大焉。臨禍忘憂、憂必及之。同 (395) 人之有墻以蔽惡也。…誰之咎也。同 (396)

直鈞幼賤有罪。同 (397) 辜莫大於不孝。孝經 (398)

140下 虎兕出於柙、龜玉毀於櫝中、是誰之過與。註曰、柙檻也。櫝櫃也、失毀、非典守者之過耶。論語 (399)

擢賈之髮以續賈之罪、尚未足。史記 (400) 附下罔上者死、附上罔下者刑。漢書 (401)

夫、君不君則犯、臣不臣則誅、父不父則無道、子不子則不孝、此四行者、天下之大過也。漢書 (402)

治則刑重、亂則刑輕。犯治之罪固重、犯亂之罪固輕也。漢書 (403)

爲人臣侮其主者、其罪死而又死。修文殿御覽（404）

詩書盛而秦世滅、非仲尼之罪也。虚玄長而晉室亂、非老莊之罪也。齋戒修而梁國亡、非釋迦之罪也。文中子（405）

孔子曰、大罪有五。而殺人爲下。逆天地者罪及五世、誣文武者罪及四世、逆人倫者罪及三世、謀鬼神者罪及二世、手殺人者罪及其身。家語（406）

古者斷獄必訊於三槐九棘之官、今三公九卿、卽其職也。貞觀政要（407）

141上 小人不恥不仁、不畏不義、不見利不勸、不威不懲。⋮善不積不足以成名。惡不積不足以滅身。小人以小善爲无益而弗爲也。以小惡爲无傷而弗去也。故惡積而不可掩。罪大而不可解。周易（408）

上刑適輕下服、下刑適重上服。輕重諸罰有權。尚書（409）

罰懲非死、人極于病。非佞折獄、惟良折獄。同（410）

凡害人者寘之圜土、而施職事焉。以明刑恥之。周禮（411）

凡殺人者、踣諸市肆之三日、刑盜于市。同（412）　凡國失火野焚萊、則有刑罰。同（413）

夫、上之所爲民之（所）歸也。上所不爲而民或爲之。是以加刑罰焉。而莫敢不懲、若上之所爲而民亦爲之、乃其所也。又可禁乎。左傳（414）　子曰、片言可以折獄者、其由也與。論語（415）

刑罰不中則民無所措手足。同（416）　死者不可復生而、刑者不可復續。史記（417）

141下 欽哉、欽哉、惟刑之靜哉。同(418) 法正則民愨、罪當則民從。同(419)

將相不辱。同(420) 法令所以導民也。刑罰所以禁姦也。已上同(421)

沛公與父老約、法三章耳。殺人者死、傷人及盜抵罪、餘悉除去秦法。漢書(422)

殺人者死、傷人者刑、古今之通道。三代所不易也。同(423) 俗語曰、畫地爲獄、議不入。刻木爲吏、期不對。此皆疾吏之風、悲痛之辭也。同(424) 自今以來有司無得陳、叔前事置奏上。同(425)

詔曰、獄重事也。人有智愚、官有上下、獄疑者讞有司。有司所不能決、移廷尉。同(426)

爵五大夫、史六百石以上及宦皇帝而知名者有罪當盜械者、皆頌繫。師古曰宦皇帝而知名者優之。已上同(427)

後漢和帝永元十五年、有司奏。以爲夏至則微陰起、靡草死。可以決小事。是歲、初令郡國以日北至案薄刑。同(428—1) 註、禮記月令曰、孟夏之月靡草死、麥秋至。斷薄刑、決小罪。鄭玄註云、靡草、薺、亭歷之屬也。(428—2)

142上 法禁者俗之堤防、刑罰者人之銜轡。同(429)

建武十六年秋九月、河南尹張伋及諸郡守十餘人、坐度田不實、皆下獄死。同(430)

夫、刑罰者、治亂之藥石也。德敎者、興平之梁肉也。同(431)

刑罰、人情之所甚惡。貴寵、人情之所甚欲。同(432)

昔上將之恥、絳侯幽獄、名臣之羞、史遷下室。文選(433)

昔玉人獻寶、楚王誅之。李斯竭忠、胡亥極刑。同（434）

疲馬不畏鞭箠、疲民不畏刑法。鹽鐵論（435）

有刑法而無仁義、民怨則怒。有仁義而無刑法、民慢則姧。袁子正書（436）

董狐、古之良史也。書法不隱。宣子、良大夫也。爲法受惡。史記（437）

有權衡者、不可欺以輕重。有尺寸者、不可差以長短。有法度者、不可巧以詐僞。愼子（438）

142下 貞觀五年八月戊申、詔決死刑雖令卽決仍三覆奏、在京諸司五覆奏、其日進蔬食、內教及太常不擧樂。唐曆（439）

凡死罪、雖已奏報、猶訴寃狂事、有可疑須推覆者、以狀奏聞。令（440）令出不行、不如無法。同（441）夫、有法不行、不如無法。同（442）凡決罰不如法者、笞卅、以故致死、杖八十。律（443）

貞觀十一年春正月、頒新律令於天下、凡律有十二章、而五百條焉一曰名例、二曰衞禁、三曰職制、四曰戶婚、五曰廐庫、六曰擅興、七曰盜賊、八曰鬪訟、九曰詐僞、十曰雜律、十一曰捕亡、十二曰斷獄。凡令卅有七篇而一千五百卅六條焉。一曰官品、二曰師公臺省職員、三曰寺監職、縣鎭戍兵津職員、四曰□七曰內外命婦職員、八曰祠、九曰戶、十曰選擧、十一曰看課、十二曰宮衞、十三曰軍防、十四曰衣服、十五曰儀制、十六曰鹵簿、十七曰公式、十八曰田、十九曰賦役、廿曰倉庫、廿一曰廐牧、廿二曰開市、廿三曰醫病、廿四曰獄官、廿五曰營繕、廿六曰哀葬、廿七曰雜令也。凡格廿有四篇、凡式卅有三篇。唐曆（444）

凡斷罪皆須其引律令格式正文。違者笞卅。律（445）

春生秋殺、刑名與天地俱興、陰慘陽舒、法令共風霜並用。令義解序（446）

朝成夕毀、章條費刀筆之辭、冨輕貧重、憲法歸賄賂之家。同（447）

143上 蓋聞、律以懲肅爲宗、令以勸誡爲本、格則量時立制、式則補闕拾遺。弘仁格序（448）

一格之文、取捨不同、一敕之恩、榮枯惟異。延喜格（449）

凡詔書有誤、不卽奏聞、輙改定者笞五十、官文書誤不請、官司而改定者笞卅。律（450）

凡詔敕未宣行者、非司不得輙看。令（451）凡棄毀詔書、及官文書者、准盜論。律（452）凡公文悉作眞書。令（453）罰弗及嗣、賞延于世。宥過無大、刑故無小。辜疑惟輕、功疑惟重。尚書（454）

周任有言曰、爲政者不賞私勞、不罸私怨。左傳（455）夫、賞國之典也。藏在盟府、不可癈也。同（456）

古之治民者、勸賞而畏刑、恤民不倦。同（457）賞以春夏、刑以秋冬。同（458）

賞罸明而不可欺。法禁行而不可犯。孝經（459）*功立者賞、亂政者誅。同（460）

庸主賞所愛而罰所惡。史記（461）明主、賞必加於有功、而刑必斷於有罪。同（462）

明主立可爲之賞、設可避之罰。韓子（463）

143下 蓋聞、有功不賞、有罪不誅、雖唐虞、猶不能以化天下。漢書（464）

罰當罪則姧邪止。賞當賢卽臣下勸。同（465）

賞者不德君、功之所致也。罰者不怨上、罪之所當也。帝範（466）當罰旣明則善惡斯別。同（467）
賞當其勞、無功者自退。罰當其罪、爲惡者戒懼。貞觀政要（468）
賞毫釐之善、必有所勸。罰纖芥之惡、必有所沮。世要論（469）
非可刑而不刑、民莫犯禁也。非可賞而不賞、民莫不仁也。鹽鐵論（470）
喜則濫賞無功、怒則濫殺無罪。貞觀政要（471）
恩所加、則思無因、喜以謬賞。罰所及、則思無因怒而濫刑。同（472）
賞一人而海内欣、罰一人而天下懼。同（473）
有功而不賞則善不勸、有過而不誅則惡不懼。說苑（474）
莫淫萬事、責躬節之、可明賞罰。莫迷愛憎、用意平均、莫由好惡、能愼喜怒、莫形於色。寛平御遺誡（475）
五刑之疑有赦、五罰之疑有赦。史記（476）
144上 丞相亮時有言、公惜赦者。亮答曰、治世以大德、不以小惠。故匡衡吳漢、不願爲赦。蜀志（477）
諸葛亮理蜀十年不赦。而蜀大化。梁武帝每年數赦。卒至傾敗。貞觀政要（478）
貞觀十年六月廿一日、皇后長孫氏崩。后疾。皇太子入侍、乃密啓曰、醫藥備盡、尊體不瘳、請奏赦因徒。抍度人入道。后曰、死生有命、若修福可延、吾素非爲惡、若行善無效、何福可求。赦者國之大事、佛道者示存異方教耳。二者國體所弊、上所不爲。豈以吾一婦人而亂天下法。若

行汝言、不如遄死。唐暦 (479) 秦穆飲盗馬之酒、楚莊赦絶纓之客。魏文貞政書 (480)

凡聞知有恩赦而故犯、及犯惡逆、若家人奴婢歐及謀殺、若强奸主者、皆不得以赦原。律 (481)

鷹鷂、滿野佃獵。無度云々。宜如捉搦不得重然。尙有乖越、科違敕罪。貞觀格、戶制狩諸國禁野事 (482)

私飼鷹鸇已經禁斷、今一切欲禁、事不獲已、宜聽親王及觀察使已上、幷六衞府次官已上、時令

144下 得飼。弘仁格 (483)

山野之禁、元爲鶉雉、至於草木、無所禁制云々。其江河地沼之類、同准此。貞觀格 (484)

諸國百姓、每至夏節、剝取諸毒木皮、摧碎散於河上、在其下流者、魚蟲大小擧種共死云々。自今以後特禁一時之毒殺、將救群蟲之徒死。弘仁格 (485)

梁天監十六年三月、景子敎大醫、不得以生類爲藥、郊廟牲牷。皆代以麪。南史 (486)

武德二年正月甲子、詔自今正月、五月、九月、不行死刑、禁屠殺。唐書 (487)

今聞、京職畿內七道諸國、比年曾不遵行、三寶淨區、還爲漁獵之場、六齋式日、更成屠宰之節云々。自今以後嚴加禁斷、准敕施行。弘仁格 (488)

諸國每月六齋日、公私不得漁獵殺生、國司等恒加檢校。同 (489)

蠢蠢昆蚑誰無畏死。振振翾走、咸有愛身。故殺生招短命之報、救危保長年之福。延喜格 (490)

明文抄　三　人倫部　人事部上

人倫部

145上 八元　伯奮　仲堪　叔獻　季仲　伯虎　仲熊　叔豹　季豹(衍)貍

八愷　蒼舒　隤愷　擣戭　大臨　尨降　庭堅　仲容　叔達

堯二女　娥皇　女英

舜五臣　禹　稷　契　皐陶　伯益

殷三仁　微子　箕子　比干

文王四友　太公望　閎夭　南宮适　散宜生

145下 武王亂臣十人　周公旦　召公奭　太公望　畢公　榮公　大顚　閎夭　散宜生　南宮适　文王母

齊威王四臣　檀子　盼子　黔夫　種首

五霸　齊桓公　晉文公　宋景公　秦穆公　越王勾踐

三聖　孔子號先聖　老子　顏回號先師
九哲　閔子騫　冉伯牛　仲弓　冉有　季路　宰我　子貢　子游　子夏
孔子四友　顏回　子貢　子張　子路
同六侍　顏回　冉伯牛　子路　宰我　子貢　公西華
146上 秦三良　奄息　仲行　鍼虎
四公子　孟嘗君齊　平原君趙　春中君楚　信陵君魏
漢二疏　疏廣　疏受
同三傑　張良　蕭何　韓信
唐四傑　王勃　楊炯　盧照鄰　駱賓王
皆以文詞相知海内稱、爲王・楊・盧・駱、亦號爲四傑。唐曆
高祖功臣卅一人
蕭何相國　曹參相國　張良太子少傅　陳平丞相　韓信楚王　彭越梁王　黥布淮南王　張耳趙景王　韓信漢
王　盧綰燕王　吳芮長砂王　劉賈荊王　王陵太傅　周勃右丞相　樊噲相國　酈商右丞相　夏侯嬰太僕　灌
146下 嬰丞相　傅寬代丞相　靳歙車騎將軍　酈食其大行　劉敬中郎　陸賈大中大夫　叔孫通太子太傅　魏無知太子
太傅　隨何護軍中尉　董公被成三老　轅生　紀信將軍　周苛御史大夫　侯公平國君

麒麟閣功臣十一人

宣帝思股肱之美、廼圖畫其人於此閣、法其形勢、署其官爵姓名。

霍光右司馬大將軍　姓霍氏　張安世衞將軍　韓增車騎將軍　趙充國後將軍　魏相丞相　丙吉丞相　杜延年御史大夫　劉德宗正　梁丘賀少府　蕭望之太子太傅　蘇武典屬國

後漢光武廿八將

鄧禹太傅　吳漢大司馬　賈復左將軍　耿弇建威大將軍　寇恂執金吾　岑彭征南大將軍　馮異征西大將軍　朱祐建義大將軍　祭遵征虜大將軍　景丹驃騎大將軍　蓋延虎牙大將軍　銚期衞尉　耿純東郡太守　臧宮城門校尉

馬武捕虜將軍　劉隆驃騎將軍　馬成中山太守　王梁河南尹　陳俊琅邪太守　杜茂驃騎大將軍　傅俊積弩將軍

147上　堅鐔左曹　王霸上谷太守　任光信都太守　李忠豫章太守　邳彤太常　萬修右將軍　劉植驍騎將軍

已上廿八將

王常野大將軍　李通大司空　竇融大司空　卓茂太傅

王常以下四人、後追加之。　（註、後漢書巻二二末部の三二功臣を參照。）

商山四皓

東園公　綺里季　夏黃公　角里先生

竹林七賢

嵇康　阮籍　阮咸　向秀　劉伶　王戎　山濤

唐十八學士

杜如晦　房玄齡　于志寧　蘇世長　薩收　褚遂亮　姚思廉　陸德明　孔穎達　李玄道　李守素　虞世南　蔡允恭　顏相時　許敬宗　薛元敬　蓋文達　蘇四勗

文選

呂延濟　劉良　張銑　呂向　李周翰

147下　金谷園廿四友

石崇　歐陽建　潘嶽　陸機　陸雲　繆徵　杜斌　摯虞　諸葛詮　王粹　杜育(仁)　鄒捷　左思　崔基　劉瓌　和郁　周恢　牽秀　陳聄　郭□(彰)　許猛　鄧訥　劉輿　劉琨

凌煙閣廿四人　唐太宗貞觀十七年二月廿七日詔廿四人圖畫於此閣。

司徒趙國公無忌　司空河間王孝恭　司空萊國公如晦　司空太子大師鄭國公徵　司空梁國公玄齡　開府儀同三司尚書右僕射申國公廉　開府儀同三司鄂國公敬德　特進衛國公靖　特進宋國公瑀　輔國大將軍裒國公志玄　輔國大將軍夔國公弘基　尚書左僕射蔣國公通　淶東道行臺右僕射鄭國公開山　荊州都督譙國公紹　荊州都督郅國公順德　洛州都督鄖國公張亮

148上　吏部尚書陳國公侯君集　左驍衛大將軍郯國公謹　左領軍大將軍盧國公程知節　禮部尚書永

興郡公虞世南　戸部尚書渝國公劉改會　戸部尚書蕃國公唐儉　兵部尚書英國公李世勣　徐州都督胡國公秦叔寶

瑠璃臺詩人圖卅六人

陳子昂詩仙　王昌齡詩天子　薩稷詩宰相　李白　王維　纂母潛　李頎詩舍人　竇參　錢起　超謂詩進士　岑參詩客　章元八　于良史　劉長卿　朱放　皇甫冉　韓翃　崔洞　孟浩然　崔顥　陸鴻漸　孟郊　姚倫　常建　劉禹錫　李邕　戴叔倫　李嘉祐　衆甫　皇甫嵩　盧倫　杜甫　郭仕元　白居易　僧護國　李季蘭

南殿賢聖圓圖

東西間十六人

一間　馬周　房玄齡　杜如晦　魏徵　　二間　諸葛亮　璩伯玉　張良　第五倫　　三間　管仲　鄧禹　子產　蕭何　　四間　伊尹　傅說　太公望　仲山甫

148下　西四間十六人

一間　李勣　虞世南　杜預　張華　　二間　羊祜　楊雄　陳寔　班固　　三間　桓榮　鄭玄　蘇武　倪寬　　四間　董仲舒　文翁　賈誼　叔孫通

黃河淸而聖人生。里社鳴而聖人出。文選（1）　聖人忌功名之過己、惡寵祿之踰量。同（2）

聖人轉禍爲福。家語（3）　聖人之言、信而徵矣。同（4）

古之眞人、其寢不夢、其覺無憂。莊子 (5)

君子不患位之不尊而、患德之不崇。不恥祿之不夥而恥知之不博。後漢書 (6)

君子雖貧、不粥祭器、雖寒不衣祭服。爲宮室不斬於丘木。禮記 (7)

說苑曰、山致其高而雲雨起焉。水致其深而蛟龍生焉。君子致其道而福祿歸矣。臣軌 (8)

君子居必擇隣、遊必就士。晏子 (9)

君子欲訥於言而、敏於行。史記・論語 (10) 幸人之災、君子不爲。文選 (11)

149上 仲尼如日月也、無得而踰焉。論語 (12) 猶天之不可階、日月之不可踰也。後漢書 (13)

孔子去。謂弟子曰、鳥吾知其能飛。魚吾知其能游。獸吾知其能走。走者可以爲罔、游者可以爲綸、飛者可以爲矰。至於龍、吾不能知、其乘風雲而上天。吾今日見老子、其猶龍耶。老子 (14)

子曰、不患人之不己知、患己不知人也。禮記、又論語 (15) 知命者不怨天。知己者不怨人。老子 (16)

周公謂伯禽曰、君子力如牛、不與牛爭。力走如馬、不與馬爭走。智如士、不與士爭智。孫卿子 (17)

曾子曰、以能問於不能、以多問於寡、有若無、實若虛。論語 (18) 曾子曰、吾日三省吾身。同 (19)

季文子三思而後行。子聞之曰、再思斯可矣。同 (20)

善閉(者)・無關(開)揵而不可開。善結(者)・無繩約而不可解。老子 (21) 大巧若拙、大辯若訥。大器晩成、大音希聲。同 (22) 大才當晩成。後漢書 (23) 以目視目、以耳聽耳、以心復心。莊子 (24)

149下 良賈深藏若虛、君子盛德、容貌若愚。史記 (25)

譬若(猶)錐之處囊中、其鉾(末)立見。使遂蚤得處囊中、乃穎脫而出。同 (26)

和氏之璧、韞於荊石。隋侯之珠、藏於蜯蛤虖。漢書 (27)

石韞玉而山輝、水懷珠而川媚。文選 (28)　木秀於林、風必摧之。行高於人、衆必非之。同 (29)

虎豹之駒、未成文而有食牛之氣。鴻鵠之鷇、羽翼未全而有四海之心。尸子 (30)

得十良馬、不若得一伯樂。得十良劍、不若得一歐冶。得地千里、不若得聖人。呂氏春秋 (31)

古人云、千載一聖猶旦暮也。五百年一賢猶比髆也。言、聖賢之難得、疏闊如此。顏氏 (32)

聖人之言、遠如天。賢人之言、近如地。楊氏法言 (33)

顏淵屢空、不爲不賢。孔子不容、不爲不聖。鹽鐵論 (34)

養壽之士、先病服藥。治世之君、先亂任賢。潛夫論 (35)　聖主以賢爲寶、不以珠玉爲寶。鹽鐵論 (36)

黃金累千、不如得一賢。呂氏春秋 (37)　敬一賢則衆賢悅。誅一惡則衆惡懼。群書治要 (38)

150上 賢者狎而敬之。畏而愛之。禮記 (39)　善則稱人、過則稱己。同 (40)

朝無賢人、猶鴻鵠之無羽翼(也)。說苑 (41)

凡治國有三常。一曰、君以擧賢爲常、二曰、官以任賢爲常、三曰、士以敬賢爲常。周書陰表 (42)

子曰、述而不作、信而好古。論語 (43)　生有益於人、死不害於人。禮記 (44)

匪直也、人邦家之輝。文選(45) 所貴惟賢、所寶惟穀。同(46)

百萬之衆、不如一賢。故秦行千金以閒廉頗、漢散萬金以疏亞父。漢書(47)

善言天者、必有徵於人。善言古者、必有驗於今。同(48) 聖王之治、以得賢爲首。同(49)

夫、賢者化之本、雲者雨之具也。得賢而不用、猶久陰而不雨也。後漢書(50)

夫、士進則世收其器、賢用卽人獻其能。同(51)

150下 虞舜耕於歷山、恩不及州里。太公屠牛於朝歌、利不及妻子。鹽鐵論(52)

唐虞之朝、無謬擧之才。造父之門、無駑蹇之質。吳子(53)

汲黯在朝、淮南寢謀、千木處魏、諸侯息兵。唐書(54)

傷賢者、殃及三世。蔽賢者、身受其害。進賢者、福流子孫。嫉賢者、其名不存。(全) 黃石公三略(55)

殺無罪、誅賢者、禍及三代。後漢書(56) 人固(未)不易知。知人亦未易也。史記(57)

善知人者、看如明鏡。符子(58) 昔騄驥倚輈於吳坂、長鳴於良樂、知與不知也。文選(59)

邦有道則知、邦無道則愚。論語(60) 子曰、見賢思齊焉。見不賢而內自省也。同(61)

君子見人之厄則矜之。小人見人之厄則幸之。公羊(62) 知其白、守其黑、爲天下式。老子(63)

狂夫之樂、智者哀焉。愚者所笑、賢者察焉。史記(64)

151上 古人有言、農夫勞而君子養焉。愚者言而知者擇焉。貞觀政要(65)

以賢代賢、謂之順。以不肖代不肖、謂之亂。鹽子新論（66）

賢而多財則損其志。愚而多財則益其過。漢書（67）

夏暑雨、小民惟曰怨咨。冬祁寒、小民亦惟曰怨咨。尚書（68）

周子有兄而無慧、不能辯菽麥、故不可立。左傳（69）

宰予晝寢。子曰、朽木不可彫（雕）也、糞土之墻、不可杇也。論語（70）

契船而求劍、守株而伺兎也。後漢書（71）　子陽井底蛙耳。同（72）

不知而言不智、知而不言不忠。韓子（73）

知其愚者、非大愚也。知其惑者、非大惑也。大惑者終身不解、大愚者終身不靈。莊子（74）

是知二五而不知十也。史記（75）　知其一、不知其二。晉書（76）　亭箒白珠緘石知謬。文選（77）

罔然若酲、朝罷夕倦、奪氣褫魄之爲者。文選（78）　哂夏蟲之疑冰、習蓼蟲之忘辛。同（79）

151下 招嗤同周鼠之珠、懷慙類遼豕之獻。延喜格序（80）

多見士大夫恥涉農商、羞務工伎、射則不能穿札、筆則纔記姓名。飽食醉酒、忽忽無事、以此消日、以此終年。或因家世餘緒、得一階半級、便謂爲足、安能自苦。及有吉凶大事、議論得失、蒙然張口、如坐雲霧、公私宴集、談古賦詩、塞默低頭、缺伸而已。…明經求第、則顧人答策、

三九公讌、則假手賦詩。顏氏 (81)

父兮生我、母兮鞠我。拊我畜我、長我育我、顧我復我。出入腹我。欲報之德。昊天罔極。毛詩 (82)

父母生之績、莫大焉。君親臨之厚、莫重焉。孝經 (83)

子曰、父母之年、不可不知也。壹則以喜、壹則以懼。論語 (84)

相小人、厥父母勤勞稼穡、厥子乃不知稼穡之艱難。尚書 (85)

兄弟弗與同席、而弗與同器而食、父子不同席。禮記 (86) 父子不同位、以厚敬也。同 (87)

152上 父子一體也、夫妻一體也、昆弟一體也。故父子首足也。夫妻伴合也。昆弟四體也。儀禮 (88)

父有子、子不得有父也。公羊 (89)

夫、爲人父者、必能詔其子。爲人兄者、必能教其弟。若父不能詔其子、兄不能教其弟、則无貴父子兄弟之親矣。莊子 (90)

水廣者魚大、父尊者子貴。鹽鐵論 (91) 父子之嚴、不可以狎。骨肉之愛、不可以簡。顏氏 (92)

子之事親也、三諫而不聽則號泣而隨之。禮記 (93)

父有諍子、不陷無禮。士有諍友、不行不義。臣軌 (94)

子以母貴、母以子貴。公羊 (95) 母之於子慈愛特深。臣軌序 (96)

立嫡以長不以賢、立子以貴不以長。公羊 (97) 子生三年、(然)而後、免於父母之懷。論語 (98)

子曰、才不才、亦各言其子。同(99) 語曰、驕子不孝。非惡言也。史記(100)
152下 良冶之子、必學爲裘。良弓之子、必學爲箕。禮記(101)
唐堯大聖、其子丹朱不肖。柳下惠大賢、其弟盜跖巨惡。貞觀政要(102)
雖有親父、安知其不爲虎。雖有親兄、安知其不爲狼。史記(103)
初鄭文公有賤妾、曰燕姞。夢天使與己蘭、曰余爲伯鯈、余而祖也、以是爲而子、以蘭有國香人服媚之、如是。左傳(104)
天下士女及冠蓋子弟等、或貪艶色而姧婢、或挾淫奔而通奴云々、自今以後婢之通良、良之嫁奴、所生之子、並聽從良。弘仁格(105)
陽嘉四年春二月丙子、初聽中官得以養子爲後、世襲封爵。後漢書順帝紀(106)
大人占之、維熊維羆、男子之祥。維虺維蛇、女子之祥。乃生男子、載寢之牀、載衣之裳、載弄之璋。…乃生女子、載寢之地、載衣之裼、載弄之瓦。毛詩(107) 誕彌厥月、先生如達。同(108)
153上 男子生、桑弧蓬矢、六以射天地四方。天地四方者男子之所有事也。禮記(109)
孕婦見兎而子缺脣、見麋而子四目。淮南子(110)
霍將軍妻、一產二子、疑所爲兄弟。或曰、前生者爲兄、後生者爲弟…或曰、居上者宜爲兄、居下者宜爲弟…時、霍光聞之曰、昔殷王祖甲一產二子、曰嚚曰良、以卯日生嚚、以巳日生良。則

以嚚爲兄、以良爲弟。若以在上者爲兄、嚚亦當爲弟(矣)。西京雜記(111)
伯魚之生也、魯昭公以鯉魚賜孔子、榮君之貺。故因以、名曰鯉。而字伯魚。魚年五十、先孔子
卒。家語(112)
兄弟鬩于牆、外禦其務。毛詩(113) 夫婦之道、不可以不久也。周易(114)
哲夫成城、哲婦傾城。毛詩(115)
禮、夫有再娶之義、婦無二適之文。故曰、夫者天也。天固不可逃。夫固不可離也。後漢書(116)
甚哉、妃匹之愛、君不能得之於臣。父不能得之於子。史記(117)
女有家、男有室、無相瀆也。謂之有禮。易此必敗。女安夫之家、夫安妻之室、違此則爲瀆。今公將姜氏如齊故知其當
153下 致禍亂。左傳(118) 婦人曰、爲獸猶不失儷。同(119)
春女思、秋士悲。春女感陽則思、秋士見陰而悲。淮南子(120)
女曰鷄鳴。士曰昧旦。子興視夜、明星有爛。毛詩(121)
王曰、古人有言曰、牝雞無晨言無晨鳴之道。牝雞之晨、惟家之索索盡也。喩婦人知外事、雌代雄鳴則家盡、婦奪夫政、
則國亡。尙書(122)
取妻如何、匪媒不得。毛詩(123) 婦有長舌、維厲之階。亂匪降自天、生自婦人。長舌喩多言語也。同(124)
婦人與政亂本也。魏志詔(125)

婦人有三從義、無專用之道。故未嫁從父、既嫁從夫、夫死從子、故父者子之天也。夫者妻之天道。儀禮(126)

子云、娶妻不取同姓、以厚別也。故買妾不知其姓則卜之。禮記(127) 婦人無爵、從夫之爵。同(128)

婚禮不賀人之序也。同(129) 婦人三從者也。幼從父兄、嫁從夫、夫死從子。同(130)

謀及婦人、宜其死也。左傳(131)

154上 父與夫孰親。其母曰、人盡夫也、父一而已。胡可比也(不親)。婦人在室則天父、出則天夫。女以爲疑、故母以所生爲本解也。同　左傳(132) 毋以妾爲妻。公羊(133) 鄙語曰、兒婦人口不可用。史記(134)

女無美惡、入室見妬。士無賢不肖、入朝見嫉。同(135) 美女者惡女之仇、豈不然哉。同(136)

蛇化爲龍、不變其文。家化爲國、不變其姓。外傳(137) 母愛者子抱。已上同(138)

貪賤之知不可忘、糟糠之妻不可下堂。後漢書(139) 穀則異室、死則同穴。游仙窟(140)

士無介不見、女無媒不嫁。孔叢子(141) 士爲知己者用、女爲說己者容。文選(142)

子曰、唯女子與小人、爲難養也。近之則不遜、遠之則怨。論語(143)

西施之容、歸增其貌者也。文選(144) 音以比耳爲美、色以悅目爲歡。同(145)

夫、以色事人者、色衰而愛弛。愛弛則恩絕。漢書(146)

一顧傾人城、再顧傾人國。同(147) 婦人貌不修飾、不見君父。同(148)

花容婀娜、天上無儔。玉體逶迤、人閒少匹。遊仙窟（149）
154下 輝輝面子、荏苒畏彈穿。細細腰支、參差疑勒斷。同（150）卓王之女、聞琴識相如之器量、山濤之妻、鑿壁知阮籍之賢人。同（151—1）

故人傳曰、遊仙窟說、甚以興。天曆御時有御談之御志而、當時傳其說之人、只木島神主失名知說之由風聞。仍江納言維時卿、忽策疋馬、詣木島神主、示可受此說之旨、神主敷荒薦於庭上、具授其說了。維時卿馳歸、參禁裏奉授之。（151—2）

凡婦人在禁、皆與男夫別所。令（152）

凡棄妻、須有七出之狀。一無子、二淫佚、三不事舅姑、四口舌、五盜竊、六妬忌、七惡疾。有三不去、一經持舅姑之喪、二娶時賤後貴、三有所受無所歸。同（153）

凡娶宮人爲妻妾者、容隱私舍、不肯出仕者、依法科罪。式（154）

凡居父母及夫喪而嫁娶者、徒二年、妾減二等。律（155）

155上 狗各吠非其主。漢書（156）犬馬猶識主、況於人乎。後漢書（157）客久主勞。朝野僉載（158）

腐木不可以爲柱、卑人不可以爲主。漢書（159）奴婢盛多、不可出二十人。顏氏（160）

奴婢有罪、其主不請官司而殺者、杖□、無罪而殺、杖一百。律（161）

凡家人奴婢、詈舊主者、徒一年半、毆者徒三年。同（162）

魯使蹇、衞使眇。史(163) 奉使則張騫・蘇武。文選(164) 丁年奉使、皓首而歸。文選、蘇武事也。(165)
二人同心、其利斷金。同心之言、其臭如蘭。周易(166)
君子交淡若水、小人交甘如醴。君子淡以成、小人甘以壞。禮記(167) 生我者父母、知我者鮑叔。同、管仲友也。(168) 伯牙絶絃於鍾期、仲尼覆醢於子路。痛知音之難遇、傷門人之莫逮。文選(169)
155下 管仲曰…生我者父母、知我者鮑子(也)、士爲知己者死。馬爲知己者良。說苑(170)
意合則胡越爲昆弟、由余子臧是矣。不合則骨肉爲讎敵、朱象管蔡是矣。文選(171)
遲任有言曰、人惟求舊、器非求舊、惟新。尚書(172)
老者非帛不煖、非肉不飽。漢書(173) 含飴弄孫。後漢書馬皇后(174) 皤皤國老、乃父乃兄、文選(175)
老將智而耄及。白氏六帖(176) 腐粟不可種、老人言可用。朝野僉載(177)
故舊無大故則不棄也。大故謂惡逆之事也。論語(178) 日暮塗遠。吾故倒行而逆施之。史記(179)
年過七十而以居位、譬猶鍾鳴漏盡而、夜行不休、是罪人也。魏志(180)
年自七十以上無不饋詒也。時加羞珍異。左傳(181) 大夫七十而致事、若不得謝、則必賜之几杖。禮記(182) 八十拜君命、壹坐再至。同(183)
156上 天下吏比二千名以上年老致仕者、參分故祿、以一與之、終其身。漢書(184)
七十老致仕、懸其所仕之車、置諸廟。永使子孫監而則焉。孝經(185)

凡官人年七十以上聽致仕、五位以上上表、六位以下由牒官奏聞。令(186)

少而無父者謂之孤、老而無子者謂之獨、老而無妻者謂之鰥、老而無夫者謂之寡。禮記(187)

國以民爲根、民以穀爲命。政論(188)

中國百姓、天下根本、四夷之人、乃國枝葉。擾其根本、以厚枝葉、用求久安、未之有也。貞觀政要(189)

秉車必護輪、治國必愛民。車無輪安處、國無民誰與。馮衍車銘(190)

君民者、豈以淩民。左傳(191) 善人在上則國無辜民。同(192)

后非民罔使、民非后罔事。尚書(193) 無輕民事、惟難。無安厥位、惟危。同(194)

民之所欲、天必從之。民之所惡、天必誅之。同(195)

夫、蛟龍得水、然後立其神。聖人得民、然後成其化也。孝經(196)

156下 令於民之所好而、禁於民之所惡。同(197) 居下訕上、君子惡之。論語(198)

湯曰、予有言、人視水見形、視民知治不。史記(199)

防民之口、甚於防水。水壅而潰、傷人必多。民亦如之。其故爲水者決之使導、爲民者宣之使言。家語(200) 舟非水不行。水入舟則浸。君非民不治、民犯上則傾。同(201)

民之有口也、猶土之有山川也。同(202)

宗廟之本、在於民。民之治亂、在有司。——(203)駟(四)馬不馴(者)、御者之過也。百姓不治、有司之
罪也。鹽鐵論(204)
太宗謂侍臣曰、爲君之道必須先存百姓、若損百姓以奉其身、猶割脛以啖腹、腹飽而身斃。貞觀政
要(205)
安民可與行義、而危民易與爲非。史記(206)
街談巷説、必有可采。擊轅之歌、有應風雅。匹夫之思、未易輕棄也。文選(207)
養雞者不畜貍、牧獸者不育豺。樹木者憂其蠹、保民者除其賊。同(208)
水生於山而走海、水非惡山而欲海也。高下使之然也。呂氏春秋(209)
157上 萬民之從利也、如水之走下。漢書(210)
朝三暮四、衆狙皆怒。朝四暮三、衆狙皆喜。名實不虧、喜怒異趣。音義抄(211)
殘材木以成室屋者、非良匠也。殘賤民人而欲治者、非良吏也。鹽鐵論(212)
君以人爲天。人以食爲天。晏子(213)
詔曰、雕文刻鏤、傷農事者也。錦繡纂組、害女紅者也。農事傷則飢之本也。女紅害則寒之原也。
漢書(214) 詔曰、農天下之本也。黄金珠玉、飢不可食、寒不可衣。同(215)
地之磽者、雖有善種、不能生焉。江皋河瀕、雖有惡種、無不猥大。同(216)

夫、食爲人天、農爲政本。倉廩實則知禮節。衣食乏則忘廉恥。帝範 (217)
國無九歳之儲、不足備水旱。家無一年之服、不足禦寒溫。…以一人耕而百人食。同 (218)
上古之代、務在勸農。…故堯水九年、湯旱七載。野無靑草而、人無飢色。臣軌 (219)
棄本逐末、十室而九。本謂農功、末謂末作。同 (220)
157下 好農功者、雖利遲而後富。好末作者、雖利速而後貧。已上同 (221)
三年耕而餘一年之蓄、九年耕而餘三年之蓄。賈子 (222)
夫、一年之計、莫若樹穀、十年之計、莫若樹木。終身之計、莫知樹人（德也）。管子 (223)
古人有云、耕當問奴、織當問婢。隋書 (224)
洪範八政食居第一、又殖貨志云、國無粟而可治者、自古未之聞。然則王政之要、生民之本。在務農。貞觀政要 (225) 一畝不耕、一戶受飢。同 (226)
入鄕隨鄕、入俗隨俗。(227) 處沃土則逸、處瘠土則勞。文選 (228)
丹之所藏者赤、漆之所藏者黑。家語 (229) 習蓼蟲之忘辛、翫進退之惟谷。文選 (230)
人心是所學、體安所習、鮑肆不知其臭、翫其所以先入。同 (231) 習與善人居、不能無爲善、猶生長於齊、不能無齊言也。習與惡人居、不能無爲惡。猶生長於楚、不能無楚言也。後漢書 (232)
158上 音有楚夏者、土風之乖也。情有險易者、習俗之殊也。文選 (233)

蓋聞過高唐者、效王豹之謳、遊睢渙者、學藻績之綵。同（234）

南越以孔雀珥門戶、崐山之旁以玉璞抵烏鵲。鹽鐵論（235）

山中人不信、有魚大如木。海上人不信、有木大如魚。漢武不信弦膠、魏文不信火布。胡人見錦

不信有蠶食樹、吐絲所成。顏氏（236）

漁者走淵、木者走山。淮南子（237）非其人告之弗聽、非其地樹之弗生。家語（238）

橘踰淮而北爲枳、鸜鴒不踰濟、貉踰汶則死。此地氣然也。周禮（239）

人事部　上

158上 鼻者面之山、目者面之淵。山不高則不靈。淵不深則不淸。世說（1）

使目在足下則不可以視。尸子（2）　兩葉蔽目、不見泰山。兩豆塞耳、不聞雷霆。金樓子（3）

目不明則不能決黑白之分、耳不聽則不能別淸濁之聲。韓子（4）　眼不能見其味耳。顏氏（5）

其身正、不令而行。其身不正、雖令不從。論語（6）

158下 貴遠而賤近者、人之常情。信耳而疑目者、俗之恆蔽。抱朴子（7）

命者天之令也。性者生之質也。情者人之欲也。史記（8）

夫、遠不可知者天也。近不可知者人也。魏志（9）　古人有言、心爲萬事主。貞觀政要（10）

凡、人之心如水從器。器方則方、器圓則圓。列子（11）

子產曰、人心之不同也、如其面焉。吾豈敢謂、子面如吾面乎。左傳（12）

孔子曰、凡人心險於山川、難知於天。莊子（13）

我心匪石、不可轉也。我心匪席、不可卷也。毛詩（14）

同人者貌、異人者心。文選（15）　夫、人情莫不貪生。惡死念父母顧妻子。文選（16）

雖星有風雨之好、人有異同之性（情）。同（17）　飢而思食、壯而惡、自然之性。修文殿御覽（18）

西門豹之性急、故佩韋以後己。董安于之心緩、故佩絃以急己。韓子(19)

159上 夫、不照於昧金而照於瑩鏡者、以瑩能明也。不鑒於流波而、鑒於靜水者、以靜能淸也。臣軌(20)

石可破也而不可奪。堅丹可磨也而不可奪赤。呂氏春秋(21)　白沙入涅、不染而黑。鹽(22)

至堅者磨之不薄、至白者染之於涅而不黑。論語(23)　毋教猱升木、如塗塗附。毛詩(24)

能走者奪其翼、善飛者減其指、有角者無上齒、豐後者無前足。蓋天道不使物有兼焉也。顏氏(25)

其文好者、身必剝。其角美者、身自殺。晏子(26)　象有齒、以焚其身。焚斃。左傳(27)

誰謂、雀無角。何以穿我屋…誰謂、鼠無牙。何以穿我墉。毛詩(28)　魚不畏網、而畏鵜鶘。莊子(29)

百足之蟲、至死不僵。扶之者衆也。文選(30)　蒼鷹鷙而受緤、鸚鵡惠而入籠。文選(31)

鳧脛雖短(乎)、續之則憂。鶴脛雖長(乎)、斷之則悲。故、性長非所斷、性短非所續(也)。莊子(32)

159下 夫、鵠不日浴而白、烏不日黔而黑。同(33)　非魚、安知魚之樂。非我、安知我心。同(34)

蝨處頭而黑、麝食栢而香。頸處險而癭、齒居晉而黃。文選(35)

孔子曰、吾未見好德如好色者也。史記(36)

蘭茝蓀蕙之芳、衆人所好而、海畔有逐臭之夫。咸池六莖之發、衆人所樂而、墨翟有非之論。文選(37)

珠玉無脛而自至者、以人好之也。況賢者之有足乎。同(38)

善游者溺、善騎者墮。以其所好、反自爲禍。淮南子(39)　葉公之好龍。後漢書(40)

劉向新序曰、子張見魯哀公、七日而哀公不禮。…去曰…君之好士也。有似葉公子高之好龍也。…葉公子好龍…去、龍聞而下之。窺頭於牖、拖尾於堂。葉公見之。…失其魂魄、五色無主。是葉公非好（天）・龍也。好夫似龍而非龍者也。同（41）　昔葉公好龍而、其龍見燕昭市。同（42）

召彼故老、訊之占夢。毛詩（43）

六夢、一曰正夢、二曰噩夢、三曰思夢、四曰寤夢、五曰喜夢、六曰懼夢。周易（44）

160上 夢之中又占其夢焉。覺而後知其夢也。莊子（45）

昔者、莊周夢爲胡蝶。栩栩然胡蝶也。自喩適志與、不知周也。俄然覺。則蘧蘧然周也。不知、周之夢爲胡蝶與。胡蝶之夢爲周與。周與胡蝶、則必有分矣。莊子（46）

抗之則在青雲之上、抑之則在深淵之下。用之則爲虎、不用則爲鼠。文選（47）

夫、期運雖天所授、功業必由人而成。晉書（48）　窮達命也。貴賤時也。文選（49）

騄驥倚輈於呉坂、長鳴於良藥。知與不知也。百里奚愚於虞而、智於秦。遇與不遇也。同（50）

木以不材而壽、鴈以能鳴而全。同（51）

莊子曰、昔者山中之木、以不材得終其天年。主人之鴈、以不能鳴死。呂氏春秋（52）

賢者不避害、譬猶轂弩射市。薄命者先死。後漢書（53）

如月之恆、如日之升。如南山之壽、不騫不崩。如松柏之茂。毛詩（54）

160下 古人云、五十不爲夭。顔氏(55) 死生有命、富貴在天。文選(56)

吾生也有涯、而知也无涯。以有涯随无涯、殆已。莊子(57)

命有始而必終。孰長生而久視。文選(58) 俟河之清、人壽幾何。文選(59)

無賢不肖、莫不欲長生久視。呂氏春秋(60) 不以一眚掩大德。左傳(61)

山高者其木脩、地廣者其□厚。莊子(62)

人有厚德、無問其小節。人有大擧、無訾其小故。群書治要(63) 盛德必百世祀。左傳(64)

有陰德者、必有陽報。德勝不祥、仁除百禍。列子(65)

夫、有陰德者、必有陽報。有陰行者、必有昭名。群書治要(66) 王翁儒…吾聞、活千人有封子孫、吾所活者萬餘人。後世其興乎。漢書(67) 語曰、活千人者子孫必封。後漢書(68)

蔽芾甘棠、勿翦勿伐。(部)召伯所茇。毛詩(69)

161上 昔召伯所息愛流甘棠、宣子所游封疆其樹、夫思其人尚及其樹。晉書(70)

凡爲人子之禮、冬溫而夏凊。昏定而晨省。禮記(71)

身體髪膚、受于父母。弗敢毀傷、孝之始也。立身行道、揚名於後世、以顯父母、孝之終也。孝經(72)

天地之性、人爲貴。人之行、莫大於孝。同(73)

敬其父則子悦、敬其兄則弟悦、敬其君則臣悦。敬一人而千萬人悦。所敬者寡而、悦者衆之。此

謂要道也。同(74) 事死如事生。同(75) 生則事之以愛敬、死則事之以哀戚。同(76)
能孝於親、則必能忠於君矣。…善事其兄、則必能順於長。同(77)
觀其事親…知其事君、察其治家…知其治官。同(78)
父母在、不遠遊。論語(79) 三年無改於父之道。可謂孝矣。同(80)
蓋孝子善述父之志、善成人之事。漢書(81) 事君不忠、非孝也。蒞官不敬、非孝也。呂氏春秋(82)
161下 見父母體之不安、則不能寢。見父母食之不飽、則不能食。見父母之有善、則欣喜而戴之。見父母之有過、則泣涕而諫之。臣軌(83) 樹欲靜而風不止、子欲養而親不待。家語(84)
任重道遠、不擇地而息。家貧親老、不擇祿而仕。同(85)
里名勝母、曾子不入。邑號朝歌、墨子廻車。文選(86)
子曰、不愛其親而愛他人者、謂之悖德。不敬其親而敬他人者、謂之悖禮。孝經(87)
五刑之屬三千、而辜莫大於不孝。同(88)
違命不孝、棄事不忠。左傳(89) 大失在身、雖有小善、不得爲孝。孝經(90)
子之能仕父、教之忠。左傳(91) 事父母能竭其力、事君能致其身。論語(92)
食祿而避難、非忠也。殺母以全義、非孝也。後漢書(93)
蓋、忠臣殺身以解君怒。孝子殞命以寧親怨。同(94)

子、以人不閒於其父母、爲孝。臣、以下不非其君、爲忠。同 (95)

欲求忠臣出於孝子之門。臣軌 (96)

162上 事親而不爲親所知、是孝未至也。事君而不爲君所知、是忠未至也。同 (97)

善則稱君、過則稱己。則人作忠。善則稱親、過則稱己。則人作孝。同 (98)

孝子善繼人之意、忠臣善成人之事。漢書 (99)

不怨天、不尤人。下學而上達。知我者其天乎。不降其志、不辱其身。伯夷・叔齊乎。史記 (100)

仁者不妄爲、智者不妄動、是而爲之　而行之。 (101)

雖有周親、不如仁人。尚書 (102)

一家仁一國興仁。一家讓一國興讓。一人貪戾一國作亂。禮記 (103)

夫、仁不以勇、義不以力。漢書 (104) 以仁討不仁、以義討不義。唐書 (105)

夫、江湖所以濟舟、亦所以覆舟。仁義所以全身、亦所以亡身。文選 (106)

人所以異於鳥獸者、以其有仁義也。唐書 (107)

古之人有言曰、狐死正丘首、仁也。禮記 (108) 七子均養者、鳲鳩之仁也。文選 (109)

162下 林深則鳥棲、水廣則魚游。仁義積則物自歸之。貞觀政要 (110)

子曰、智者樂水、仁者樂山。智者動仁者靜、智者樂仁者壽。論語 (111)

臨患不忘國、忠也。思難不越官、信也。圖國忘死、貞也。左傳。(112)

子曰、不義而富且貴、於我如浮雲。孝經 (113) 富貴不歸故鄕、如衣錦夜行。漢書 (114)

富貴不歸故鄕、如衣繡夜行。史記 (115) 富則多事、壽則多辱。莊子 (116)

子曰、富而可求也、雖執鞭之士、吾亦爲之。如不可求、從吾所好。論語 (117)

富者衆人之怨也。漢書 (118) 倉廩實而知禮節、衣食足而知榮辱。史記 (119)

富貴寵榮、臣所不能忘也。刑罰貧賤、臣所不能甘也。文選 (120)

富潤屋、德潤身。禮記 (121) 諺曰、千金之子不死於市。史記 (122)

163上 千金之子坐不垂堂、百金之子不騎衡。史記 (123) 千金重利、卿相尊位也。已上同 (124)

居承平之世、不知有喪亂之禍。處廟堂之下、不知有戰陳之急。保俸祿之資、不知有耕稼之苦。肆吏民之上、不知有勞役之勤。顏氏 (125)

服絺綌之涼者、不苦盛署之鬱燠。襲狐貉之煖者、不憂至寒之凄滄。文選 (126)

石崇厠、常有十餘婢。侍列皆麗服藻飾、置甲煎粉、沈香汁之屬、無不畢備。又與新衣着令、出客多羞不能如厠。世說 (127)

俚語曰、貧不學儉、富不學奢、言自然也。唐書 (128)

居下而訕上、處貧而非富。鹽鐵論 (129)

齊侯曰、室如縣罄、野無靑草。何恃而不恐。左傳（130）

子曰、賢哉、回也。一簞食、一瓢飲、在陋巷。人不堪其憂。回也不改其樂。論語（131）

風雨急而不輟其音。霜雪零而不渝其色。文選（132）

163下 迅風陵雨、不謬晨禽之察、勁陰殺節、不凋寒木之心。文選（133）

忠臣不借人以力、貞女不假人以色。列女傳（134）

小不得僭大、賤不得踰貴。漢書（135）上得兼下、下不得僭上。尙書（136）

貴上極則反賤。賤下極則反貴。史記（137）

翫其磧礫而不窺玉淵者、未知驪龍之所蟠也。習其弊邑而不覩上邦者、未知英雄之所躔也。文選（138）

瓊瑤以寡爲奇。磧礫以多爲賤。葛氏外篇（139）

貴者則賤者惡之。富者則貧者惡之。智者則愚者惡之。韓詩外傳（140）

隨廝養之役者、失萬乘之權、守儋名之祿者、闕卿相之位。漢書（141）

屠釣卑事也。板築賤役也。文選（142）冠履不同藏、賢不肖不同位。說苑（143）

冠雖穿弊、必戴於頭、履雖五采、必踐之於地。韓子（144）

冠雖敝、必加於首、履雖新、必關於足。史記（145）

履雖鮮、不加於枕。冠雖敝、不以苴履。漢書（146）

164上 冠雖悪、必戴之。履雖善、必履之。韓子 (147)

狐裘雖弊也、不可補以黄狗之皮。史記 (148)

朝服雖弊、必加於上、弁冕雖舊、必加於首。穀梁傳 (149)

子曰、富與貴、是人之所欲也。不以其道、得之不處也。貧與賤、是人所悪也。不以其道、得之不去也。論語 (150)

富(與)貴而驕、・(還)自遺其咎。老子 (151)

明文抄　四　人事部下

人事部　下

天道下濟而光明、地道卑而上行。天道虧盈而益謙、人道惡盈而好謙。周易（1 1）

164下 日中則昃、月盈則食。天地盈虛、與時消息。而況於人乎。況於鬼神乎。周易（1 2）

夫、月滿則虧、物盛則衰。天地之常也。知進而不知退。久乘富貴、禍積爲崇。史記（2）

亢龍有悔、盈不可久也。周易（3）　敖不可長、欲不可從。志不可滿、樂不可極。禮記（4）

居家則致千金、居官則至卿相。此布衣之極也。久受尊名、不祥。史記（5）

任重而勢大、亂之所始、禍之所集也。同（6）　大名之下、難以久居。同（7）

牆隙而高、其崩必疾也。後漢書（8）　位尊身危、財多命殆。同（9）　物極則反、器滿則傾。唐書（10）

夫、花離蔕而萎、條去幹而枯。女冶容而淫、士背道而辜。後漢書（11）　人毀其滿、神疾其邪。同（12）

165上 富貴之家、祿位重疊。猶再實之木、其根必傷。同（13）　進不知退、取禍之道也。唐書（14）

樂不可極、極樂生哀。欲不可縱、縱欲成災。貞觀政要（15）

物勝權而衡殆。形過鏡則照窮。文選（16）身危由於勢、過而不知去、勢以求安禍積、起於寵盛而不知辭、寵以招福。同（17）天收其聲、地藏其熱。高明之家、鬼瞰其室。同（18）

好榮惡辱、有生之所大期、忌盈害上、鬼神猶且不免。同（19）

世祿之家、鮮克由禮。以蕩陵德、實悖天道。尙書（20）

要君者亡上、非聖人者亡法、非孝者亡親、此大亂之道也。孝經（21）先王疾驕、天道毀盈。同（22）

不爲非則無患、不爲奢則用足身。同（23）在上不驕、高而不危。制節謹度、滿而不溢。同（24）

傳曰、生而富者驕、生而貴者傲。生富貴而能不驕傲者、未之有也。後漢書（25）夫、地廣則驕尊之心生。財衍則僭奢之情用。同（26）謂人莫己若者亡。尙書（27）左顧右眄、謂傍若無人。文選（28）

165下 受人施者常畏人、與人者常驕人。家語（29）中人之情也、有餘則侈。同（30）

車服制度（過制）、恣極耳目。田荒不耕、游（浮）食者衆。後漢書（31）

一宴之饌、費過十金、麗服之美、不可貲筭。晉書（32）

陶匏異器、並爲入耳之娛。黼黻不同、俱爲悅目之翫。文選（33）

君子有三樂…父母俱存、兄弟無故、一樂也。仰不愧於天、俯不怍於人、二樂也。得天下英才而教育之、三樂也。孟子（34）

孔子遊於泰山、見榮聲期（聲宜爲啓、或日榮益期也）、行乎郕之野、鹿裘帶索、瑟瑟（鼓琴）而歌。孔子問曰、先生、所以爲樂者何也。期對曰、吾樂甚多。而至者三。天生萬物、唯人爲貴。吾既得爲人、是一樂也。男女之別、男尊女卑、故人以男爲貴。吾既得爲男、是二樂也。人生有不見日月、不免襁褓者、吾既以行年九十五矣。是三樂也。貧者士之常、死者人之終、處常得終、當何憂哉。家語（35）

166上 貞觀五年正月十三日大狩于昆明池、蕃夷君長咸從、上謂高昌王麴文泰曰、大丈夫在世、樂事有三、天下太平、家給人足一樂也。草淺獸肥、以禮畋狩、弓不虛發箭不妄中二樂也。六合大同、萬方咸慶、張樂高宴、上下歡洽三樂也。唐會要（36）

福爲禍始、禍作福階。文選（37）

驕奢人之殃、恭儉福之場。太平御覽（38）

愛人利人者、天必福之。惡人賤人者、天必禍之。墨子（39）

君子禍至不懼、福至不喜。史記（40）

轉禍爲福、報怨以德。金樓子（41）

憂患生於所忽、禍害興於細微。臣軌（42）

火盛則煙微、欲深則性亡。文選（43）

野鳥入室、主人將去。同（44）

無功之賞、不義之富、禍之媒也。左傳（45）

且起恆言善事者、又自與福。養生方（46 1）

凡清且恆言善事聞惡事、卽向所來方三唾之吉。養生（46 2）

爲善者、天報之以福。爲非者、天報之以殃。史記（47）

166下 夫、人之好善、福雖未至、禍遠矣。人之爲惡、禍雖未至、福遠矣。閔子（48）

惟上帝不常、作善降之百祥。作不善降之百殃。尙書（49）

積善之家、必有餘慶。積不善之家、必有餘殃。周易（50）
禹曰、惠迪吉、從逆凶。惟影響。尙書（51）
夫、賤妨貴、少陵長、遠閒親、新閒舊、小加大、淫破義、所謂六逆也。君義臣行、父慈子孝、兄愛弟敬、所謂六順也。左傳（52）
譽毫毛之善、貶纖芥之惡矣。同（53）
行善則休徵報之。行惡則咎徵隨之。孝經（54）
善不積不足以成名、惡不積不足以滅身。韓子（55 1）
以德勝人者昌、以力勝人者亡。後漢書（55 2）
仁之勝不仁、猶水之勝火。維城典訓（56）
夫、紫之亂朱、以其似朱也。晉—（57）
培塿無松柏、薰蕕不同器。同（58）
薰蕕不同器、梟鸞不接翼。文選（59）
鳳凰不與燕雀爲群、賢者亦不與不肖者同列。史記（60）
猛虎之猶豫、不若蜂蠆之致螫。騏驥之跼躅、不如駑馬之安步。孟賁之狐疑、不如庸夫之必至也。同（61）
167上 王莽董賢之爲三公、不如楊雄仲舒之閒其門。…齊景之千駟、不如顏回原憲之約其身。文選（62）
我之不得仰及、猶鷄之不及鳳也。坤元錄（63）
彼桑楡之末光、踰長庚之初輝。文選（64）
星之昭昭、不若月之曀曀。晏子（65）
百星之明、不若一月之光。十牖畢開、不若一戸之明。淮南子（66）
千羊之皮、不如一狐之掖。千人之諾諾、不如一士之諤諤。史記（67）
盲者不見咫尺而、離婁燭千里之隅。文選（68）

玉石同體而異名。忠佞異名而同理。北史 (69)

桀之猗、可使吠堯而、跖之客、可使刺由。文選 (70)

見善若驚、疾惡若讎。同 (71) 見善如不及、見不善如探湯。論語 (72)

加脂粉則宿瘤進。蒙不潔則西施屏。金樓子 (73)

鄙諺曰、寧爲鷄口、無爲牛後。今西面交臂而、臣事秦。何異於牛後乎。史記 (74)

不以一惡忘其善。勿以小瑕掩其功。帝範 (75)

167下 君子小過、蓋白璧之微瑕。小人小善、乃鉛刀之一割。貞觀政要 (76) 人久相與處、自然染習。同 (77)

玉名失眞。卞和泣之。駑驥齊駕、伯樂哀之。白氏六帖 (78)

與善人居、如入芝蘭(蘭芷)之室。久而不聞其香。卽與之化矣。與不善人居、如入鮑魚之肆、久而不聞其臭。亦與之化矣。孔子家語 (79)

墨子之門多勇士、仲尼之門多道德、文王之朝多賢良、秦王之庭多不祥。新語 (80)

女無美惡、入宮見妬。士无賢愚、入朝見嫉。典論 (81) 凶服象其憂、吉服象其樂。同 (82)

好人之所惡、惡人之所好。是謂拂人之性、菑必逮夫身。禮記 (83)

今之君子、進人若將加諸膝、退人若將墜諸淵。同 (84)

毛嬙西施善毀者、不能蔽其好。嫫姆倭傀善譽者、不能掩其醜。文選 (85)

168上 所好生毛羽、所惡成創痏。同(86) 所好則鑽皮、出其毛羽。所惡則洗垢、求其瘢痕。後漢書(87)

好不廢過、惡不去善。左傳(88) 好面譽人者、亦好背而毀之。莊子(89)

論甘則忘辛、好丹則非素。文選(90) 目所不見、耳所不聞。顏氏(91)

愛而知其惡。憎而知其善。禮記(92) 華而不實、怨之所聚也。犯而聚怨、不可以定身。左傳(93)

一人傳虛、萬人傳實。朝野僉載(94) 一犬吠形、群犬吠聲。晉書(95)

徒利而不愛、則衆不親。徒愛而不利、則衆不至。孝經(96)

長袖善舞、多錢善賈、信哉。史記(97) 夫、風不綴則扇不用。日不落則燭不明。隨巣子(98)

天下熙熙、皆爲利來。天下壤壤、皆爲利往。史記(99) 如以千鈞之弩、決潰癰也、必死。同(100)

猶以小雪投沸湯。後漢書(101) 譬駈虎兕以起犬羊。同(102)

168下 夫、擧吳兵以訾於漢、譬猶蠅蚋之附群牛腐肉之齒利劍。文選(103)

古人有言、禦寒莫若重裘、止謗莫如自修。唐文粋(104)

爭名者於朝、爭利者於市。史記(105) 古人云、夫、名利之福、薄於三春之氷、馳競之禍、深萬仞之淵。顏(106) 青蠅嗜肉、忘溺死。衆人貧利而蹈罪禍也。後(107)

貧夫殉財兮、烈士殉名。文選(108) 唯器與名、不可以假、人君之所司也。左傳(109)

四十五十而无聞焉。斯亦不足畏也已。論語(110)

子貢曰、有美玉於斯。韞匵而藏諸、求善賈而沽諸。子曰、沽之哉、沽之哉。我待賈者也。同 (111)

君子疾沒世、而名不稱焉。史記 (112) 人死留名、虎死留皮。朝野僉載 (113)

淸名登而金貝入、信譽顯而然諸虧。顏氏家訓 (114) 孔子力翹門關、不以力聞。同 (115)

昔高祖忌柏人之名、違之以全福。征南惡彭亡之地、留之以生災。後漢書 (116)

169上 昔魏豹聞許負之言、則納薄姬於室、劉歆見圖讖之文、則名字改易。蜀志 (117)

項年改名者衆、其計多端云々。自今以後不得輙改、如主典以上、依有相諱、必可改替者、所司覆勘其由、得實然後、聽之。弘仁格 (118)

人生各有厄、會到其時、若易名字、以隨生氣之音(昔)、則可以延年度厄、老子在周二百餘年中、厄會非一、是以名稍多耳。諸道勘文、頼隆狀 (119)

儉、德之共(恭)也。侈、惡之大也。左傳 (120)

居家之方、唯儉與約。立身之道、唯學與謙。金樓子 (121)

季文子妾不衣帛、魯人以爲美談。公孫弘身服布被、汲黯譏其多詐。後漢書 (122)

昔晏嬰、輔齊、鹿裘不完。季文子相魯、妾不衣帛。同 (123)

季文子相魯、妾不衣帛。馬不食粟。臣軌 (124)

執杪而飮河者、不過滿腹。棄室而灑雨者、不過濡身。文選 (125)

鷦鷯巣於深林、不過一枝。偃鼠飲河、不過滿腹。莊子 (126)

夫、廉夫不飡不義之食、不飲不義之水。顏 (127)

169下 使馬如羊不以入廄、使金如粟不以入懷。後漢書 (128)

子曰、直哉史魚。邦有道如矢、邦無道如矢。君子哉蘧伯玉、邦有道則仕、邦無道則可卷而懷也。論語 (129)

擧直錯諸枉、則民服。擧枉錯直、則民不服。同 (130)

孰謂微生高直、或乞醯焉。乞諸其隣而與之。同 (131)

葉公語孔子曰、吾黨有直躬者、其父攘羊、而子證之。孔子曰、吾黨之直者、異於是。父爲子隱、子爲父隱、直在其中矣。同 (132)

宋人或得玉獻諸子罕、子罕弗受。獻玉者曰、以示玉人。玉人以爲寶也。故敢獻之。子罕曰、我以不貪爲寶。公以玉爲寶。若以與我、皆喪寶也。不若人有其寶。稽首而告曰、小人懷璧不可以越鄕。納此以請死。子罕寘諸其里、使玉人之爲攻之、富而後使復其所。左傳 (133)

蓬生麻中、不扶而自直。史記 (134) 高樹靡陰、獨木不林。後漢書 (135)

170上 渇不飲盜泉水、熱不息惡木陰。惡木豈無枝、志士多苦心。文選 (136) 瓜田不納履、李下不正冠。同 (137)

理官莫如平、臨財莫如廉。臣軌 (138)

子曰、小人溺於水、君子溺於口、大人溺於民。禮記 (139)

末大必折、尾大不掉。左傳 (140) 諺曰、無過亂門。同 (141) 使口如鼻、終身勿事。孝經 (142)

古人有言曰、口是禍門、舌是禍根、信哉。朝野僉載 (143) 禍不入愼之門、閉門避禍。同 (144)

病從口入、禍從口出。要覽 (145) 子曰、朝聞道、夕死可矣。論語 (146)

成事不說、遂事不諫、既往不咎。同 (147) 不患、人之不己知（知己）、患、己不知人。同 (148)

罪莫大於可欲、禍莫大於不知足。老子 (149)

孔子忍渴於盜泉之水、曾參廻車於勝母之閭。東觀記 (150)

避文士之筆端、避武士之鋒端、避辯士之舌端。韓詩外傳 (151)

170下 野諺曰、前事之不忘、後事之師也。史記 (152)

前鑒之驗、後事之師也。文選 (153) 前事之不忘、後代之元龜也。同 (154)

前車覆、後車戒也。晏子春秋 (155) 河決不可復壅、魚爛不可復全。史記 (156)

古人以宴安爲鴆毒。亡德而富貴、謂之不幸。漢書 (157) 臨淵而羨魚、不如退而結網。同 (158)

傳聞不如親見、視景不如察形。後漢書 (159) 目失鏡、無以正鬚眉。身失道、無以知迷惑。韓子 (160)

面從後言、古人之所誡也。蜀志 (161) 天與不取、悔不可追。同 (162)

覆水不可收。後漢書 (163) 反水不收、後悔无及。同 (164)

噬臍亦復何及。顏氏 (165) 養虎自遺患也。漢書 (166) 諺曰、養虎自齧。朝野僉載 (167)

言易洩者、召禍之媒也。事不愼者、取敗之道也。臣軌(168)
遠度深惟、棄短就長。後漢書(169) 澄其源者流淸。溷其本者末濁。同(170)
微不可不防、遠不可不慮。唐曆(171) 基廣則難傾、根深則難拔。文選(172)
理節則不亂、膠結則不遷。同(173) 流長則難竭、柢深則難朽。同(174)
171上 諺曰、流盡則源竭、條落則根枯。帝範(175)
滄浪之水淸兮、可以濯我纓。滄浪之水濁兮、可以濯我足。文選(176) 正其末者、端其本。善其後者、愼其先。同(177) 非知之難、能之難也。同(178) 無道人之短、無說己之長。同(179)
施人愼勿念、受施愼勿忘。同(180) 歡不可過分、寵不可專擅。同(181)
甘泉必竭、直木必伐。晏子(182) 惑目者、必逸容鮮藻也。惑耳者、必姸音淫聲也。惑口者、必珍羞嘉旨也。惑心者、必勢利功名也。抱朴子(183)
目之所好不可從也。耳之所樂不可順也。口之所嗜不可隨也。心之所欲不可恣也。同(184)
食其食者、不毀其器。蔭其樹者、不折其枝。韓詩外傳(185)
無多言、多言多敗。無多事、多事多患。至哉斯戒也。能走者奪其翼、善飛者減其指。有角者無上齒、豐後者無前足。蓋天道不使物有兼焉也。古人云、多爲少善、不如執一。鼯鼠五能、不成
171下 伎術。顏氏家訓(186) 俗諺曰、教婦初來、教兒嬰孩、誠哉斯語。同(187-1) 爲善則預、爲惡則去。同(187-2)

夫、不忍小屈而大屈至。不忍小辱而大辱至矣。同（188）
失内者必有外患、忘遠者必有近憂。同（189）
玩人喪德、玩物喪志。尚書（190）夷吾弱、不好弄弄戯也。左傳（191）
楚人諺曰、得黄金百、不如得季布一諾。史記（192）君能誓命爲義、臣能承命爲信。同（193）
猶乳犬攫虎、伏雞博貍、精誠之至也。同（194）巧詐不如拙誠。説苑、又韓子文也。（195）
以誠信爲本者、謂之君子。以詐僞爲本者、謂之小人。臣軌（196）天不言而人推高焉。地不言而人推厚焉。四時不言而人與期焉。同（197）爲臣不信不足以奉君、爲子不信不足以事父。同（198）
出口入耳之言、誰今知之。後漢書（199）
昔孔光、稟性周密…沐日歸休。兄弟妻子讌語、終不及朝省政事。或問光、溫室省中樹、皆何木也。光默而不應、更答以他語。臣軌（200）皇天以無言爲貴、聖人以無言爲德。貞觀政要（201）
172上 子曰、亂之所生也。則言語以爲階。君不密則失臣、臣不密則失身。幾事不密則害成。是以君子愼密而不出也。周易（202）
言行君子之樞機（也）。樞機之發、榮辱之主也。言行君子之所以動天地也。可不愼乎。同（203）
君子居其室、出其言善則千里之外應之。況其邇者乎。居其室出其言、不善則千里之外違之。況其邇者乎。同（204）

言之而是、雖在僕隷蒭蕘、猶不可棄。言之而非、雖在王侯卿相、未必可容。帝範（205）

得萬人之兵、不如聞一言之當。淮南子（206）一言興國、片語喪邦。抱朴子（207）

知者不言、言者不知。老子（208）信言不美、美言不信。老子（209）

狗不以善吠爲良、人不以善言爲賢。莊子（210）

語曰、能行之者、未必能言。能言之者、未必能行。史記（211）

聽不失一二者、不可亂以言。計不失本末者、不可紛以辭。史記（212）

富貴者贈人以財、仁者贈人以言。家語（213）

172下 傳曰、美言可以市、尊行可以加人。君子相送以言、小人相送以財。史記（214）

贈人以言、重於珠玉。傷人以言、痛於劍戟。漢書（215）

欲人勿聞、莫若勿言。欲人勿知、莫若勿爲。文選（216）

正言斯重、(元)玄珠比而尙輕。巽語爲珍、蒼璧喩而非寶。臣軌序（217）

言美則響美、言惡則響惡。身長則影長、身短則影短。臣軌（218）至言逆俗耳、眞語必違衆。抱朴子（219）

唇吻爲興亡之關鍵。同（220）其身雖歿、而言不朽。家語（221）

夫、目妄視則盲、耳妄聽則聾、口妄言則亂。顏（222）

季孫之愛我、疾疢也。孟孫之惡我、藥石也。美疢不如惡石。夫、石猶生我。疢之美、其毒滋多。

左傳(223)　凡諫所以安上、猶食之肥躰也。主逆諫則國亡。人呰食則躰瘦也。孝經(224)

烏鳶之卵不毀、而後鳳凰集。誹謗之罪不誅而、後良言進。漢書(225)

良藥苦口而利於病。忠言逆耳而便於行。後漢書(226 1)

藥酒苦於口而利於病、忠言逆於耳而利於行。韓子(226 2)

藥不毒、不可以蠲疾、詞不切、不可以補過。唐――(227)

夫、治膏肓者、必進苦口之藥。決狐疑者、必告逆耳之言。文選(228)

173上 昔萬乘之主、有諍臣七人則主無過擧。千乘之國、有諍臣五人則社稷不危。百乘之家、有諍臣三人則祿位不替。父有諍子、不陷无禮。士有諍友、不行不義。臣軌(229)

主暴不諫、非忠臣也。畏死不言、非勇士也。同(230)

汝則有大疑…謀及鄉士、謀及庶人、謀及卜筮。尚書(231)

無稽之言勿聽、弗詢之謀勿庸。可愛非君、可畏非民。同(232)

太宗曰、三人謀、從二人之言。魏文貞故事(233)

營營青蠅止于樊。豈弟君子、無信讒言。毛詩(234)

魯聽季孫之說逐孔子、宋任子冉之計囚墨翟。夫、以孔墨之辯、不能自免於讒諛。漢書(235)

昔卞和獻寶、以離斷趾、靈均納忠、終於沈身。後漢書(236)

良田敗於邪徑、黃金鑠於衆口。北史（237）

白日臨雲、不能垂照。朗璞蒙垢、不能吐輝。文選（238）

昔馬援以薏苡興謗、王陽以衣囊徼名。文選註（239）

173下 日月欲明、浮雲蓋之。河水欲淸、沙石穢之。人性欲平、嗜欲害之。淮南子（240）

蘩蘭欲茂、秋風敗之。王者欲明、讒人蔽之。帝範（241）

夫、讒佞之徒、國之蝥賊也。…令色巧言以親於上、先意承旨、以悅於君。同（242）

彼難受者、藥石之苦喉也。此易從者、鴆毒之甘口也。同（243）

今之少年、喜謗前輩。文選（244）　行高於人、衆必非之。同（245）

譬猶畫工悪圖犬馬而好作鬼魅。誠以實事難形、而虛僞不窮也。後漢書（246）

玉巵無當、雖寶非用。侈言無驗、雖麗非經。文選（247）

大僞若眞、大邪若正、大私若公、大害若利。聲隅子（248）

疑事無功、疑行無名。史記（249）　疑道不可由、疑事不可行。後漢書（250）

蓋聞、挹朝夕之池者、無以測其淺深。仰蒼蒼之色者、不足知其遠近。文選（251）

語曰、以管窺天、以蠡測海、以筳撞鐘。豈能通其條貫、考其文理、發其音聲哉。同（252）

蕃籬之鷃、豈能與之料天地之高哉…尺澤之鯢、豈能與之量江海之大哉。同（253）

174上 燕雀安知鴻鵠之志哉。史記（254）

譬由鼱鼩之襲狗、孤豚之咋虎。文選（255）以鵾梟而笑鳳凰、執蝘蜓而嘲龜龍。文選（256）

鳥不假甲於龜、魚不借足於獸。晉書（257）何異促鱗之游汀濘、短羽之棲翳薈。文選（258）

絆良驥之足而、責以千里之任、檻猨猴之勢而、望其巧捷之能者也。同（259）

駑蹇之乘、不騁千里之塗。鷰雀之疇、不奮六翮之用。楶棁之材、不荷棟梁之任。斗筲之子、不秉帝王之重。同（260）以犬羊之質服虎豹之文、無衆星之明假日月之光。同（261）

陶犬無守夜之益、瓦雞無司晨之警。鶡冠子（262）運蟷蜋之斧、禦隆車之墜。家語（263）

汝不知夫螳蜋乎。怒其臂以當車轍、不知其不勝任也。是其才之美者也。莊子（264）是猶使蚉負山、商蚷馳河也、必不勝任矣。同（265）譬之若載鼷以車馬、樂鴳以鐘鼓也。彼又惡能无驚乎哉。同（266）

174下 井魚不可以語於海者、拘於虛也。夏蟲不可以語於氷者、篤於時也。曲士不可以語於道者、束於教也。同（267）

涵牛之鼎、不可處以烹雞。捕鼠之狸、不可使之搏獸。一鈞之器、不能容以江漢之流。百石之車、不可滿以斗筲之粟。帝範（268）

傳曰、函牛之鼎以亨雞、多汁則淡而不可食。少汁則熬而不可熟。此言、大器之於小用、固有所不宜也。後漢書（269）

此猶養魚沸鼎之中、棲鳥烈火之上、水木本魚鳥之所生也。用之不時、必至焦爛。同（270）

烈火流金不能焚景、沈寒凝海不能結風。同（271）

惡火之燃、添薪望止其燄。忿池之濁、撓浪欲澄其流。帝範（272）

譬猶抱薪而救火。文選（273）欲湯之滄、一人炊之百人揚之無益也。不如絶薪止火而已。同（274）

譬如負薪救火、揚湯止沸。貞觀政要（275）

樹荷山上、畜火井中。文―（276）良匠不能斷水、良冶不能鑄水。抱（277）

175上 滄海之中、難爲水。霹靂後、難爲雷。遊仙窟（278）

猶河濱之人、捧土以塞孟津。後漢書（279）渇而穿井、臨難鑄兵。金樓子（280）

所謂藉寇兵而齎盗糧者也。史記（281）屋下架屋、牀上施牀耳。顏氏序（282）

夫、以一縷之任、係千鈞之重。上懸之无極之高、下垂之不測之淵。雖甚愚之人、猶知哀其將絶也。文選（283）

猶擧函牛之鼎、絓纖枯之末。後漢書（284）懼匏瓜之徒懸兮、畏井渫之莫食。文選（285）

空柯無刃、公輸不能以斲。同（286）見直木、必不可以爲輪、曲者不可以爲桷。同（287）

以往聖之法治將來。譬如膠柱而調瑟。修文殿御覽（288）

古人亦以官不得其才、比於畫地作餠。不可食也。貞觀政要（289）

琥珀不授腐草、磁石不授曲針。太平御覽 (290)

持方柄欲內圜鑿、其能入乎。史記 (291) 古人有言曰、雖鞭之長、不及馬腹。左傳 (292)

175下 褚小者不可以懷大、綆短者不可以汲深。莊子 (293)

濁其源而望流淸、曲其形而欲景直。後漢書 (294) 伐根以求木茂、塞源而欲流長。貞觀政要 (295)

譬猶縁木求魚、升山採珠。後漢書 (296) 戴盆望天、事不兩施。文— (297)

是猶曲表而欲直影、却行而求及前。同 (298)

廼欲以三代選擧之法取當世之士、猶察伯樂之圖求騏驥於市、而不可得亦已明矣。漢書 (299)

交淺而言深者、愚也。在賤而望貴者、惑也。未信而納忠者、謗也。同 (300)

非其路而行之、雖勞不至。非其有而求之、雖强不得。臣軌 (301)

僕之思歸、如痿人不忘起、盲者不忘視也。史記 (302)

猶卻行而、求及前人也。漢書 (303) 北轅適楚、南轅適晉。唐文粹 (304) 是隴西之遊、越人之射耳。文選 (305)

瞽者無以與乎文章之觀、聾者無以與乎鐘鼓之聲。莊子 (306)

176上 瞽者不見泰山、聾者不聞震霆。唐書 (307) 此猶捕雀以掩目、盗鐘掩耳者。貞觀政要 (308)

離婁之明、不能察帷薄之內。師曠之聰、不能聞百里之外。論衡 (309) 白骨再肉、枯樹重花。遊仙窟 (310)

使乾皮復含血、枯骨復被肉。後漢書 (311) 千里之差、興自毫端。失得之源、百世不磨矣。同 (312)

智者千慮、必有一失。愚者千慮、亦有一得。漢書(313)

智者之謀、萬有一失。狂夫之言、萬有一得。是以君子取狂夫之行、補萬得之一失也。金樓子(314)

所見不同、互有得失。論語序(315) 夫、求而不得者有之矣。未有不求而得者也。文選(316)

所謂刻鵠不成尙類鶩者也。鶩鴨也。後漢書(317)

所謂畫虎不成反類狗者也。同(318) 畫龍不成、反爲狗者。同(319)

過而不悛、亡之本也。左傳(320) 人誰無過、過而能改、善莫大焉。同(321)

176下 過則勿憚改。論語(322) 子曰、過而不改、是謂過矣。同(323)

悔過自責、反善。同(324) 稠人廣座之內、不宜有所過。同(325)

夫、銖銖而稱之、至石必差。寸寸而度之、至丈必過。文選(326)

分分而加之者、百鈞必過。毫毫而減之者、千里必差。唐文粹(327) 無德不報、無言不酬。毛詩(328)

子曰、以德報德、則民有所勸。以怨報怨、則民有所懲。禮記(329) 上之所施於下者厚、則下之報上亦厚。厚薄之報、各從其所施。薄施而厚饋、雖君不能得之於臣。雖父不能得之於子。孝經(330)

以直報怨、以德報德。論語(331) 匹夫有怨、尙有報萬乘。史記(332) 食人食者死其事。漢書(333)

古人云、朝爲蟬翼之喜、夕望丘陵之報。文選(334)

夫、雲集而龍興、虎嘯而風起。物之相感有自然者、不可謂毋也。孝經(335 1) 胡笳吟動、馬蹀而

悲。黄老之彈、嬰兒起舞。同（335 2）

夫、民所怨者、天所去也。民所思者、天所與也。擧大事必當下順。民心上合天意、功乃可成。後漢書（336）

177上 宋景言、善熒惑退、次光武寧亂、滹沱結氷。晉書（337）

落葉俟微風以隕、而風之力蓋寡。孟嘗遭雍門而泣、而琴之感以末。文選（338）

幽谷無私、有至斯響。洪鐘虛受、無來不應。文選（339）思士不妻而感、思女不夫而孕。太平御覽（340）

以石投水、千載一合。以水投石、無時不有。貞觀政要（341）

動萬物者、莫疾乎雷。橈萬物者、莫疾乎風。燥萬物者、莫熯乎火。說萬物者、莫說乎澤。潤萬物者、莫潤乎水。周易（342）

同聲相應、同氣相求。水流濕、火就燥。雲從龍、風從虎。聖人作而萬物覩。同（343）

貪夫徇財、烈士徇名。夸者死權、衆庶馮生。同朋相照、同類相求。雲從龍、風從虎。史記（344）

近河之地濕、近山之木長。新語（345）木與木相摩則然。金與火相守則流。莊子（346）

松茂而栢悅、芝焚而薰歎。文選（347）物至則反、冬夏是也。致至則危、累棊是也。史記（348）

177下 河海之跡、堙爲窮流、一簣之釁、積成山岳。文選（349）碧出萇弘之血、鳥生杜宇之魄。同（350）

寒谷豐黍、吹律暖之也。昏情爽曙、箴規顯之也。同（351）

蛇化爲龍、不變其文。家化爲國、不變其姓。史記 (352)

同舟而濟、則胡越何患乎。周易 (353) 父之讎共不戴天、兄弟之讎不反兵。禮記 (354)

古人有言曰、非所怨勿怨。左傳 (355)

怨毒之於人甚矣哉。王者尙不能行之於臣下。況同列乎。史記 (356) 毋爲怨府、毋爲禍梯。同 (357)

吹毛求疵。漢書 (358)

秦之有韓也、譬如木之有蠹也。人之有心腹之病也。史記 (359) 越與吳、譬猶腹心疾。同 (360)

敵不可假、時不可失。同 (361) 小敵之堅、大敵之禽也。同 (362) 困獸猶鬭、況國相乎。左傳 (363)

此猶兩虎相與鬭、兩虎相與鬭而、駑犬受其弊。史記 (364) 彼衆我寡、邪强正弱。貞觀格 (365)

178上 凡於宮內忿爭者、笞五十。聲徹御所及相毆者、杖一百。以刄相向者徒二年。律 (366)

飢者甘糟糠、穰歲餘粱肉。漢書 (367) 夫、寒者利裋褐、而飢者甘糟糠。史記 (368)

寒者不貪尺玉、而冀短褐。飢者不願千金、而美一飡。曹植表 (369) 猶飢之求食、寒之欲衣。同 (370)

夫、饑者易爲食、渴者易爲飮。晉書 (371) 飢者易爲飡、渴者易爲飮。非虛言也。顏氏 (372)

鬻棺者欲民之死、蓄穀者欲歲之饑。金樓子 (373) 易子而食、折骸以爨。左傳 (374)

陟彼高岡、我馬玄黃。毛詩 (375)

折翼之鳥、無復奮翅之勢。失水之魚、永絕躍鱗之望。花子 (376)

禽困覆車。史記(377) 爲戹歸人、滄水陵高。後漢書(378) 窮鼠齧貍。鹽鐵論(379)
鳥窮則啄、獸窮則攫、人窮則詐、馬窮則佚。家語(380) 夫、子之在此、猶燕之巣于幕也。史記(381)
178下 不入虎穴、不得虎子。後漢書(382) 危非仁不扶、亂非智不救。同(383)
譬猶踐薄氷、以待白日。豈不殆哉。漢書(384)
蹈薄氷以待夏日、登朽枝而須勁風。抱朴子(385) 猶氷霜見日、必至消滅。同(386)
乘船走馬、去死一寸。朝野僉載(387) 高蟬處乎輕陰、不知螗蜋襲其後也。晉書(388)
危素卵之累殼、甚玄燕之巣幙。文選(389) 執彫虎而試象兮、阽焦原而跟趾。同(390)
譬若載无轄之車、以臨千仞之谷。孔叢子(391) 君子居安、如危。小人居危、如安。禮記(392)
身危由於勢過而、不知去勢以求安。禍積起於寵盛而、不知辭寵以招福。文選(393)
心之憂危、若蹈虎尾、渉于春冰。尚書(394) 古人有言曰、畏首畏尾、身其餘幾。左傳(395)
人之所畏、不可不畏。老子(396) 人方爲刀俎、我爲魚肉。史記(397)
179上 懼危者常安者也、憂亡者恆存者也。晉書(398) 枯木朽株盡爲難矣。文選(399)
偸生、若魚遊釜中。喘息須臾間耳。後漢書(400)
坐臥念之、何以爲心。引鏡闚影、何以施眉目。擧厝建功、何以爲人。文選(401)
腸一日而九廻、居則忽忽若有所亡。同(402) 悲莫痛於傷心、行莫醜於辱先。同(403)

體有痛者手不能無存、心有懼者、口不能勿言。臣軌 (404)

體痛者口不能不呼、心悅者顏不能不咲。太平御覽 (405)

憂畏者、其猶水火不可暫忘也。唐曆 (406) 魴魚勞則尾赤、君子勞則顏色變。家語 (407)

譬猶池魚籠鳥而、有江湖山藪之思。文選 (408) 如涉川無梁、若陵虛失翼。同 (409)

寢不安席、食不甘味。漢書 (410) 夜而忘寐、飢而忘食。史記 (411) 上無所蔕、下無所根。文選 (412)

隣有喪舂不相、里有殯不巷歌。禮記 (413)

衰麻在身、即有悲哀之色。端冕在身、即有矜莊之色。介冑在身、即有可畏之色。孝經 (414)

179下 忌日不樂。謂死日也。言忌日不用擧吉事也。禮記 (415) 凡凶服不入公門。謂凶服者縗麻也。令 (416)

凡聞父母若夫之喪、匿不擧哀者、徒二年。律 (417)

凡父母死、應解官。詐言除喪不解者、徒二年。同 (418)

夫、送歸懷慕、徒之戀兮。遠行有羈旅之憤。文選 (419)

悠哉、悠哉、輾轉反側。毛詩 (420) 一日不見、如三秋兮。同 (421)

黯然銷魂者、唯別而已矣。文選 (422) 悲莫悲兮、生別離。樂莫樂兮、新相知。同 (423)

狐死首丘、代馬依風。後漢書 (424) 鐘儀幽而楚奏兮、莊舄顯而越吟。文選 (425)

小人性之懷土兮、自書傳兮有焉。文選 (426) 馬則吾馬、齒亦老矣。史記 (427)

晉景公疾病。求醫于秦。秦伯使醫緩爲之。未至。公夢疾爲二豎子曰、彼良醫也。懼傷我焉、逃之。其一曰、居肓之上、膏之下、若我何。醫至曰、疾不可爲也。在肓之上膏之下、攻之不可達
180上 之。不及藥、不至焉、不可爲也。公曰、良醫也、厚爲之禮而歸之。左傳 (428)

扁鵲不能治、不受鍼藥之疾。賢聖不能正、不食諫諍之君。鹽鐵論 (429)

今之欲王者、猶七年之疾求三年之艾也。孟子 (430)

李勣時遇暴疾。驗方云、鬚灰可以療之。太宗乃自剪鬚爲其和藥。勣頓首見血。泣以陳謝。太宗曰、吾爲社稷計耳。不可煩深謝。貞觀政要 (431)

凡詐疾病、有所避者、杖一百。律 (432)

豆令人重、楡令人瞑。合歡蠲忿、萱草忘憂。愚智所共知也。文選 (433)

脩性以保神、安心以全身。同 (434)

夫、足寒傷心、人勞傷國、自然之理也。養心者不寒其足、爲國者不勞其人。臣軌 (435)

人生天地之閒、若白駒之過郤、忽然而已。莊子 (436)

有同必異、自昔攸然、樂盡哀生、古來常事。遊仙窟 (437)

人者有生冣靈、一死不可復活。唐曆 (438)

吾今羈旅、身若浮雲。顏氏 (439)

180下 常恐、先朝露塡溝壑、墳土未乾而、身名並滅。文選 (440)

身非木石、其能久乎。同 (441)

懿親戚屬、亡多存寡。昵交密友、亦不半在。或所曾共遊一塗、同宴一室、十年之外、索然已盡。

同（442）

悲夫、川閲水以成川、水滔滔而日度。世閲人而、爲世人、冉冉而行暮。同（443）

人何世而弗新世、何人之能故、野毎春其必華、草無朝而遺露。同（444）

・譬日及之在條・、恆雖盡而弗寤。同（445）

鳥之將死、其鳴也哀。人之將死、其言也善。論語（446）

佛敎、自殺者不得復人身。宋書（447）

龍朔二年六月、詔奉常寺、毎五月六月、停敎音樂、以太宋文皇帝、文德大后忌日故也。唐暦（448）

明文抄　五

神道部　佛道部　文事部　武事部
諸道部　雜物部　雜事部

神道部

181上 一陰一陽、之謂道。周易 (1) 陰陽不測、之謂神。同 (2)
一陰一陽化育萬物、而五行爲之用。太平廣記 (3)
禮煩則亂、事神則難。尚書 (4) 至治馨香、感于神明。非(衍)黍稷非馨、明德惟馨。同 (5)
祭豐年不奢、凶年不儉。禮記 (6) 天則不言而信、神則不怒而威。同 (7)
非所祭而祭、名曰淫祀。淫祀無福妄祭神不饗。同 (8)
諸道勘文云、保安元年四月之比、四條町辻神町家差人俄以奉祭、村童等先年戲奉祝。云々。今
年奉祭之間、美麗无極。仍被止了、云々。(9)
國之將興、明神(神明)降之、監其德也。將亡神又降之、觀其惡也。故有得神以興、亦有以亡。左傳 (10)
181下 非德民不和、神不享矣。神所馮依將在德矣。同 (11) 神不歆非類、民不祀非族。同 (12)
神福仁而禍淫、淫而無罰福也。同 (13) 神怒民叛、何以能久。同 (14) 神怒不歆其祀、民叛不即

其事。同（15）夫、民神之主也。是以聖王先成民、而後致力於神。同（16）
鬼神依人而行。六帖（17）神不享非禮。論語（18）
祭神如神在、事死如事生。同（19）和其光同其塵。老子（20）
動民以行不以言、應天以實不以文。下民微細、猶不可詐。況於上天神明而可欺哉。漢書（21）
犯人者有亂亡之患、犯神者有疾夭之禍。同（22）
垂仁天皇廿五年三月、天照大神、誨倭姫命曰、是神風伊勢國、則常世之浪重浪歸國也。傍國可怜國也。欲居是國。故隨大神教、其祠立於伊勢國、因興齋宮於五十鈴川上。是謂磯宮。則天神大神始自天降之處也。一云、天皇以倭姫命爲御杖、貢奉於天照大神、是以倭姫命以天照大神、
182上 鎭座於磯城嚴橿之本而祠之。然後、隨神誨、取丁巳年冬十月甲子、遷于伊勢國渡遇宮。日本紀（23）
政事要略云、右府生竹田種理語云、伊勢遷宮□爲官史生行事功了。參向彼宮、夢禰宜中臣氏長教曰、於外鳥居之下申、南無救世觀世音菩薩可奉禮拜。仍百遍許突額、夢覺之後、以此旨語氏長、答云、可蒙大神宮御助也。成撿非違使哉者。明年補府生、氏長之言、似有其驗、若大神觀音御變、依奇夢記之。于時寛弘三年二月廿日。（24—1）
　匡房御談曰、俊明卿說、大神宮者救世觀世音御垂跡也。云々。若就政事要略言之歟。（24—2）
局有明信、澗谿治疇之毛、蘋蘩薀藻之菜、筐筥錡釜之器、潢汙行潦之水、可薦於鬼神、可羞於

王公。同（25）

鬼神害盈、皇天輔德。文選（26）鬼神無常享、享于克誠。尙書（27）鬼神非人實親、惟德是依。左傳（28）見豕負塗、載鬼一車。周易（29）

182下 度朔作梗、守以鬱壘、神荼副焉。對操索葦。文選（30）

藐姑射之山有神人居焉。肌膚若冰雪、淖約若處子。不食五穀、吸風飲露。乘雲氣御飛龍、而遊乎四海之外。莊子（31）

麻姑謂王方平曰、接侍以來見東海、三爲桑田。神仙傳（32）

獲罪於天、無所禱。論語（33）至德所感、通於神明。後漢書（34）

凡大祀云々、幣帛之屬、不如法杖六十。闕數者杖八十、全闕者杖一百、中小祀遞減二等。律（35）

攘災招福、必憑幽冥敬神尊佛、淸淨爲先。弘仁格、神龜二年詔（36）

凡大神宮事、異於諸社、宜依延暦廿年四月十四日格、永無改減、若有乖忤科違勅罪。貞觀格（37）

二月祈年、六月・十二月月次、十一月新嘗祭等者、國家之大事也。欲令歳災不赴時、令順度預此祭神、京畿外國大小通・五百五十八社。延喜格（38）

散齋之內、不得弔喪問疾食完、不判刑殺、不決罰罪、人不作音樂、不預穢惡之事。弘仁格（39）

183上 恠異之事聖人不語、妖言之罪法制非輕、而諸國信民狂言申上寔繁。云々 自今以後若有百姓輙稱

託宣者、不論男女、隨事科決。但有神宣灼然其驗尤著者、國司檢察定實言上。同（40）

諸國神宮司等並限以六年補替之事、先立制說云々。件神宮司未滿限年、若□限解不得補替。仍令神主幷祝行事服闋之日復任滿限者。同（41）

有官之輩、若兼任神主、全直本職不勞神社、神社傾覆職此之由、望請檟抽元官云々。貞觀格（42）

夜祭會飮先已禁斷、所司寬容不加捉搦、云々。自今以後嚴禁斷。必晝日不得及昏。弘仁格（43）

巫覡之徒好說禍福、庶民之愚、仰信妖言、云々。自今已後□切禁斷。弘仁格（44）

夫、神有大小、好惡不同。善神惡淫祀、貧神受邪幣。貞觀格、清麿參詣時、宇佐託宣詞也。（45）

謹檢名神本紀云、不聞人聲之深山、吉野丹生川上、立我宮以敬祀者、爲天下降甘兩止霖雨者、
183下 依神宣造件社、自昏至今奉幣奉馬、仍四至之內放牧神馬禁制狩獵。延喜格（46）

天子擇日月禮大一五天及三萬六千神祇者、君臣延壽、天下太平、百姓豐年、災恠消滅。洛書斗中圖（47）

凡有所憎惡而造厭魅、及造符書呪詛、欲殺人者、各以謀殺論、減二等。律（48）

佛道部

183下 穆王五十二年壬申二月十五日、佛於西國入滅、時七十九。釋靈實年代曆（1―1）

算博士行康勘文曰、釋尊入滅、穆王五十二年壬申歲、距于本朝保元元年丙子合二千一百五十年也。（1―2）

後漢明帝永平七年、夜夢金人身長丈六頃、凧日輪飛空而至、光明赫奕、照於殿庭、且集群臣令
占所夢、通人傳毅進奉勤云、臣聞、西方有神、名佛、陛下所見將必是乎。帝以爲然、欣感靈瑞、
184上 詔遣使者羽林中郎蔡愔、博士秦景、弟子王遵等一十四人往適天竺於月支國遇攝摩騰、寫得佛經
卌二章。幷獲畫像、載以白馬、還達洛陽、因起伽藍名白馬寺。歷代三寶記、或又得塡王栴檀像云々。（2）

欽明天皇十三年壬申十月、百濟國王貢釋迦文佛金銅像彌勒石像各一軀經論等日本紀、扶桑略記阿彌陀三尊云々。（3）

凡諸寺佛菩薩像、若在穢所露當風雨者、取集二三寺像、安置一淨寺。以令燒香散花禮拜供養、若檀越等願安置淨所、供養者聽之。延喜式（4）

唐家天下寺、惣五千三百五十八所、二千二百五十所、僧二千一百一十三所、尼每寺上座一人、寺主一人、都維那一人、共繩統衆事。大唐六典（5）

國分二寺初建自遠、一則名爲金光明護國寺、一則號爲法華滅罪寺、最勝法華二部經、各十部、如法書寫粧飾藴櫝。貞―格（6）

184下 定額諸寺、其數有限云々。比采所司寛縱、曾不糺察、加經年代無地不寺、自今以後私立道場及將田園宅地捨施、幷賣易與寺、主典以上解却見任云々。弘仁格（7）

嚴淨國家無過伽藍、撥却災難豈若佛威。同（8）

内外兩教本爲一體、内典初門設五種禁。外書仁義禮智信、皆與之符。仁者不殺之禁也。義者不盗之禁也、禮者不邪之禁也。智者不酒之禁也。信者不妄之禁也。顏氏（9）

釋迦生中國、設教如周孔。周孔生西方、設教如釋迦。太平廣記（10）

案經云、若有國土講演・讀誦・恭敬・供養・流通此經王者、我等四王常來擁護一切災障、皆使消殄、憂愁・疾疫、亦令除差。所願遂、心恒生歡喜者、冥令天下諸國、各令敬造七重塔一區、幷寫金光明最勝王經・妙法蓮華經、各十部。朕又別擬寫金字金光明最勝王經、每塔、各令置一部。弘仁格（11）

消禍・長福・護持國土者、仁王般若斯最居先。是以天竺城中興行此業、國家治平、災難不起。延喜格（12）

185上 增寶祚於長代、眞言之力也。消禍胎於未萠、止觀之道也。同（13）

若日月在人本命宮中、及五星在本命宮、鬪戰失度、可立大息災、觀音或文珠八字熾盛光佛頂等道場、各依本法、念誦一切災難自然消散。攘災決（14）

凡天下僧尼、誦佛頂尊勝陀羅尼、日滿廿一遍、其諸國、毎至年終、具錄遍數。付朝集使言上。延喜式（15）

人之在世、恆與罪俱巳。因三業而成過、亦從六根而致咎、罪相所緣若干無數。貞觀格、應行佛名懺悔事（16）

一人修道濟度幾計、蒼生免脫幾身罪累、幸熟思之。汝曹若觀俗計、樹立門戸、不得悉棄妻子、未能出家。但當（猶）兼修戒行、留心誦讀（讀誦）、以爲來世津梁（資粮）、人身難得、勿虛過也。顏氏（17）

以詩禮之教格、朝廷之人、略無全行者。以經律之禁格、出家之輩、而獨責無記哉。同（18）

今見衆僧多乖法旨、或私定檀越、出入閭巷、或誣稱佛驗詿、誤愚民、非唯比丘之輩、不愼教律、
185下
抑是所司不勤捉搦。弘仁格（19）

比年之間、僧尼懺座、妄愛哀音、蕩逸高叫。非但厭俗中之耳。抑亦乖眞際之趣、如不改正何肅法門。同（20）

比來在京僧尼不練戒律、淺識輕知巧說、罪福之因果。門底廛頭、眩誘都輩之衆庶、內黷聖教、外虧皇猷、逐今人之妻女、動有事、故自剃頭髮、輙離室家、無懲綱紀、不顧親夫、或於路衢、負經捧鉢、或於坊邑害身燒指、初似修道、終爲姧亂、永言其弊、特須禁斷。同（21）

凡王臣已下誦經布施物數者、親王一品商布五百段已下、二品三百段已下、三品四品二百段已下、諸王諸臣、一位五百段已下、二位三百段已下、三位二百段已下、四位一百段已下、五位五十段已下、六位已下卅段已下。延喜式 (22)

凡齊會不得以奴婢・牛馬及兵器宛布施。令 (23)

186上
凡僧尼卜相吉凶、及小道巫術療病者、比還俗、其依佛法持咒救疾、不在禁限。同 (24)

凡僧尼非在寺院、別立道場、聚衆教化、皆還俗。同 (25)

凡僧尼作音樂、及博戲者、百日若使碁琴、不在制限。同 (26)

凡僧不得輙入尼寺、尼不得輙入僧寺。同 (27)

凡僧尼不得私蓄、園宅、財物、及興販出息。同 (28)

僧或有子、多事假蔭、違教犯法理、令改正。弘仁格 (29)

取僧尼兒、詐作男女、令得出家者、准法科罪。同 (30)

文事部

186上 玉不琢不成器、人不學不知道。是故古之王者建國、君民教學爲先。禮記（1）

常玉不琢、不成文章。君子不學、不成其德。漢書（2）

雖有嘉肴、弗食不知其旨也。雖有至道、弗學不知其善也。禮記（3）

木中有火、不鑽不燃。土中有水、不掘無泉。顏氏（4）

186下 子曰、學而時習之、亦不悅乎。論語（5）　行有餘力、則以學文。同（6）

敏而好學、不恥下問。同（7）　子曰、人能弘道、非道弘人。同（8）

孔子曰、生而知之者上也。學而知之者次也。困而學之、又其次也。困而不學、民斯爲下矣。同（9）

耕也餒在其中矣。學也祿在其中矣。同（10）

古之學者、祿在其中。今之學者、困於貧賤。北史（11）

君子以文會友、以友輔仁。論語（12）

子曰、吾嘗終日不食、終夜不寢。以思、無益、不如學也。同（13）

子夏曰、仕而優則學、學而優則仕。同（14）

顏淵喟然歎曰、仰之彌高、鑽之彌堅。瞻之在前、忽焉在後。同（15）

貧而樂道、富而好禮。同(16) 哀公問、弟子孰爲好學。孔子對曰、有顏回者。好學、不遷怒、
不貳過。不幸短命死矣。今也則亡。未聞好學者也。同(17)
好學之爲福也。猶飛鳥有羽翼也。莊子(18)
187上 毛羽未成、不可以高蜚。文理未明、不可以幷兼。史記(19) 改一字與千金。同(20)
凡學仕者、高則望宰相、下則希牧守。後漢書(21)
待周公爲相則世無利國、待孔子而後學則世無儒墨。鹽鐵論(22)
富貴匪自天降、乃勤學所致耳。北史(23) 人之才能、各有長短。蜀志(24)
古人因事爲文。今人以文害事。唐書(25) 學校如林。庠序盈門。文選(26)
文人相輕、自古而然。同(27) 善學者、假人之長以補其短。呂氏春秋(28)
獨學而無友則孤陋而寡聞。禮記(29) 以書御者不盡馬之情。以古制今者、不達事之變、循法之功、
不足以高世。法古之學、不足以制今。史記(30)
採寶水珠、必詣瑤池之肆。益身潤己、須入智者之門。抱朴子(31)
187下 雖百世小人、知讀論語・孝經者、尚爲人師。雖千載冠冕、不曉書記者、莫不耕田養馬。顏氏(32)
諺曰、積財千萬、不如薄伎在身。伎之易習而可貴者、無過讀書也。同(33)
是猶求飽而嬾營饌、欲暖而惰裁衣也。同(34) 讀書之人、自羲農已來、宇宙之下、凡識幾人、

凡見幾事、生民之成敗好悪、固不足論、天地所不能藏、鬼神所不能隱也。同(35)

不得以有學之貧賤、比於無學之富貴也。同(36)

夫、學者猶種樹也。春玩其華、秋登其實。講論文章、春華也。修身利行、秋實也。同(37)

人生小幼、精神專利。長成已後、思慮散逸。固須早教、勿失機也。同(38)

幼而學者、如日出之光。老而學者、如秉燭夜行。同(39)

曾子七十乃學、名聞天下。荀卿五十、始之遊學、猶爲碩儒。公孫弘卌餘、方讀春秋、以此遂登丞相。朱雲亦卌、始學易・論語。皇甫謐廾、始授孝經・論語。皆終成大儒。同(40)

188上 子當以養爲心。父當以學爲教。同(41)

學問有利鈍、文章有巧拙。鈍學累功、不妨精熟、拙文研思、終歸蚩鄙、但成學士、自足爲人、必乏天才、勿强操筆也。同(42)

好爲可笑詩賦誂撆邢魏諸公。同(43)

借人典籍、皆須愛護、先有缺壞、就爲補治。此亦士大夫之百行之一也。同(44)

文章無可傳於集錄、書迹未堪以留愛翫。同(45)

弘風遵俗、莫尙於文。敷教訓人、莫善於學。帝範(46)

夫、登東嶽者、然後知衆山之邐迤也。奉至尊者、然後知百里之卑微也。文選(47)

不臨深溪、不知地之厚。不遊文翰、不識智之源。然則質蘊吳竿、非括羽不美、性懷辨慧、非積

學不成。帝範 (48)

弘奬名教、勸勵學徒。既擢明經於靑紫、將㸪碩儒於卿相、聖人之善誘也。貞觀政要 (49)

188下 夫、不學則不明古道、而能政致太平者、未之有也。同 (50) 鷙鳥累百、不如一鶚。漢書 (51)

學若牛毛、成猶麟角。顏氏 (52) 學如牛毛、成如牛角。蔣子萬機論 (53)

上智不教而成。下愚雖教無益。中庸之人、不教不知。顏氏 (54) 水積成淵、學積成聖。葛氏 (55)

干將雖利、不得人力、不能自斷。…人才雖高、不務學問、不能致聖。說苑 (56)

索物於夜室者、莫良於火燭。索道於當世者、莫良於典籍。潛夫論 (57)

古語曰、容體不足觀、勇力不足恃。族姓不足道、先祖不足稱。然而顯四方、流聲後胤者、其唯學乎。信哉、斯言也。北史、儒林傳 (58)

三墳 伏犧　神農　黃帝之書、謂之三墳　言大道也

五典 少昊　顓頊　高辛　唐虞之書、謂之五典。言常道也

八索 八卦之說、謂之八索。求其義也

九丘 九州之志、謂之九丘。丘聚也。言九州所有土地、所生風氣所宜、皆聚此書也

已上古文尚書序 (59)

189上 七經 孝經　禮記　毛詩　尚書　論語　周易　左傳　釋奠講書　次第如此

十三經 毛詩　尚書　禮記　周易　左傳　周禮　儀禮　公羊　穀梁　論語　孝經　老子　莊子

匡房御說云、除老子可加爾雅、老子者、是依爲唐書也。

三史 史記　漢書　東觀漢記　或說、除東觀記、加後漢書、但史記發題幷初學記、三史皆加東觀記、又吉備大臣三史櫃如此云々。然而當時所用者後漢書也。

三國志魏・吳蜀　八代史晉書宋書齊春秋梁典北齊書陳書周書隋書唐書　或說　魏　晉　宋　齊　梁　陳　隋　唐(60)

唐書曰

初隋嘉則殿書卅七萬卷　唐武德初八萬卷

開元著錄五萬三千九百十五卷(61)

本朝

見在書目錄一萬八千六百十八卷

正五位下行　陸奧守藤原朝臣佐世奉　敕撰(62)

詩者志之所之也。在心爲志、發言爲詩。情動於中而形於言。言之不足。故嗟歎之。嗟歎之不足、

189下 故永歌之。永歌之不足。不知手之舞之、足之蹈之也。毛詩序(63)

正得失、動天地、感鬼神、莫近於詩。同(64)　詩言意、歌長言、聲依永、律和聲。史記(65)

子謂伯魚曰、女爲周南、邵南矣乎。人而不爲周南、邵南、其猶正牆面而立也與。論語(66)

鯉趨而過庭、曰、學詩乎。對曰、未也。不學詩、無以言也。鯉退而學詩、他日又獨立。鯉趨而過庭、曰、學禮乎。對曰、未也。不學禮、無以立也。鯉退而學禮。聞斯二矣。陳亢退而喜曰、問一得三、問詩、問禮、又聞君子之遠其子也。同(67)

郝隆爲桓公南蠻參軍、三月三日會、作詩不能者、罸酒三升。世說（68）

高適字達夫、年五十、始爲詩卽工。新唐書（69）　昔成康沒而頌聲寢、王澤竭而詩不作。文選（70）

淵雲之墨妙、巖樂之筆精。同（71）　意不稱物、文不逮意。同（72）　蓋非知之難、能之難也。同（73）

190上 課虛無以責有叩、寂莫而求音。同（74）

蕭文琰丘令楷江洪云々。竟陵王子良、嘗夜集學士、刻燭爲詩。四韻者卽刻一寸、以此爲率。文琰曰、頓燒一寸燭而成四韻、詩可難之有。乃與令楷江洪等共、打銅鉢韵響滅則詩成、皆可觀覽。南史（75）　獻田宅者操書契。禮記（76）　尺牘書疏。千里面目。顏氏（77）

張芝字白英、善草書。家人衣帛、必先書而後練。臨池學書、池水盡黑、寸紙不遺。謂之草聖。晉書（78）

或筆、或削、一增一損。令義解表（79）　子曰、書不盡言、言不盡意。周易（80）

善人者不善人之師（也）。不善人者善人之資。老子（81）

大學之禮、雖詔於天子、無北面、所以尊師也。禮記（82）　春秋教以禮樂、冬夏教以詩書。禮記（83）

溫故而知新、可以爲師矣。論語（84）　斆學半。尚書（85）

桓榮…曰、今日所蒙稽古之力也。後漢書（86）　學者思明師、仕者思明君。顏氏（87）

190下 學不可以已。靑取之藍而靑於藍、氷生於水而寒於水。孫卿子（88）

青朵出於藍而、質青於藍者、教使然也。史記（89）
國尚師位、家崇儒門。文選（90）孔子侍曰、儒有席上之珍、以待聘。禮記（91）
儒有不寶金玉而忠信以爲寶。不祈土地。立義以爲土地、不祈多積、多文以爲富。同（92）
儒有忠信以爲甲冑、禮義以爲干櫓。同（93）夫、才生於世、世實須才。文選（94）
不以小疵、妨大材。漢書（95）小材雖累日不離於小官、賢材雖未久不害爲輔佐。同（96）
回也聞一以知十、賜也聞一以知二。論語（97）陳平以知有餘、見疑。周勃以朴忠、取信。史記（98）
昔賈誼十八、世稱才子。漢文呂以除博士。不疑十三人號神童。魏武聞之、拜議郎。唯論人才何
物年齒。貞觀格、應任國博士不限年紀事。（99）
191上 智者不惑、仁者不憂、勇者不懼。論語（100）智者之慮、慮於未形。達者所規、規於未兆。文選（101）
聰者聽於無聲、明者見於未形。史記（102）知之爲知之、不知爲不知、是知也。論語（103）
惠子謂莊子曰、吾有大樹、人謂之樗。其大本擁腫而不中繩墨。其小枝卷曲而不中規矩。立之塗、
匠者不顧。今子之言、大而無用、衆所同去也。莊子（104）莊子行於山中、見大木枝葉盛茂。伐木
者、止其旁而不取也。問其故。曰、无所可用。莊子曰、此木以不材得終其天年矣。同（105）
莊子出於山、舍於故人之家。故人喜、令豎子殺鴈而亨之。豎子請曰、其一能鳴、其一不能鳴。
請、奚殺。主人曰、殺不能鳴者。明日弟子問於莊子云、昨日山中之木、以不材得終其天年。今

主人之鴈、以不材死。先生將何處。莊子笑曰、周將處夫材與不材之閒。同 (106)

191下 少見之人、如從管中闚天也。史記 (107) 區區管窺、豈能照一隅哉。後漢書 (108)

所謂、知其一未睹其二。見其外不識其内也。文選 (109) 十分而未得其一端、故不能偏擧。同 (110)

貞觀八年三月、詔進士、試讀一部經史、唐制凡取士之道、諸州及國學每歲貢人其類有六。一曰秀才、二曰明經、三曰進士、四曰明法、五曰書、六曰筭。其弘文生崇文生各依所習業、隨明經進士例、其秀才試方略策五條、文理倶高者爲上上、文高理平爲上中、文理倶平爲上下、文理粗通爲中上、文劣理滯爲不第。唐書 (111)

凡秀才取博學高才者、明經取學通二經以上者、進士取明閑時務、幷讀文選爾雅者、明法取通達律令者。令 (112) 凡學生在學、不得作樂及雜戲、唯彈琴習射不禁。同 (113)

大學生徒、家道困窮、無物資給、雖有好學、不堪遂志。弘仁格 (114)

192上 則天載初元年二月十四日辛酉、策問貢擧人于洛城殿前數日方畢。殿前試人自茲始也。唐曆 (115)

天寶十三載十月、御勤政樓試四科擧人、其詞藻宏麗問策外、更試詩賦各一道、制擧人試詩賦自此始也。同 (116)

大學者尙才之處、春賢之地也。天下之俊咸來、海内之英竝萃。遊夏之徒、元非公相之子、楊馬之輩出自寒素之門。高才未必貴種。貴種未必高才。且夫王者用人唯才是貴、朝爲厮養夕登公卿。

貞觀格（117）

凡莵（兔）毛筆一管、寫眞行書一百五十張、注一百張、墨一廷、書三百張、鹿毛筆一管、書六百張。

延喜式（118）

凡寫書者、發首皆留二行、卷末留一行、空紙。然後題卷。其裝裁者、橫界之外、上一寸一分、下一寸二分、惣得九寸五分。同（119）

壹張壹弛、文武之道也。禮記（120）　文武之道、未墜於地、在人。論語（121）

192下 有文事者必有武備、有武事者必有文備。史記（122）　文能附衆、武能威敵。同（123）

守文之世、德高者位尊。倉卒之時、功多者賞厚。後漢書（124）

地利不如人和、武力不如文德。鹽鐵論（125）

有文無武、無以威下。有武無文、民畏不親、文武倶至、威德乃成。說苑（126）

文武二途、捨一不可。帝範（127）

武事部

192下 夫、武禁暴、戢兵、保大、定功、安民、和衆、豐財者也。此武七德也 左傳（1）

古者明王伐不敬、取其鯨鯢而封之。以爲大戮。同（2）

見可而進、知難而退、軍之善政也。兼弱功昧、武之善經也。同（3）

兵者不祥之器、非君子之器。不得已而用之。老子（4）

兵者凶器也。戰者逆德也。爭者事之末也。史記（5）

夫、兵甲者國之凶器也。土地雖廣好戰則民彫。邦境雖安忘戰則民殆…不可以全除、不可以常用。帝範（6）

子曰、三軍可奪帥也。匹夫不可奪志。論語（7）

193上 衞靈公問於孔子。孔子對曰、俎豆之事、則嘗聞之矣。軍旅之事、未之學也。同（8）

伐國不問仁人、戰陣不訪儒士。後漢書（9）

師之所處、荊棘生焉。大軍之後、必有凶年。老子（10）

無喪而慼憂、必讎焉。無戎而城讎、必保焉。左傳（11）

軍志有之、先人有奪人之心。後人有待其衰。同（12）

先卽制人、後則爲人所制。史記（13）

司馬法曰、國雖大好戰必亡。天下雖平忘戰必危。同（14）

夫、警衛不修、則患生非常。後漢書（15）千里而襲人、未有不亡者也。公羊（16）

夫、兵猶火也。弗戢將自焚也。左傳（17）

衆怒如水火、不可救也。史記（18）丁壯苦軍旅、老弱罷轉漕。同（19）負戎馬之足、懷禽獸之心。同（20）禍莫大於殺已降。同（21）受命之日忘家、出門之日忘親。同（22）

軍中聞將軍令（命）、不聞天子之詔。史記（23）弓調而後求勁焉、馬肥而後求良焉。臣軌（24）

193下 軍無財則末不來、軍無賞則士不往。軍（故）讖曰、香餌之下必有懸魚。重賞之下必有死夫。黄石公三略（25）

地勢便利、其以下兵於諸侯、譬猶居高屋之上建瓴水也。漢書（26）

以兵授太尉勃、勃入軍門。行令軍中曰、爲呂氏右袒、爲劉氏左袒。軍皆左袒。同（27）漢大臣皆故高帝時將、習兵事、多謀詐。同（28）假賊兵爲虎翼者也。同（29）介冑之士不拜。同（30）

千石弩、不爲鼷鼠發機。大國之帥、豈爲蠻夷動衆勝之。不武不勝爲笑。魏文貞故事（31）

敗軍之將、不可以言勇。亡國之大夫、不可以圖存。史記（32）

雷霆之所擊、無不摧折者。萬鈞之所壓、無不糜滅者。漢書（33）

吳彊大、夫差以敗。粤棲會稽、句踐伯世（以伯）。同（34）

句踐軾蛙、卒成覇業。徐偃棄武、終以喪邦。尚書（35）

馬援據鞍顧眄、以示可用。帝笑曰、矍鑠哉是翁也。後漢書（36）

194上 深入未必爲得、不進未必爲非。同(37) 救右則撃其左、救左則其右。已上同(38)
力稱烏獲、捷言慶忌。文選(39) 以五千之衆對十萬之軍、策疲乏之兵、當新羈之馬。李陵入胡事也。同―(40)
猛將如雲、謀臣如雨。已上同(41)
兵凶器、戰危事。漢書(42) 彊者負力、弱者惶惑。後漢書(43)
旗幟蔽野、埃塵連天。鉦鼓之聲、聞數百里、積弩亂發、矢下如雨。城中負戸而汲。同(44)
劉將軍平生見小敵怯、今見大敵勇、甚可怪也。同(45) 光武初騎牛、殺新野尉乃得馬。同(46)
大衆一散、難可復合。時不可留、衆不可逆。同(47) 天時寒、面皆破裂。至呼沱河、無船、適遇
氷合、得過。未畢數車而陷。同(48) 反國之王、難與守城。漢書(49)
薄戍綿冪、無異蛛蝥之網。弱卒瑣甲、無異螳蜋之衞。文選(50)
194下 野獸已盡而獵狗亨。…敵國破、謀臣亡。史記(51) 蜚鳥盡、良弓藏。狡兔死、走狗烹。同(52)
養由矯矢、獸號于林。文選(53) 力拔山兮、氣蓋世。史記 項羽事也。(54)
人馬倶驚、辟易數里。同(55) 畏蜀如虎。蜀志(56)
此兩人者、馬佚能止之。車覆能起之。文選(57)
夫、水行不避蛟龍者、漁父之勇也。陸行不避兕虎者、獵夫之勇也。白刃交於前、視死若生者、
烈士之勇也。莊子(58)

夫、登高棟、臨危檐而、目不眴心不懼者、此工匠之勇也。入深泉刺蛟龍、抱黿鼉而出者、此漁父之勇也。入深山刺猛獸抱熊羆而出者、此獵夫之勇也。臨戰先登、暴骨流血、不辭者、此武士之勇也。居於廣廷、作色端辨、以犯君之嚴顏、前雖有乘軒之賞、未爲之動。後雖有斧鑕之誅、未爲之懼者、此忠臣之勇也。臣軌 (59)

羽族以觜距爲刀鈹、毛群以齒角爲矛鋏。文選 (60) 鷙鳥之擊也、必匿其形。史記 (61)

195上 虎豹之所以勝人、執百獸者、以其爪牙也。韓子 (62)

夫、搏牛之蝱、不可以破蟣蝨。史記 (63) 譬若施韓盧而搏蹇兎也。同 (64)

猛虎在深山、百獸震恐。及其在檻穽之中、搖尾而求食。積威約之漸也。文選 (65)

鼠憑社貴、狐藉虎威。同 (66)

凡、擅發兵廿人以上、杖一百、五十人、徒二年。若有逃亡、盜賊權差人夫足以追捕、及公私田獵者不用此律。律 (67)

凡、大將出征、皆授節刀。辭訖不得反宿於家。令 (68)

諸國甲冑稍經年序。悉皆澁綻多不中用云々。今革之爲甲牢固、徑人擐躬輕便中箭難貫、計其功程殊亦易成、自今以後諸國所進年料甲冑宜皆爲革。弘—格 (69)

195上 農民則計量耕稼、商賈則計論貨賄、工巧則致精器用、伎藝則深思法術、武夫則慣習弓馬、文士
195下 則講義經書。顏氏（1） 算術亦是六藝要事。同（2）

醫師掌醫之政、令聚毒藥以共醫事云々。十全爲上、十失一次之、十失二次之、十失三次之、十失四爲下。周禮（3）

凡、藥以酸養骨、以辛養筋、以鹹養脉、以苦養氣、以甘養肉、以滑養竅。同（4）

醫不三世、不服其藥。禮記（5） 君之藥、臣先嘗之。父之藥、子先嘗之。唐書（6）

鶣鵲不能肉白骨、微箕不能存亡國。鹽鐵論（7）

老病作醫、老兵作將。朝野僉載（8）

凡、醫違方詐療病而取財物者、以盜論。律（9）

昔貞觀末年、先帝令波羅門僧那羅儞婆寢、依其本國仙方、合長年神藥徵求、靈草祕石歷年而成。先帝服之無效。大漸之際、名醫莫知所爲、時議者歸罪胡人。唐曆（10）

解陰陽者、爲鬼所嫉。顏氏（11）

196上 乃命羲和、欽若昊天、曆象日月星辰、敬授人（民）時。尚書（12）

卜筮者、先聖王之所以使民信時日、敬鬼神畏法令・(者)也。所以使民決嫌疑、定猶與也。禮記 (13)
定天下之吉凶、成天下之亹亹者、莫善於(大乎)蓍龜。同 (14)
夫、卜筮者所以定猶豫決疑、若黷禮亂常、先天所不用也。唐暦 (15)
吉事有祥。象事知器、占事知來。周易 (16)
三人占則從一人之言。尚書 (17) 禹曰、枚卜功臣、惟吉之從。同 (18)
帝曰、禹官占、惟先蔽志、昆命于元龜。帝王立卜占之官、故曰官占。官占之法、先斷人志、後命元龜、言定然後卜也。同 (19)
卜筮不過三。禮記 (20) 卜筮射六得三、醫藥活十差五。顏氏 (21) 古者卜以決疑。今人生疑於卜。(22)
龜筮猶不能知也。而况於人乎。禮記 (23) 卜以決疑・不疑何卜。左傳 (24)
196下 年鈞擇賢義鈞、則卜古之道也。同 (25) 年鈞以德、德鈞以卜。同 (26) 初晉獻公、欲以驪姫爲夫人。卜之不吉。筮之吉。公曰、從筮。卜人曰、筮短龜長、不如從長。同 (27) 諺曰、非宅是卜唯鄰是卜。二三子先卜鄰矣。違卜不祥。君子不犯非禮。小人不犯不祥、古之制也。同 (28)
人謀所奪、鬼謀所秩。文選 鬼謀卜筮也。(29) 相馬失於瘦、相人失於貧。要覽 (30)
聲依永、律和聲。八音克諧、無相奪(亡)倫、神人以和。尚書 (31)
治世之音、安以樂、其政和。亂世之音、怨以怒。其政乖。亡國之音、哀以思、其民困。毛詩序 (32)
宮爲君、商爲臣、角爲民、徵爲事、羽爲物。五者不亂、則無怗懘之音矣。禮記 (33)

知聲而不知音者、禽獸是也。知音而不知樂者、衆庶是也。唯君子爲能知樂。同（34）
師曠曰、不害吾驟歌北風、又歌南風、南風不競、多死聲。楚必無功。左傳（35）
197上 金名有聲、不考不鳴。莊子（36）咸池不齊度於䵷咬而衆聽者惑、疑能不惑者、其唯子野乎。文選（37）
六藝、禮・樂・射・御（馭）・書・數。周禮（38）子曰、繪事後素。論語（39）
子曰、飽食終日、無所用心、難矣哉。不有博奕者乎、爲之猶賢乎已。同（40）
雙六乃出自天竺、涅槃經名爲波羅塞戲。周穆王入邴與井公博、三日而决旣負乃賽、漢吾丘壽王以善格五台以待詔、或起遠代、或出異、方今波羅塞格五大小博竝勿稍。齊春秋（41）
勝敵無封爵之賞、獲地無兼土之實。文選、博奕論（42）
凡博戲賭財物者、各扙一百、雙六樗蒲、雖不賭卽坐。碁射、雖賭亦無罪。律（43）
凡雙六者、無論高下、一切禁斷。式（44）
官人百姓、不畏憲法、私聚徒衆、任意雙六云々、遍京畿内七道諸國、令禁斷、云々。弘仁格（45）
197下 蹴鞠、昔黃帝所造、本因兵勢而爲之。起於戰國、今人相承、清明日爲之。與毬同。劉向別錄（46）
毛丸、戲具也。寒食弄之。釋氏（47）昔市南宜僚弄丸而兩家之難解。文選（48）

雑物部

197下 積而能散。禮記（1） 名與身孰親、身與貨孰多。老子（2） 象有齒而焚身。人懷璧而買害。左傳（3）
夫、千金之珠、必在九重之淵。而驪龍頷下。子能得珠者、必遭其睡也。使驪龍而寤、子尚奚微之有哉。莊子（4）

和氏之璧、不能無瑕。隋侯之珠、不能無纇、然天下寶之者、不以小故妨大美也。群書治要（5）

家有千里驥而不珍焉。人懷盈尺和氏無貴矣。文選（6）

明月之珠、不能無纇。夏后之璜、不能無考。同（7）

明月之珠、夜光之璧、以闇投入於道、衆莫不按劍相眄者。何則無因而至前也。漢書（8）

198上 譬猶南海不少明月之寶、大菀不乏千里之　晉書（9）

美玉蘊於碔砆、凡人視之怢焉。良工砥之、然後知其和寶也。文選（10）

明王愼德、四夷咸賓。無有遠邇、畢獻方物、惟服食器用。尚書（11）

小國之免於大國也、聘而獻物。左傳（12） 諸侯不貢車服、天子不私求財。同（13）

民參其力、二入於公、而衣食其一。同（14）

明帝永平十一年、漅湖出黄金、廬江太守以獻。後漢書（15）

野人有快炙背而、美芹子者、欲獻之至尊。文選(16)

羮海爲鹽、採山鑄錢、國稅再熱之稻鄕、貢八蠶之緜。同(17)

嘉魚出於丙穴、良木攢於褒谷。同(18)

天寶中每歲、水陸運米二百五十萬名入關。大暦後四十一萬石入關。通典(19)

官物之重正稅、爲本、至於雜稻□如枝葉。延喜格(20)　蜉蝣之羽、衣裳楚楚。毛詩(21)

時事之徵也、衣、身之彰也、佩、衷之旗也。左傳(22)　服美不稱、必以惡終、美車何爲。同(23)

198下 服者身之表也。尊卑貴賤、各有等差。故賤服貴服、謂之僭上。僭上爲不忠。貴服賤服、謂之偪下。偪下爲失位。孝經(24)

君子不以紺緅飾、紅紫不以爲褻服。論語(25)

人之所以爲人者、禮義也。容之所以爲容者、衣冠也。弘仁格(26)

高宗、給五品以上隨身魚銀袋、三品以上金飾袋、垂拱中都督判史賜魚、天授二年改佩魚、皆爲龜袋、復給以魚、郡王嗣王亦佩金魚袋、景龍中令特進佩□、散官佩魚、自此始也。景雲中詔衣紫者魚袋、以金飾之以緋者、以銀飾之。新唐書(27)

古老傳云、五月五日粽事、蚊龍化而爲人在朝端、交遊宴饗饌之座、必害人而卽失畢。人不知其所爲之閒、朝端人漸々減已。古老奇此事。相議云、上古有蚊龍化人、有泣涙之珠、若是□五

199上 月夏之中也。諸悪毒獸蟲、依溫氣得時之候也、端午日此朝、人皆悉作魚獸形、付腰爲其驗。以茅葉裹飯、卷成蚊龍形、宴集之時、切破之。食時無魚獸、瑞又見此茅葉、蚊龍形乍卷切破以變色、即知、害人者可捕也。此事更以不可披露也云々。成謀如案、至期搆此事、有一老人出來交座、無魚形瑞見、蚊龍形破變也。仍人集補致之。以後止其害。稱茅卷之諺、由是起也。付腰魚獸形、今之魚袋也。本朝雜緣（28）

無冬無夏、値其鷺羽。毛詩（29）載脂載轄、還車言邁。同（30）量腹而食、度身而衣。文子（31）

國以人爲本。人以衣食爲本。貞觀政要（32）

夫、衣食者人之本也。人者國之本。人恃衣食、猶魚之恃水。國之恃人、如人之倚足。魚無水則不可以生、人無足則不可以步。臣軌（33）

夏禹稱、人無食則我不能使也。功成而不利於人則我不能勸也。同（34）

詔曰、洪範八政、以食爲首。漢書（35）

199下 惟辟作福、惟辟作威、惟辟玉食。臣無有作福、作威玉食、臣之有作福作威玉食、其害于而家、凶于而國。尚書（36）

凡進食之禮、左殽右胾。食居人之左、羹居人之右、膾炙處外。醯醬處內、葱渫處末、酒漿處右（右處也）。禮記（37）

毋放飯、毋流歠、毋咤食、毋齧骨、毋反魚肉、毋投與狗骨、…毋刺齒…毋嚃炙。同（38）

賜果於君前、其有核者懷其核。同（39）

爲天子削瓜者副之。巾以絺爲國君者華之。巾以綌、爲大夫累之。士疐之。庶人齕之。同（40）

君賜食、必正席、先嘗之。論語（41）　東海鯔條、西山鳳脯。遊仙窟（42）

武帝嘗（常）降王武子家武子、供饌。並不用盤。悉用琉璃器、婢子百餘人、皆綾羅絳羅、以手擎飲食。世説（43）

何曾…餅上拆十字不食、食日萬錢、猶曰無下箸處。晉書（44）

色悪不食、臭悪不食。論語（45）　食不語、寝不言。同（46）

200上 食肉不至變味、飲酒不至變貌、笑不至矧、怒不至詈。禮記（47）

瓶之罄矣、維罍之恥。毛詩（48）　解酲以酒。後漢書（49）

臣聞、樂太甚則陽溢、哀太甚則陰損。陰陽變則心氣動、心氣動則精神散。精神散而邪氣及。銷憂者莫若酒。漢書（50）

彈正巡撿之曰、給百度食。延喜式（51—1）

政事要略曰、古老傳云、女帝御代、女詞敕云、勤之諸司、日尓百度毛給部。但不詳、何女帝御代。辨官談□辭百依云々。（51—2）

雜事部

200上 太(泰)山不讓土壤、故能成其大。河海不擇(猒)細流、故能就其深。文選 (1)

廊廟之材、非一木之枝。帝王之功、非一士之略。史記 (2)

千金之裘、非一狐之腋。大厦之材、非一丘之木。太平之功、非一人之略也。文選 (3)

江河之水、非一水之源。千鎰之裘、非一狐之白。墨子 (4)

200下 千金之裘、非一狐之皮。臺廟(廊)之榱、非一本之枝。先王之法、非一士之知也。説苑 (5)

俗説曰、衆人同心者、可共築起一城。同心共飲雒陽、酒可盡也。風俗通 (6)

千人所指、無病而死。臣常爲之寒心。漢書 (7)

積羽沈舟、群輕折軸。衆口鑠金、積毀銷骨。同 (8) 衆煦漂山、聚蟁成雷。同 (9)

蒼蠅之飛、不過數歩。卽託驥尾、得以絶群。後漢書 (10)

夫、蚊蝱終日經營、不能起階序。附驥尾則涉千里、攀鴻翮則翔四海。文選 (11)

魚得水而游、鳥乘風而翔、火得薪而熾。唐書 (12)

語曰、百足之蟲至死不僵、扶之者衆也。此言雖小可以譬大。文選 (13)

如鳥有翼、如魚依水。貞觀政要 (14) 鄙語曰、尺有所短、寸有所長。史記 (15)

審毫釐之小計、遺天下之大數。同(16)

大者罩天地之表、細者入毫纖之内。文選(17)

鷦螟巣於蚊睫、大鵬彌乎天隅。同(18)

201上 蚊虻噆膚、則通昔不寢矣。莊子(19)

蚤虱雖細、困於安寢、鼷鼠雖微、猶毀郊牛。魏文帝書(20)

大獸擒小獸、大鳥擒小鳥。六韜(21) 如取漢牛一毛耳。漢書(22)

衝風之衰、不能起毛羽。彊弩之末、力不能入魯縞。同(23)

九牛之一毛。顏氏(24) 楚越之竹、不足以書其惡。後漢書(25)

譬猶鍾山之玉、泗濱之石、累珪璧不爲之盈、採浮磬不爲之索。同(26)

充牣其中不可勝記、禹不能名、卨不能計。文選(27)

呑若雲夢者八九、於其胸中、曾不蔕芥。同(28) 小不 同(29)

泰山之霤穿石、殫極之紞斷幹。水非石之鑽、索非木之鋸、漸靡使之然也。文選(30)

後漢書(31) 夫、涓流雖寡、浸成江河。爝火雖微、卒能燎野。同(32)

夫、壞崖破巖之水、源自涓涓。干雲蔽日之木、起於葱靑。禁微則易、救末者難。後漢書(33)

涓涓不絶、將成江海。齊春秋(34)

201下 合抱之木、生於毫末。九層之臺、起於累土。千里之行、始於足下。老子 (35)

輕者重之端、小者大之源。故堤潰蟻孔、氣洩鍼芒。後漢書 (36)

千丈之堤、以螻蟻之穴潰、百尺之室、以突隙之煙焚。韓子 (37)

小辯破言、小言破道者也。後漢書 (38)

凡大事皆起於小事、小事不論大事。又將不可救。貞觀政要 (39)

患生於所忽、禍起於細微。文選 (40) 舐・糠及米。史記 (41)

椎輪爲大輅之始、大輅寧有椎論之質、增氷爲積水、所成積水成積水曾微增氷之凜、何哉。文選 (42)

善作者不必善成、善始者不必善終。史記 (43)

露者霜之始、寒則變爲霜也。白虎通 (44)

命者性之始也。死者生之終也。有始則必有終。家語 (45)

明文抄　第五

斯抄者――――――――――――――
口實聊爲――――之句――――――
不如其意之人、狼諍――――――是雙白
鑒惶術之謂也。神祕之思禁方還輕者乎。

永享三年六月十日以左大辨本書寫了
參議左近中將藤（花押）

以油小路大納言藤原隆貞卿家藏本寫之
延寶戊午歲　　　　　　京師新謄本

明文抄　註

明文抄　一

天象部

1　周易（易經）上經、乾、彖傳。
2　後漢書　卷六十下、蔡邕傳。
3　文選　卷三二、屈平「離騷經」。
4　老子　任契第七九。
5　史記　卷四三、趙世家。＊續類從「心貴」は誤。
6　史記　卷六六、伍子胥傳。
7　後漢書　卷六十下、蔡邕傳。
8　後漢書　卷三十下、郎顗傳。
＊この傳に二例。後例敏作疾。
9　蜀志
10　毛詩（詩經）小雅、鴻鴈之什、鶴鳴。
11　毛詩　小雅、節南山之什、正月。
12　孝經　三才章第八、孔安國註。
13　尙書（書經）周書、泰誓。
＊神宮本「周易」、續類從「尙書」。
14　老子　虛無第二三。
15　後漢書　卷十六、寇榮傳。
16　文選　卷四五、東方曼倩「答客難」。
17　文選　卷三七、曹子建「求通親親表」。
＊神宮本・續類從「四海・深」。
18　周髀算經　卷上之一。
19　淮南子　卷十、繆稱訓。
20　老子　虛無第二三。
21　管子
22　太平御覽　卷十五、天部十五、霧。
23　淮南子　卷十七、說林訓。

24　春秋左氏傳　巻三、隱公傳九年。
25　文選　巻十三、謝惠連「雪賦」。
26　後漢書　巻二、顯宗孝明帝紀。
　＊拾芥抄上、縮芥抄所引の同句「則」を缺く。
27　鶡冠子　環流第五。
28　老子　異俗第二十。
　＊「熙熙」の次に「如享太牢」を略す。
29　太平御覽　巻二五、時序部十、秋下。
30　初學記　＊拾芥抄上、縮芥抄に引く句。
31　十節記
　＊拾芥抄上、縮芥抄により「熕」を補。
32　荊楚歳時記
　＊拾芥抄上、歳時部第一の所載句。
33　世風記　＊拾芥抄上、縮芥抄にあり。
34　續齊諧記
　＊拾芥抄上、縮芥抄にあり、書名を缺く。
35　彼岸齋法成道經
36　十節録
　＊拾芥抄上、縮芥抄にあり。元亀二年本運歩色葉
　集に、「十節記」。
37　本草
　＊拾芥抄上、縮芥抄、所引。「本草」とのみ。
38　禮記　月令第六。註、同上鄭玄註。
　＊拾芥抄上、所引句。
39　風俗記
　＊拾芥抄上・縮芥抄「風俗記」。風俗通義に未見。
40　荊楚歳時記
　＊拾芥抄上、所引句。縮芥抄にもあり。
41　證類本草　＊拾芥抄上、所引句。縮芥抄にも。
42　大戴禮　未詳。＊拾芥抄上、所引句。
43　續齊諧記
　＊拾芥抄上・縮芥抄にあり。書名「續命」とす。
44　四民月令　後漢、崔寔一巻。
　＊拾芥抄上「昌蒲」、縮芥抄「昌蒲根」。
45　風俗通　未詳。
　＊拾芥抄上、縮芥抄、共に「風俗」とのみ。

46　―1　後漢書　巻四、孝和帝紀。
―2　同右、李賢等註。
―3・4　＊師説は未詳。
47　諸道勘文
48　禮記　月令第六。
＊「天子乃鮮羔開氷」。註は鄭玄註。
49　東宮切韻　菅原是善撰。
＊崚（神宮本・續類從）を凌と訂す。大漢和「凌」に「鄭注二周禮凌人一徑云、凌、冰室也」。
50　日本書紀　巻十一、仁德天皇六十二年是歲。
51　延喜式　巻四十、主水司。氷室雜用料。
52　十節記　＊拾芥抄上、歲時部による。
53　陰陽祕方
＊拾芥抄は前半「消除……墨」に書名なく改行。縮芥抄の陰陽祕方一則とするに、假に從う。
54　未詳。＊「隨節」以下拾芥抄「隨節滅云々、或書節言契云々」。
55　世風記　＊拾芥抄上による。
56　世風記　＊拾芥抄上による。
57　韓子　巻六、解老第二十。
58　文選　巻十四、鮑明遠「舞鶴賦」。
59　群忌隆集　＊拾芥抄上による。
60　史記　巻十二、孝武本紀。＊文は甚しく略約。
61　類聚國史　巻七四、歲時五冬至。
＊尊經閣本、巻七四缺。續日本紀巻九、神龜二年十一月、同文。
62　蔡邕、獨斷　巻之下。
63　庚申經
64　周易（易經）　繫辭下傳。
65　禮記　樂記第十九。
66　帝範　巻下、賞罰篇。
67　文選　巻三十、謝靈運「擬魏太子鄴中集詩」。
＊神宮本「同＝帝範」は誤。
68　周易（易經）　繫辭上傳「五歲再閏」及び註。
69　周禮
70　諸道勘文

地儀部

1 貞觀格
2 晉書 卷三四、羊祜傳。
3 律 ＊續類從、3の次に一則あり。37として補入。
4 弘仁格
5 弘仁格
6 貞觀格
7 貞觀格
8 延喜式
9 式
10 左京式
11 延喜式 卷四二、左右京職。
12 延喜式 卷四二、左右京職。
13 式
14 令
15 令
16 史記 卷百二九、貨殖列傳。
17 唐暦
18 孔子家語 卷七、刑政第三一。
19 漢書 卷七六、趙廣漢傳。
＊神宮本・續類從「後漢書」。
20 延喜格
21 延喜式 卷四二、東西市司。
22 南史 卷五六、呂僧珍傳。
23 律
24 詩經 大雅、文王之什、靈臺。
25 史記 卷五、秦本紀。
26 尙書 周書、梓材。
27 尙書 周書、召誥。
28 漢書 卷一下、高帝紀。＊顏師古註、說讀曰悅。
29 漢書 卷六五、東方朔傳。
＊漢書「靈王……楚民……」を玉函祕抄で改。
30 唐書
31 梁書
32 漢書 卷十、成帝紀。もと論語衞靈公。

33　淮南子　巻十七、說林訓。
34　令
35　弘仁格
36　弘仁格
37　律
　＊續類從、第3則の次にこの句、あり、「同＝律」となる。

帝道部　上

1　史記
2　六韜　巻一、文韜、文師。巻二、武韜、發啓。
　＊呂氏春秋巻一貴公はほぼ同文。
3　晉書
4　唐曆　＊小字註。
5　漢書　巻五六、董仲舒傳。
6　後漢書　巻三三、朱浮傳。
7　毛詩（詩經）小雅、谷風、北山。
8　史記
9　後漢書　巻十三、公孫述傳。
10　史記
11　史記
12　老子　恩始第六三。
13　任子
14　史記　巻九七、陸賈傳。
15　後漢書　巻七三、公孫瓚傳。

16 尙書　周書、武成。
17 春秋左氏傳　卷三四、襄公傳十九年。
18 春秋左氏傳　卷五八、哀公傳七年。
19 春秋左氏傳　卷三十、襄公傳八年。
20 論語　泰伯第八。
21 文選　卷五、潘安仁「西征賦」。
22 史記　卷五、秦本紀。
23 鹽鐵論　嵩禮第三七。
24 後漢書　卷九十、鮮卑傳。
25 後漢書　卷十五、來歙傳。
26 文選　卷三八、張士然「爲吳令謝詢求爲諸孫置守冢人表」。
27 文選　卷三九、李斯「上書秦始皇」。
28 抱朴子
29 唐書
30 貞觀政要　卷一、政體第二、第六章。
31 春秋左氏傳　卷十、閔公傳元年。
32 論語　八佾第三。
33 漢書　卷四八、賈誼傳。
*「……」は五十字の中略。
34 後漢書　卷四七、班超傳、論曰。
35 文選　卷四一、李少卿「答蘇武書」。
36 文選　卷五四、劉孝標「辨命論」。
37 唐書
38 貞觀格
39 貞觀格
40 貞觀格
41 弘仁格
42 延喜格
43 延喜格
44 大唐六典　卷之七「大唐西京」四字、續類從「皇城」の上に記す。考訂本改行一字下げを小字とする。長文なので1～7と假に分ける。
—1　六典の一、大唐西京。
—2　六典の二、宮城。
—3　六典の三、大明宮。

—4 六典の四、禁苑。＊皇城を東京とす。
—5 六典の五、皇城左都城。
—6 六典の六、興教之内。
—7 六典の七、上陽宮。
45 令 ＊續類從「同上」は誤。
46 「律」朱記入。
47 政事要略
寛平小式文
48 寛平御遺誡
49 未詳。
50 未詳。
51 延喜式 巻四一、彈正臺。
52 延喜式 巻十六、陰陽寮。
53 唐家世立 (一) ＊拾芥抄上、唐家世立部第二一。
54 唐家世立 (二)
55 唐家世立 (三)
56 唐家世立 (四)
57 唐家世立 (五)
58 唐家世立 (六)
＊拾芥抄「大宋」の次「大元蒙古」あり。
59 本朝世立
＊拾芥抄上、本朝世系年立部第廿七によるか。
—1 神代 天神七代、地神五代。＊「右天地未剖」以下は、類聚國史による。
—2 人代
60 春秋繁露 巻七、三代改制質文第二三。
61 尙書 未詳。
62 白虎通讀論 巻之上、號。
63 周易 (易經) 繫辭下傳。
64 周易 (易經) 說卦傳。
65 尙書 周書、洪範。
66 文選 序。＊缺字末の「及乎」を「逮乎」と推定。
67 周易 (易經) 繫辭下傳。
68 後漢書 巻一上、光武帝紀第一上、李賢等註。
69 隋書 巻十一、禮義志。
70 —1 漢舊儀 巻上。「駕～輿」は漢官儀巻上の句。

引用文全てが漢舊儀となる。

70 —2 師說

71 神祇令

72 —1 日本書紀

—2 同、註

73 古語拾遺

74 —1 政事要略

—2 匡房卿記

75 史記 巻二、夏本紀。

76 周易（易經）下經、既濟。

77 漢書 巻四、文帝紀。

78 史記 巻三三、魯周公世家。

79 文選 巻七、潘安仁「藉田賦」。

80 後漢書 巻五二、崔寔傳。

＊神宮本「昔虞舜……受。後書」とす。

81 顏氏家訓 巻上、勉學篇第八。

82 後漢書 巻三二、樊準傳。

83 後漢書 巻七九上、儒林列傳（孔僖）。

84 文選 巻三、張平子「東京賦」。

85 王隱晉書 ＊↓帝道下57

86 毛詩（詩經）大雅、文王之什、文王。

87 貞觀政要 巻七、崇儒學第二七。

88 貞觀政要 附篇巻四、直言諫爭第十。

89 史記 巻五五、留侯世家。

＊神宮本、「良」の右「張良歟」とあり、張良の感慨。

90 後漢書 巻二、顯宋孝明帝紀。

＊神宮本、句末九字衍字訂正あり。

91 貞觀政要 巻七、論文史第二八。

92 寛平御遺誡

93 寛平御記

94 後漢書 巻二、顯宗孝明帝紀。

＊神宮本「十七年」に誤る。

95 後漢書 巻七、孝桓帝紀。

96 紀家集

＊紀長谷雄の詩文集。對校すべき他本なし。續類

従に凡ね従う。

97　宋書　巻五四、羊玄保傳。

98　魏文貞故事

99　西宮雜記　西京雜記巻二（漢魏叢書）に「成帝好蹴鞠」があるが、異文。

100　物名　書名未詳。穆天子傳巻一を參考とす。

101　唐暦

102　史記　巻百三十、太史公自序。

103　文選　巻八、楊子雲「羽獵賦」。

104　漢書　巻四、文帝紀、贊。

105　貞觀政要　未詳。文帝の記事は、漢書巻四文帝紀參照。

106　後漢書　巻三、肅宗孝章帝紀。

107　後漢書　巻六一、黄瓊傳。

108　莊子　外篇、天地篇第十二。

109　史記　巻三一、吳太伯世家。

110　晉書

111　帝範　巻下、崇儉篇。

112　尙書　周書、旅獒。

113　漢書　巻九五、南粤王傳。

＊玉函祕抄中所引の漢書の句。文選巻五一、賈誼「過秦論」。

114　史記　巻一、五帝本紀。＊「舜」意補。

115　金樓子　巻四、立言篇九上。

116　史記　巻四十、楚世家。＊叔向の返答は「齊桓……」。

117　文選　巻十一、何平叔「景福殿賦」。

118　貞觀政要　上貞觀政要表。

119　貞觀政要　巻三、論擇官第七。

120　漢書　巻五、景帝紀、贊。

121　漢書　巻四、文帝紀。

122　呂氏春秋　巻十一、仲冬紀第十一、至忠。

123　晏子春秋　巻一、内篇諫上第一。

124　貞觀政要　巻一、君道第一。

125　朝野僉載　＊世俗諺文、上巻にあり。

126　周易（易經）繫辭下傳。

127　尙書　商書、說命。

128 孝經　諫諍章第二十、孔安國註。
129 後漢書　卷一下、光武帝紀・卷四、孝和帝紀、二句の合成。論語堯曰の句。
130 尙書　周書、泰誓。
131 尙書　夏書、五子之歌。
132 尙書　虞書、皐陶謨。＊續類從「二日」は衍
133 帝範序
134 帝範序
135 尙書　周書、呂刑。
136 禮記　坊記第三十。
137 禮記　表記第三二。
138 禮記　緇衣第三三。
139 禮記　玉藻第十三。
140 禮記　緇衣第三三。
141 禮記　雜記下第二一。
142 禮記　孔子閒居第二九。
143 禮記　玉藻第十三。
144 禮記　哀公問第二七。
145 春秋公羊傳　卷二一、襄公二九年。
146 禮記　曲禮上第一。
147 毛詩（詩經）邶風、柏舟、鄭玄註。
148 毛詩（詩經）大雅、生民之什、板。
149 春秋左氏傳　卷三二、襄公傳十四年。
150 春秋左氏傳　卷十二、僖公傳九年。
151 春秋左氏傳　卷九、莊公傳二七年。
152 春秋公羊傳　卷二七、哀公三年。
153 孝經　應感章第十七、孔安國註。
154 春秋左氏傳　卷五三、昭公傳三十年。
155 漢書　卷五一、路溫舒傳。
156 後漢書　卷五一、陳龜傳。
157 史記　卷八、高祖本紀。
158 陳書　道德經
159 老子　任德第四九。
160 老子　重德第二六。
161 孝經　三才章第八、孔安國註。
162 呂氏春秋　卷一、貴公。

163　孝經　三才章第八、孔安國註。
164　未詳。＊孝經になし。
165　後漢書　巻六二、荀爽傳。左傳の引用。
166　貞觀政要　巻六、論儉約第十八。
167　貞觀政要　巻二、任賢第三。
168　貞觀政要　巻六、愼所好第二一。
169　後漢書　巻三十下、襄楷傳。
170　後漢書　巻二四、馬廖傳。
　＊上疏文に、「傳曰……長安語曰……」とあり。
171　風俗通
172　文選　巻四一、孔文擧「論盛孝章書」。
173　春秋左氏傳　巻十、閔公傳二年。
174　文選　巻三六、任彦昇「天監三年策秀才文」、及び李善註。
　＊玉函祕抄下所引の本文と註の合文。
175　孝經　諸侯章第三。＊↓人事下24
176　孝經　卿大夫章第四。
177　孝經　卿大夫章第四、弘安國註。
178　孝經　卿大夫章第四。
179　孝經　孝治章第九。
180　孝經　諸侯章第三、弘安國註。
181　論語　季氏第十六。
182　論語　季氏第十六。
183　後漢書　巻四一、鍾離意傳。
184　後漢書　巻十八、臧宮傳。
185　論語　爲政第二。
186　莊子　内篇、應帝王篇第七。
　＊「令蚊負山事」は莊子になし。假題。
187　莊子　外篇、天地篇第十二。
188　莊子　雜篇、盜跖篇第二九。
189　史記　巻六八、商君列傳。
190　後漢書　巻三七、丁鴻傳。
191　史記　巻九七、酈生傳。
192　史記　巻三三、魯周公世家。
193　後漢書　巻十六、寇榮傳。
194　後漢書　巻五一、陳禪傳。

195 漢書　巻一下、高帝紀。
196 漢書　巻一下、高帝紀。
197 漢書　巻一下、高帝紀。
198 漢書　巻四、文帝紀。
199 漢書　巻四、文帝紀。
200 漢書　巻四五、蒯通傳。
＊續類從、200の次に一則あり。↓404
201 後漢書　巻三三、朱浮傳。
202 文選　巻十、潘安仁「西征賦」。
203 後漢書　巻十六、寇榮傳。
204 後漢書　巻五六、王暢傳。
205 後漢書　巻一上、光武帝紀。
＊原典「帝王」、玉函祕抄「帝位」。明文抄「王位」。
206 後漢書　巻一上、光武帝紀。＊志第七にも。
207 後漢書　巻三、肅宗孝章帝紀。
208 蜀志　巻二、建安二六年。
209 史記　巻六一、伯夷傳。
210 史記　巻六七、仲尼弟子列傳（子貢）。
211 史記　巻五八、梁孝王世家。
212 史記　巻三九、晉世家。
213 唐書
214 史記　巻十、孝文帝紀。
215 老子　巻下、貪損第七五。
216 老子　巻下、任信第七八。
217 史記　巻三九、晉世家。
218 史記　巻六三、韓非傳。＊韓非子、說難。
219 文選　巻十、潘安仁「西征賦」。
220 文選　巻二、張平子「西京賦」。
221 文選　巻六、左太沖「魏都賦」。
222 文選　巻四一、朱叔元「爲幽州牧與彭寵書」。
223 文選　巻三、張平子「東京賦」。
224 呂氏春秋　巻十三、有始覽第一、謹聽。
225 文選　第五一、王子淵「四子講德論」。
226 呂氏春秋　巻十三、有始覽第一、名類。
227 呂氏春秋　巻一、孟春紀第一、去私。
228 韓子　巻十七、難勢第四十。

229　新語　巻上、無爲第四。
230　貞觀政要（初進本）　巻四、興廢第十一。
231　漢書　巻三六、楚元王傳。
232　魏志
233　文選　巻三二、屈平「離騷經」。
234　貞觀政要　巻三、君臣鑑戒。
235　貞觀政要　巻三、君臣鑑戒。
236　莊子　外篇、在宥篇。＊長文の脫を含む縮編。
237　尙書　周書、泰誓。＊續類從・神宮本「同＝莊子」は誤。兩書、尙書にない「紂」を付。
238　史記　巻六、秦始皇本紀。
239　史記
240　孔子家語　巻一、始誅第二。
241　帝範　巻下、賞罰篇。
242　帝範　巻下、務農篇。
243　帝範　巻下、崇文篇。
244　要覽
245　說苑　巻七、政理。
246　潛夫論　明闇第六。
＊新論は、玉函祕抄の誤記の繼承。
247　貞觀政要　巻一、君道第一。
248　鹽鐵論　巻一、相刺第二十。＊人事部下429にも。
249　尙書　周書、酒誥。
250　墨子　巻五、非攻中第十八。
251　臣軌　序。
252　太平御覽　巻三八一、人事部二二、美婦人下。
253　藝文類聚
254　貞觀政要　巻一、君道第一。
255　貞觀政要　巻五、論公平第十六。
256　唐蒙求
257　貞觀政要　巻四、教戒太子諸王第十一。
258　鹽鐵論　巻八、水旱第三六。
259　尙書　周書、武成。
260　尙書　周書、武成。
261　尙書　虞書、大禹謨。
262　毛詩（詩經）　周頌、清廟之什、時邁。

263 史記　巻六、秦始皇本紀。
264 史記　巻四、周本紀。
265 漢書　巻四、文帝紀。
266 漢書　巻三、高后紀。
267 老子　恩始第六三。
268 後漢書　巻二、顯宗孝明帝紀。
269 後漢書　巻三、肅宗孝章帝紀。
270 後漢書　巻三十下、襄楷傳。
＊「京房易傳曰――」。
271 後漢書　巻四七、班超傳、論曰。
272 文選　巻四五、東方曼倩「答客難」。
273 文選　巻六、左太沖「魏都賦」。＊五臣註「不收」。
274 文選　巻九、楊子雲「長楊賦」。
275 文選　巻三五、張景陽「七命八首」。
276 毛詩註
277 毛詩（詩經）小雅、甫田之什、甫田。
278 孝經援神契　＊見在書目錄、異說家に書名あり。
279 史記　巻五十、楚元王世家、太史公曰。

280 禮記　中庸第三一。＊神宮本「同」は誤記。
281 後漢書　巻五四、楊震傳。
282 後漢書　巻二、顯宗孝明帝紀。
283 漢書　巻三六、楚元王傳。
＊神宮本「後漢書」は誤。
284 漢書　巻六、武帝紀。
＊「漢武帝元封元年」は編者の補。
285 北史　巻五三、慕容傳。
286 維城典訓
＊「眼裏光升」、續類従「服袞冕升輦」とす。未詳。
287 漢書　巻七、昭帝紀。
288 後漢書　巻一下、光武帝紀。
289 後漢書　巻五、孝安帝紀。
290 律
291 史記　巻百、季布傳。
292 史記　巻四、周本紀。
293 漢書　巻六四下、賈損傳。

294　呂氏春秋　卷二十、驕恣。
295　文選　卷四一、朱叔元「爲幽州牧與彭寵書」。
296　帝範　卷下、誠盈篇。
297　後漢書　卷七一、皇甫嵩傳。
298　孝經　諫諍章第二十、孔安國註。
299　史記　卷四、周本紀。
300　呂氏春秋　卷十四、義賞。
301　呂氏春秋　卷六、音初。
302　文選　卷三八、殷仲文「解尙書表」。
303　春秋左氏傳　卷七、莊公傳八年。
304　論語　陽貨第十七。
305　漢書　卷三六、楚元王傳。
306　臣軌　卷上、公正章。
307　後漢書　卷五三、徐穉傳。
308　後漢書　卷五七、劉陶傳。
309　後漢書　卷四、孝和帝紀。
310　文選　卷四四、陳孔璋「爲袁紹檄豫州」。
311　文選　卷三三、屈平「漁父」。
312　文選　卷三二、屈平「離騷經」。
313　文選　卷三三、屈平「卜居」。
314　文選　卷三三、宋玉「九辯」。
315　貞觀政要　卷六、杜讒邪第二三。
316　貞觀政要　卷一、政體第二。
317　春秋左氏傳　卷五四、定公傳元年。
318　史記　卷四四、魏世家。
319　史記　卷三三、魯周公世家。
320　唐書
321　文選　卷四九、于令升「晉紀總論」。
322　貞觀政要　卷九、議征伐第三四。
323　文選　卷五三、陸士衡「辯亡論下」。
324　淮南子　卷二、俶眞訓。
325　文選　卷四五、楊子雲「解嘲」。
326　貞觀政要　卷三、論擇官第七。
327　呂氏春秋　卷六、制樂。
328　後漢書　卷三七、鄭興傳。
329　漢書　卷八五、谷永傳。

330 後漢書　巻二、顯宗孝明帝紀。
331 漢書　巻七五、夏侯勝傳。
332 春秋左氏傳　巻十二、僖公傳十三年。
333 漢書　巻三六、楚元王傳（劉向）。
334 新語　巻下、明誡。＊「同＝漢書」は誤。
335 唐暦
336 漢書　巻二六、天文志。
337 唐暦
338 漢書　巻六十、杜欽傳。
339 史記　巻三二、齊太公世家。
340 春秋左氏傳　巻七、莊公經七年。
341 春秋左氏傳　巻十三、僖公傳十六年。
342 文選　巻三九、鄒陽「獄中上書自明」。
343 本朝月令
344 後漢書　巻七、孝桓帝紀。
＊註「續漢志曰、肉……如手」。神宮本誤寫。
345 後漢書　巻一下、光武帝紀。＊「同」缺。
346 史記　巻四、周本紀。
347 尙書　商書、咸有一德。
348 春秋左氏傳　巻八、莊公傳十四年。
349 延喜格
350 史記　巻三、殷本紀。
351 漢書　巻四五、蒯通傳。＊神宮本、この則補入。
352 後漢書　巻三六、鄭興傳。
353 春秋左氏傳　巻八、莊公傳十四年。
354 天地瑞祥志
＊拾介抄上に他文二種の引用あり。
355 孔子家語　巻一、五儀解第七。
356 儀軌
357 小野右府記
358 律　巻七、財盜律第七。
359 律
360 尙書　商書、太甲。
361 禮記　中庸第三一。
362 春秋左氏傳　巻十二、僖公傳十四年。
363 史記　巻九四、田儋傳。

364　晉書
365　春秋左氏傳　卷四二、昭公傳二年。
366　金樓子　卷二、戒子篇。
367　太平御覽　卷三六〇、人事部一、叙人。
368　春秋左氏傳　卷二五、成公傳元年。
369　孔子家語　卷九、正論解第四一。
370　禮記
371　後漢書　卷五、孝安帝紀。
372　金樓子
373　尙書　虞書、堯典。
374　春秋左氏傳　卷四、桓公傳元年。
375　春秋左氏傳　卷四一、昭公傳元年。
376　後漢書　卷二、顯宗孝明帝紀。
　＊神宮本「水雨時記」は後漢書になし。
377　後京雜記
378　西宮雜記　卷一。
379　莊子　外篇、秋水篇第十七。
380　春秋左氏傳　卷二四、宣公傳十六年。
381　春秋左氏傳　卷四八、昭公傳十八年。
382　史記　卷五二、齊悼惠王世家。
383　淮南子　卷十七、說林訓。
384　淮南子　卷六、覽冥訓。
385　春秋左氏傳　卷四九、昭公傳二十年。
386　律
387　春秋左氏傳　卷二十、文公傳十八年。
388　春秋左氏傳　卷四九、昭公傳二十年。
389　春秋左氏傳　卷四四、昭公傳七年。
390　春秋左氏傳　卷十五、僖公傳二四年。
391　顏氏家訓　慕賢篇第七。
392　齊春秋
393　莊子　外篇、胠篋篇第十。
394　史記
395　後漢書　卷六六、陳蕃傳。
396　後漢書　卷四六、陳忠傳。
397　金樓子
398　韓子　卷十八、六反第四六。

399 律

400 律

401 令

402 貞觀格

403 律

404 漢書　卷五六、董仲舒傳。

＊續類從200則次行にあり。「同＝漢書」。

明文抄　二

帝道部　下

1 莊子　雜篇、徐無鬼篇第二四。

2 莊子　內篇、逍遙遊篇第一。

3 漢書　卷一下、高帝紀。

4 漢書　卷一下、高帝紀。

5 漢書　卷一下、高帝紀。

6 西宮雜記　卷二。

7 群書治要

8 唐曆

9 史記　卷五五、留侯世家。

＊「羽翼已成」の故事の要點を摘記。

10 周易（異本）

11 史記

12 周易（異本）

13　史記　巻四九、外戚世家。
14　後漢書　巻十上、皇后紀（明德馬皇后）。
15　後漢書　巻十上、皇后紀。
16　後漢書　巻十上、皇后紀（明德馬皇后）。
17　後漢書　巻十下、皇后紀（順烈梁皇后）。
18　後漢書　巻十下、皇后紀（順烈梁皇后）。
19　後漢書　巻十下、皇后紀（陳夫人）。
20　唐暦
21　史記　巻六、秦始皇本紀。
22　漢書　巻四、文帝紀。
23　後漢書　巻四、孝和帝紀。
24　論語　八佾第三、集解註。
25　史記　巻三三、魯周公世家。
26　漢書　巻六八、霍光傳。＊履歴の要點を記す。
27　漢書　巻四九、鼂錯傳。
28　周易（易經）　繫辭下傳。
29　尙書　虞書、益稷。
30　禮記　緇衣第三三。

31　孝經　孝治章第九、孔安國註。
32　論語　季氏第十六。
33　漢書　巻七八、蕭望之傳。
34　漢書　巻一下、高帝紀。
　　＊「呂后」を「王后」に作る。
35　後漢書　巻五四、楊秉傳。
　　＊傳より要點を採る。神宮本「漢書」は誤。
36　史記
37　群書治要
38　文選　巻三九、鄒陽「獄中上書自明」。
39　貞觀政要　巻五、論誠信第十七。
40　周易（異本）
41　貞觀政要　巻七、論禮樂第二九。
42　貞觀政要　巻二、任賢第二。
43　貞觀政要　巻七、論禮樂第二九。
44　蜀志　巻五、諸葛亮傳、第五。
45　春秋左氏傳　巻十五、僖公傳二四年。
46　群書治要

47 貞觀政要
48 唐暦
49 漢書　巻三一、陳勝傳。
　＊漢書の「侯王」を「王侯」とす。
50 史記　巻七五、孟嘗君傳。
51 尙書　周書、洪範。
52 未詳。
53 春秋左氏傳　巻二十、文公傳十八年。
54 史記　巻一、五帝本紀。＊「同」は誤。
55 後漢書　巻六三、李固傳。＊「漢書」は誤。
56 太平御覽
57 王隱晉書　＊晉書巻四三樂廣傳參照。
58 漢書　巻十、成帝紀。＊陽朔二年九月、成帝詔。
59 老子　居位第六十。
60 漢書　第五八、公孫弘傳。
61 文選　巻三六、王元長「永明十年策秀才文五首」。
62 賈子　＊「新語」は玉函祕抄引用による誤。
63 唐暦
64 蜀志註
65 貞觀政要
66 史記
67 尙書　虞書、皐陶謨。
68 尙書　商書、咸有一德。
69 春秋左氏傳　巻四、桓公傳二年。
70 春秋左氏傳　巻三二、襄公傳十五年。
71 春秋左氏傳
72 論語　泰伯第八。憲問第十四にも。
73 史記　巻二、夏本紀。
74 史記　巻百十二、平津公傳。
75 史記
76 史記　巻六八、商君列傳。
77 漢書　巻六七、梅福傳。
78 後漢書　巻三、肅宗孝章帝紀。
79 後漢書　巻二五、劉寬傳。
80 後漢書　巻二、顯宗孝明帝紀。
81 後漢書　巻三六、鄭興傳。

82　晉書
83　晉書
84　文選　巻四三、嵆叔夜「與山巨源絶交書」。
85　群書治要
86　孫卿子　巻八、君道第十二。
87　通典
88　史記　巻四十、楚世家。＊神宮本「加冠」。
89　唐書
90　呂氏春秋　巻一、貴公。
91　呂氏春秋　巻四、勸學。
92　呂氏春秋　巻十七、愼勢。
93　淮南子　巻十二、道應訓。
94　潛夫論　巻二、思賢第八。
95　漢書　巻七五、京房傳。
96　昌言
97　帝範　巻上、審官篇。
98　帝範　巻上、審官篇。
99　帝範　巻上、審官篇。
100　帝範　巻上、審官篇。
101　臣軌　巻上、守道章。
102　臣軌　巻下、廉潔章。
103　臣軌　巻上、同體章。＊神宮本作任。
104　貞觀政要
105　通典　巻十九、職官一。
106　弘仁格
107　弘仁格
108　弘仁格
109　貞觀格
110　延喜格
111　律
112　後漢書　志第五、禮義中。
113　本朝月令
114　漢官儀
115　日本書紀　巻三十、持統三年。
116　皇世紀
117　十節錄

118 朝野僉載

119 本朝月令

120 官曹事類

121 十節記

122 後漢書　巻二、顯宗孝明帝紀。
　＊神宮本「永平二年」は「六年」の誤。

123 文選　巻三、張平子「東京賦」。
　＊明文抄に中略多し。神宮本傍注あり。

124 日本書紀　巻二七。

125 本朝月令

126 禮記　月令第六。

127 唐暦

128 本朝月令

129 學令

130 韓詩外傳に未見。顏延之、三月三日曲水詩、注に「善曰、韓詩曰三月三日桃花水之時……不祥也」とある（大漢和辭典「上巳」の項所引）。

131 續齊諧記

132 日本書紀　＊雄略元年條になし。曲水宴は巻十五、顯宗天皇二年三月にあり、その誤記か。

133 金谷園記　＊傍線部補入は續類從による。

134 日本書紀　巻二二。

135 類聚國史　巻百七八、佛道上灌佛。

136 本朝月令

137 日本書紀

138 春秋左氏傳　巻二三、宣公傳十二年。

139 四民月令

140 世風記

141 顏氏家訓　巻下、終制篇第二十。
　＊宋本による。下註と共に玉函祕抄下を繼承。

142 日本書紀　巻二二、推古十四年。

143 漢書　巻六、武帝紀。

144 日本書紀　巻六、垂仁天皇七年。

145 月舊記

146 南齊書

147 本朝月令

148 延喜式 巻十一、太政官。
149 白氏長慶集 巻六八、律詩「戯禮經老僧」。
150 官曹事類
151 本朝月令
152 禮記 月令第六。
153 文選 巻三、張平子「東京賦」。
154 本朝月令
155 禮記
156 後漢書 巻一下、光武帝紀下。
157・158 蔡邕獨斷 巻之上・下。
神宮本を一括し一則とする形であるが、巻之上・巻之下に大きく離れるので、二則として扱う。
159 —1 漢書 巻四七、文三王傳（梁孝王）。
＊神宮本註「蹕又作也」は「言趩」に關する註。
—2 漢書 師古註。
—3 漢書 古今註。
—4 同、薩洵云。
—5 同、﨤果云。

160 律
161 漢書 巻一下、高帝紀第一下。
162 後漢書 巻二、孝明帝紀第二。
163 寛平御遺誡
164 貞觀政要 巻一、政體第二。
165 令
166 後漢書 巻一下、光武帝紀下。
167 顏氏家訓 巻下、教子篇第二。
168 律
169 後漢書 巻九、孝獻帝紀。
170 唐書
171 延喜式
172 延喜式
173 延喜格
174 律
175 貞觀政要 巻七、崇儒學第二七。
176 禮記 郊特牲第十一。
177 禮記

178 禮記
179 春秋公羊傳　定公四年。
180 春秋公羊傳　哀公三年。
181 春秋左氏傳　卷十九、文公傳六年。
182 孝經　事君章第二一。
183 孝經　諫諍章第二十、孔安國註。
184 孝經　諫諍章第二十、孔安國註。
185 孝經　諫諍章第二十。＊註は孔安國註。
186 顏氏家訓　卷下、省事篇第十二。
187 論語　鄉黨第十、何晏集解註。
188 論語　鄉黨第十。
189 史記　卷四、趙世家。
190 史記　卷八三、魯仲連傳。
191 史記　卷三六、陳世家。
192 史記　卷三二、齊太公世家。
193 史記　卷四、周本紀。
194 史記　卷三二、齊太后世家。
195 漢書　卷三六、楚元王傳。
196 漢書　卷五一、賈山傳。
197 漢書　卷六二、司馬遷傳。
198 漢書　卷四八、賈誼傳。
199 漢書　卷六八、霍光傳。
200 北史　卷八八、列傳七六。
201 北史　卷二五、列傳十三。
202 唐書
203 隋書
204 春秋左氏傳　卷二六、成公傳九年。
205 文選　卷十三、潘安仁「秋興賦」。
206 文選　卷三七、曹子建「求自試表」。
207 後漢書　卷六七、黨錮列傳（范滂）。
208 後漢書　卷三十下、郎顗傳。
209 後漢書　卷二一、邳彤傳。
210 帝範、卷上、審官篇。
211 藝文類聚
212 後漢書　卷十五、李通傳。
213 後漢書　卷四六、陳忠傳。

214　帝範　巻上、納諫篇。
215　文選　巻十、播安仁「西征賦」。
216　史記　巻六一、伯夷列傳。
217　史記　巻四三、趙世家。
218　呂氏春秋
219　帝範　巻上、求賢篇。
220　臣軌　巻上、公正章。
221　臣軌　巻上、至忠章。
222　臣軌　巻上、同體章。
223　臣軌　巻上、至忠章。
224　臣軌　巻上、至忠章。
225　臣軌　巻上、匡諫章。＊「説苑曰――」
226　臣軌　巻上、守道章。
227　臣軌　巻上、至忠章。
228　臣軌　巻上、至忠章。
229　唐書
230　文選　巻三七、曹子建「求自試表」。
231　文選　巻三九、鄒陽「獄中上書自明」。
232　文選　巻三九、鄒陽「獄中上書自明」。
233　文選　巻五十、沈休文「思倖傳論」。
　＊神宮本「後漢書」に誤る。
234　臣軌　巻上、公正章。
235　臣軌　巻下、利人章。
　＊神宮本・續類從「帝範」と誤る。236～238、共に誤ることに注意。
236　臣軌　巻上、至忠章。
237　臣軌　巻上、至忠章。
238　臣軌　巻上、至忠章。
　＊237・238は玉函祕抄で一則。合併も可。
239　貞觀政要　巻二、求諫第四。
240　群書治要
241　史記　巻八、高祖本紀。
242　帝範　未詳。
243　臣軌　巻上、至忠章。
　＊同＝帝範になく、近似の臣軌か。
244　貞觀政要　巻二、求諫第四。

245 唐書　＊續類從「貞觀政要」とするが、未見。
246 典語　＊三國、陸景の著。群書治要巻四八で、この
句を確認。
247 顏氏家訓　巻上、教子篇第二。
248 帝範　未詳。
249 臣軌　巻上、公正章。＊六邪の二。
250 臣軌　巻上、公正章。
251 孝經　五刑章第十四、孔安國註。
252 孝經　事君章第二一、孔安國註。
253 孝經　三才章第八、孔安國註。
254 論語　八佾第三。
255 史記　巻四七、孔子世家。
256 文選　巻五六、播安仁「楊荊州誄」。
257 後漢書　巻二四、馬援傳。
258 史記　巻四一、越王句踐世家。
＊神宮本・續類從「主愛」とす。
259 史記　巻八六、刺客列傳（豫讓）。
260 史記　巻百三十、太史公自序。
261 史記　巻七九、蔡澤傳。
262 史記　巻四三、趙世家。
263 史記　巻百十二、主父偃傳。
264 後漢書　巻七八、宦者列傳（呂强）。
＊「尸子曰君如……」。
265 後漢書　巻十七、馮異傳。
266 文選　巻三七、曹子建「求自試表」。
267 文選　巻四七、王子淵「聖主得賢臣頌」。
268 文選　巻三七、曹子建「求自試表」。
269 臣軌　巻上、同體章。
270 臣軌　序。＊上に「莫不」あり。
271 臣軌　巻上、守道章。
272 貞觀政要　巻四、求諫第四。
273 孔子家語　巻四、六本第十五。
＊神宮本「君危」が明文抄の原形か否か、未詳。
274 貞觀政要　巻一、政體第二。
275 貞觀政要　巻二、求諫第四。
276 群書　＊未詳。

277　史記　卷八二、田單傳。
278　孝經　序。
279　孝經　生母生績章第十一、孔安國註。
280　孝經　諫諍章第二十、孔安國註。
281　孝經　廣要道章第十五。
＊「父――君――兄――」の順は玉函祕抄による。
282　孝經　士人章第五。
283　史記　卷八七、李斯傳。
284　春秋左氏傳　卷四五、昭公傳十一年。
285　貞觀政要　卷三、論擇官第七。
286　文選　卷三七、曹子建「求自試表」。
287　史記　卷百四、田叔傳。
288　禮記　曲禮下第二。
289　莊子　外篇、天地篇。
290　呂氏春秋　卷二十、達鬱。
291　臣軌　卷上、匡諫章。
292　周禮　卷十八、春官、大宗伯。
293　禮記　曲禮下第二。
294　禮記　曲禮下第二。
295　禮記　曲禮下第二。
296　論語　八佾第三。
297　論語　公治長第五。
298　禮記　曲禮下第二。
299　漢書
300　漢書
301　周禮　卷二五、春官、大祝。
302　禮記　曲禮上第一。＊註は鄭玄註。
303　禮記　曲禮上第一。
304　禮記　曲禮上第一。
305　禮記　曲禮上第一。
306　禮記　曲禮上第一。
307　禮記　曲禮上第一。
308　禮記　曲禮上第一。
309　禮記　曲禮上第一。
310　禮記　曲禮下第二。
311　禮記　曲禮上第一。

312 禮記　曲禮上第一。
313 禮記　曲禮上第一。
314 禮記　曲禮上第一。
315 禮記　曲禮上第一。
316 禮記　曲禮上第一。
317 禮記　曲禮上第一。
318 禮記　曲禮上第一。
319 禮記　曲禮上第一。
320 禮記　曲禮上第一。
321 禮記　曲禮上第一。
322 禮記　曲禮上第一。
323 禮記　曲禮上第一。
324 禮記　曲禮上第一。
325 禮記　檀弓下第四。
326 春秋左氏傳　卷二十、文公傳十八年。
327 春秋左氏傳　卷十二、僖公傳七年。
328 春秋左氏傳　卷三、隱公傳十一年。
＊「周諺有之曰――」。

329 春秋左氏傳　卷三、隱公傳十一年。
330 春秋左氏傳　卷八、莊公傳二二年。
331 孝經　孝優劣章第十二。
332 孝經　廣要道章第十五、孔安國註。
333 論語　八佾第三。
334 論語　學而第一。
335 論語　八佾第三。
336 論語　八佾第三。
337 論語　顏淵第十二。
338 論語　鄕黨第十。
339 論語　鄕黨第十。
340 論語　鄕黨第十。
341 孝經　士人章第五、孔安國註。
342 孝經　三才章第八、孔安國註。
343 史記　卷九九、叔孫通傳。
344 史記　卷七、項羽本紀。
345 漢書　卷八、宣帝紀。
346 禮記　曲禮上第一。

347　毛詩（詩經）鄘風、相鼠。
　＊「人而無禮」神宮本重ねず。
348　晏子春秋　巻一、内篇、諫上第二。
349　禮記　曲禮上第一。
350　禮記　檀弓下第四。
351　春秋公羊傳　隱公五年、註。
352　孝經　廣要道章第十五。
353　論語　陽貨第十七。
354　尚書　虞書、大禹謨。
355　尚書　商書、說命。＊「行之首」は衍。
356　毛詩（詩經）大雅、生民之什、假樂。
357　毛詩（詩經）大雅、蕩之什、抑。
358　春秋左氏傳　巻三六、襄公傳二五年。
359　春秋左氏傳　巻三七、襄公傳二六年。
360　春秋左氏傳　巻四十、襄公傳三一年。
361　孝經　孝優劣章第十二、孔安國註。
362　傅子　問政篇。
363　論語　子路第十三。
364　莊子　内篇、齊物論篇第二。
365　史記　巻四七、孔子世家。
366　史記　巻四七、孔子世家。
367　後漢書　巻十八、臧宮傳。
368　後漢書　巻五六、岱公祖傳。
369　後漢書　巻五四、楊震傳。
370　老子　制惑第七四。＊神宮本「孝子」は誤。
371　晉書
372　淮南子　巻九、主術訓。
373　孔子家語　巻三、觀周第十一。
374　貞觀政要
375　群書治要
376　群書治要
377　後漢書　巻五、孝安帝紀。
378　群書治要
379　貞觀格
380　貞觀格
381　貞觀格

382 延喜格　序。
383 貞觀政要　巻八、論刑法第三一。
384 臣軌　巻上、守道章。
385 帝範　巻下、崇文篇。
386 臣軌　巻上、守道章。
387 史記
388 晏子春秋
389 後漢書　巻二八上、桓譚傳。
390 孔子家語　巻五、顏回第十八。
391 文選　巻五一、王子淵「四子講德論」。
392 史記　巻三六、陳杞世家。
＊巻四十楚世家に類句あり。
393 春秋左氏傳　巻六、桓公傳十年。
＊「周諺有之――」。
394 春秋左氏傳　巻八、莊公傳十九年。
395 春秋左氏傳　巻八、莊公傳二十年。
396 春秋左氏傳　巻四一、昭公傳元年。
397 春秋左氏傳　巻四一、昭公傳元年。
398 孝經　五刑章第十四。
399 論語　季氏第十六。＊註は集解「馬融曰……」。
400 史記　巻七九、范雎傳。＊賈は人名。
401 漢書　巻六、武帝紀。
402 漢書　巻六二、司馬遷傳。
403 漢書　巻二三、刑法志第三。
404 修文殿御覽
405 中說　巻四、周公篇。
406 孔子家語　巻七、五刑解第三十。
407 貞觀政要　巻八、論刑法第三一。
408 周易（易經）繫辭下傳。
＊中略（……部）の二三字を續類從本文は記入。
明文抄の原形か否か。
409 尚書　周書、呂刑。
410 尚書　周書、呂刑。
411 周禮　巻三四、秋官、司寇。
412 周禮　巻三六、秋官、司寇。
413 周禮　巻三十、夏官、小司馬之職。

414 春秋左氏傳　卷三四、襄公傳二一年。
415 論語　顔淵第十二。
416 論語　子路第十三。
417 史記　卷百五、倉公傳。
418 史記　卷一、五帝本紀。
419 史記　卷十、孝文本紀。
420 史記　卷六、秦始皇本紀。
421 史記　卷百十九、循吏列傳。＊「太史公曰」。
422 漢書　卷一上、高帝紀一上。
423 漢書　卷八五、薛宣傳。
424 漢書　卷五一、路溫舒傳。
425 漢書　未詳。＊424に連續せず。
426 漢書　卷五、景帝紀。＊卷二三、刑法志に類句あり。
427 漢書　卷二、惠帝紀、顔師古註。
428 —1 後漢書　卷四、孝和帝紀。　＊神宮本「十六年」は誤。
—2 同右。＊李賢等註（禮記月令と鄭玄註）
429 後漢書　卷五八、虞詡傳。
430 後漢書　卷一下、光武帝紀下。
431 後漢書　卷五二、崔寔傳。
432 後漢書　卷六一、左雄傳。
433 文選　卷三九、江文通「詣建平王上書」。
434 文選　卷三九、鄒陽「獄中上書自明」。
435 鹽鐵論　卷十、詔聖第五八。
436 袁子正書　禮政。＊書名・本文、共に異形が多い。
437 史記　卷三九、晉世家。
438 愼子　＊意林卷二に引く。
439 唐曆
440 令
441 令義解　序。
442 令
443 律
444 唐曆
445 律
446 令義解　序。
447 令義解　序。

448 弘仁格　序。
449 延喜格
450 律
451 令
452 律
453 令
454 尙書　虞書、大禹謨。
455 春秋左氏傳　卷四三、昭公傳五年。
456 春秋左氏傳　卷三一、襄公傳十一年。
457 春秋左氏傳　卷三七、襄公傳二六年。
458 春秋左氏傳　卷三七、襄公傳二六年。
459 孝經　三才章、孔安國註。
460 孝經　事君章第二一、孔安國註。
＊孝經・玉函祕抄・管蠡抄は「立功」。
461 史記　卷七九、范睢傳。
462 史記　卷七九、范睢傳。
463 韓子　卷八、用人第二七。
464 漢書　卷八九、循吏傳（王成）。
465 漢書
466 帝範　卷下、賞罰篇。
467 帝範　卷下、務農篇。
468 貞觀政要　卷三、論封建第八。
469 政要論　爲君難。＊群書治要卷四七。
470 鹽鐵論　卷十、詔聖第五八。
471 貞觀政要　卷二、求諫第四。
472 貞觀政要　卷一、君道第一。
473 貞觀政要
474 說苑　卷七、政理。
475 寬平御遺誡
476 史記　卷四、周本紀第四。
＊書名の誤記は玉函祕抄による。
477 蜀志
478 貞觀政要　卷八、論赦令第三二。
479 唐曆
480 魏文貞政書
481 律

482 貞觀格
483 弘仁格
484 貞觀格
485 弘仁格
486 南史　卷六、梁本紀上。
487 唐書
488 弘仁格
489 弘仁格
490 延喜格

明文抄　三

人倫部

1 文選　卷五三、李蕭遠「運命論」。
2 文選　卷四六、陸士衡「豪士賦序」。
3 孔子家語　卷三、辯政第十四。
4 孔子家語　卷三、辯政第十四。
5 莊子　内篇、大宗師篇第六。
6 後漢書　卷五九、張衡傳。
7 禮記　曲禮下第二。
8 臣軌　卷上、守道章（說苑、卷五貴德）。
9 晏子春秋　卷五、内篇雜上第五。
10 史記　卷百三「太史公曰」。論語、里仁第四。
11 文選　卷四二、阮元瑜「爲曹公作書與孫權」。
12 論語　子張第十九。
13 後漢書　卷七十、孔融傳。

14 史記　巻六三、老子傳。＊神宮本「老子」と誤る。

15 論語　學而第一。

16 孫卿子（荀子）榮辱篇第四。

＊神宮本「老子」と誤る。

17 孫卿子（荀子）堯問篇第三二。

18 論語　泰伯第八。

19 論語　學而第一。

20 論語　公冶長第五。

21 老子　巧用第二七。

22 老子（前半）洪徳第四五、（後半）同異第四一。

＊二句を一則にしたか。

23 後漢書　巻二四、馬援傳。＊「汝――」。

24 莊子　雜篇、徐無鬼篇第二四。

25 史記　巻六三、老子傳。

26 史記　巻七六、平原君傳。

27 漢書　巻百上、敍傳。

28 文選　巻十七、陸士衡「文賦」。

29 文選　巻五三、李蕭遠「運命論」。

30 尸子　＊續類從「文（尸）子」。

31 呂氏春秋　巻二四、贊能。

32 顏氏家訓　慕賢篇第七。

33 楊氏法言　巻六、五百篇。

34 鹽鐵論　巻四、地廣第十六。

35 潛夫論　巻二、思賢第八。

36 鹽鐵論　巻七、崇禮第三七。＊續類從、この句缺。

37 呂氏春秋

38 群書治要

39 禮記　曲禮上第一。

40 禮記　坊記第三十。

41 說苑　巻九、尊賢。

42 周書　＊「三曰」脱として補入。

43 論語　述而第七。

44 禮記　檀弓上第三。＊玉函祕抄上にあり。

45 文選　巻五六、潘安仁「楊仲武誄」。

46 文選　巻三、張平子「東京賦」。

47 漢書　巻八二、傅喜傳。

48　漢書　巻五六、董仲舒傳。
49　漢書
50　後漢書　巻三十下、郎顗傳。
51　後漢書　巻五六、王龔傳、論曰。
52　鹽鐵論　巻四、貧富第十七。
　＊原典は「舜―」。玉函祕抄で改め、以後本邦金言集に継承。
53　呉子
54　唐書
55　三略　下略。
56　後漢書　巻三十下、襄楷傳。
57　史記　巻七九、范睢傳。
58　符子
　＊藝文類聚、巻七十、鏡。「心―」。見在書目録「符子（符朗撰）」。
59　文選　巻二五、劉越石「答盧諶詩」。
60　論語　公冶長第五。
61　論語　里仁第四。
62　春秋公羊傳　宣公十五年。
63　老子　反朴第二八。
64　史記　巻四三、趙世家。
65　貞觀政要　巻十、論災異第三九。
66　鹽子新論
67　漢書　巻七一、疏廣傳。
68　尙書　周書、君牙。
69　春秋左氏傳　巻二八、成公傳十八年。
70　論語　公冶長第五。
71　後漢書　巻五九、張衡傳。
　＊玉函祕抄中に呂氏春秋一五の同文引用。
72　後漢書　巻二四、馬援傳。
73　韓非子　巻一、初見秦第一。
74　莊子　外篇、天地篇第十二。
75　史記　巻四一、越王句踐世家。
76　晉書　巻二、帝紀第二、景帝。
77　文選　未詳。
78　文選　巻三、張平子「東京賦」。

79 文選（前半）巻十一、孫興公「遊天臺山賦」、（後半）巻六、左太沖「魏都賦」兩句の合成。玉函祕抄による。
80 延喜格　序。
81 顔氏家訓　勉學篇第八。＊中略あり。
82 毛詩（詩經）小雅、谷風之什、蓼我。
83 孝經　父母生績章第十一。＊神宮本「老經」に誤る。
84 論語　里仁第四。
85 尚書　周書、無逸。
86 禮記　曲禮上第一。
87 禮記　坊記第三十。
88 儀禮　巻十一、喪服十一、鄭玄註。
89 春秋公羊傳　哀公二年。
90 莊子　雜篇、盜跖篇第二九。
91 鹽鐵論　巻二、刺權第九。
92 顔氏家訓　巻上、教子篇第二。
93 禮記　曲禮下第二。
94 臣軌　巻上、匡諫章。
95 春秋公羊傳　隱公元年。
96 臣軌　序。
97 春秋公羊傳　隱公元年。
98 論語　陽貨第十七。
99 論語　先進第十一。
100 史記　巻五八、梁孝王世家。
101 禮記　樂記第十八。
102 貞觀政要　巻八、論刑法第三一。
103 史記　巻百八、韓長孺列傳。
104 春秋左氏傳　巻二一、宣公傳三年。
105 弘仁格
106 後漢書　巻六、孝順帝紀。
107 毛詩（詩經）小雅、鴻鴈之什、斯干。
108 毛詩（詩經）大雅、生民之什、生民。
109 禮記　射義第四六。
110 淮南子　巻十六、説山訓。
111 西京雜記　巻三。
112 孔子家語　巻九、本姓解第三九。

113　毛詩（詩經）小雅、鹿鳴之什、常棣。
114　周易（易經）序卦傳。
115　毛詩（詩經）大雅、蕩之什、瞻卬。
116　後漢書　巻八四、列女傳、曹昭「女誡」。
117　史記　巻四九、外戚世家。
＊索隱「妃音配」。神宮本、妃作配。
118　春秋左氏傳　巻六、桓公傳十八年。
＊註は杜預註。
119　春秋左氏傳　巻二七、成公傳十一年。
120　淮南子　巻十、繆稱訓、高誘註。
121　毛詩（詩經）鄭風、女曰鷄鳴。
122　尚書　周書、牧誓。＊註は孔安國傳。
123　毛詩（詩經）豳風、伐柯。
124　毛詩（詩經）大雅、蕩之什、瞻卬。＊註は鄭箋。
125　魏志　巻二、文帝黄初九年詔。
126　儀禮　巻十一、喪服第十一。
127　禮記　曲禮上第一。
128　禮記　郊特牲第十一。

129　禮記　郊特牲第十一。
130　禮記　未詳。
131　春秋左氏傳　巻六、桓公傳十五年。
132　春秋左氏傳　巻六、桓公傳十五年。
133　春秋公羊傳　巻三十。
134　史記　巻五六、陳丞相世家。
＊神宮本「兒婦人口」を重記。
135　史記　巻四九、外戚世家。
＊巻八三鄒陽傳、巻百五、太史公曰にも。
136　史記　巻四九、外戚世家、楮先生曰。
137　史記　巻四九、外戚世家。
＊「傳曰――」、神宮本「外傳」に誤る。
138　史記　巻五五、留侯世家。
139　後漢書　巻二六、宋弘傳。
＊原典は「不下堂」。「不可下堂」は玉函祕抄、管蠡抄。
140　遊仙窟
141　孔叢子　巻上、難訓第六。

142 文選　巻四一、司馬子長「報任少卿書」。
143 論語　陽貨第十七。
144 文選　巻四十、楊德祖「答臨淄侯牋」。
145 文選　巻五五、陸士衡「演連珠」。
146 漢書　巻九七上、外戚傳（李夫人）。
147 漢書　巻九七上、外戚傳（李夫人）。
148 漢書　巻九七上、外戚傳（李夫人）。
149 遊仙窟
150 遊仙窟　＊神宮本「輝々」、醍醐寺本「耀々」。
151 ―1　遊仙窟
―2　故人傳曰……。＊醍醐寺本奥書を參照。
152 令
153 令
154 式
155 律
156 漢書　巻四五、蒯通傳。
157 後漢書　巻八一、獨行列傳（李業）。
158 朝野僉載　＊世俗諺文にあり。
159 漢書　巻七七、劉輔傳。＊「里語曰」。＊神宮本・續類從「卅人」。
160 顏氏家訓　巻下、止足篇第十三。
161 律
162 律
163 史記
164 文選　巻四九、班孟堅「公孫弘傳贊」。
165 文選　巻四一、李少卿「答蘇武書」。
166 周易（易經）繫辭上傳。
167 禮記　表記第三二。＊玉函祕抄引用形。
168 史記　巻六二、管仲傳。
＊史記「鮑子」。「鮑叔」及び「同（禮記）」は玉函祕抄中による。
169 文選　巻四二、魏文帝「與吳質書」。
170 說苑　巻六、復思。
＊「馬爲知己者良」は慣用句の付加。
171 文選　巻三九、鄒陽「獄中上書自明」。
172 尙書　商書、盤庚。

173 漢書 巻四、文帝紀。
174 後漢書 巻十上、皇后紀(明德馬皇后)。
175 文選 巻一、兩都賦、辟雍詩。
176 白氏六帖 巻十七、老第二五。
177 朝野僉載 *世俗諺文にあり。
178 論語 微氏第十八。*註は集解註。
179 史記 巻六六、伍子胥傳。
180 魏志 巻二六、田豫傳。
181 春秋左氏傳 巻二十、文公傳十六年。
182 禮記 曲禮上第一。
183 禮記 王制第五。
184 漢書 巻十二、平帝紀。
185 孝經 開宗明義章第一、孔安國註。
*神宮本「孝經」を「老經」と誤る。
186 令
187 禮記 王制第五。
188 政論 *群書治要巻四五にあり。
189 貞觀政要 巻九、議安邊第三五。

190 馮衍車銘 藝文類聚巻七一、舟車部、車。
*玉函祕抄上より「乘車」を「秉車」と誤る。下句を缺くと推定。
191 春秋左氏傳
192 春秋左氏傳 巻二四、宣公傳十六年。
*左傳の「幸民」を變更。
193 尙書 商書、咸有一德。
194 尙書 商書、太甲。
195 尙書 周書、泰誓と同孔安國註。
*玉函祕抄上の二則併記を合して繼承。
196 孝經 廣至德章第十六、孔安國註。
197 孝經 三才章第八、孔安國註。
198 論語 陽貨篇の句の變形。
*玉函祕抄・管蠡抄よりの傳承形。
199 史記 巻三、殷本紀。
200 史記 巻四、周本紀。
*書名の誤記は玉函祕抄による。
201 孔子家語 巻四、六本第十五。

202 史記　巻四、周本紀。
203 未詳。
204 鹽鐵論　巻六、疾貧第三三。
205 貞觀政要　巻一、君道第一。
206 史記　巻六、秦始皇本紀。
207 文選　巻四二、曹子建「與楊德祖書」。
208 文選　巻五一、王子淵「四子講讀論」。
209 呂氏春秋
210 漢書　巻五六、董仲舒傳。
211 音義抄
212 鹽鐵論　巻十、大論第五九。
213 晏子春秋
214 漢書　巻五、景帝紀。
215 漢書　巻五、景帝紀。
216 漢書　巻五一、賈山傳。
217 帝範　巻下、務農篇。
218 帝範　巻下、務農篇。
219 臣軌　巻下、利人章。

＊「賈子曰」。
220 臣軌　巻下、利人章。
221 臣軌　巻下、利人章。
222 賈子　第一巻、權修第三。
＊臣軌下219「賈子曰上古之代……」により、賈子の句を獨立させたもの。
223 管子　巻一、權修第三。＊神宮本・續類從の「老子」は誤。
224 隋書
225 貞觀政要
226 貞觀政要
227 和諺
228 文選　巻二、張平子「西京賦」。
229 孔子家語　巻四、六本第十五。
230 文選　巻六、左太沖「魏都賦」。
231 文選　巻三、張平子「東京賦」。
232 後漢書　巻四十上、班彪傳。
233 文選　巻六、左太沖「魏都賦」。

＊神宮本「蓋音」を「晉」とす。

234　文選　巻四一、陳孔璋「爲曹洪與魏文帝書」。
235　鹽鐵論　巻七、崇禮第三七。
236　顔氏家訓　巻下、歸心篇第十六。
237　淮南子　巻十七、說林訓。
238　孔子家語　巻四、六本第十五。
239　周禮　巻三九、冬官、考工記。

人事部　上

1　世說　排調第二五。
2　尸子　巻上、明堂。
3　金樓子　巻六、雜記篇第十三上。
4　韓子　巻六、解老第二十。
5　顔氏家訓　巻下、涉務篇第十一。
6　論語　子路第十三。
7　抱朴子　外篇、第三九、廣譬。
8　史記
9　魏志
10　貞觀政要　巻四、規諫太子第十二。
11　列子
12　春秋左氏傳　巻四十、襄公傳三一年。
13　莊子　雜篇、列御寇篇第三二。
14　毛詩　邶風、柏舟。
15　文選　巻四十、沈休文「奏彈王源」。
16　文選　巻四一、司馬子長「報任少卿書」。

17 文選　巻六、左大沖「魏都賦」。
18 修文殿御覽　＊「悪」の下缺字。
19 韓子　巻八、觀行第二四。
20 臣軌　巻上、公正章。
21 呂氏春秋　巻十二、誠廉。
22 未詳。＊「鹽——」、論衡第二巻率性第八か。
23 論語　陽貨第十七、集解註。
24 毛詩　小雅、魚藻之什、角弓。
25 顏氏家訓　巻下、省事篇第十二。
26 晏子春秋　＊藝文類聚　巻二三、人部七、鑒誡。
27 春秋左氏傳　巻三五、襄公傳二四年。
＊「焚斃」は杜氏註。
28 毛詩　國風、召南、行露。
29 莊子　雜篇、外物篇第二六。
＊句末註「網無情故得魚」。
30 文選　巻五二、曹元首「六代論」。
31 文選　巻十三、張茂先「鷦鷯賦」。
32 莊子　外篇、駢栂篇第八。
33 莊子　外篇、天運篇第十四。
34 莊子　外篇、秋水篇第十七。
＊惠子と莊子の對話を玉函祕抄で一般論に變えて要約したものか。
35 文選　巻五三、嵇叔夜「養生論」。
36 史記　巻四七、孔子世家。
37 文選　巻四二、曹子建「與楊德祖書」。
38 文選　巻四一、孔文擧「論盛孝章書」。
39 淮南子　巻一、原道訓。
40 後漢書　巻五二、崔駰傳。
41 新序　巻五、雜事第五。
＊「劉向」以下全て某書の引用とも見えるが、新序の句とする。
42 未詳。＊某書の註であろう。
43 毛詩　小稚、節南山之什、正月。
44 周禮　春官、占夢。＊神宮本・續類從「周易」は誤。
45 莊子　内篇、齊物論篇第二。
46 莊子　内篇、齊物論篇第二。

47　文選　卷四五、東方曼倩「答客難」。
48　晉書
49　文選　卷五三、李蕭遠「運命論」。
50　文選　卷二五、劉越石「答盧諶詩一首並書」。
51　文選　卷二五、盧子諒「贈劉琨幷書」李周翰註。
　＊玉函祕抄引用の文選註。
52　呂氏春秋　卷十四、必已。
53　後漢書　卷八一、獨行列傳（李業）。
54　毛詩　小稚、鹿鳴之什、天保。
55　顏氏家訓　卷下、終制篇第二十。
56　文選　卷五二、李蕭遠「運命論」。
57　莊子　內篇、養生主篇第三。
58　文選　卷十、潘安仁「西征賦」。
59　文選　卷四二、應休璉「與從弟君苗君冑書」。
60　呂氏春秋　卷一、重已。
61　春秋左氏傳　卷十七、僖公傳三三年。
62　莊子
63　群書治要
64　春秋左氏傳　卷四四、昭公傳八年。
65　列子
66　群書治要
67　漢書　卷九八、元后傳。
68　後漢書　卷六四、史弼傳。
69　毛詩　國風、召南、甘棠。
70　晉書
71　禮記　曲禮上第一。
72　孝經　開宗明義章第一。
73　孝經　聖治章第十。
74　孝經　廣要道章第十五。
75　孝經　應感章第十七、孔安國註。
76　孝經　喪親章第二二、孔安國註。
77　孝經　廣揚名章第十八、孔安國註。
78　孝經　廣揚名章第十八、孔安國註。
79　論語　里仁第四。
80　論語　學而第一、里仁第四。
81　漢書

82 呂氏春秋　巻十四、孝行。
83 臣軌　巻上、至忠章。
84 孔子家語　巻二、致思第八。
85 孔子家語　巻二、致思第八。
＊84・85二句は原典と小異がある。後漢書巻三七・三九の註の家語句が、玉函祕抄中に入り、明文抄がそれを採ったと解される。
86 文選　巻三九、鄒陽「獄中上書自明」。
87 孝經　孝優劣章第十二。
88 孝經　五刑章第十四。
89 春秋左氏傳　巻十、閔公傳二年。
＊「羊舌大夫曰不可――」。
90 孝經　孝平章第七、孔安國註。
91 春秋左氏傳　巻十五、僖公經二三年。
92 論語　學而第一。
93 後漢書　巻八一、獨行列傳（趙苞）。
94 後漢書　巻十六、寇恂傳。
95 後漢書　巻三六、范升傳。
96 臣軌　巻上、至忠章。＊「古語云――」。
97 臣軌　巻上、至忠章。
98 臣軌　巻上、至忠章。＊禮記、坊記第三十參照。
99 漢書　巻八四、翟方進傳。
100 史記　巻四七、孔子世家。＊「子曰――」。
101 未詳。
102 尙書　周書、泰誓。
103 禮記　大學第四二。
104 漢書　巻一上、高帝紀。
105 唐書
106 文選　巻四七、袁彦伯「三國名臣序贊」。
107 唐書
108 禮記　檀弓上第三。
109 文選　巻二十、曹子建「上責躬應詔詩表」。
110 貞觀政要　巻五、論仁義第十三。
111 論語　雍也第六。
112 春秋左氏傳　巻四一、昭公傳元年。
113 孝經　孝優劣章第十二、孔安國註。

114 漢書 卷三一、項籍傳。
115 史記 卷七、項羽本紀。
116 莊子 外篇、天地篇第十二。
117 論語 述而第七。
118 漢書 卷七一、疏廣傳。
119 史記 卷六二、管仲傳。＊卷百二九にも。
120 文選 卷三八、庾元規「讓中書令表」。
121 禮記 大學第四二。
122 史記 卷四一、越王句踐世家。
＊史記では「吾聞――」。
123 史記 卷百一、袁盎傳。
＊神宮本「衡（樓殿邊欄也）」は集解註。
124 史記 卷六三、莊子傳。
125 顏氏家訓 卷下、涉務篇第十一。
126 文選 卷四七、王子淵「聖主得賢臣頌」。
127 世說 汰侈第三十。
128 唐書 馬周傳。
129 鹽鐵論 卷四、地廣第十六。
130 春秋左氏傳 卷十六、僖公傳二六年。
131 論語 雍也第六。
132 文選 卷五五、劉孝標「廣絕交論」。
133 文選 卷五五、陸士衡「演連珠」。
134 列女傳
135 漢書
136 尚書 虞書、益稷註。
137 史記 卷百二九、貨殖列傳（計然）。
138 文選 卷五、左太冲「吳都賦」。
139 葛氏外篇 卷四三、喩蔽。
140 韓詩外傳 卷八。
141 漢書 卷四五、蒯通傳。
142 文選 卷五十、沈休文「恩倖傳論」。
143 說苑 卷十六、說叢。
144 韓子 卷十二、外儲說左第三三。
145 史記 卷百二一、儒林列傳（轅固生）。
146 漢書 卷四八、賈誼傳。
147 韓子 卷十二、外儲說左第三三。

148 史記　巻四六、田敬仲完世家。
149 穀梁傳　巻八、僖公八年。
150 論語　里仁第四。
151 老子　運夷第九。

明文抄　四

人事部　下

1 1 周易（易經）上經、謙。　1 2 下經、豐。
2 史記　巻百四、田叔傳、楮先生曰。
3 周易（易經）上經、乾。
4 禮記　曲禮上第一。
5 史記　巻四一、越王句踐世家。
6 史記　巻四三、越世家。
7 史記　巻四一、越王句踐世家。
8 後漢書　巻八二上、方術列傳（折像）。
9 後漢書　巻二八上、馮衍傳。
10 唐書
11 後漢書　巻六十下、蔡邕傳。
12 後漢書　巻六十下、蔡邕傳。
＊11と12は連續する。もと一則か。

13　後漢書　巻十上、皇后紀（明德馬皇后）。
14　唐書
15　貞觀政要　巻八、論刑法第三一。
16　文選　巻五五、陸士衡「演連珠」。
17　文選　巻四六、陸士衡「豪士賦序」。
18　文選　巻四五、楊子雲「解嘲」。
19　文選　巻四六、陸士衡「豪士賦序」。
20　尙書　周書、畢命。
21　孝經　五刑章第十四。
22　孝經　諸侯章第三、孔安國註。
23　孝經　庶人章第六、孔安國註。
24　孝經　諸侯章第三。
＊建治本「在上」、仁治本「居上」。↓帝道上175
25　後漢書　巻五二、崔駰傳。
26　後漢書　巻七五、劉焉傳、論曰。
27　尙書　商書、仲虺之誥。
28　文選　巻四二、曹子建「與吳季重書」。
29　孔子家語　巻五、在厄第二十。
＊「施」は玉函祕抄中もなし。
30　孔子家語　巻四、六本第十五。
31　後漢書　巻二、顯宗孝明帝紀。
32　晉書
33　文選　序。
34　孟子　巻十三、盡心章句上。
35　孔子家語　巻四、六本第十五。
36　唐會要　巻二八、蒐狩。
37　文選　巻二五、劉越石「重贈盧諶」。
38　太平御覽
39　墨子　巻一、法儀第四。
40　史記　巻四七、孔子世家。
41　金樓子
42　臣軌　巻下、愼密章。
43　文選　巻五五、陸士衡「演連珠」。
44　文選　巻十三、賈誼「鵩鳥賦」。
45　春秋左氏傳　＊未詳。晏子春秋巻六にあり。
46 1　養生方　46 2　養生要集

47　史記　巻百六、呉王濞傳。
48　閔子
49　尚書　商書、伊訓。
50　周易（易經）上經、坤、文言傳。
51　尚書　虞書、大禹謨。
＊神宮本「同（周易）」と誤る。
52　春秋左氏傳　巻二、隱公傳三年。
53　春秋左氏傳
54　孝經　孝治章第九、孔安國註。
55-1　韓子
55-2　後漢書　巻二五、魯恭傳。
56　維城典訓
57　晉書
58　晉書
59　文選　巻五四、劉孝標「辯命論」。
60　史記　巻百二七、日者列傳。
61　史記　巻九二、淮陰侯傳。
62　文選　巻五三、李蕭遠「運命論」。
63　坤元録
64　文選　巻六、左太沖「魏都賦」。
65　晏子春秋　巻二、内篇諫下第二。
66　淮南子　巻十七、說林訓。
67　史記　巻六八、商君列傳。
68　文選　巻九、楊子雲「長楊賦」。
69　北史　巻三四、列傳第二二。
70　文選　巻三九、鄒陽「獄中上書自明」。
71　文選　巻三七、孔文擧「薦禰衡表」。
72　論語　季氏第十六。
73　金樓子　巻四、立言篇九上。
74　史記　巻六九、蘇秦列傳。
75　帝範　巻上、審官篇。
76　貞觀政要　巻五、論誠信第十七。
77　貞觀政要　巻二、納諫第五。
78　白氏六帖
79　孔子家語　巻四、六本第十五。
80　新語　巻下、思務第十二。

81　典論　＊群書治要巻四六。
82　典論
83　禮記　大學第四二。
84　禮記　檀弓下第四。
85　文選　巻五一、王子淵「四子講讀論」。
86　文選　巻二、張平子「西京賦」。
87　後漢書　巻八十下、文苑列傳（趙壹）。
　　＊神宮本「家―」に誤る。
88　春秋左氏傳　哀公傳五年。
　　＊韓子は玉函祕抄に始まる誤。
89　莊子　雜篇、盜跖篇第二九。
90　文選　＊文選になく、玉函祕抄下の同句「同」（文選）を繼承。
91　顏氏家訓
92　禮記　曲禮上第一。
93　春秋左氏傳　巻十九上、文公傳五年。
94　朝野僉載
95　晉書
96　孝經　孝治章第九、弘安國註。
97　史記　巻七九、「太史公曰韓子稱――」。
98　隨巣子
99　史記　巻百二九、貨殖列傳。
100　史記　巻七二、穰侯傳。
101　後漢書　巻三八、張宗傳。
102　後漢書　巻七十、鄭太傳。
103　文選　巻三九、枚叔「上書重諫吳王」。
104　唐文粹
105　史記　巻七十、張儀傳。「上書重諫吳王」。
106　顏氏家訓
107　後漢書
108　文選　巻十三、賈誼「鵩鳥賦」。
109　春秋左氏傳　巻二五、成公傳二年。
110　論語　子罕第九。
111　論語　子罕第九。
112　史記
113　朝野僉載

114 顔氏家訓　巻上、名實第十。
115 顔氏家訓　巻下、誡兵第十四。
116 後漢書　巻十七、賈復傳。
117 蜀志　巻一（三國志のうち）。
118 弘仁格
119 諸道勘文
120 春秋左氏傳　巻九、荘公傳二四年。
121 金樓子　巻四、立言篇九下。
122 後漢書　巻二七、王良傳、論曰。
123 後漢書　巻三三、虞延傳。
124 臣軌　巻下、廉潔章。
125 文選　巻五三、李蕭遠「運命論」。
126 荘子　内篇、逍遙篇第一。
127 顔氏家訓
128 後漢書　巻六五、張奐傳。
129 論語　衞靈公第十五。
130 論語　爲政第二。
131 論語　公冶長第五。
132 論語　子路第十三。
133 春秋左氏傳　巻三二、襄公傳十五年。
134 史記　巻六十、三王世家。
135 後漢書　巻五二、崔駰傳。
136 文選　巻二八、陸士衡「君子行」。
137 五臣註文選　巻十四、古辭「君子行」。
138 臣軌　巻下、廉潔章。
139 禮記　巻十七、緇衣第三三。
140 春秋左氏傳　巻四五、昭公傳十一年。
141 春秋左氏傳　巻四八、昭公傳十九年。
142 孝經　＊孝經になし。玉函祕抄下617、管蠡抄九ノ十五に「孝經註」とす。
143 朝野僉載
144 朝野僉載
145 要覽
146 論語　里仁第四。
147 論語　八佾第三。
148 論語　學而第一。＊神宮本「不知己」。

149　老子　巻下、儉欲第四六。
　＊小川環樹譯註（中公文庫）は「可欲」を「多欲」とす。
150　東觀漢記　巻十七、鍾離意。＊「臣聞……悪其名也」。
151　韓詩外傳　巻七。
152　史記　巻六、秦始皇本紀。
153　文選　巻四三、孫子荊「爲石仲容與孫皓書」。
154　文選　巻三七、劉越石「勸進表」。
155　晏子春秋　内篇襍下第六「諺曰――」。
156　史記　巻六、秦始皇本紀。
157　漢書　巻五三、景十三王傳、贊。
158　漢書　巻五六、董仲舒傳。
159　後漢書　巻二四、馬援傳。
160　韓子　觀行第二四。
161　蜀志
162　蜀志　巻二。
163　後漢書　巻六九、何進傳。
164　後漢書　巻一上、光武帝紀。
165　顔氏家訓　巻下、省事篇第十二。
166　漢書　巻一上、高帝紀上。
167　朝野僉載
168　臣軌　巻下、愼密章。
169　後漢書　巻七十、孔融傳。
170　後漢書　巻三十下、郎顗傳。
171　唐暦
172　文選　巻四九、干令升「晉紀總論」。
173　文選　巻四九、干令升「晉紀總論」。
174　文選　巻二、張平子「西京賦」。
175　帝範　巻上、建親篇。
176　文選　巻三二、屈平「漁父」。
177　文選　巻七、播安仁「藩田賦」。
178　文選　巻十七、陸士衡「文賦」。
179　文選　巻五六、崔子玉「座右銘」。
180　文選　巻五六、崔子玉「座右銘」。
181　文選　巻五六、張茂先「女史箴」、呂向註。
　＊玉函祕抄上の註を繼承。

182 晏子春秋　＊藝文類聚　巻二三、人部七、鑒誡。
183 抱朴子　外篇、巻二四、酒誡。
184 抱朴子　外篇、巻二四、酒誡。
185 韓詩外傳　巻二。
186 顏氏家訓　巻下、省事篇第十二。
187 1　顏氏家訓　巻上、教子篇第二。
187 2　顏子家訓　巻下、省事篇第十二。
188 顏子家訓
189 顏子家訓
190 尙書　周書、族獒。
191 春秋左氏傳　巻十三、僖公傳九年。
192 史記　巻一百、季布傳。
193 未詳。
194 春秋公羊傳　莊公十二年、註。
＊神宮本「同」、史記に未見。
195 說苑　巻五、貴德。
196 臣軌　巻下、誠信章。
197 臣軌　巻下、誠信章。
198 臣軌　巻下、誠信章。
199 後漢書　巻三六、張玄傳。
200 臣軌　巻下、愼密章。
201 貞觀政要　巻六、愼言語第二二。
202 周易（易經）繫辭上傳。
203 周易（易經）繫辭上傳。
204 周易（易經）繫辭上傳。
205 帝範　巻上、納諫篇。
206 淮南子　巻十六、說山訓。
207 抱朴子
208 老子　玄德第五六。
209 老子　顯質第八一。
210 莊子　雜篇、徐無鬼篇。
211 史記　巻六五、吳起傳、太史公曰。
212 史記　巻九二、淮陰侯傳。
213 孔子家語　巻三、觀周第十一。
214 史記　巻百二六、滑稽列傳。
215 漢書

216　文選　巻三九、枚叔「上書諫呉王」。
217　臣軌　序。
218　臣軌　巻下、愼密章。
219　抱朴子　内篇、巻十二、辨問。
220　抱朴子　内篇、巻一、暢玄。
221　孔子家語　巻五、顏回第十八。
222　顏氏家訓
223　春秋左氏傳　巻三五、襄公傳二三年。
224　孝經　諫諍章第二十、孔安國註。
225　漢書　巻五一、路溫舒傳。
226 1　後漢書　巻七四下、袁紹傳。
226 2　韓（非）子　外儲説左上三二。
227　唐―
228　文選　巻四三、孫子荊「爲石仲容與孫皓書」。
229　臣軌　巻上、匡諫章。
230　臣軌　巻上、匡諫章。＊「新序曰――」。
231　尙書　周書、洪範。
232　尙書　虞書、大禹謨。
233　魏文貞故事
234　毛詩（詩經）小雅、甫田之什、青蠅。
235　漢書　巻五一、鄒陽傳。
236　後漢書　巻四十上、班彪傳。
237　北史
238　文選　巻五五、陸士衡「演連珠」。
　＊初句、文選「利眼臨雲」。
239　文選　巻三八、任彦昇「爲范尙書讓吏部封侯第一表」、李善註。
240　淮南子　巻十一、齊俗訓。
241　帝範　巻上、去讒篇。
242　帝範　巻上、去讒篇。＊「令色」の上に四六字あり。
243　帝範　巻上、去讒篇。
244　文選　巻四一、孔文擧「論盛孝章書」。
245　文選　巻五三、李蕭遠「運命論」。
246　後漢書　巻五九、張衡傳。
247　文選　巻四、左太沖「三都賦序」。
248　聲隅子

249 史記　巻四三、趙世家。
250 後漢書　巻三六、范升傳。
251 文選　巻五九、王簡棲「頭陀寺碑文」。
252 文選　巻四五、東方曼倩「答客難」。
253 文選　巻四五、宋玉「對楚王問」。
254 史記　巻四八、陳渉世家。
255 文選　巻四五、東方曼倩「答客難」。
＊神宮本「同」は誤。
256 文選　巻四五、楊子雲「解嘲」。
257 晉書
258 文選　巻三五、張景陽「七命八首」。
259 文選　巻四二、曹子建「與呉季重書」。
260 文選　巻五二、班叔皮「王命論」。
261 文選　巻四二、魏文帝「與呉質書」。
262 鶡冠子　未詳。金樓子（立言上）に「……夜之警……晨之益」とあり。
263 後漢書　巻七四上、袁紹傳。
＊明文抄「家語」の誤は玉函祕抄による。五六ページ參照。
264 莊子　内篇、人間世篇第四。
265 莊子　外篇、秋水篇第十七。
＊神宮本、三字缺。「如本」と記す。
266 莊子　外篇、達生篇第十九。
267 莊子　外篇、秋水篇第十七。
268 帝範　巻上、審官篇。
269 後漢書　巻八十下、文苑列傳（邊讓）。
270 後漢書　巻五七、劉陶傳。
＊神宮本「文―」は誤、文選になし。
271 文選　巻五五、陸士衡「演連珠」。
＊「同＝後漢書」は誤。
272 帝範　巻下、務農篇。
273 文選　巻三九、枚叔「上書諫呉王」。
＊玉函祕抄「猶」を用いる。
274 文選　巻三九、枚叔「上書諫呉王」。
275 貞觀政要　巻一、君道第一。
276 文選　未詳。

277　抱朴子
278　遊仙窟
279　後漢書　巻三三、朱浮傳。
280　金樓子　巻四、立言篇九下。
281　史記　巻八七、李斯傳。＊巻七九にも。
282　顏氏家訓　巻上、序致第一。
283　文選　巻三九、枚叔「上書諫呉王」。
284　後漢書　巻五七、劉陶傳。
＊神宮本「同」、文選になし。
285　文選　巻十一、王仲宣「登樓賦」。
286　文選　巻五一、王子淵「四子講德論」。
287　文選　巻四三、嵇叔夜「與山巨源絶交書」。
288　修文殿御覽
289　貞觀政要　巻三、論擇官。
290　太平御覽　巻八〇八、珍寶部虎魄。
291　史記　巻七四、孟子傳。
292　春秋左氏傳　巻二四、宣公傳十五年。
293　莊子　外篇、至樂篇第十八。
294　後漢書　巻三九、劉愷傳。
295　貞觀政要　巻一、君道第一。
296　後漢書　巻十一、劉玄傳。
297　未詳。「戴盆望天」は文選巻四一に。
298　未詳。
299　漢書　巻六七、梅福傳。
300　後漢書　巻五二、崔駰傳。
＊神宮本「同＝漢書」は誤。
301　臣軌　巻下、廉潔章。
302　史記　巻九三、韓王信傳。
303　漢書　巻三六、楚元王傳。
304　唐文粹
305　文選　巻四二、應休璉「與從弟君苗君胄書」。
306　莊子　內篇、逍遙遊篇第一。
307　唐書
308　貞觀政要　巻五、論誠信第十二。
309　論衡　巻四、書虛篇。
310　遊仙窟

311 後漢書　巻八十下、文苑列傳（趙壹）。
312 後漢書　巻八九、南匈奴傳。
313 漢書　巻三四、韓信傳。
314 金樓子　巻四、立言篇九上。
315 論語　何晏集解敍。
316 文選　巻四二、曹子建「與呉季重書」。
317 後漢書　巻二四、馬援傳。
＊註は唐李賢等註。神宮本「史記」は誤。
318 後漢書　巻二四、馬援傳。
319 後漢書　巻七九上、儒林列傳（孔僖）。
320 春秋左氏傳　巻三十、襄公傳七年。
321 春秋左氏傳　巻二一、宣公傳二年。
322 論語　學而第一。
323 論語　衞靈公第十五。
324 論語　未詳。
325 論語　未詳。
326 文選　巻三九、枚叔「上書諫呉王」。
327 唐文粹

328 毛詩（詩經）大雅、蕩之什、抑。
＊句の順序、「讎」でなく、「酬」とするところ、玉函祕抄・管蠡抄に同じ。
329 禮記　表記第三二。
330 孝經　父母生續章第十一、孔安國註。
331 論語　憲問第十四。
332 史記
333 漢書　巻九九下、王莽傳。
334 文選
335 1 孝經　序。　335 2 孝經　序。
336 後漢書　巻十五、王常傳。
＊「人」三例を原典は「民」に作る。
337 晉書
338 文選　巻四六、陸士衡「豪士賦序」。
339 文選　巻五九、王簡棲「頭陀寺碑文」。
＊書名を神宮本・續類從「史―」に誤る。
340 太平御覽　巻三六〇、人事部一、孕。
341 貞觀政要　巻七、論禮樂第二九。

342　周易（易經）周易說卦傳。
343　周易（易經）上經、乾、文言傳。
344　史記　卷六一、伯夷傳。
345　新語　卷上、無爲第四。
346　莊子　雜篇、外物篇第二六。
347　文選　卷十六、陸士衡「歎逝賦」。
348　史記　卷七八、春申君傳。
349　文選　卷四六、陸士衡「豪士賦序」。
350　文選　卷四、張平子「蜀都賦」。
351　文選　卷六、左太沖「魏都賦」。
352　史記　卷四九、外戚世家。
353　周易略例　明爻通變。
354　禮記　曲禮上第一。
355　春秋左氏傳　卷三七、襄公傳二六年。
356　史記　卷六六、伍子胥傳。＊「太史公曰」。
357　史記　卷四三、趙世家。
358　漢書　卷五三、景十三王傳（中山靖王勝）。
359　史記　卷七九、范睢傳。
360　史記　卷六六、伍子胥傳。
　＊卷四一、越王句踐世家に同意句あり。雙方過不足あり。
361　史記　卷七八、春申君傳。
362　史記　卷百十一、衞將軍傳。
363　春秋左氏傳　卷二三、宣公傳十二年。
364　史記　卷七八、春申君傳。
365　貞觀格
366　律
367　漢書　卷八九、循吏傳（朱邑）。
368　史記　卷六、秦始皇本紀。
369　曹植表
370　曹植表
371　晉書
372　顏氏家訓
373　金樓子　卷六、雜記篇十三上。
374　春秋左氏傳　卷二四、宣公傳十五年。
375　毛詩（詩經）周南、卷耳。

376 花子
377 史記　卷七一、甘茂傳。
378 後漢書　卷七三、公孫瓚傳。
379 鹽鐵論　卷十、詔聖第五八。
380 孔子家語　卷五、顏回第十八。
381 史記　卷三一、吳太伯世家。
382 後漢書　卷四七、班超傳。
383 後漢書　卷五七、劉陶傳。
384 漢書　卷八、宣帝紀。
385 抱朴子
386 抱朴子
387 朝野僉載
388 晉書　卷三三、石苞傳。
389 文選　卷十、潘安仁「西征賦」。
390 文選　卷十五、張平子「思玄賦」。
391 孔叢子　卷上、嘉言第一。
392 禮記　禮運第九、鄭玄註。
393 文選　卷四六、陸士衡「豪士賦序」。
394 尙書　周書、君牙。＊神宮本、周易に誤る。
395 春秋左氏傳　卷二十、文公傳十七年。
396 老子　異俗第二十。
397 史記　卷七、項羽本紀。
398 晉書
399 文選　卷三九、司馬長卿「上書諫獵」。
400 後漢書　卷五六、張晧傳。
401 文選　卷四一、朱叔元「爲幽州牧與彭寵書」。
402 文選　卷四一、司馬子長「報任少卿書」。
403 文選　卷四一、司馬子長「報任少卿書」。
404 臣軌　卷上、同體章。
405 太平御覽
406 唐曆
407 後漢書　卷三九、周磐傳、李賢等註。
＊玉函祕抄中の引用を採る。家語未詳。
408 文選　卷十三、潘安仁「秋興賦」。
409 文選　卷十六、潘安仁「寡婦賦」。
410 漢書　卷九五、南粵王趙佗傳。

411 史記 卷四三、趙世家第十三。
412 文選 卷四五、班孟堅「答賓戲」。
413 禮記 曲禮上第一。
414 孝經 喪親章第二二、孔安國註。
415 禮記 檀弓上第三。＊鄭玄註を付す。
416 令
417 律
418 律
419 文選 卷十三、潘安仁「秋興賦」。
420 毛詩（詩經） 周南、關雎。
421 毛詩（詩經） 王風、采葛。
422 文選 卷十六、江文通「別賦」。
423 文選 卷三三、屈平「九歌、少司命」。
424 後漢書 卷四七、班超傳。
425 文選 卷十一、王仲宣「登樓賦」。
426 文選 卷九、曹大家「東征賦」。
427 史記 卷三九、晉世家。
428 春秋左氏傳 卷二六、成公傳十年。
＊「晉景」二字左傳になし。
429 鹽鐵論 卷五、相刺第二十。＊↓帝道上248
430 孟子 卷七、離婁章句上。
431 貞觀政要 卷二、任賢第三。
432 律
433 文選 卷五三、嵇叔夜「養生論」。
434 文選 卷五三、嵇叔夜「養生論」。
435 臣軌 卷下、利人章。
436 莊子 外篇、知北遊篇第二二。
＊神宮本「左―」を訂。
437 遊仙窟
438 唐曆
439 顏氏家訓 卷下、終制篇第二十。
440 文選 卷三七、曹子建「求自試表」。
441 文選 卷五三、嵇叔夜「運命論」。
442 文選 卷十六、陸士衡「歎逝賦」。
443 文選 卷十六、陸士衡「歎逝賦」。
444 文選 卷十六、陸士衡「歎逝賦」。

＊神宮本二句とす。

445 文選　卷十六、陸士衡「歎逝賦」。

446 論語　泰伯第八。

447 宋書　卷五二、褚叔度傳。

448 唐曆

明文抄　五

神道部

1 周易（易經）繫辭上傳。

2 周易（易經）繫辭上傳。

3 太平廣記

4 尙書　商書、說命。

5 尙書　周書、君陳。

6 禮記　王制第五。

7 禮記　樂記第十九。

8 禮記　曲禮下第二。

9 諸道勘文　＊「今年」の右「保安二年也」。

10 春秋左氏傳　卷九、莊公傳三二年。

11 春秋左氏傳　卷十一、僖公傳五年。

12 春秋左氏傳　卷十三、僖公傳十年。

13 春秋左氏傳　卷二六、成公傳五年。

14　春秋左氏傳　巻四一、昭公傳元年。
15　春秋左氏傳　巻四一、昭公傳元年。
16　春秋左氏傳　巻五、桓公傳六年。
17　六帖
18　論語　八佾第三。
19　論語　八佾第三及び集解註。
20　老子　無源第四（玄德第五六にも）。
21　漢書　巻四五、息夫躬傳。
22　漢書　巻七七、鄭崇傳。
23　日本書紀巻六。
24　—1　政事要略
　　—2　匡房卿御談
25　春秋左氏傳　巻三、隱公傳三年。
26　文選　巻五四、劉孝標「辯命論」。
27　尚書　商書、太甲。
28　春秋左氏傳　巻十一、僖公傳五年。
29　周易（易經）下經、暌。
30　文選　巻三、張平子「東京賦」。
31　莊子　內篇、逍遙遊篇第一。
32　神仙傳
33　論語　八佾第三。
34　後漢書　巻三、孝章帝紀。
35　律
36　弘仁格
37　貞觀格
38　延喜格
39　弘仁格
40　弘仁格
41　弘仁格
42　貞觀格
43　弘仁格
44　弘仁格
45　貞觀格
46　延喜格
47　洛書斗中圖
48　律

佛道部

1　―1　釋靈實年代曆　＊通憲入道藏書目錄「釋靈實年代記」（群書類從二十八輯）。
　　―2　行康勘文
2　歷代三寶記
3　日本書紀
4　延喜式　卷二一、治部省、玄蕃寮。
5　大唐六典
6　貞觀格
7　弘仁格
8　弘仁格
9　顏氏家訓　卷下、歸心篇第十六。
10　太平廣記
11　弘仁格
12　延喜格
13　延喜格
14　攘災決
15　延喜式　卷二一、治部省、玄蕃寮。
16　貞觀格
17　顏氏家訓　卷下、歸心篇第十六。
18　顏氏家訓
19　弘仁格
20　弘仁格
21　弘仁格
22　延喜式　卷二一、治部省、玄蕃寮。
23　令
24　令　令義解、卷二、僧尼令第七。
25　令　僧尼令第七。
26　令　僧尼令第七。
27　令　僧尼令第七。
28　令　僧尼令第七。
29　弘仁格
30　弘仁格

文事部

1　禮記　學記第十八。
2　漢書　巻五六、董仲舒傳。
3　禮記　學記第十八。
4　顏氏家訓
5　論語　學而第一。
6　論語　學而第一。
7　論語　公冶長第五。
8　論語　衞靈公第十五。
9　論語　季氏第十六。
10　論語　衞靈公第十五。
11　北史　巻八二、論曰。＊神宮本「北欤／比史」。
12　論語　顏淵第十二。
13　論語　衞靈公第十五。
14　論語　子張第十九。
15　論語　子罕第九。
16　論語　學而第一。
17　論語　雍也第六。
18　未詳。莊子に未見。
19　史記　巻六九、蘇秦傳。
20　史記　巻八五、呂不韋傳。
　＊玉函祕抄所引の形。もと「增損一字者……」。
21　後漢書　巻四五、袁安傳。
22　鹽鐵論　由韓第五六。
23　北史　巻八一、列傳六九、儒林上。
24　蜀志　巻十三、李恢。
25　唐書
26　文選　巻一、班孟堅「東都賦」。
27　文選　巻五二、魏文帝「典論論文」。
28　呂氏春秋　巻四、用衆。
29　禮記　學記第十八。
30　史記　巻四三、趙世家。「諺曰――」。
31　抱朴子
32　顏氏家訓　巻上、勉學篇第八。
33　顏氏家訓　巻上、勉學篇第八。

34 顏氏家訓　巻上、勉學篇第八。
35 顏氏家訓　巻上、勉學篇第八。
36 顏氏家訓　巻上、勉學篇第八。
37 顏氏家訓　巻上、勉學篇第八。
38 顏氏家訓　巻上、勉學篇第八。
39 顏氏家訓　巻上、勉學篇第八。
40 顏氏家訓　巻上、勉學篇第八。
41 顏氏家訓　巻上、勉學篇第八。
42 顏氏家訓　巻上、文章篇第九。
43 顏氏家訓　巻上、文章篇第九。
44 顏氏家訓　巻上、治家篇第五。
45 顏氏家訓　巻下、省事篇第十二。
46 帝範　巻下、崇文篇。
47 文選　巻四二、吳季重「答東阿王書」。
48 帝範　巻下、崇文篇。
49 貞觀政要　巻二、論封建第八。
50 貞觀政要　巻四、論尊師第十。
51 漢書　巻五一、鄒陽傳。
*文選巻三九、鄒陽「獄中上書自明」にも。
52 顏氏家訓　巻上、養生第十五。
53 萬機論
54 顏氏家訓　巻上、教子篇第二。
55 葛氏外篇
56 說苑　巻三、建本。
57 潛夫論　巻一、讃學第一。
58 北史　巻八二、列傳。
59 古文尙書　序。
60 七經・三史・三國史。
61 唐書
62 本朝見在書目錄
63 毛詩（詩經）周南、關雎序。
64 毛詩（詩經）周南、關雎序。
65 史記　巻一、五帝本紀（虞舜）。
66 論語　陽貨第十七。
67 論語　季氏第十六。
68 世說　排調二五。

69　新唐書
70　文選　卷一、班孟堅「兩都賦序」。
71　文選　卷十六、江文通「別賦」。
72　文選　卷十七、陸士衡「文賦」。
73　文選　卷十七、陸士衡「文賦」。
74　文選　卷十七、陸士衡「文賦」。
75　南史　卷五九。
76　禮記　曲禮上第一。
77　顏氏家訓　卷上、雜藝篇第十九。＊「江南諺云――」。
78　晉書
79　令義解　表。
80　周易（易經）　周易繫辭上傳。
81　老子　巧用第二七。
82　禮記　學記第十八。
83　禮記　王制第五。
84　論語　爲政第二。
85　尙書　商書、說命。
86　後漢書　卷三七、桓榮傳。

87　顏氏家訓
88　孫卿子（荀子）　卷一、勸學篇。
89　史記　卷六十、三王世家。＊「傳曰――」。
90　文選　卷二十、顏延年「皇太子釋奠會作詩」。
91　禮記　儒行第四一。
92　禮記　儒行第四一。
93　禮記　儒行第四一。
94　文選　卷二五、劉越名「答盧諶詩」。
95　漢書　卷十二、平帝紀。
96　漢書　卷五六、董仲舒傳。
97　論語　公冶長第五。
98　史記
99　貞觀格
100　論語　子罕第九。
101　文選　卷四二、阮元瑜「爲曹公作書與孫權」。
102　史記　卷百十八、淮南衡山列傳。
103　論語　爲政第二。
104　莊子　內篇、逍遙遊篇第一。

105 莊子　外篇、山木篇第二十。
　＊次則と連續、趣意も同じ。
106 莊子　外篇、山木篇。
　＊「似之而非也。故未免乎累」、この句が續く。
107 史記　巻五八、梁孝王世家、褚先生曰。
108 後漢書　巻三、肅宗孝章帝紀。
109 文選　巻九、楊子雲「長楊賦」。
110 文選　巻一、班孟堅「西都賦」。
111 唐書
112 令
113 令
114 弘仁格
115 唐曆
116 唐曆
117 貞觀格
118 延喜式　巻十三、中務省、圖書寮。
119 延喜式　巻十三、中務省、圖書寮。
120 禮記　雜記下第二一。
121 論語　子張第十九。
122 史記　巻四七、孔子世家。
123 史記　巻六四、司馬穰苴傳。
124 後漢書　巻七四上、袁紹傳。
125 鹽鐵論　巻十、險固第五十。
126 說苑　巻一、君道。
127 帝範　巻下、崇文篇。

武事部

1　春秋左氏傳　巻二三、宣公傳十三年。
　＊杜預註。
2　春秋左氏傳　巻二三、宣公傳十二年。
3　春秋左氏傳　巻二三、宣公傳十二年。
4　老子　偃武第三一。＊神宮本「孝子（セキ）」と誤。
5　史記　巻四一、越王句踐世家。
6　帝範　巻下、閲武篇。
7　論語　子罕第九。
8　論語　衞靈公第十五。
9　後漢書　巻五二、崔駰傳。
10　老子　儉武第三十。
11　春秋左氏傳　巻十一、僖公傳五年。
12　春秋左氏傳　巻五十、昭公傳二一年。
13　史記　巻七、項羽本紀第七。
14　史記　巻百十二、主父偃傳。
15　後漢書　巻八一、獨行列傳（譙玄）。
16　春秋公羊傳　僖公三三年。
17　春秋左氏傳　巻三、隱公傳四年。
18　史記　巻四十、楚世家。
19　史記　巻七、項羽本紀。
20　史記　巻百八、韓長孺傳。
21　史記　巻百九、李將軍傳。
22　臣軌　巻下、良將章。＊「同」と訂誤。
23　史記　巻五七、絳侯周勃世家。
24　臣軌　巻下、誠信章。
25　三略　上略。＊神宮本「勇夫」。
26　漢書　巻一下、高帝紀。
27　漢書　巻三、高后紀。
28　漢書　巻四、文帝紀。
29　漢書　巻四八、賈誼傳。＊「所謂――」。
30　漢書　巻四十、周勃傳。
31　魏文貞故事
32　史記　巻九二、淮陰侯列傳。
33　漢書　巻五一、賈山傳。

34 漢書　巻四八、賈誼傳。
35 尙書
36 後漢書　巻二四、馬援傳。
37 後漢書　巻二四、馬援傳。
＊神宮本「同」作「戰」、不審。
38 後漢書　巻七四上、袁紹傳。
39 文選　巻三九、司馬長卿「上書諫獵」。
40 文選　巻四一、李少卿「答蘇武書」。
41 文選　巻四一、李少卿「答蘇武書」。
42 漢書　巻四一、鼂錯傳。
43 後漢書　巻十二、王昌傳。
44 後漢書　巻一上、光武帝紀。
＊神宮本「數十百里」は誤記。
45 後漢書　巻一上、光武帝紀。
46 後漢書　巻一上、光武帝紀。
47 後漢書　巻一上、光武帝紀。
48 後漢書　巻一上、光武帝紀。
49 漢書　巻一上、高帝紀。
50 文選　巻六、左太沖「魏都賦」。
51 史記　巻九二、淮陰侯列傳。
＊離れている二句を合成。
52 史記　巻四一、越王句踐世家。
53 文選　巻十九、張茂元「勵志」。
54 史記　巻七、項羽本紀。
55 史記　巻七、項羽本紀。
56 蜀志
57 文選　巻三四、枚叔「七發八首」。
58 莊子　外篇、秋水篇第十七。
59 臣軌　巻上、匡諫章。
60 文選　巻五、左太沖「吳都賦」。
61 史記　巻四一、越王句踐世家。
62 韓子　巻二十、人主第五二。
63 史記　巻七、項羽本紀。
64 史記　巻七九、范睢傳。
65 文選　巻四一、司馬子長「報任少卿書」。
66 文選　巻五十、沈休文「思倖傳論」。

67　律

68　令

69　弘仁格

諸道部

1　顏氏家訓　巻上、勉學篇第八。

2　顏氏家訓　巻下、雜藝篇第十九。

3　周禮　天官、冢宰下、醫師。

＊「云々」なし。中略をいう。

4　周禮　天官、冢宰下、醫師。

5　禮記　曲禮下第二。

6　唐書

7　鹽鐵論　巻二、非軼第七。

8　朝野僉載

9　律

10　唐曆

11　顏氏家訓　巻下、雜藝篇第十九。

12　尚書　虞書、堯典。

13　禮記　曲禮上第一。

14　周易　繫辭上傳。＊神宮本「同＝禮記」は誤。

15　唐曆

16　周易（易經）繫辭下傳。
17　尙書　周書、洪範。
18　尙書　虞書、大禹謨。
19　尙書　虞書、大禹謨。
＊18に連續する。註は孔安國傳。「變化云爲」を句上に補うのは疑問。
20　禮記　曲禮上第一。
21　顏氏家訓　卷下、省事篇第十二。
22　顏氏家訓　卷下、雜藝篇第十九。
23　禮記　緇衣第三三。
24　春秋左氏傳　卷六、桓公傳十一年。
25　春秋左氏傳　卷四十、襄公傳三一年。
26　春秋左氏傳　卷五二、昭公傳二六年。
27　春秋左氏傳　卷十一、僖公傳四年。
28　春秋左氏傳　卷四二、昭公傳三年。
29　文選　卷六、左太沖「魏都賦」。
30　要覽
31　尙書　虞書、舜典。
32　毛詩（詩經）周南、關雎の序。
33　禮記　樂記第十九。
34　禮記　樂記第十九。
35　春秋左氏傳　卷三三、襄公傳十八年。
36　莊子　外篇、天地篇第十二。
37　文選　卷二、張平子「東京賦」。
38　周禮　地官、大司徒。
39　論語　八佾第三。
40　論語　陽貨第十七。
41　齊春秋
42　文選　卷五二、韋弘嗣「博奕論」。
43　律
44　式
45　弘仁格
46　別錄　劉向撰。
47　釋氏
48　文選　卷六、左太沖「魏都賦」。

雑物部

1　禮記　曲禮上第一。
2　老子　立戒第四四。
3　春秋左氏傳　卷三五、襄公二四年。
4　莊子　雜篇、列禦冠篇第三二。
5　群書治要
6　文選　卷四二、賈子建「與季重書」。
7　文選　卷五四、劉標「辨命論」。
8　漢書　卷五一、鄒陽傳。
9　晉書
10　文選　卷五一、王子淵「四子講德論」。
11　尙書　周書、旅獒。
12　春秋左氏傳　卷二四、宣公傳十四年。
13　春秋左氏傳　卷六、桓公傳十五年。
14　春秋左氏傳　卷四二、昭公傳三年。
15　後漢書　卷二、孝明帝紀。
16　文選　卷四三、嵇叔夜「與山巨源絶交書」。
17　文選　卷五、左太沖「五都賦」。
18　文選　卷四、左太沖「蜀都賦」。
19　通典
20　延喜格
21　毛詩（詩經）國風、曹風、蜉蝣。
22　春秋左氏傳　卷十、閔公傳二年。
23　春秋左氏傳　卷三八、襄公傳二七年。
24　孝經　鄉太夫章第四。
25　論語　鄉黨第十。
26　弘仁格
27　新唐書
28　本朝雜緣
29　毛詩（詩經）國風、陳風、宛丘。
30　毛詩（詩經）國風、邶風、泉水。
31　文子
32　貞觀政要　卷八、務農第三十。
33　臣軌　卷下、利人章。
34　臣軌　卷下、利人章。

35　漢書　卷十、成帝紀。
36　尙書　周書、洪範。
37　禮記　曲禮上第一。
38　禮記　曲禮上第一。
39　禮記　曲禮上第一。
40　禮記　曲禮上第一。
41　論語　鄉黨第十。
42　遊仙窟
43　世說　汰侈第三十。
44　晉書　卷三三、何曾傳。
45　論語　鄉黨第十。
46　論語　鄉黨第十。
47　禮記　曲禮上第一。
48　毛詩（詩經）　國風、谷風、蓼莪。
49　後漢書　卷四一、第五傳。
50　漢書　卷六五、東方朔傳。
51　—1　延喜式
—2　政事要略

雜事部

1　文選　卷三九、李斯「上書秦始皇」。
2　漢書　卷四三、贊。＊史記に未詳。漢書とす。
3　文選　卷五一、王子淵「四子講讀論」。
4　墨子　卷一、親士第一。
5　說苑　卷三、建本。
6　風俗通
7　漢書　卷八六、王嘉傳。＊「里諺曰」。
8　漢書　卷五三、景十三王傳（中山靖王勝）。
9　漢書　卷五三、景十三王傳（中山靖王勝）。
10　後漢書　卷十三、隗囂傳。
11　文選　卷五一、王子淵「四子講德論」。
12　唐書
13　文選　卷五二、曹元首「六代論」。
14　貞觀政要　卷六、愼所好第二一。
15　史記　卷七三、白起王翦傳、太史公曰。
16　史記　卷九二、淮陰侯列傳。

17 文選 巻四五、皇甫士安「三都賦序」。
18 文選 巻十三、張茂先「鷦鷯賦」。
19 莊子 外篇、天運篇第十四。
20 魏文帝書
21 六韜
22 漢書 巻七十、段會宗傳。
23 漢書 巻五二、韓安國傳。
24 顏氏家訓 ＊玉函祕抄中320を繼承。
25 後漢書 巻十三、隗囂傳。
26 後漢書 巻六十下、蔡邕傳。
27 文選 巻七、司馬長卿「子虛賦」。
28 文選 巻七、司馬長卿「子虛賦」。
29 文選 巻四三、孫子荊「爲石仲容與孫皓書」。
　＊斷片「小不」による。
30 文選 巻三九、枚叔「上書諫吳王」。
31 32（同＝後漢書）による存在の推定。
32 後漢書 巻七七、酷吏列傳（周紆）。
33 後漢書 巻三七、丁鴻傳。
34 齊春秋
35 老子 巻下、守微第六四。
36 後漢書 巻四六、陳忠傳。
　＊神宮本・續類從「文―」とするは誤り。
37 韓非子 巻七、喩老第二一。
38 後漢書 巻三六、陳元傳。
39 貞觀政要 巻一、政體第二。
40 說苑 巻十、敬愼。
　＊神宮本「文―」、文選になし。臣軌下、愼密章參照。
41 史記 巻百六、吳王濞傳。＊「里語有之――」。
42 文選 序。
43 史記 巻八十、樂毅傳。
44 白虎通
45 孔子家語 巻六、本命解第二六。

管蠡抄

原本所藏

第一〜八　富山市立圖書館山田孝雄文庫

第九・十　靜嘉堂文庫（古活字版本）

Ⅱ 管蠹抄 上 第一（表紙・見返・一オ）

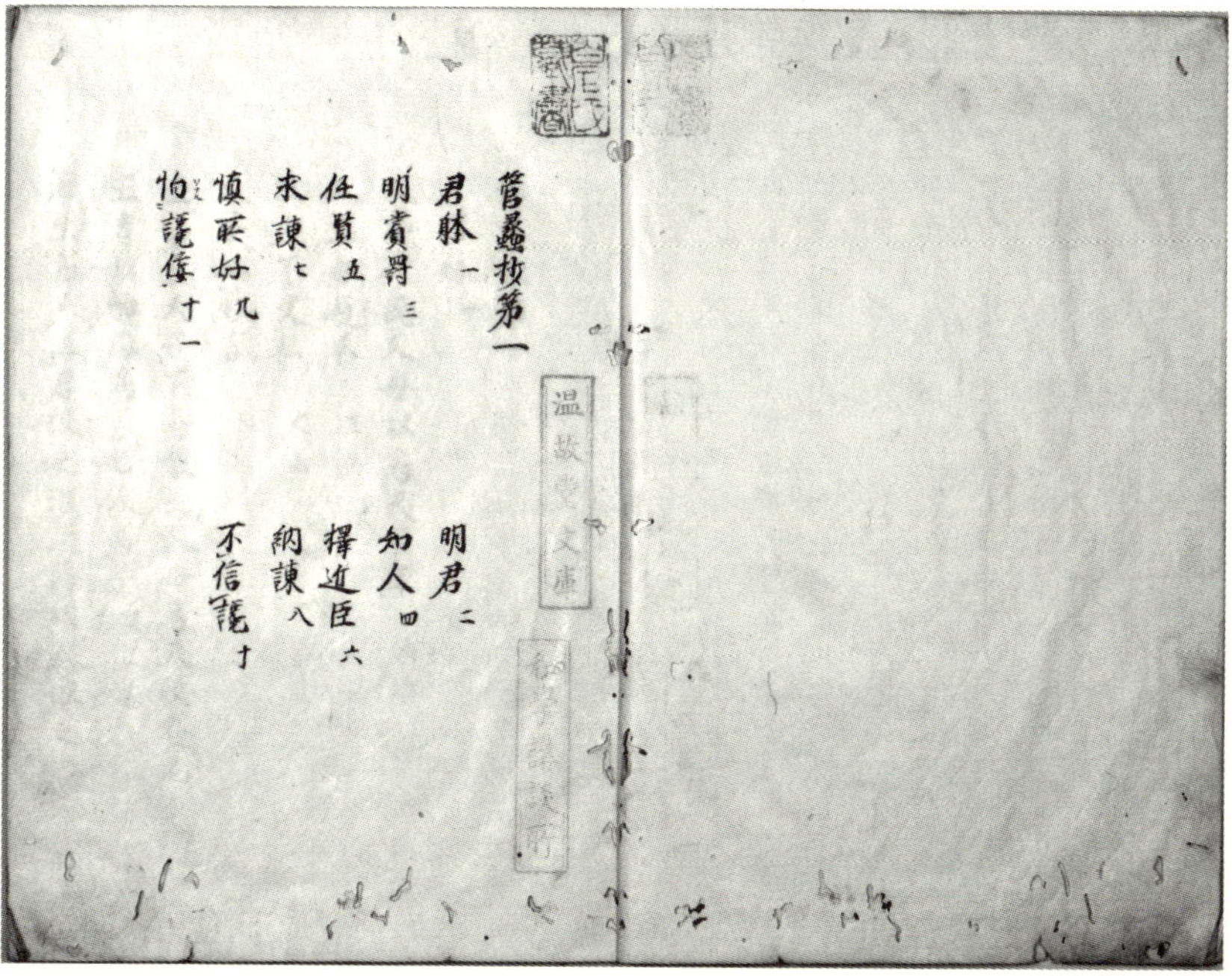

管蠹抄第一

君躰 一　明君 二

明賞罰 三　知人 四

任賢 五　擇近臣 六

求諫 七　納諫 八

慎所好 九　不信讒 十

悪讒佞 十一

管蠡抄第一

君躰一

1 天子作民父母以為天下王　尚書

2 人主毋過挙　左傳

3 王者不受私　史記

4 天子無戯言　同

5 上為皇天子下為黎民父母為天牧養元々　漢書

6 王者以四海為家兆人為子　後漢書

7 天生蒸人立君牧之君道得則人戴之如父母仰之猶日月　同

8 天以寒暑為徳君以仁愛為心　帝範

9 陰陽之和不長一類甘雨時雨不私一物萬民之主不阿一人　呂氏春秋

明君二

10 天地不為一物枉其時日月不為一物晦其明明王不為一人枉其法　孝經注文

11 明主絶疑去讒屏流言之迹塞朋黨之門　史記

12 明主立政者不得不賞有能者不得不官労大者其禄厚功多者其爵尊能治衆者其官大故無能者不敢當職有能者亦不得蔽隠庸主賞所愛而罰所悪明主則不然賞必加於有功刑必斷有罪　同

13 明君知臣明父知子　同

14 主聖臣賢天下之盛君明臣直國之福也父慈子孝夫信妻貞家之福也　同

15 子孫以孝祖為孝君上以安人為明　後漢書

16 水廣則魚大君明則臣恵　説苑

17 進賢而廢不肖君之明也 同

18 良匠無棄材明君無棄士 帝範

明賞罰 三

19 賞罰明而不可欺法禁行而不可犯 孝經

20 立功者賞乱政者誅 同

21 愛而知其悪憎知其善 礼記

22 尚稱善人不善人遠 左傳

23 賞以春夏刑以秋冬 同

24 賞必加有功刑必断有罪 史記

25 有功不賞有罪不誅雖唐虞不能以化天下 漢書

26 言行君子之樞機賞罰理國之紀綱也 後漢書

27 栄辱者賞罰之精華 同

28 誅賞謬則善悪乱矣有功而不賞則善不勧有過而不誅則悪不懼 荀悦

29 賞毫釐之善必有所勧罰纖芥之悪必有所沮 世要論

30 褒一善則衆善襄賞一悪則衆悪多善者受其禄悪者受其誅 三畧記

31 善悪同者則功臣倦 同

32 善々不進悪々不退群賢隠蔽不肖在位必受其禍 同

33 昔齊桓公出見一故墟而問之或對曰郭氏之墟也復問郭氏曷為々墟曰善々悪々乃所以為存而反為墟何也曰善々而不能用悪々不能去 桓子新論

34 太宗曰國家大事唯賞与罰若賞當其労無功者自退罰當其罪為悪者誡懼則賞罰不可輕行也 貞觀政要

知人 四

35 知人則哲能官人 尚書

36 明君知臣明父知子 史記

37 帝王之德莫大於知人々々則百僚任職天工不曠 漢書

38 高鳥足丈未功名竟傑知之 劉子

39 得其人則百姓欣喜百僚説服不得其人則大職隨敗王功不興虞帝之明在茲壹挙 漢書

任賢 五
40 任賢勿弐去邪勿疑 尚書
41 子路問於孔子曰賢君治國所先者何在孔子
曰在於尊賢而賤不肖子路曰由聞晋中行氏
尊賢而賤不肖矣其國亡何孔子曰中行氏尊
賢而不能用賤不肖而不能去賢者知不用己而怨
之不肖者知其必賤己而讐之 孔子家語
42 不任仁賢則國空虚 孟子
43 晏子曰國有三不祥是不与焉夫有賢而不知
一不祥也知而不用二不祥也用而不任三不
祥也 説苑
44 任賢必治任不肖必乱必然之道也 漢書
45 後乂在官則治道清寧佞于政則禍乱作 典語
撰近臣 六
46 君近其人則賢者見使 七啓
47 不知其子視其所友不知其君視其所使 家語
48 齊侯問於晏子曰為政何患對曰患善悪之不
分公曰何以察之對曰審擇左右〻〻善則百
僚各獲其所宜而善悪分矣孔子聞之曰此言
也信矣善進則不善無由入矣不善進則善亦
無由入矣 説苑
49 人相与處自然染習 貞観政要
50 人之善悪誠由近習 同
51 近習之間尤可深慎 同
求諫 七
52 無面從退有後言 尚書
53 堯置欲諫之鼓舜立誹謗之木湯有司過之士
武王立戒慎之鞀 呂氏春秋 又淮南子 司直 云々
54 烏鵲之卵不毀而後鳳皇集誹謗之罪不誅而
後良言進 説苑
納諫 八
55 木從繩則正后從諫則聖 尚書
56 忠言逆耳利於行良薬苦口利於病 史記
57 良薬苦口而利於病忠言逆耳而便於行 後漢書
58 薬酒苦於口而利於病忠言逆於耳而利於行
家語

59 鑄其容者皆能窺於明鏡、脩其德者不如訪於哲人 帝範

60 以古為鏡可以知興替、以人為鏡可以明得失 貞観政要

61 國之興也天遣賢人与極諫之士、國之亡也天与之乱人与善諛者 帝範

慎所好 九

62 呉王好釼客百姓多瘢瘡、楚王好細腰宮中多餓死 後漢書 文選

63 靈王好細腰而民有殺食自飢 楚靈王也 殺食者食也

越王好勇而民皆處危争死 淮南子

64 齊桓公好味而易牙烹其首子而餌之、虞君好寶而晋獻以璧馬釣之 釣取也

胡王好音而秦穆公以女樂誘之 誘 是皆以利見制於人 則猶貪也 同

不信讒 十

65 蘇秦相燕、燕人悪之燕王、々々按釼而怒、食以駃騠、白圭顯於中山、々々人悪之魏文侯、々々賜以夜光之璧、何則両主二臣剖心析肝相信、豈移於浮辞哉、故女無美悪入宮見妬、士無賢不肖入朝見嫉 漢書

66 聽讒信用之、聽諫如仇者亡 三略記

怕讒佞 十一

67 讒邪進者衆賢退、群枉盛者正士銷 漢書

68 姦臣在朝國之殘也、讒臣在中主之蠹也 史記

69 讒佞之徒國之蟊賊也 帝範

70 叢蘭欲茂秋風敗之、王者欲明讒人蔽之 同

71 奸臣在朝賢者不進 孝經注

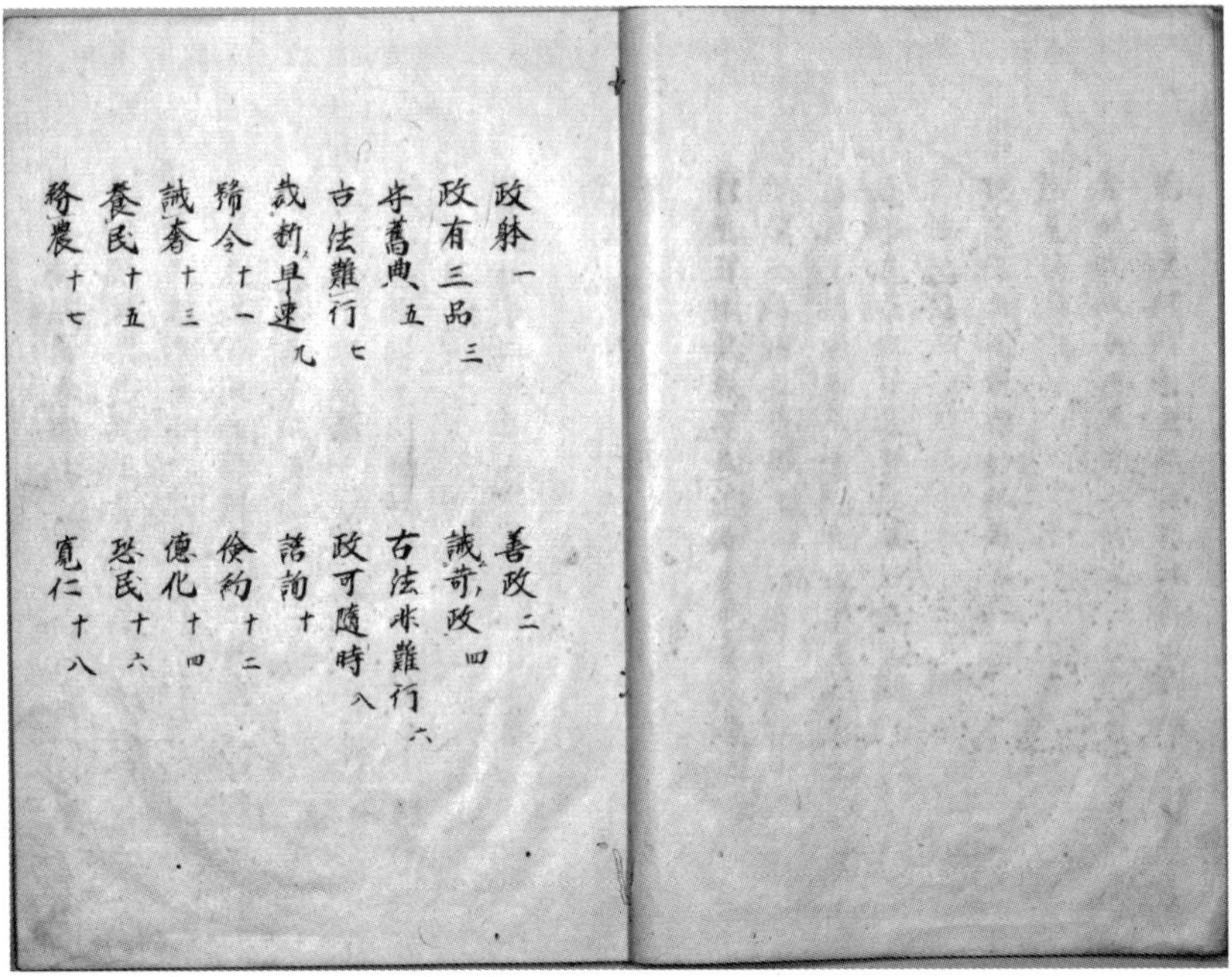

政躰一　善政二
政有三品三　識苛政四
守舊典五　古法非難行六
古法難行七　政可隨時八
裁斷早速九　諮詢十
號令十一　倹約十二
誡奢十三　德化十四
養民十五　恤民十六
務農十七　寛仁十八

75　74　73　72

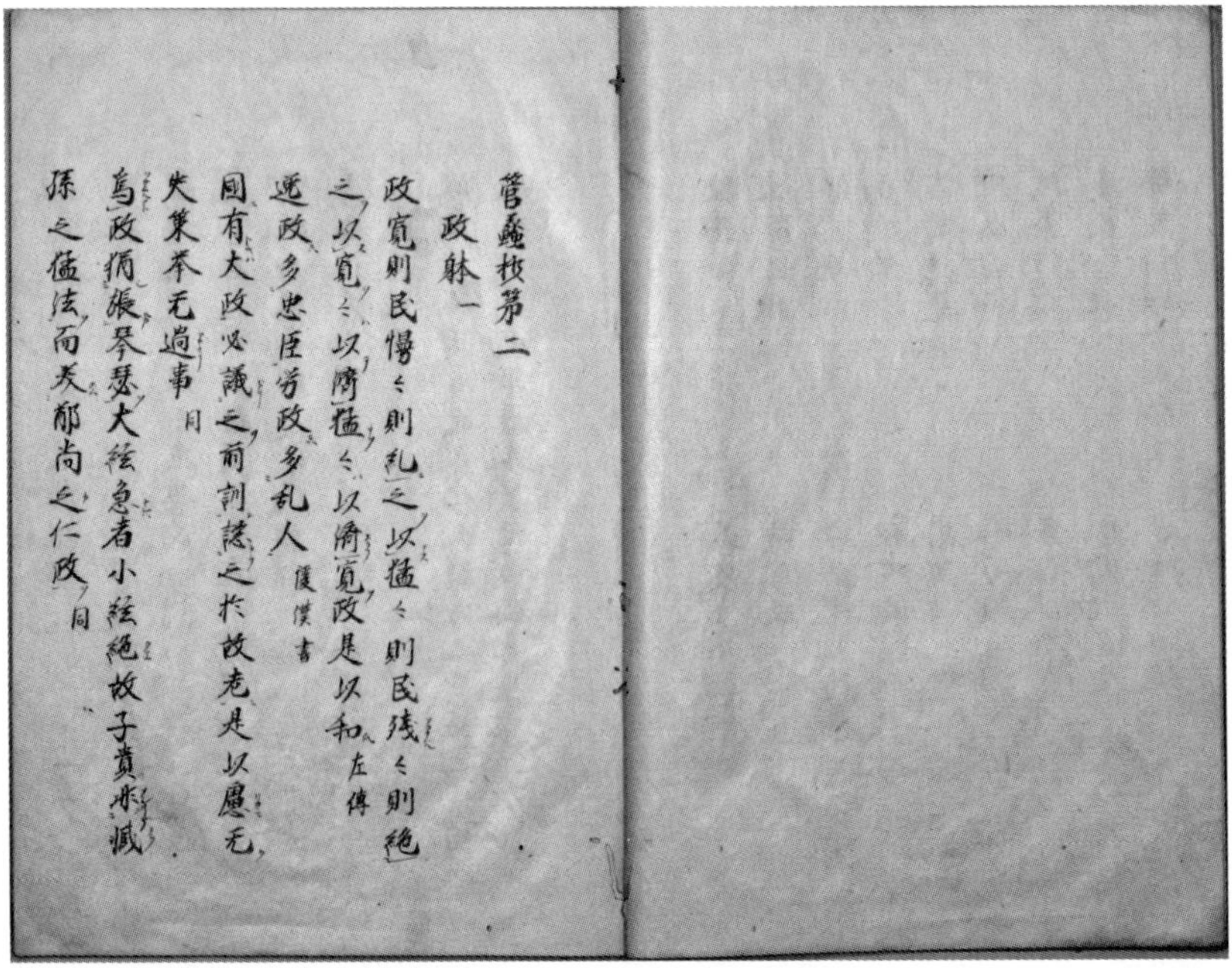

管蠡抄第二
政躰一
政寛則民慢々則糺之以猛々則民残々則施
之以寛々以濟猛々以濟寛政是以和 左傳
逸政多忠臣労政多乱人 後漢書
國有大政必議之前訓諮之於故老是以慮无
失策挙无過事 同
爲政猶張琴瑟大絃急者小絃絶故子貢非臧
孫之猛法而美鄭尚之仁政 同

76 天下有道政不在大夫　論語
善政　二
77 尚曰徳惟善政々在養民　尚書
78 爲善者天報以福爲非者天報以殃　漢書
79 興政善政易於履手　後漢書
80 善爲政者天地不能害也而況於人乎　傅子
政有三品　三
81 政有三品王者之政化之覇者之政威之強國
之政脅之夫三者各有所施而化之　説苑
誡苛政　四
82 鄙諺曰苛政不親煩苛傷恩　漢書
83 令苛則不聽禁多則不行　呂氏春秋
84 山峻者崩政刻者危　三略記
85 孔子過泰山側有婦人哭於墓者而哀夫子式
而聽之使子貢問之曰昔者吾舅死於虎吾夫
又死焉今吾子又死焉夫子曰何爲不去曰無
苛政夫子曰小子識之苛政猛於虎　礼記
守舊典
86 學古入官議事以制政迺不迷　尚書
87 不愆不忘率由舊章　毛詩
88 事不師古難以長久　貞観政要　尚書
89 温故而知新可以爲師　論語
90 前事之不忘後代之元龜也　文選
91 前事之不忘來事之師也　後漢書
古法非難行　六
92 或問孟軻曰人皆可爲堯舜其信矣乎曰人非
下愚則可以爲堯舜焉堯之自同堯之姓則否
服堯之道則可矣行之前則古之堯舜行之後
則今之堯舜也　申鑒
93 五帝三王不易民而理行帝道則帝行王道則
王在於當時所以化之　貞観政要
古法難行　七
94 孔子曰愚而好自用賤而好自專生于今之世
反古之道如此者災及其身者也　礼記
95 今取猿狙而衣以周公之服彼必齕齧挽裂盡
去而後慊觀古今之異猶猿狙之異乎周公也　莊子

96 古法不絶於今猶舟不可行之於陸 後漢書

政可随時 八

97 君子爲國觀之上古驗之當世參以人事察盛衰之理 史記

98 療病者必先知脉之虚實氣之所結然後爲之方故疾可愈而壽可長也爲國者必先知人之所苦禍之所起然後爲之禁故姦可塞而國可安也 後漢書

99 聖人法与時變礼與俗化衣服器物各便其用法度制令各因其宜故變古未可非修俗未足多 文子

100 夫随俗樹化因世建業慎在於三而已一曰擇人二曰因民三曰從時時移而不移違天之祥 萬機論

裁判早速 九

101 明帝時以反支日不受章奏帝聞怪曰人廢農来遠来詣闕而復以拘禁忌豈爲政之意乎於是遂蠲其制 見後漢書

諮詢 十

102 先民有言詢于芻蕘 毛詩

103 人君雖明並日月万機不可獨統 葛氏外篇

104 一味不能合伊鼎之甘獨木不能致鄧林之茂 同

號令 十一

105 其身正不令行其身不正雖令不從 史記

106 號令如汗汗出而不反者也 漢書

107 政令猶汗往而不反詔文一下形之四方 後漢書

倹約 十二

108 曾子曰國奢則示之以倹國倹則示之以礼 礼記

109 倹者徳之共也侈者悪之大也 左傳

110 都城過百雉國之害也 同

111 茅茨不翦釆椽不斵舟車不飾衣服无文 帝範

112 倹以養性静以脩身倹則民不労静則不擾民労則怨起下擾則政乖 同

113 君不約己而禁人爲非是猶悪火之然添薪望止其燄念池之濁撓浪欲澄其流不可得 同

誡奢 十三

114 儆不可長欲不可縦志不可満楽不可極 礼記
115 先王疾驕天道毀盈 孝経
116 奢則不遜倹則固与其不遜也寧固 論語
117 楚起章華之臺而黎民散秦興阿房之殿而天下乱 漢書

德化十四

118 以徳報徳則民有所勧以怨報怨則民有所懲 孔記
119 太上以徳撫民其次親々以相及 左伝

120 聖王先徳行後刑罰 説苑

養民十五

121 烹魚煩則砕治民煩則散 毛詩
122 聖人無常心以百姓心為心 老子
123 敬賢如大賓愛民如赤子 漢書
124 民貪則姦邪生貪生於不足々々生於不農 同
125 武王問太公治国之道若何太公對曰治国之道愛民而已 説苑
126 文王囿百里民以為尚小齊宣王囿卅里民以為太大務民之与棄民 文選
127 養鶏者不畜猩牧獣者不育豺樹木者憂其蠹保民者除其賊 同

恐民十六

128 為君之道必須先存百姓若損百姓以奉其身猶割脛以啖腹々飽而身斃 貞観政要
129 天矜民々之所欲天必従之 尚書
130 民所悪天必誅之 同
131 可愛非君可畏非民 同

132 防民之口甚於防水々壅潰傷人必多民亦如之是故為水者決使導為民者宣之使言民之有口也猶土之有山川 史記
133 君者舟也民者水也水可載舟亦可覆舟 孔子家語

務農十七

134 三年耕必有一年之食九年耕必有三年之食以卅年之通雖有凶旱水溢民无菜色然後天子食日挙以楽 礼記
135 夫食為人天農為政本 帝範

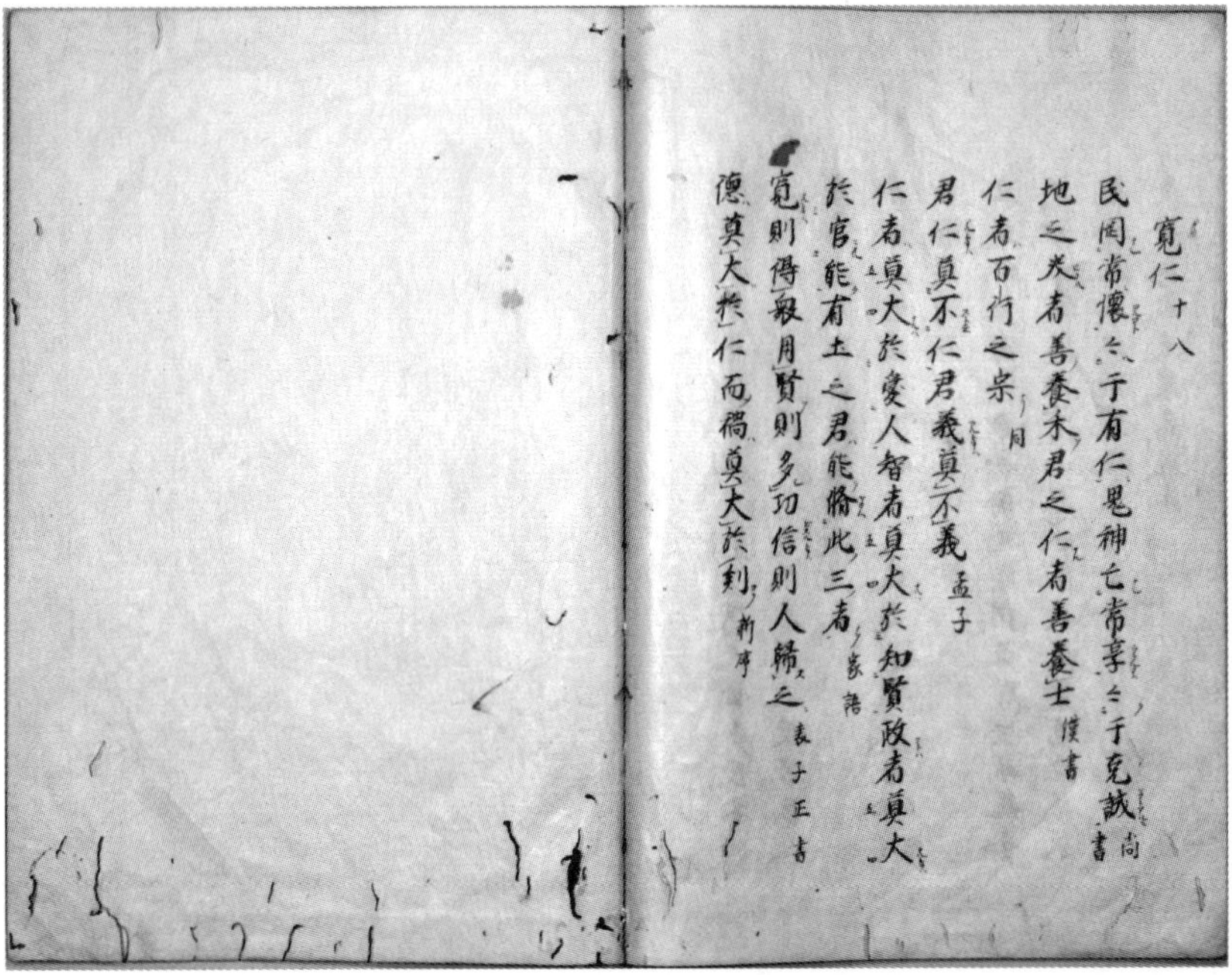

寛仁十八
民罔常懷々于有仁鬼神亡常享々于克誠 尚書
地之大者善養禾君之仁者善養士 漢書
仁者百行之宗 同
君仁莫不仁君義莫不義 孟子
仁者莫大於愛人智者莫大於知賢政者莫大於官能有土之君能脩此三者 家語
寛則得衆用賢則多功信則人歸之 袁子正書
德莫大於仁而禍莫大於刻 新序

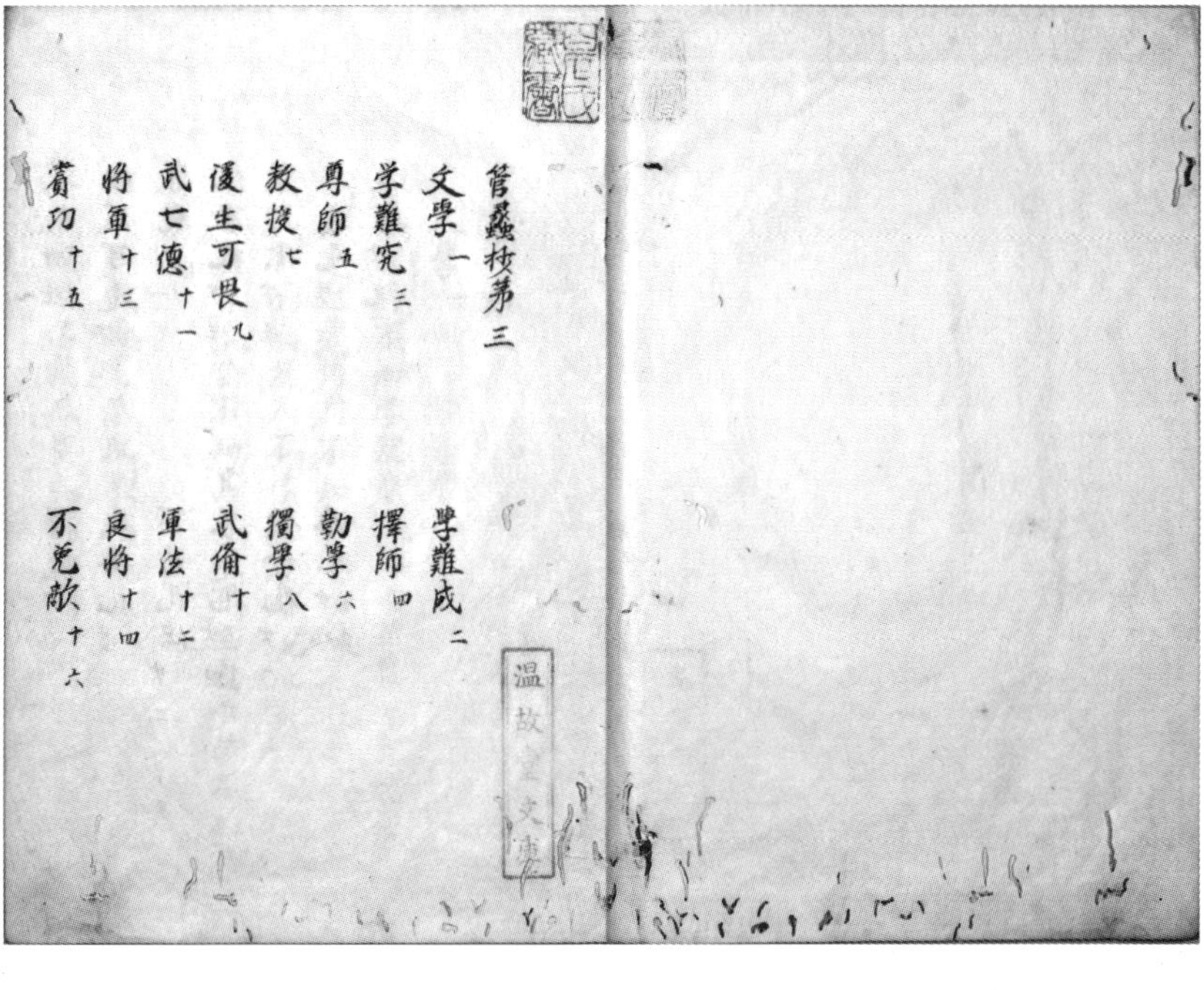

管蠡抄第三

文學 一　　學難成 二
学難究 三　　擇師 四
尊師 五　　勤學 六
教授 七　　獨學 八
後生可畏 九　　武備 十
武七德 十一　　軍法 十二
将軍 十三　　良将 十四
賞功 十五　　不免敵 十六

文武十七　禮儀十八
礼不可過十九　誠無礼廿
習礼廿一　不易礼法廿二
往来礼廿三　父子礼廿四
賓主礼廿五　飲食礼廿六
進退礼廿七　婚礼廿八
崇楽廿九

管蠡抄第三
文學一
143 知藥理病不知学理身　抱朴子
144 學者覚也覚悟所不知也　白虎通
145 玉不琢不成器人不学不知道　礼記
146 雖有嘉肴弗食不知其旨雖有至道弗学不知其善　同
147 遠人不服脩文德以来　論語
148 水積成渕学積成聖　葛氏外篇

149 學者如牛毛成猶麟角　顔氏家訓
150 聖王之治天下先文德而後武力　説苑
學難成二
151 学如牛毛成猶麟角　見上
152 仰之弥高鑽之弥堅　論語
學難究三
153 儒者以六藝為法經傳以十万数累世不能通其学當年不能究其礼　史記
擇師四

154 務學不如務求師々者人之模範也　揚子法言
155 三歳學不如三歳擇師　桓譚新論
尊師五
156 學之道厳師為難　厳者尊也敬也　師厳然後道尊々々然後民知敬学故君之所不臣其臣者二當其為尸則弗臣也當其為師則弗臣　尸主也為主　大学之礼雖詔於天子無北面所以尊師也　礼記
勸學六
157 周公上聖而日讀百篇仲尼天縱而韋編三絶

曾氏外篇
158 有子悪卧自焠掌積生忍睡親錐其股　列子
教授七
159 學々半　礼記
160 礼聞来学不聞往教　同
獨学八
161 獨学而无友則孤陋而寡聞　礼記
後生可畏九
162 後生可畏也焉知来者之不如今四十五十無聞則亦不足畏　論語
163 後生可畏来者難誣　文選
武備十
164 兵以勝為功　史記
165 國雖大好戦必亡天下雖平忘戦必危　同
166 兵為天下雄　三畧記
武七徳十一
167 禁暴戢兵保大定功安民和衆豊財者也　左傳
軍法十二
168 師克在和不在衆　左傳
169 伐不踰時戦不逐奔誅不填服　穀梁傳
170 善陳者不戦善戦者不死　同
171 先則制人後則為人所制　史記
172 介胄之士不拝　同
173 軍中聞将軍之令不聞天子之詔　同
将軍十三
174 戦克之将國之爪牙不可不重也夫大馬之有労於人尚加帷蓋報况國之功者　漢書
175 将在軍君令有所不受　史記
176 軍中聞将軍之令不聞天子之詔　同
177 将者君之所恃也兵者将之所恃也　匡軋
178 統軍持權者将也制勝破敵者衆也　三畧記
良将十四
179 信賢如腹心使民如四枝　三畧記
180 強者抑之貪者豊之謀者近之讒者覆之反者廢之服者活之降者説之　同
181 賞功不踰時　同

182 賞罰必信如地如天　同

183 将師者必同滋味而共安危　同

賞功十五

184 軍無賞則士不往　三畧記

185 香餌之下必有懸魚重賞之下必有勇夫故礼者士之所帰賞者士之所死　同

不免敵十六

186 敵不可縦々敵患生　左傳

文武十七

187 文武之道未墜於地在人　論語

188 有文事者必有武備有武事者必有文備　史記

189 文徳者帝王之利器武功者文徳之輔助也　漢書志

190 文武二途捨一不可與時優劣各有其宜武士儒人焉可廢　帝範

禮儀十八

191 道徳仁義非礼不備分争辯訟非礼不決君臣上下父母兄弟非礼不定　礼記

192 禮従宜令従俗　同

193 國而無禮何以求栄　左傳

194 貧而楽道富而好礼　論語

195 孔子入大廟毎事問或曰孰謂鄹人之子知礼乎入大廟毎事問孔子曰是禮也　同

196 君使臣以禮臣事君以忠　同

197 君若無禮則好礼者去無禮者至君若好禮則有礼者至無礼者去　管子

198 人有禮則安無礼則危故曰礼者不可不学　礼記

礼不可過十九

199 禮不踰節　礼記

誡無礼廿

200 相鼠有皮無禮人而無儀不死何為人而無禮何不遄死　毛詩

201 鸚鵡能言不離飛鳥猩々能言不離禽獣今人而無礼雖能言不亦禽獣之心乎　礼記

習禮廿一

202 孔子去曹適宋與弟子習禮於大樹下　史記

不易禮法　廿二

203 利不百不變法功不十不易器法古者無過循
礼者無邪 史記

往来禮 廿三

204 礼尚往来往而不来非礼也来而不往亦非礼
也 礼記

父子礼 廿四

205 父子不同席 礼記

206 父子不同位

賓主礼 廿五

207 主人不問客不先擧 礼記

208 尊客之前不叱狗

209 山有木工則度之賓有礼主則擇之 左傳

飲食礼 廿六

210 虚坐盡後食坐盡前 礼記

211 食居人之左羮居人之右 同

212 毋流歠毋咤食 同

213 毋齧骨 同

214 毋投與狗骨 同

215 賜菓於君前其有核者懐其核 同

進退礼 廿七

216 群居五人則長者必異席 礼記

217 将上堂聲必揚 同

218 戸外有二屨言聞則入言不聞則不入 同

219 戸開亦開戸闔亦闔有後入者闔而勿遂 同

220 解屨不敢當階 同

婚禮 廿八

221 婚礼不用樂幽陰之義也 礼記 樂陽氣也

崇樂 廿九

222 移風易俗莫善於樂謂為天子用樂者言邦之
風以知其盛衰々則移之以貞盛之教淫則移
之以貞固之風皆以樂聲知之 孝經序

223 師曠曰吾驟歌南風多死聲楚必無功即其類
也

224 子游為武城宰作絃歌以化民武城下邑而猶
化之以樂 同

225 導民以禮風之以樂 漢書

管蠡抄第四

官制 一　擇賢授官 二
依能授官 三　不嫌卑賤 四
誡謬挙 五　不補卑人 六
守官 七　不捨士 八
棄無用 九　不拘年歯 十
貴賤 十一　會遇 十二
不遇時 十三　用與不用 十四
推挙 十五　大才不叶時 十六
用捨 十七

管蠡抄第四

官制 一

226 任賢而序位量能以授官労大者厥禄厚徳盛者獲爵尊故武功以顕重而文徳以行褒 漢書

227 選挙因才無拘定制 後漢書

228 皐陶誡虞在於官人 同

229 王者可私人以財不可以官 同

230 為官擇人者治為人擇官者乱 三畧記

231 私人以官者危 同

232 桓公謂管仲曰官少而索者衆寡人憂之管仲曰君無聽左右之請因能而授祿因功而與官則莫敢索官 管子

擇賢授官 二

233 知人則哲能官人安民則惠黎民懷 尚書

234 建官惟賢位事惟能 同

235 明王立政不惟其官惟其人 同

236 推賢讓能庶官乃和不和政厖 同

237 舉不失選官不易方 左傳

238 冠履不同藏賢不肖不同位 説苑

239 論德而授官量能而受爵君無虛授臣無虛受 文選

240 君擇臣而授官臣量己而受職 帝範

依能授官 三

241 人各有能因藝授任 後漢書

242 量能授官則職無廢事因才施爵則賢愚得宜 同

243 勇略之士則受熊羆之任儒雅之徒則處龍鳳之署 文選

不嫌卑賤 四

244 郭子說梁王曰伊尹故有莘氏之媵臣也湯立以為三公天下之治太平管仲故城陰之狗盜也天下之庸夫也齊桓得之以為仲父太公故老婦之出夫也朝歌之屠佐也棘津迎客之舍人也年七十而相周九十而封齊 説苑

245 屠釣卑事也板築賤役也太公起為周師傅說去為殷相 文選

識謬舉 五

246 非其人居其官謂之亂天事 史記

247 羊質服虎文燕翼假鳳翔 文選

248 有輕材者不可委以重任有劣智者不可責以大功 帝範

249 無曠庶官天工其代 尚書

不補卑人 六

250 淳于髡曰狐裘雖弊也不可補以黃狗之皮騶忌子曰謹受令請謹擇君子毋雜小人 史記

251 輕慮者不可以治國獨智不可存君 同

252 手貧匹父見財則忍 後漢書
守官 七
253 身修者官未嘗乱 史記
254 観其事親知其事君察其治家知其治官 孝経
不捨士 八
255 人之不善何棄之有故立天子置三公 老子
256 三皇之前无棄民徳化之淳也 同注
257 聖人常善救人故无棄人常善救物故无棄物 同
258 明王之任人如巧匠之制木直者以為轅曲者
以為輪長者以為棟梁短者以為拱角无曲直長
短各有所施明王之任人亦猶如是智者取其
謀愚者取其力勇者取其威怯者取其慎無愚
智勇怯兼而用之故良匠無棄材明君無棄士
不以一悪忘其善勿以小瑕掩其功 帝範
棄無用 九
259 慈父不能愛无益之子仁君不能畜無用之臣 文選
不拘年歯 十
260 夫奇顕用年亦族仕終賈揚聲亦在弱冠 後漢書

261 選挙因才無拘定制 同
貴賤 十一
262 勢為天子未必貴窮為疋夫未必賤貴賤之分
者在行之善悪 荘子
263 窮達者命也貴賤時也 文選
264 貧賤妻子軽富貴他人皇 同
会遇 十二
265 世必有聖知之君而後有賢名之臣故虎嘯而
風冽龍興而致雲蟋蟀俟秋吟浮蝣出以陰 漢書 文選
不過時 十三
266 文帝好文臣好武景帝好美臣貌醜陛下好少
臣已老是以三代不遇 漢武故事
用与不用 十四
267 甯戚居衛為匹夫在斉為名卿知与不知也扁
鵲入虢而太子済於斉而桓侯衰用与不用也 要覧
268 騏驥係輪於呉坂長鳴於良楽知与不知也百
里奚愚於虞智於秦遇与不遇也 文選
269 百里奚居虞而虞亡在秦霸秦愚於虞而智於

270 恭用與不用聽与不聽也 史記

推挙 十五

陳平雖賢須魏倩而後進韓信雖奇頼蕭公而後信 後漢書

271 大才不叶時 十六

夫子之道至大也故天下莫能容夫子夫子盍少貶 史記

272 用捨 十七

抗之則在青雲之上抑之則在深渕之下用之則為虎不用則為鼠 文選

管蠡抄弟五

神明 一　神享誠 二

祭祀 三　誠注祀 四

不切社樹 五　過祀礼 六

社稷 七　人倫 八

父子 九　兄弟 十

猶子 十一　從父道 十二

子可報仇 十三　雖父卑不弃子 十四

子不自専 十五　隠父過 十六

夫婦 十七　良妻 十八
擇交 十九　不依親踈 廿
君子 付小人 廿一　聖賢 廿二

管蠡抄第五
神明 一
273 陰陽不測之謂神 周易
274 神不禀非礼 論語
275 山川之神則水旱厲疫之菑於是乎禜之日月
星辰之神則雪霜風雨之不時於是乎禜 左傳
276 神不享非禮民不祭非族 同
277 鬼神非人實親惟德是依 同
278 諸神者霊智無方隱顯不測 五行大義

279 孔子曰陽之精氣爲神 同
神享誠 二
280 天亡親克敬惟親民無常懐〻于有仁鬼神無
常饗〻于克誠 尚書
281 鬼神饗德不饗味 礼記
282 鬼神非人實親惟德是依 左傳
祭祀 三
283 祭豊年不奢凶年不儉 礼記
284 祭不欲數〻則煩〻則不敬 同

285 賢者之祭必受其福 同
286 祭神如神在 論語
誡淫祀 四
287 非其所祭而祭之名曰淫祀〻〻无福 礼記
288 非其鬼而祭之諂也 論語
不切社樹 五
289 爲宮室不斬丘木 礼記
過祠礼 六
290 過墓則式過祠則下 礼記

291 過闕則下過廟則趨孝子之道也　漢書
社稷　七
292 社土地之主也土地闊不可盡敬故封土為社
以報功也稷五穀之長也穀衆不可遍祭故立
稷之神以祭之　孝經緯
293 厲山氏之子柱及周棄為稷共工氏之子后土
為社　孔記
人倫　八
294 人者天地之德陰陽之交鬼神之會五行之秀
也　孔記
295 人惟貴舊器非求舊惟新　尚書
父子　九
296 父子之道天性也君臣之義也　孝經
297 敬其父則子悦敬其兄則弟悦敬其君則臣悦　同
298 父子不同位所以厚敬也　孔記
兄弟　十
299 兄弟左右手也　後漢書
300 為人父者必能教其子為人兄者必能教其弟　庄子

悌子　十一
301 兄弟之子猶己子　孔記
從父道　十二
302 三年不改於父之道可謂孝　論語
303 孝子無改父之道先帝所建不宜廻異　後漢書
304 父在觀其志父沒觀其行　論語
子可報仇　十三
305 子不報父讎非子也　公羊傳
雖父卑不害子　十四
306 犂牛之子騂且角雖欲勿用山川其舍諸　論語
子不自專　十五
307 父母在不敢有其身不敢私其財　孔記
隱父過　十六
308 尚蓋前人之道惟忠惟孝　尚書　子能蓋父愆
309 婦人從其夫爵位　孔記
310 婦人從人者也幼而從父兄嫁從夫夫死從子　同
311 婦人有三從之義無專一道故未嫁從父既嫁
從夫夫死從長子故父者子之天也夫者妻之天

也　儀礼

312 婦人在室則天父出則天夫　左傳注文也

313 婦人與不循錯不見君父　漢書

314 婦人有長舌惟厲階　同

315 一顧傾人城再顧傾人國　漢書 李夫人事

夫婦　十七

316 夫婦人倫之始王教之端　後漢書

317 榮則與室死則同穴　毛詩

良妻　十八

318 家貧思良妻國乱思良相　史記

擇友　十九

319 無友不如已者　論語

320 不知其人視其友　史記

321 傳曰不知其君視君所使不知其子視其友　同

不依親疎　廿

322 意合則胡越為昆弟由余子臧是矣不合則骨
肉為敵讎朱象管蔡是矣　漢書

君子　付小人　廿一

323 君子有過則謝以質小人有過則謝以文　史記

324 君子禍至不懼福至不喜　同

325 君子之交也淡若水小人之交甘若醴君子淡
以親小人以甘以絶　庄子

聖賢　廿二

326 聖人體天賢者法地知者述古　三略記

327 以德分人謂之聖以財分人謂之賢　庄子

328 衆人重利廉士重名賢士尚志聖人貴精　同

329 求賢以德致聖以道　三略記

徳治三年二月廿五日點校畢
正五位下行越後守平朝臣在判
同三月二日重校合畢菅相公
為長卿抄云云　貞顕

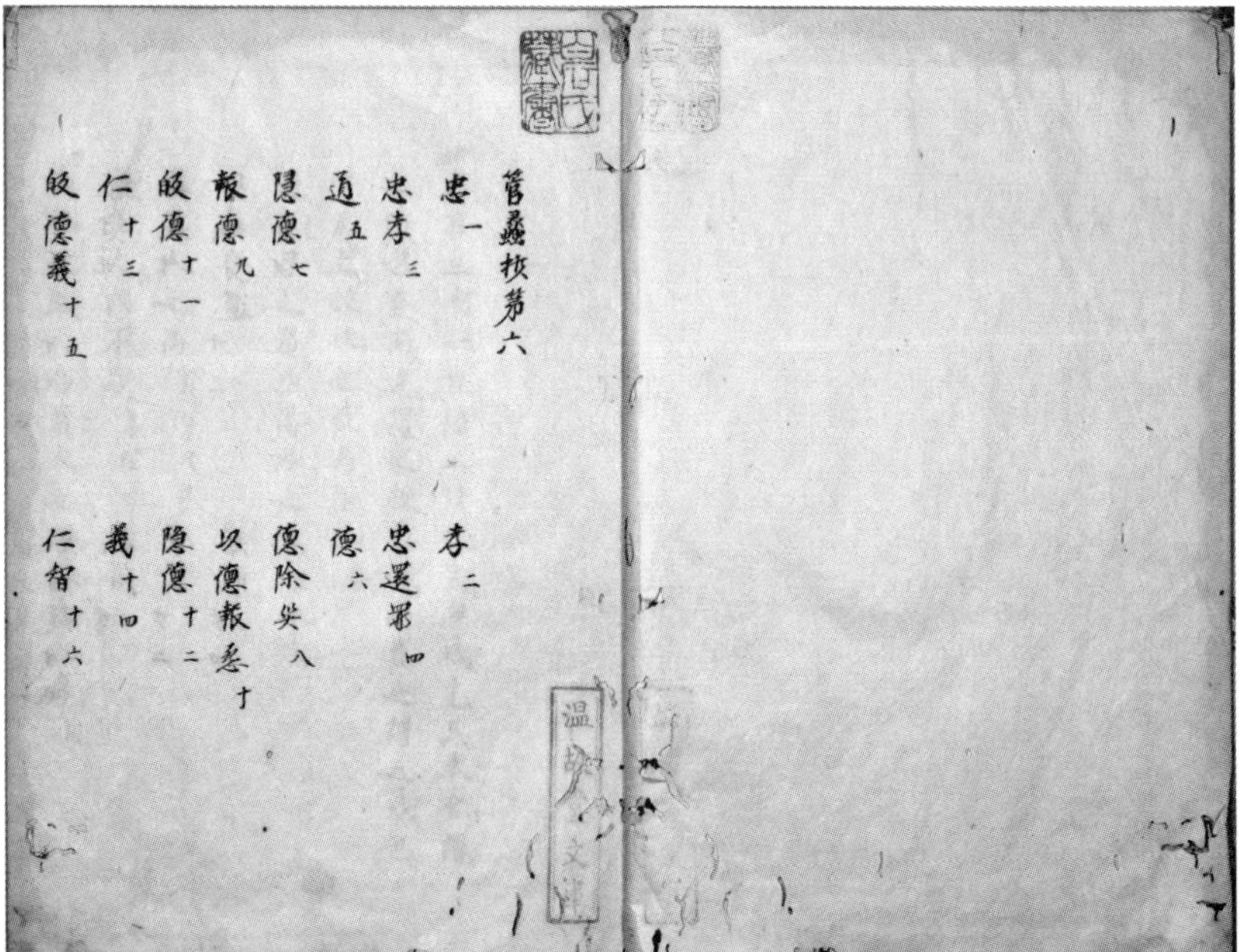
管蠡抄第六

忠　一　　孝　二
忠孝　三　　忠選罪　四
道　五　　德　六
隠德　七　　德除災　八
報德　九　　以德報怨　十
敗德　十一　　隠德　十二
仁　十三　　義　十四
敗德義　十五　　仁智　十六

忠 一

330 忠有三術一曰防二曰救三曰戒先其未然謂之防也発而進諫之救也行而責之謂之戒也防為上救次之戒為下 申鑒

331 内匡君之過外揚君之美 臣軌

孝 二

332 孝者人之高行 孝経序

333 辠莫大於不孝 孝経

334 天地之性人為貴人之行莫大於孝 同

335 善則称親過則称己則民作孝 礼記

336 父母在不称老言孝不言慈 同

337 曽子曰身也父母之遺躰也行父母之遺躰敢不敬乎居処不荘非孝也事君不忠非孝也莅官不敬非孝也朋友不信不孝戦陣無勇非孝也五者不遂災及於親敢不敬乎 礼記

338 人主尊孝則名章栄天下誉人臣孝則事君忠処官廉臨難死士民孝則耕芸疾守戦固不罷北夫執一術而百善至百邪去天下従者其唯孝乎 呂氏春秋

339 三年無改於父之道可謂孝 論語

340 孝百行之本衆善之始也 後漢書

341 善事父母曰孝 尒雅

忠孝 三

342 子以人不間於其父母為孝臣以下無非其君上為忠 後漢書

343 親々之恩莫重於孝尊々之義莫大於忠 漢書

344 孝子不諛其親忠臣不諂其君 荘子

345 君雖不君臣不可以不臣父雖不父子不可以不子 孝経
346 能孝於親則必能忠於君善事其兄則能順於長 孝経注
忠還果 四
347 王人献宝楚王誅李斯竭忠胡亥極刑豈以箕子陽狂接輿避世恐遭此患也 漢書時代事
道 五
348 道可道非常道 老子

349 上士聞道勤而行之中士聞道若存若亡下士聞道大笑不笑不足以為道 同
350 天下有道守在四夷 後漢書
351 天子有道守在海外 文選
352 人之有道也若魚之有水得水而生失水而死故君人者当畏懼不敢失道 三略記
徳 六
353 上徳不徳是以有徳下徳不失徳是以無徳 老子
354 上徳無為下徳為之 同

355 上徳若容 同 上徳人若深谷不耻垢濁
356 大徳必得其位必得其禄必得其名必得其寿 礼記
357 徳在積善 禍在積悪 三略記
358 徳厚者流光 徳薄者流卑 穀梁記
隠徳 七
359 和其光同其塵 老子 又曰和其光同其書
360 上徳若容大白若辱 同
361 為天下渾其心 同
362 知者不言〻者不知塞其光閉其門
363 大直若屈

364 大巧若拙大辯若訥 同
良賈深蔵若虚君子盛徳容貌若愚 史記
徳除災 八
365 善摂生者陸行不遇兕虎入軍不被甲兵兕無所投其角虎無所措其爪兵無所容其刃夫何故哉以其無死地 老子 注曰神明営護之故物不敢害人云云
報徳 九
366 無徳不報 無言不酬 毛詩
以徳報怨 十

報怨以德 老子
以德報怨 漢書
歸德 十一
天下歸之如水流入深谿 老子注文
桃李不言下自成蹊 漢書
隱德 十二
有隱德必有陽報 世說
有隱德者必饗其樂以及子孫 漢書
活千人者子孫必封 後漢書

仁 十三
仁者必有勇 論語
義仁利物之謂仁 莊子
仁勝凶邪德除不詳 後漢書
仁人不可失 文選
為天下得人謂之仁 孟子
除天下之害謂之仁 尉繚子
善為治者必以仁愛為本不以苛酷為先 列子
義 十四

理財正乱禁人為非曰義 論語
古之聖王以義為利不以利為利 通典
歸德義 十五
蛟龍驤首奮翼則浮雲出流霧而威集聖王砥
節脩德則遊談之士歸義思名 文選
仁智 十六
危非仁不扶乱非智不救 後漢書
明智不及 十七
日月不能播光於曲穴■衝風不能揚波於井

感 馬氏弟當
智拙疑 十八
陳平智有餘以見疑周勃質朴忠而見信智者
以有餘為疑朴者以不足取信 後漢書
智 十九
上智與下愚不移 論語
小智不及大智少年不及大年 莊子
上智不教而成 類子
誠信 二十

390 信國之寶也民之所庇也 左傳
391 言不必信行不必果 孟子
392 君臣不信則國政不安父子不信則家道不睦
兄弟不信則其情不親朋友不信則交易絶 臣軌
393 人先信而後求能 淮南子
394 信者行之基也行者信之本也人非行無以成
行非信無以立故行之於人譬猶濟之須舟也
信之於行猶舟之待檝也 列子
正直 二十一
395 擧直錯諸枉則民服擧枉錯諸直則民不服 論語
396 其身正不令而行其身不正雖令不從人主誠
397 正則直士任高而姧人伏匿矣人主不正則邪
人得志忠者隱蔽矣 淮南子
398 上綱苟直百目皆開德行苟直群物皆正 尸子
廉潔 二十二
399 廉士非不愛財取之由道貞夫非不好色納之
以義苟非其道廉士不爲故以全身苟非其義
貞夫不好故常保名 要覧

功成身退 二十三
400 功成名遂身退天之道也 老子
401 大名之下難以久居 史記
恐滿 二十四
402 滿招損謙受益 尚書
403 天道虧盈而益謙地道變盈而流謙鬼神害盈
而福謙人道惡盈而好謙 周易
404 日中則昃月盈則蝕 同
405 先王恐驕天道毀盈 孝經
406 不上其高以求下人 同
407 自危者則能安其位 同

管蠡抄第七

管蠡抄第七

刑法一

408 罰懲非死人極于病　尚書

409 刑以正邪　左傳

410 法令治之具　史記

411 法令所以導民也刑罰所以禁姦也　同

412 法正則民慤罰當則民從　同

413 治則刑重乱則刑軽犯治之罪固重犯乱之罪固軽　漢書

414 殺人者死傷人者刑此百王之定制有法之成科也 後漢書

415 書曰文王作罰刑茲無赦先王之制刑法非好傷人肌膚斬人壽命也貴威姦慝除人害 同

416 刑罰者治之藥石也德教者興平之粱肉也夫以德教除残是以粱肉理疾也以刑罰理平是以藥石供養 同

417 法禁者俗之堤防刑罰者人之銜轡 同

418 法律度量者人主之所以執下也釋之而不用是猶無轡銜而馳也 淮南子

419 亡國非無法也無法也無法者非无法也有法而不用與無法等 同

420 有刑法而無仁義久則民怨々々則怒也有仁義而無刑法則民慢々々則姦起 尚書 求子

421 繩民以刑者散 三略記

不近刑人 二

422 刑人不在君側 礼記 近刑人則輕死之道也

423 君子不近刑人 公羊傳

424 國勢曰棄爵之臣遠防勿親 三略記

憐刑人 三

425 禹出見罪人下車問而泣之左右曰夫罪人不順道故以然何為痛之至於此也禹曰堯舜為君百姓以堯舜之心為心今寡人為君百姓各以其心為心是以痛之也書曰百姓有過在予一人 說苑

罪科 四

426 功在元帥罪止首惡 後漢書 春秋之義 云々

罪輕重 五

427 牽牛以蹊人田而奪之牛牽牛以蹊者信有罪而奪之牛罪已重 左傳

與同罪 六

428 盜所隱器與盜同罪

賞功赦罪 七

429 罪疑惟輕功疑惟重 尚書

430 罰弗及嗣賞延于世 同

431 赦小過舉賢才 論語

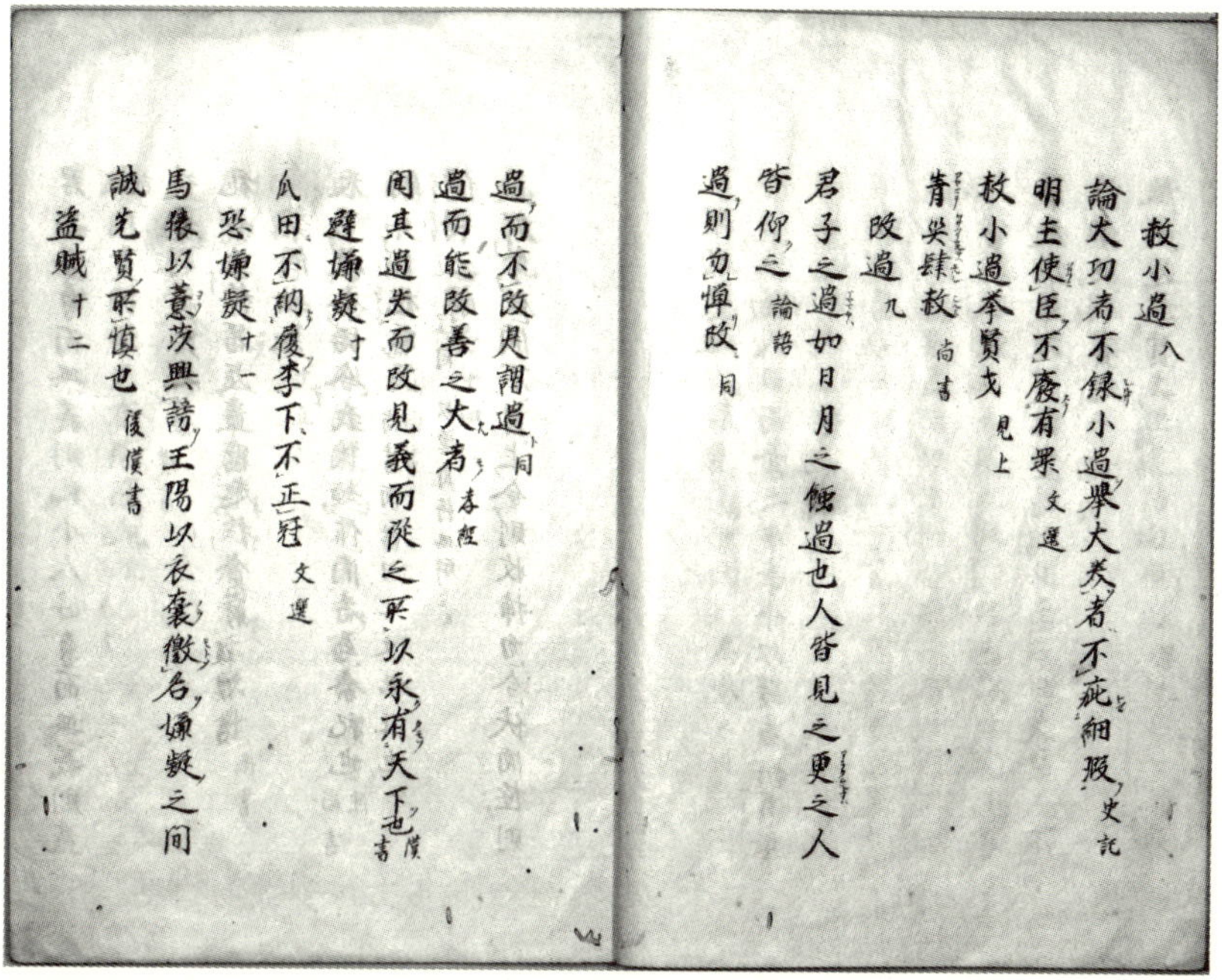

赦小過 八
論大功者不録小過舉大美者不疵細瑕 史記
明主使臣不廢有罪 文選
赦小過舉賢才 見上
眚災肆赦 尚書
改過 九
君子之過如日月之蝕過也人皆見之更之人
皆仰之 論語
過則勿憚改 同
過而不改是謂過 同
過而能改善之大者 春秋
聞其過失而改見義而從之所以永有天下也 漢書
避嫌疑 十
瓜田不納履李下不正冠 文選
恐嫌疑 十一
馬援以薏苡興謗王陽以衣嚢徼名嫌疑之間
誠先賢所慎也 後漢書
盗賊 十二

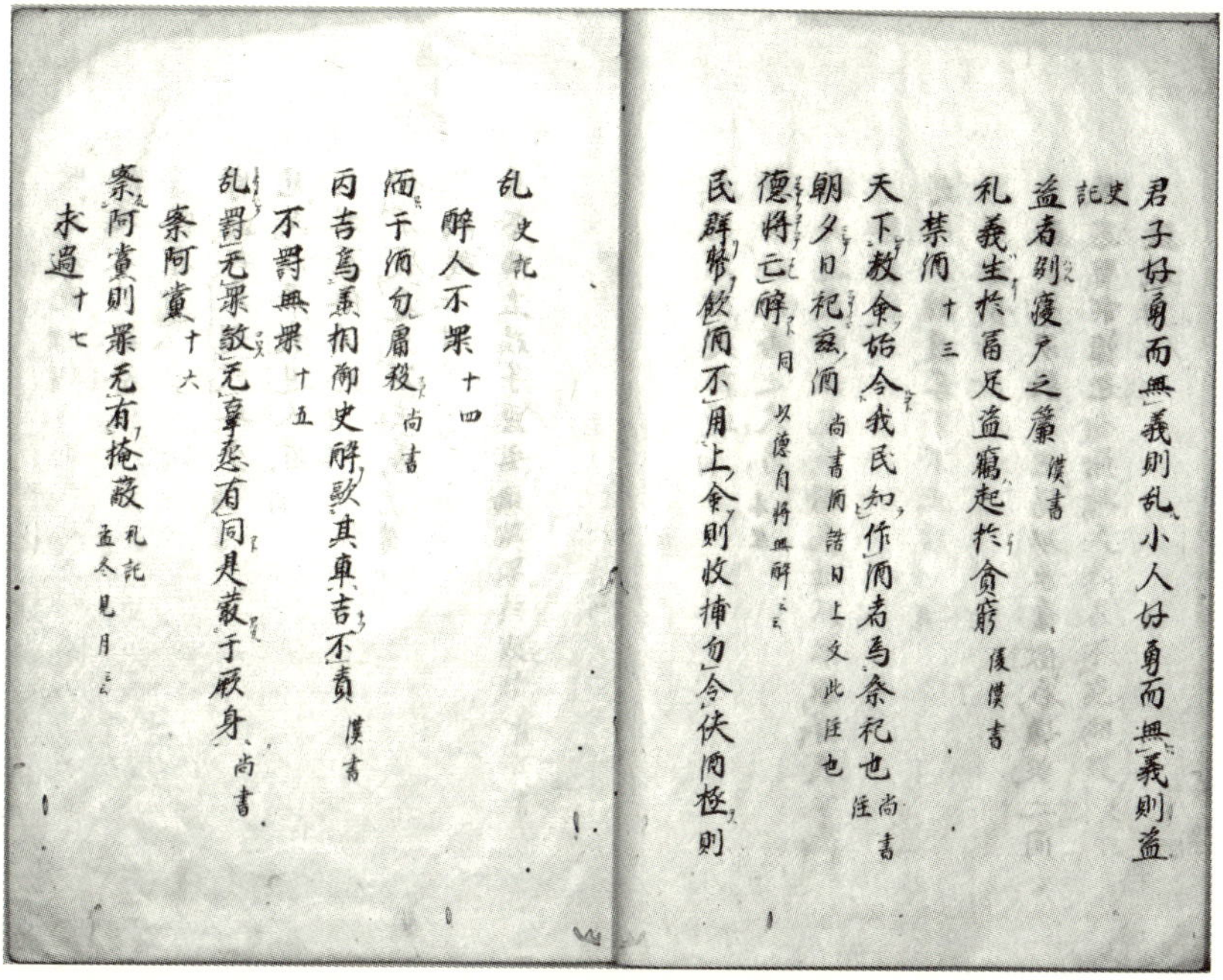

君子好勇而無義則乱小人好勇而無義則盗
史記
盗者別獲戸之簫 漢書
礼義生於富足盗竊起於貧窮 後漢書
禁酒 十三
天下教令始令我民知作酒者爲祭祀也 尚書 注
朝夕日祀茲酒 尚書酒誥日上文此注也
德将亡醉 同 以德自将無醉云
民群聚飲酒不用上令則收捕之令伏酒極則
乱 史記
酔人不罪 十四
湎于酒勿庸殺 尚書
丙吉爲丞相御史醉歐其車吉不責 漢書
不罸無罪 十五
乱罸无罪殺无辜怨有同是叢于厥身 尚書
察阿黨 十六
察阿黨則罪无有掩蔽 礼記 孟冬 見月令
求過 十七

455 456 457 458 459 460 461

吹毛求疵 漢書
洗垢求其瘢痕 同
寛宥 十八
宥過無大刑故無小 尚書
見其君事我退人宥 同
罪不依好悪 十九
好不廢過悪不去善 左傳
誡讒 二十
居下訕上君子悪之 論語

子罪莫大於累父臣悪莫深於毀君 後漢書

管蠡抄第八
吉瑞 一　吉凶 二
吉凶依政 三　災変 四
不祥 五　霖雨 六
旱水 七　日月蝕 八
凶年 九　攘災 十
自作災 十一　禁忌 十二
鑒誡 十三　誡懼 十四
慎未然 十五　誡所好 十六

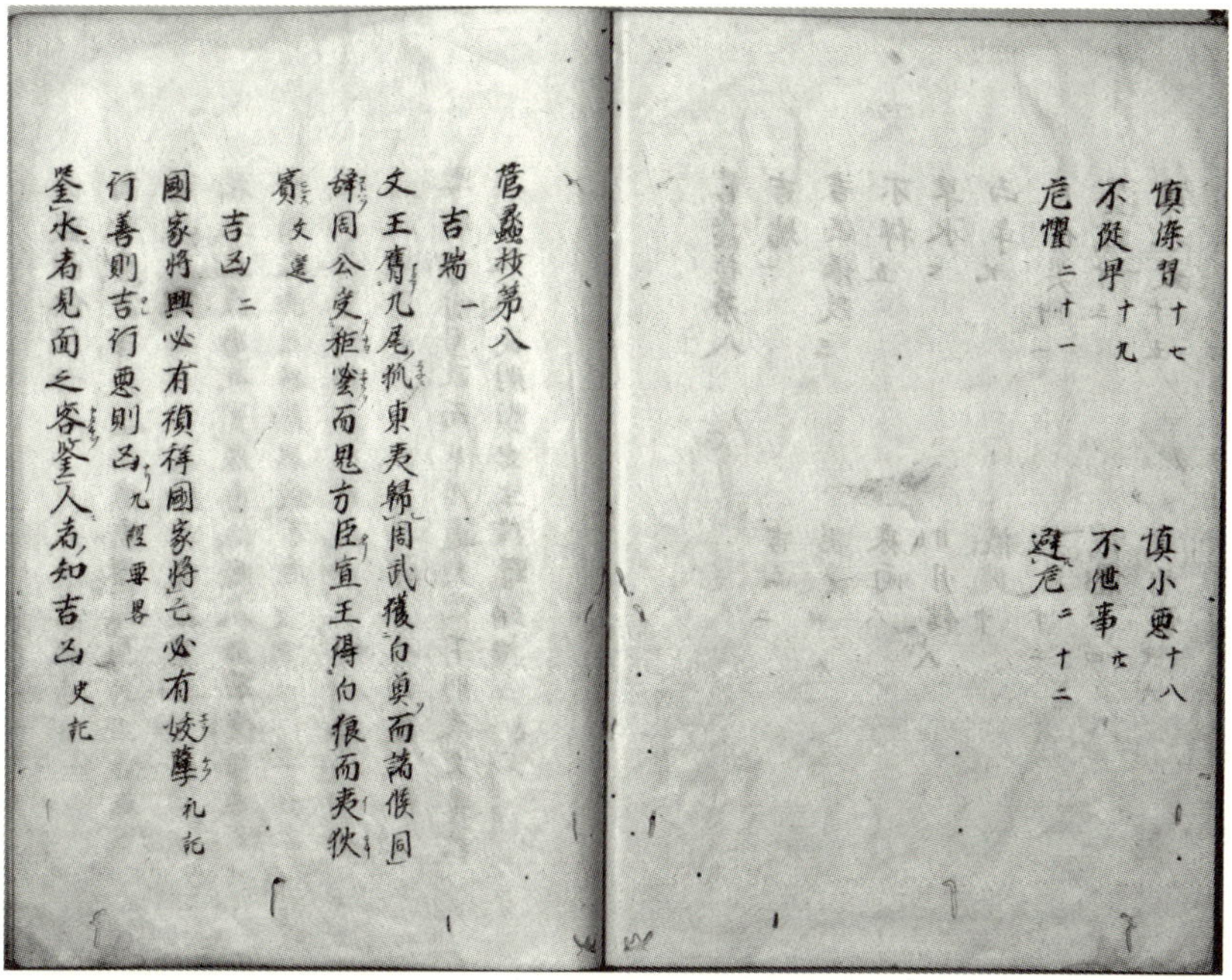
慎漸習 十七
慎小悪 十八
不従早 十九
不他事 廿
危懼 二十一
避危 二十二

管蠡抄第八
吉瑞 一
462 文王膺九尾狐東夷帰周武獲白魚而諸侯同時周公受秬鬯而見方臣宣王得白狼而夷狄賓 文選
吉凶 二
463 國家將興必有禎祥國家將亡必有妖孽 礼記
464 行善則吉行悪則凶 九経要略
465 鑒水者見面之容鑒人者知吉凶 史記

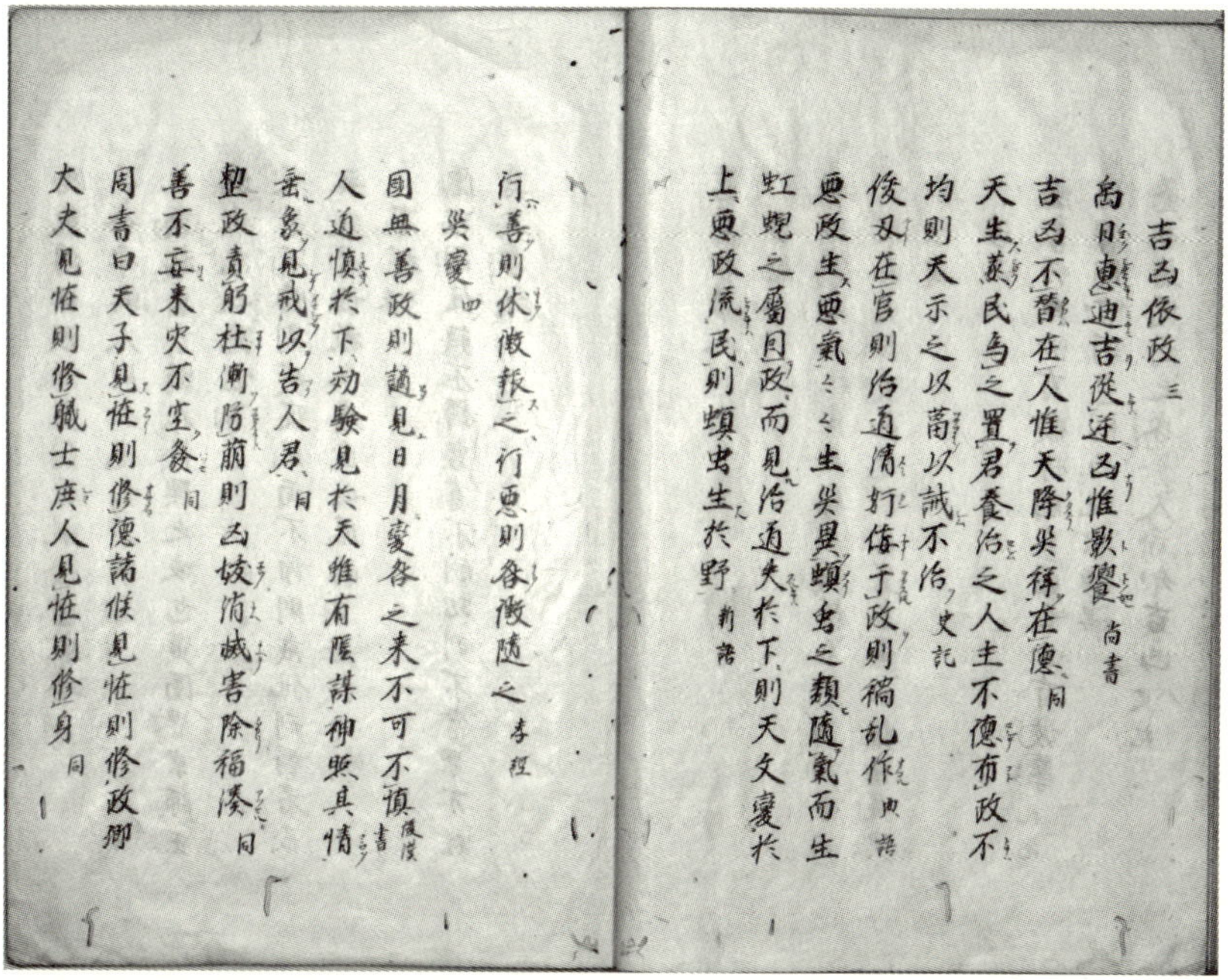
吉凶依政 三
466 尚日恵迪吉従逆凶惟影響 尚書
467 吉凶不僭在人惟天降災祥在徳 同
468 天生蒸民為之置君養治之人主不徳布政不均則天示之以菑以誡不治 史記
469 俊乂在官則治道清佞倖干政則禍乱作 典語
470 悪政生悪気々々生災異螟虫之類随気而生虹蜺之屬因政而見治道失於下則天文変於上悪政流民則螟虫生於野 新語
471 行善則休徴報之行悪則咎徴随之 孝経
災変 四
472 國無善政則謫見日月変吝之来不可不慎 書
473 人道慎於下効験見於天雖有隠謀神照其情垂象見戒以告人君 同
474 勤政責躬杜漸防萌則凶妖消滅害除福湊 同
475 善不妄来灾不空発 同
476 周書曰天子見怪則修徳諸侯見怪則修政卿大夫見怪則修職士庶人見怪則修身 同

477 嗚號傳曰政悖德隱厥風發屋折木　同
478 三公非其人則三光爲不明　漢書
479 白氣起東方賤人將興之表也黄濁冒京師王道微絶之應也　同
480 寒暑不時則疾疫風雨不節則歳飢刑罰者民之寒暑也教令者民之風雨　列子

不祥　五

481 德不副位能不稱官賞不酬功刑不當罪不祥莫大焉　後漢書

霖雨　六

482 霖雨者人怨之所致也　同

旱水　七

483 不法之則水旱發々々々則万民病　六韜

日月蝕　八

484 蝕薄者禍淺蝕深者禍大　尚書
485 日蝕治德月蝕治刑　公羊傳

凶年　九

486 寒暑不時則疾風雨不節則饑　礼記

487 一穀不登徹鶉鷃二穀不升徹鳧鴈三穀不登徹兎　白虎通

禳災　十

488 帝太戊立伊陟爲相亳有祥桑穀生於朝一暮大拱帝太戊懼問伊陟々々曰臣聞妖不勝德帝之政其有闕歟帝其修德大戊從之而祥桑枯死而去　史記
489 仁勝凶邪德除不祥　後漢書
490 災妖不勝善政怪夢不勝善行　孔子家語
491 若有一德能振百災　五行大義

自作災　十一

492 天作孽猶可違自作孽不可逭　尚書

禁忌　十二

493 察見淵中魚不祥　史記
494 西益宅謂之不祥々々必有死亡　論語
495 益舎於東有子益舎南有余益舎於西死益舎於北被縛　黄帝舎宅篇

鑒誡　十三

496 人無於水鑒當於民鑒　尚書
497 前車覆後車之誡　漢書
498 明鏡所以照形往事所以知今　後漢書
誡懼　十四
499 平不肆險安不忘危　漢書
500 楚莊無災以致戒懼魯哀禍大天不降譴　後漢書
501 堯戒曰戰々慄々日愼一日莫躓於山而躓於垤　淮南子
502 恐懼戰兢所以除患也恭敬靜審所以遠難也　臣軌
503 禍不入愼之門閉門避禍　朝野僉載
愼未然　十五
504 智者之慮々於未形達者所規々於未兆　同文選
505 明者遠見於未萌而智者避危於無形　同
506 明者視於無形聰者聽於無聲謀者謀於未兆
愼者愼未成　臣軌
誡所好　十六
507 善游者溺善騎者墮各以其所好反自爲禍　淮南子
愼染習　十七

508 與善人居如入蘭芷之室久而不聞其香即與
之化矣
與不善人居如入鮑魚之肆久而不聞其臭亦
與之化矣是以君子必愼所與者　孔子家語
509 善人同處則日聞嘉訓惡人從遊則日生邪情
後漢書
510 蓬生麻間不扶自直白沙入淄不染自黒　論語
511 人久相與處自無染習　貞觀政要
愼小惡　十八
512 小惡不止大惡成　三略記
513 天下之難事必作於易天下之大事必作於細
老子
514 堤潰蟻孔氣洩鍼芒　後漢書
515 千丈之堤以螻蟻之穴而潰　韓子
516 針頭如芒氣出如筵　黄帝素問
不從早　十九
517 白龍魚服見困豫且　文選
不泄事　廿

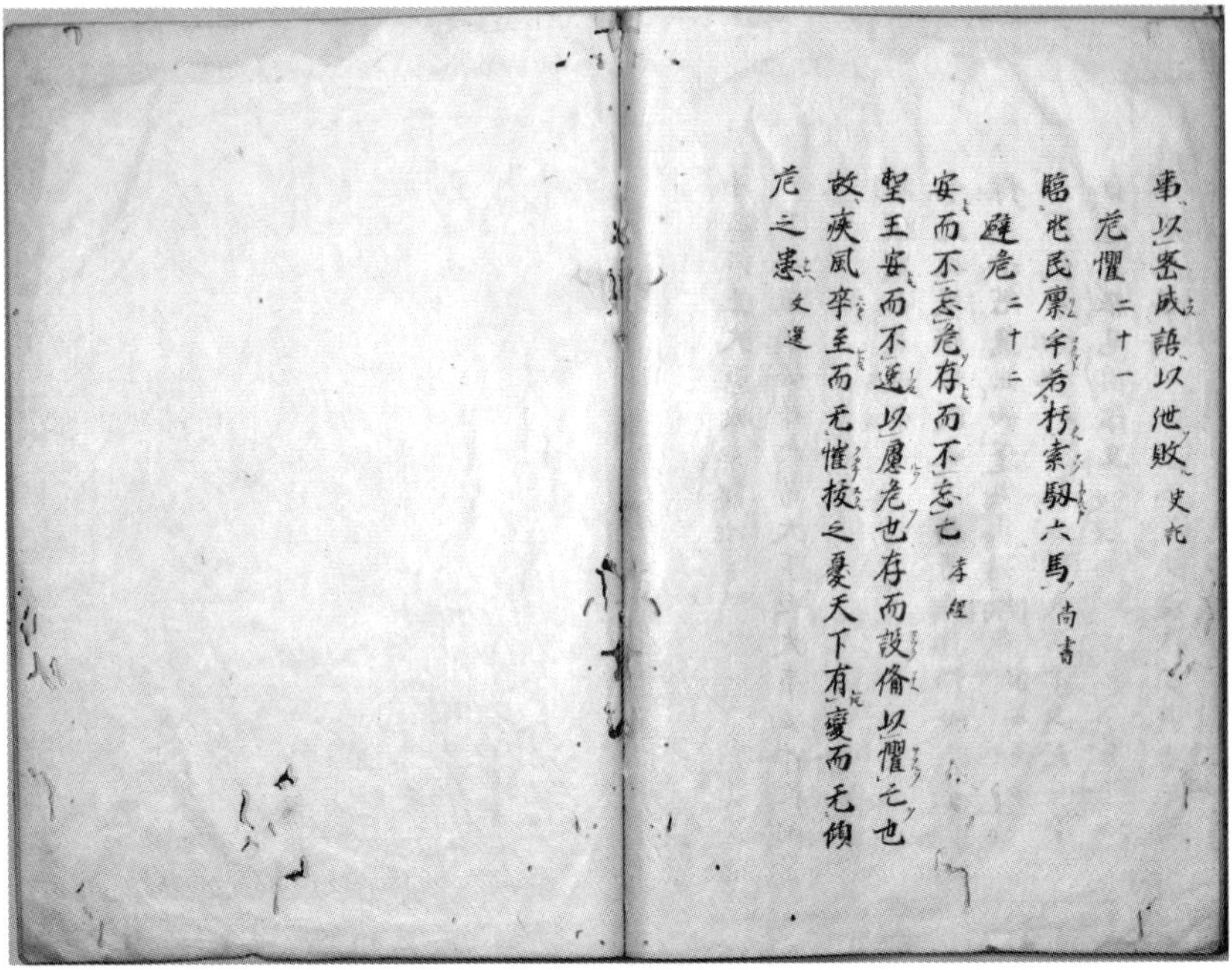
518 事以密成語以泄敗 史記
危懼 二十一
519 臨兆民懍乎若朽索馭六馬 尚書
避危 二十二
520 安而不忘危存而不忘亡 孝経
521 聖王安而不逸以慮危也存而設備以懼亡也
故疾風卒至而无摧拔之憂天下有變而无傾
危之患 文選

533 532 531 530 529 528 527 526 525 524 522 523

管蠡抄巻第九 題二十 文六十四
臣體一
爲人臣者無外交不敢貳君也 禮記 昔則稱君有過則稱
已則人作忠 同 忠臣不仕二君貞女不更兩夫 史記
内匡君之過外揚君之美不以邪損正不以私害公 臣軌
竭力盡勞而不望其報程功積事而不求其賞 同
進賢二
子貢問孔子曰今之人臣孰爲賢子曰吾未識也往者齊有
鮑叔鄭有子皮則賢者矣子貢曰齊無管仲鄭無子產乎
進賢乎子曰然吾聞鮑叔達管仲子皮達子產未聞二
子之達賢己之才者 家語 爲人臣者以進賢爲功爲人君
者以用賢爲功 尸子 傷賢者殃及三世蔽賢者身受其害
進賢者福流于子孫嫉賢者名不全 三略記
諫諍三
主暴不諫非忠臣也畏死不言非勇士也見過則諫不用
則死忠之至也 新序 有能盡言於君用則留不用則去謂之諫
用則可不用則死謂之諍 帝範 諫諍者所以納君於道矯枉
正非救上之謬也上苟有謬而無救則害於事害於事則
危 同 危而不持顛而不扶則將焉用彼相矣 論語
社稷臣四

549 548 546 547 544 545 543 541 542 540 539 538 536 537 535 534

諫諍輔弼者所謂社稷之臣明君之所貴也言諫諍輔弼
雖事跡有殊至於安國寧人其功不異故俱謂社稷之臣
而明君之所貴也 臣軌
忠臣五●
山有猛獸藜藿爲之不採國有忠臣姦邪爲之不起 漢書
忠臣之後輔主 三略記 猛獸處山林藜藿爲之不採直臣
在朝庭姦邪爲之寢謀 貞觀政要 人欲自照必須明鏡主
欲知過必籍忠臣 同 憂國忘家捐軀濟難忠臣之志也 文選
貞臣六
勁松彰寒歳貞臣見國危 三略
君臣合體七
主與臣同者昌主與臣不同者亡 三略記 君爲元首臣爲
股肱同體相待共成美惡者也 後漢書 人臣之於君也猶
四支之載元首耳目之爲心使也相須而後成體相須而
後成用 臣軌 父子雖至親未若君臣同體臣以君爲心君
以臣爲體 同 心安即體安君泰即臣泰 同 主之任臣既如
身之信手臣之事主亦如手繫身 同
聖主得賢臣八
聖主必待賢臣而弘功業俊士亦俟明主以顯其德 文選
世必有聖知之君而後有賢明之臣故虎嘯而風冽龍興

560 558 559 557 556 555 554 553 552 550 551

而致雲 尚書

輔佐九

僕臣正厥后克正僕臣諛厥后自聖 尚書 國家之癈興在
於政事々々得失由于輔佐々々賢明則俊士充朝而法
合於務輔佐不明則論時失宜而舉多過舉 後漢書 西門豹
之性急故佩韋以緩己董安于之性緩故佩弦以急己 韓子
蜀後主昏弱齊文宣狂勃國稱治者以諸葛亮楊遵彦不
猜 貞觀政要

君美惡依臣十

君德惟臣不德惟臣 尚書

興癈依佐十一

三仁去而殷墟二老歸而周熾子胥死而呉亡范蠡存而
越伯五羖入而秦喜樂毅出而燕懼 漢書 齊桓非夷吾不
能成霸勾踐非范蠡無以存國 漢書
俊乂在官則治道清姦佞干政則禍亂作 尚書

計策十二

運策於帷幄之中決勝於千里之外子房之功 史記 策定
禁中功成野戰 文選 權謀之術有正有邪君子之權謀正
小人之權謀邪 説苑

思慮十三

579 577 578 575 576 574 573 571 572 570 569 568 566 567 565 564 563 561 562

人而無遠慮必有近憂 論語 輕慮者不可以治國獨智者不
可以存君 説苑 季文子三思而後行子聞之曰再思斯可 論語

言辭十四

人之所爲人者言也人而不能言何以爲人 穀梁傳
貌言花也至言實也苦言藥也甘言疾也 史記

慎言語十五

使口如鼻終身勿事 孝經注 言易洩者召禍之媒也事不慎
者取敗之道也 臣軌 病從口入禍從口出故君子慎言語
而節飲食 要覽 皐天以無言爲貴聖人以不言爲德 貞觀政要

慎密十六

君子居安如危小人居危如安 禮記
千金子不垂堂百金子不騎衡 史記 踢高天蹐厚地 文選
石慶衛綰無他奇才但以篤信嚴肅位爲丞相劉向夏侯
勝明達過人不堪持重不過二千石 要覽
禍不入慎之門閑門禍避 朝野僉載

誠信十七

信國之寶也民之所庇也 左傳 天之所輔者仁也人之所
輔者信也 貞觀政要 言不必信行不必果 孟子 陳平以智
有餘見疑周勃以朴忠取信故語曰巧而詐不如拙而誠
要覽 竭誠則胡越爲一體傲物則骨肉爲行路 貞觀政要

580 非誠信無以取愛於其君非誠信無以取親於百姓 同
581 君臣不信則國政不安父子不信則家道不睦兄弟不信
則其情不親朋友不信則其交易絶 同
正直十八
582 葉公謂孔子曰吾黨有直躬者其父攘羊而子證之孔子
曰吾黨直者異於是父爲子隱子爲父隱直在其中 論語
583 擧直錯諸枉則民服擧枉錯直則民不服 同
廉潔十九
584 齊慶氏亡分其邑與晏子々々不受人問曰富者人所欲
也何爲不受對曰無功之賞不義之富禍之媒也我非悪

585 富恐失富也 左傳 廉士非不愛財取之由道貞女非不好
色納之以義苟非其道廉士不爲故以全身苟非其義貞
夫不好故常保名 要覧
誠貧
586 日月欲明浮雲掩之河水欲清沙石穢之人性欲平嗜欲
害之 淮南子
管蠡抄巻第九終

管蠡抄巻第十 題一文百
世俗
587 將上堂聲必揚 禮記 戸外有二屨言聞則入言不聞則不
589 入 同 戸開亦開戸闔亦闔有後入者闔而勿遂 同 並坐不
591 横肱 同 授立不跪授坐不立 同 主人不問客不先擧 同 讓
594 食不唾 同 虚坐盡後食坐盡前 同 解屨不敢當階 同
596 尊客之前不叱狗 同 名子不以國不以日月不以隱疾不
598 以山川 同 食居人之左羹居人之右 同
599 毋流歠毋咤食 同 毋齧骨 同 毋投與狗骨 同 卜筮不過三
603 賜菓於君前其有核者懷其核 水潦降不獻魚鼈 同

605〜607 公庭不言婦女同捧者當心提者當帶同醫不三世不服
608 609 其藥同哀樂不同日。禽獸知母不知父儀禮
610 611 雖有文事必有武備穀梁傳人之所畏不可不畏老子。
612 613 大廉不嗛大勇不忮莊子宗廟尚親朝庭尚尊鄉黨尚齒
614 行事尚賢同狗不以善吠爲良人不以善言爲賢同
615〜617 酒以成禮左傳言者身之文同禍福無門唯人所招同
618 619 今俗人嘘曰人奪我此古遺語也毛詩人之耳雖恒多咲
620 621 同蟏蛸有東莫之敢指同書不盡言々不盡意周易
622 623 積善之家有餘慶不善之家有餘殃同三人占則從二人
624 之言尚書珍禽奇獸弗育于國同

625 626 知之爲知不知之爲不知是知論語父母之年不可不知
627〜629 同紅紫不以爲褻服同色惡不食臭惡不食同席不正不
630 631 坐同無友不如已者同王孫賈問曰與其媚於奧寧媚於
632 竈何謂子曰不然獲罪於天無所禱也同見小利則大事
633 634 不成同人能弘道非道弘人同耕也餧在其中學也祿在
635〜637 其中同人視水見形視民知治不史記以狗禦蠱同有文
638 事者必有武備有武事者必有文備同美人入室惡女之
639〜641 仇同美女惡女之仇同天與不取反受其咎同爲善者天
642 報之以福爲非者天報之以殃同相馬失之瘦相士失之
643 貧同老者非帛不煖非肉不飽漢書

644〜646 進賢受上賞蔽賢蒙顯戮同吹毛求疵同臨淵而羨魚不
647 648 如退而結網同傍人用事卑臣杜口同水至清則無魚人
649 至察無徒同富貴不歸故郷如衣錦夜行同
650 貧賤之知不可忘糟糠之妻不可下堂後漢書
651〜653 活千人者子孫必封同疑道不可由疑事不可行同琥珀
654 不取腐芥磁石不受曲針三國志直曲從俗南史
655〜657 蚌蛤珠胎與月虧全文選非知之難能之難也同疾雷聞
658 659 百里同巢居知風寒穴處識陰雨同晝生子似父夜生子
660 661 似母五行大義有喜慶必置酒食同老人子無影風俗通
662 一犬吠形千犬吠聲一人傳虚萬人傳實朝野僉載

663 664 乘舩走馬去死一寸同人貧智短馬瘦毛長同
665 666 壁有耳牆有縫博聞錄天道遠人道近順人情合天理同
667 668 有陰德必有陽報世説樹禿者鳥不巣三畧記
669〜671 小水無大魚庸君無賢佐同小惡不止大惡成同傷賢者
　 殃及三世蔽賢者受其害進賢者德流子孫嫉賢者名不
672 673 全同他弓不挽他馬莫騎大唐會要譎生淮北爲枳水土之
674 異也晏子愛人利人者天必福之惡人賊人者天必禍
675 676 之同私雖不及公韓子善爲政者天地不能害也況於人
677 678 乎晏子因能而授祿因功而與官書言至言逆俗耳真語
679 必違衆抱朴子瘦馬不畏鞭箠弊民不畏刑法鹽鐵論

689　687 688　686　685　683 684　682　680 681

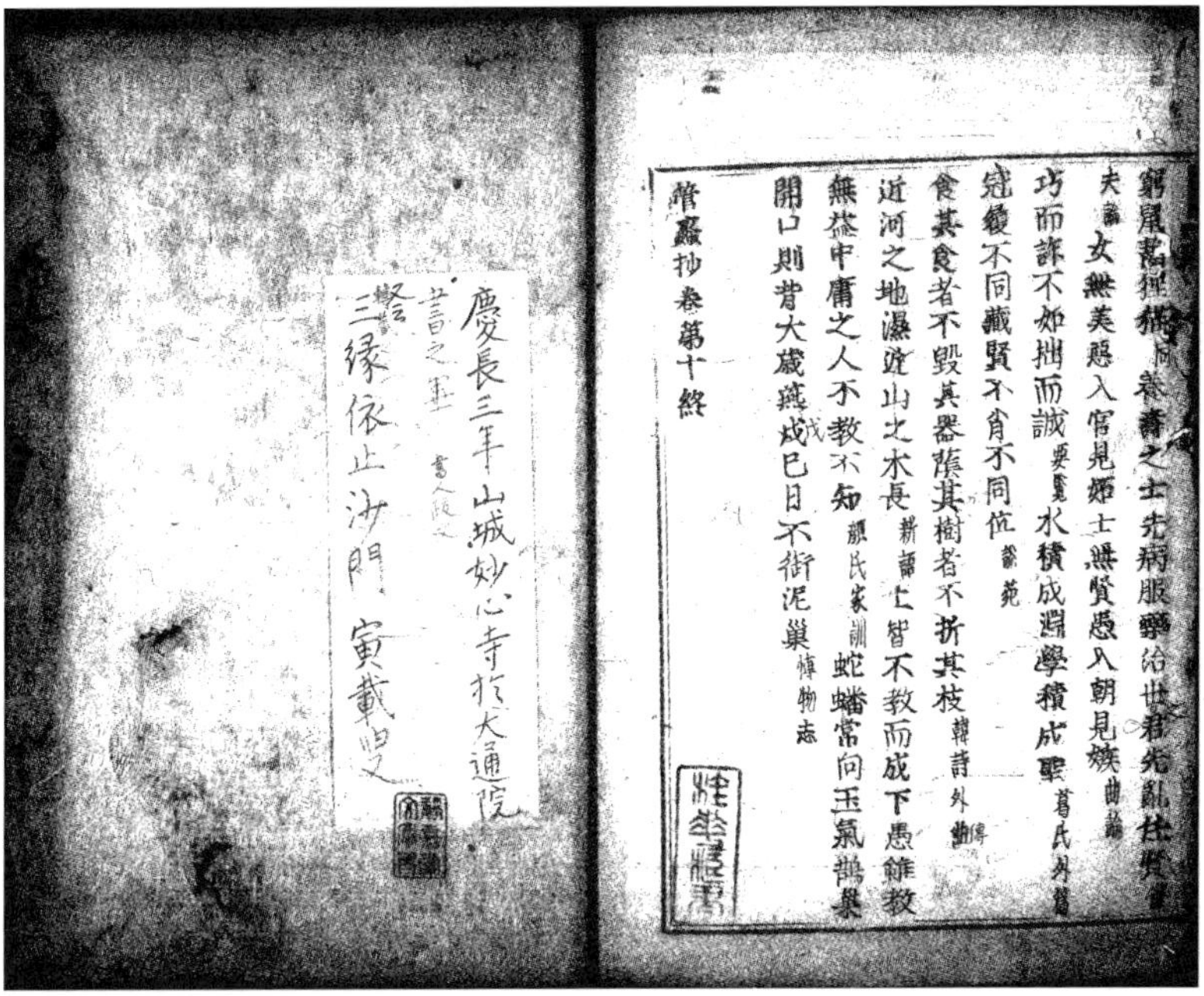

窮鼠齧狸同 養壽之士先病服藥治世君先亂任賢潛夫論
女無美惡入宮見妬士無賢愚入朝見嫉曲禮
巧而詐不如拙而誠要覧 水積成淵學積成聖葛氏外篇
冠履不同藏賢不肖不同位説苑
食其食者不毀其器蔭其樹者不折其枝韓詩外傳
近河之地濕近山之木長新語 上智不教而成下愚雖教
無益中庸之人不教不知顔氏家訓 蛇蟠常向玉氣鵲巢
開口則背大歳燕戊巳日不銜泥巢博物志

管蠡抄巻第十終

慶長三年山城妙心寺於大通院
書之畢　書人假文
三緣依止沙門　寅載叟

管蠡抄　註

管蠡抄　第一

1　尙書　周書、洪範。
2　史記　卷九九、叔孫通傳。＊諸本、左傳に誤る。
3　史記　卷十、孝文本紀。
4　史記　卷三九、晉世家。
5　漢書　卷七二、鮑宣傳。
6　後漢書　卷四九、王符傳。
＊潛夫論、浮侈第十二、小異あり。
7　後漢書　卷七八、吳强傳。
8　帝範　卷下、賞罰篇。
9　呂氏春秋　卷一、貴公。
10　孝經　三才章第八、孔安國註。
11　史記　卷六九、蘇秦傳。
12　史記　卷七九、范雎傳。＊24を含む。
13　史記　卷八七、李斯傳。＊36にも。
14　史記　卷七九、蔡澤傳。
15　後漢書　卷八七、西羌傳。
16　說苑　卷八、尊賢。
17　說苑　卷二、臣術。
18　帝範　卷上、審官篇。＊258のうち。
19　孝經　三才章第八、孔安國註。
20　孝經　事君章第二一、孔安國註。
21　禮記　曲禮上第一。
22　春秋左氏傳　宣公傳十六年。
23　春秋左氏傳　襄公傳二六年。
24　史記　卷七九、范雎傳。＊12のうち。
25　漢書　卷八九、循吏傳（王成）。
26　後漢書　卷四五、袁安傳。
27　後漢書　卷六三、荀悅傳。

28 說苑　巻七、政理。
29 世要論　爲君難。
30 三略　下略。＊三略記は誤。
31 三略　上略。
32 三略　上略。
33 桓子新論（桓譚）＊群書治要巻四四。
34 貞觀政要　巻三、封建第八。
35 尙書　虞書、皐陶謨。＊233の前半。
36 史記　巻八七。＊13に同じ。
37 漢書　巻八三、薛宣傳。
38 劉子新論　巻四、知人第十八。
39 漢書　巻八三、薛宣傳。
40 尙書　虞書、大禹謨。
41 孔子家語　巻三、賢君第十三。
42 孟子　第十四、盡心章句下。
43 說苑　巻一、君道。
44 漢書　巻七五、京房傳。
45 典語　＊469・557に重出。
46 毛詩（詩經）國風、邶風、柏舟、鄭玄註。
47 孔子家語　巻四、六本第十六。
48 說苑　巻七、政理。
49 貞觀政要　巻二、納諫第五。＊511にもあり。
50 貞觀政要　巻四、輔弼第九。
51 貞觀政要　巻四、輔弼第九。
52 尙書　虞書、益稷。
53 呂氏春秋　巻二四、自知。
＊淮南子巻九、主術訓にあり。
54 說苑　巻五、貴德。
55 尙書　商書、說命。
56 史記　巻五五、留侯世家。
57 後漢書　巻七四下、袁譚傳。＊「良薬」。
＊同巻百十八、二例とも「毒薬」。
58 孔子家語　巻四、六本第十五。
59 帝範　巻上、去讒篇。
60 貞觀政要　巻二、任賢第三。
61 說苑　巻十三、權謀。

62 後漢書 巻二四、馬援傳。＊「文選」未詳。
63 淮南子 巻九、主術訓。
64 淮南子 巻九、主術訓。
65 漢書 巻五一、鄒陽傳。
66 三略記 未詳。＊素書に類句あり。
67 漢書 巻三六、楚元王傳。
68 史記 巻四二、趙世家。
69 帝範 巻上、去讒篇。
70 帝範 巻上、去讒篇。
71 孝經 諫諍章第二十、孔安國註。＊古文孝經「姦人」。

管蠡抄 第二

72 春秋左氏傳 昭公傳二十年。
73 後漢書 巻十八、臧宮傳。
74 後漢書 巻四四、胡廣傳。
75 後漢書 巻四六、陳寵傳。
76 論語 季氏第十六。
77 尚書 虞書、大禹謨。
78 漢書 巻三五、吳王濞傳。＊↓641
79 後漢書 巻六五、皇甫傳。
80 傅子 問政篇。＊↓676
81 説苑 巻七、政理。
82 漢書 巻八三、薛宣傳。
83 呂氏春秋 巻十九、適威。
84 三略記 未詳。＊素書に類句あり。
85 禮記 檀弓下第四。
86 尚書 周書、周官。
87 毛詩（詩經）大雅、生民之什、假樂。

88 貞觀政要　卷九、安邊第三五。
＊尙書、說命を指すか。
89 論語　爲政第二。
90 文選　卷三七、劉越石「勸進表」。
91 後漢書　卷四二、光武十王列傳（東平憲王蒼）。
92 申鑑　卷四、雜言上。
93 貞觀政要　卷一、政體第二。
94 禮記　檀弓下第四。
95 莊子　外篇、天運篇第十四。
96 後漢書　卷四九、論曰、李賢等註。
97 史記　卷六、秦始皇本紀。
98 後漢書　卷四九、王符傳。
＊「述赦篇曰」。『潛夫論』述赦第十六とは異同あり。
99 文子
100 葛機論　＊蔣濟、萬機論か、未詳。
101 後漢書　卷四九、王符傳。
102 毛詩（詩經）大雅、板。
103 葛氏外篇
104 葛氏外篇　卷十六、交際。
105 史記　卷百十、李將軍傳、太史公曰。
106 漢書　卷三六、楚元王傳。
107 後漢書　卷四四、胡廣傳。
108 禮記　檀弓下第四。
109 春秋左氏傳　莊公傳二四年。
110 春秋左氏傳　隱公傳元年。
111 帝範　卷下、崇儉篇。
112 帝範　卷下、誡盈篇。
113 帝範　卷下、務農篇。
114 禮記　曲禮上第一。
115 孝經　諸侯章第三、孔安國註。＊→405
116 論說　述而第七。
117 漢書　卷六五、東方朔傳。
118 禮記　表記第三二。
119 春秋左氏傳　僖公傳二四年。
120 說苑　卷七、政理。

121 毛詩（詩經） 檜風、匪風、毛傳。
122 老子 任德、第四九。
123 漢書 巻五一、路溫舒傳。
124 漢書 巻二四上、食貨志。
125 說苑 巻七、政理。
126 文選 巻八、楊子雲「羽獵賦」。
127 文選 巻五一、王子淵「四子講讀論」。
128 貞觀政要 巻一、君道第一。
129 尙書 周書、泰誓。
130 尙書 周書、泰誓、註。
131 尙書 虞書、大禹謨。
132 史記 巻四、周本紀。
133 孔子家語 巻一、五儀解第七。
134 禮記 王制第五。
135 帝範 巻下、務農篇。
136 尙書 商書、太甲。＊280の一部。
137 漢書 巻五一、賈山傳。
138 漢書
139 孟子 巻七、離婁章句上。
140 孔子家語 巻一、王言解。
141 袁子正書 用賢。
142 新序 ＊群書治要巻四二「新序」にこの句あり。

管蠡抄　第三

143 抱朴子　＊太平御覽卷六百七、參照。
144 白虎通德論　卷上、辟雍。
145 禮記　學記第十八。
146 禮記　學記第十八。
147 論語　季氏第十六。
148 葛氏外篇　＊未見。↓684
149 顏氏家訓　卷下、養生篇第十五。＊151に重出。
150 說苑　卷十五、指武。
151 顏氏家訓　＊149に重出。
152 論語　子罕第九。
153 史記　卷百三十、太史公自序。
154 楊子法言　卷一、學行篇。
155 桓譚新論
＊群書治要卷四四に引く「桓子新論　桓譚」になし。太平御覽、卷四一四、人事部四五「師」。「諺曰――」。
156 禮記　學記第十八。
157 葛氏外篇　卷三、勗學。
158 劉子新論　卷一、崇學第五。
159 禮記　學記第十八。＊尙書、商書、說命「斆學半」。
160 禮記　曲禮上第一。
161 禮記　學記第十八。
162 論語　子罕第九。
163 文選　卷四二、魏文帝「與吳質書」。
164 史記　卷三八、宋微子世家。
165 史記　卷百十二、主父偃傳。
166 三略記　上略。
167 春秋左氏傳　宣公傳十二年。
168 春秋左氏傳　桓公傳十一年。
169 春秋穀梁傳　隱公五年。
170 春秋穀梁傳　莊公八年。
171 史記　卷七、項羽本紀。
172 史記　卷五七、周勃世家。
173 史記　卷五七、周勃世家。＊176に重出。

174　漢書　巻七十、陳湯傳。
175　史記　巻六四、司馬穰苴傳。
176　史記　巻五七。＊173に重出。
177　臣軌　巻下、良將章。
178　三略記　上略。
179　三略記　上略。
180　三略記　上略。
181　三略記　上略。
182　三略記　上略。
183　三略記　上略。
184　三略記　上略。
185　三略記　上略。
186　春秋左氏傳　僖公傳三三年。
187　論語　子張第十九。
188　史記　巻四七、孔子世家。＊↓637
189　漢書　巻二三、刑法志第三。
190　帝範　巻下、崇文篇。
191　禮記　曲禮上第一。
192　禮記　曲禮上第一。
193　春秋左氏傳　昭公傳十六年。
194　論語　學而第一。
195　論語　八佾第三。
196　論語　八佾第三。
197　晏子春秋　内篇諫上。＊底本、「管子」は誤。
198　禮記　曲禮上第一。
199　禮記　曲禮上第一。
200　毛詩（詩經）鄘風、相鼠。
201　禮記　曲禮上第一。
202　史記　巻四七、孔子世家。
203　史記　巻六八、商君列傳。
204　禮記　曲禮上第一。
205　禮記　曲禮上第一。
206　禮記　曲禮上第一。
207　禮記　曲禮上第一。＊↓592
208　禮記　曲禮上第一。＊↓596
209　春秋左氏傳　隱公傳十一年。

210 禮記　曲禮上第一。＊↓594
211 禮記　曲禮上第一。＊↓598
212 禮記　曲禮上第一。＊↓599
213 禮記　曲禮上第一。＊↓600
214 禮記　曲禮上第一。＊↓601
215 禮記　曲禮上第一。＊↓603
216 禮記　曲禮上第一。
217 禮記　曲禮上第一。＊↓587
218 禮記　曲禮上第一。＊↓588
219 禮記　曲禮上第一。＊↓589
220 禮記　曲禮上第一。＊↓595
221 禮記　郊特牲第十一。＊「――樂陽氣也」。
222 孝經序
223 孝經序
224 孝經序
225 漢書　卷六、武帝紀。
＊卷八八、儒林傳（公孫弘）にも。

管蠡抄　第四

226 漢書　卷五八、公孫弘傳。
227 後漢書　卷四四、胡廣傳。＊↓261
228 後漢書　卷五四、楊秉傳。
229 後漢書　卷六一、左雄傳。
230 三略記
231 三略記
232 管子　＊↓677
233 尙書　虞書、皐陶謨。＊前半は35にも。
234 尙書　周書、武成。
235 尙書　周書、周官。
236 尙書　周書、周官。
237 春秋左氏傳　襄公傳九年。
238 說苑　卷十六、說叢。＊↓685
239 文選　卷三七、曹子建「求自試表」。
240 帝範　卷上、審官篇。
241 後漢書　卷五九、張衡傳。

242 後漢書 巻八十上、文苑列傳（黃香）。
243 文選 巻五二、韋弘嗣「博奕論」。
244 說苑 巻八、尊賢。
245 文選 巻五十、沈休文「恩倖論」。
246 史記 巻二、夏本紀。＊「……亂天事」。
247 文選 巻二九、棗道彥「雜詩」。＊「復虎文」。
248 帝範 巻上、審官篇。＊「大功」。
249 尙書 虞書、皐陶謨。
250 史記 巻四六、田敬仲完世家。
251 史記 巻八八、蒙恬傳。＊↓562
252 後漢書 巻七五、劉焉傳。
253 史記 巻百十九、循吏列傳、太史公曰。
254 孝經 廣揚名章第十八。
255 老子 爲道第六二。
256 老子 爲道第六、河上公註。
257 老子 巧用第二七。
258 帝範 巻上、審官篇。＊18を含む。
259 文選 巻三七、曹子建「求自試表」。
260 後漢書 巻四四、胡廣傳。
261 後漢書 巻四四、胡廣傳。＊227に同じ。
262 莊子 雜篇、盜跖篇第二九。
263 文選 巻五三、李蕭遠「運命論」。
264 文選 未詳。＊參考、巻二九、曹顏遠「感舊詩」。
265 漢書 巻六四下、王褒傳。
＊文選、巻四七、王子淵「聖主得賢臣頌」。↓549
266 漢武故事
267 要覽
268 文選 巻二五、劉越石「答盧諶」。
269 史記 巻九二、准陰侯傳。
270 後漢書
271 史記 巻四七、孔子世家。＊子貢曰「夫——焉」。
272 文選 巻四五、東方曼倩「答客難」。

管蠡抄　第五

273 周易（易經）　繫辭上傳。
274 論語　八佾第三、集解註。
275 春秋左氏傳　昭公傳元年。
276 春秋左氏傳　僖公傳十年。
277 春秋左氏傳　僖公傳五年。＊↓282
278 五行大義　第二十、論諸神。
279 五行大義　第二十、論諸神。
280 尙書　商書、太甲。＊136を含む。
281 禮記
282 春秋左氏傳　僖公傳五年。＊↓277
283 禮記　王制第五。
284 禮記　祭儀第二四。
285 禮記　祭統第二五。
286 論語　八佾第三、集解註。
287 禮記　曲禮下第二。
288 論語　爲政第二。
289 禮記　曲禮下第二。
290 禮記　檀弓第四。
291 漢書　卷四八、賈誼傳。
292 孝經緯
293 禮記　祭法第二三。
＊右條は、參考に指摘するのみ。
294 禮記　禮運第九。
295 尙書　商書、盤庚。
296 孝經　父子生績章第十一。
297 孝經　廣要道章第十五。
298 禮記　坊記第三十。
299 後漢書　卷七四下、袁譚傳。
300 莊子　雜篇、盜跖篇第二九。
301 禮記　檀弓上第三。
302 論語　學而第一、里仁第四。＊↓339
303 後漢書　卷四八、楊終傳。
304 論語　學而第一。
305 春秋公羊傳

306　論語　雍也第六。
307　禮記　坊記第三十。
308　尚書　周書、蔡仲之命。＊「子能蓋父惡」は古註。
309　禮記　雜記上第二十。
310　禮記　郊特牲第十一。
311　儀禮　喪服第十一。
312　春秋左氏傳　桓公傳十五年、杜預註。
313　漢書　卷九七上、外戚傳（孝武李夫人）。
314　漢書　未詳。＊詩經、大雅、瞻卬の句。
315　漢書　卷九七上、外戚傳。
316　後漢書　卷六一、荀淑傳。
317　毛詩（詩經）王風、大車。
318　史記　卷四四、魏世家。
319　論語　學而第一、子罕第九。
320　史記　卷百二、太史公曰。
321　史記　卷百四、田叔傳。
322　漢書　卷五一、鄒陽傳。
323　史記　卷四七、孔子世家。
324　史記　卷四七、孔子世家。
325　莊子　外篇、山木篇第二十。
326　三略記　中略。
327　莊子　雜篇、徐無鬼第二四。
328　莊子　外篇、刻意篇第十五。
329　三略記　下略。

管蠡抄　第六

330 申鑒　卷四、雜言。
331 臣軌　卷上、至忠章。
332 孝經　序。
333 孝經　五刑章第十四。
334 孝經　聖治章第十。
335 禮記　坊記第三十。
336 禮記　坊記第三十。
337 禮記　祭儀第二四。
338 呂氏春秋　十四、孝行。
339 論語　學而第一、里仁第四。＊「不改」。↓302
340 後漢書
341 爾雅
342 後漢書　卷三六、范升傳。
343 漢書
344 莊子　外篇、天地篇第十二。
345 孝經　序。
346 孝經　廣揚名章第十八、孔安國註。
347 漢書　卷五一、鄒陽傳。
348 老子　體道第一。
349 老子　同異第四一。
350 後漢書　卷六二、陳紀傳。
351 文選　卷三、張平子「東都賦」。
352 三略記　上略。
353 老子　論德第三八。
354 老子　論德第三八。
355 老子　同異第四一、河上公註。
356 禮記　中庸第三一。
357 三略記
358 春秋穀梁傳　僖公十五年。
359 老子　無源第四、玄德第五六。
360 老子　同異第四一。
361 老子　仁德第四九。
362 老子　玄德第五六「知者――其門」。
363 老子　洪德第四五「大直――若訥」。

＊362と363を合併するのは誤。

364　史記　卷六三、老子傳。

365　老子　貴生第五十。＊註は河上公註。

366　毛詩（詩經）大雅、蕩之什、抑。

＊「無言不酬、無德不報」が正しい。

367　老子　恩始第六三。

368　漢書　卷九二、游俠傳。

369　老子　反朴第二八、河上公註。

370　漢書　卷五四、贊（李廣）。

371　世說　諸本・玉函祕抄同文。＊↓667

372　漢書　卷七四、丙吉傳。

373　後漢書　卷六四、史弼傳。＊↓651

374　論語　憲問第十四。

375　莊子　外篇、天地篇第十二。

376　後漢書　卷八一、獨行列傳（王忳）。＊↓489

377　文選　卷四九、于令升「晉紀總論」。

378　孟子　卷五、滕文公章句上。

379　鬻子

380　劉子新論　卷三、愛民第十二。

381　周易（易經）繫辭下傳。＊論語になし。

382　通典

383　文選　卷三九、鄒陽「上書吳王」。

384　後漢書　卷五七、劉陶傳。

385　葛氏外篇　卷十七、備闕。

386　後漢書　卷十八、吳漢傳。

387　論語　陽貨第十七。

388　莊子　內篇、逍遙遊篇第一。

389　顏子家訓　卷上、教子篇第二。＊↓688

390　春秋左氏傳　僖公傳二五年。

391　孟子　離婁章句下。＊↓577

392　臣軌　卷下、誠信章。＊↓581

393　淮南子　說林訓第十七。

394　劉子新論　履信第八。

395　論語　爲政第二。＊↓583

396　論語　子路第十三。

＊「其身……不從」、「同」を缺く。

397 淮南子　主術訓第九。
*尊經閣本、396・397を合するは誤。
398 尸子
399 要覽
400 老子　運夷第九。
401 史記　巻四一、越王句踐世家。
402 尚書　虞書、大禹謨。
403 周易（易經）上經、謙。
404 周易（易經）下經、豐。
405 孝經　諸侯章第三、孔安國註。*↓115
406 孝經　諸侯章第三。
407 孝經　諸侯章第三。

管蠡抄　第七

408 尚書　周書、呂刑。
409 春秋左氏傳　隱公傳十一年。
410 史記　巻百二二、酷吏列傳、太史公曰。
411 史記　巻百十九、循吏列傳、太史公曰。
412 史記　巻十、孝文本紀。
413 漢書　巻二三、刑法志。
414 後漢書　巻四八、應劭傳。
415 後漢書　巻四九、王符傳。
416 後漢書　巻五二、崔定傳。
417 後漢書　巻五八、虞詡傳。
418 淮南子　巻九、主術訓。
419 淮南子　巻九、主術訓。
420 袁子正書　禮政。*底本、書名を誤る。
421 三略記
422 禮記　曲禮上第一。*註は鄭玄註。
423 春秋公羊傳　巻二一、襄公二九年。

424　三略記
425　説苑　巻一、君道。
426　後漢書　巻三四、梁商傳。
427　春秋左氏傳　宣公傳十一年。
428　春秋左氏傳　昭公傳七年。
429　尚書　虞書、大禹謨。
430　尚書　虞書、大禹謨。
431　論語　子路第十三。＊↓434
432　漢書　巻七十、陳湯傳。＊史記に未見。
433　文選　巻三七、曹子建「求自試表」。
434　論語　子路第十三。＊↓431
435　尚書　虞書、舜典。
436　論語　子路第十九。
437　論語　學而第一、子罕第九。
438　論語　衞靈公第十五。
439　孝經　諫諍章第二十、孔安國註。
440　漢書　巻五一、賈山傳。
441　文選　五臣註、巻十四、君子行。
442　後漢書　巻六四、吳祐傳。
443　史記　巻六七、仲尼弟子列傳（子路）。
444　漢書　巻四八、賈誼傳。
445　後漢書　巻四九、王充傳。
446　尚書　周書、酒誥、孔安國傳。
447　尚書　周書、酒誥。＊447は446の本文。
448　尚書　周書、酒誥。
　＊「以德自將、無（令至）醉」は註の文。
449　尚書　周書、酒誥。＊「民群……令佚」。
450　史記　巻百六、滑稽列傳。「酒極則亂」。
451　尚書　周書、酒誥。
452　漢書　巻七四、丙吉傳。＊大意を記す文である。
453　尚書　周書、無逸。
454　禮記　月令第六。
455　漢書　巻五三、景十三王傳。＊↓645
456　後漢書　巻八十下、文苑列傳。
　＊諸本「同（漢書）」は誤。
457　尚書　虞書、大禹謨。

458 尚書　周書、梓材。
459 春秋左氏傳　哀公傳五年。
460 論語　陽貨第十七。
461 後漢書　卷六三、李國傳。

管蠡抄　第八

462 文選　卷五一、王子淵「四子講德論」。
463 禮記　中庸第三一。
464 九經要略
465 史記　卷七九、蔡澤傳。
466 尚書　虞書、大禹謨。
467 尚書　商書、咸有一德。
468 史記　卷十、孝文本紀。
469 典語　＊45に重出。↓557
470 新語　卷下、明誡第十一。
471 孝經　孝治章第九、孔安國註。
472 後漢書　卷三六、鄭興傳。
473 後漢書　卷三七、丁鴻傳。
474 後漢書　卷三七、丁鴻傳。
475 後漢書　卷五四、楊賜傳。
476 後漢書　卷五四、楊賜傳。
477 後漢書　卷六十下、蔡邕傳。

478　漢書　巻七八、蕭望之傳。
479　漢書　巻八五、谷永傳。
480　劉子新論　愛民第十二。
481　後漢書　巻四八、應劭傳。
482　後漢書　巻五、孝安帝紀。
483　六韜　文韜。
484　尚書
485　春秋公羊傳
486　禮記　樂記第十九。
487　白虎通
488　史記　巻三、殷本紀。
489　後漢書　巻八一、獨行列傳（王忳）。＊376に重出。
490　孔子家語　巻一、五儀解第七。
491　五行大義　第七、論德。
492　尚書　商書、太甲。
493　史記　巻百六、吳王濞列傳。
494　論語　未詳。
495　黃帝舍宅圖
496　尚書　周書、酒誥。
497　漢書　巻四八、賈誼傳。
498　後漢書　巻十七、馮異傳。
499　漢書　巻八七下、楊雄傳。
500　後漢書　巻二、顯宗孝明帝紀。
501　淮南子　巻十八、人閒訓。
502　臣軌　巻下、愼密章。
503　朝野僉載　＊この句、朝野僉載に未見。↓574
504　文選　巻四二、阮元瑜「爲曹公書與孫權」。
　＊「同」衍。
505　文選　巻三九、司馬長卿「上書諫獵」。
506　臣軌　巻下、愼密章。
507　淮南子　巻一、原道訓。
508　孔子家語　巻四、六本第十五。
509　後漢書　巻四八、爰延傳。
510　論衡　巻二、率性篇。＊諸本の「論語」は誤。
511　貞觀政要　巻二、納諫第五。＊49にあり。
512　三略記　＊↓670

513　老子　恩始第六三。
514　後漢書　巻四六、陳忠傳。
515　韓（非）子　喩老。
516　黄帝素問
　＊515・516は514（後漢書巻四六）の李賢等註にある。
517　文選　巻十、播安仁「西征賦」。
518　史記　巻六三、韓非傳。
519　尚書　夏書、五子之歌。
520　孝經　諸侯章第三、孔安國註。
521　文選　巻五二、曹元首「六代論」。

管蠡抄　第九

522　禮記　郊特牲第十一。
523　禮記　坊記第三十。
524　史記　巻八二、田單傳。
525　臣軌　巻上、至忠章。
526　臣軌　巻上、至忠章。
527　孔子家語　巻三、賢君第十三。＊中略あり。
528　尸子　發蒙。
529　三略記　下略。
530　新序　節士第七。
531　臣軌　巻上、匡諫。＊帝範は誤。
532　世要論　諫争。＊群書治要による。
533　論語　季氏第十六。
534　臣軌　巻上、匡諫章。
535　漢書　巻七七、蓋寛饒傳。
536　三略記
537　貞觀政要　杜讒佞第二三。

538 貞觀政要　求諫第四。
539 文選　卷三七、曹士建「求自試表」。
540 文選　卷十、播安仁「西征賦」。＊三略は誤。
541 三略記
542 後漢書　卷六六、陳蕃傳。
543 臣軌　卷上、同體章。「人臣之……成用」。
544 臣軌　卷上、同體章。「父子……同體」。
545 臣軌　卷上、同體章。「臣以……爲體」。
546 臣軌　卷上、同體章。「心安……臣泰」。
547 臣軌　卷上、同體章。「主之……繫身」。
548 文選　卷四七、王子淵「聖主得賢臣頌」。
549 文選　卷四七、王子淵「聖主得賢臣頌」。
　＊句末「氣」を脫。「――雲氣」、尙書は誤。↓265
550 尙書　周書、冏命。
551 後漢書　卷二八上、桓譚傳。
552 韓子　卷八、觀行第二四。
553 貞觀政要　杜讒邪部第二。＊「昔――之也」。
554 尙書　周書、冏命。
555 漢書　卷八七下、揚雄傳。
556 後漢書　卷七四上、袁紹傳。
557 典語　＊↓45・469
558 史記　卷八、高祖本紀。
　＊句の首尾、原文「運籌策……吾不如子房」。
559 文選　卷三八、任彥昇「爲范尙書讓吏部封侯第一表」。
560 說苑　卷十三、權謀。
561 論語　衞靈公第十五。
562 史記　卷八八、蒙恬傳。＊↓251
563 論語　公冶長第五。
564 春秋穀梁傳　僖公二五年。
565 史記　卷六八、商君傳。
566 孝經註　未詳。
567 臣軌　卷下、愼密章。
568 要覽
569 貞觀政要　愼言語第二二。＊「皇天」。
570 禮記　禮運第九、鄭玄註。
571 史記　卷百一、袁盎傳。＊「坐不垂」。

572 文選　巻三、張平子「東京賦」。
573 要覽
574 朝野僉載　＊↓503
575 春秋左氏傳
576 貞觀政要　附篇、直言諫爭第十、第一章。
577 孟子　離婁章句下。＊↓391
578 要覽　＊↓683
579 貞觀政要　君道第一。
580 臣軌　巻下、誠信章。
581 臣軌　巻下、誠信章。＊↓392
582 論語　子路第十三。
583 論語　爲政第二。＊↓395
584 晏子春秋　六・十三。＊左傳は誤りか。
585 要覽
586 淮南子　齊俗訓第十一。

管蠡抄　第十

587 禮記　曲禮上第一。「將上堂、聲必揚」。＊↓217
588 禮記　曲禮上第一。「戶外有二履……不入」。
589 禮記　曲禮上第一。「戶開亦……勿遂」。
590 禮記　曲禮上第一。「並坐不橫肱」。
591 禮記　曲禮上第一。「授立不跪、授坐不立」。
592 禮記　曲禮上第一。「主人不問、客不先擧」。＊↓207
593 禮記　曲禮上第一。「讓食不唾」。
594 禮記　曲禮上第一。「虛坐盡後、食坐盡前」。＊↓210
595 禮記　曲禮上第一。「解履不敢當階」。＊↓220
596 禮記　曲禮上第一。「尊客之前、不叱狗」。＊↓208
597 禮記　曲禮上第一。「名子者……山川」。
598 禮記　曲禮上第一。「食居人之左、羹居人之右」。
＊↓211
599 禮記　曲禮上第一。「毋流歠、毋咤食」。＊↓212
600 禮記　曲禮上第一。「毋齧骨」。＊↓213
601 禮記　曲禮上第一。「毋投狗骨」。＊↓214

602 禮記 曲禮上第一。「卜筮不過三」。
603 禮記 曲禮上第一。「賜菓於君前……其核」。＊↓215
604 禮記 曲禮上第一。「水潦——」。
605 禮記 曲禮下第二。「公庭不言婦女」。
606 禮記 曲禮下第二。「捧者……當帶」。
607 禮記 曲禮下第二。「醫不三世……藥」。
608 禮記 未詳、廣本節用等。「哀樂不同日」。
609 儀禮 喪服第十一。
610 春秋穀梁傳 定公十年。
611 老子 異俗第二十。
612 莊子 內篇、德充符篇。
613 莊子 外篇、天道篇。
614 莊子 雜篇、徐無鬼篇。
615 春秋左氏傳 莊公傳二二年。
616 春秋左氏傳 僖公傳二四年。
617 春秋左氏傳 襄公傳二三年。
618 毛詩 邶風、終風、鄭箋。
619 毛詩
620 毛詩 鄘風、蝃蝀。
621 周易 繫辭上傳。
622 周易 上經、坤。
623 尙書 周書、洪範。
624 尙書 周書、旅獒。
625 論語 爲政第二。
626 論語 里仁第四。
627 論語 卿黨第十。
628 論語 卿黨第十。
629 論語 卿黨第十。
630 論語 子罕第九。
631 論語 八佾第三。
632 論語 子路第十三。
633 論語 衛靈公第十五。
634 論語 衛靈公第十五。
635 史記 卷三、殷本紀第三。
636 史記 卷五、秦本紀第五。
637 史記 卷四七、孔子世家。＊↓188

638 史記　卷四九、外戚世家。
639 史記　卷四九、外戚世家。
640 史記　卷九二、准陰侯傳。
641 漢書　卷三五、呉王濞傳。＊→78
642 史記　卷百二六、滑稽列傳。＊「諺曰――」。
643 漢書　卷四、文帝紀第四。
644 漢書　卷六、武帝紀。
645 漢書　卷五三、景十三王傳。＊→455
646 漢書　卷五六、董仲舒傳。
647 漢書　卷六四下、賈捐之傳。
648 漢書　卷六五、東方朔傳。
649 漢書　卷三一、項籍傳。
650 後漢書　卷二六、宋弘傳。
651 後漢書　卷六四、史弼傳。＊→373
652 後漢書　卷三六、范升傳。
653 三國志
654 南史
655 文選　卷五、左大冲「呉都賦」。
656 文選　卷十七、陸士衡「文賦」。
657 文選　卷三四、枚叔「七發八首」。
658 文選　卷二九、張茂先「情詩」。
659 五行大義　第二四、論禽蟲。
660 五行大義　第十八、論情性。
661 風俗通
662 朝野僉載
663 朝野僉載
664 朝野僉載
665 博聞錄
666 博聞錄
667 世說　＊→371
668 三略
669 三略
670 三略になし。＊→512
671 三略　下略。
672 大唐俗語要略
673 晏子春秋

674　墨子　法儀第十
675　韓子　外儲説左下、註。
676　傅子　問政篇。＊↓80
677　管子　＊↓232
678　抱朴子　内篇、巻十二、辨問。
679　鹽鐵論　詔聖第五八。
680　鹽鐵論　詔聖第五八。
681　潛夫論　思賢第八。
682　典論　＊群書治要、巻四六、所收。「曲論」は誤。
683　要覽
684　葛氏外篇　＊↓148
685　説苑　巻十六、説叢。＊↓238
686　韓詩外傳　巻二。
687　新語　巻上、無爲第四。
688　顔氏家訓　巻上、教子篇第二。＊↓389
689　博物志

Ⅲ 索引篇

凡　例

類書三書所收句索引

一、この索引は、玉函祕抄・復元明文抄・管蠡抄三書に存する漢籍起源の成句を検索する爲の索引である。玉函祕抄六六五則・管蠡抄六八九則は全てを、明文抄二二六三則は該當句を對象とする。

二、明文抄は、その中の和書・佛書を除き、漢籍の中の成句を對象とする。この書には類書としての語彙や解説部を多く含んでいる。「師説」など付属文書も僅かある。多方面からの使用に有效な資料で、幾種かの検索項目が考えられるが、ここでは他二書に合わせる。但し、百科辭書的項目や佛書、法制書などからも選ぶようにした。

三、三書は、それぞれ原典からの抽出法が異なる。また、句（則）により異なる。發語・引用形式・狀況指示の有無にもそれが認められ、我々の知る成句と同じとも言えない。同一内容の句が、漢籍の中で引用されるうち、縮少・擴大・變形は常のことである。小異を捨て、要語（キーワード）方式で立項する。

四、三書に採録された句（則）は、特定の狀況から發した句（成句に未だなっていない）が記録されたものも、その傳承句も、評論の引用句も、恆常的狀況の諺も、多種多様であり、編者の編集理念、關心のあり方も、書毎に異なっている。

五、索引は、見出しの漢語（音訓）・短句・所在の書の略記號、句番號よりなる。

六、見出しは漢字で行う。よみの音訓に拘らず、一括して五十音順に排列する。

1、和訓よみの漢字の多くにふりがな（歴史的假名遣による古代語よみ、古代文法）を付す。よみは寫本記載の訓を參考とする。全てに文證があるのではない。三書の閒のよみの小異は大同につく。

2、よみが通常知るよみと異なるとき、双方を掲出する。例、玉中322「鷄ノ口」と「鷄口（ケイコウ）」。

3、字音の種別は記さない。排列により概要は推測できよう。所々によみを示すことがある。

七、見出しの下に、句を記す。句讀訓點を略し、…印による略記をする。同じ漢籍の同じ意の句は、三書閒に異文が生じても、一括し、小異に言及しない。複數の文で成るとき、初句を多く用いるが、修飾句より採ることも、一則から複數採ることもある。

八、文例の下に、書名の略記（玉・明・管）・巻の略記・句番號を記す。明文抄の部名の帝道・人事は帝・人とする。

玉函祕抄	玉	上中下	全巻通し番號	例　玉上115（玉函祕抄　上巻　115番）
明文抄	明	區分名	部別通し番號	例　明帝上96（明文抄　帝道部上　96番）
管蠡抄	管	漢數字	全巻通し番號	例　管一21（管蠡抄　一巻　21番）

九、左の諸項も種々の樣態で現われ、有無それぞれである。本索引としては、異同の少ない各句の中心表現に焦點を置いて、それを示す語を中心に立項する。左の諸項は除く。

發語　夫（それ）、其（その）、凡（およそ）、蓋（けだし）など

引用形式　…曰（いわく）（話者、諺曰など）

状況指示（時日・動作主體・場など）

一〇、各則から一句を必ず採用する。その則自體が成句らしい表現でなくても、何らかの語を提出する。その則が數文

で成ることも、對句・比喩・修飾など附屬句に好個の表現を持つこともあり、適宜採用する。一書で採る語は他書でも採るという徹底には及んでいない。かくして、三〇〇〇を越す項目となった。

類書三書出典別句番號索引

一、この索引は、類書三種の各句の出典總合索引である。Ⅱ　影印・校訂本文篇の各句、及び註に各句の通し番號と出典名を記している。その檢索に供するものである。

二、類書三種に、玉函祕抄――玉、明文抄――明、管蠡抄――管、この略記號を付し、玉函祕抄と管蠡抄には本文篇使用の通し番號、明文抄は各部名と通し番號で句を指定する。明文抄の各部は、天象・地儀・帝道上・帝道下・人倫・人事上・人事下・神道・佛道・文事・武事・諸道・雜物・雜事の十四種である。

三、出典を、一　漢籍、二　佛書、三　和書、四　その他に大別し、その内部は、書名のよみに從って五十音順に排列する。各書の註が採られていれば、その本體の終りに、「――註」として別置する。

四、番號の頭に＊印を付した書は、その書に存在を確認できなくて他書名の誤記とも判ぜられない句、底本の誤記かと推測される句、重出する句など、注意すべき句である。

五、書名が記されていなくて、書名を推定できない句は、「四　その他」に書名未詳句として所在を記す。

類書三書所收句索引

あ

哀（アイ）　猶知哀其時絶也　明人下283
愛（アイ）　愛弛則恩絶　玉中267
愛す　愛則不知其悪　玉上115
愛而知其悪　玉上138・明人下92・管一21
可愛非君、可畏非民　管二131
徒愛而不利則…　明人下96
哀樂　哀樂不同日　管十608
鸚鵡（アウム）　鸚鵡惠而入籠　玉下583・明人上31
鸚鵡能言不離飛鳥　玉下652・明帝下346・管三201
垢（あか）　洗垢求其瘢瘡　管七456
丹（あかし）　好丹則非素　玉下556・明人下90
察（あきらか）　察見淵中魚不祥　管八493

悪（アク）　有過而不諫、悪不懼　玉上41・明帝下474・管一28
堯舜之時非全无悪　玉上118
疾悪若讎　玉下539
行悪則咎徵隨之　明人下54・管八471
悪不積不足…　明人下55
爲悪者咸懼　玉中374
人之爲悪…福遠矣　明人下48
飽（あく）　賢君飽而知人之饑　明帝上123
悪氣　悪氣生災異　玉上80・管八470
悪火　悪火之燃、添薪…　明人下272
悪者　悪者必所因而來　玉中433
悪政　悪政生悪氣　玉上80・管八470
悪政流於民則螟蟲生於野　玉上80・明帝上334・管八470
悪人　悪人從遊…生邪情　管八509
習與悪人居、不能無爲悪　明人倫232

朝夕（あさゆふ）　朝夕日祀、茲酒　管七447
掲朝夕之池者無以…　明人下251
足（あし）　足寒傷心　玉中418・明人下435
不借足於獸　明人下257
朝（あした）　朝聞道、夕死可矣　玉中287・明人下146
汗（あせ）　汗出而不反者也　管二106
冦（あた）　藉冦兵、齎盜糧　玉下533
阿黨（アタウ）　察阿黨則罪无有掩…　管七454
溫（あたたか）　溫而知人之寒　明帝上123
與（あたふ）　與者常驕人　玉中353
熱（あつし）　熱不息悪木陰　玉下574
羹（あつもの）　羹居人之右　玉上144・管三211・十598
慢（あなどる）　慢則紀之以猛　管二72
仰（あふぐ）　仰之彌高　玉中307・明文事15・管三152

仰不愧天　明人下34
敢（あへて）　弗敢毀傷孝之始也　玉上163
不敢不衣朝服見君　玉中304
不敢私其財　管五307
莫之敢指　管十620
甘（あまし）　論甘則忘辛　玉下556・明人下90
飴（あめ）　含飴弄孫　玉中424・明帝下14
雨（あめ）　雨自三日以往爲霖　明天象24
雨不破塊　明帝上258
文（あや）　其文好者身必剝　明人上26
危（あやふし）　危而不持　明帝下32・管九533
危非仁不扶　明人下383
危素卵之累瞉　明人下389
懼危者常安者也　明人下398
過（あやまち）　過則稱己　玉上53
有過而不誅則惡不懼　明帝下474・管一28
宥過無大、刑故無小　管七457
見過不諫、非忠臣也　明帝下229
好不廢過　明人下88
眚（あやまつ）　眚災肆赦　管七435
愆（あやまつ）　不愆不忘、率由舊章　明帝下356・管二87
過（あやまつ）　過也、人皆見之　管七436
過而不改、是謂過　玉中259・309・明人下323・管七438
過則勿憚改　玉中295・明人下322・管七437
過而能改、善之大者　管七439
過而能改善莫大焉　明人下321
過而擧君之諱則起　明帝上141
過而不悛亡之本也　明人下320
過而不知去　明人下17
爭（あらそふ）　分爭辯訟非禮不決　管三191
爭者事之末也　明武事5
新（あらたに）　新沐者必彈冠　玉中323
新浴者必振衣　玉中323
更（あらたむ）　更之、人酡皆仰之　管七436
有（あり）　有若無、實若虛　明人倫18
或（あるひと）　或乞酡、乞其隣…　玉中292
或問孟軻曰、人皆可爲堯舜、其信矣　管二92
青（あを）　青取之藍而青於藍　明文事88
青采…質青於藍…　明文事89
安危（アンキ）　安危不變其志　玉中403・明帝下238
暗主（アンシュ）　暗主從諛、命因…　玉中387
黯然（アンゼン）　黯然銷魂者、唯別別而已矣　明人下422

い

衣（イ）　衣、身之彰也　明雜物22
意（イ）　意合則胡越爲昆弟　玉中237・明人倫171
　意不稱物文不逮意　明文事72
醫（イ）　醫不三世、不服其藥　玉上152・明諸道5・管十607
伊尹（イイン）　伊尹…、爲三公…　管四244
　伊尹恥其君、不爲堯舜　明帝下36
悠（イウ）　悠哉、悠哉　明人下420
憂喜　憂喜聚門　玉中231・管中231
憂患　憂患生於所忽　玉中412・明人下42
幽谷　幽谷无私　玉下571・明人下339
憂國　憂國忘家…忠臣之志也　明帝下206

有子　有子惡臥、自碎掌　管三158
有道　有道之君以義行誅　明帝上183
遊談　遊談之士歸義思名　管六383
有土　有土之君能修此三者　管二140
何況（いかにいはむや）　何況百歳人…人閒百無一　玉中443
怒（いかる）　怒則濫殺無罪　玉上109
何（いかん）　何則无因而至前也　玉中238
勢（いきほひ）　勢爲天子、未必貴　管四262
生（いく）　生則事之以愛敬　玉上176・明人上76
　生有益於人、死…　玉上153
轂（いく）　轂則異室　明人倫140・管五317
軍（いくさ）　統軍持權者將也　管三178
　軍无財則士不來　玉上77・明武事25
　軍无賞則士不往　玉上77・明武事25・管三184

　入軍不被甲兵　管六365
師（いくさ）　師克在和、不在衆　管三168
　將師者必同滋味…　管三183
　師之所處荊棘生焉　明武事10
戎（いくさ）　無戎而城讎、必保　明武事11
戰（いくさ）　戰危事　玉中232・明武事42
　戰者逆德也　明武事5
池（いけ）　忿地之濁、撓浪…　玉中396・管二113
　譬猶池魚籠鳥而…　明人下408
夷齊（イサイ）　夷齊恥周而遠餓　玉下501・明帝上225
諫（いさむ）　見可諫而不諫、謂…　明帝下183
諫（いさめ）　諫所以安上　明人下224
石（いし）　石韞玉而山輝　玉下580・明人倫28
　石可破也、而不可奪堅　明人上21

以石投水千載一合　明人下341
醫師　醫師掌醫之政　明諸道3
衣裳　衣裳楚楚　明雜物21
衣食　衣食者人之本也　明雜物33
衣食足而知榮辱　玉中321・明人上119
至（いたりて）　至親者則敬不至、至尊者則愛不至　玉上169・明帝下341
至堅者磨之而不薄、至白者染不黑　玉中312・明人上23
獨正者危、至方礙　玉下497
一（イチ）　回也聞一以知十、賜也聞一以知二　明文事97
知其一、不知其二　明人倫76
所謂知其一睹其二　明文事109
一惡　賞一惡則衆惡多　管一30
誅一惡則衆惡懼　明人倫38
不以一惡忘其善　玉上28・明人下75・管四258
一陰　一陰一陽之謂道　明神道1
一陰一陽育萬物　明神道3
一宴　一宴之饌、費過十金　明人下32
一偶　豈能照一偶哉　明文事108
一闕　一闕不安則天下…　明地儀17
一賢　敬一賢則衆賢悅　明人倫38
一言　一言興國片語喪邦　明人下207
一市　一市不安則天下…　明地儀17
一字　改一字與千金　玉下644・明文事20
一戎衣　一戎衣天下大定　明帝上260
一日　一日安閑、直萬金　玉中427
一日不見如三秋兮　明人下421
一聚　一聚虛空塵　玉中444
一青（セイ）　不以一青掩大德　明人上61
一善　廢一善則衆善衰　管一30
一人　一人有慶、兆民賴之　玉上136・明帝上135
賞一人而海内欣　明帝下473
一人傳虛萬人傳實　明人下94・管十662
一人修道濟度　明佛道17
一人在朝百人緩帶　明帝上125
一年　一年之計…十年之計…終身之計…　明人倫223
一味　一味不能合伊鼎之甘　管二104
一夢　一夢誤一生　玉中436
一縷　以一縷之任、係千鈞之重　明人下283
一簣（イッキ）　一簣之疊積成山嶽　明人下349
一鈞　一鈞之器不能容以江漢之流　玉中384・明人下268
愛（いつくしむ）　→愛（アイ）す
孰（いづくんぞ）　孰謂、微生高直　玉中292

焉　焉知、來者之不如今　管三162
一家　一家仁、一國興仁　明人上103
一犬　一犬吠形群犬吠聲　明人下95
一犬吠形千犬吠聲　管十662
一國　一國爲一人興　明帝上26
一穀　一穀不登、撤鶉鷃　管八487
一心　一心可以事百君…　明帝下203
逸す　逸而知人之勞　明帝上123
逸政　逸政多忠臣　明帝下367・管二73
壹張　壹張壹弛文武之道　明文事120
一兎　一兎走、百人逐之　明帝下92
一德　若有一德能攘百災　管八491
一畝　一畝不耕一戶受飢　明人倫226
溢浪　禁溢浪以隄防…　明帝下382
古（いにしへ）　以古爲鏡、可以知興替　玉上105・明帝下42・管一60
變古未可非　管二99
法古者無過　管三203
古之聖王、以義爲利　管六382
古之天下亦今之天下　明帝上5
自古明王聖帝猶…　明帝上81
自古帝王未有無災變　明帝上335
古之治天下、朝有…　明帝上265
古者斷獄必訊於…官　明帝下407
古之治民者勸賞…　明帝下457
古之眞人其寢不夢　明人倫5
以古制今者不達…　明文事30
古之學者祿在其中　明文事11
古者明王伐不敬　明武事2
古者卜以決疑、今…　明諸道22
狗（いぬ）　狗吠非其主　玉中229・明人倫156
毋投與狗骨　管三214・十601
狗不以善吠爲良　玉中347・明人下210・管十614
以狗禦蠱　管十636
寢（いぬ）　寢不安席　玉中263・明人下410
寢不言　玉中301・明雜物46
寢不尸　玉中306・明帝下338
寢毋伏　玉下618
壽（いのち）　養壽之士先病服藥　玉上18・明人倫35・管十681
命（いのち）　命有始而必終　明人上58
命者性之始也　明雜事45
壽（いのちながし）　壽則多辱　玉中346・明人上116
況（いはむや）　況於人乎　玉上9
況賢者之有足乎　玉下526
犬馬猶識主、況於人乎　明人倫157
↓何況（いかにいはむや）
飯（いひ）　毋放飯　明雜物38

食（いひ）　食居人之左　管十598
言（いふ）　言則左史書之　玉下650・明帝上143
所言公、公言之。所言私、王者不受私　玉下615・明帝上214
邑（イフ）　邑號朝歌墨子廻車　玉下573
衣服（イフク）　衣服无文　玉中392・明帝上111・管二111
賜衣服、服以拜　玉上157
家（いへ）　家貧則思良妻　明帝上318・管五318
家之將盛、貴在諫子　玉上32・明帝下291
家貧親老、不擇官（祿）而仕　玉中331・明人上85
家无一季（年）之服　玉中395・明帝上242・人倫218
家有千里驥而不珍焉　玉下530・明雜物6
家化爲國、不變其姓　玉下624・明人下352
破家爲國、忘身報主　明帝下212
家聽於親而國聽於君　明帝下262
居家則致千金　明人下5
宅（いへ）　移宅乃忘其妻　玉上114・明帝上235
今（いま）　今取猿狙而衣…　管二95
今人而無禮　管三201
今俗人噎曰人道我　管十618
今之少年、喜謗前輩　明人下244
今之欲王者、猶七年之疾…　明人下430
今之學者困於貧賤　明文事11
未（いまだ）　未嫁從父　管五311
忌（いむ）　高祖忌柏人之名　明人下116
醫藥　醫藥活十差五　明諸道21
賤（いやし）　賤服貴服、謂之僭上　玉上165
鄙　鄙諺曰、苛政不親　管二82
卑　卑人不可以爲主　玉中255
色（いろ）　以色事人者、色衰而愛弛　玉中267・明人倫146
色惡不食　玉中300・明雜物45・管十628
色以悅目爲歡　玉下601
陰行　有陰行者必有昭名　明人上66
淫祀　淫祀無福　管五287
陰德　有陰德者必有陽報　玉下637・明人上65・66・管六371・十667
有陰德者必饗其樂　管六372
陰謀　雖有陰謀、神照其情　管八473
陰陽　陰陽之和、不長一類

玉中356・明帝上162・管一9
陰陽不測之謂神
明神道2・管五273
解陰陽者、爲鬼所嫉
玉中354・明諸道11
陰陽變則心氣動　明雜物50

う

禹
禹無十戶之聚以王…　玉下535
禹稱善人、不善人遠　管一22
禹爲疋夫、未功名　管一38
禹曰德惟善政　管二77
禹出見辜人、下車　管七425
禹曰惠迪吉從逆凶　管八466
禹惡旨酒而樂善言　明帝上115
禹不能名　明雜事27
飢（うう）
飢者不願千金而美一飡
玉上69・明人下369
猶飢之求食、寒之欲衣
玉上191・明人下370
飢者甘糟糠、穰成餘粱肉
玉中261・明人下367
飢不可食、寒不可衣
明人倫215
飢而思食　明人上18
夜而忘寢飢而忘食　明人下411
飢者易爲飡　明人下372
飢者甘糟糠　明人下368
饑
饑者易爲食　明人下371
烏鳶（ウエン）
烏鳶之卵、不毀而…　管一54
受（うく）
難受者藥石之苦喉也
玉中388・明人下243
右賢（ウケン）
右賢左戚　玉下616・明帝上121
動（うごく）
動則左史書之
玉下650・明帝上143
兎（うさぎ）
得兎而忘歸　玉上104
兎去尻、魚去乙　玉下649
牛（うし）
牽牛以蹊人之田而
玉上54・明帝下392・管七427
放牛于桃林之墟（野）
玉上123・明帝上259
爲雞口、无爲牛後　玉中322
涵牛之鼎不處以烹鷄　玉中383

光武初騎牛　明武事46
失（うしなふ）　失易得難者天之位也　明帝上243
薄（うすし）　薄施而厚饋…　玉上190
薄戊綿幕無異蛛蝥之網　玉下565・明武事50
羽族　羽族以觜距爲刀鈹　明武事60
禹湯（ウタウ）　雖有禹湯之德、不能…　玉中224
疑（うたがはし）　疑事毋質　玉上140
疑事無功、疑行無名　明人下249
疑道不可由　管十652
内（うち）　内聽嬌婦之失計　玉下471・明帝上295
内匡君之過　管六331・九525
失内者必有外患　明人下189
器（うつはもの）　器滿則傾　明人下10
器非求舊、惟新　管五295
有德　有德之君以所樂…　明帝上184
筌（うへ）　筌者所以存魚　玉上104
馬（うま）　馬服而後求良　玉中411
縱馬於花山之陽　玉上123
馬長鳴於良樂　玉下558
欲知馬賈則先問狗　明地19
歸馬于華山之陽　明帝上259
相馬失之瘦　管十642
馬疲毛長　管十664
馬爲知己者良　明人倫170
使馬如羊不以入廐　明人下128
馬則吾馬、齒亦老矣　明人下427
馬肥而後、求良馬焉　明武事24
兩人者馬佚能止之　明武事57
生（うまる）　生而益於人　明人倫44
生而富者驕　明人下25
生而知之者上也　明文事9
海　煮海爲鹽　明雜物17
羽翼（ウヨク）　羽翼已成、難動矣　明帝下9
怨（うらみ）　報怨以德　玉上81・明人下41・管六367
以怨報怨　玉中360・明人下329・管二118
怨（うらむ）　非所怨勿怨　明人下355
怨毒人於人甚哉　明人下356
患（うれふ）　不患、人之不己知。患、己不知人　玉中274・明人倫15・人下148
不患位之不尊而…　玉中429
魚（うを）　得魚而忘筌　玉上104
非魚安知魚樂　玉下643・明人上34
魚去乙　玉下649
若魚之有水…失水死　明帝下43・管六352
烹魚煩則碎　管二121

微禹吾其魚乎　明帝上375
欲致魚者先通水　明帝下226
魚不畏網　明人上29
魚爛不可復全　明人下156
猶養魚沸鼎之中　明人下270
魚得水而游　明雜事12
如魚依水　明雜事14
魚無水則不可以生　明雜物33
運　期運、雖天所授　明人上48
雲夢　呑若雲夢者八九　明雜事28
雲霧　雲霧之盛須臾而訖　明天象22

え

榮（エイ）　好榮惡辱　明人下19
營營　營營青蠅止于樊　明人下234
瑩鏡　照於瑩鏡者以瑩能明也　明人上20
榮花　爭榮花於旦夕　玉中386
榮枯　榮枯反覆手　玉中425
榮辱　榮辱者賞罰之精華　管一27
叡智　叡智聰明守之以愚　玉中391・明帝上111
幼（エウ）　幼而學者、如日出之光　明文事39
妖　妖者福之先者也　明帝上327
妖不勝德　玉中365・明帝上350・管八488
妖由人興也　明帝上353
妖恠　作妖恠、是鬼之業　明帝上354
易牙　易牙烹其首子　管一64
條（えだ）　條落則根枯　玉中380・明人下175
條去幹而枯　明人下11
越（エツ）　越與呉譬猶腹心疾　明人下360
越鳥　越鳥巣南枝　玉下554
宴安（エンアン）　宴安酖毒　明帝上31・36
古人以宴安爲酖毒　明人下157
淵雲　淵雲之墨妙　明文事71
炎炎　炎炎者滅、隆隆者絕　玉下520
淵魚　淵魚未懸於鉤餌　玉下541
燕君　燕君市駿馬之骨　明帝上172
燕雀　燕雀安知、鴻鵠之志哉　玉中218・明人下254
燕雀之疇、不奪六翮之用　玉中269・明人下260
燕雀相賀　玉下538
偃鼠　偃鼠飲河水、不過滿腹　玉上94・明人下126

鉛刀　鉛刀之一割　明人下76

お

行（おこない）→行（カウ）
侈（おごり）　侈言无驗　玉下463
侈者惡之大也　管二109
傲（おごり）　傲不可長　玉上50・明人下4・管二114
奢（おごり）　不爲奢則用足　玉上198
奢（おごる）　奢則不遜、儉則固　管二116
畏（おそる）　可畏非民　管二131
畏懼（おぢおそる）　畏懼敬改則禍銷　玉中260
隕（おつ）　落葉俟微風以隕　玉下522
音　音以比耳爲美　明人倫145
音有楚夏者、土風之乖也　明人倫233
同（おなじ）　有同必異　明人下437
鬼（おに）　高明之家、鬼瞰其室　玉下488
鬼謀所秩　明諸道29

各（おのおの）　各以其好、反自爲禍　玉上44・管八507
己（おのれ）　患、己不知人　玉中274・明人倫15
无說己之長　玉下594
無友不如己者　管五319・十630
知己者不怨人　明人倫16
大（おほい）　大哉乾元　明天象1
洪（おほい）　洪由纖起　玉下581
覆（おほふ）　覆而無外者天也　玉上170・明天象12
表（おもて）　猶曲表而欲直影　明人下298
面（おもて）　好面譽人者、亦好背而毀之　明人下89
思（おもひ）　進思盡忠、退思補過　明帝下182
親（おや）　欲尊其親、必先尊於君　明帝下227
不愛其親而…謂之悖德

明人上87
事親而不爲親所知　玉中405・明人上97
觀其事親…知其事　明人上78
老而學者如日出之光　玉下661

老（おゆ）
老而學者、如秉燭夜行　明文事39
老者非帛不煖　明人倫173

恩
恩所加則恩無因　明帝下472

恩倖
恩倖私惠也　明帝下89

か

梟（か）
梟惡不食　玉中300
→梟（くさし）

賈〈人名〉
擢賈之髮、以積賈之罪…　明帝下400

夏
夏禹殷湯　明帝上118

蚊（か）
使蚊負山事　明帝上186

駕（ガ）
君命召、不俟駕行　玉中305

害（ガイ）
害除福湊　管八474

海内
海内可安　玉上107
定海内者、無私讎　玉下486・明帝上222
海内非一旦之功也　明帝上6

街談
街談巷説必有可採　玉下472・明人倫207

介冑
介冑在身、卽有可畏之色　玉上175・明人下414
介冑之士不拜　玉中225・明武事30・管三172

海鳥
海鳥不知鍾鼓樂　玉下612

海畔
海畔有逐臭之夫　玉下529

行（カウ）
行善則休徵報之、行惡則咎徵隨之　玉上192
行善則吉、行惡則凶　管八464
行高於人、衆必非之　玉下511・明人倫29・人下245
行滿天下、亡怨惡　明帝上178
行莫醜於辱先　明人下403
行不必果　管六391
行者信之本也　管六394
行之於人、譬…　管六394

孝
孝百行之本、衆善之始也　玉中332・管六340
孝者人之高行　管六332
言孝不言慈　管六336

肓（カウ）　居肓之上、膏之下　明人下428
鄉（ガウ）　入鄉隨鄉　明人倫227
江河　江河之水非一水之源　明雜事4
江海　江海不以爲多　玉下498
江海稱其深者…　明天象17
毫毫　毫毫而滅之…必差　明人下327
膏肓　治膏肓者進苦口之藥　明人下228
效驗　效驗見於天　管八473
江湖　江湖所以濟舟　明人上106
巧詐　巧詐不如拙誠　明人下195
孝子　孝子無改父之道　管五303
孝子不毀其親　明帝下289・管六344
蓋孝子善述父之志　明人上81
孝子殞命以寧親怨　明人上94
孝子善繼人之意　明人上99
行事　行事尙賢　管十613

香餌　香餌之下必有懸魚　明武事25
高樹　高樹靡陰　明人下135
幸人　幸人之災君子不爲　明人倫11
高蟬　高蟬處乎輕陰不知　明人下388
高唐　過高唐者效王豹之謳　玉下487
高鳥　高鳥未掛於輕繳　玉下541
高天　跼高天、蹐厚地　玉下461・管九572
狡兎　狡兎死、走狗烹　明武事52
首（かうべ）　首雖尊高、必資手足以成躰　明帝下41
畏首畏尾　明人下395
高明　高明之家、鬼瞰其室　玉下488・明人下18
毫毛　譽毫毛之善、貶纖芥之惡矣　明人下53
行潦（ラウ）　行潦暴集…　玉下498
毫釐　賞毫釐之善、必有所勸　明帝下469・管一29
審毫釐之小計　明雜事16
蛟龍　蛟龍得水、然後立其神　玉上174・明人倫196
蛟龍驤首奮翼…　管六383
水行不避蛟龍者漁父之勇也　明武事58
亢龍　亢龍有悔　明人下3
教令　教令者民之風雨　管八480
教令失度則政有乖違　玉中393
號令　號令如汗　管二106
河海（カカイ）　河海不擇細流、故能成其深　玉下468・明雜事1
嘉肴　雖有嘉肴、弗食不知其旨　玉上158・管三146
下學　下學而上達　明人上100
鑒（かがみみる）　所鑒之形、大於鏡照必窮　玉下605
墻（かき）　墻有縫　管十665
墻雖隙無大雨不壞　明天象21

墻隙而高其崩必疾　明人下8
嘉魚　嘉魚出於丙穴　明雜物18
下愚　下愚雖教無益　玉中317・明文事54・管十688
樂(ガク)　唯君子爲能知樂　明諸道34
學　學積成聖　玉中431・明文事55・管三148・十684
學者不可以已　明文事88
不知學理身　管三143
學者覺也　管三144
務學不如務求師　管三154
學之道嚴師爲難　管三156
學仕者…望宰相　明文事21
不得以有學之貧賤、比於無學之富貴也　明文事36
學者猶種樹也　明文事37
流聲後胤者其唯學乎、信哉　明文事58
學校　學校如林　明文事26
矍鑠(カクシャク)　矍鑠哉是翁也　明武事36
學問　學問有利鈍　明文事42
鵲(かささぎ)　鵲巢開口　玉下626
下士　下士聞道、大笑　管六349
家事　不以家事辭王事　玉中342・明帝下180
嫁(カ)す　嫁從夫(婦人)　玉上156
嫁早輕其夫(富家女)　玉中439
嫁晚孝於姑(貧家女)　玉中439
河水　河水欲清、沙石濊之　玉上36・明人下240・管九586
河水清、天下平　明帝上270
風(かぜ)　風之力蓋寡　玉下522
風不鳴條　明帝上258
風不綴則扇不用　明人下98
風從虎　明人下343・344
苛政　苛政不親　管二82
苛政猛於虎　管二85
形(かたち)　形過鏡則照窮　玉下604
勝(かち)　決勝於千里之外　明帝下241
制勝破敵者衆也　管三178
夏蟲　哂夏蟲之疑冰　明人倫79
渴(カツ)す　渴不飲盜泉水　玉下574・明人下136
渴者易爲飲　明人下371・372
渴而穿井　明人下280
門(かど)　閉門避禍　管八503
下德　下德不失德　管六353
上德無爲、下德爲之　管六354
悲(かなし)　悲哉、夢…誤一生　玉中436
悲莫痛於傷心　明人下403
悲莫悲兮、生別離　明人下423
悲夫、川閲水以成川　明人下443
合(かなふ)　不合則骨肉爲敵讎　玉中237・管五322
必(かならず)　必有禍而无福　玉中256

有陰德、必有陽報　玉下637・管六371・十667
蟹（かに）　蠶則績而、蟹有筐　玉下641
金（かね）　金與火相守則流　明人下346
鐘（かね）　猶…盜鐘掩耳者　明人下308
川（かは）　川涸者魚逝　玉下531
如涉川無梁　玉下585・明人下409
河（かは）　近河之地濕　玉上79・管十687
俟河之清人壽幾何　明人上59
河決不可復壅　明人下156
皮（かは）　皮朽者毛落　玉下531
瓦（かはら）　瓦雞无司晨之警　玉中432
蠡（かひ）　以蠡測海　玉下519・明人下252
蠶（かひこ）　蠶則績而蟹有筐　玉下641・明帝下350
河濱　猶河濱之人、捧土以塞孟津　玉中328・明人下279
株（かぶ）　守株而得兔　玉中428・明人倫71
合抱　合抱之木生於毫末　玉中217・明雜事35
壁（かべ）　壁有耳　管十665
反（かへす）　反者廢之　管三180
却（かへりて）　却匈奴七百餘里　明帝上263
上（かみ）　上得兼下、下不得僭上　玉上131・明人上136
居上不驕、處下不亂　玉上164
上爲敬則下不慢、上好讓則下不爭　玉上172・明帝下342
安上治民、莫善於禮　玉上187・明帝下352
上之所施於下者厚　玉上190・明帝下279・人下330
在上不驕、高而不危　玉上194・明帝上175・人下24
上爲皇天子　管一5
上之化下猶風之靡草　明帝上163
上之所爲民之歸也　明帝上165
上之所好下必有甚　明帝上166
上之所好下必隨之　明帝上167
上專主行則上失…　明帝下252
上之所爲民之歸也　明帝下414
上無所蔕　明人下412
神（かみ）　神不享非禮　玉中284・明神道18・管五274・276
祭神如神在　玉中285・明神道19・管五286
神照其情垂象　管八473
犯神者有疾夭之禍　玉中257・明神道22
神則不怒而威　明神道7
神不歆非類　明神道12
神福仁而禍淫　明神道13
神怒民叛、何以能久

明神道14
神怒不歆其祀　明神道15
冠（かむり）　冠雖弊、不以苴履　玉中343・明人上146
冠雖敝、必加於首　玉中345・明人上145
冠之上不可以加矣　明帝下88
冠雖穿弊必戴於頭　明人上144
冠雖惡、必戴之　明人上147
瓶（かめ）　瓶之罄矣、維罍之恥　玉中447・明雜物48
鳧（かも）　鳧脛雖短、續之則憂　玉上96・明人上32
烏（からす）　烏不日黔而黑　明人上33
鴈（かり）　鴈以能鳴而全　玉下559
假（かりに）　假賊兵爲虎翼者也　明武事29
輕（かろし）　輕慮者不可以治國　管四251・九562
下位　在下位而不憂　玉上99・明帝下66
姦（カン）　姦可塞而國可安也　管二98
貴威姦懲惡除人害　管七415
寒　禦寒莫若重裘　明人下104
寒之欲衣　明人下370
漢（文）　漢文辭千里之馬　玉下609
鴻（ガン）　攀鴻翮則翔四海　玉下477
甘雨　甘雨時雨不私一物　管一9
顏淵　顏淵屢空　明人倫34
甘奇　甘・奇顯用　管四260
干戈　戢干戈　玉上122
漢牛　如取漢牛一毛耳　明雜事22
函牛　函牛之鼎以烹雞　明人下269
涵牛　涵牛之鼎不可處…　明人下268
猶擧函牛之鼎　明人下284
桓公　齊桓公用其仇而匡　玉上112
桓公任之以國　玉下484
齊桓公好服紫衣　玉下553
韓國　韓國知其才　玉下543
寒谷　寒谷豐黍、吹律暖之也　明人下351
諫諍　諫諍輔弼者…所貴也　管九534
諫諍者所以納君於道　管九532
諫者　諫者謀於未兆　玉中414
姦邪　姦邪爲之不起　玉中254
懷姧邪之志、怨富貴　玉中386
民貧則姦邪生　管二124
干將　干將雖利不得人力不能自斷　玉中376・明文事56
寒暑　寒暑不時則疾　玉上159・明天象65・管八480・486
寒暑既調則時无疾疫　玉中393・明天象66
姦臣　姦臣在朝、國之殘也　明帝下189・管一68
韓信　韓信雖奇賴蕭公而…　管四270
姦人　姦人在朝、賢者不進　玉上180・

明帝上298・帝下184・管一71
姧人　姧人伏匿矣　管六397
檻穽　及在檻穽之中、搖尾求食　玉下470
甘泉　甘泉必竭、直木必伐　玉上63・明人下182
咸池　咸池六莖之發、衆人所樂　玉下529
咸池洲於北里、夜光…　玉下560
咸池不齊度於龜　玉下592・明諸道37
姦佞　姦佞干政則禍亂作　玉中362・明帝下246・管一45

き

木　木從繩則正　玉上30・明帝上127・管一55
樹木者憂其蠹　玉下505・管二127
木秀於林、風必摧之　玉下511・明人倫29
木以不材而壽　玉下559・明人上51
木雖蠹無疾風不折　明天象21
求木之長者、必固其根本　明帝上254
刻木爲吏　明帝下424
譬猶緣木求魚　明人下296
木與木相摩則然　明人下346
樹（き）　樹欲靜而風不止　玉中330・明人上84
樹禿者鳥不巣　管十668
陰其樹者不折其枝　明人下185
樹荷山上畜火井中　明人下276
氣　氣洩鍼芒　明雜事36・管八514
氣出如筐　管八516
奇　懷奇蘊異　玉中381
箕　箕星好風　玉中326
驥（キ）　附驥尾則涉千里　玉下477・明雜事11
卽託驥尾　明雜事10
義　見義而從之　管七440
義爲君臣恩猶父子　明帝下265
義者不盜之禁也　明佛道9
棄義背理不知其惡　玉下537
丘（キウ）　丘見桀紂之君乃忘身　玉上114
九牛　九牛之一毛　玉中320・明雜事24
牛後　爲雞口、无爲牛後　玉中322
九層　九層之臺、起於累土

玉中217・明雜事35
九拜　九拜、一曰稽首…九
　曰肅拜　明帝下301
疑行　疑行無名　明人下249
飢寒　飢寒切則盜賊起　明帝上392
輝輝（キキ）　輝輝面子　明人倫150
騏驥　騏驥長鳴、伯樂…　玉下543
　騏驥長鳴於良藥　管四268
　騏驥伏匿而不見兮　明帝上314
　騏驥之跼躅、不如駑
　　馬之安步　明人下61
聽（きく）　有不聽而可以得存者　玉上197
　聽不失一二者、不可
　　亂以言　明人下212
伎藝　伎藝則深恩法術　明諸道1
象（きざ）→象（ザウ）
旗幟（キシ）　旗幟蔽野　明武事44
蟣虱　湯沐具而蟣虱相弔　玉下538
忌日　忌日不樂　明人下415

貴者→貴（たっとし）
鬼神　鬼神害盈而福謙
　玉上101・管六403
　鬼神害盈、皇天輔德
　玉下495・明神道26
　鬼神無常享
　明神道27・管二136
　鬼神非人實親
　明神道28・管五277・282
　鬼神無常饗　管五280
　鬼神饗德、不饗味　管五281
　鬼神福謙矣　明天象2
　謀鬼神者罪及二世　明帝下406
　鬼神依人而行　明神道17
貴賤　貴賤之分、在行之美惡
　玉上60・明帝上188・管四262
　貴賤時也　玉下510・管四263
　貴賤同埋沒　玉中443
季孫　季孫之愛我疾疢也　明人下223

疑道　疑道不可由　明人下250
來（きたる）　來而不往、亦非禮也　管三204
吉事　吉事有祥　明諸道16
吉服　吉服象其樂
　玉上175・明人下82
吉凶　吉凶同域　玉中231
　吉凶不僭在人　管八467
狐（きつね）　狐死正丘首
　明人上108・人下424
　狐藉虎威　玉下517・明武事66
貴寵　貴寵人情之所甚欲　明帝下432
危亡　君暗臣諛、危亡不遠　玉上108
極（きはめて）　極衰必有盛　玉中280
驥尾→驥（キ）
肌膚　肌膚若氷雪　明神道31
季布　得黃金百、不如季布
　一諾　明人下192
后（きみ）　后從諫則聖
　玉上30・管一55・明帝上127

君（きみ）

后非民罔使　明人倫193
君擇臣而授官　玉上25・明帝下100・管四240
君能爲善則吏必能爲善　玉上82・明帝下62
君之所以明者兼聽也　玉上87・明帝上246
君暗臣諛、危亡不遠　玉上108・明帝下272
君賜車馬、乘以拜　玉上157
君雖不君、臣以不可臣　玉上162・明帝下278・管六345
君至尊而不親　玉上168
雖君不能得之於臣　玉上190
君失其道…　玉上193・明帝下253
君之仁者善養士　玉中233
君使臣以禮、臣事君以忠　玉中278・明帝下254・335・管三196
君賜食、必正席、先嘗之　玉中303・明雜物41
君命召、不俟駕行　玉中305
君近小人則賢者見侵害　玉中357・明帝上147・管一46
君擇官而授官　玉中385・管四240
君以仁愛爲心　玉中392・明帝上241・管一8
見君之一善則竭力以顯譽　玉中404・明帝下223
見君之懲過則盡心譖諫　玉中404
事君而不爲君所知…　玉中405
助君而恤人者至忠之遠謀也　玉中419・明帝下235
君无虚授、臣无虚受　玉下540・管四239
君患之、人亦賤此服　玉下553
爲君薰衣裳、君…　玉下611
勸君掩鼻、君莫掩…　玉下614
請君掇蜂、君莫掇…　玉下614
變君父子、成豺狼　玉下614
君之所爲、百姓之所從也、君之所不爲…　玉下651・明帝上144
爲君愼器與名、不可以假人　玉下660・明帝上192
君明臣直、國之福也　明帝下261・管一14
君明則臣惠　管一16
君不約己而禁人爲非　管二113
爲君之道必須先存百姓…　明人倫205・管二128
君者舟也　明帝下274・管二133
君之仁者善養士　管二137
君仁莫不仁、君義…　管二139

君若無禮則好禮者去　管三197
君爲元首、臣爲股肱　管九542
君毋以小謀大　明帝上140
君不肖則國危　明帝上239
君賢聖則國安　明帝上239
君之所以明者兼聽也　明帝上247
君使民慢　明帝下303
君雖明哲必籍股肱　明帝下41
事君猶事父也　明帝下179
事君者…怨而不怒　明帝下193
代君死而見僇　明帝下194
事君者不得顧家　明帝下209
君如朽人、如水　明帝下264
君之寵臣欲以除害　明帝下268
君非民不治　明帝下273
事君盡禮　明帝下336
君不君則犯　明帝下402
君以人爲天　明人倫213

見君之一善則竭力以顯譽　玉中404
見君之微過則盡心而潛諫　明帝下223
事君不忠、非孝也　明人上82
要君者亡上　明人下21
君能誓命爲義　明人下193
君之藥、臣先嘗之　明諸道6

強國　强國之政脅之　管二81

香餌　香餌之下、必有懸魚　玉上77・管三185

彊者　彊者負力弱者惶惑　明武事43

兄弟　兄弟弗與同席　明人倫86

鄉黨　鄉黨尙齒　管十613

狂夫　狂夫之樂智者哀焉　明人倫64
狂夫之言萬有一得　明人下314

客　客不先擧　管三207
客久主勞　明人倫158

郤行　猶郤行而求及前人　明人下303

逆　禹曰…從逆凶　管八466

宮室　爲宮室、不斬丘木　明人倫7・管五289

窮す　窮爲匹夫、未必賤也　玉上60・明帝上188・管四262

窮鼠　窮鼠返齧狸　玉上85・明人下379・管十680

窮達　窮達者命也　玉下510・明人上49・管四263

擧（キョ）　擧不失選　管四237

許由　許由匿堯而深隱　玉下501・明帝上225

凶妖　凶妖銷滅　管八474

兢兢　兢兢業業一日萬幾　明帝上132

恐懼　恐懼戰兢所以除患也　管八502

恭敬　恭敬靜密所以遠離也　管八502

恭儉　恭儉福之場　明人下38

驕奢　驕奢人之殃　明人下38

凶年　凶年不儉　管五283

梟鸞　梟鸞不接翼　明人下59
居家　居家之方唯儉與約　明人下121
曲士　曲士不可以語於道者　明人下267
玉巵　玉巵無當　明人下247
玉人　玉人獻寶、楚王…　明帝下434・管六347
玉石　火炎崑崗、玉石倶焚　玉上48
　玉石失眞、卞和泣之　玉中445・明人下78
　玉石同體而異名　明人下69
虚坐　虚坐盡後、食坐盡前　明帝下322・管三210・十594
漁者　漁者走淵　明人倫237
去冬　去冬無宿雪　明帝上309
虚無　課虚無以責有叩　明文事74
羇旅　羇旅之臣…君之惠　明帝下191
　吾今羇旅身若浮雲　明人下439
鑽（きる）　鑽之彌堅　玉中307

既往　既往不咎　玉中279
琴　琴之感已未　玉下522
金　使金如粟不以入懷　明人下128
禁　禁多則不行　玉中366・管二83
　有犯禁而可以得免者　玉上197
禽　禽困覆車　明人下377
近河　近河之地濕　明人下345
金玉　抵金玉於沙礫、珪璧於泥塗　明帝上107
近山　近山之木長　明人下345
芹子（キンシ）　美芹子者欲獻之至尊　玉下524・明雜物16
禽獸　禽獸知母不知父　管十609
　禽獸無禮、故…　明帝下349
　懷禽獸之心　明武事20
近習　近習之閒尤可深愼　管一51
今人　今人以文害事　明文事25
金石　金石有聲不考不鳴　明諸道36
金土　當使金土同價　明帝上110

く

愚　愚而多財則益其過　玉中252・明人倫67
　孔子曰愚而好自用　管二94
悔（くい）　悔過自責、反善　明人下324
空柯　空柯無刃　明人下286
區區　區區管窺　明文事108
臭（くさし）　臭惡不食　管十628
　↓臭（か）
轄（くさび）　譬若載無轄之車…　明人下391
愚者　愚者所笑賢者察焉　明人倫64
　愚者言而知者擇焉　明人倫65
　愚者千慮、必有一得　玉中222・明人下313
虞舜　虞舜耕於歷山　玉中359・明人倫52
　虞舜事父、大杖則走

明帝上80
藥
知藥理病　管三143
藥不毒、不可以蠲疾　明人下227
藥以酸養骨　明諸道4
君之藥臣先嘗之　明諸道6
管(くだ)→管(つつ)
降(くだる)
降者說之　管三180
口(くち)
口之所嗜不可隨也　玉上90・明人下184
惑口者、必珍差嘉旨也　玉上90・明人下183
使口如鼻、終身勿事　玉下617・明人下142・管九566
口是禍門　明人下143
出口入耳之言、誰今知之　明人下199
口妄言則亂　明人下222
脣(くちびる)
脣竭則齒寒　明帝上393

朽(くつ)
朽木不可彫　玉中291・明人倫70
若朽索取六馬　管八519
腐
腐木不可以爲柱　玉中255
履(くつ)
履雖鮮不加於枕　玉中343・明人上146
履雖新必關於足　玉中345
解履不敢當階　管三220・十595
屈曲
屈曲從俗　管十654
堀藏
堀藏之家、後殃也　玉中423
虞帝
虞帝之明、在茲壹擧　管一39
國(くに)
國无辜民　玉上6
國稱治者以諸葛亮…　玉上17
國之將興、貴在諫臣　玉上32・明帝下291
治國必愛民　玉上68
國无民誰與　玉上68・明人倫190
國之所以治者、君明也　玉上87・明帝上246
國以民爲根　玉上88・明人倫188
國有忠臣、姦邪爲之不起　玉中254
國无九歲之儲…　玉中395・明帝上242・人倫218
爲國者不勞其人　玉中418
國將興聽於人　玉中421
國大者民衆　玉532・明帝上27
不任仁賢則國空虛　管一42
國之興也、天遣賢人…　管一61
國有大政、必議之…　管二74
爲國者必先知人之…　管二98
國奢則示之以儉…　管二108
治國之道愛民而已　管二125
國雖大、好戰必亡　明武事14・管三165

國而無禮、何以求榮　管三193
國亂思良相　管五318・明帝上318
國無善政則讁見日月…　管八472
憂國忘家…　管九539
國有賢士、邊境…　明帝上23
爲國者愼器與名　明帝上25
治國與養病無異也…　明帝上30
治國者弗敢侮…　明帝上179
受國之不詳…　明帝上216
思國之安者必…　明帝上254
國之將興必有禎祥　明帝上279
國將亡、必先…　明帝上320
國之將亡、本先…　明帝上321
國之不祥、老者…　明帝上369
國無禮則上下亂…　明帝下332
國失火、野焚栥　明帝下413
賞、國之典也　明帝下456
治國有三常　明人倫42
圖國忘死、貞也　明人上112
國之將興神明降之　明神道10
國尙師位　明文事90
伐國不問仁人…　明武事9
反國之王難與守城　明武事49
國以人爲本　明雜物32

邦（くに）
邦有道、貧且賤恥也。邦無道富且貴恥也　玉中293・明帝上20
邦有道如矢、邦無道如矢　玉中308・明人下129
邦有道則知、邦無道則愚　玉上55・明人倫60
邦有道則仕、邦无道可卷而懷　玉上56
邦無善政、不昧食祿也　玉上189・明帝下361

九年
九年耕而餘三年之蓄　玉中349・管二134

頸（くび）
頸處險而癭　玉下491

食（くふ）
食不重味　明帝上109
食不甘味　明人下410
食不語　明雜物46

雲（くも）
雲從龍、風從虎　玉上100・明人下343・344
雲行、雨施　明天象1
雲集而龍興　明人下335

位（くらゐ）
不在其位、不謀其政　玉上21・明帝下72
位高則惜其位　玉中426
不患位之不尊…　玉中429
位極者家危　玉下521
位高擅權者、君惡之　玉下656
位卑而言高者罪也　明帝下77
在位者以求賢爲務　明帝下82
位尊身危　明人下9

困（くるしむ）　困而學之、又其次　明文事9
車（くるま）　乗車必護輪…車无輪
　安處　玉上68・明人倫190
外學　外學不隱仇　玉下623
黄河（クワウガ）　黄河清而聖人生
　玉下481・明人倫1
黄憲　黄憲牛醫之胤子　玉下476
黄濁　黄濁冒京師　管八479
皇天　皇天無親、惟德之輔　玉上135
　皇天輔德　玉下495
　皇天無私阿
　玉下557・明天象3
　皇天以無言爲貴
　明人下201・管九569
　皇天大命不可稽留　明帝上206
黄髪　黄髪擊壤　玉下549
禍害　禍害興於細微
　玉中412・明人下42
瓦雞　瓦雞无司晨之警
　玉中432・明人下262
畫虎　畫虎不成、反類狗　明人下318
畫工　譬猶畫工惡圖　明人下246
和氏（クワシ）　和氏之璧、韞於荊石
　玉中270・明人倫27
　和氏之璧不能無瑕　明雜物5
畫地（クワチ）　畫地作餅、不可食　明人下289
過中　失火遇雨禍中有福　明帝上383
瓜田　瓜田不納履、李下不
　正冠
　玉下466・明人下137・管七441
過福　禍福無門、唯人所召
　玉上205・管十617
　禍福廻環　玉中425
禍亂　姧佞于政、禍亂作　玉中362
畫龍　畫龍不成、反爲狗者
　明人下319
官　官弗及私昵　玉中363
　爲官擇人者治　管四230
　官少而索者衆　管四232
　建官惟賢　管四234
　官不易方　管四237
　官非其任、弗處也　明帝下75
　官不可以私於人　明帝下83
　官之有級猶階有等　明帝下96
　官大而事逾少　明帝下101
　官有上下　明帝下426
　任官惟賢材　明帝下68
　任官以能則民上功　明帝下71
　理官莫如平　明人下138
患　患生於所忽　明雜事40
　臨患不忘國、忠也　明人上112
寬　寬以濟猛　管二72
　寬則得衆　管二141
管窺　管窺、豈照一隅哉　明文事108
萱草　萱草忘憂　明人下433
官事　理官事則不營私家
　玉中377・明帝下234

官爵　官爵公器也　明帝下89
官職　无私人以官職事業　玉上24
黿鼉　黿鼉保深淵之底　玉上86
冠履　冠履不同藏　玉上23・明人上143・管四238・十685
頑魯　頑魯者亦當矜憐　玉下662・明帝下247
軍→軍（いくさ）
薫蕕（クンイウ）　薫蕕不同器　玉下494・明人下58・59
群輕　群輕折軸　玉中239
群賢　群賢隱蔽　管一32
君子　君子不近刑人　玉上149・明帝上145・管七423
君子居安如危　玉上154・明人下392・管九570
君子安而不忘危　明帝上126
君子動不違法　玉上166
君子喩於義　玉中281
君子勞則顏色變　玉中334・明人下407
居下訕上、君子惡之　玉中446・管七460
君子交淡若水…　玉中451・明人倫167・管五325
君子防未然　玉下466
君子不爲小人之…　玉下474・明天象16
君子有常行　玉下474
君子爲國觀之上古　管二97
君子有過則謝以實　管五323
君子禍至不懼、福至不喜　明帝上240・人下40・管五324
君子盛德、容貌若愚　管六364
君子不近刑人　管七423
君子之過、如日月之蝕　管七436
君子好勇而無義…　管七443
君子必愼所與者　管八508
君子不犯　明帝上137
君子之居、恆當戶　明帝上139
君子不失言於人　明帝上213
君子不鏡於水而鏡於人　明帝上250
君子三年不爲禮　明帝下353
君子不患　明人倫6
君子雖貧不粥祭器　明人倫7
君子致其道而福祿歸矣　明人倫8
君子居必擇隣　明人倫9
君子欲訥於言而敏於行　明人倫10
君子力如牛　明人倫17
君子見人之厄則矜之　明人倫62
君子有三樂　明人下34

君子小過、蓋白璧之微瑕　明人下76
君子溺於口　明人下139
君子居其室、出其言善…　明人下204
君子相送以言…　明人下214
今之君子進人若將…　明人下84
君子不學不成其德　明文事2
君子以文會友　明文事12
兵者…非君子之器　明武事4
唯君子爲能知樂　明諸道34
君子不以紺緅飾　明雜物25
君上　君上以安人爲明　管一15
君臣　君臣相遇有同魚水　玉上107
君臣上下父母兄弟　管三191
君臣不信則國政不安　管六392・九581
君臣有道、卽忠惠…　明帝下271
君人　君人者以天爲心　明帝上255
君人者安可以斯…　明帝下276
軍中　軍中聞將軍之令…　明武事23・管三173・176
君命　君命召、不俟駕行　明帝下188
軍旅　軍旅之事未之學也　明武事8
群枉　群枉盛、正士銷　管一67

け

毛(け)　吹毛求疵　玉中340・明人下358・管七455・十645
刑　刑必斷於有罪　玉上4・明帝下462・管一12・24
刑措不用　玉上121
刑之疑赦從罰　玉上124
刑以正邪　管七409
刑不當罪　管八481
刑當其罪則治無詭　明帝下71
刑者不可復續　明帝下417
刑す　刑以秋冬　管一23
刑故無少　管七457
非可刑而不刑　明帝下470
景　視景不如察形　明人下158
輕　輕者重之端　明雜事36
攜　招攜以禮　明帝下327

藝（ゲイ）　因藝授任　管四241
勁陰　勁陰殺節、不凋寒木　玉下599
瓊瑤　瓊瑤以寡爲奇　玉中430・明人上139
荊軻　荊軻慕燕丹之義　玉下469・明帝上342
輕貨　陳輕貨於幽隱　明帝上398
稽古　今日所蒙稽古之力也　明文事86
鷄口　寧爲鷄口無爲牛後　明人下74
刑罪　刑罪不能加無罪　明帝下389
輕材　有輕材者不可委以重任　玉中384・明帝下99・管四248
勁松　勁松彰於歲寒　玉下587・明帝下215・管九540
刑人　刑人不在君側　玉上148・明帝上146・管七422
鼷鼠　鼷鼠雖微猶毀郊牛　玉上67・明雜事20

兄弟　兄弟之讎、不反兵　玉上150・明人下354
　兄弟左右手也　管五299
　兄弟不信則其情不親　管六392・九581
　兄弟鬩于牆　明人倫113
景帝　景帝好美、臣皃醜　玉下639・管四266
經傳　經傳以十萬數　管三153
刑罰　刑罰所以禁姦也　管七411
　刑罪不能加無罪　明帝下389
　刑罰者治亂之藥石也　明帝下431・管七416
　刑罰者人之銜轡也　明帝下429・管七417
　以刑罰理平、是以…　管七416
　刑罰者民之寒暑也　管八480
　刑罰不中則民無所措手足　明帝下416

　刑罰人情之所甚惡　明帝下432
　刑罰貧賤、臣所不能甘也　明人上120
刑法　有刑法而無仁義…　玉中373・明帝下436・管七420
警衛　警衛不修、則患生非常　明武事15
堯（ゲウ）　堯有子十人　明帝上227
　昔堯之治天下也…　明帝上236
　堯治天下民、平…　明帝下2
　堯試臣以職…　明帝下78
　堯置欲諫之鼓…　管一53
　寫堯之皃…　管二92
　堯戒曰、戰戰慄慄…　管八501
堯舜　堯舜生在上…　玉上58・明帝上228
　堯舜之民、可比屋而封架　玉上78・明帝上229
　堯舜之時、非全無惡

玉上118・明帝上230
雖有堯舜之聖、不能化丹朱之子　玉中224・明帝上231
堯舜行德則民仁壽　玉中241・明帝上404
教訓　教訓正俗非禮不備　明帝下320
驕子　驕子不孝非惡言也　明人倫100
巧匠（ゲウシヤウ）　如巧匠之制木　玉中258
教婦　教婦初來　明人下187
凶服　凶服象其憂　玉上175・明人下82
梟鸞　梟鸞不接翼　玉下494
逆鱗（ゲキリン）　人主亦有逆鱗　明帝上218
獸（けだもの）　牧獸者不育犲　玉下505・管二127
闕　過闕則下　管五291
桀　桀之猶可使　明人下70
穴處　穴處識陰雨　管十658
月蝕　月蝕修刑　明帝上336
桀紂　桀紂生在上　玉上58
桀紂之民可比屋而誅　玉上78・明帝上229
丘見、桀紂之君乃忘其身　玉上114・明帝上235
桀紂之世非全無善　玉上118・明帝上230
桀紂行暴則民鄙夭　玉中241・明帝上404
桀紂亦生而在上位　明帝上228
何桀紂之昌披兮　明帝上233
桀紂帝王也　明帝上234
儉　儉以養性…儉則民不勞…　玉中388・管二112
儉、德之恭也　明人下120・管二109
奢則不遜、儉則固　管二116
謙　滿招損、謙受益　玉上130・管六402
賢　敬賢如大賓　玉上15・明帝上155・管二123
任賢必治、任不肖必亂　玉上20・明帝下95・管一44
賢不肖不同位　玉上23・明人上143・管四238・十685
賢者狎而敬之　玉上137
賢而多財則損其志　玉中252・明人倫67
見賢思齊　玉中288・明人倫61
傷賢者殃及三世　玉中358・管九529・明人倫55
蔽賢者身受其害　玉中358・管九529・明人倫55
進賢而廢不肖　管一17
用賢則多功　管二141
信賢如腹心　管三179
仕賢而序位　管四226

推賢讓能　管四236
求賢以德　管五329
進賢者德(福)流子孫
妬賢者其名不全　玉中358・明人倫55・管九529・十671
聘賢選佐　明帝下208
項羽妬賢嫉能　明帝下241
得賢而不用、猶…　明人倫50
以賢代賢　明人倫66
賢哉、回也　明人上131
進賢者受上賞　管十644
蔽賢者蒙顯戮　管十644

言
言不必信、行不必果　管九576
言滿天下、亡口道　明帝上178

險易
險易不革其心　玉中403・明帝下238

權衡
有權衡者不可欺以輕重　明帝下438

言行
言行君子之樞機　明人下203・管一26
言行君子之所以動天地也　明人下203

劍閣
劍閣雖嶛、憑之者蹶　玉下563・明帝上221

嫌疑
君子防未然、不處嫌疑閒　玉下466
嫌疑之閒、誠先賢所愼也　管七442

賢愚
賢愚共零落　玉中443

賢君
賢君治國所先者何在　管一41

涓涓
涓涓不絕　明雜事34

賢才
叔小過、擧賢才　管七431

賢材
賢材…不害爲輔佐　明文事96

賢士
賢士尚志　管五328

賢者
賢者狎而敬之、畏而愛之　明人倫39
賢者不進　玉上180・管一71
後宮盛色、賢者陰處　玉中246
賢者不與不肖同列　玉中325・明人下60
賢者知不用己而…　管一41
賢者之祭必受其福　管五285
賢者法地、知者述古　管五326
賢者化之本　明人倫50
賢者不避害　明人上53

賢主
賢主之所說…不肖　明帝上122

元首
元首居尊股肱…　明帝下270

玄珠
正言…玄珠比而尙輕　玉中398

賢俊
賢俊者自可賞愛　玉下662・明帝下247

賢人
皆待賢人而成名　明帝上195
賢人之言近如地　明人倫33

賢聖
賢聖不能正　玉上33・明帝上248

玄齠
玄齠巷歌　玉下549

懸鈞
懸鈞之魚恨不忍飢　玉中370

犬馬
犬馬厭芻豢而民…　玉中389

犬馬非其土性不畜　明帝上112
犬馬猶識主、況於人乎　明人倫157
賢不肖
賢不肖…白黒不分　明帝上305
無賢不肖莫不欲長生久視　明人上60
犬羊
以犬羊之質服虎豹之文　明人下261
涓流
涓流雖寡、浸成江河　明雜事32

こ

子こ
擇子莫如父　玉上34・明帝下284
子能固諫至孝也　玉上181・明帝下280
子以母貴　玉中264・明人倫95
子欲養而親不待　玉中330・明人上84
子從父命　玉中409
子不報父讎、非子也　管五305
子以人不閙於其父母爲孝　明人上95・管六342
子罪、莫大於累父　管七461
名子者不以國…　管十597
知子莫若父　明帝下285
不知其子視其所友　明帝下287
子不子則不孝　明帝下402
子當以養爲心　明文事41
子之事親也三諫…　明人倫93
子生三年後免於…　明人倫98
子之能仕父教之忠　明人上91
易子而食　明人下374
爲子不信不足…　明人下198
孤コ
孤之有孔明、猶魚之有水也　明帝下44
吳ゴ
吳彊大、夫差以敗　玉中231・明武事34
語
語以泄敗　管八518
寄語家與國　玉中435
公コウ
奉公擧賢則不避仇讎　玉中377
公患之　玉下553
功
功多者其爵尊　玉上3・管一12
有功而不賞則善不勸　玉上41・明帝下474・管一28
功疑惟重　玉上128・管七429

立功者賞、亂政者誅　玉上177・明帝下460・管一20
有无功者而可以得富　玉上197
功成事立、名迹稱　玉中210
功者難成而易敗　玉中228
功卒成者必亟壞　玉中329
因功而與官　玉中352・管十677
无功者自退　玉中374
有功不賞、有罪不誅　明帝下464・管一25
賞功不踰時　管三181
功不十不易器　管三203
功成名遂身退　管六400
功在元帥、罪止首惡　管七426
功多者賞厚　明文事124
功成而不利於人…　明雜物34

工
工巧則致精器用　明諸道1

後宮
後宮盛色　玉中246・明帝上293

鴻鵠
鴻鵠保河海之中　玉上86

功業
功業必由人而成　明人上48

紅紫
紅紫不以爲褻服　玉中299・管十627

孔子
孔子曰又有人好忘　玉上114
孔子入大廟　玉中277・管三195
孔子聞之曰是禮也　玉中277
孔子忍渴於盜泉之水　玉下575・明人下150
孔子過泰山側…　管二85
孔子曰愚而好…　管二94

公私
公私宴集　明人倫81

公事
公事不私議　明帝下298

功臣
枚卜功臣、惟吉之從　明諸道18

後生
後生可畏　管三162・163

恆星
恆星不見　明帝上340

句踐
句踐好勇而民輕死　玉上76
句踐軾蛙卒成霸業　明武事35

公孫弘
公孫弘卌餘方讀春秋　明文事40

公庭
公庭不言婦女　玉下620・明帝下295・管十605

厚薄
厚薄之報各從其所施　玉上190・明帝下279

洪範
洪範八政食居第一　明人倫225
洪範八政以食爲首　明雜物35

弘風
弘風導俗莫尚於文　明文事46

孔墨
以孔墨之辯不能自免於讒諛　玉中236・明人下235

公門
在公門則不言貨利　玉中377・明帝下234

金（こがね）
藏金於山、藏珠…　明帝上108

狐疑
狐疑者必告逆耳…　明人下228

狐裘
狐裘雖弊也不可補　明人上148・管四250

故舊
故舊無大故則不棄也　明人倫178

國家　國家大事唯賞與罰　管一34
國家將興必有禎祥、
國家將亡必有妖孽　明帝上280・管八463
國家之癈興在於政事　管九551
國君　爲國君華、庶人齕　玉上146
國君不可讎匹夫　明帝上193
刻鵠　所謂刻鵠不成…　明人下317
國人　齊桓公好服紫衣國人
皆服　玉下553
國人莫敢言、道路以目　明帝上299
戸外　戸外有二屨、言聞則入
明帝下318・管三218・十588
胡廣　胡廣累世之農夫
玉下476・明帝下233
五刑　五刑之疑有赦
玉上124・明帝下476
五刑之屬三千　明人上88

虎穴　不入虎穴不得虎子　明人下382
古今　古今之通道　明帝下423
枯骨　枯骨復被肉　明人下311
情（こころ）　情爲恩使　玉下499
意（こころ）　意合則胡越爲昆弟　管五322
心（こころ）　心之所欲不可恣也
玉上90・明人下184
惑心者必勢利功名也
玉上90・明人下183
養心者不寒其足
玉中418・明人下435
安心以全身
玉下480・明人下434
心安卽體安　管九546
心爲萬事主　明人上10
心之憂危、若踏虎尾　明人下394
心有懼者、口不能勿言　明人下404

心悅者顏不能不笑　明人下405
志（こころざし）　志不可滿
玉上50・明人下4・管二114
虎兕　虎兕出於柙…　明帝下399
譬駈虎兕以起犬羊　明人下102
枯樹　枯樹重花　明人下310
孤臣　孤臣之仰君如百穀望
時雨　明帝上217
古人　古人云五十不爲夭　明人上55
古人亦以官不得其才　明人下289
古人因事爲文　明文事25
五帝　五帝三王、不易民…　管二93
胡蝶（コテフ）　莊周夢爲胡蝶　明人上46
言（こと）　言不盡意
玉上103・管十621・明文事80
言易洩者、召禍之謀也
玉中413・明人下168・管九567
言美則響美、言惡則

響悪　玉中415・明人下218
無言不酬　玉下627・管六366
言美則音美　玉下666
言不聞不入　管三218
言不必信、行不必果　管六391
言者身之文　管十616
事（こと）　事有大小、故官有尊卑　明帝下65
棄事不忠　明人上89
事不慎者、取敗之道也　玉中413・明人下168
事以密成　管八518
議事以制政廼不迷　管二86
事不師古、難以長久　管二88
位事惟能　管四234
詞　詞不切不可以補過　明人下227
兄（このかみ）　父事三老兄事五更　玉上186
菓（このみ）　賜菓於君前　玉上145・明雜物39・管三215・十603

好（このむ）　非好傷人肌膚…　管七415
以其所好…爲禍　明人上39
所好生毛羽　明人下86
所好則鑽皮　明人下87
好爲可笑詩賦　明文事43
胡馬　胡馬思北風　玉下554
虎魄　虎魄不取腐芥　管十653
琥珀　琥珀不授腐草　明人下290
五罸　五罸之疑有赦　玉上124・明帝下476
古法　古法不絶於今　管二96
虎豹　虎豹之駒、未成文而有食牛之氣　明人倫30
虎豹之所以勝人…以其爪牙也　明武事62
枯木　枯木朽株、盡爲難矣　明人下399
寒（こゆ）　寒者不貪尺玉而…　玉上69
猶飢之求食寒之欲衣　玉上191

孤陋　孤陋而寡聞　管三161
之（これ）　（逆鱗）觸之則殺人　玉上110
用之則爲虎　玉中248・管四272
視之明也…視之遠也…　玉中450
＊訓法の「之（これ）・惟（これ）」他例省略
胡王　胡王好音而…　管一64
呉王（ご）　呉王好劍客、百姓…　玉下551・管一62
音（こゑ）　音有楚夏者土風之乖　玉下562
音以比耳爲美　玉下601
婚姻　婚姻之禮、人倫之大者也　明帝下345
懇懇　懇懇用刑不如行恩　明帝上204
崐山　崐山以玉璞抵烏鵲　玉上83
困獸　困獸猶鬪、況國相乎　明人下363
昏主　昏主之下、難以久居　明帝上297

昆弟　昆弟之子、猶己子　玉下642・管五301
婚禮　婚禮不用樂　玉下647・管三221
婚禮不賀人之序也　玉下648・明人倫129

さ

才（サイ）　才不才、各言其子　玉上98・明人倫99
才生於世、世實須才　明文事94
材　材下而位高、二危也　玉上8
災　災不空發　管八475
財　理財正亂、禁人爲非　管六381
財多命殆　明人下9
臨財莫如廉　明人下138
災異　災異皇天所以譴告人　過失　玉中260・明帝上329
災異者天地之戒也　明帝上331
左右（サイウ）　左右善則各獲其所…　管一48
災妖　災妖不勝善政　玉上75・明帝上355・管八490
再實　再實之木、其根必傷　明人下13
歲星　歲星守心、年穀星　明帝上278
采椽　采椽不劉舟車不餝　玉中391・明帝上111・管二111
福（さいはひ）　福兮禍之所伏　玉上61
福爲禍始、禍作福階　玉下561・明人下37
君子…福至不喜　管五324
採寶　採寶水珠必詣瑤池…　明文事31
衰麻（サイマ）　衰麻在身、卽有悲哀之色　玉上175・明人下414
莊（サウ）　楚莊无災以致戒懼　玉下629
象（ザウ）　象有齒、以焚其身　明人上27
象有齒而焚身　明雜物3
喪　無喪而慼憂、必讎焉　明武事11
滄海　滄海之中難爲水　明人下278
糟糠　糟糠之妻不可下堂

玉上65・明人倫139・管十650
巣居　巣居知風寒　管十658
桑弧　桑弧蓬矢六以射　明人倫109
蒼蒼　仰蒼蒼色、不足知其遠近　玉下570・明人下251
蚤虱　蚤虱雖細、困於安寢　玉上67・明雜事20
莊周　莊周夢爲胡蝶　明人上46
爭臣　爭臣杜口　玉中246・管十647
相す　相馬失於瘦　明諸道30
　相人失於貪　明諸道30
霜雪　霜雪零而不渝其色　明人上132
倉卒　倉卒之時、功多者賞厚　明文事124
蒼璧　蒼璧喩而非寶　玉中398
蒼蠅　蒼蠅之飛不過數步　明雜事10
蒼鷹　蒼鷹鷙而受緤　玉下583・明人上31
滄浪　滄浪之水淸兮、可以濯我纓　明人下176
倉廩　倉廩實而禮義興　明帝上392
　倉廩實而知禮節　玉中321・明人倫217・人上119
醒（さかゑひ）　解醒以酒　玉中341・明雜物49
先（さきんず）　先則制人　明武事13・管三171
策（サク）　運策於帷幄之中…　管九558
　策定禁中或功成野戰　管九559
詐僞　以詐僞爲本者、謂之小人　明人下196
酒（さけ）　酒極則亂　管七450
　湎于酒、勿庸殺之　管七451
　酒以成禮　明帝下330・管十615
　飮酒不至變貌　明雜物47
左顧　左顧右眄、謂傍若無人　明人下28
奉（ささぐ）　奉者當心　玉上151・管十606
坐（ザ）す　坐毋箕　玉下618・明帝下321
左堤　左堤强則右堤傷　明帝上376
里（さと）　里有殯、不巷歌　玉上147
　里名勝母、曾子不入　玉下573・明人上86
澤（さは）　竭澤而漁豈不獲…　明帝上300
寒（さむし）　雖寒不衣祭服　玉下655
　寒者利短褐而…　明人下368
　寒者不貪尺玉而…　明人下369
猱（さる）　毋教猱升木　明人上24
讒（ザン）　聽讒信用之、聽諫如仇者亡　管一66
三光→三公
三皇　三皇之前、无棄民　管四256
三軍　三軍可奪帥　玉中296・明武事7
三公　三公非其人則三光爲不明　玉中258・明帝下33・管八478
　三公者帝王之所杖　明帝下37
三穀　三穀不登撤兎　管八487

三歲　三歲學不如三歲擇師　管三155
三尸（サンシ）　人腹中有三尸　明天象63
讒者　讒者覆之　管三180
讒邪　讒邪進者、衆賢退　管一67
算術　算術亦是六藝要事　明諸道2
三仁　三仁去而殷虚　管九555
讒臣　讒臣在中、主之蠹也　管一68・明帝下189
山川　山川之神則水旱…　管五275
　山川其舍諸　管五306
三代　洒欲以三代選擧之法…　明人下299
山中　山中之人不信有魚…　明人倫236
　山中之木以不材而壽　明人上52・文事106
三人　三人占則從一人之言　玉上40・明諸道17・管十623
　三人謀、從二人之言　明人下233
讒佞　讒佞之徒、國之懟賊也　明人下242・管一69
三年　三年無改於父之道、可謂孝　玉中272・明人上80・管五302・六339
　三季耕而餘一年之蓄　玉中349・明人倫222・管二134
三不惑　我有三不惑、酒色財也　明帝下35
三無私　天無私覆…此之謂三無私　明帝上142
三王　五帝三王不易民而…　管二93

し

士　選士者棄惡取善　玉上64
　士無賢愚、入朝見嫉　玉上89・明人下81・管十682
　士以希見爲貴　玉中337
　士之居世賢之立身　玉中380・明帝下219
　士有諫友、不行不義　玉中409
　士爲知己者用　玉下525・明人倫142
　士有不談王道者、樵夫笑之　玉下590・明帝上274
　士之權貴不過尚書　明帝下56
　士賢能矣、而不用…　明帝下197
　士進則世收其器　明人倫51
　士無介不見　明人倫141

士爲知己者死　明人倫170
思士不妻而感　明人下340
士有諍友、不行不義　明人倫94・人下229
士无賢不肖　管一65
軍無賞則士不往　管三184
士庶人見恠則修身　管八476
相士失之貧　管十642

子
子入大廟、每事問…　明帝下333
子之在此、猶燕之…　明人下381
子謂伯魚曰　明文事66

史
史之不善、君之過也　玉上82
史能爲善則民…　玉上82
事死如事生　玉上185・玉中285・明神道19

死
畏死不言、非勇士　玉中410・明人下230
乘船走馬死去一寸　管十663
畏死不言、非義士　明帝下229
死者不可復生而…　明帝下417
死不害於人　明人倫44
死則同穴　明人倫140
死則事之以哀戚　明人上76
死者人之終　明人下35
視死若生者烈士之勇　明武事58
死者生之終也　明雜事45

修
修惡之大也　明人下120

師
師之所處　明武事10

師
師者人之模範也　管三154
師嚴、然後道尊　管三156

芝
芝焚而蕙歎　玉下584

詩
詩者志之所之也　明文事63
感鬼神、莫近於詩　明文事64
詩言意、歌長言　明文事65
學詩乎、對曰、未　明文事67
作詞不能者罰酒三升　明文事68
高適…始爲詩卽工　明文事69

子遊
子遊爲武城宰　管三224

驟雨
驟雨不終日　玉中213・明天象20

舟航
舟航之絕海也　玉中381

蹴鞠
蹴鞠、昔黃帝新造　明諸道46

秀才
類有六、一曰秀才　明文事111

終日
終日無覩但見異類　明帝上35

舟車
舟車不飾　玉中391・明帝上111・管二111

衆人
衆人皆醉、我獨醒　玉下546・明帝上311
衆人皆醉、何不餔　玉下547
衆人熙熙…如春登臺　明天象28
衆人貪利而諂罪過　明人下107
衆人同心者可共築…

明雜事6
衆人重利　管五328
鰌鱓　鰌鱓並逃　玉下498
戎狄　戎狄猘狼不可厭也　明帝上31
彼戎狄者人面獸心　明帝上36
戎馬　負戎馬之足　明武事20
紫衣　紫衣賤服猶化齋風　玉下552
師曠　師曠之聽不能聞百里　玉中316・明人下309
鴟梟　放鴟梟而因鸞鳳　明帝上308
以鴟梟而笑鳳凰　明人下256
至堅　至堅者磨之而不薄　明人上23
至言　至言逆俗耳　玉中449・明人下219・管十678
侈言　侈言無驗　明人下247
至公　至公無私親　玉上125・明帝下383
子貢　子貢非臧孫之猛法　管二75
自今　自今以來有司無得…　明帝下425
詞藻　詞藻宏麗　明文事116
四時　四時無私爲　玉中408
四時不言而人與期焉　明人下197
私讎　私讎不及公　管十675
四十　四十五十而無聞焉　明人下110
磁石　磁石不受曲針　明人下290・管十653
詩書　詩書盛而、秦世滅　明帝下405
死す　死不害於人　玉上153
死則事之以哀戚　玉上176
死則同穴　管五317
死生　死生有命　玉下492・明人上56
死生有命、若修福可延　明帝下479
時政　時政平則文德用　明帝上271
子孫　活千人者子孫必封　管六373
子孫以奉祖爲孝　管一15
舌（した）　舌是禍根　明人下143
至道　雖有至道…不知其善　玉上158・管三146
咤（したうち）　毋咤食　管三212
從（したがふ）　易從者鴆毒之甘口也　玉中388
至治　至治馨香、感于神明　明神道5
七月　七月半之于蘭盆所望　玉下645
七子　七子均養者、鳴鳩…　明人上109
七十　七十而致仕　玉中440
室　棄室而灑雨者不過…　玉下483
室如懸磬　明人上130
質　質蘊吳竿　玉中397
質青於藍者教自然　玉下625
日月　日月欲明、浮雲覆之　玉上36・明人下240・管九586
日月不爲一物晦其明　玉上171・明帝上161・管一10

日月無私燭　玉中408
日月星辰之神則雪霜　管五275
日月不能播光於曲穴　管六385
日月稱其明者以無不照　明天象17
日月爲天下眼目　明帝上13
日月無私照…　明帝上142
日月之不可踰也　明人倫13
假日月之光　明人下261
日角　日角偃月、相之…　明帝下17
十室　十室之邑必有忠信　玉中453
蟋蟀　蟋蟀俟秋吟　管四265
疾風　疾風卒至而…　管八521
疾雷　疾雷聞百里　玉下548・管十657
鷙鳥　鷙鳥之擊也　明武事61
鷙鳥累百不如一鶚　玉中235・明文事51
至德　至德所感通於神明　明神道34
四馬　四馬不馴者御者之…　明人倫204
芝（しば）　芝焚而蕙歎　明人下347
數（しばしば）　數有、神光照室　明帝上289
詩賦　更試、詩賦　明文事116
慈父　慈父不能愛無益之子　玉下467・明帝下286・管四259
十　得十良馬…　明人倫31
十分　十分而未得其一端　明文事110
十牖　十牖畢開、不若一戶之明　明人下66
脂粉　加脂粉則宿瘤進　明人下73
下（しも）　下情不上通　玉上71
下不得僭上　玉上131
下之報上亦厚　玉上190
下擾則政乖　玉中388・管二112
損下而益上者人臣之淺慮也　玉中419・明帝下235
居下訕上、君子惡之　玉中446・管七460・明人倫198
居下而訕上　明人上129
下黎民之父母　管一5
下之化上　明帝上164
下之所行、皆從上之所好　明帝上168
附下罔上者死　明帝下401
下無所根　明人下412
僕（しもべ）　僕之思歸　明人下302
舍（シャ）　益舍於東、有子…　管八495
社　社、土地之主也…　管五292
奢　不爲奢則用足身　明人下23
邪　不以邪損正　玉中400・明帝下236
去邪勿疑　管一40
蛇　虵化爲龍、不變其文　玉下624・明人倫137・人下352
蛇蟠常向王氣　玉下626・管十689
麝　麝食柏而香　玉下491

子陽（シヤウ）　子陽井底蛙耳　明人倫72
廝養　隨廝養之役者、失萬乘之權　玉中227・明帝上200・人上141
賞　賞延于世　玉上129・明帝下454・管七430
賞當其勞、無功者自退　玉中374・明帝下468・管一34
賞以春夏、刑以秋冬　管一23・明帝下458
賞必加於有功　管一12・24
賞者士之所死　管三185
賞不酬功　管八481
賞、國之典也　明帝下456
賞當賢、卽臣下勤　明帝下465
祥　祥多者其國安　明帝上283
祥者禍之先者也　明帝上327
將　將在軍、君令有所…　管三175
將者君之所恃也　管三177
情　情有險易者習俗之殊也　玉下562・明人倫233
情者人之欲也　明人上8
上綱　上綱苟直、百目…　管六398
上下　上下和同　玉下473
上刑　上刑適輕下服　明帝下409
鉦鼓　鉦鼓之聲聞數百里　明武事44
商賈　商賈則計論貨賄　明諸道1
穰歲　穰歲餘粱肉　玉中261・明人下367
將相　將相不辱　明帝下420
上士　上士聞道、勤而行之　明帝下386・管六349
猩猩　猩猩能言不離禽獸　玉下652・明帝下346
牀上　牀上施牀耳　明人下282
上將　昔上將之恥…　明帝下433
祥瑞　祥瑞之降以應有德　明帝上282
上智　上智不教而成　玉中317・明文事54・管六389・十688
上智與下愚不移　管六387
城中　城中好高髻　明帝上170
上德　上德不德　管六353
上德無爲下德爲之　管六354
上德若谷　管六355
上德若谷、大白若辱　管六360
賞罰　賞罰明而不可欺　玉上195・明帝下459・管一19
賞罰理國之紀綱也　管一26
賞罰不可輕行也　管一34
賞罰必信如地如天　管三182
賞罰旣明則善惡…　明帝下467
生類　不得以生類爲藥　明帝下486
上位　居上位而不驕　玉上99・明帝下66
尺　盈尺則呈瑞於豐年　玉下632・明天象25
尺有所短　明雜事15

爵
爵高者人妬之　玉中378・明帝下93
爵罔及悪德、惟其賢　玉中363
爵五大夫吏六百石　明帝下427
杓（シャク）
執杓而飲河者、不過滿服　明人下125
爝火
爝火雖微卒能燎野　明雜事32
積財
積財千萬、不知薄伎在身　明文事33
積善
積善之家、必有餘慶　玉上46・明人下50・管十622
弱卒
弱卒瓅甲、無異螳蜋之衞　玉下565・明武事50
尺澤
尺澤之鯢、豈能與之量江海之大哉　玉下518・明人下253
鵲巢
鵲巢開口則背大歳　管十689
邪人
人主不正則邪人得意　管六397
車服
車服制度、恣極耳目　明人下31
車馬
車馬僅代杖策　玉中318
邪論
邪論不能惑孔墨　玉下502・明帝下391
邪枉
邪枉不能勝正人　明帝下389
主
主欲知過、必藉忠臣　玉上106・明帝下239
主聖、臣直　玉上117
主逆諫則國亡　玉上179・明帝上128・人下224
主憂臣勞　玉下582・明帝下258
主聖臣賢、天下之盛　明帝下261・管一14
主暴不諫、非忠臣也　玉中410・明人下230・管九530
主與臣、同者昌　管九541
主之任臣既如身之信手　管九547
主所言皆曰善、主所爲皆曰可　明帝下249
主倡而臣和　明帝下260
主先而臣隨　明帝下260
主無過擧　明人下229
儒
儒有席上之珍　明文事91
儒有不寳金玉而忠信以爲寳　明文事92
儒有忠信以爲甲冑　明文事93
衆（シュウ）
衆呴漂山　玉中240
左人之右、衆必害之　玉中250
時不可留、衆不可逆　玉下622
衆之所爲不可奸也　明帝上317
衆怒如水火不可救也　明武事18
衆口
衆口鑠金　玉中239
儒雅
儒雅之徒則處…　管四243
珠玉
珠玉錦繡…　玉下608・明帝上322
珠玉無脛而自至…

玉下526・明人上38
不以珠玉爲寶　玉上19
叔度　叔度名動京師　玉下476
菽麥　無慧不能辨菽麥　明人倫69
儒館　儒館獻歌　明帝上269
儒者　儒者以六藝爲法　管三153
主上　主上明聖、德…　明帝下197
主人　野鳥入室、主人將去　玉下465
主人不問、客不先舉　管三207・十592
衆善　孝百行之本、衆善之始也　玉中332
率土（シュツト）　率土之濱、莫非王臣　玉中324・明帝上7
儒林　儒林之官　明帝下58
舜（シュン）　舜無立錐之地　玉下535
舜立非謗之木　管一53
舜之事父、小杖則受　明帝上80
舜一年所居成聚　明帝上114
俊乂　俊乂在官則治道清　玉中362・明帝下246・管一45・八469・九557
俊艾之臣屢抱…悲　玉下603
荀卿　荀卿五十始而遊學　明文事40
俊士　俊士亦俟明主以顯其德　玉下513・明帝下267・管九548
春秋　春秋教以禮樂　明文事83
書　書不盡言　玉上103・明文事80・管十621
以書御者不盡馬之情　明文事30
鍾儀　鍾儀幽而楚奏　玉下588・明人下425
鍾山　譬猶鍾山之玉　明雜事26
乘船　乘船走馬、去死一寸　明人下387
頌聲　頌聲載路而洋溢　玉下564
衝風　衝風不能揚波井底　管六385
衝風之衰、不能起毛羽　明雜事23
徐偃　徐偃棄武終以喪邦　明武事35
食　食居人之左　玉上144・明雜物37・管三211
食爲人天　玉中394・明人倫217・管二135
食惟民天　玉下550
讓食不唾　玉下654
食其食者不毀其器　明人下185
食す　食不甘味　玉中263
食不語、寢不言　玉中301
蜀　畏蜀如虎　明武事56
蜀後主昏弱　玉上17・管九553
燭　燭不見跋　玉下653
蝕　蝕薄者禍淺、蝕深者禍大　管八484
職　職繁而身逾逸　明帝下101

庶官　無曠庶官天工其代　管四249
書契　獻田宅者操書契　明文事76
諸侯　諸侯見恠修政　管八476
　諸侯不貢車服　明雜物13
庶人　庶人齕　玉上146
書迹　書迹未堪以留愛翫　明文事45
庶民　庶民惟星　明帝下51
詩禮　以詩禮之教格…　明佛道18
虱（しらみ）　虱處頭而黑　玉下491・明人上35
退（しりぞく）　不如退而結網　玉中243・管十646
　見可退而不退、謂之懷寵　明帝下183
　所欲退則明其過…　明帝下250
知（しる）　知之爲知、不知爲不知、是知也　玉中276・明文事103・管十625
　非知之艱、能之難也
　非知之艱、行之惟艱　玉下579・管十656
　明帝下355
　知而不用、二不詳　管一43
　知者不變法而治　明帝上189
　知而不言不忠　明人倫73
　知者不言、言者不知　明人下208
瑞（しるし）　瑞由德至　明帝上281
臣　臣量己受職　玉上25・中384・明帝下100・管四240
　擇臣莫如君　玉上34・明帝下284
　臣能固爭至忠　玉上181・明帝下280
　臣失其道、無以有其位　玉上193・明帝下253
　臣事君以忠　玉中278・明帝下254・管三196
　臣從君命、奚誰爲忠　玉中409
　臣無虛受　玉下540
　臣則簡君　玉下593
　臣者君之陰也　明帝上338
　知臣莫若君　明帝下192・285
　臣亦擇君矣　明帝下257
　臣之事君…　明帝下268・269
　臣不臣則誅　明帝下402
　臣能承命爲信　明人下193
　臣以下無非其君上　管六342
　臣惡莫深於毀君　管七461
　臣以君爲心　管九546
身　身與貨孰多　明雜物2
信　信國之寶也　管六390・九575
　信者行之基也　管六394
　信之於行、猶舟之…　管六394
　信者不妄之禁也　明佛道9
　信而好古　明人倫43
秦　秦興阿房之殿而…

玉中247・管二117
智於秦、遇與不遇也　玉下558
秦虎狼之彊國　明帝上21
秦之有韓也、譬…　明人下359

仁（ジン）
仁除百禍　明人上65
仁不以勇　明人上104
以仁討不仁　明人上105
仁之勝不仁…　明人下56
仁者不殺之禁也　明佛道9
仁者百行之宗　管二138
仁者莫大於愛人　管二140
仁勝凶邪　管六376・八489

仁愛
仁愛下不施則民彫弊　玉中393

深淵
如臨深淵　玉中294

仁義
仁義興則道德昌　明帝下368
有仁義而無刑法…　玉中373・明帝下436・管七420
仁義積則物自歸之　明人上110
仁義所以全身…　明人上106

人火
人火曰火、天火曰…　明帝上380

人君
爲人君而下知臣事　玉上178
人君雖明並日月…　管二103
人君不可以不學　明帝上82
人君伐一草木不時…　明帝上207

仁君
仁君不能蓄無用之臣　玉下467・明帝下286・管四259

深溪
不臨深溪不知地之厚　明文事48

信言
信言不美　明人下209

眞語
眞語必違衆　玉中449・明人下219・管十678

人才
人才雖高…不能致聖　玉中376・明文事56

人子
凡人子之禮…　明人上71

愼者
愼者愼未成　玉中414・管八506

仁者
仁者贈人以言　玉上204・明人下213
仁者不憂　玉中297・明文事100
仁者樂山　玉中454・明人上111
仁者必有勇　管六374
仁者不妄爲　明人上101

人主
人主亦有逆鱗　玉上110・明帝上218
人主忌忠、謂之不君　玉上181
人主毋過學　管一2・明帝上211
人主尊孝則名章榮　管六338
人主誠正則宜士任…　管六397
人主不正則邪人得志　管六397
人主不德…　管八468
人主好奇伎…　明帝上296
攻人主之長短…　明帝下186
人主處深宮之中…　明帝下242
人主正則、夫、…　明帝下376
人主以一人身…　明帝下378

人臣　爲人臣上專主行　玉上178
爲人臣者無外交…　管九522
爲人臣者以進賢…　管九528
人臣之於君也、猶…　明帝下222・管九543
爲人臣不忠貞罪也　明帝下218
爲人臣之禮　明帝下288
爲人臣侮其主者…　明帝下404
人心　人心不同　玉中448・明人上12
人心險於山川　明人上13
人心是所學　玉下591・明人倫231
人身　人身難得　明佛道17
仁人　仁人不可失　管六377
信ず　信則人歸之　管二141
人生　人生一百歲　玉中443
人生一生閒　玉中220
人生天地之閒　明人下436
人生小幼…長成…　明文事38

人性　人性欲平　玉上36・明人下240
人卒　人卒雖衆其主君也　明帝上187
身體　身體髮膚受于父母　玉上163・明人上72
進退　翫進退之惟谷　明人倫230
人道　人道惡盈而好謙　玉上101・管六403
人道愼於下、效驗見於天　管八473
針頭　針頭如芒、氣出如筐　管八516
人馬　人馬俱驚　明武事55
人父　人父忌孝、謂之不父　玉上181
親父　雖有親父、安知…　明人倫103
迅風　迅風陵雨　玉下599・明人上133
唇吻　唇吻爲興亡之關鍵　玉上70・明人下220
秦穆　秦穆飲盜馬之酒　明帝下480
甚霧　甚霧之朝可以細書　明天象23
人面　人面獸心　明帝上36

神藥　合長年神藥徵求　明諸道10
信譽　信譽顯而　明人下114
人力　人力竭則農商之業廢焉　明帝上296
人倫　逆人倫者罪及三世　明帝下406
秦王　秦王爲人蜂準長目　明帝上238
秦王之庭、多不祥　玉下433

す

水旱　水旱發則萬民病　管八483
睢渙　遊睢渙者、學…綵　玉下487
隋侯　隋侯之珠、藏於蚌蛤…　玉中270・明人倫27
　隋侯之珠、不能…　明雜物5
水潦　水潦降　管十604
水陸　水陸運米二百五十萬石入關　明雜物19
鄒君　鄒君好服長纓　明帝上174
蒭蕘　詢于蒭蕘　玉上206・管二102
雙六　雙六乃出自天竺　明諸道41
進（すすむ）　知進而不知退　明人下2
　進不知退、取禍之道也　明人下14
雀（すずめ）　誰謂、雀無角　明人上28
　此猶捕雀以掩目　明人下308
　所欲進則明其美而…　明帝下250
末（すゑ）　末大必折　玉下479・明人下140
陶（すゑもの）　陶犬无守夜之益　玉中432
寸　寸有所長　明雜事15
寸陰　大禹聖者乃惜寸陰　明帝上85
寸寸　寸寸而度之　明人下32

せ

性　性者生之質也　明人上8
　性長非所斷（鵠脛）　玉上96
　性短非所續（鳧脛）　玉上96
　性…非積學不成　玉中397
　修性以保神　玉下480
政　亂政者誅　玉上177・管一20
　德惟善政、政在養民　明帝下354・管二77
　政寬則民慢慢…政是以和　管二72
　爲政猶張琴瑟　管二75
　政不在大夫　管二76
　政有三品　管二81
　政刻者危　管二84
　政者莫大放官能　管二140
　政悖德隱　管八477

政加農功日夜思之　明帝下358
政在選臣　明帝下365
政在來遠附邇　明帝下366
政至察則衆乖　明帝下371
政苛則民亂　明帝下372
爲政者必愼　明帝下376

勢
勢爲天子、未必貴也　玉上60・明帝上188
勢疑則隙生　玉下516

聲
聲依永　明諸道31

齊
齊文宣狂勃　玉上17
齊桓公用其仇而　玉上112
齊景千駟不如顏回　玉下482・明人下62
齊桓公好服紫衣　玉下553・明帝上174
齊宣王囿卌里　玉下569
齊桓公好味而易牙…　管一64
齊慶氏亡、分其邑…　管九584

靜
靜以修身…靜則下不擾　玉中388・管二112

聖
致聖以道　管五329

齊境
齊境之難、夷吾…　玉上111

井魚
井魚不可以語於海　明人下267

正言
正言斯重　玉中398・明人下217

青彩
青彩出於藍而…　玉下625・明文事89

西施
西施…不恃其美　明帝上252
西施之容…　明人倫144

正主
正主任邪臣、不能致理　玉上107・明帝下275

聖主
聖主必待賢臣而弘功業　玉下513・明帝下267・管九548
聖主以賢爲寶　明人倫36

誠信
以誠信爲本者謂之君子　明人下196
非誠信無以取愛…　管九580

精神
精神散而邪氣及　明雜物50

正臣
正臣進者治之表也　明帝下195
正臣事邪主…　玉上107・明帝下275

聖人
聖人養賢　玉上102
聖人得民、然後成其化　玉上174・明人倫196
聖人不止其高　玉上201
聖人法與時變　管二99
聖人無常心…　明帝上159・管二122
聖人常善…　管四257
聖人體天　管五326
聖人貴精　管五328
聖人之大寶曰位　明帝上63
聖人南面而聽天下　明帝上64
聖人不易民而教　明帝上189
聖人生而大盜起　明帝上393
聖人不自理　明帝下52
聖人之所在則天下…

明帝下91
聖人忌功名之過己　明人倫2
聖人轉禍爲福　明人倫3
聖人之言信而徵矣　明人倫4
聖人之言、遠如天　明人倫33
聖人以無言爲德　明人下201
聖人作而萬物覩　明人下343
濟濟　濟濟多士文王以寧
玉下514・明帝上86
噬臍　噬臍亦復何及　明人下165
聖帝　聖帝明王、重器…　明帝下85
井底　子陽井底蛙耳　明人倫72
盛德　盛德必百世紀　明人上64
西方　以西方爲上　明帝下304
西門豹
西門豹之性急
玉中351・明人上19・管九552
青蠅（セイヨウ）　青蠅不能穢垂棘
玉下502・明帝下391

青蠅嗜肉、忌溺死　明人下107
勢利　競勢利於市朝　玉中385
政令　政令猶汗、往而不反　管二107
世祿　世祿之家　明人下20
聖王　聖王先德教而…
玉上11・明帝上245・管二120
聖王以賢爲寶　玉上19
聖王之治天下…　管三150
聖王砥節修德　管六383
聖王安而不逸　管八521
聖王之治以得賢爲首
明人倫49
小（セウ）　小所以事大、信也　明帝上18
小不得僭大　明人上135
小者大之源　明雜事36
小惡　小惡不止、大惡成
管八512・十670
小隱　小隱隱嚴藪　玉中434
小瑕　勿以小瑕掩其功

玉上28・明人下75
蕭艾　蕭艾與芝蘭共盡　玉下493
小屈　不忍小屈而大屈至　明人下188
小過　赦小過、擧賢才　管七431・434
小言　小言破道者也　明雜事38
小國　小國之仰大國也…　明帝上17
小國無文德而有…　明帝上19
小國之免於大國…　明雜物12
小材　小材雖累日不離於小官
明文事96
小疵　不以小疵妨大材　明文事95
小辱　不忍小辱而大辱至　明人下188
小臣　小臣畏罪不散言　玉上71
小臣畏誅而不言　明帝下214
小臣不可委以大事　明帝下248
小人　小人居危、如安
玉上154・明人下392
小人喩於利　玉中281
小人交甘如醴

　玉中451・明人倫167・管五325
小人自齷齪　玉下578
小人有過則謝以文　管五323
小人好勇而無義則盜　管七443
小人不恥不仁　明帝下408
小人見人之厄則幸之　明人倫62
相小人其父母勤勞　明人倫85
小人溺於水　明人下139
小人相送以財　明人下214
小人性之懷土兮　明人下426
小水　小水無大魚　管十669
　小水涓流、良魚不處　明帝上28
小雪　猶以小雪投沸湯　明人下101
小節　規小節者不能成…　明帝下190
小智　小智不及大智　玉下664・管六388
小恥　惡小恥者不能立大功　明帝下190
小敵　小敵之堅、大敵之禽也　明人下362
　劉將軍…見小敵怯　明武事45
小年　小年不及大年　玉下664・管六388
小白　小白不以疑重耳　玉上111
小邦　小邦懷其德　明帝上16
樵夫　樵夫笑之　玉下590
小辯　小辯破言　明雜事38
鷦螟　鷦螟巢於蚊睫　明雜事18
小利　不去小利則大利不得　明帝下221
　見小利則大事不成　管十632
鷦鷯　鷦鷯巢於深林、不過一枝　玉上94・明人下126
席（セキ）　席不正、不坐　玉中302・明帝下339・管十629
積羽　積羽沈舟　玉中239・明雜事8
積毀　積毀銷骨　玉中239
尺牘　尺牘書疏千里面目　明文事77
夕陽　夕陽憂子孫　玉中441
磧礫　磧礫以多爲賤　玉中430
　翫其磧礫而不窺玉淵者…　明人上138
世人　世人皆濁、我獨清　明帝上311
節　制節謹度　玉上194
葉公　葉公之好龍　明人上40・41・42
椄槢（セッセツ）　椄槢之材不荷棟梁之任　玉中269
絕節　絕節高唱、非凡耳　玉下602
蟬（せみ）　蟬有緌　玉下641
選　徵選者不由其道　玉下509
賤　賤不得踰貴　明人上135
　賤下極則反貴　明人上137
　在賤而望貴者惑也　明人下300
善　善則稱人　玉上53・明人倫40
　善則稱親　管六335

爲善者、天報之以福　玉中223・明人下47
見善如不及　玉中310・明人下72
見善若驚　玉下539・明人下71
善者受其祿　管一30
善善不進　管一32
善善惡惡乃所以爲存　管一33
善善而不能用　管一33
善進則不善無由入矣　管一48
爲善者天報以福　管二78・十641
行善則休徵報之　明人下54・管八471
善不妄來　管八475
善則稱君　明人上98・管九523
從善如流　明帝上116
人之好善…禍遠矣　明人下48
作善降之百祥…　明人下49

善不積不足以成名　明人下55
善惡　善惡同者則功臣倦　明帝下467・管一31
纖芥　罰纖介之惡　明帝下469・管一29
選擧　選擧因才無拘定制　管四227・261
前鑑　前鑑之驗後事之師　明人下153
千鈞　如以千鈞之弩…　明人下100
千金　千金之子不垂堂　玉上38・明人上123・管九571
千金之裘、非一狐之腋　玉下504・明雜事3・5
千金之子不死於市　明人上122
千金重利　明人上124
千金之珠、必在九重之淵　明雜物4
善慶　有善慶必置酒食　管十660
善熒　善熒惑退　明人下337

先賢　先賢爲、後愚廢　明帝上26
選語　選語爲珍　玉中398
戰克　戰克之將、國之爪牙　管三174
千石　千石弩不爲鼷鼠發機　明武事31
千載　千載一聖猶旦暮也　明人倫32
前事　前事之不忘、後代之元龜也　玉下544・明人下154・管二90
前事之不忘、後事(來事)之師也　明人下152・管二91
前車　前車覆、後車之誡　明人下155・管八497
善者　善者必有所主而至　玉中433
僭上　僭上爲不忠　明雜物24
千乘　千乘之國有諍臣…　明人下229
專諸　專諸荊卿之感激　玉下499
賤人　賤人將興之表也　管八479

前人　尙蓋前人之過　管五308
善政　興改善政易於覆手　管二79
千丈　千丈之堤以螻蟻之穴而潰　明雜事37・管八515
千人　活千人者子孫必封　明人上67・68・管六373・十651
　千人所指、無病而死　玉上72・雜事7
善人　善人在上則國無…　玉上6・明人倫192
　與善人居、如入芝蘭…　玉上26・明人下79・管八508
　善人者不善人之師　玉中213・明文事81
　善人同處則日聞嘉訓　管八509
戰陣　戰陣不訪儒士　明武事9
先帝　先帝所建不宣廻異　管五303
先民　先民有言、詢于蒭蕘　玉上206・明帝上148・管二102
千羊　千羊之皮、不如一狐之掖　明人下67
千鎰　千鎰之裘、非一狐之白　明雜事4
穿窬　穿窬不禁則致彊盜　明帝上396
蟬翼　蟬翼爲重千鈞輕　明帝上313
千里　千里之行始於足下　玉中217・明雜事35
　以千里之任…　明人下259
　千里之差興自毫端　明人下312
　千里而襲人…　明武事16
先王　先王疾驕　玉上199・明人下22・管二115・六405
　先王之法、非一士之智　明雜事5

そ

楚　楚起章華臺而黎民散　玉中247・管二117
　楚莊無災、以致戒懼　玉下629・明帝上330・管八500
　楚莊赦絕纓之客　明帝下480
曾子　曾子廻車於勝母之閭　玉下575
　里名勝母、曾子不入　明人上86
　曾子曰　管二108・六337
　曾子七十乃學、名聞天下　明文事40
聽者　聽者聽於無聲　玉中414・明文事102・管八506
宋人　宋人或得玉獻…　明人下133
崇臺　崇臺非一幹　玉下503
宋廟　宋廟之器不粥於市　明地儀18

宋廟之禮、不敢… 明帝下201
宋廟之本在於民 明人倫203
宋廟尙親 管十613
藂蘭 藂蘭欲茂秋風敗之 玉上29・明人下241・管一70
疎遠 疎遠之人、恐… 明帝下244
俗 修俗未是多 管二99
夫隋俗樹化 管二100
入俗隋俗 明人倫227
束帶 束帶立朝… 明帝下297
祖業 祖業不可以久替 明帝上208
楚王 楚王好細腰… 玉下551・明帝上170・管一62
楚王好廣領 明帝上171
楚越 楚越之竹、不足… 明雜事25
尊 尊尊之義、莫大於忠 管六343
尊行 尊行可以加人 明人下214
尊客 尊客之前、不叱狗 管三208・十596
尊者 奉至尊者、然後知… 明文事47
存す 安而不忘危、存而不忘亡 玉上203・管八499
尊位 處尊位者、敬以下… 玉上5

た

他（タ） 他弓不挽 管十672
他馬莫騎 管十672
大 大所以保小、仁也 明帝上18
今子之言大而無用 明文事104
大者罩天地之表 明雜事17
躰 躰安所習 玉下591
大惡 小惡不止、大惡成 管八512・十670
大隱 大隱隱朝市 玉中434
大菀 大菀不乏千里之 明雜物9
大音 大音希聲 明人倫22
大厦 大厦之材非一丘之木 玉下504・明雜事3
大厦成而燕雀相賀 玉下538
大害 大害若利 明人下248
大巧（カウ） 大巧若拙 玉上97・明人倫22

大行　大行之路、能摧車　玉下610
　大行不顧細瑾　明帝下344
大學　大學之禮　明文事82・管三156
　大學者尙才之處　明文事117
大器　大器晩成　玉中216・明人倫22
　此言大器之於小用…　明人下269
大僞　大僞若眞　明人下248
大愚　大愚者終身不靈　明人倫74
大官　處大官者不欲小察　明帝下90
大軍　大軍之後必有凶年　玉中214・明武事10
太公　大公屠牛於朝歌　玉中359・明人倫52
　太公起爲國師　管四245
大功（ダイコウ）　論大功者不錄小過　玉中251・管七432
大國　治大國若烹小鮮　玉下640・明帝下59
　馭大國者以法理　明帝上253
　大國之師、豈爲…　明武事31
大才　有大才者、必居…　明帝下200
　大才當晩成　明人倫23
大罪　大罪有五　明帝下406
秦山　秦山不讓土壤　玉下468・明雜事1
　秦山之霤穿石　玉下485・明雜事30
　秦山有大石自起立　明帝上287
　秦山封禪（唐高宗）　明帝上286
大私　大私若公　明人下248
大事　見小利則大事不成　管十632
　凡大事皆起於小事　明雜事39
大衆　大衆一散　明武事47
大獸　大獸擒小獸　明雜事21
大失　大失在身　明人上90
大邪　大邪若正　明人下248
大匠　代大匠劉者…　玉下489
　代大匠…必傷其手　明帝下370
太上　太上以德撫民　管二119
大樹　大樹將顚…　明帝上307
大舜　大舜招二八於…　明帝下240
大人　大人占之、維熊…　明人倫107
大臣　大臣重祿、不極諫　玉上71・明帝下213
　大臣不可不敬也　明帝下30
　大臣不因左右而進　明帝下31
　大臣惜祿而莫諫　明帝下214
　大臣不可責以小罪　明帝下248
大道　大道遠而難遵…　明帝下385
大鳥　大鳥擒小鳥　明雜事21
大德　大德必得其位　管六356
大白　大白若辱　管六360
　大白食昴　玉下469
大邦　大邦畏其力　明帝上16
大美　擧大美者不疵細瑕

玉中251・管七432
大夫　大夫七十而致事　明人倫182
大平　大平之功非一人之略
玉下504・明雜事3
太平　太平後、有大亂　明帝上326
大辯　大辯若訥　明人倫22
大鵬　大鵬彌乎天隅　明雜事18
大明　大明無偏照
玉上125・明帝下383
大名　大名之下難以久居
明人下7・管六401
大名之下不可久處　玉中459
太陽　太陽應虧不虧　明帝上337
大勇　大勇不忮　管十612
大亂　大亂後有太平　明帝上326
大廉　大廉不嗛　管十612
大王　大王又長　明帝上199
大惑　大惑者終身不解　明人倫74
湯（タウ）　湯立非謗之木　管一53

堂　將上堂聲必揚　管三217・十587
桃花　桃花水下之時　明帝下130
唐堯　唐堯大聖其子丹朱不肖
玉上127・明人倫102
唐堯不以衰　玉下501
唐堯至仁不能容　明帝上232
唐堯虞舜　明帝上118
唐虞　雖唐虞不能以化天下　管一25
唐虞之朝無謬擧…　明人倫53
唐家　唐家天下寺、惣…所、
僧…所　明佛道5
陶犬　陶犬無守夜之益　明人下262
堂室　堂室纔蔽風雨　玉中318
盗者　盗者剟寢戶之簾　管七444
盗竊　盗竊起貪窮　管七445
道德　道德仁義…非禮不備　管三191
道德仁義非禮不成　明帝下320
道德昌則政化明　明帝下368
陶匏　陶匏異器、並爲入耳

之娯　玉下589・明人下33
湯武　湯武至聖　明帝上232
湯沐　湯沐具而蟣虱相弔　玉下538
蟷蜋　運蟷蜋之斧
玉中336・明人下263
桃李　桃李不言下自成蹊　管六370
道路　道路以目
玉中268・335・明帝上299・310
高（たかし）　高而不危　玉上194
高必以下爲基　玉中215
高以下基、洪由纖起　玉下581
高者未必賢　玉下613
耕（たがへす）　耕也餒在其中
玉上57・明文事10・管十634
耕當問奴　明人倫224
財（たから）　以財分人謂之賢　管五327
薪（たきぎ）　譬猶抱薪而救火
玉下536・明人下273
譬如負薪救火　明人下275

不如絶薪止火而已　明人下274

巧（たくみ）
巧而詐、不如拙而誠　玉中368・管十683

多言
無多言、多言多敗　明人下186

多才
多才非福祿　玉中350

懦弱
懦弱之人懷忠直而…　明帝下244

戰（たたかひ）
戰不遂奔　管三169

橘
橘生淮北爲枳　玉下659・管十673

立（たつ）
授立不跪、授坐不立　玉上143・明帝下324・管十591
立不中門　玉中298・明帝下340

達者
達者所規、規於未兆　玉下527・明文事101・管八504

奪爵
奪爵之臣遠防勿親　管七424

貴（たっとし）
貴上極則反賤　明人上137
貴者賤者惡之　玉上74・明人上140
貴服賤服謂之偪下　玉上165
貴必以賤爲本　玉中215
所貴惟賢　明人倫46
貴遠而賤近者人之常情　明人上7

蓼（たで）
蓼蟲避葵堇　玉下578
習蓼蟲之忘辛　玉下635

樂（たのしみ）
樂不可極　玉上50・126・明人下4・15・管二114
樂極則衰　玉中211
樂莫樂兮、新相知　明人下423
樂盡、哀生　明人下437
樂太甚則陽溢　明雜物50

平（たひら）
平不肆險、安不忘危　管八499

玉
玉不琢不成器　玉上51・管三145
採玉者破石拔玉　玉上64
執玉不趍　玉上142・明帝下323
玉巵无當　玉下463

民（たみ）
民之所欲天必從之　玉上13・明人倫195・管二129
民之所惡天必誅之　玉上14・管二130
愛民如赤子　玉上15・管二123
民之不善、吏之罪也　玉上82・明帝下62
民以穀爲命　玉上88・明人倫188
視民知治不　玉上120・管十635
令於民之所好、禁於民之所惡　玉上196・明人倫197
民以食爲天　玉中226
民怨則怒…民慢則姧　玉中373・管七420
民勞則怨起　玉中388・管二112
保民者除其賊　玉下505・明人倫208・管二127

非所以愛民治國也　玉下563
裕民之與奪民也　玉下569
先民後已　玉下616・明帝上121
民有殺食、自飢　管一63
民皆處危爭死　管一63
治民煩則散　管二121
民貪則姦邪生　管二124
防民之口、甚於防水　管二132
民之有口也…　明人倫200
民者水也　管二133
民罔常懷　管二136・五280
使民如四枝　管三179
導民以禮　管三225
安民則惠　管四233・明帝下67
民不祀非族　明神道12・管五276
(信)民之所庇也　管六390
繩民以刑者散　管七421
民群聚、飲酒　管七449
民奉其君　明帝上149
民之飢、以其上…　明帝上215
民犯上則傾　明帝下273・人倫201
民之治亂在有司　明人倫203
安民可與行義　明人倫206
民、神之主也　明神道16
動民以行不以言　明神道21
民參其力　明雜物14
民不祀非族　明神道12

執（たれ）
執謂、微生高直　明人下131

丹（タン）
丹之所藏者赤　明人倫229

殫極
殫極之綆　玉下485

貪夫
貪夫殉財　明人下108・344

端冕（タンベン）
端冕在身　玉上175

ち

知
知小而謀大　明帝下28
陳平以知有餘　明文事98

地
地之美者善養禾　玉中233・管二137
地無私載　玉中408
地不爲人之惡　玉下474・明天象16
地有常形　玉下474
獲地無兼土之實　玉下508
地廣者粟多　玉下532・明帝上27
謂地蓋厚　明天象11
地厚而無以自載　明天象15
地不可得尺寸而度　明天象18
地稱其廣者以無不載　明天象17

地反物爲妖　明帝上352
畫地爲獄　明帝下424
得地千里不若得聖人　明人倫31
地之磽者…不能生焉　明人倫216
地廣則驕奪之心生　明人下26
地不言而人推厚　明人下197
地利不如人和　明文事125
治　治則刑重　玉中372・明帝下403・管七413
犯治之罪固重　玉中372・管七413
治而不忘亂　明帝上126
智　恥智之不博　玉中429
知音　痛知音之難遇　玉下528
紂　紂斮朝涉之脛　明帝上237
→桀紂（ケッチウ）
籌策　運籌策帷帳之中　明帝下241
稠人　稠人廣坐之內…　明人下325
近（ちかし）　近不可知者人也　明人上9
邇（ちかし）　邇臣不可不愼也　明帝下30
力（ちから）　以力勝人者亡　玉上10・明帝上244・人下56
力侔則亂起　玉下516
力稱烏獲　玉下534・明武事39
竭力盡勞而…　管九526
力小而任重　明帝下28
不以力鬪　明人下115
力拔山兮、氣蓋世　明武事54
池魚　池魚空結江湖心　玉下612
絺綌（チゲキ）　服絺綌之凉者…　玉中245・下512・明人上126
智者　智者愚者惡之　玉上74・明人上140
智者千慮必有一失　玉中222・明人下313
智者不惑　玉中297・明文事100
智者樂水　玉中454・明人上111
智者之慮、慮於未形　玉下527・明文事101・管八504
智者莫大於知賢　管二140
智者以有餘爲疑　管六386
智者避危於无形　管八505
智者之謀萬有一失　明人下314
智者不酒之禁也　明佛道9
治世　治世以大德　明帝下477
治世之音、安以樂　明諸道32
治道　治道失於下則天文變於上　玉上80・明帝上334・管八470
俊艾在官、治道淸　玉中362
地道　地道變盈而流謙　玉上101・管六403
父（ちち）　父之讎不共載天　玉上150・明人下354
父雖不父、子以不可不子

玉上162・明帝下278・管六345
資於事父、以事母其愛同。
資於事父、以事君其敬同　玉上167
雖父不能得之於子　玉上190
父有諫子、不陷無禮　玉中409
父慈子孝　明帝下261・管一14
父在觀其志、父沒觀其行　管五304
父者子之天也　管五311
父攘羊而子證之　明人下132・管九582
父爲子隱　明人下132・管九582
父雖無道子敢不事父乎　明帝下290
父不父則無道　明帝下402
父兮生我　明人倫82
父有子、子不得有父也　明人倫89
父尊者子貴　明人倫91
父有諍子、不陷無禮　明人倫94・人下229
父當以學爲教　明文事41

粽（ちまき）
五月五日粽事、蛟龍化而…　明雜物28

腸
腸一日而九廻　明人下402

丈
衮丈則表沴於陰德　玉下632

長袖
長袖善舞　明人下97

長纓
長纓鄙好　玉下552

中
中、人之情也　明人下30

忠
忠有三術　管六330
欲立忠者、先知道　明帝下226

忠言
忠言逆耳、利於行　管一56
忠言逆耳而便於行　明人下226 1・管一57
忠言逆耳而利於行　玉上31・明人下226 2・管一58

中冓
帝王…聞中冓之言　玉中230

中士
中士聞道若存若亡　明帝下386・管六349

忠者
忠者隱蔽　管六397

誅賞
誅賞謬則善惡亂矣　管一28

忠臣
忠臣不事二君　玉上45・管九524・明帝下277
欲求忠臣出於孝子之門　玉中406・明帝下224・人上96
忠臣不諂其君　明帝下289・管六344
忠臣之後輔主　管九536
忠臣之事君也言切…　明帝下196
忠臣除姦王道以清　明帝下207
忠臣有死名之義　明帝下259
忠臣不敢避重誅…　明帝下263
忠臣殺身以解君怒　明人上94
忠臣不借人之力　明人上134
此忠臣之勇也　明武事59

仲尼　仲尼之門多道德　玉中433・明人下80
仲尼天縱而韋編三絕　管三157
仲尼如日月也　明人倫12
仲尼覆醢於子路　玉下528・明人倫169
中庸　中庸之人不教不知　玉中317・明文事54・管十688
女（ヂョ）　女无美惡、入宮見妬　玉上89・明人下81・管一65・十682
女爲悅己者容　玉下525
褚　褚小者不可以懷大　明人下293
徵　徵不可不防　明人下171
寵（チョウ）　寵不專檀　玉下596
重賞　重賞之下必有勇夫(死夫)　玉上77・明武事25・管三185
趙王　趙王好大眉　明帝上171
直（チョク）　直哉史魚　明人下129
直鈎（チョク）　直鈎幼賤有罪　明帝下397
直木　直木必伐　玉上63
見直木必不可以爲輪　明人下287
女子　唯女子與小人爲難養也　明人倫143
珍裘（チンキウ）　珍裘非一腋　玉下503
珍禽　珍禽奇獸不育于國　明帝上112・管十624
珍翫　珍翫伎巧乃喪國　玉下608・明帝上322
鴆毒　此易從者、鴆毒之甘口也　明人下243
陳平　陳平智有餘　玉中367・管六386・九578
陳平知有餘　明帝下34

つ

椎輪　椎輪爲大輅之…　明雜事42
墓（つか）　過墓則式　玉下628・管五250
使（つかひ）　奉使則張騫・蘇武　明人倫164
仕（つかふ）　仕者思明君　明文事87
仕而優則學　明文事14
疾（つかる）　疲馬不畏鞭箠　玉上84・明帝下435・管十679
疲民不畏刑法　玉上84・明帝下435・管十679
月（つき）　月盈則蝕　明人下2
月滿則虧　玉上47・明人下1・管六404
月蝕修刑　玉中420
月蝕治刑　管八485
月不知晝　明天象19
如月之恆如日之升　明人上54

土（つち）　土弊則草木不長　明帝上301
管（つつ）　以管窺天　玉下519・明人下252
　從管中闚天者也　明文事107
　→管窺（クワンキ）
堤（つつみ）　堤潰蟻孔　明雜事36・管八514
夙（つとに）　夙夜有公　玉中455
　夙興夜寢　明帝下359
　夙興晏寢　明帝下205
務（つとめ）　上古之代務在勸農　明人倫219
角（つの）　有角者無上齒　明人上25・人下186
　其角美者、身自殺　明人上26
燕（つばくらめ）　燕戊日巳日不啣泥巢　玉下626
　燕翼假鳳翔　玉下636・管四247
兵（つはもの）　兵凶器、戰危事　玉中232
妻（つま）　取妻如何匪媒不得　明人倫123
罪（つみ）　罪疑惟輕　玉上128・明帝下454・管七429
　罪莫大於不孝　玉上188・明帝下398・人上88・管六633
　有罪不誅　明帝下464
　獲罪於天、無所禱　明神道33・管十631
　罪莫大於可欲　明人下149
　殺無罪…禍及三代　明人倫56
　罪止首惡　管七426
　罪无有掩蔽　管七452
積（つむ）　積而能散　玉上139・明雜物1
强（つよし）　强者抑之　管三180
鶴（つる）　鶴鳴于九皋　明天象10
　鶴脛雖長斷之則悲　玉上96・明人上32
　衞懿公好鶴　明帝上173

て

手（て）　不知手之舞之足之蹈之也　明文事63
帝　帝者天號也　明帝上61
丁壯　丁壯苦軍旅　明武事19
貞臣　貞臣見於國危　玉下587・明帝下215
　貞臣也難至而節見　明帝下217
貞女　貞女不更二夫　玉上45・明帝下277
　貞女不假人以色　明人上134
丁年　丁年奉使皓首而歸　明人倫165
貞夫　貞夫非不好色納以義　管六399
帝王　帝王不窺人閨門之私　玉中230
　帝王之德莫大於知人　管一37
　帝王之業非可以智…　明帝上133

帝王之庭不宜設…　明帝上194
帝王之將興也…　明帝上226
帝王之功、非一士之略　明雜事2

帝位
帝位不可久曠　玉下621・明帝上205（王位―）

朝（テウ）
朝無賢人　明人倫41

朝三暮四
朝三而暮四、衆狙皆怒　明帝下364・人倫211

鳥獸
鳥獸猶不失儷　明人倫119

朝服
朝服雖弊、必加於上　玉中344・明人上149
不敢不衣朝服見君　明帝下187

彫文
彫文刻鏤傷農事者也　明人倫214

朝露
朝露貪名利　玉中441
先朝露塡溝壑　明人下440

敵（テキ）
敵不可假　明人下361
敵不可縱、縱敵患生　管三186
勝敵無封爵之賞　玉下508・明諸道42

敵國
敵國破、謀臣亡　明武事51

弟子
弟子孰爲好學　明文事17

天
天予不取、反受其咎　玉上7・管十640・明帝上351
天必從之　玉上13・管二129
天無二日、土無二王　玉上52・明帝上136・帝下3
天人之所不予　玉中256
天以寒暑爲德　玉中392・明帝上241・管一8
天無私覆　玉中408・明帝上142
天不爲人之惡…　玉下474
天有常度　玉下474
天則不言而信　明神道7
應天以實不以文　明神道21
天時寒、面皆破裂　明武事48
天所授、雖賤必貴　明天象5
天之應人敏於影響　明天象8
天之至高　明天象9
謂天蓋高　明天象11
天廣而無以自覆　明天象15
天不爲人之惡　明天象16
天稱其高者　明天象17
天不可階而升　明天象18
天有五帝、以立名　明帝上61
天不可以不剛　明帝上190
知天之天者王事可成　明帝上191
天之所壞不可支也　明帝上317
天於賢聖之君猶…　明帝上328
以天反時爲炎　明帝上352
天作孽、猶可違　明帝上360・管八492
天之所輔者仁也　管九576
天不自明、垂之以日月

明帝下52
猶天之不可階　明人倫13
不怨天、不尤人　明人上100
天收其聲　明人下18
天生萬物唯人爲貴　明人下35
天與不取悔不可追　明人下162
天不言而人推高焉　明人下197
天生蒸民立君牧之　管一7

天下

天下安寧刑措不用　玉上121
天下亂　玉中247
天下无正聲　玉中437
天下无害災　玉下473
天下有道、政不在…　明帝上182・管二76
天下雖平、忘戰必危　明武事14・管三165
天下譬人臣孝　管六338
天下有道、守在四夷　管六350
爲天下渾其心　管六361
天下歸之、如水流入深谿　管六369
爲天下得人、謂之仁　管六378
除天下之害、謂之仁　管六379
天下難事、必作於易　明帝上12・管八513
天下有變而无傾危　管八521
天下良辰美景賞心　明天象67
天下非一家之有也　明帝上1
天下非一人之天下　明帝上2
天下者蓋天下之天下　帝上3
天下非一時之用　明帝上6
天下大器也　明帝上8
天下神器不可力爭　明帝上9
天下聚目而視　明帝上10
天下之命懸於天子　明帝上11
天下大事必作於細　明帝上12・管八513
天下安、注意相。天下危、注意將　明帝上14
天下雖廣不容汝足　明帝上15
天下有道則禮樂…、天下無道則禮樂…　明帝上181
天下重器　明帝上209
天下晏然　明帝上266
天下無害…無所施才　明帝上272
爲天下者亦奚以…　明帝下1
天下之有惡吏之罪　明帝下61
危天下之臣…、安天下之臣…　明帝下202
天下至廣萬機至繁　明帝下378
天下吏…年老致仕　明人倫184
天下英才而教育、之三樂也　明人下34
天下熙熙皆爲利來　明人下99
天下大平百姓豐年　明神道47
定天下之吉凶…　明諸道14

天戒 天戒誡不可戲也 明天象7
天工 天工其代 管四249
天災 天災流行 明帝上332
天子 天子無戲言
玉上1・管一4・明帝上212
爲天子削瓜者副之
玉上146・明雜物40
天子雖尊猶尊父
玉上184・明帝上153
天子以四海爲家
玉中207・明帝上157
天子有道守在海外
玉下462・明帝上223・管六351
軍中不聞、天子之詔
管三173・176
立天子、置三公 管四255
天子見怪則修德 管八476
天子者天下之首 明帝上33
天子作民父母
明帝上65・管一1
天子非展義不巡守 明帝上151
昔天子有爭臣七人 明帝下185
天子擇日月、禮大…
明神道47
天子不私求財 明雜物13
殿前 殿前試人自茲始也 明文事115
傳說 傳說去爲殷相 管四245
天道 天道毀盈 玉上199・明人下22・
管二115・六405
天道虧滿而益謙
玉上101・管六403
天道虧滿、鬼神福謙矣
明天象2・管二115
天道有遷易 玉下576
天道無親 明天象4
天道遠、人道近 管十666
天地 天地不能害 玉上9
天地養萬物 玉上102
天地不爲一物枉其時
玉上171・明帝上161・管一10
天地之性、人爲貴
明人上73・管六334
天地尙不能久 明天象14
天地雖大其化均也 明帝上187
天地盈虛、與時消息
明人下1
惟天地萬物父母 明天象13
天地之大德曰生 明帝上63
天地之功不可倉卒 明帝上201
天地之於萬物也好生 明帝上203
輾轉 悠哉、輾轉反側 明人下420
天變 天變見於上、地變… 明帝上333
天命 天命不可以謙拒
玉下621・明帝上205
天命不可以不答 明帝上208

天文　治道失…天文變於上　玉上80
天威　天威不違顏咫尺　明帝上150

と

戶(と)　戶開亦開、戶闔亦闔　管三219・十589
土(ど)　土无二王　玉上52・明帝下3
豆　豆令人重　明人下433
銅　以銅爲鏡、可以正衣冠　明帝下42
董安于　董安于之心緩　玉中351
東海　東海鯔條　明雜物42
東嶽　登東嶽、然後知…　明文事47
同氣　同氣相求　玉上100・明人下343
董狐　董狐古之良吏也　明帝下437
黈纊　黈纊塞耳所以塞聽　玉下475
同舟　同舟而濟…何患乎　明人下353
同聲　同聲相應　玉上100・明人下343
偸生　偸生、若魚遊釜中　明人下400

東岱　東岱前後魂　玉中443
洞庭　洞庭雖濬負之者　玉下563・明帝上221
同類　同類相求　明人下344
時(とき)　時至不行、反受其殃　玉上7・明帝上351
時者難値而易失　玉中228
時不可留　玉下622・明武事47
時危、見臣節　玉下577
時移而不移違天之祥　管二100
時溷濁而嫉賢兮　明帝上312
時險則俊…時泰則寬…　明帝下381
時不可缺　明人下361
駑蹇(ドキ)　駑蹇之乘、不騁千里之塗　玉中269・明人下260
駑驥　駑驥齊駕、伯樂哀之　玉中445
德　少德而多寵一危也　玉上8
以德勝人者昌

玉上10・明帝上244・人下56
冨潤屋、德潤身
玉上160・明人上121
德盛者獲爵尊　玉中244
以德報怨　玉中262・管六368
以德報德則民有所勸
玉中360・明人下329・管二118
以德報德　明人下331
不以德厚而矜物　玉中390
患德之不崇　玉中429
觀於德不在覩於秋毫　玉中450
積德累行、不知其善　玉下537
論德而授官　玉下540・管四239
論德而授官者成功…
明帝下266
无德不報
玉下627・明人下328・管六366
德惟善政　明帝下354・管二77
德莫大於仁　管二142

以德分人、謂之聖　管五327
德在積善　管六357
德厚者流光　管六358
德除不祥　管六376・八489
德將亡醉　管七448
德不副位　管八481
德合天地者稱帝　明帝上62
德薄而位尊　明帝下28
德勝不祥　明人上65
亡德而富貴謂之不幸
明人下157
非德民不和　明神道11
德高者位尊　明文事124

遂（とぐ）
遂不退身避位　玉中210
遂事不諫　玉中279・明人下147

德行
德行苟直、群物皆正　管六398

獨學
獨學而無友則孤陋而
寡聞　明文事29・管三161

德教
德教者興平之粱肉也
明帝下431・管七416

讀書
讀書之人…凡識幾人…
明文事35

獨木
獨木不能致劉林之茂　管二104
獨木不林　明人下135

年（とし）
年高須請老　玉中442
年過七十而以…　明人倫180

歲（とし）
歲寒…知松柏之後凋
明帝下216

捷（とし）
捷言慶忌　玉下534

都城
都城過百雉國之害也　管二110

斗筲
斗筲之子…　玉中269

隣（となり）
隣有喪…　玉上147・明人下413

斗柄
斗柄指東　明天象27

土木
土木衣…　玉中389

遠（とほし）
貴遠而賤近者…常情　玉上91
遠不可知者天也　明人上9
遠度深惟　明人下169
忘遠者必有近憂　明人下189

富（とみ）
富潤屋　玉上160・明人上121
富與貴、是人之所欲
　玉中286・明人上150・管九584
富爲時所趍　玉中438
富者衆人之怨也
　玉中253・明人上118
富者貧者悪之　玉上74

富（とむ）
富者贍以財　玉上204
富而无驕　玉中275
富則多事　玉中346・明人上116
富不學奢　明人上128
富而可求…　玉下657・明人上117
富而好禮
　玉中273・明文事16・管三194

虎
虎嘯而風冽　管四265
虎嘯而風起　明人下335
虎無所措其爪　管六365
虎死留皮　明人下113
養虎自遺患也　明人下166
養虎自齧　明人下167
若蹈虎尾　明人下394
執彫虎而試象兮　明人下390

鳥
鳥能擇木、木豈能擇
　鳥乎　明帝下255
鳥則擇木、臣亦簡君
　玉下593・明帝下256
鳥高飛以避矰戈之害　玉下663
鳥吾知其能飛　明人倫14
鳥不假甲於龜魚　明人下257
猶…棲鳥烈火之上　明人下270
鳥生杜宇之魄　明人下350
鳥窮則啄　明人下380
鳥之將死其鳴也哀　明人下446
如鳥有翼　明雜事14

貪夫
貪夫殉財兮　明人下108

な

名（な）
名遂合退身　玉中442
名與身孰親　明雜物2
揚名於後世　明人上72
爭名者於朝　明人下105

內學
內學不隱子　玉下623

長（ながし）
長者以爲棟梁　玉中382

流（ながる）
毋流歠、毋咤食
　管三212・十599

流（ながれ）
流盡則源竭
　玉中379・明人下175
流長則難竭
　玉下460・明人下174

亡（なし）
憂其亡者則…　明帝上180
憂亡者恆存者也　明人下398
亡多、存寡　明人下442

成（なす）
成猶麟角　玉中319・明文事52・

管三149・151
爲（なす） 爲無爲、事無事 明帝上267
夏（なつ） 呵夏蟲之凝氷 玉下634
以爲夏至則微陰起 明帝下428
夏暑雨小民惟… 明人倫68
何（なにぞ） 何乃貪榮者… 玉下440
何異促鱗之游… 明人下258
索（なは） 索非木之鋸 玉下485
猶（なほ） 猶恐失天下之賢人… 玉下638
＊「猶（なほ）…ごとし」は不採
直（なほし） 直者以爲轅 玉中382・管四258
擧直錯諸枉則民服 明人下130・管六395・九583
匪直也人邦家之輝 明人倫45
以直報怨 明人下331
習（ならふ） 習與善人居不能… 明人倫232
並（ならぶ） 並坐不横肱 管十590
成（なる） 成遲敗速者… 明帝上243
成事不説 明人下147
成如牛角 明文事53
難（ナン） 臨難鑄兵 明人下280
思難不越官、信也 明人上112
南越 南越以孔雀珥門戸 玉上83・明人倫235
南海 南海不少明月之寶 明雜物9
汝曹（なんだち） 汝曹若觀俗計 明佛道17
汝（なんぢ） 汝无面從、退有後言 玉上132・明帝下29
汝无以驕人 玉下638
汝不知、夫螳蜋乎 明人下264
汝則有大疑 明人下231

に

乳犬 猶乳犬攫虎 明人下194
肉 食肉不至變味 明雜物47
憎（にくし） 憎知其善 玉上138・明人下92・管一21
憎（にくむ） 憎而遂忘其善 玉上115
惡（にくむ） 所惡則洗垢 玉中338・明人下87
惡生瘡 玉中339
所惡成創痏 明人下86
二五 是知二五而不知十也 明人倫75
錦（にしき） 如衣錦夜行 玉中219
日及 譬日及之在條 明人下445
日蝕 日蝕修德 明帝上336
日蝕地震 明帝上338
二人 二人同心其利斷金 明人倫166

鶏（にはとり）　割鶏、焉用牛刀　玉中313
爲鶏口、无爲牛後　玉中322
養鶏者不畜狸　玉下505・明人倫208・管二127
猶鶏之不及鳳也　明人下63
臭（にほひ）　臭悪不食　明雑物45
任　任重於力、才盡則困　玉下604
任重責大、憂心如酔　明帝下79
任重道遠、不擇地而息　玉中331・明人上85
任重而勢大　明人下6
人閒　人閒无正色　玉中437
人情　天道遠、人情近　管十666
人情莫不貪生悪死　明人上16

ぬ

糠（ぬか）　舐糠及米　明雑事41
盗（ぬすびと）　盗所隠器、與盗同罪　玉中371・管七428
齊盗糧　玉下533
盗不過五女門　明帝上395
盗憎主人、民悪其上　明帝上397
竊（ぬすむ）　竊人之財猶謂之盗…　明帝上390
竊人之財刑辟之所處。竊人之美鬼神之所責　明帝上391
奴婢　奴婢盛多　明人倫160

ね

根（ね）　根深則難朽　玉下460
根深則難抜　玉下515・明人下172
非所以深根固蔕也　玉下563
伐根以求木茂　明人下295
佞人　佞人用事則諍臣杜口　玉中246・明帝上293・管十647
寗戚　寗戚飯牛於車下…　玉下484
鼠（ねずみ）　捕鼠之狸、不可使…　玉中383
鼠憑社貴　玉下517・明武事66
鼠深穴以避熏鑿之患　玉下663
相鼠有皮無禮　管三200
欲投鼠而忌器　明帝下198
誰謂鼠無牙　明人上28

年鈞　年鈞以德　明諸道26
年鈞擇賢義鈞　明諸道25

の

野（の）　野無遺賢　明帝上261
野無靑草　明人上130
能　因能而採祿　玉中352・管四232・十677
量能而受爵、君无虚授…　玉下540・管四239
量能而受爵者畢命之臣　明帝下266
量能授官　明帝下74・管四242
有能者不得不官…　管一12
有能盡言於君…　管九531
能不稱官　管八481
以能問於不能　明人倫18
農　農爲政本　玉中394・下550・明人倫217・管二135
農天下之本也　明人倫215
農功　好農功者…後富　玉中417・明人倫221
農夫　農夫去艸嘉穀必茂　明帝下207
農夫勞而君子養焉　明人倫65
農民　農民則計量耕稼　明諸道1
殘（のこす）　殘材木以成室屋者、非良匠也　明人倫212
載（のす）　載而無棄者地也　玉上170・明天象12
載戢于戈、　明帝上262
後（のち）　有後入者闔而勿遂　管三219
後之言事者、莫不…　明帝上268
喉（のど）　喉下可有逆鱗　玉上110・明帝上218
述（のぶ）　述而不作　明人倫43

は

齒（は）　齒居晉而黃　玉下491
佩（ハイ）　佩、衷之旗也　明雜物22
敗軍　敗軍之將、不可以言勇　玉上43・明武事32
蜚鳥　蜚鳥盡、良弓藏　明武事52
鮑　鮑肆不知其臭　玉下591
朋友　朋友不信則其交易絕　管六392・九581
邦境　邦境雖安、忘戰則民殆　明武事6
魴魚　魴魚勞則尾赤　玉中334・明人下407
貌言　貌言華也　管九565
亡國　亡國非無法也　管七419
　亡國之大夫不可以圖存　玉上43・明武事32
　亡國之主、心自驕　明帝上294
　亡國之音、哀以思　明諸道32
茅茨　茅茨不剪采椽不斲　玉中391・明帝上111・管二111
苞苴　苞苴所入實行　玉下606
飽食　飽食終日…　明諸道40
茀星　茀星將出、彗星…　明帝上339
朋黨　塞朋黨之門　管一11
方柄　持方柄欲内圜鑿　明人下291
馬援　馬援以薏苡興謗　明人下239
　馬援據鞍顧眄　明武事36
墓（はか）　過墓則式　明帝下325
衡（はかり）　重於錘、衡必折　玉下605
秤（はかる）　所秤之物重於錘衡　玉下605
計（はかる）　計不失本末者不可…　明人下212
謀（はかる）　謀者近之　管三180
伯夷　伯夷叔齊不念舊惡　玉中289
伯牙　伯牙絕弦　玉下528・明人倫169
白氣　白氣起東方　管八479
搏牛　搏牛之蝱不可…　明武事63
白駒　如白駒過隙　玉中220・明人下436
白圭　白圭之玷尚可磨也　明帝下357
白虹　白虹貫日太子畏之　玉下469・明帝下342
白黑　使白黑無別　明帝上306
白骨　白骨再肉　明人下310
白日　白日臨雲不能垂照　玉下603・明人下238
白沙　白沙入淄不染自黑　玉中315・明人上22・管八510
薄氷　如履薄氷　玉中294
　譬猶踐薄氷　明人下384
　蹈薄氷以待夏日　明人下385
薄命　薄命是聽明　玉中350
伯樂　駑驥齊馬、伯樂哀之　玉中445
　伯樂昭其能　玉下543

伯樂善御馬　明帝下211
白龍　彼白龍之魚服　玉下464・明帝上219・管八517
覇者　覇者無疆敵　明帝上210
范（はち）　范則冠　玉下641
罰　罰疑赦從免　玉上124
　罰弗及嗣　玉上129・明帝下454・管七430
　罰當其罪、爲惡者咸懼　玉中374・明帝下468・管一34
　罰懲非死人…　管七408
　罰當則民從　管七412
　罰當罪則姦邪止　明帝下465
　罰者不怨上　明帝下466
髮膚　敗髮膚、痛在身　明帝上29
法度　有法度者不可巧以詐僞　明帝下438
　法度制令各因其宜　管二99
花（はな）　花容婀娜　明人倫149
　花離蔕而萎　明人下11
鼻　鼻者面之山　明人上1
華（はなさく）　華而不實、怨之…　明人下93
甚（はなはだし）　甚哉、妃匹之愛　明人倫117
翼（はね）　戢翼隱鱗…　玉中380
母（はは）　母至親而不尊　玉上168
　母以子尊　玉中264・明帝下19・人倫95
　母之於子、慈愛特深　明人倫96
　母愛者子抱　明人倫138
法　法正則民慤　管七412
　無法者非无法也　管七419
　有法而不用與無法等　管七419
　不法法則水旱發　管八483
法禁　法禁行而不可犯　玉上195・管一19
　法禁者俗之堤防　管七417
法律　法律度量者人主之所以執下也　管七418
夙（はやく）→夙（つとに）
林（はやし）　林深則鳥棲　明人上110
腹（はら）　量腹而食　明雜物31
　腹飽而身斃　管二128
春（はる）　夫春者歳之始也　明天象26
　春女思、秋士思　明人倫120
　若蹈虎尾涉于春冰　明人下394
萬鈞　萬鈞之所壓、無不糜滅　玉中234・明武事33
萬歳　呼萬歳者三　明帝上284
　稱萬歳者三　明帝上285
　有聲三稱萬歳　明帝上286
萬乘　萬乘之主有諍臣七人　明人下229
　奈何萬乘之主　明帝上160
反水　反水不收後悔无及　明人下164
板築　板築賤役也　明人上142・管四245

萬人　得萬人之兵　明人下206
皤皤　皤皤國老　明人倫175
萬物　萬物雖多其治一也　明帝上187
匠萬物者、以繩墨爲政　明帝上253
動萬物者、莫疾乎雷
橈萬物者、莫疾乎風
燥萬物者、莫熯乎火
説萬物者、莫説乎澤
潤萬物者、莫潤乎水　明人下342
萬民　萬民之從利也…　玉中242・明人倫210
萬民之主不阿一人　玉中356・明帝上162・管一9
蕃籬　蕃籬之鷃、豈能與之…　玉下518・明人下253
蠻夷　蠻夷之俗畏壯侮老　明帝上34

ひ

日（ひ）　日中則昃　玉上47・明人下1・管六404
日蝕修德　玉中420・管八485
日不雙麗　玉下567
日蝕治德　管八485
日不知夜　明天象19
日往則月來　明天象64
日暮塗遠　明人倫179
日不落則燭不明　明人下98
火（ひ）　火炎崑岡　玉上48・下493
惡火之燃、添薪　玉中396・管二113
火盛則煙微　玉下600・明人下43
火烈、民望而畏之　明帝上385
非　不爲非則無患　玉上198・明人下23
爲非者天報以殃　玉中223・明人下47・管二78・十641
誹誘　誹誘不誅、良臣進　明帝下245
光　和其光同其塵　明神道20
非義　非義之事不計於心　明帝下387
美玉　美玉蘊於碔砆　明雜物10
下（ひきし）　下者未必愚　玉下613
美言　美言不信　明人下209
美言可以市　明人下214
杓（ひさこ）　執杓而飲河者不過滿腹　玉下483
卑者　卑者不待尊寵而亢　明帝下31
卑人　卑人不可以爲主　明人倫159
美人　美人入室惡女之仇　管十638
非知　非知之難、能之難也　管十656・明人下178・文事73
臂（ひぢ）　身之使臂　玉下478
美女　美女惡女之仇

明人倫136・管十639
畢（ヒツ）　畢星好雨　玉中326
鬻棺（ひつぎ）　鬻棺者欲民之死　明人下373
提（ひっさぐ）　提者當帶　玉上151
羊（ひつじ）　羊質服虎文　玉下636
匹夫　匹夫不可奪志　玉中296・明武事7
匹夫之思、勿易輕棄　玉下472・明人倫207
匹夫專利、猶謂之盜　明帝上292
匹夫無罪、懷璧…　明帝下393
匹夫有怨　明人下332
人（ひと）　人不學不知道　玉上51
以人爲鏡可以明得失　玉上105・明帝下42
人欲自照必須明鏡　玉上106・明帝下239・管九538
人久相與處自然染習　玉上113・明人下77・管一49・八511
有人好忘者　玉上114
謂人莫已若者亡　玉上133・明人下27
人呰食則躰瘠　玉上179・明帝上128・人下224
人懷璧而買害　玉中209・明雜物3
人至察則无徒　玉中249・管十648
在人之右、衆必害之　玉中250・明帝下199
犯人者有亂亡之患　玉中257・明神道22
人不以善言爲賢　玉中347・明人下210・管十614
君人者以天爲心　玉中348
受人者常畏人　玉中353
愛人私人者天必福之、惡人賤人者天必禍之　玉中364・明人下39・管十674
人勞傷國　玉中418
人无於水鑑　玉中458・明帝上249・管八496
…公患之、人亦賤此服。…君患之、人亦賤此服　玉下553
人有同異之性　玉下566
无譖人之短　玉下594
施人愼勿念　玉下595
人戴之如父母　管一7
知人則哲　明帝下67・管一35・四233
知人則百僚任職　管一37
人之善惡誠由近習　管一50
以人爲鏡可以明得失　管一60
人非下愚則可以爲堯　管二92
人廢農業遠來…　管二101

人不學、不知道　管三145
人有禮則安　管三198
人而無儀不死何爲　管三200
人而無禮何遄死　明帝下347・管三200
爲人擇官者亂　管四230
私人以官者危　管四231
人各有能、因藝授任　管四241
人之不善、何棄之有　管四255
无棄人、常善救物　管四257
人者天地之德　管五294
人惟貴舊、器非求舊…　管五295
人惟求舊　明人倫172
爲人父者必能教其子…　管五300
爲人父者必能…　明人倫90
人之有道也…　管六352
愛人利物、之謂仁　管六375

人先信、而後求能　管六393
人非行無以成　管六394
殺人者死、傷人者刑　明帝下422・423・管七414
鑒人者知吉凶　管八465
人無於水鑒　管八496
人之所畏、不可不畏　明人下396・管十611
人不以善言爲賢　管十614
今俗人噓曰、人道我　管十618
人之耳聾、恆多咲　管十619
人能弘道、非道弘人　明文事8・管十633
人視水見形　管十635
人至察無徒　管十648
人貧智短、馬疲毛長　管十664
愛人利人者天必福之　管十674
惟人萬物之靈　明天象13
鏡於人則知吉與凶　明帝上250

人將疾必先不甘魚…　明帝上320
人誰不死　明帝上365
人衆者勝天　明天象6
掩人者人亦掩之　明帝上366
人而不善者謂之禽獸　明帝上367
人之至親莫親於父子　明帝下4
人有優劣、故爵有等級　明帝下65
人水也　明帝下274
人之有墻以蔽惡　明帝下396
人有智愚　明帝下426
人固不易知　明人倫57
人視水見形　明人倫199・管十635
人以食爲天　明人倫213
人之心如水從器　明人上11

同人者貌異人者心　明人上15
人之行莫大於孝　明人上73
人所以異於鳥獸、以有仁義也　明人上107
好人之所惡、惡人之所好　明人下83
人死留名　明人下113
人誰無過　明人下321
人窮則詐　明人下380
人方爲刀俎　明人下397
人之將死其言也善　明人下447
人之才能各有長短　明文事24
借人之典籍皆須愛護　明文事44
人以衣食爲本　明雜物32
人者國之本　明雜物33
一（ひとたび）　每一食便念稼穡之艱難、每一衣則…辛苦　玉上59・明帝上257
一顧傾人城、再顧傾人國　玉中265・明人倫147・管五315
一興八百年　玉中435
一沐三握髮　玉下638・明帝下25
一死不可復活　明人下438
一（ひとつ）　不以一眚掩大德　玉中361
獨（ひとり）　獨正者危　玉下497
獨智不可以存君　管四251
非獨君擇臣也　明帝下257
疲（ヒ）馬→疲（つかる）
誹謗　誹謗之罪不誅而…　明人下225・管一54
疲民→疲（つかる）
病家　病家之厨非無嘉饌　玉上18・明帝下94
百喜　百喜至、百邪去　管六338
百金　百金子不騎衡　玉上38・明人上123
懸百金於市…　明帝上398
百石　百石之車不可滿　玉中384
百獸　百獸震怒　玉下470
百尺　百尺之室、以突隙之煙焚　明雜事37
百心　百心不可以事一君　明帝下203
百姓　百姓震恐　玉中268
百姓有過在予一人　玉中313・明帝上129・管七425
百姓豐年　明神道47
百姓不治有司之罪　明人倫204
百星　百星之明不若一月之光　明人下66
百足　百足之蟲、至死不僵　玉下507・明人上30・雜事13
百世　雖百世小人…尚爲人師　明文事32
百辟　百辟鉗口　玉中335
百萬　百萬買宅千萬買隣　明地儀22

百萬之衆不如一賢　明人倫47
百里奚
百里奚乞食…繆公委
之以政　玉下484・明帝下232
百里奚愚於虞而…
玉下558・明人上50・管四268
百里奚居於虞而虞亡　管四269
百寮　百寮鉗口　明帝上310
氷霜　猶氷霜見日　明人下386
偪下（ヒョクカ）　貴服賤服、謂之偪下
明雜物24
非理　非理之物不入於室　明帝下387
晝（ひる）　晝生子似父　管十659
賓　賓有禮　管三209
貧　貧生於不足　管二124
貧而樂道　玉中273・明帝下334・
文事16・管三194
貧而無諂　玉中275・明帝下334
貧不學儉　明人上128
貧與賤是人之所惡
玉中286・明人上150
貧者士之常　明人下35
→貧（まづし）
敏　敏而好學　明文事7
貧家　貧家女難嫁　玉中439
牝鷄　牝鷄無晨、牝鷄之晨
惟家之索
玉上49・明人倫122
貧者　貧者不以貨財爲禮　明帝下302
稟性　稟性周密　明人下200
貧賤　貧賤之知不可忘
玉上65・明人倫139
貧賤親戚離　玉下555
貧賤妻子輕　管四264

ふ

婦　婦有長舌、維厲之階
玉中208・明人倫124
府　毋爲怨府　明人下357
武　有武无文、民畏不親
玉中375・明文事126
武能威敵　明文事123
武禁暴…此武七德…
明武事1
蜉蝣　蜉蝣之羽　明雜物21
風　移風易俗、莫善於樂
玉上187・明帝下352・管三222
風雨　風雨不節則饑
玉上159・明天象65・管八486
風雨不節則歲有飢荒　玉中393
風雨不節則歲飢　管八480
風雨急而不輟其音　明人上132

富貴　富貴不歸故郷、如衣錦夜行　玉中219・明人上114・管十649
富貴不歸故郷、如衣繡夜行　明人上115
富貴廣大守之以約　玉中390・明帝上111
富貴之家、祿位重疊　玉中422・明人下13
富貴在天　玉下492・明人上56
富貴他人合　玉下555
富貴他人重　管四264
富貴寵榮　明人上120
富貴而驕自遺其咎　明人上151
富貴者送人以財　明人下213
富貴匪自天降　明文事23
夫子　夫子之道至大也　管四271
夫子蓋少貶　管四271
夫婦　夫婦之道不可以不久也　明人倫114
夫婦人倫之始　管五316
不義　不義之富禍之媒也　明人下45
不義而富且貴於我如浮雲　玉上173・明人上113
服　服者身之表也　明雜物24
服美不稱　明雜物23
服者治之　管三180
覆水　覆水不可收　明人下163
富家　富家女易嫁　玉下439
不潔　蒙不潔則西施屏　明人下73
巫峽　巫峽之水能覆舟　玉下610
武功　武功者文德之輔助也　管三189
武功以顯重而　管四226
夫妻　夫妻一體也　明人倫88
不材　此木以不材得終其天年　明文事105・106
主人之鴈以不材死　明文事106
富財　富財不如義多　明帝下102
父子　父子雖至親　玉上16・管九544
父子不同位　玉上35・明人倫87・管三206・五298
父子不同席　明人倫86・管三205
父子之道天性也　管五296
父子不信則家道不睦　管六392・九581
父子有道卽慈孝　明帝下271
父子一體也　明人倫88
父子之嚴不可以狎　明人倫92
武士　避武士之鋒端　明人下151
武事　有武事者必有文備　玉上42・明文事122・管三188
富者　富者則貧者惡之　明人上140
不祥　德不副位…不祥莫大　管八481
不祥必有死亡　管八494
不賞　不賞之功讒人側臣　明帝上297
不積善

不積善之家有餘殃　玉上46・管十622

婦人
　婦人從其夫爵位　管五309
　婦人无爵、從夫之爵　玉下646・明人倫128
　婦人從人者也　玉上156・管五310
　婦人貌不修篩、不見君父　玉中266・明人倫148・管五313
　婦人有三從之義　明人倫126・管五311
　婦人三從者也　明人倫130
　婦人在室則天父…　管五312
　婦人有長舌、惟厲階　管五314
　婦人不得與於政事也　明帝下369

不肖
　任不肖必亂　玉上20・明帝下95・管一44
　賢不肖不同位　玉上23
　不肖在位、必受其禍　管一32
　不肖者知其必賤…　管一41

不善
　見不善如探湯　玉中310・明人下72

不善人
　與不善人居、如入鮑魚之肆…　玉上26・明人下79・管八508
　不善人者善人之資也　玉中213・明文事81
　禹稱善人、不善人遠　管一22

腐粟
　腐粟不可種　明人倫177

不足
　不足生於不農　管二124

無道
　無道之君以刃殘人　明帝上183
　雖無道、弗失天下　明帝下185
　無道人之短　明人下179

再（ふたたび）
　再顧傾人國　玉中265・管五315
　再實之木、其根必傷　玉中422

淵（ふち）
　臨淵而羨魚　玉中243・明人下158・管十646

普天
　普天之下、莫非王土　玉中324・明帝上7

船（ふね）・舟
　契船而求劍　玉上116・中428・明人倫71
　舟非水下行　明帝下273・人倫201
　猶舟不可行之於陸　管二96
　乘船走馬、去死一寸　管十663

武夫
　武夫則慣習弓馬　明諸道1

黼黻（フフツ）
　黼黻不同…悦目之翫　玉下589

父母
　父母在、不遠遊　玉中282・明人上79
　父母之年不可不知　玉中283・明人倫84・管十626
　見父母體之不安…　玉中401・明人上83

見父母之有善則…　玉中402
父母在不敢有其身　管五307
父母在、不稱老　管六336
父母生之績莫大焉　明人倫83
父母倶存…一樂也　明人下34
事父母能竭其力　明人上92
腐木　腐木不可以爲柱　明人倫159
父命　不以父命辭王命　明帝上152
武力　武力不如文德　明文事125
古（ふるし）　學古入官　管二86
故（ふるし）　溫故而知新　管二89
文　有文無武以無威下　玉中375・明文事126
守文之世、德高者位高　明文事124
文能附衆　明文事123
文士　避文士之筆端　明人下151
文士則講義經書　明諸道1
文事　有文事者必有武備　玉上42・明文事122・管三188・十610・637
文章　文章有巧拙　明文事42
文章無可傳於集錄　明文事45
文人　文人相輕、自古而然　玉下506・明文事27
文帝　文帝好文、臣好武　玉下639・管四266
墳土　墳土未乾而身名並滅　明人下440
糞土　糞土之墻、不可圬　玉中291
文德　修文德以來　管三147
文德者帝王之利器　管三189
文德以行褒　管四226
文武　文武之道未墜於地　玉中314・明文事121・管三187
文武倶生（行）威德乃成　玉中375・明文事126
文武二途、捨一不可　明文事127・管三190
蚊蝱　蚊蝱終日經營　玉下477・明雜事11
蚊虻噆膚　明雜事19
文理　文理未明、不可以幷兼　明文事19
文理倶高者上上　明文事111
文王　文王之朝、多賢良　玉中433
文王以寧　玉下514
文王囿百里、人以爲尙小　玉下569・明帝上103・管二126

へ

兵　兵以勝爲功　管三164
　　兵爲天下雄　管三166
　　兵、將之所恃也　管三177
　　兵無所容其刃　管六365
　　兵彊者則士勇　明帝上27
　　偃兵息民、天下大安　明帝下4
　　兵者不祥之器　明武事4
　　兵者凶器也　明武事5
　　兵凶器、戰危事　明武事42
　　兵猶火也　明武事17
弊邑　習其弊邑而覩上…　明人上138
陛下　陛下好少、臣已老　玉下639・管四266
　　陛下以百姓爲子　明帝上156
　　陛下嫚而侮人　明帝上196
　　陛下以一人之譽…　明帝上291
　　陛下有尙書、猶天之有北斗　明帝下55
兵甲　兵甲者國之凶器也　明武事6
丙吉　丙吉爲丞相御史醉…　管七452
兵事　習兵事、多謀詐　明武事28
平林　平林沙壑猛獸不居　明帝上28
廟　過廟則趍、孝子之道　管五291
廟堂　廟堂之議、非草苗所當言也　明帝下299
飄風　飄風不終朝　玉中212・明天象20
霹靂　霹靂之後、難爲雷　明人下278
卞和　玉石失眞、卞和泣之　玉中445
　　昔卞和獻寶　玉中445・明人下236
變咎　變咎之來不可不愼　管八472
片言　片言可以折獄者…　明帝下415
辯士　避辯士之舌端　明人下151
扁鵲　扁鵲不能治不受鍼藥之疾　玉上33・明帝上248・人下429
冕す　冕而前弦所以蔽明　玉下475
邊垂　邊垂之患、手足之…　明帝上24
弁冕　弁冕雖舊、必加於首　玉中344・明人上149

ほ

鳳　鳴鳳在林　明帝上275
暴　禁暴戢兵保大…　管三167
暴雨　暴雨之盛不過終日　明天象22
蚌蛤　蚌蛤珠胎與月虧全　管十655
謀者　謀者謀於未兆　管八506
豐年　豐年之冬必有積雪也　明帝上276
培塿　培塿無松柏　明人下58
鳳凰　鳳凰不與燕雀爲群　玉中325・明人下60
卜（ボク）　卜以決疑不疑何卜　明諸道24
　卜之不吉、筮之吉　明諸道27
墨子　墨子之門多勇士　玉中433・明人下80
　墨子廻車　明人上86
僕臣　僕臣正厥后克正、僕臣諛厥后自聖　管九550
卜筮　卜筮不過三　玉上39・明諸道20・管十602
　卜筮者、先聖王之所以…　明諸道13
　卜筮者所以定猶豫決疑　明諸道15
　卜筮射六得三　明諸道21
朴忠　周勃以朴忠取信　明文事98
墨翟　墨翟有非之論　玉下529
北芒　北芒新舊骨　玉中443
星（ほし）　星有風雨之好　玉下566・明人上17
　星之昭昭、不若月之曀曀　明人下65
蒲城　蒲城之役…　玉上111
臍（ほぞ）　噬臍何及　玉下658
佛（ほとけ）　佛教、自殺者不得復人身　明人下447
施（ほどこし）　受施愼勿忘　玉下595
骨（ほね）　毋齧骨　管三213・十600
法　法正則民慤　明帝下419
　法三章耳　明帝下422
　有法不行、不如無法　明帝下442
法禁　法禁者俗之堤防　明帝下429
　法禁行而不可犯　明帝下459
法令　法令所以導民也　明帝下421
盆　戴盆望天事　明人下297

ま

昧金　不照於昧金而照於瑩鏡　明人上20
猛　（政）猛則民残　管一72
猛虎　猛虎在深山百獣震恐　玉下470・明武事65
　猛虎之猶豫、不若…　明人下61
盲者（マウジャ）　盲者不忘視也　玉中221・明人下302
　盲者不見、咫尺…　明人下68
　→瞽（めしふ）
猛将　猛将如雲謀臣如雨　明武事41
猛獣　猛獣處山林、藜藿…　管九537
孟嘗　孟嘗終日不食　明文事13
　孟嘗遭雍門而泣　玉下522・明人下338

罔然　罔然若酲　明人倫78
孟孫　孟孫之悪我薬石也　明人下223
孟賁　孟賁之狐疑、不如庸夫之必至　玉下665・明人下61
網羅　網羅之鳥、恨高飛　玉中370
曲（まがる）　曲者以爲輪　玉中382
　曲者不可以爲桷　明人下287
枉（まがる）　擧枉錯諸直則民不服　管六395
誠（まこと）　竭誠則胡越爲一躰　管九579
當（まさに）　當於民鑒　玉中458
將（まさに）　將上堂聲必揚　管三217・十587
交（まじはる）　交淺而言深者愚也　明人下300
松（まつ）　松茂而栢悦　玉下584・明人下347
貧（まづし）　雖貧不鬻祭器　玉下655
祭（まつり）　祭豐年不奢　玉上12・明神道6・管五283
　祭不欲數、數則煩　管五284

　非所祭而祭名曰淫祀　明神道8
政（まつりごと）　→政（セイ）
學（まなぶ）　學也祿在其中矣　玉上57・明文事10・管十634
　學若牛毛　玉中319・明文事52・53・管三149・151
　學而後入政　明帝下360
　學而知之者次也　明文事9
　學而優則仕　明文事14
　不學則不明古道　明文事50
　學者思明師　明文事87
面（まのあたり）　无面諛、退而謗　玉上119
　無面從、退有後言　管一52
　面從後言古人所誡也　明人下161
蝮（まむし）　蝮螫手則斬手　明帝上363
守（まもり）　守在海外　玉下462・管六351
　守在四夷　管六350

滿(マン)→滿(みつ)

萬劫
萬劫煩惱根　玉中444

み

身
身無大功而有大祿…　玉上8
不以身尊而驕人　玉中390
身長則影長、身短則影短　玉中415
身貴則愛其身　玉中426
身之使臂　玉下478
身危由於勢過而…　玉下490・明人下17・393
立身者不階其術　玉下509
終身勿事　玉下617
身失道則無以知迷惑　玉下630・明人下160
身貴而驕人者民去之　玉下656
身修者、官未嘗亂　管四253
身也父母之遺體也　管六237
身御浣衣…　明帝上106
立身行道　明人上72
身非木石　明人下441

右(みぎ)
救右則擊其左　明武事38

三(みたび)
三諫而不聽則逃之　明帝下288
季文子三思而後行　明人倫20

亂(みだりがはし)
亂罰无罪　管七453

亂(みだる)
亂則刑輕　玉中372・管七413

迪(みち)
禹曰、惠迪吉　明人下51

道(みち)
道罔隆而不殺　玉下597
道可道、非常道　管六348
人能弘道、非道弘人　管十633
知道者、必達於理　明帝下384
索道於當世…典籍　明文事57

短(みぢかし)
短者以爲拱揄　玉中383

滿(みつ)
滿招損　玉上130・管六402
滿而不溢　玉上197・明人下24

盈(みつ)
盈不可久也　明人下3

三(みつ)
國有三不祥　管一43

水(みづ)
水至清則無魚

玉中249・明帝下371・管十648
水致其深而蛟龍生焉　玉中407・明人倫8
水積成淵、學積成聖　玉中431・明文事55・管四148・十684
水流濕、火就燥　玉上100
視水見形　玉上120
如水之走下　玉中242
水非石之鑽　玉下485
水懷珠而月媚　玉下580・明人倫28
水廣者魚大　明人倫91・管一16
水可載舟、立可覆舟　管三133
如水流入深谿　管六369
水懦弱民狎而翫之…　明帝上385
水濁則魚噞　明帝下372

水生於山而走海　明人倫209
水廣則魚游　明人上110
魚得水而游　明雜事12
自（みづから）
自高者必有下　玉上200
自多者必有損　玉上200
自危者則能安其位　玉上202・管六407
自守者身全　玉下521
自作孽不可逭　管八492
碧（みどり）
碧出萇弘之血　明人下350
南（みなみ）
由南則失北也　明帝下375
源（みなもと）
濁其源而望流淸　明人下294
耳（みみ）
耳之所樂不可不愼也　玉上90
惑耳者、必妍音淫聲也　玉上90・明人下183
信耳而疑目者、俗之恆蔽也　玉上91・明人上7
耳不聽鐘鼓之音　玉中263・明帝上113

耳不聽則不能…　明人上4
耳之所樂不可順也　明人下184
耳妄聽則聾　明人下222
聾（みみしふ）
聾者无以與…聲　玉上95・明人下306
聾者不聞震霆　明人下307
名利
名利之福、薄於三春之氷　明人下106
明王
古者明王伐不敬　明武事2
民心
民心无常　玉上135
民人
民人以食爲天　明帝上191

む

昔（むかし）　昔者明王以孝治…　明帝上79
夢恠　夢恠不勝善行　玉上75・明帝上355・管八490
無稽　無稽之言、勿聽　明人下232
無功　無功之賞、不義之富　玉上66・明人下45・管九584
無道　無道之君以刃殘人　明帝上183
鞭（むち）　雖鞭之長不及馬腹　明人下292
無定　無定之士明王不禮　明帝上177
無度　無度之言明王不許也　明帝上177
無德　無德不報無言不酬　明帝上90
紫（むらさき）　惡紫之奪朱也　明帝上304
　紫之亂朱、以其似朱也　明人下57
無爲　爲無爲事、無事　明帝上267

め

目（め）　目之所好不可從也　玉上90・明人下184
　惑目者必逸容鮮…　玉上90・明人下183
　目不視靡曼之色　玉中263・明帝上113
　目失鏡則無以正鬚眉　玉下630・明人下160
　目者面之淵　明人上1
　使目在足下則不可以視　明人上2
　目不明則不能決黑白之分　明人上4
　目所不見　明人下91
　目妄視則盲、耳…　明人下222
　目不眴心不懼者…　明武事59
眼（め）　眼不能見其睫耳　明人上5
命　受命之日忘家　玉中416・明武事22
　命緣義輕　玉下499
　命者天之令也　明人上8
　從命利君、謂之順　明帝下225
　違命不孝　明人上89
　知命者不怨天　明人倫16
明鏡　明鏡所以察(照)形　明帝下373・管八498
明君　明君無棄士　玉上27・明帝下98・210・管一18
　明君知臣、明父知子　玉中327・明帝下283・管一13・36
明月　明月之珠不能無纇　明雜物7
　明月之珠、夜光之璧　玉中238・明雜物8
明者　明者視於无形　玉中414・明文事102・管八506

明主　明主賞必加有功　玉上4・明帝下462
明主有私人以金石…　玉上24・明帝下86
明主能諫病就苦而　玉中388
明主使臣不廢有罪　玉下542・明帝下230・管七433
明主絶疑、去讒　管一11
明主立政者不得不賞　管一12
明主不掩人之美　明帝下259
明主不惡切諫…　明帝下263
明主立可爲之賞　明帝下463
螟蟲　螟蟲之類隨氣而生　玉上80・明帝下374・管八470
明哲　明哲之君、時有…累　玉下603
明德　明德雖明終…　玉中399・明帝上251
明德惟馨　明神道5
明父　明父知子　玉中327・明帝下283・管一13
明王　明王不爲一人枉其法　玉上171・明帝上161・管一10
明王之任人如…　玉中382・明帝下97・管四258
明王聖主莫不尊…　明帝上83
明王不失言於戯　明帝上213
明王愼德、四夷咸賓　明雜物11
瞽（めしふ）　瞽者无以與于文章之觀　玉上95・明人下306
瞽者不見泰山　明人下307
→盲者（マウジャ）

も

毛嬙　毛嬙西施善毀者、不能蔽其好　玉下496
用（もちいる）　用之則爲虎、不用…　玉中248・明人上47
无所可用　明文事105
用而不任、三不祥也　管一43
下（もと）　下自成蹊　管六370
本（もと）　不背本仁也　明帝下204
棄本逐末十室而九　明人倫220
基（もとゐ）　基廣則難傾　玉下515・明人下172
物（もの）　物盛則衰　玉中211・明人下2
物暴長者必夭折　玉中329
物以遠至爲珍　玉中337
君人者…无私於物　玉中348
物无盛而不衰　玉下597

物勝權而衡殆　玉下604・明人下16
物極則反　明人下10
玩物喪志　明人下190
物至則反冬夏是也　明人下348
索物於夜室者、莫良於火　明文事57
嫫母　嫫母倭傀…　玉下496
衆（もろもろ）　在衆不争　玉上164
門　出門之日忘親　玉中416・明武事22
文翰　不遊文翰、不識智之源　明文事48
文理　考其文理、發其音聲哉　明人下252
文武　文武不以卑　玉下501

や

養子　中官得以養子爲後　明人倫106
羊質　羊質服虎文　管四247・252
養由　養由矯矢　明武事53
厄　厄非仁、不扶　管六384
藥酒　藥酒苦口而利於病　玉上31・明人下226 2・管一58
夜光　夜光報於魚目　玉下560
夜光之璧　明雜物8
祠（やしろ）　過祠則下　玉下628
野獸　野獸已盡而獵狗亨　明武事51
野人　野人有快炙背…　玉下524・明雜物16
安（やすし）　安不忘危　管八499
安而不忘危　玉上203・管八520
野鳥　野鳥入室、主人將去　玉下465・明人下44
山（やま）　近山之木長　玉上79・管十687
山有猛獸、藜藿爲之不採　玉中254・管九535
山有虎豹、藜藿爲之不採　明帝上23
山致其高、雲雨起焉　玉中407・明人倫8
山峻者崩、政刻者危　管二84
山有木、工則度之　明帝下328・管三209
莫躓於山而躓於垤　管八501
山崩川竭、亡國之徵也　明帝上346
山高者其木脩　明人上62
譬猶…升山採珠　明人下296
病（やまひ）　病從口入　玉上37・明人下145・管九568
療病者必先知脉…　管二98
痿（やむ）　痿人不忘起　玉中221

ゆ

湯(ゆ)　欲湯之滄　明人下274
勇者　勇者不懼　玉中297・明文事100
勇略　勇略之士則受…任　管四243
勇力　勇力不足恃　明文事58
雪　雪滿群山　明天象58
行(ゆく)　可行不行、事息可然　明帝下380
往(ゆく)　禮…不聞往教　玉上141
　行不履閾　玉中298
　往而不來…非禮也　管三204
弓(ゆみ)　弓調而後、求勁　玉中411・明武事24
弓矢　戢干戈、櫜弓矢　玉上122
夢(ゆめ)　夢之中又占其夢焉　明人上45

よ

世(よ)　治世之君先亂任賢　玉上18・明人倫35・管十681
　世皆濁、我獨清　玉上546
　世皆濁、何不淈其泥　玉上547
　日不雙麗、世不兩帝　玉上567
　世亂識忠良　玉下577
　累世不能通其學　管三153
　世必有聖知之君　管四265・九549
　世質民淳　明帝上66
　世治則愚者不能獨亂、世亂則智者不能獨活　明帝上324
　世亂則聖哲馳騖而不足、世治則庸夫高枕而有餘　明帝上325
用　用廣其器　玉下604
庸君　庸君無賢佐　管十669
容止　容止可觀　明帝下331
庸主　庸主賞所愛而罰所惡　玉上4・明帝下461・管一12
容體　容體不足觀　明文事58
欲　欲不可縱　玉上50・126・明人下4・15・管二114
　欲深則性亡　玉下600・明人下43
　縱欲成災　玉上126
能(よく)　能孝於親則必能忠於君矣　玉上182・明人上77・管六346
　能不惑者其唯子野乎　玉下592
　能自危者則能安其位　明帝上180
　能生法者明君也、能守法者忠臣也　明帝下251

能走者奪其翼　明人上25・人下186
能行之者、未必能言。能言之者、未必能行　明人下211

善（よく）
善爲政者天地不能害　玉上9・明帝下362・管二80・十676
善游者溺、善騎者墮　玉上44・明人上39・管八507
善事其兄則…　玉上182・管四346
善陳者不戰、善戰者不死　管三170
善事父母曰孝　管六341
善接生者陸行不遇　管六365
善爲治者必以仁愛…　管六380
善閉者無關揵而…　明人倫21
善知人者看知明鏡　明人倫58
善飛者減其指　明人下186
善學者假人之長…　明文事28
善作者不必善成、善始者不必善終　明雜事43
善言天者必有徵　明人倫48

沃土　處沃土則逸　明人倫228
豫且　掛豫且之密網　玉下464
好（よみんず）　好不癈過　玉上93・管七459
好生毛羽、惡生瘡　玉中339
所好則鑽皮　玉中338
蓬（よもぎ）　蓬生麻間、不扶自直　玉中315・明人下134・管八510
餘糧　餘糧栖畝而不收　玉下564・明帝上273
夜（よる）　夜生子、似母　管十659
夜而忘寢　明人下411
欣（よろこばし）　欣莫欣兮春日　明天象29
歡（よろこび）　歡不可分　玉下596・明人下181
喜（よろこぶ）　喜則濫賞無功　玉上109・明帝下471

ら

來者　來者難誣　管三163
雷霆　雷霆之所擊、無不摧折　玉中234・明武事33
勞（ラウ）　勞大者其祿厚　玉上3・中244・管一12・四226
因勞施爵則賢愚得宜　管四242
老子　老子莊周吾師也　玉下523・明帝下84
老者　老者非帛不煖　管十643
老者不以筋力爲禮　明帝下302
老將　老將智而耄及　明人倫176
老弱　老弱罷轉漕　明武事19
老人　老人子無影　管十661
老人言不用　明人倫177
勞政　勞政多亂人　明帝下367・管二73

老病　老病作醫　明諸道8
廊廟　廊廟之材、非一木之材　明雜事2
　廊廟之欀、非一本之枝　明雜事5
朗璞　朗璞蒙垢、不能吐輝　玉下603・明人下238
良藥（ラウヤク）　良藥苦口而利於病　明人下226・管一56・57
落葉　落葉俟微風以隕　玉下522・明人下338
亂　犯亂之罪固輕　玉中372・管七413
　亂非智不救　管六384
　亂不極則治不形　明帝上323
　亂則刑輕　明帝下403
　亂之所生也…　明人下202
亂國　亂國之官、非无賢人也　玉上18・明帝下94
蘭茝（ランサイ）　蘭茝蓀惠之芳、衆人所好　玉下529・明人上37
亂世　亂世之音、怨以怒　明諸道32
亂門　無過亂門　明人下141

り

吏　君能爲善則吏必能爲善　明帝下62
利　利不百、不變法　管三203
柳下惠　柳下惠大賢　玉上127・明人倫102
　柳下惠東方朔達人也　玉下523
李下　李下不正冠　玉下466・明人下137・管七441
利口　惡利口之覆邦家也　明帝上304
李斯　李斯竭忠、胡亥極刑　管六347
里社　里社鳴而聖人出　玉下481・明人倫1
利す　徒利而不愛則衆不親　明人下96
律　律和聲　明諸道31

立身　立身之道、唯學與謙　明人下121
兩葉　兩葉蔽目、不見泰山　明人上3
良賈　良賈深藏、若虛　明人倫25・管六364
良弓　良弓之子必學爲箕　明人倫101
良君　良君將賞善而刑淫…　明帝上149
兩虎　此猶兩虎相與鬪　明人下364
良匠　良匠無棄材　玉上27・明帝下98・210・管一18・四258
　良匠不能斲水　明人下277
良田　良田敗於邪徑　明人下237
良木　良木攢於褒谷　明雜物18
良治　良治之子必學爲裘　明人倫101
　良治不能鑄水　明人下277
良藥→良藥(ラウヤク)
隆車　禦隆車之隧　玉中336
隆隆　隆隆者絕　玉下520
慮　慮无失策、擧无過　管二74
龍　龍可擾而馴、然喉下可逆鱗　玉上110
　龍圖授羲　明帝上84
　龍…其喉下有逆鱗…　明帝上218
蓼蟲　習蓼蟲之忘辛　明人倫79・230
騄驥　騄驥倚輈…　玉下558・明人倫59・人上50
離婁　離婁之明不能察帷薄之內　玉中316・明人下309
霖雨　霖雨者人之怨之所致　管八482
輪蓋　輪蓋所遊…　玉下606
隣國　隣國有聖人、敵國之憂也　明帝上22

れ

令(レイ)　令苛則不聽　玉中366・管二83
　令出不行不如無法　明帝下441
禮　禮聞來學、不聞往教　玉上141・明帝下319・管三160
　禮者士之所歸　管三185
　禮從宜、使從俗　明帝下303・管三192
　人有禮則安、無禮則危　管三198
　禮者不可不學　管三198
　禮不踰節　管三199
　禮尚往來…　管三204
　非禮、威嚴不行　明帝下320
　非禮勿視、非禮勿聽、非禮勿言　明帝下337
　禮者因時世人情　明帝下343

禮、夫有再娶之義　明人倫116
不學禮、無以立也　明文事67
禮煩則亂　明神道4
禮者不邪之禁也　明佛道9
蠡（レイ）→蠡（かひ）
禮樂　禮樂者君子之深教也　明帝下351
禮義　人之所以爲人者、禮義也　明雜物26
禮義生於富足　管七445
禮經　禮經國家定　明帝下329
藜藿　藜藿爲之不採　玉中254
醴泉　是夏京師醴泉涌出…　明帝上288
禮法　禮法有朋友　玉中440
麗容　麗容…待鏡以端形…　玉中399・明帝上251
靈王　靈王好細腰而民多餓…　玉上76・管一63

曆象　曆象日月星辰　明諸道12
烈火　烈火流金不能焚　明人下271
烈士　烈士殉名　明人下108
劣智　有劣智者不可責…　玉中385・明帝下99・管四248
廉士　廉士重名　管五328
廉士非不愛財…　管六399・九585
廉夫　廉夫不飡不義之食　明人下127

ろ

魯　魯哀公…曰有人好忘者…　玉上114・明帝上235
魯哀禍大天不降譴　玉下629・明帝上330・管八500
魯聽季孫之説　玉中236・明人下235
魯使蹇　明人倫163
聾者　聾者無以與…　明人下306
聾者不聞震霆　明人下307
隴西　是隴西之遊…　明人下305
祿　祿厚者怨虐之　玉中378
不恥祿之不夥而…　玉中429
祿已厚而不知足者…　玉下656
祿非其功、弗受也　明帝下75
食祿而避難非忠也　明人上93
盧狗　盧狗悲號　玉下543

六合　六合大同萬方咸慶　明人下36
六逆　賤妨貴…淫破義、所謂六逆也　明人下52
六藝　六藝、禮・樂・射・御・書・數　明諸道38
六順　君義臣行、父慈子孝、兄愛弟敬、所謂六順也　明人下52
六夢　六夢一曰正夢…　明人上44

わ

王（ワウ）　王不可以不彊　明帝上190
　王省惟歲　明帝下51
王言　王言如絲　明帝上138
往古　往古者所以知今　明帝下373
黃金　黃金累千、不如…　明人倫37
　得黃金百、不如得季布一諾　明人下192
王事　不以家事辭王事　玉中342
　王事靡盬　玉中456
王者　王者不受私　玉上2・下615・明帝上214・管一3
　王者欲明、讒人蔽之　玉上29・明人下241・管一70
　王者以民爲天　玉中226・明帝上191
　王者以四海爲家　明帝上158・管一6
　王者之政化之　管二81
　王者可私人以財　明帝下87・管四229
　王者莫高於周文　明帝上195
　天下重器王者大統　明帝上209
　王者不絕世　明帝上210
　王者尙不能行之…　明人下356
王政　王政之要…在務農　明人倫225
往聖　以往聖之法治將來　明人下288
王道　行王道則王…　管二93
　白氣…王道微絕之應也　管八479
王澤　王澤竭而詩不作　明文事70
王父　以玉父命辭父命　玉中342
王莽　王莽董賢之爲三公…　玉下482・明人下62
王陽　王陽以衣囊徼名　管七442
王位　王位不可以久曠　明帝上205

我（わが） 我心匪石不可轉也 明人上14
吾（わが） 吾生也有涯而… 明人上57
玄宗曰吾兒雖瘦… 明帝上256
幼（わかし） 幼而學者如日出之… 玉下661
少（わかし） 少而無父者謂之孤 明人倫187
和氣 和氣致祥 明帝上283
伎（わざ） 伎之易習而可貴者… 明文事33
禍（わざはひ） 禍從口出 玉上37
有禍而不誅則… 玉上41
禍兮福之所倚 玉上61
必有禍而无福 玉中256
禍積起於寵盛… 玉下490
禍作福階 玉下561・明人下37
禍與福兮何異糺纆 玉下633
禍莫大於刻 管二142
禍在積怨 管六357
禍不入愼之門 明人下144・管八503・九574
臨禍忘憂 明帝下395
轉禍爲福 明人下41
禍莫大於不知足 明人下149
禍莫大於殺已降 明武事21
禍起於細微 明雜事40
和す（ワ） 庶官乃和、不和政厖 管四236
和其光同其塵 明神道20
私（わたくし） 以私害公、非忠也 明帝下181
私讎不及公 玉上92・管十675
不以私害公 玉中400・明帝下236
蹄（わな） 蹄者所以存兔、得兔 待而… 玉上104
我（われ） 生我者父母、知我者 鮑叔 玉中452・明人倫168・170
我獨淸…我獨醒 玉下546・明帝上311
我文王之子 玉下638
非我安知我心 玉下643・明人上34
撫我則后、虐我則讎 明帝上130
我愛其禮 明帝下296
予（われ） 予臨兆民 明帝上131
吾（われ） 吾驟歌南風多死聲 管三223
吾以布衣…取天下 明帝上197
吾懼君以兵… 明帝下394
吾日三省吾身 明人倫19
吾今日見老子 明人倫14
吾未見、好德如好色者也 明人上36
吾爲社稷計耳 明人下431

ゐ

痿人　如痿人不忘起　明人下302
爲政　爲政之本、莫若得人　明帝下377
　爲政者不賞私勞　明帝下455
夷狄　夷狄之有君、不如…　明帝上32
委任　見委任也…　明帝下237
韋編　韋編三絶　管三157
違卜　違卜不祥　明諸道28

ゑ

衞　衞使眇　明人倫163
衞女　衞女嬌桓耳忘和音　玉下598
越　越棲會稽勾踐伯　玉中231
　越鳥巣南枝　玉下554
越王　越王好勇而民…爭死　管一63
遠人　遠人不服…　管三147

を

尾（を）　末大必折、尾大難掉　玉下479
屋下　屋下架屋　明人下282
幼（をさなし）　幼從父兄、嫁從夫　玉上156・管五310
敩（をしふ）　敩學半　玉上134・明文事85・管三159
夫（をつと）　夫死從子　玉上156
　夫信妻貞、家之福也　管一14
終（をはり）　終身勿事　玉下617
居（をり）　寢不尸、居不容　玉中306
隱顯　諸神者…隱顯不測　管五278
溫故　溫故知新通達國躰　明帝下58
　溫故而知新、可以爲師矣　明文事84
溫樹　溫樹不言　玉中457
女（をんな）　女有家、男有室　明人倫118

女曰鶏鳴　明人倫121
女無媒不嫁　明人倫141
女為説己者容　明人倫142

婦（をんな）

婦奪夫政則國亡　明人倫122

類書三書出典別句番號索引

一　漢籍

アン　晏子(春秋)　[玉]62・63・66*・659・[明]帝道上123・帝道下348・388・人倫9・213*・人事上26・人事下65・155・182*・[管]197*・584*
イウ　遊仙窟　[明]人倫140・149・150・151・人事下278・310・437・雜物42
エウ　要覽　[玉]10・37・368・371・[明]帝道上244・人事下145・諸道30・[管]267・399・568・573・578・585・683
エン　鹽子新論　[明]人倫66
鹽鐵論　[玉]19・33・84・85・87・361・[明]帝道上23・248・258・帝道下435・470・人倫34・36・52・91・204・212・235・人事上129・人事下379・429・文事22*・125・諸道7・[管]679・680
オン　音義抄　[明]人倫211
カウ　孝經(古文―)　[玉]161・162・163・167・187・188・194・[明]帝道上175・176・178・179・帝道下182・185・278・281・282・331・352・398・人倫83・人事上72・73・74・87・88・人事下21・24・335・[管]254・296・297・333・334・406・407・566
孝經註　[玉]164・165・166・168・169・170・171・172・173・174・175・176・177・178・179・180・181・182・183・184・185・186・189・190・191・192・193・195・196・197・198・199・200・201・202・203・617・[明]天象12・帝道上128・153・161・163・177・180・298・帝道下31・183・184・251・252・253・279・280・332・341・342・361・459・460・人倫185・196・197・人事上75・76・77・78・90・113・人事下22・23・54・96・142・224・330・414・雜物24・[管]10・19・20・71・115・346・405・439・471・520
孝經援神契　[明]帝道上278
孝經緯　[管]292
庚申經　[明]天象63
カシ　賈子　[玉]81*・82*・349・[明]帝道下62*・人倫222
カツ　鶡冠子　[明]天象27・人事下262*
葛氏外篇　[玉]430・431・432・[明]人事上139・文事55*・[管]103・104・148・157・385・684
カン　漢舊儀　[明]帝道上70　(天象46註參照)
漢官儀　[明]帝道下114
韓(非)子　[玉]58・92・93*・351・630・[明]天象57・帝道上228・398・帝道下463・人倫73・人事上4・19・144・147・人事下55*・160・226・2・武事62・雜事37・[管]515・552・

675・
韓詩外傳 [玉]73・74・[明]帝道下130*・人事上140・人事下151・185・[管]686
顏氏家訓 [玉]317・318・319・320*・354・645・658・661・662・[明]帝道上81・391・帝道下141・167・186・247・人倫32・81・92・160・236・人事上5・25・55・125・人事下91*・106*・114・115・127*・165・186・187・1・187・2・188*・189*・222*・282・372*・439・佛道9・17・18*・文事4・32・33・34・35・36・37・38・39・40・41・42・43・44・45・52・54・77・87*・諸道1・2・11・21・22・雜事24*・[管]149・151・389・688
漢書 [玉]7・15・20・72*・218・219・220・221・222・223・224・225・226・227・228・229・230・231・232・233・234・235・236・237・238・239・240・241・242・243・244・245・246・247・248・249・250・251・252・253・254・255・256・257・258・259・260・261・262・263・264・265・266・267・268・269・270・340・343・372・457・[明]地儀19・28・29・32・帝道上5・33・77・104・113・120・121・155・195・196・197・198・199・200・231・265・266・283・284・287・293・305・329・331・333・336・338・351・404*・帝道下3・4・5・22・26・27・33・34・49・58・60・77・95・143・159・161・195・196・197・198・199・299・300・345・401・402・403・422・423・424・425・426・427・464・465・人倫27・47・48・49*・67・146・147・148・156・159・173・184・210・214・215・216・人事上67・81*・99・104・114・118・135*・141・146・人事下157・158・166・215*・225・235・299・303・313・333・358・367・384・410・神道21・22・文事2・51・95・96・武事26・27・28・29・30・33・34・42・49・雜物8・35・50・雜事2・7・8・9・22・23・[管]5・25・37・39・44・65・67・78・82・106・117・123・124・137・138・174・175・176・189・225・226・265・291・313・314・315・322・343・347・368・370・371・413・440・444・452・455・478・479・499・535・555・641・643・644・645・646・647・648・649
漢武故事 [玉]639・[管]266

キウ

九經要略 [管]464

ギシ

魏志 [明]帝道上232*・人倫125・180・人事上9*

ギブ

魏文貞故事 [明]帝道上98*・人事下233*・武事31*
魏文帝書 [玉]67・[明]雜事20*
魏文帝政書 [明]帝道下480*

ギラ　儀禮　[明]人倫88・126・[管]311・609
キン　金谷園記　[管]293*
金樓子　[明]帝道上115・366・372・397*・人事上3・人事下41*・73・121・280・314・373
クヤ　公羊傳（春秋公羊傳）　[玉]342・420・[明]帝道上145・152・帝道下179・180・人倫62・89・95・97・133*・武事16・[管]305・423・485
公羊傳註　[明]帝道下351・人事下194
クワ　皇世紀　[明]帝道下116
黄帝舍宅圖　[管]495
黄帝素問　[管]516
花子　[明]人事下376
管子　[玉]352・[明]天象21・人倫223・[管]232・677
桓子新論・桓譚新論　[管]33・155
グン　群書治要　[明]帝道下7・37・46・85・240・276・375・376・378・人倫38・人事上63・66・雜物5
[玉]77〜91は群書治要に據る。
ケイ　荊楚歲時記　[明]天象32・40
藝文類聚　[明]帝道上253・帝道下211
ケゴ　家語→孔子家語
ゲツ　月舊記　[明]帝道下145
コウ　孔叢子　[明]人倫141・人事下391
孔子家語　[玉]26・31・75・204・330・331・353・355・[明]地儀18・帝道上240・355・369・帝道下273・373・390・406・人倫3・4・112・201・229・238・人事上84・85・人事下29・30・35・79・213・221・380・雜事45・[管]41・47・58・133・140・490・508・527
ゴカ　後漢書　[玉]65・71*・72・329・332・333・334・335・336・337・338・341・422・423・424・429・448・499・551・621・622・629・[明]天象2・7・8・15・26・46・帝道上6・9・15・24・25・34・80・82・83・90・94・95・106・107・129・156・165・169・170・183・184・190・193・194・201・203・204・205・206・207・268・269・270・271・281・282・288・289・297・307・308・309・328・330・344・345・352・371・376・395・396・帝道下14・15・16・17・18・19・23・35・55・78・79・80・81・112・122・156・162・166・169・207・208・209・212・213・257・264・265・367・368・369・377・389・428・429・430・431・432・人倫6・13・23・50・51・56・71・72・106・116・139・157・174・232・人事上40・53・68・93・94・95・人事下8・9・11・12・13・25・26・31・552・87・101・102・107・116・122・123・128・135・159・163・164・169・170・199・226・

236・246・250・263・269・270・279・284・
294・296・300・311・312・317・318・319・
336・378・382・383・400・424・神道34・
文事21・86・108・124・武事9・
15・36・37・38・43・44・45・46・
47・48・雜物15・49・雜事10・
25・26・31・32・33・36・38・[管]
6・7・15・26・27・57・62・73・
74・75・79・91・98・101・107・227・
228・229・241・242・252・260・261・270・
299・303・316・340・342・350・373・376・
384・386・414・415・416・417・426・442・
445・456・461・471・473・474・475・476・
477・481・482・489・498・500・509・514・
542・551・556・650・651・652
後漢書註 [明]帝道上68・人事
下407・[管]96
ゴキ 後京雜記 [明]帝道上377
五行大義 [管]278・279・491・659・660

コク 穀梁傳（春秋穀梁傳） [玉]344・
[明]人事上149・[管]169・170・358・564・
610
ゴシ 吳子 [明]人倫53
コン 坤元錄 [明]人事下63
サウ 莊子 [玉]60・94・95・96・97・104・
346・347・643・663・664・[明]帝道上
108・186・187・188・236・379・393・帝
道下1・2・289・364・人倫5・
24・74・90・人事上13・29・32・
33・34・45・46・57・62*・116・人
事下89・126・210・264・265・266・267・
293・306・346・436・神道31・文事
18・104・105・106・武事58・諸道
36・雜物4・雜事19・[管]95・262・
300・325・327・328・344・375・388・612・
613・614
曹植表 [玉]69・[明]人事下369・
370*

サデ 左傳（春秋左氏傳） [玉]6・34・
54・66*・205・209・361・371・421・[明]
天象24・帝道上17・18・19・31・
149・150・151・154・173・303・317・332・
340・341・348・353・362・365・368・374・
375・380・381・385・387・388・389・390・
帝道下45・53・69・70・71・138・
181・204・284・326・327・328・329・330・
358・359・360・393・394・395・396・397・
414・455・456・457・458・人倫69・104・
118・119・131・132・181・191・192・人
事上12・27・61・64・89・91・112・
130・人事下45*・52・53*・88・93・
320・321・355・363・374・395・428・神
道10・11・12・13・14・15・16・
25・28・武事1・2・3・11・12・
17・諸道24・25・26・27・28・35・
雜物3・12・13・14・22・23・[管]

2・22・23・72・109・110・119・167・168・186・193・209・237・275・276・277・282・312・390・409・427・428・459

サン
三國志　管653
三略（記）　玉77・358・明人倫55・武事25・管30・31・32・66・84・166・178・179・180・181・182・183・184・185・230・231・326・329・352・357・421・424・512・529・536・541・668・671

シウ
周易（易經）　玉46・47・99・100・101・102・103・明天象1・64・68・帝道上63・64・67・76・126・帝道下28・408・人倫114・166・人事下1・3・50・202・203・204・342・343・神道1・2・29・文事80・諸道14・16・管273・381*・403・404・621・622
周易（異本）　明帝道下10・12・40
周易略例　明人事下353
周書（陰表）　明人倫42
周髀（算經）　明天象18

ジガ
爾雅　管341

シキ
史記　玉1・2・3・4・7*・22・38・42・43・45・119・120・121・122・123・124・207・321・322・323・324・325・327・345・365・452・459・615・616・623・624・625・638・644・660・665・明天象5・6・60・地儀16・25・帝道上1*・8*・10*・11*・14・22・75・78・89・102・109・114・116・157・189・191・192・209・210・211・212・214・217・218・238・239*・263・264・279・291・292・299・318・319・339・346・350・363・382・394・帝道下9・11・13・21・25・36・50・54・66*・73・74・75・76・88・189・190・191・192・193・194・216・217・241・255・258・259・260・261・262・263・277・283・287・343・344・365・366・387・392・400・417・418・419・420・421・437・461・462・476・人倫14・25・26・57・64・75・100・103・117・134・135・136・137・138・163*・168・179・199・200・202・206・人事上8*・36・100・115・119・122・123・124・137・145・148・人事下2・5・6・7・40・47・60・61・67・74・97・99・100・105・112*・134・152・156・192・193*・211・212・214・249・254・281・291・302・332*・344・348・352・356・357・359・360・361・362・364・368・377・381・397・411・427・文事19・20・30・65・89・98*・102・107・122・123・武事5・13・14・18・19・20・21・23・32・51・52・54・55・61・63・64・雜事15・16・41・43・管3・4・11・12・13・14・24・36・56・68・97・105・132・153・164・165・

171・172・173・175・176・188・202・203・246・250・251・253・269・271・318・320・321・323・324・364・401・410・411・412・443・450・465・468・488・493・518・524・558・562・565・571・635・636・637・638・639・640・642

史記註　[管]326

詩經→毛詩

シシ

尸子　[玉]76・666・[明]人倫30・人事上2・[管]398・528

ジッ

十節記　[明]天象31・52・帝道下121

十節錄　[明]天象36・帝道下117

シミ

四民月令　[明]天象44・帝道下139

シャ

昌言　[明]帝道下96（仲長子―）

尙書　[玉]13・30・40・48・49・128・129・130・131・132・133・134・135・136・363・458・565*・[明]天象13・地儀26・27・帝道上16・61*・65・112・127・130・131・132・135・237・249・259・260・261・347・360・373・帝道下29・51・67・68・354・355・409・410・454・人倫68・85・122・172・193・194・195・人事上102・人事下20・27・49・51・190・231・232・394*・神道4・5・27・文事85・武事35・諸道12・17・18・19・31・雜物11・36・[管]1・35・40・52・55・77・86・88*・129・130・131・136・233・234・235・236・249・280・295・308・402・408・429・430・435・446・447・448・449・451・453・457・458・466・467・484・492・496・519・549*・550・554・623・624

尙書註　[玉]14・[明]人上136

釋氏（要覽）　[明]諸道47

シュ

修文殿御覽　[明]帝道下404*・人事上18*・人事下288*

周禮　[明]天象69*・帝道下292・301・411・412・413・人倫239・人事上44・諸道3・4・38

ジュ

荀子→孫卿子（そんけいし）

春秋公羊傳→公羊傳（くやう）

春秋穀梁傳→穀梁傳（こくりやう）

春秋左氏傳→左傳（さでん）

春秋繁露　[明]帝道上60

ショ

證類本草　[明]天象41

初學記　[明]天象30

蜀志　[明]天象9・帝道上208・帝道下44・477・人事下117・161・162・文事24・武事56*

蜀志註　[明]帝道下64*

シン

臣軌　[玉]16・378・398・399・400・401・402・403・404・405・406・407・408・409・410・411・412・413・414・415・416・417・418・419・[明]帝道上251・306・帝道下101・102・103・220・221・222・223・

224・225・226・227・228・234・235・236・
237・238・243・249・250・269・270・271・
291・384・386・人倫8・94・96・219・
220・221・人事上20・83・96・97・
98・人事下42・124・138・168・196・
197・198・200・217・218・229・230・301・
404・435・武事22・24・59・雑物
33・34・管177・331・392・502・506・
525・526・531・534・543・544・545・546・
547・567・580・581
新語 玉78・79・80・81*・82*・433・
明帝道上229・334・人事下80・
345・管470・687
愼子 明帝道下438
晉書 明地儀2・帝道上3*・110*・
364*・帝道下82*・83*・371*・人倫76・
人事上48*・70*・人事下32・57・
58・95・257・337・371・388・398・文
事78・雑物9・44

晉書（王隱） 明帝道上85・帝
道下57
新序 玉86・明人事上41・管142・
530
神仙傳 明神道32
新唐書 明文事69・雑物27
新論→潛夫論
ズイ 隨巣子 明人事下98
隋書 明帝道上69・帝道下203・
人倫224
セイ 世要論（政要論） 玉32・明帝
道下469*・管29・532
西宮雜記 明帝道上99*・378・帝
道下6・人倫111
聲隅子 明人事下248*
齊春秋 明帝道上392・諸道41・
雑事34
世風記 明天象33・55・56・帝
道下140

政論 玉88・明人倫188
説苑 玉5・11・23・41・376・377・
407*・656・明帝道上245・帝道下
474・人倫41・170・人事上143・人
事下195・文事56・126・雑事5・
40・管16・17・28・43・48・54・
61・81・120・125・150・238・244・425・
560・685
セセ 世説 玉637・明人事上1・127・
文事68・雑物43・管371・667
セン 潛夫論 玉18・87・明帝道上246*・
帝道下94・人倫35・文事57・
管681
ソウ 宋書 明帝道上97・人事下447
ゾク 續齊諧記 明天象34・43・帝道
下131
ソン 孫卿子 玉24・明帝道下86・人
倫16・17・文事88
タイ 太平御覧 明天象22・29・帝道

上252・367・帝道下56・人事下
38・290・340・405
ダイ　太平廣記　[明]神道3・佛道10
大戴禮　[明]天象42*
大唐俗語要略　[管]672
大唐六典　[明]帝道上44（1〜
6）・佛道5
タウ　唐會要　[明]人事下36
唐書　[明]地儀30・帝道上29・37・
213・320・帝道下89・170・202・229・
245・487・人倫54・人事上105・107・
128・人事下14・227・307・文事25・
111・諸道6・雜事12
唐蒙求　[明]帝道上256
唐文粹　[明]人事下104・304・327
唐曆　[明]地儀17・帝道上4・101・
335・337・帝道下8・20・48・63・
127・439・444・479・人事下10・171・
406・438・448・文事115・116・諸道
10・15
ヂャ　貞觀政要　[玉]17・59・105・106・107・
108・109・110・111・113・114・115・116・
117・118・125・126・127・348・374・607・
608・609・[明]帝道上30・87・88・
91・105*・118・119・124・166・167・168・
230・234・235・247・254・255・257・315・
316・322・326・帝道下39・41・42・
43・47*・65*・104*・164・175・239・244・
272・274*・275・285・374*・383・407・468・
471・472*・473*・478・人倫65・102・189・
205・225*・226*・人事上10・110・人
事下15・76・77・201・275・289・295・
308・341・431・文事49・50・雜物
32・雜事14・39・[管]34・49・50・
51・60・88・93・128・511・537・538・
553・569・576・579
チュ　中說（文中子）　[明]帝道下405
チン　陳書　[明]帝道上158
ツウ　通典　[明]帝道下87・105・雜物19・
[管]382
テイ　帝範　[玉]25・27・28・29・380・381・
382・383・384・385・386・387・388・389・
390・391・392・393・394・395・396・397・
[明]天象66・帝道上111・133・134・
241・242・243・296・帝道下97・98・
99・100・210・214・219・242・248*・385・
466・467・人倫217・218・人事下75・
175・205・241・242・243・268・272・文
事46・48・127・武事6・[管]8・
18・59・69・70・111・112・113・135・
190・240・248・258
テウ　朝野僉載　[明]帝道上125・帝道
下118・人倫158・177・人事下94・
113・143・144・167・387・諸道8・[管]
503・574・662・663・664
テン　典語　[玉]364・[明]帝道下246・[管]45・
469・557

天地瑞祥志　[明]帝道上354
典論　[玉]89・[明]人事下81・82・[管]682
トウ　東觀(漢)記　[玉]575・[明]人事下150
ドク　獨斷(蔡邕)　[明]天象62・帝道下157・158
ナン　南史　[明]地儀22・帝道下486・文事75・[管]654
南齊書　[明]帝道下146
ニン　任子　[明]帝道上13
ハウ　抱朴子　[玉]70・90・91・449・[明]帝道上28・人事上7・人事下183・184・207・219・220・277・385・386・文事31・[管]143・678
→葛氏外篇
ハク　白氏文集　[玉]339・350・425・426・427・434・435・436・437・438・439・440・441・442・443・444・610・611・612・613・614・[明]帝道下149
白氏六帖　[玉]445・450・[明]人倫176・人事下78
博物志　[玉]626・[管]689
博聞錄　[管]665
萬機論(蔣子―)　[明]文事53・[管]100
ビャ　白虎通　[明]帝道上62・雜事44・[管]144・487
ビン　閔子　[明]人事下48
フウ　憑衍車銘　[玉]68・[明]人倫190
風俗・風俗記　[明]天象39*・45*
風俗通　[明]帝道上171*・雜事6*・[管]661
フシ　符子　[明]人倫58（藝文類聚卷七十）
傅子　[玉]9・[明]帝道下362・[管]80・676
ブツ　物名　[明]帝道上100
ブン　文子　[玉]423*・[明]雜物31*・[管]99
文中子→中說
ベツ　別錄(劉向―)　[明]諸道46
ホク　北史　[明]帝道上285・帝道下200・201・人事下69・237・文事11・23・58
墨子　[玉]364・[明]帝道上250・人事下39・雜事4・[管]674
ホフ　法言(楊子―)　[明]人倫33
ホン　本草　[明]天象37
マウ　孟子　[管]42・139・378・391・577・[明]人事下34・430
モウ　毛詩(詩經)　[玉]208・211・326*・359・447・455・456・515・627・[明]天象10・11・地儀24・帝道上7・86・148・262・277・帝道下347・356・357・人倫82・107・108・113・115・121・123・124・人事上14・24・28・43・54・69・人事下234・328・375・420・421・

文事63・64・諸道32・雜物21・
29・30・48・[管]46・87・102・121・
200・317・326・618・620

毛詩註　[明]帝道上147・276

モン

文選　[玉]112・460・461・462・463・464・
465・466*・467・468・469・470・471・472・
473・474・475・476・477・478・479・480・
481・482・483・484・485・486・487・488・
489・490・491・492・493・494・495・496・
497・498・499・500・501・502・503・504・
505・506・507・508・509・510・511・512・
513・514*・515・516・517・518・519・520・
521・522・523・524・525・526・527・528・
529・530・531・532・533・534・535・536・
537・539・540・541・542・543・544・545・
546・547・548・549・550・551・552・554・
555・556・557・558・560・561・562・563・
564・565・566・567・568・569・570・571・
572・573・574・576・577・578・579・580・
581・582・583・584・585・586・587・588・
589・590・591・592・593・594・595・597・
598・599・600・601・602・603・604・606・
631・632・633・634・635・636・[明]天象
3・16・17・25・58・67・帝道上
21・26・27・35・36・66・79・84・
103・117・172・174*・202・219・220・221・
222・223・225・233・272・273・274・275・
295・302・310・311・312・313・314・321・
323・325・342・帝道下38・61・84・
123・153・205・206・215・230・231・232・
233・256・266・267・268・286・391・433・
434・人倫1・2・11・28・29・45・
46・59・77・78・79・142・144・145・
164・165・169・171・175・207・208・228・
230・231・233・234・人事上15・16・
17・30・31・35・37・38・47・49・
50・56・58・59・86・106・109・120・
126・132・133・138・142・人事下16・
17・18・19・28・33・37・43・44・
59・62・64・68・70・71・85・86・
90・103・108・125・136・137・153・154・
172・173・174・176・177・178・179・180・
216・228・238・244・245・247・251・252・
253・255・256・258・259・260・261・271・
273・274・276・283・285・286・287・297・
298・305・316・326・334・338・339・347・
349・350・351・389・390・393・399・401・
402・403・408・409・412・419・422・423・
425・426・433・434・440・441・442・443・
444・445・神道26・30・文事26・
27・47・70・71・72・73・74・90・
94・101・109・110・武事39・40・41・
50・53・57・60・65・66・諸道29・
37・42・48・雜物6・7・10・16・
17・18・雜事1・3・11・13・17・
18・27・28・29・30・42・[管]90・
126・127・163・239・243・245・247・259・

263・264・265・268・272・351・377・383・433・441*・462・504・505・517・521・539・540・548・549・559・572・655・656・657・658

文選註　[玉]553・559・596・605・[明]人事上51・人事下181・239

ヤウ　養生　[明]人事下46

ライ　禮記　[玉]12・35・39・50・51・52・53・137・138・139・140・141・142・143・144・145・146・147・148・150・151・152・153・155・156・157・158・159・160・161・162・163・167・187・188・194・360・451・618・619・620・628・641・642・646・647・648・649・650・651・652・653・654・655・[明]天象38・48・65・帝道上136・137・138・139・140・141・142・143・144・146・280・361・370・帝道下30・126・152・155・176・177・178・288・293・294・295・298・302・303・304・305・306・307・308・309・310・311・312・313・314・315・316・317・318・319・320・321・322・323・324・325・346・349・350・人倫7・39・40・44・86・87・93・101・109・127・128・129・130・167・182・183・187・人事上71・103・108・121・人事下4・83・84・92・139・329・354・413・415・文事1・3・29・76・82・83・91・92・93・120・神道6・7・8・諸道5・13・20・23・33・34・雜物1・37・38・39・40・47・[管]21・85・94・108・114・118・134・145・146・156・159・160・161・191・192・198・199・201・204・205・206・207・208・210・211・212・213・214・215・216・217・218・219・220・221・281・283・284・285・287・289・290・293・294・298・301・307・309・310・335・336・337・356・422・454・463・486・522・523・570・587・588・589・590・591・592・593・594・595・596・597・598・599・600・601・602・603・604・605・606・607・608*

禮記註　[玉]154・[明]人事下392

ラウ　老子(道德經)　[玉]61・210・211・212・213・214・215・216・217・640・[明]天象4・14・20・28・帝道上12・159・160・215・216・267・帝道下59・370・人倫21・22・63・人事上151・人事下149・208・209・396・神道20・文事81・武事4・10・雜物2・雜事35・[管]122・255・257・348・349・353・354・359・360・361・362・363・365・367・400・513・611

老子註　[玉]210・211・[管]256・355・369

ラク　洛書斗中圖　[明]神道47

リウ　劉子(新論)　[管]38・158・380・394・480

リク　六韜　[明]帝道上2・雜事21・[管]

483
リャ 梁書 [明]地儀31
リョ 呂氏春秋 [玉]358・368・428・[明]帝道上122・162・224・226・227・294・300・301・327・帝道下90・91・92・218・290・人倫31・37・209・人事上21・52・60・82・文事28・[管]9・53・83・338
レッ 列子 [明]人事上11・65
列女傳 [明]人事上134
ロク 六帖 [明]神道17
ロン 論衡 [玉]64・317・318・[明]人事下309・[管]510
論語 [玉]21・55・56・57・98・271・272・273・274・275・276・277・278・279・281・282・283・284・285・286・287・288・289・290・291・292・293・294・295・296・297・298・299・300・301・302・303・305・306・307・308・309・310・311・312・313・314・369・446・453・454・657・[明]帝道上20・32・181・182・185・304・帝道下24・32・72・188・254・296・297・333・334・335・336・337・338・339・340・353・363・399・415・416・人倫10・12・15・18・19・20・43・60・61・70・84・98・99・143・178・198・人事上6・79・80・92・111・117・131・150・人事下72・110・111・129・130・131・132・146・147・148・322・323・324・325・331・446・神道19・33・文事5・6・7・8・9・10・12・13・14・15・16・17・66・67・84・97・100・103・121・武事7・8・諸道39・40・雜物25・41・45・46・[管]76・87・116・147・152・162・187・194・195・196・274・286・288・302・304・306・319・339・374・387・395・396・431・434・436・437・438・460・494*・533・561・563・582・583・625・626・627・628・629・630・631・632・633・634
論語註 [玉]280・304・[明]帝道下187・人事上23・人事下315・神道18
ヰジ 維城典訓 [明]帝道上286・人事下56
ヱナ 淮南子 [玉]8・36・44・379・538・[明]天象19・23・地儀33・帝道上324・383・384・帝道下93・372・人倫110・120・237・人事上39・人事下66・206・240・267・[管]53*・63・64・393・397・418・419・501・507・586
ヱン 袁子正書 [玉]374・[明]帝道下436・[管]141・420

二　佛書

ギキ　儀軌　[明]帝道上356
キン　金谷園記　[明]帝道下133
ジャ　壤災決　[明]佛道14
シャ　釋靈實年代曆　[明]佛道1
ヒガ　彼岸齋法成道經　[明]天象35
レキ　歷代三寶記　[明]佛道2

三　和書

エン　延喜格　[明]地儀20・帝道上42・43・349・帝道下110・173・382・449・490・人倫80・神道38・46・佛道12・13・雜物20
延喜式　[明]天象51・地儀8・11・12・21・帝道上51・52・148・171・172・佛道4・15・22・文事118・119・雜物51
カウ　庚申經　[明]天象63
キの　紀家集　[明]帝道上96
クヮ　官曹事類　[明]帝道下120・150
寛平御記　[明]帝道上93
寛平御遺誡　[明]帝道上48・50・92・帝道下163・475
グン　群忌隆集　[明]天象59
コウ　弘仁格　[明]地儀4・5・35・36・帝道上41・帝道下106・107・108・448・483・485・488（―序）・489・人倫105・118・神道36・39・40・41・43・44・佛道6・8・11・19・20・21・29・30・文事114・諸道45・武事69・雜物26
コク　國史（類聚國史）　[明]天象61・帝道下135
コゴ　古語拾遺　[明]帝道上73
シキ　式　[明]地儀9・10・13・人倫154・諸道44
ショ　諸道勘文　[明]天象47・70・人事下119・神道9
→[明]佛道1
セイ　政事要略　[明]帝道上47・74・神道24・雜物51―2
ヂャ　貞觀格　[明]地儀1・6・7・帝道上38・39・40・402・帝道下109・379・380・381・482・484・人事下365・

神道37・42・45・佛道7・16・
文事99・117
トウ　東宮切韻　明天象49
ニホ　日本紀　明天象50・帝道上72・
帝道下115・124・132・134・137・142・
144・神道23・25・佛道3
フサ　扶桑略記　〈參考〉明佛道3
ホン　本朝月令　明帝道上343・帝道
下113・119・125・128・136・147・151・
154
リツ　律　明地儀3・23・37・帝道上
46・290・358・359・386・399・400・403・
帝道下111・160・168・174・443・445・
450・452・481・人倫155・161・162・人
事下366・417・418・432・神道35・
48・諸道9・43・武事67
リャ　令　明地儀14・15・34・帝道上
45・401・帝道下129・440・446・451・
453・人倫152・153・186・人事下416・
佛道23・26・27・28・文事79・
112・113・武事68
神祇令　明帝道上71
令義解　明帝道下165・441・442・
446・447・佛道24・25・文事79
をの　小野右府記　明帝道上357
ヲン　陰陽祕方　明天象53

四　その他（事彙など）

唐家世立　明帝道上53・54（1～8）
本朝世立　明帝道上55（1・2）
三墳・五典・八索・九丘　明文事59
七經・十三經　明文事60
三史・三國志・八代史　明文事61
唐書卷數、本朝卷數　明文事62
書名未詳　明天象54・帝道上・49・164・
帝道下52・人倫170・203・227・人
事上22・42・101・人事下66・227

◎人倫部前半の名彙（八元等）に番號を付していない。神宮本79ウ～84ウ（續類從145上～148下）は、飜刻のみとする。

主要文献參考書目録

この目録は、「類書三書出典別句番號索引」に記した書のうち、漢籍の主要な書について、所據の書（底本・收載叢書）の名稱と、關連事項とを記すものである。

類書三種を構成する多量の句それぞれに、原典が異なり、校訂書・註釋書がある。また、公私の事情により、使用の書を變更せざるをえないこともあった。それで、出典を更に詳しく記述する必要が生じた。それが本目録作製の事情である。

本目録の要點は、左の如くである。

一、目録に掲載する書は、本研究で對象とし、また、參考として援用した書である。除去した書は、「要覧」の如く、單獨に存在しない書、「鹽子新書」の如く、未詳の書である。

二、「漢魏叢書」「群書治要」など數書で構成した書は、その編著の記事と、收載書の名を記す。收載書それぞれ立項して、その要件を記す。

三、書名に、略稱・通稱など異稱のあるときは、正規とされる名による。

四、＊印の下に、叢書ではその編成する書、單行書ではその書の特性などを記す。

五、巻數は、註釋の有無などにより、異同がある。要注意。

六、排列は、字音假名遣による五十音順である。上欄に片假名二字で語頭音を示し、參考に供した。

漢　籍

アン　晏子（春秋）　四部叢刊、初篇、史部。上海商務印書館縮印。
イウ　遊仙窟　陽明文庫藏寫本。嘉慶三年（一三八九）寫。陽明叢書、國書篇14『中世國語資料』（一九七六、思文閣出版）所收。
＊「輝々面子」（人倫150）、陽明本「輝々」、醍醐寺本「耀々」。
エキ　易經　→周易（シウ）
エン　鹽鐵論　四部叢刊、初篇、子部。上海商務印書館縮印。
カウ　孝經（古文孝經）　建治本。一九三〇複製。山田孝雄解說。
＊諸侯章第三、建治本「在上不驕」、仁治本「居上不驕」。
カシ　賈子　群書治要　巻四十。
＊臣軌下利人章「賈子曰」（人倫222）。
カツ　鶡冠子　叢書集成新編20。
葛氏外篇　→抱朴子（ハウハク）（外篇）
カン　韓（非）子　新釋漢文大系11、竹内照夫『韓非子』上・下。一九六〇・六四、明治書院。
韓魏叢書　明、萬曆年間、程子刊本影印。一九九二、吉林大學出版。
＊經籍　周易略例・韓詩外傳・春秋繁露・獨斷。
史籍　西京雜記。

子籍　素書・新語・新序・説苑・潛夫論・顏子家訓・劉子新論・論衡。

韓詩外傳　――→漢魏叢書

顏氏家訓　――→漢魏叢書

漢書　中華民國六一年再販、宏業書局。

ギシ　魏志　『三國志』、魏書（卷一～三一）。一九五九、中華書局。

キン　金樓子　叢書集成新編21。

クヤ　（春秋）公羊傳　『古注十三經、下』一九七八、中文出版社。

グン　群書治要　四部叢刊、初篇、子部、上海商務印書館縮印。原本　日本尾張藩刻本。

コウ　孔子家語　『家語等五十七種』中華民國六一年、世界書局。

ゴカ　後漢書　唐、李賢等注、中華民國六六年、宏業書局。

コク　（春秋）穀梁傳　『古注十三經、下』一九七八、中文出版社。

サウ　莊子　金谷治譯注『莊子』四册、一九七一、岩波文庫。

曹植表　陳思王集、卷二、望恩表。

サシ　（春秋）左氏傳　新釋漢文大系30～33、鎌田正『春秋左子傳』。一九七一～一九八一、明治書院。

サン　三略　四部叢刊、續篇、『武經七書』黃石公三略。上海商務印書館。

シウ　周易（易經）　高田眞治譯注『易經』、一九六二、第十刷、岩波文庫。

周易略例　――→漢魏叢書

周髀算經　叢書集成新編40。漢、趙君卿注。

シキ　史記　宋、裴駰集解、中華民國六一年再版、宏業書局。
シシ　尸子　群書治要・意林に所收の尸子を使用。
シミ　四民月令　後漢、崔寔撰。Ⅰ、第二章參照。
シャ　尙書　漢文大系第十二卷、星野恆・服部宇之吉校訂。明治四四年、冨山房。
ジュ　荀子　→孫卿子
ショク　蜀志　『三國志』、蜀書（卷三一～四五）、一九五九、中華書局。
シン　臣軌　寛文八年刊、大正四年覆製『帝範　臣軌』。成簣堂叢書。一九一五、民友社。
　　晉書　中華書局出版、一～四。
　　新序　→漢魏叢書
　　新唐書　中華書局出版、一～六。
ズイ　隋書　中華書局出版、一～三。
セイ　世要論　→群書治要　卷四七。
　　西京雜記　→漢魏叢書
　　說苑　→漢魏叢書
セセ　世說（新語）　新釋漢文大系76、目加田誠『世說新語』。一九七五～七八、明治書院。
セン　潛夫論　→漢魏叢書
ソウ　宋書　四部備要。
ゾク　續齊諧記　拾芥抄上。『大東急記念文庫善本叢刊　類書Ⅱ』所收。二〇〇四、汲古書院。

ソン　孫卿子（荀子）　四部叢刊、初篇。
タイ　大平御覽　一〇〇〇卷、全四册。大化書局。
ダイ　大唐六典　中華民國五一年、文海出版社。參考、『大唐六典』一九七三刊、廣池學園。
タウ　唐會要　一九九一、上海古籍出版社。
唐書・舊唐書　二書は、二二五卷と百五三卷。大化書局。
唐歴
ヂャ　貞觀政要　新釋漢文大系95・96、原田種成『貞觀政要』、一九七八、明治書院。
テイ　帝範　成簣堂叢書、大正四年、民友社。
テウ　朝野僉載　唐宋史料筆記叢刊、一九七九、中華書局。
テン　典語　──→群書治要　卷四八。
典論　──→群書治要　卷四六。
ナン　南史　南朝宋より陳の史書。八十卷。
ハウ　抱朴子　内篇、二十卷。外篇、五十卷。
ハク　白氏文集　四部叢刊、初篇、集部『白氏長慶集』。
白氏六帖　宋本『白氏六帖事類集』。新興書局。
ホク　北史　北朝魏より隋までを收む史書。一九七四、中華書局。
ボク　墨子　新釋漢文大系50、山田琢『墨子』、一九七八、明治書院。
マウ　孟子　小林勝人譯注『孟子』、一九七二、岩波文庫。

モウ　毛詩　漢文大系十二卷、服部宇之吉校訂『毛詩』、一九一一、冨山房。
モン　文選　1、五臣註『宋本文選』、宋、紹興六年刊本影印。中華民國七十年跋。
　　　　　　2、李善註、六十卷、中華民國六三年、藝文印書館。
ライ　禮記　『禮記鄭註』、中華民國六四年、新興書局。
ラウ　老子（道德經）　四部叢刊、初篇、子部、河上公註。
リョ　呂氏春秋　四部叢刊、初篇、子部、縮印明嘉靖唐堯臣本。
ロン　論衡　→漢魏叢書
　　　論語　木村英一譯註『論語』、一九七五、講談社文庫。
エナ　淮南子　四部叢刊、初篇、子部、縮印、上海商務印書館。

〔補記〕

多種多樣の書籍を用い、その中の句を集成する書では、校訂に使用した書、その底本の明示が必要であろう。しかし、金言成句に關心を抱いてより、數十年を經て、勤務の變わる每に、使用書が變わり、採錄カードの記入法も、變えざるを得なかった。今は私藏の僅少の書册である。

長期を要する研究では、計畫的に書を收集するであろうが、わが本分とする日本語研究と異なり、漢籍・中國語史の狀況にも疎く、使用書はその折々の最善の書でなく、必要に應じた撰擇であった。

日本語が長年月の閒に充實してきた姿を、類書により研究し、明らかにしようとしてきた、その書籍の一覽である。未詳のままの成句が多く殘っている。

漢籍の語彙索引（引得）は、近年中國・臺灣で盛んに企畫され、字單位の檢索が可能になった。その一書『諸子引得、抱朴子內篇・外篇』により、「知藥理病、不知學理。抱朴子」（明文抄、帝上28。管蠡抄三143）を檢索しようとしたが、「藥」にも「理」にもこの句が見出せない。中世の碩學は、その折の最良の書よりこの句を選んだであろうが、その實狀はどうであったか。

今後の諸賢の修正を待つのみであろう。

後記

金言成句は言語表現の華である（論考篇序章）。言語學的研究では、對象とされないけれども、私には必然性がある。その發生から現代に至る展開は、日本文化・思想の發展・變遷と思うからである。

本書の出發點は、山田忠雄先生御指導のもと、「廣本節用集態藝門金言成句出典考」（一九六八）で、玉函祕抄・管蠡抄・金句集を扱ったことであった。

『天草本金句集の研究』（二〇〇七）を刊行できたので、次に他二書をと考え、汲古書院に打診したところ、異義なく受けていただいた。この時は「明文抄」を含んでいない。明文抄五巻は、續群書類従に収められているが、缺卷・誤脱が多く、研究の對象にならないと私は思った。しかし、これを缺くと、わが國の金言成句の歴史の記述は缺陷が生じる。思案するうち、遠藤光正著『類書の傳來と明文抄の研究』（一九八四）に、神宮文庫藏寫本の研究と本文寫眞が載っているのを知った。續類従はこれを基にしたようである。

金言成句の歴史は、私には未經驗の世界であって、資料も知識もない。ただ、未知の世界ほど關心を唆られるものはなく、元氣が出る。というわけで、本書の刊行まで突っ走ってしまった。

ふり返ると、幾度か、大きい誤解をしたり、わが非才に放棄しかけた時もあった。しかし、時折、氣を奮い立たせる小さい發見もあって、思案するのも樂しいことであった。氣付き次第に書き加えたので、なかなか成稿とならなかった。

山田忠雄先生の御指導と序文をいただいた『金澤文庫本佛教説話集の研究』（一九九七、汲古書院）の刊行時、金言成句の書を考えていると申し上げると、直ちに第一級の資料『玉函祕抄』（尊經閣本寫眞）、『管蠡抄』（山田孝雄藏寫本）などを見せていただいた。以後の資料を含め、御指導なしには、本研究は成り立たなかった。本書をお目にかけられないのは、誠に殘念である。

高橋貞一氏には、一度お目にかかったのみであるが、氏の筆寫になる玉函要文・管蠡抄永正本の複寫をいただいた。點睛の重要書である。

中國語學の遠藤光正博士の學恩も、特に明文抄について、有難いことであった。神宮文庫本の寫眞版なくしては、『復元明文抄』は成り立たなかった。

明文抄を採ると定めても、當初は金言成句の部分の誤脱・誤記を正すのみで收めるつもりであったが、いつしか全卷となった。それで、字彙・編年記なども收めることになった。明文抄の百科事典的部分である。類書らしさの濃い部分なので、その本文校訂・解説に不十分なところがある。諸賢の御寛恕をお願いする。

本書は、成稿に多年を要し、關連方面の學究の方々に、多大の停滯・不自由をおかけしたこと、申譯なく思う。

利用の便を考え、索引を付載した。所收句索引については、如何なる語を採るかに苦心した。見出し語は重要なものに重點を置いたが、類書三種に含まれる語全てではないこと、御了承いただきたい。

主要文獻參考書目錄の項も、未詳とせざるをえないものが殘った。

終りに、出版事情嚴しい折柄、印刷困難な出版をお引受け下さった汲古書院、坂本健彦・石坂叡志、兩社長、擔當の飯塚美和子・雨宮明子兩氏に深甚なる感謝の心を申上げる。

平成二十四年二月二十日

山内洋一郎

編著者略歴

山内洋一郎（やまうち　よういちろう）

昭和８年12月６日　高知縣安藝市出生，愛媛縣上浮穴郡久萬高原町出身。廣島大學大學院文學研究科博士課程を單位取得。廣島大學助手，廣島文教女子大學教授，奈良教育大學教授を歷任。博士（文學）大阪大學。著書に『中世語論考』（清文堂），『連歌語彙の研究』『野飼ひの駒』（和泉書院），『古本說話集總索引』（風間書房），『金澤文庫本佛敎說話集の研究』『天草本金句集の研究』（汲古書院），『活用と活用形の通時的研究』（清文堂）などがある。

本邦類書 玉函祕抄・明文抄・管蠡抄の研究

二〇一二年五月十日　發行

編著者　山内洋一郎

發行者　石坂叡志

整版印刷　富士リプロ

發行所　汲古書院

〒102-0072 東京都千代田區飯田橋二-五-四

電話　〇三（三二六五）九七六四

FAX　〇三（三二二二）一八四五

ISBN978-4-7629-3605-0　C3081

Yoichiro YAMAUCHI ©2012

KYUKO-SHOIN, Co., Ltd. Tokyo